KB264040

일본어
달인이 되는
어휘

강성광 지음

사람in
saram
in.com

저자 강성광(姜星光)

현재 서울통역학원 JPT 전문강사이며, JPT/JLPT 독해 만점자로, 최단시간 100점 이상을 올릴 수
있는 오답정리식 강의를 구사하여 고득점을 노리는 많은 학생들의 열렬한 지지를 얻고 있다.
서경대학 일어일문학과를 수석으로 졸업하고, 일본문부성 국비유학생으로 교토대학에서 수학
하였다. 중앙대학교 교육대학원 일어교육학과를 졸업한 후 중앙대 일본어 교육원과 경북대 어학
교육원, YBM, 파고다 등 다수의 강단에서 일본어를 강의했다. 오랜 강의 노하우를 바탕으로 일
본어 어휘, 문법, JPT 서적을 다수 집필하였다. 주요 저서로는 『JPT청해 달인이 되는 법』『JPT
독해 달인이 되는 법』 등이 있다.

- Daum 단어장 전문가
- http://cafe.daum.net/KingJPT (강성광 선생님과 JPT 달인되기)
- http://cafe.naver.com/Kingofjpt (강성광 JLPT, JPT 완전정복)

일본어 달인이 되는 어휘

초판 발행 | 2003년 4월 10일
개정2판 발행 | 2006년 12월 18일
개정3판 발행 | 2011년 7월 11일
개정4판 (제목 변경) 1쇄 발행 | 2025년 12월 22일

지은이 | 강성광

발행인 | 박효상
편집장 | 김현

마케팅 | 이태호, 이전희
관리 | 김태옥

종이 | 월드페이퍼   인쇄·제본 | 예림인쇄·바인딩

발행처 | 사람in   출판등록 | 제10-1835호

주소 | 04034 서울시 마포구 양화로 11길 14-10 (서교동) 3F
전화 | 02) 338-3555(代)   팩스 | 02) 338-3545
E-mail | saramin@netsgo.com   Website | www.saramin.com
인스타그램 | www.instagram.com/saramin_books   블로그 | blog.naver.com/saramcom

ⓒ 강성광 2025
ISBN 979-11-7101-204-6 14730 979-11-7101-203-9 (세트)

머리말

2003년 이 책을 출간했을 때는 일본어능력시험 개선에 대한 필요성이 대두되기 이전이었다. 그러다 2007년 무렵부터 관계자들의 입에 출제유형을 보완해야 한다는 소리가 오르내렸으나 구체적인 이야기는 나오지 않았다. 다만 막연히 일본어능력시험에서 부족한 실용적인 표현과 어휘가 보강되어야 한다고 지적되었을 뿐이었다.

그러다 2009년에 이르러 향후 2010년부터 적용되는 新일본어능력시험 출제기준이 확정 발표되었고 그 내용은 역시 예상했던 대로 실용적인 내용을 대폭 포함시킨다는 것이었다. 특이한 점은 기존 시험출제 방식과는 달리 급수별 시험범위를 설정하지 않고 기출문제도 공개하지 않는다는 것이다. 한마디로 급수별 어휘의 출제 범위가 없어진 것이다. 즉 JPT와 같은 출제경향을 지향하고 JPT처럼 시험 관리를 한다는 것이다.

그래서 본 개정판에서는 구일본어능력시험의 급수별 난이도에 따른 어휘 기준 분류에 더하여 실용성을 살리면서 무한대로 확장될 어휘의 폭을 감안하여 새로운 일본어능력시험과 JPT에 대비하고 일상생활에서 바로 적용되는 실용적인 어휘에 주안점을 두고 원고 개정 작업을 하였다.

예문 하나에 한자의 조합과 원리가 연결될 수 있도록 구성하였고 꼬리에 꼬리를 물고 확장되는 어휘의 세계에 빠져 읽어가다 보면 문법의 기본 원리까지도 깨우칠 수 있도록 구성하였다.

또한 기출 문제를 분석하여 자주 나왔던 어휘 및 어구를 제시하고 향후 출제 가능성이 높은 어휘를 보충하여 문자·어휘, 문법, 청해 실력이 향상되고 독해력에 가속도가 붙을 거라고 자신 있게 말할 수 있다.

새로워진 『일본어 달인이 되는 어휘』을 통해 다시 한 번 어휘력이 폭발적으로 신장되었다는 성공담이 들려오기를 기대한다.

저자 강 성 광

일본어 어휘의 달인이 되는 비결

① '한자'는 꾸준하게 시간을 투자하라!

일본어 한자를 단기간에 정복하는 요령은 없다. 하지만 효과적으로 공부하는 비결은 있다. 우선 한자의 기본음을 하나하나 철저히 암기해야 한다. 이때 음독과 훈독을 함께 익히되 읽는 방법이 다양한 훈독보다는 음독을 중심으로 학습하는 것이 좋다. 그렇게 하나씩 한자를 익혀나가다 보면 어느 순간 낙숫물이 돌을 뚫는 것처럼 놀라운 도약을 경험하게 될 것이다. 처음 보는 한자인데도 '왠지 이런 음일 것 같다'는 느낌이 들 때까지 한자의 기본음을 익히는 데 충실하자. 그리고 일본어 한자를 학습할 때는 특히 다음 사항에 주안점을 두자.

▶ 기본 한자의 음(音), 훈(訓) 읽기

▶ 히라가나를 한자로 써 보기

▶ 장 · 단음 표기 및 탁음 등의 구별하기

▶ 철자와 送(おく)りがな에 주의하기

▶ 일본에서 만든 한자(和製漢字)의 읽기와 표기 및 특수하게 읽는 한자어에 주의하기

② 다양한 일본어 문장에 눈과 귀를 지속적으로 '노출'시켜라

일본어 어휘를 하나씩 외워가며 암기하는 것도 좋지만, 독해력을 기르기 위해서는 다양한 문장을 접하는 훈련이 필요하다. 일본 소설이나 영화, 뉴스와 드라마 등의 매체를 활용해 꾸준히 공부하기 바란다. 다양한 매체를 통해서 일본어 문장에 눈과 귀를 지속적으로 노출시키다보면 자연스럽게 어휘력이 길러질 것이다. 또한 일본어 어휘를 학습할 때는 특히 다음 사항을 염두에 두고 익히도록 하자.

▶ 문맥을 통해 어휘의 의미를 파악하는 훈련을 하자.
  즉, 모르는 단어가 있더라도 우선 전체적인 문맥을 통해 의미를 파악하고 나중에 사전으로 확인해보는 것이 좋다.

▶ 자동사와 타동사를 구별하는 능력을 기른다.

▶ 문형에 어울리는 가장 알맞은 어휘나 관용어를 파악하는 능력을 기른다.

▶ 한국식 일본어 표현이나 어휘를 사용하지 않도록 주의하고, 일본인의 자연스러운 표현 방법을 읽히려고 한다.

1 풍부하고 세세한 어휘 설명

일본어 초급 학습자부터 고급 학습자까지 누구나 쉽게 이해할 수 있도록 총 3천여 개의 표제어에 각각 풍부하고 상세한 설명을 담았다. 그리고 각 표제어에 연관된 '관련 어휘'나 '유사 표현' 등을 통해 가지를 뻗어나가듯 어휘력을 확장하여 폭넓은 어휘력을 기를 수 있도록 했다. 또한 시험에 자주 출제되는 어휘의 경우 '시험에 잘 나오는 관련 표현'을 따로 제시하였으며, 우리말 뜻이 비슷하여 혼동할 우려가 있는 어휘들은 구체적인 차이를 설명하고 실제적인 예를 들었다.

2 실용적인 어휘 대폭 추가

실용적인 커뮤니케이션 능력이 중요하게 평가되는 新일본어능력시험의 출제 경향에 맞춰, JLPT는 물론 JPT 등의 각종 일본어 시험에도 완벽 대비할 수 있도록 일상생활에서도 자주 쓰이는 실용적인 어휘와 시험에 자주 출제되는 어휘를 대폭 추가했다.

3 1~3단계의 레벨 구분

급수별 출제 어휘의 기준이 사라진 新일본어능력시험의 경향에 따라 기존의 급수별로 배치되어 있던 어휘들을 난이도별로 재배치했다. 각 단계별 기준은 新일본어능력시험과 JPT의 상관관계를 고려하여 1~3단계로 정하고, 각 레벨마다 공통으로 중요시되는 어휘를 골라냈다.

	일본어능력시험 수준	JPT 수준
레벨1	N3~N5	500~600점대
레벨2	N2	750점대
레벨3	N1	850점대 이상

4 MP3 파일 구성

본서에 수록된 표제어와 예문, 관련표현을 일본인 전문 성우의 발음으로 녹음했다. 음원파일은 전체 7개의 PART(품사별)로 구성되어 있으며, 각 PART를 다시 레벨별로 나누고 100개의 표제어마다 하나의 파일로 구성했다.

P1-L1-01
파트-레벨

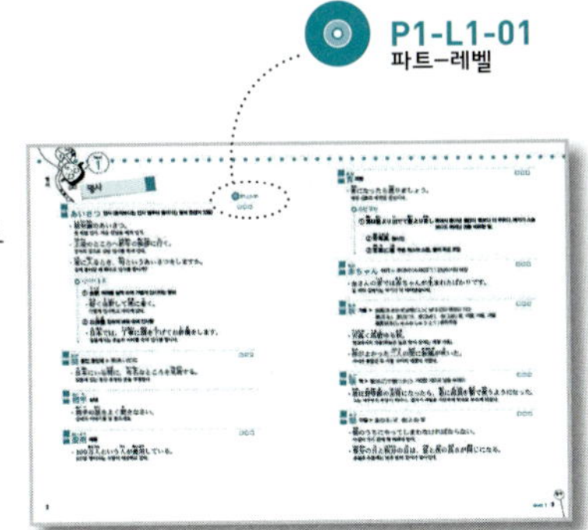

차례

contents

PART 1

명사

명사

□□□

001 あいさつ 인사 (동작보다는 인사 범주에 들어가는 말에 중점이 있음)

· 初対面のあいさつ。
첫 대면 인사. 처음 만났을 때의 인사.

· 上役のところへ新年の挨拶に行く。
상사의 집으로 신년 인사를 하러 간다.

· 家に入るとき、何というあいさつをしますか。
집에 들어갈 때 뭐라고 인사를 합니까?

인사의 종류

① **会釈** 머리를 살짝 숙여 가볍게 인사하는 행위

· 軽く会釈して席に着く。
가볍게 인사하고 자리에 앉다.

② **お辞儀** 깊숙이 머리 숙여 인사함

· 日本では、丁寧に頭を下げてお辞儀をします。
일본에서는 공손히 머리를 숙여 인사를 합니다.

□□□

002 間 동안, 동안에 ▶ 間(あいだ)に

· 日本にいる間に、有名なところを見物する。
일본에 있는 동안 유명한 곳을 구경한다.

003 相手 상대

· 相手の話をよく聞きなさい。
상대의 이야기를 잘 들으세요.

□□□

004 愛用 애용

· 100万人という人が愛用している。
100만 명이라는 사람이 애용하고 있다.

005 青 파랑

• 青になったら渡りましょう。
파란 신호로 바뀌면 건넙시다.

🔵 관련 표현

① 青は藍より出でて藍より青し 쪽에서 뽑아낸 물감이 쪽보다 더 푸르다, 제자가 스승보다도 뛰어난 것을 비유한 말.

② 青写真 청사진

③ 青菜に塩 푸른 채소에 소금. 풀이 죽은 모양

006 赤ちゃん 아기 ▶ 赤(あか)ん坊(ぼう) 갓난아기의 애칭

• 金さんの家では赤ちゃんが生まれたばかりです。
김 씨의 집에서는 아기가 막 태어났습니다.

007 秋 가을 ▶ 秋風(あきかぜ)が吹(ふ)く 남녀 간의 애정이 식다
春(はる)・夏(なつ)・秋(あき)・冬(ふゆ) 봄, 여름, 가을, 겨울
春夏秋冬(しゅんかしゅうとう) 춘하추동

• 天高く馬肥ゆる秋。
천고마비의 가을(하늘은 높고 말이 살찌는 계절).

• 仲がよかった二人の間に秋風が吹いた。
사이가 좋았던 두 사람 사이의 애정이 식었다.

008 顎 턱 ▶ 顎(あご)で使(つか)う 거만한 태도로 남을 부리다

• 彼は野球部の主将になったら、急に部員を顎で使うようになった。
그는 야구부의 주장이 되더니, 갑자기 부원을 거만하게 멋대로 부리게 되었다.

009 朝 아침 ▶ 昼(ひる) 낮　夜(よる) 밤

• 朝のうちにやってしまわなければならない。
아침이 가기 전에 해 버려야 한다.

• 春分の日と秋分の日は、昼と夜の長さが同じになる。
춘분과 추분에는 낮과 밤의 길이가 같아진다.

명사

010 朝御飯(あさごはん) 아침 식사 ▶ 朝食(ちょうしょく) 조식

· 新聞を読んでから朝ごはんを食べます。
신문을 읽고 나서 아침밥을 먹습니다.

○ 관련 표현

① 夕食(ゆうしょく)・晩(ばん)ごはん 석식, 저녁 식사

② 昼食(ちゅうしょく)・昼(ひる)ごはん 중식, 점심 식사

A: 朝(あさ)ごはんはもうお済(すみ)ですか?
아침 식사는 벌써 하셨습니까?

B: いいえ、まだです。
아니요, 아직입니다.

011 足(あし) 발, 다리 ▶ 足(あし)を奪(うば)う 발을 묶다

· 足を組(く)む。
다리를 꼬다.

· 足を踏(ふ)む。
발을 밟다.

· 足を伸(の)ばす。
(어떤 곳까지) 발길을 뻗치다.

· 労組(ろうそ)のストは行楽客(こうらくきゃく)の足(あし)を奪(うば)った。
노조의 파업은 행락객의 발을 묶었다.

○ 관련 표현

① 足(あし)が出(で)る 적자가 나다, 돈이 모자라다

· 買(か)い物(もの)をしすぎて足(あし)が出(で)る。
쇼핑을 너무 많이 해서 적자가 나다.

012 味(あじ) 맛 ▶ 味(あじ)もそっけもない 무미건조하다, 아무 멋대가리도 없다

· 味(あじ)もそっけもない文章(ぶんしょう)なのであまり興味(きょうみ)がない。
무미건조한 문장이라 별로 흥미가 없다.

013 明日(あした) 내일 ▶ 明日(あした)は明日(あした)の風(かぜ)が吹(ふ)く 내일은 내일의 바람이 분다

· 明日(あした)のパーティーですが、私(わたし)はいったん家(うち)へ帰(かえ)ったら、行(い)かないでしょう。
내일 파티 말인데요, 저는 일단 집에 돌아가면 가지 않을 겁니다.

014 頭 (あたま) 머리 ▶ 頭(あたま)が下(さ)がる 머리가 수그러지다, 존경하는 마음을 가지다
　　　　　　　頭痛(ずつう)がする 두통이 나다

・頭(あたま)が割(わ)れるように痛(いた)い。
머리가 깨질 듯이 아프다.

🔵 관련 표현

① 頭(あたま)が低(ひく)い 겸손하다, 저자세이다 ＝ 腰(こし)が低(ひく)い 공손하다, 겸손하다

・かれは誰(だれ)に対(たい)しても頭(あたま)が低(ひく)い。
그는 누구에게나 겸손하다.

② 頭(あたま)があがらない (상대에게 어떤 이유 때문에) 굴복하다, 큰소리를 못 치다

・佐藤(さとう)さんは会社(かいしゃ)では大(おお)きい顔(かお)をしているけれど、奥(おく)さんには頭(あたま)があがらないらしい。
사토 씨는 회사에서는 잘난 체하고 있지만, 부인에게는 머리를 못 드는 모양이야.

③ 頭(あたま)をひねる 머리를 짜내다

・みんな頭(あたま)をひねって考(かんが)えたが、いい案(あん)が出(で)なかった。
모두 머리를 짜내며 생각했으나, 좋은 안이 나오지 않았다.

④ 頭(あたま)を横(よこ)にふる 머리를 가로젓다(거부를 표시하는 동작이나 비유)

⑤ 頭(あたま)に来(く)る 화나다 ＝ かっとする 발끈하다　怒(いか)り 노여움, 분노

・忙(いそが)しいのに一時間(いちじかん)も待(ま)たされて頭(あたま)に来(き)たよ。
바쁜데 1시간이나 기다리게 해서 화가 났어.

---

015 後 (あと) 뒤, 나중　＊「後(のち)」라고도 읽는다.

・ごはんを食(た)べた後(あと)で何(なん)と言(い)いますか。
밥을 먹은 뒤에 뭐라고 말합니까?

・10年(ねん)の後(あと)にはこのお金(かね)が倍(ばい)になっているかもしれない。
10년 후에는 이 돈이 배가 되어 있을지도 모른다.

---

016 穴 (あな) ① 구멍　② 결점, 약점 ▶ 穴場(あなば) 일반에게 널리 알려지지 않은 좋은 곳

・地震(じしん)で道路(どうろ)に大(おお)きな穴(あな)があいた。
지진으로 도로에 커다란 구멍이 났다.

・秋(あき)の行楽(こうらく)の穴場(あなば)。
잘 알려지지 않은 가을철 노른자위 행락지.

명사

017 油 기름(일상 온도에서 액체 상태, 식물성 기름을 말함)

· 鳥肉を油で揚げる。
닭고기를 기름으로 튀기다.

◆ 유사 표현

① 脂 기름(일상 온도에서 고체 상태, 동물성 기름을 말함)

· 豚肉の脂 돼지고기 기름

018 あまり ① 나머지 ② 명사 ＋ あまり ～남짓
③ ～のあまり/～したあまり ～한 나머지, ～한 결과

· あまりはいくらぐらいになりましたか。
나머지는 얼마 정도가 되었습니까?

· 50あまりの男。
50 남짓한 남자.

· 悲しさのあまり、死んでしまった。
슬픈 나머지 죽고 말았다.

· 熱心のあまり、倒れてしまった。
열심인 나머지 쓰러져 버렸다.

· 急いだあまり、列車の中に荷物をみな忘れてきた。
서두른 나머지 열차 안에 짐을 모두 두고 왔다.

· 合格発表の前日は緊張のあまり、ほとんど眠れなかった。
합격 발표 전날은 긴장한 나머지 거의 잠을 이루지 못했다.

◆ 관련 표현

① ～あまりある ～하고도 남는

· 彼は欠点を補ってあまりある資質を備えている。
그는 결점을 보충하고도 남는 자질을 갖추고 있다.

019 雨 비 ▶ 雪(ゆき) 눈・露(つゆ) 이슬・霜(しも) 서리・霰(あられ) 우박・霧(きり) 안개

· 雨が降りそうだ。
비가 올 것 같다.

· 濃い霧で飛行機の発着がおくれる。
짙은 안개로 비행기 발착이 늦어지다.

① 土砂降り 장대비 ▶ ざあざあ 좍좍

・土砂降りの天気です。
비가 억수같이 내리고 있는 날씨입니다.

② 春雨 봄비

③ 小雨 이슬비, 보슬비, 가랑비 ▶ しとしと 부슬부슬

④ 大雨 큰비 = 豪雨 호우

⑤ 狐の嫁入り 여우비 = 日照(ひで)り雨(あめ)
　　　　　　　해가 쨍쨍 나 있는데 가랑비가 내리는 모양

⑥ 雨降って地固まる 비 온 뒤에 땅이 굳는다

⑦ 雨後の筍 우후죽순

⑧ 梅雨 장마, 장마철 = 梅雨・五月雨 장마

⑨ 晴耕雨読 청경우독. 맑은 날에는 논밭을 갈고, 비오는 날에는 글을 읽는다.
　　　　　부지런히 일하며 공부한다는 의미.

---

020 安心 안심 ▶ ほっとする 안도하다

・彼に頼んでおけば安心だ。
그에게 부탁해 두면 안심이다.

---

021 家 집

・私は急いで着替えて家を出ました。
나는 서둘러 옷을 갈아입고 집을 나왔습니다.

---

022 息 숨, 호흡 ▶ 息(いき)を引(ひ)き取(と)る 숨을 거두다
息(いき)が詰(つ)まる (정신적인 중압감으로 긴장하여) 숨이 막히다
息抜(いきぬ)き 기분 전환, 잠시 숨을 돌림 = 気晴(きば)らし

---

023 池 연못

・池に橋が架かっています。
연못에 다리가 놓여 있습니다.

---

024 意見 (い けん) 의견 ☐☐☐

・いろいろ意見はあるかもしれませんが、一応これに決めたいと思います。

여러 가지 의견이 있을지도 모르지만, 일단 이걸로 결정하고 싶습니다.

---

025 居酒屋 (い ざか や) (서민용) 술집 ▶ 赤提灯(あかちょうちん) 선술집(원래 뜻은 붉은색 등롱) ☐☐☐

・ここは居酒屋です。

여기는 술집입니다.

・居酒屋では、価格表が見やすいように一覧表になっている。

술집에는 가격표가 보기 쉽도록 일람표로 되어 있다.

---

026 石 (いし) 돌 ☐☐☐

・雨垂れ石を穿つ。

낙숫물이 돌을 뚫는다. 작은 힘이라도 끈기 있게 계속하면 성공한다.

---

027 医者 (い しゃ) 의사 ▶ お医者(いしゃ)さん 의사 선생님 ☐☐☐

・わたしの兄は医者です。

제 오빠는 의사입니다.

⚲ **관련 표현**

歯科 (しか) 치과・内科 (ないか) 내과・外科 (げか) 외과・耳鼻科 (じびか) 이비과・耳鼻咽喉科 (じびいんこうか) 이비인후과・

整形外科 (せいけいげか) 정형외과

---

028 以上 (い じょう) 이상

・以上のことから会社を辞めることになりました。

이상의 일로 회사를 그만두게 되었습니다.

---

029 一日中・一日じゅう (いちにちじゅう・いちにち) 하루 종일 ☐☐☐

・一日じゅう仕事ばかりしている。

하루 종일 일만 하고 있다.

◐ 유사 표현

① 四六時中 언제나, 늘, 하루 종일, 24시간 동안

- 最近では、四六時中営業している店もあるので、何かと便利
  だ。
  최근에는 24시간 영업을 하는 가게도 있어서 여러모로 편리하다.

② 日がな一日 진종일, 종일

- 電車でいらいらし、日がな一日働いて、夜は遅く酔っぱらって
  帰る。
  전철에서 시달리고, 하루 종일 일하고, 저녁은 늦게 취해서 귀가한다.

③ 終日 종일, 온종일

- 終日、本を読んで過ごす。
  온종일 책을 읽으며 지내다.

④ ひねもす 종일, 온종일

- ひねもす読書にふける。
  온종일 독서에 몰두하다.

□ □ □

030 一夜 ① 하룻밤 ② (문장체) 어느 날 밤

- まんじりともしないで一夜をテントで明かした。
  꿈쩍도 안 하고 하룻밤을 텐트에서 새웠다.
- 秋の一夜、友と語り明かした。
  가을의 어느 날 밤, 친구와 이야기를 나누며 밤을 새웠다.

□ □ □

031 一緒 함께 함, 동시에 함

- 一緒に飲もうじゃないか。
  함께 마시자.
- 三ヶ月分の手当てを一緒に受け取る。
  3개월분의 수당을 한꺼번에 받다.

□ □ □

032 一足 한 켤레

- サンダルが一足と靴が三足あります。
  샌들 한 켤레와 구두 세 켤레가 있습니다.

명사

명사

033 いっぱい
一杯 ① 가득 ② 한잔 ▶ 一杯(いっぱい)食(く)わす 감쪽같이 속이다

・あの店はいつもお客さんでいっぱいです。
저 가게는 언제나 손님으로 가득합니다.

・水を一杯いただけませんか。 물 한잔 주시겠습니까?

034 いっぽう
一方 오직 ~하기만 함, 오로지 ~함

・人口は増える一方だ。 인구는 늘기만 한다.

035 いとこ 사촌(형제, 자매)

・私から見て、父または母の兄弟や姉妹の子を「いとこ」という。
나에게 있어, 아버지 혹은 어머니의 형제나 자매의 자식을 '사촌'이라고 한다.

🔾 관련 표현

① 叔父 백부, 숙부, 외삼촌, 고모부, 이모부

② 叔母 백모, 숙모, 외숙모, 고모, 이모

③ 甥 (남자) 조카

④ 姪 (여자) 조카

036 いま
今 ① 지금, 현재 ② 방금

・今遊んでいるどころではないよ。
지금 놀고 있을 때가 아니야.

037 いりぐち
入口 입구 ↔ 出口(でぐち) 출구

・私は入口で待っています。
나는 입구에서 기다리고 있겠습니다.

038 いろ
色 ① 색 ② 안색, 낯빛 = 顔色(かおいろ)

・色が白くて雪のようです。 색이 하얘서 눈 같습니다.

🔾 「色」와 잘 어울려 쓰이는 표현

① 色めがねで見る 색안경을 끼고 보다

② 色を失う 무척 놀라다

③ 色をつける 물건을 팔 때 다소의 덤을 주다, 인심을 쓰다

039 上 （うえ）　① 위, 위쪽　② 분야, 방면, ~상 ↔ 下(した) 아래, 밑
▶ ~上(うえ)で ~하고 나서(그 후, 그 결과)　~上(うえ)に ~한 데다가(첨가)

・地図の上では近いようだが、そこまでは実際には時間がかかる。
지도상으로는 가까운 것 같지만, 거기까지는 실제로는 시간이 걸린다.

・協議の上で結論を出した。
협의를 하고 나서 결론을 냈다.

・頭がよい上にスポーツも万能だ。
머리가 좋은 데다가 스포츠도 만능이다.

040 受付 （うけつけ）　접수

・入学願書の受付は明日までです。
입학 원서 접수는 내일까지입니다.

041 後ろ （うし）　뒤 ↔ 前(まえ) 앞　▶ 後(うし)ろ髪(がみ)をひかれる 미련이 남아 떨칠 수 없다
うしろめたい気(き)がする 뒤가 켕기다, 양심의 가책을 느끼다

・ネクタイをしめて後ろに立っている人が主人です。
넥타이를 매고 뒤에 서 있는 사람이 남편입니다.

・居留守をつかったので、うしろめたい気がする。
집에 있으면서 없는 체해서 양심의 가책을 느낀다.

042 内側 （うちがわ）　안쪽 ↔ 外側(そとがわ) 바깥쪽

・白線の内側に入らないでください。
흰 선 안쪽으로 들어가지 마세요.

043 腕 （うで）　① 팔　② 솜씨, 기량　▶ 腕(うで)を磨(みが)く 기술을 연마하다

・今度の大工さんは腕がいい。
이번 목수는 솜씨가 좋다.

044 うどん　우동

🡒 관련 표현

① きつねうどん　유부 우동

② 月見うどん　날계란을 깨서 얹은 우동

③ たぬきうどん　튀김 우동

045 馬 (うま) 말 ☐☐☐

- 馬の耳に念仏。＝馬耳東風
  쇠 귀에 경 읽기. 남의 의견을 귀담아 듣지 않음.

- 馬が合う。
  서로 마음이 맞다.

046 海 (うみ) 바다 ☐☐☐

- 夏休みには海へ行くより山へ行きたい。
  여름방학에는 바다에 가기보다 산에 가고 싶다.

🔵 **관련 표현**

① 海千山千 (うみせんやません) 산전수전을 다 겪어 능수 능란한 사람, 백전 노장을 지칭하는 말
② 波 (なみ) 파도 ▶ 打ち寄せる 파도가 밀려오다 打ち砕かれる 파도가 부딪혀 깨지다
③ 湖 (みずうみ) 호수
④ 川 (かわ) 강

047 裏 (うら) 안, (야구 용어) ~말 ↔ 表(おもて) 겉, 표면, (야구 용어) ~초 ☐☐☐

- この服は裏がウールなので、あたたかい。
  이 옷은 안감이 울이어서 따뜻하다.
- 一回裏 (いっかいうら)
  1회 말

048 売り切れ (う き) 매진 ▶ 品切(しなぎ)れ 품절, 물건이 다 팔려 없음 ☐☐☐
　　　　　　　　　　　売(う)り切(き)れる 다 팔리다, 매진되다
　　　　　　　　　　　売(う)りつくしセール 파격 세일, 창고정리 세일, 대방출 세일

- 入場券は一日で売り切れだ。
  입장권은 하루만에 매진이다.

049 売り場 (う ば) 매장 ☐☐☐

- ソックス専門の売り場です。
  양말 전문 매장입니다.

050 上着（うわぎ） 상의, 겉옷 ↔ 下着(したぎ) 속옷, 내의

・上着（うわぎ）を重（かさ）ねて着（き）る。
겉옷을 겹쳐서 입다(껴입다).

・汗（あせ）をかいたので、下着（したぎ）をとりかえよう。
땀을 흘렸으니까, 속옷을 갈아입자.

051 運転（うんてん） 운전, (자금 등의) 운용
　　　▶運転士(うんてんし) ＝ 運転手(うんてんしゅ) 운전기사
　　　　酔(よ)っ払(ぱら)い運転(うんてん) ＝ 飲酒運転(いんしゅうんてん) 음주 운전

・すくない資金（しきん）を運転（うんてん）して商売（しょうばい）する。
적은 자금을 운용하여 장사하다.

052 絵（え） 그림 ＝ 絵画(かいが) 회화, 그림

・私（わたし）は絵（え）をかくことが好（す）きです。
나는 그림 그리기를 좋아합니다.

053 映画（えいが） 영화

・友（とも）だちと映画（えいが）を見（み）に行（い）ったが、あまりおもしろくなかった。
친구와 영화를 보러 갔는데 그다지 재미있지 않았다.

・あの映画（えいが）を見（み）ていらい、暗（くら）い道（みち）が怖（こわ）くて歩（ある）けない。
저 영화를 보고 난 이후로, 어두운 길이 무서워서 걸을 수 없다.

054 駅員（えきいん） 역무원

・駅員（えきいん）に地下鉄（ちかてつ）の乗（の）り換（か）えを教（おし）えてもらいました。
역무원이 지하철 환승에 대해 가르쳐 주었습니다.

055 横断歩道（おうだんほどう） 횡단보도

・横断歩道（おうだんほどう）を渡（わた）る。
횡단보도를 건너다.

056 往復（おうふく） 왕복 ↔ 片道(かたみち) 편도

・会社（かいしゃ）まで往復（おうふく）で３時間（じかん）もかかる。
회사까지 왕복으로 3시간이나 걸린다.

명사

명사

057 多く (おお) ① 수량이 많은 것, 많음 ② 대다수, 대부분

・この図書館は多くの人に利用されています。
이 도서관은 많은 사람에게 이용되고 있습니다.

058 おかげで 덕분에, 덕택에(다른 사람으로부터 받은 긍정, 혹은 부정적인 영향을 나타내는데, 특히 부정적인 영향의 경우에는 비꼬는 어감이 됨)
▶ おかげさまで 덕분에, 덕택에(자신이나 가족이 좋은 상태인 경우나 좋은 결과가 된 것에 사용한다. 쓰임에 주의)

・あなたのおかげで助かった。
당신 덕분에 수월해졌다.

・おかげさまで父も元気になりました。
덕분에 아버지도 건강해지셨습니다.

・彼のおかげで(せいで)とんだ目に遭った。
그 사람 덕분에 엉뚱한 봉변을 당했다.

◑ 관련 표현

① せい

원인, 이유, 탓(좋지 않은 일이 발생한 원인이나 책임의 소재를 나타내는 말로, 「AせいでB」에서 B에는 A가 원인이 되어 발생한 좋지 않은 사태를 나타내는 문장이 이어진다)

・熱帯夜が続いているせいで、電気の消費量はうなぎのぼりだという。
열대야가 계속되는 탓에, 전기 소모량은 자꾸 올라간다고 한다.

059 お代わり (か) 같은 음식을 더 먹음, 또는 그 음식

・何杯もご飯のお代わりをする。
몇 그릇이나 밥을 더 먹다.

060 奥 (おく) 깊숙한 곳, 안, 속

・真ん中の引き出しの奥に手帳が入っています。
정중앙의 서랍 안에 수첩이 들어 있습니다.

061 奥歯 (おくば) 어금니

・奥歯に物がはさまったような言い方はしないでください。
분명치 않은 말투는 삼가해 주십시오.

① 虫歯 충치

・虫歯になる。
충치가 생기다.

□□□

062 臆病 겁쟁이

・弟は臆病で、夜中にひとりでトイレに行けない。
남동생은 겁쟁이여서, 밤중에 혼자서 화장실에 못 간다.

□□□

063 教え方 가르치는 법 ▶ 동사 ます형+方(かた) ～하는 법

・田中先生は教え方が下手だ。あれでもベテラン教師と言えるのか。
다나카 선생님은 가르치는 법이 서툴다. 저래가지고 베테랑 교사라고 말할 수 있을까?

□□□

064 音 (사물의) 소리 ▶ 声(こえ) (사람의) 목소리

・歩くたびにくつの音がコトコトなった。
걸을 때마다 뚜벅뚜벅 구두 소리가 났다.

・このピアノは変な音がします。
이 피아노는 이상한 소리가 납니다.

・もっと大きい声で言ってください。
더 큰 목소리로 말해 주세요.

□□□

065 大人 어른 ↔ 子供(こども) 아이, 어린아이

・大人にとってはどうでもいいことでも、子供にとっては大きな問題だ。
어른에게는 아무렇지도 않은 일이라도, 어린 아이에게는 큰 문제이다.

□□□

066 踊り 춤 = ダンス

・伝統的な踊りを踊れるようになりたい。
전통적인 춤을 출 수 있게 되었으면 좋겠다.

① 踊り場 계단 도중에 만들어진 평평한 장소

・陸橋に通じる階段には踊り場があります。
육교로 통하는 계단에는 도중에 평평한 공간이 있습니다.

명사

명사

067 おなか 배＝腹(はら)

・おなかがいっぱいでも、ケーキーなら食べられる。
배가 부르더라도, 케이크라면 먹을 수 있다.

🔵 관련 표현

① 腹を立てる 화를 내다, 성내다

・あの子がなぜ腹を立てているのか、ぜんぜん見当もつかない。
그 아이가 왜 화를 내고 있는 건지, 전혀 짐작도 가지 않는다.

068 お巡りさん 순경 아저씨 ▶ 交番(こうばん) 파출소

・まるであの人はお巡りさんみたいですね。
마치 저 사람은 순경 같군요.

069 親 부모, 양친, 어버이

・親の愛のありがたさを、いまさらのように思う。
부모의 사랑의 감사함을 새삼스럽게 생각한다.

🔵 관련 표현

① 親子連れ 부모가 아이를 동반함

・休日の公園は、親子連れでいっぱいだ。
휴일의 공원은 아이들을 데리고 나온 부모들로 가득하다.

070 解決 해결

・これ以上話しても、解決する道はないだろう。
이 이상 말해도 해결할 방법은 없을 것이다.

071 外国人 외국인

・東京という町が、外国人にとっていかに住みにくいか１ヶ月暮らしてみてよくわかった。
도쿄라는 도시가 외국인에게 있어 얼마나 살기 어려운지 한 달 살아 보고 잘 알았다.

072 会社 회사

・会社を辞めさせられたというのは、彼にも責任がある。
회사에서 잘렸다는 것은 그에게도 책임이 있다.

073 **外出中** 외출 중

・山田はただいま外出中ですが。
야마다는 지금 외출 중입니다만.

＊「ただいま」에는 '지금, 현재'의 뜻과 '방금, 곧'의 두 가지 뜻이 있는데, 여기서는 '지금'의 뜻으로 사용됨. 또 독립적으로 「ただいま」하면 외출하고 돌아왔을 때의 인사말로 '다녀왔습니다'가 된다.

관련 표현

① **出張中** 출장 중
② **会議中** 회의 중
③ **留守ですが** 부재 중입니다만
④ **休暇中ですが** 휴가 중입니다만
⑤ **出かけておりますが** 외출하셨는데요
⑥ **ほかの電話に出ておりますが** 다른 전화를 받고 있는데요

074 **開発** 개발

・新薬の開発を急いだ。
신약 개발을 서둘렀다.

・乱開発を防がなければならない。
계획 없이 함부로 하는 개발을 막지 않으면 안 된다.

075 **回復** 회복 ▶ 疲(つか)れがとれる 피로가 풀리다

・疲労が回復する。
피로가 회복되다.

076 **買い物** 장보기, 쇼핑

・たくさん買い物をしたので、財布にはあと480円しかない。
쇼핑을 많이 했기 때문에, 지갑에는 이제 480엔밖에 없다.

077 **顔** ① 얼굴 ② 표정, 안색 ▶ 顔(かお)が広(ひろ)い 얼굴이 널리 알려지다, 발이 넓다
＝ いろいろな人(ひと)を知(し)っている 다양한 사람을 알고 있다

・鈴木さんにコピーを頼んだら、いやな顔をされた。
스즈키 씨에게 복사를 부탁했더니 불쾌한 표정을 지었다.

・あの人はスポーツ界に顔が広い。
저 사람은 스포츠계에 발이 넓다.

명사

---

078 書留 (かきとめ) 등기　□□□

・部長あての書留が届いています。
(ぶちょう / かきとめ / とど)
부장님 앞으로 등기가 와 있습니다.

---

079 確認 (かくにん) 확인　□□□

・以上の内容をご確認ください。
(いじょう / ないよう / かくにん)
이상의 내용을 확인해 주세요.

---

080 傘 (かさ) 우산 ▶ 雨傘(あまがさ) 우산　日傘(ひがさ) 양산　□□□

・電車に傘を置き忘れた。
(でんしゃ / かさ / お / わす)
전철에 우산을 놔 둔 채 내렸다.

・傘を差す。
(かさ / さ)
우산을 쓰다.

・傘を畳む。 / 傘を窄める。
(かさ / たた / かさ / すぼ)
우산을 접다.

---

081 火事 (かじ) 화재 = 火災(かさい) 화재　□□□
▶地震(じしん) 雷(かみなり) 火事(かじ) 親父(おやじ) 지진, 천둥, 화재, 아버지
(이 세상에서 무서운 것 4가지를 무서운 순서대로 늘어놓은 말)

・ストーブをつけたまま出掛けて、もう少しで火事になるところだった。
(で か / すこ / かじ)
스토브를 켠 채 나가서, 하마터면 화재가 날 뻔했다.

・地震・雷・火事・親父と言うが、昔の親父は厳しく怖かった。
(じしん / かみなり / かじ / おやじ / い / むかし / おやじ / きび / こわ)
지진, 천둥, 화재, 아버지라고 하는데, 옛날 아버지는 엄하고 무서웠다.

---

082 風邪 (かぜ) 감기　□□□

・かぜで会社を休む。
(かいしゃ / やす)
감기로 인해 회사를 쉬다.

---

083 風 (かぜ) ① 바람　② 티, 모습　③ 세파, 세상인심　□□□

・風がそよそよ吹く。
(かぜ / ふ)
바람이 산들산들 불다.

・風が止む。
(かぜ / や)
바람이 그치다.

・風が静まる。
바람이 잔잔해지다.

・先輩風を吹かせる。
선배 티를 내다.

・世間の風は冷たい。
세상 인심은 각박하다.

관련 표현

① 風の便り 풍문
・留学したことを風の便りに聞く。
유학한 것을 풍문으로 듣다.

② 風の吹き回し 바람이 부는 상태, 그 때의 형편
・今になって謝りにくるとは、どういう風の吹き回しだろう。
이제 와서 사과를 하러 오다니 무슨 바람이 분 것일까?

③ 風下 바람이 불어 가는 쪽
・風下にいる。
남의 흉내를 내다. 남의 영향 밑에 있다.
・風下に立つ。
열세에 놓이다. 아랫자리에 서다.
・火事の時は風下は危険だから反対側に逃げなさい。
화재 시에는 바람이 불어 가는 쪽은 위험하니까, 반대쪽으로 피하세요.

④ 風を食らう 낌새를 알아채고 허둥지둥 도망치다

⑤ 風薫る 훈풍이 불다

⑥ 風を切る 바람을 가르다, 기세 좋게 나아가다

⑦ 風が吹けば桶屋が儲かる 바람이 불면 통장수가 돈을 번다, 무슨 일이 일어나면 돌고 돌아 뜻하지 않은 데에 영향이 미침을 비유.
*바람이 일으키는 모래먼지로 장님이 늘어나고 장님이 쓰는 「三味線(しゃみせん)」 재료인 고양이 가죽의 수요가 늘어 고양이가 줄어든다. 따라서 쥐가 늘어나 나무통을 갉으니, 통이 잘 팔려 통 장수가 돈을 번다는 말.

---

084 家族 가족

・四人家族です。
4인 가족입니다.

명사

085 肩（かた） 어깨 ▶ 肩(かた)を並(なら)べる 어깨를 나란히 하다
肩(かた)を持(も)つ 편들다, 두둔하다 ＝ ひいきする 편들다, 편애하다

・大国と肩を並べる。
대국과 어깨를 나란히 하다.

・肩の荷が降りる。
어깨의 짐이 내려지다. (걱정했던 일이나 책임에서 풀려나 편해지다)

・そんなにしてまでなぜ河本さんの肩を持つの。
그렇게까지 하면서 왜 가와모토 씨를 두둔하는 거야?

086 片（かた） 한쪽 ▶ 片手(かたて) 한 손 片道(かたみち) 편도

・東京まで片道約500キロだ。
도쿄까지 편도 약 500킬로이다.

087 形（かたち） 모양, 꼴, 형상, 형체

 모양과 관련된 표현

広さ 넓이 · 高さ 높이 · 長さ 길이 · 深さ 깊이

円形 원형 · 三角 삼각 · 四角 사각 · 六角形 육각형 · らせん状 나선형

円柱 원주, 원기둥

088 片道（かたみち） 편도 ↔ 往復(おうふく) 왕복

・片道はバスを使う。
편도는 버스를 이용한다.

089 月（がつ） 월 ▶ 달을 세는 단위로, 나머지는 「月(げつ)」로 읽는다.

・9月に入って朝夕は涼しくなってきた。
9월에 접어들어서 아침저녁은 선선해졌다.

090 楽器（がっき） 악기

・飛行機に乗る時、大きな楽器はハードケースに入れて預けた方が安心ですよ。
비행기를 탈 때, 큰 악기는 하드케이스에 넣어서 맡기는 편이 안심입니다.

091 学校 (がっこう) 학교

・頭が痛いので、今日は学校を休むことにしました。
머리가 아파서, 오늘은 학교를 쉬기로 했습니다.

092 角 (かど) 모퉁이

・角を右に曲がってください。
모퉁이를 오른쪽으로 돌아 주세요.

093 金持ち (かね も) 부자 ▶ 成金(なりきん) 벼락부자, 졸부

・金持ちが必ずしも幸せだというわけではない。
부자가 반드시 행복한 것은 아니다.

094 雷 (かみなり) 천둥 ▶ 雷(かみなり)が落(お)ちる 벼락이 떨어지다, 야단맞다

・掃除を怠けていたら、先生の雷が落ちた。
청소를 게을리했더니, 선생님에게 야단을 맞았다.

095 体 (からだ) 몸

・いくら体が丈夫でもあんなに昼夜働きづめでは病気になってしまう。
아무리 몸이 건강해도 그렇게 밤낮으로 일만 하면 병이 나 버린다.

🔵 **관련 표현**

① 太る 살찌다 ↔ やせる 마르다
② 疲れる 피로하다
③ 喉が渇く 목이 마르다
④ お腹がすく・腹が減る 배가 고프다

096 彼 (かれ) 그, 그 사람, 그 남자 ↔ 彼女(かのじょ) 그녀, 그 여자

・彼はいつも冗談ばかり言っていますが、あれでなかなか真面目なところもあるんです。
그는 항상 농담만 하고 있지만, 저래 뵈도 꽤 성실한 면도 있습니다.

명사

명사

097 かんけい
関係 관계 ▶ 関(かか)わる 관계하다

□□□

・それはわたしには全然関係のないことです。
그것은 저와는 전혀 관계없는 일입니다.

098 かん
感じ 느낌, 인상, 기분(분위기)

□□□

・あの人に会ってどんな感じがしましたか。
저 사람과 만나서 어떤 느낌(인상)이 들었습니까?

099 き
気 ① 기, 기력 ② 마음 ③ 정신, 기분(생각)

□□□

● 관련 표현

① 気に入る 마음에 들다

・気にいったネクタイを買えるといいですね。
마음에 드는 넥타이를 살 수 있었으면 좋겠군요.

② 気のおけない 마음을 터놓고 지낼 수 있다, 스스럼없다

・中村さんは気の置けない友人だ。
나카무라 씨는 스스럼없는 친구이다.

③ 気が進まない 마음이 내키지 않다

・気が進まなければ無理にやることはないよ。
마음이 내키지 않으면 무리하게 할 필요는 없어.

④ 気に触る 감정을 상하다, 비위에 거슬리다

・わざとしたのではありませんから、気に触ったらごめんなさい。
일부러 한 것이 아니니, 기분이 상했다면 미안해요.

⑤ 気が向く 마음이 내키다

・実は気が向かなかったがしぶしぶとついてきた。
실은 마음이 내키지 않았지만 투덜거리며 따라 왔다.

⑥ 気が利く 세심하다, 재치가 있다

・新入社員の内田さんって気が利く人でね、助かってるよ。
신입사원인 우치다 씨 말이지, 아주 재치가 있는 사람이라 도움이 많이 되고 있어.

100 木 나무 ▶ 木陰(こかげ) 나무 그늘(읽기에 주의) □□□

・木で作った家が多い。
나무로 만든 집이 많다.

◎ P1-L1-02

101 危険 위험 ▶ 危(あぶ)ない 위험하다 □□□

・春さきはなだれの危険があるので、登山には注意してください。
초봄에는 눈사태의 위험이 있으니, 등산에는 주의하세요.

102 季節 계절 □□□

・季節の中で、秋が一番好きです。
계절 중에서 가을을 가장 좋아합니다.

103 切手 우표 ▶ 小切手(こぎって) 수표 □□□

・絵はがきには外国の切手がはってあった。
그림엽서에는 외국 우표가 붙어 있었다.

・アメリカからめずらしい切手がはってある絵はがきが届いた。
미국에서 희귀한 우표가 붙어 있는 그림엽서가 도착했다.

104 切符 표, 티켓 ＝チケット ＊「切手(きって) 우표」와 구별할 것 □□□

・切符を見せてください。
표를 보여 주십시오.

105 昨日 어제 □□□

・昨日あんなに長い時間勉強したのに、今日の試験はぜんぜんできなかった。
어제 그렇게 긴 시간 공부했는데, 오늘 시험은 전혀 잘 되지 않았다.

106 君 자네(남성 용어) ▶ ～君(くん) ～군(동년배 또는 손아랫사람 이름 뒤에 붙여 가벼운 존경의 뜻을 나타내는 말) □□□

・君の文章はちんぷんかんぷんだね。
자네의 문장은 통 종잡을 수가 없군.

명사

유사 표현

① あなた 남자가 사용하면 격식을 차린 말투(윗사람에게 사용하지 않음)

② あんた 거친 말투

③ 貴様（きさま） 경멸하거나 미워하는 상대

④ お前（まえ） 남녀 모두 아랫사람에게 사용

107　牛丼（ぎゅうどん） 소고기 덮밥 ▶ 天丼(てんどん) 튀김 덮밥

・カツ丼（どん）はどうですか。牛丼（ぎゅうどん）もありますよ。
돈가스 덮밥은 어떻습니까? 소고기 덮밥도 있어요.

108　給料（きゅうりょう） 급료 ▶月給(げっきゅう) 월급

・この会社は給料（きゅうりょう）も高（たか）いし、休暇（きゅうか）も多（おお）い。
이 회사는 급료도 높고 휴가도 많다.

109　今日（きょう） 오늘

・今日（きょう）は（は）晴れそうです。
오늘은 맑을 것 같습니다.

110　強（きょう） 이상(수량을 표시할 때 우수리가 있음을 나타내는 말) ↔ 弱(じゃく) 약
▶ 上回(うわまわ)る 상회하다. 수량이 기준보다 많아지다

・４割強（わりきょう）を占（し）める。
40%이상을 차지한다.

111　近所（きんじょ） 근처

・この近所（きんじょ）に郵便局（ゆうびんきょく）はありませんか。
이 근처에 우체국은 없습니까?

112　空気（くうき） 공기 ▶ 空気(くうき)を入(い)れかえる 환기하다

・会議（かいぎ）が進（すす）まず、重苦（おもくる）しい空気（くうき）がただよう。
회의가 진행되지 않고 답답한 공기가 감돈다.

□□□

113 **くしゃみ** 재채기

・<ruby>最<rt>さい</rt></ruby><ruby>近<rt>きん</rt></ruby>、くしゃみが<ruby>止<rt>と</rt></ruby>まらなくて<ruby>苦<rt>くる</rt></ruby>しいです。
요즘 재채기가 멈추지 않아서 괴롭습니다.

□□□

114 **<ruby>薬<rt>くすり</rt></ruby>** 약 ▶ かぜ薬(ぐすり) 감기약

・<ruby>薬<rt>くすり</rt></ruby>を<ruby>飲<rt>の</rt></ruby>んだほうがいいですよ。
약을 먹는 편이 좋아요.

・かぜ<ruby>薬<rt>くすり</rt></ruby>を<ruby>飲<rt>の</rt></ruby>むと、<ruby>眠<rt>ねむ</rt></ruby>くなります。
감기약을 먹으면 졸음이 옵니다.

□□□

115 **<ruby>果物<rt>くだもの</rt></ruby>** 과일 ▶ 食(た)べ物(もの) 음식물, 먹을 것 飲(の)み物(もの) 음료, 마실 것
乗(の)り物(もの) 교통기관, 탈것

・この<ruby>果物<rt>くだもの</rt></ruby>、どうやって<ruby>食<rt>た</rt></ruby>べるんですか。
이 과일은 어떻게 먹는 것입니까?

□□□

116 **<ruby>口<rt>くち</rt></ruby>** 입

・<ruby>酔<rt>よ</rt></ruby>うとつい<ruby>口<rt>くち</rt></ruby>がすべって、いつも<ruby>後<rt>あと</rt></ruby>で<ruby>後悔<rt>こうかい</rt></ruby>するんです。
술에 취하면 입을 잘못 놀려서 항상 나중에 후회합니다.

・<ruby>私<rt>わたし</rt></ruby>、<ruby>加藤<rt>かとう</rt></ruby>さんみたいに<ruby>口<rt>くち</rt></ruby>が<ruby>重<rt>おも</rt></ruby>い<ruby>人<rt>ひと</rt></ruby>が<ruby>好<rt>す</rt></ruby>きです。
전, 가토 씨처럼 과묵한 사람을 좋아합니다.

> **🔷 관련 표현**
> ① <ruby>口<rt>くち</rt></ruby>が<ruby>滑<rt>すべ</rt></ruby>る　입을 잘못 놀리다, 그만 해서는 안 될 말을 하다
> ② <ruby>口<rt>くち</rt></ruby>が<ruby>堅<rt>かた</rt></ruby>い　입이 무겁다, 비밀 따위를 누설하지 않다
> ③ <ruby>口<rt>くち</rt></ruby>が<ruby>重<rt>おも</rt></ruby>い　말이 없다, 과묵하다 ＝ <ruby>無口<rt>むくち</rt></ruby> 말수가 적음, 과묵함
> ④ <ruby>口<rt>くち</rt></ruby>が<ruby>軽<rt>かる</rt></ruby>い　입이 가볍다

□□□

117 **<ruby>首<rt>くび</rt></ruby>** 목

・<ruby>無断<rt>むだん</rt></ruby>で<ruby>席<rt>せき</rt></ruby>を<ruby>離<rt>はな</rt></ruby>れてばかりいた<ruby>池田<rt>いけだ</rt></ruby>がとうとう<ruby>首<rt>くび</rt></ruby>になったよ。
무단으로 자리를 비우기만 했던 이케다가 마침내 해고당했어.

명사

명사

① 首<ruby>くび</ruby>になる 잘리다, 해고당하다

② 首<ruby>くび</ruby>が回<ruby>まわ</ruby>らない 빚이 많아서 경제적으로 어렵다, 돈이 매우 곤궁하다

③ 首<ruby>くび</ruby>を長<ruby>なが</ruby>くする 학수고대하다, 몹시 기다리다 = 待<ruby>ま</ruby>ち遠<ruby>どお</ruby>しい, 待<ruby>ま</ruby>ちかねる, 待<ruby>ま</ruby>ちに待<ruby>ま</ruby>った

---

118 雲<ruby>くも</ruby> 구름 ▶ 曇(くも)り 흐림 ↔ 晴(は)れ 하늘이 갬, 날씨가 좋음, 맑음

・彼<ruby>かれ</ruby>はいつも雲<ruby>くも</ruby>をつかむような話<ruby>はなし</ruby>をする。
그는 언제나 뜬 구름 잡는 이야기를 한다.

・晴<ruby>は</ruby>れのち曇<ruby>くも</ruby>り
맑은 후 흐림

・今日<ruby>きょう</ruby>の天気予報<ruby>てんきよほう</ruby>では午前中<ruby>ごぜんちゅう</ruby>は曇<ruby>くも</ruby>りだそうです。
오늘 일기예보에서는 오전 중은 흐리다고 합니다.

◐ 관련 표현

① 雲<ruby>くも</ruby>かすみと 재빨리 도망가서 모습이 안 보임

・泥棒<ruby>どろぼう</ruby>は雲<ruby>くも</ruby>かすみと逃<ruby>に</ruby>げ去<ruby>さ</ruby>った。
도둑은 걸음아 나 살려라 하고 도망쳤다.

② 雲<ruby>くも</ruby>を掴<ruby>つか</ruby>むよう 구름을 잡는 것 같음, 막연함

・なんとも雲<ruby>くも</ruby>を掴<ruby>つか</ruby>むような話<ruby>はなし</ruby>。
참으로 허황된 이야기.

---

119 車<ruby>くるま</ruby> 차

・私<ruby>わたし</ruby>の家<ruby>いえ</ruby>の前<ruby>まえ</ruby>に車<ruby>くるま</ruby>を止<ruby>と</ruby>めないでください。
내 집 앞에 차를 세우지 마세요.

◐ 관련 표현

① 車椅子<ruby>くるまいす</ruby> 휠체어

・売上金<ruby>うりあげきん</ruby>はすべて老人<ruby>ろうじん</ruby>ホームの車椅子購入<ruby>くるまいすこうにゅう</ruby>にあてられる。
판매액은 모두 양로원의 휠체어 구입에 충당된다.

---

120 怪我<ruby>けが</ruby> 다침, 부상

・階段<ruby>かいだん</ruby>から転<ruby>ころ</ruby>んで怪我<ruby>けが</ruby>をする。
계단에서 넘어져서 다치다.

＊怪我<ruby>けが</ruby>の功名<ruby>こうみょう</ruby> 전화위복, 실패 또는 무의식중에 했던 일이 뜻밖에 좋은 결과가 된 것

121 **景色** 경치

・金沢は旅館もきれいだったし、景色もとてもよかった。
가나자와는 여관도 깨끗했고 경치도 매우 좋았다.

122 **化粧** 화장 ▶化粧品(けしょうひん) 화장품　化粧室(けしょうしつ) 화장실

・化粧品は最近では女性のみならず男性にもよく売れている。
화장품은 최근에는 여성뿐만 아니라 남성에게도 잘 팔리고 있다.

123 **喧嘩** 싸움

・喧嘩すると、いつも私がしかられる。
싸움을 하면, 항상 내가 야단맞는다.

124 **見学** 견학

・社員の仕事を見学にいらっしゃいました。
사원의 일을 견학하러 오셨습니다.

125 **玄関** 현관

・玄関の鍵をかけたかどうか心配なので戻って確認してきた。
현관 열쇠를 잠갔는지 어떤지 불안해서 돌아가서 확인하고 왔다.

126 **見物** 구경 ▶ 見物客(けんぶつきゃく) 구경꾼, 관람객

・回りは大勢の見物客でごった返した。
주변은 많은 구경꾼들로 들끓었다.

127 **子** ① 자식 ② 아이, 어린이 ▶ 子育(こそだ)て 육아

・子育ては楽しくもあり、辛くもある。
육아는 즐겁기도 하고 괴롭기도 하다.

128 **公園** 공원

・秋になって公園の木も緑から少しずつ赤くなってきた。
가을이 되어 공원의 나무도 녹색에서 조금씩 붉어지기 시작했다.

명사

129 合格（ごうかく） 합격 □□□

・私の合格の知らせを聞いて、家族はとても喜んでくれた。父にいたっては泣いてしまった。
내 합격 소식을 듣고 가족은 매우 기뻐해 주었다. 아버지는 우시기까지 하셨다.

130 交差点（こうさてん） 교차로, 네거리 ＝ 十字路(じゅうじろ) 네거리 □□□

・警察官が交差点に立って、交通整理をしている。
경찰관이 교차로에 서서 교통정리를 하고 있다.

131 交通（こうつう） 교통 □□□

・この辺りは景色はいいが、交通の便が悪い。
이 주변은 경치는 좋지만 교통편이 나쁘다.

132 紅葉（こうよう） 단풍이 듦 □□□

・去年に比べてきれいに紅葉してないね。
작년에 비해 단풍이 예쁘게 들지 않았네.

133 ゴール (goal) 골, 결승선, 결승점 □□□

・ゴールはまだまだ遠い。こんなところで休んではいられない。
결승점은 아직도 멀다. 이런 곳에서 쉬고 있을 수는 없다.

134 心（こころ） 마음 ▶ 心(こころ)の持(も)ち方(かた) 마음가짐 □□□

・何でも心の持ち方一つですよと言われた。
무슨 일이든 마음먹기에 달렸다고 들었다.

135 腰（こし） 허리 □□□

・腰を折って丁寧にあいさつする。
허리를 굽혀 공손하게 인사하다.

🔑 시험에 잘 나오는 관련 표현

① 腰（こし）を下（お）ろす 앉다, 걸터앉다, 의자 따위에 앉다
・男の人が壁際に腰を下ろして本を読んでいる。
남자가 벽 쪽에 앉아 책을 읽고 있다.

② 腰を掛ける 걸터앉다, 어떤 물체 위에 앉다

・腰をかけている人もいれば立っている人もいます。
앉아 있는 사람도 있고 서 있는 사람도 있습니다.

③ 腰を抜かす 몹시 놀라다, 기겁을 하게 놀라다

・彼女に子供がいたという話を聞いて木村さんは腰を抜かした。
그녀에게 아이가 있었다는 이야기를 듣고 기무라 씨는 깜짝 놀랐다.

④ 腰を上げる 슬슬 일을 시작하다

⑤ 本腰を入れる 진심으로 열심히 일에 몰두하다, 본격적으로 덤벼들다, 진지한 자세로 임하다

⑥ 腰を屈める 가볍게 인사하다

---

136 故障 고장

・車が故障したので、今日は行けません。
차가 고장 나서, 오늘은 갈 수 없습니다.

---

137 午前 오전 ↔ 午後(ごご) 오후

・午前中は勉強して、午後は運動をします。
오전 중에는 공부하고, 오후에는 운동합니다.

---

138 応え (다른 것으로부터의 작용, 자극에 대한) 반응, 느낌
▶ 手応(てごた)え 손에 와 닿는 느낌 반응, 보람

・手応えがある。
반응이 있다.

・手応えのある仕事。
보람 있는 일.

・この提案には委員たちの手応えがない。
이 제안에는 위원들의 호응이 없다.

・このランチ定食、食べごたえがありますね。
이 런치 정식, 꽤 배가 부르네요.

139 ご馳走 진수성찬

- ご馳走をおなかいっぱい食べる。
  맛있는 음식을 배불리 먹다.
- 御馳走する。 ＝おごる 한턱내다
  대접하다.
- 御馳走になる。 대접을 받다.

140 小包 소포 ▶ 速達(そくたつ) 속달　書留(かきとめ) 등기

- 先生に小包を出します。
  선생님에게 소포를 부칩니다.

141 今年 올해, 금년 ▶ 一昨年(おととし) 재작년　去年(きょねん) 작년
　　　　　　　　　　　来年(らいねん) 내년

- 今年の梅雨は長かった。
  올해 장마는 길었다.
- 私が聞く限りでは今年は桜の開花が早いそうです。
  내가 들은 바로는 올해는 벚꽃의 개화가 빠르다고 합니다.

142 言葉 ① 언어, 말씨 ② 단어, 어구
　　　▶ 話(はな)し言葉(ことば) 구어체　書(か)き言葉(ことば) 문장체

- この言葉の意味がわかりますか。
  이 말의 의미를 알겠습니까?
- 英語で言葉が通じた。
  영어로 말이 통했다.
- 別の言葉に置き換える。 다른 단어로 바꿔 놓다.

🔵 **관련 표현**

① 言葉が足りない　설명이 부족하다
② 言葉に甘える　호의를 받아들이다
③ 言葉に尽くせない　말로 다 표현할 수 없다

143 子供 아이 ↔ 大人(おとな) 어른

- 子どもでさえ知っているようなことを大人の私が知らなかった。
  어린애도 알고 있는 일을 어른인 내가 몰랐다.

144 **この頃**（ごろ） 요즘(날을 단위로 사용)

- この頃（ごろ）、よく山（やま）へのぼります。
  요즘 자주 산에 오릅니다.

① **近頃**（ちかごろ） 요즈음, 요사이, 작금(月이나 年단위로 사용)
- 近頃（ちかごろ）の若（わか）い人（ひと）。
  요즈음의 젊은이.

② **最近**（さいきん） 최근, 요즈음(시간 단위의 폭이 가장 넓음)
- 最近（さいきん）は便利（べんり）になったものだ。
  요즈음은 편리하게 되었구나.

---

145 **ご飯**（はん） 밥 ▶ 米（こめ） 쌀

- ごはんを食（た）べる前（まえ）に「いただきます」と言（い）います。
  밥을 먹기 전에 '잘 먹겠습니다'라고 말합니다.
- 日本酒（にほんしゅ）は米（こめ）から作（つく）られています。
  정종은 쌀로 만듭니다.

---

146 **コピー** (copy) 복사

- 会議（かいぎ）の書類（しょるい）を人数分（にんずうぶん）コピーする。
  회의 서류를 인원수만큼 복사하다.

---

147 **先**（さき） ① 앞, 선두 ② 장래, 미래 ③ 전방, 앞쪽 ④ 돌출되어 있는 끝 ⑤ 목적지, 상대방
▶ 一寸（いっすん）先（さき）は闇（やみ） 한 치 앞을 예상할 수 없는 경우

- 先（さき）を争（あらそ）う。
  앞을 다투다. 남보다 선두에 나서려고 경쟁하다.
- 先（さき）が思（おも）いやられる。
  장래가 걱정스럽다.
- この先（さき）は行（ゆ）き止（ど）まりだ。
  이 앞은 막다른 곳이다.
- 今日（きょう）政権（せいけん）の座（ざ）を得（え）ていても、一寸先（いっすんさき）は闇（やみ）だ。
  오늘 정권의 자리를 차지하고 있어도 한 치 앞을 예상할 수 없다.

명사

148 作品 작품

・あの人がこの作品を1960年に書いたということは、その時わずか22
歳だったということだ。
그 사람이 이 작품을 1960년에 썼다는 것은, 그 때 불과 22세였다는 말이다.

149 桜 벚꽃 ▶ 花見(はなみ) 꽃구경

・お庭の桜がきれいですね。
정원의 벚꽃이 아름답군요.

150 作家 작가

・この絵を描いた作家はどなたですか。
이 그림을 그린 작가는 어느 분이십니까?

151 三角 삼각 ▶ 四角(しかく) 사각

・おむすびを三角ににぎる。
주먹밥을 삼각으로 쥐다.

○ 모양, 형상 관련 어휘

円形 원형 = 丸形　　　　　　長方形 직사각형

楕円形 타원형　　　　　　　ひし形 능형, 마름모꼴

正方形 정사각형　　　　　　らせん状 나선형

152 試合 시합

・試合が終わったとたんに雨が降りだした。
시합이 끝나자마자, 비가 내리기 시작했다.

153 仕方 방법 ▶ 仕方(しかた)がない・しょうがない 어쩔 수 없다

・バスもタクシーもない所だから歩いて行くよりしかたがない。
버스도 택시도 없는 곳이므로 걸어서 갈 수밖에 방법이 없다.

・車の運転の仕方を知っていますか。
차 운전하는 법을 아세요?

154 試験 시험

・試験があるので勉強しないわけにはいかない。
시험이 있으니 공부를 안 할 수는 없다.

155 辞書 사전

・何の意味か辞書を引いてみてください。
무슨 의미인지 사전을 찾아보세요.

156 次女 차녀 ▶ 長女(ちょうじょ) 장녀

・明るくて活発な次女だった。
밝고 활발한 차녀였다.

　🔁 **관련 표현**

　① **次男** 차남　② **長男** 장남
　③ **一人娘** 외동딸　④ **一人息子** 외동아들

157 下 ① 아래　② (옷을 껴입거나 받쳐 입을 때) 속, 안 ↔ 上(うえ) 위

・下へ落ちる。
아래로 떨어지다.

・下にセーターを着る。
속에 스웨터를 입다.

158 舌 혀 ▶ 舌(した)が回(まわ)る 혀가 잘 돌다, 말을 거침없이 잘 하다
　　　　　舌(した)を巻(ま)く 혀를 내두르다, 매우 감탄하다 = 感心(かんしん)する
　　　　　舌(した)を出(だ)す 혀를 내밀다, 남을 비방하거나 업신여기다,
　　　　　　　　　　　　　자신의 실수를 부끄러워하다

・妹は幼いので、まだ舌がよく回らない。
여동생은 어려서 아직 말을 잘 하지 못한다.

・踊りのすばらしさに舌を巻いた。
훌륭한 춤 솜씨에 매우 감탄했다.

명사

159 質問 ^{しつもん} 질문 ↔ 答(こた)え 대답

- 社長は社員に質問に答えさせます。
  사장님은 사원에게 질문에 답하게 합니다.
- 留守なのか、いくら呼んでも答えがない。
  부재중인지 아무리 불러도 대답이 없다.

160 自分 ^{じぶん} 자신, 자기 ▶ 自分(じぶん)の首(くび)をしめる　自(みずか)ら 자신, 스스로
　　　　　자신의 목을 조르다, 스스로에게 불리해지는 일을 하다

- いかなる苦しい状況でも、自分の夢を捨ててはいけない。
  아무리 힘든 상황에서도 자신의 꿈을 버려서는 안 된다.
- そんなことをしたら自分の首をしめることになる。
  그런 짓을 하면 자기 목을 조르는 셈이 된다.

161 氏名 ^{しめい} 이름 ▶ 名前(なまえ) 이름　名字・苗字(みょうじ) 성

- 住所と氏名を書いてください。
  주소와 이름을 써 주세요.
- わたしの名字は田中です。
  제 성은 다나카입니다.

162 車道 ^{しゃどう} 차도 ↔ 歩道(ほどう) 보도

- ここは車道ですから、車を止めてはいけません。
  여기는 차도이기 때문에 차를 세우면 안 됩니다.

163 習慣 ^{しゅうかん} 습관, 관습 ＝ 慣習(かんしゅう) 관습　しきたり 관례, 관습, 습관

- 日本へ来たからには、日本の習慣にしたがいます。
  일본에 온 이상, 일본의 관습에 따르겠습니다.

164 習字 ^{しゅうじ} 습자, 글자

- 二人は習字の練習をしています。
  두 사람은 글자 연습을 하고 있습니다.

165 就職 ^{しゅうしょく} 취직

- 就職試験、うまくいくといいですね。 취직시험, 잘 되었으면 좋겠네요.

166 週末 주말 □□□

・普段は忙しくて掃除ができないので週末に部屋をきれいにした。
평소에는 바빠서 청소를 못하기 때문에 주말에 방을 깨끗하게 했다.

167 修理 수리 □□□

・時計を修理に出す。
시계를 수리하러 보내다.

➡ 修 ：修正 수정 ・ 修養 수양 ・ 修了 수료

168 手術 수술 ▶ メスを入(い)れる 메스를 가하다, 수술하다 □□□

・わたしは昨年盲腸の手術をしました。
나는 작년에 맹장 수술을 했습니다.

・日本は非関税障壁と言われる無意味な障害や閉鎖的な官僚機構にメスを入れ、早急に市場を開放しなければならない。
일본은 비관세장벽이라 일컬어지는 무의미한 장애나 폐쇄적인 관료기구에 메스를 가해 조속히 시장을 개방해야만 한다.

169 出発 출발 ▶ 発(た)つ 떠나다, 출발하다 □□□

・8時に出発する列車があります。
8시에 출발하는 열차가 있습니다.

170 趣味 취미 □□□

・カメラが趣味だとは全然知らなかった。
사진 찍는 것이 취미인 줄은 전혀 몰랐다.

171 準備 준비 □□□

・そうですか、準備が大変ですね。
그렇습니까, 준비하는 것 힘들겠네요.

・国民の三人に一人は大地震が起こった時の準備を何もしていないという。
국민의 3명 중 1명은 대지진이 일어났을 때를 위한 준비를 아무것도 하고 있지 않다고 한다.

172 紹介 （しょうかい） 소개

・転校生が先生に紹介された。（てんこうせい　せんせい　しょうかい）
전학생이 선생님에게 소개되었다.

유사 표현

① 世話をする（せわ）　주선하다

・友人を取引先の会社に世話した。（ゆうじん　とりひきさき　かいしゃ　せわ）
친구를 거래처 회사에 소개했다.

173 商業 （しょうぎょう） 상업 ▶ 農業（のうぎょう）농업　工業（こうぎょう）공업

・商業の盛んな都市だ。（しょうぎょう　さか　とし）
상업이 활발한 도시다.

174 昇進 （しょうしん） 승진

・昇進してないかどきどきします。（しょうしん）
승진하지 않았을까 가슴이 두근두근합니다.

175 招待 （しょうたい） 초대 ▶ 招（まね）く 초대하다

・叔父に夕食に招待されている。（おじ　ゆうしょく　しょうたい）
숙부님 댁 저녁 식사에 초대받았다.

176 消防 （しょうぼう） 소방 ▶ 消防車 소방차　消防署 소방서（しょうぼうしゃ　しょうぼうしょ）

・あした消防の訓練があります。（しょうぼう　くんれん）
내일 소방 훈련이 있습니다.

177 証明 （しょうめい） 증명

・本校の生徒であることを証明する。（ほんこう　せいと　しょうめい）
본교의 학생임을 증명하다.

유사 표현

① 裏付ける（うらづ）　뒷받침하다, 입증하다

・それを裏付けるデータがない。（うらづ）
그것을 뒷받침할 데이터가 없다.

178 将来（しょうらい） 장래　□□□

・将来（しょうらい）は先生（せんせい）になりたいです。
장래에는 선생님이 되고 싶습니다.

179 食後（しょくご） 식후　□□□

・粉薬（こなぐすり）は食後（しょくご）に飲（の）んでください。
가루약은 식후에 드십시오.

180 植物（しょくぶつ） 식물 ↔ 動物（どうぶつ） 동물　□□□

・植物（しょくぶつ）の存在（そんざい）は人間（にんげん）が呼吸（こきゅう）する上（うえ）で絶対（ぜったい）に必要（ひつよう）なものである。
식물의 존재는 인간이 호흡하는 데에 절대적으로 필요한 것이다.

181 新型（しんがた） 신형　□□□

・毎月（まいつき）のように新型（しんがた）のコンピューターが売（う）り出（だ）される。
다달이 신형 컴퓨터가 판매되고 있다.

182 信号（しんごう） 신호　□□□

・信号（しんごう）を渡（わた）って、一（ひと）つ目（め）の角（かど）を右（みぎ）に曲（ま）がると郵便局（ゆうびんきょく）があります。
신호를 건너, 첫 번째 모퉁이를 오른쪽으로 돌면 우체국이 있습니다.

183 人口（じんこう） 인구　□□□

・人口（じんこう）の増加（ぞうか）が著（いちじる）しい。 인구 증가가 현저하다.

　➡ 人（じん）：人身事故（じんしんじこ） 인명 사고 ・ 人体（じんたい） 인체

184 神社（じんじゃ） 신사　□□□

・神社（じんじゃ）の境内（けいだい）に大（おお）きないちょうの木（き）がある。
신사 경내에 커다란 은행나무가 있다.

185 心配（しんぱい） 걱정, 염려 ▶ 心配（しんぱい）をかける 걱정을 끼치다　□□□

・田中（たなか）さんは、人（ひと）に心配（しんぱい）をかけたあげくに、さっさとどこかへ行（い）って
しまいました。
다나카 씨는 다른 사람에게 걱정을 끼친 끝에, 서둘러 어딘가로 가 버렸습니다.

명사

186 新聞（しんぶん） 신문 □□□

・彼は毎朝、ご飯を食べながら新聞を読む。
그는 매일 아침, 밥을 먹으면서 신문을 읽는다.

187 信用（しんよう） 신용 □□□

・あの人はいささかも信用できない人物だ。
저 사람은 전혀 신용할 수 없는 인물이다.

188 寿司（すし） 초밥 □□□

・あの寿司屋は高いと思います。
저 초밥 집은 비싸다고 생각합니다.

・寿司がだめなら鰻でもいい。
초밥이 안 된다면 장어라도 상관없다.

189 背（せ） ① 키 ② 등 ▶ 背(せ)を向(む)ける 등을 돌리다, 무관심하다 □□□

・山中さんは三田さんほど背が高くない。
야마나카 씨는 미타 씨만큼 키가 크지 않다.

・高校生たちはカメラに背を向けている。
고등학생들은 카메라에 등을 돌리고 있다.

・どんぐりの背比べ。
도토리 키재기(모두가 평범하여 우열이 없는 것을 비유).

190 生活（せいかつ） (삶 전체에서 보는) 생활 □□□

・リンさん、どうですか。日本の生活は?
린 씨, 어떻습니까? 일본 생활은?

🔵 관련 표현

① 暮らし (경제 생활 수준과 관련하여 말하는) 생활

・暮らしがなり立たない。
생활이 안 된다.

191 **精算** (せいさん) 정산

・この機械は切符を精算する時使います。
이 기계는 표를 정산할 때 씁니다.

192 **咳** (せき) 기침

・うちの子、夕べから咳が止まらないんです。
우리 아이가 어젯밤부터 기침이 멈추지 않아요.

193 **責任** (せきにん) 책임 ▶ 責任(せきにん)を問(と)う 책임을 묻다(밝혀 따지다)
= 責任(せきにん)をただす

・本人の責任を問わざるを得ない。
본인의 책임을 묻지 않을 수 없다.

194 **全部** (ぜんぶ) 전부

・木を全部切ってしまったので、山が裸になってしまった。
나무를 전부 베어 버려서 산이 헐벗게 되어 버렸다.

195 **掃除** (そうじ) 청소 ▶ 掃除機(そうじき) 청소기

・姉はわたしに部屋の掃除をさせました。
누나는 나에게 방 청소를 시켰습니다.

🔑 청소하는 동작을 나타내는 어휘

① 掃く (は) 쓸다
・ほうきで店先を掃いている。 빗자루로 가게 앞을 쓸고 있다.

② 拭く (ふ) 닦다
・ぞうきんで床を拭いている。 걸레로 마루를 닦고 있다.

196 **相談** (そうだん) 상담, 의논 (사용 범위가 넓어 당사자 또는 제 3자에 관한 경우도 사용함)
▶ 相談(そうだん)に乗(の)る 상담에 응하다

・家族と相談したうえで、ご返事します。
가족과 의논한 후에, 답변 드리겠습니다.

・山本さんは何か困ったことがあったらいつでも相談に乗ってくれます。
야마모토 씨는 무언가 곤란한 일이 있으면 언제든지 상담에 응해 줍니다.

명사

명사

🔵 유사 표현

① 打ち合わせ 의견 조정, 사전 협의

・行事のため事前に打ち合わせをしておこう。
행사를 위해 사전에 협의를 해 두자.

---

197 袖 소매 ▶ 袖(そで)にする 소홀히 다루다, 거들떠보지 않다, 괄시하다

・暑いので袖をまくる。
더워서 소매를 걷다.

---

198 外 바깥 ↔ 内(うち) 안, 내부 ▶ 外側(そとがわ) 바깥 측

・外へ出たら雨が降ってきました。
밖에 나가자 비가 내리기 시작했습니다.

---

199 蕎麦 국수 ▶ 引(ひ)っ越(こ)しそば 이사 가서 그 이웃에게 인사로 나누어 주는 메밀국수

・そばやうどんを食べる時は音をたててもかまいません。
메밀국수나 우동을 먹을 때는 소리를 내도 괜찮습니다.

---

200 空 하늘

・空はたちまち暗くなった。
하늘은 갑자기 어두워졌다.

🔵 P1-L1-03

---

201 台 ～대 (수레 또는 기계를 세는 말, 수량의 대략적인 범위를 나타내는 말)

・三台の車。 차 3대.
・三千円台。 3천 엔대.

🔵 사물을 세는 말

① 枚 ～장, ～매 (종이, 접시 등 얇고 평평한 것을 세는 말)

② 足 ～켤레 (양말, 신발 등을 세는 말)

③ 本 ～병, ～자루, ～개비, ～편 (가늘고 긴 것, 영화 등의 작품 수를 세는 말)

④ 軒 ～채 (집을 세는 말)

⑤ 階 ～층 (건물의 층수를 세는 말)

48

202 **大事**(だいじ) 중대사, 큰일 ▶ 大事(だいじ)に至(いた)る 큰일이 나다

- 大事(だいじ)を招(まね)いてしまった。
중대사를 초래하고 말았다.

203 **退社**(たいしゃ) 퇴근 ▶ 한국어로는「退勤(たいきん)」이라고 하지만, 일본어에서는 「退社(たいしゃ)」라고 한다.

- 営業会議(えいぎょうかいぎ)が長引(ながび)いて昨日(きのう)は9時(じ)に退社(たいしゃ)した。
영업회의가 길어져서 어제는 9시에 퇴근했다.

204 **台所**(だいどころ) 부엌

- ここは台所(だいどころ)です。
여기는 부엌입니다.

205 **台風**(たいふう) 태풍 ▶ 台風(たいふう)が来(く)る 태풍이 오다

- 台風(たいふう)のため、船(ふね)を欠航(けっこう)します。
태풍 때문에 배를 결항합니다.

206 **ただ** 무료, 공짜, 거저

- ただより高(たか)いものはない。
공짜보다 비싼 것은 없다.

- こどもの日(ひ)なので遊園地(ゆうえんち)の入園料(にゅうえんりょう)はただになった。
어린이날이어서 유원지 입장료는 무료가 되었다.

207 **ただいま** ① 지금, 현재 ② 방금, 곧

- ただいまお通話中(つうわちゅう)です。
지금 통화 중입니다.

208 **七夕**(たなばた) 7월 7일 칠석 (축제)
이 날 아이들은 오색 종이에 소망을 적어 작은 대나무에 매달아 만든「たなばた飾(かざ)り」를 만들기도 한다.

209 **食(た)べ物(もの)** 음식

- 私(わたし)は食(た)べ物(もの)に好(す)き嫌(きら)いがありません。なんでも食(た)べます。
나는 음식을 가리는 게 없습니다. 무엇이든 먹습니다.

명사

210 誰 누구 ▶ どなた 어느 분, 누구 ☐☐☐

・友だちが来た時は家に誰もいなかった。
친구가 왔을 때는 집에 아무도 없었다.

211 暖房 난방 ▶ 暖炉 난로　暖炉にあたる 난로를 쬐다 ☐☐☐

・あまり寒くないので、暖房を入れなくてもいいです。
그다지 춥지 않기 때문에 난방을 넣지 않아도 됩니다.

212 近く 근처 ↔ 遠(とお)く 먼 곳 ☐☐☐

・近くへいらっしゃったらぜひお訪ねください。
근처에 오시거든 꼭 방문해 주십시오.

・もっと遠くへ行きたい。
좀 더 먼 곳에 가고 싶다.

🔵 유사 표현

① 側　'近く'보다는 가까운 느낌

② 脇　주체가 되는 것의 좌우측
　　('そば'보다 더욱 가까이 붙어 있고 사이에 다른 것이 없을 경우)

③ 横　(보통 좌우 사물이 다른 경우) 옆

・横に一列にならびなさい。　옆으로 일렬로 줄 서세요.

213 遅刻 지각 ▶ 遅(おく)れる 늦다, 지각하다 ☐☐☐

・遅刻して課長に怒られました。
지각해서 과장님에게 야단맞았습니다.

214 地図 지도 ☐☐☐

・道がわからないときは地図を見てください。
길을 모를 때에는 지도를 보세요.

➡ 図：図形 도형 ・ 図表 도표 ・ 合図 신호

215 駐車場 주차장 ☐☐☐

・この広場には駐車場がありません。
이 광장에는 주차장이 없습니다.

➡️ 駐：駐在 주재 ・ 常駐 상주

216 注文 주문 ▶ 取(と)り寄(よ)せる 주문하여 가져오게 하다　　　□□□

・この本を注文したいんですが。
이 책을 주문하고 싶습니다만.

・左の人は注文を取っています。
왼쪽 사람은 주문을 받고 있습니다.

・ご注文は何になさいますか。
주문은 무엇으로 하시겠습니까?

➡️ 다른 표현

① ご注文をどうぞ　주문을 하세요

② お決まりですか　결정하셨습니까 / 주문하시겠습니까?

③ お飲み物は?　마실 것은요?

217 貯金 저금 ▶お金(かね)を貯(た)める 저금하다　　　□□□

・給料が安くてなかなか貯金ができない。
월급이 적어서 좀처럼 저금할 수가 없다.

・毎月給料のなかから一万円を貯金している。
매달 월급에서 만 엔을 저금하고 있다.

218 一日 1일　　　□□□

・七月一日はぼくの誕生日だ。
7월 1일은 내 생일이다.

＊ 날짜의 1일은「ついたち」로 읽으나, 기간의 하루는「一日(いちにち)」로 읽음

219 通学 통학 ▶ 通勤(つうきん) 통근　通(かよ)う 정기적으로 다니다, 통근(통학)하다　　　□□□

・姉はバスで通学している。
누나는 버스로 통학하고 있다.

・最近スニーカーで通勤する女性が増えた。
요즈음 운동화를 신고 통근하는 여성이 늘었다.

명사

220 月 달　　□□□

・<ruby>月<rt>つき</rt></ruby>が<ruby>出<rt>で</rt></ruby>ています。
달이 떠 있습니다.

＊「<ruby>月見<rt>つきみ</rt></ruby>」달구경, 추분(秋分–9월 23일 경)에 맑고 투명한 가을달을 보며 풍요로운 수확을 기원한다.

221 つき<ruby>合<rt>あ</rt></ruby>い 교제함, 교제상의 의리　　□□□
▶ つき合(あ)いが悪(わる)い 사교성이 없다, 사람들과 잘 어울리지 않다

・<ruby>彼<rt>かれ</rt></ruby>、<ruby>最近<rt>さいきん</rt></ruby>つき<ruby>合<rt>あ</rt></ruby>いが<ruby>悪<rt>わる</rt></ruby>いね。
그 사람, 요즘 통 어울리지 않는군.

222 <ruby>都合<rt>つごう</rt></ruby> 형편, 사정 ▶ 都合(つごう)をきく 사정을 듣다　　□□□

・<ruby>都合<rt>つごう</rt></ruby>が<ruby>悪<rt>わる</rt></ruby>い。
형편이 안 좋다.

・<ruby>都合<rt>つごう</rt></ruby>がいい。
형편(사정)이 좋다.

223 <ruby>妻<rt>つま</rt></ruby> 아내　　□□□

・<ruby>息子<rt>むすこ</rt></ruby>に<ruby>学校<rt>がっこう</rt></ruby>の<ruby>宿題<rt>しゅくだい</rt></ruby>を<ruby>聞<rt>き</rt></ruby>かれて、<ruby>妻<rt>つま</rt></ruby>と<ruby>一緒<rt>いっしょ</rt></ruby>にああだこうだとやってみたができなかった。
아들이 학교 숙제를 물어서 아내와 함께 이렇게 저렇게 해 보았으나 되지 않았다.

224 <ruby>爪<rt>つめ</rt></ruby> 손톱, 발톱　　□□□

・<ruby>能<rt>のう</rt></ruby>あるたかは<ruby>爪<rt>つめ</rt></ruby>を<ruby>隠<rt>かく</rt></ruby>す。
유능한 매는 발톱을 숨긴다. 실력 있는 자는 함부로 뽐내지 않는다.

225 <ruby>梅雨<rt>つゆ</rt></ruby> 장마 ▶ 梅雨入(つゆい)り 장마에 들어섬　梅雨明(つゆあ)け 장마가 끝남　　□□□

・<ruby>今年<rt>ことし</rt></ruby>の<ruby>梅雨<rt>つゆ</rt></ruby>は<ruby>長<rt>なが</rt></ruby>かった。
올해 장마는 길었다.

・せっかく<ruby>休<rt>やす</rt></ruby>みをとったのに<ruby>梅雨入<rt>つゆい</rt></ruby>りで<ruby>出<rt>で</rt></ruby>かけられなかった。
모처럼 휴가를 냈는데 장마가 시작되어 나가지 못했다.

□□□

226 **手** 손 ▶ 手(て)を貸(か)す 도와주다　手(て)を抜(ぬ)く 일을 적당히 처리하다
手(て)が出(で)ない 엄두가 안 나다

• 答えがわかった人は手をあげてください。
답을 아는 사람은 손을 드세요.

• 手を焼く。
애먹다, 처치 곤란해 하다.

• 掃除の手を抜いて叱られた。
청소를 엉터리로 해서 야단맞았다.

● 관련 표현

① ～手　～하는 사람

• 相手にしてくれる手がなかった。
상대해 줄 사람이 없었다.

② 手が空く　(일이 일단 끝나) 일손이 비다

• 誰でもいいから手が空いたら、こっちの仕事を手伝ってほし
いんだけど。
누구라도 좋으니까 일손이 비면 이쪽 일을 거들어 주었으면 좋겠는데.

③ 手も足も出ない　손을 댈 수가 없다, 어찌할 도리가 없다

• 今回の入社試験、手も足も出ないほどだったよ。
이번 입사 시험은 손도 못 댈 지경이었어.

④ 手をつける　손을 대다, 일을 시작하다

• 仕事が多くて、何から手をつけていいか分からない。
일이 많아서 무엇부터 손을 대야 좋을지 모르겠다.

□□□

227 **でき** 완성된 상태, 됨됨이

• どうもできの悪い製品である。
아무래도 완성도가 떨어지는 제품이다.

□□□

228 **デザイン** (design) 디자인

• この商品はデザインはいいけど、コストからいって売るのは難しい。
이 상품은 디자인은 좋지만 가격으로 보면 파는 것은 어렵다.

명사

명사

229 天気 (てんき) 날씨, 쾌청한 날씨

- 天気(てんき)がくずれる。
  날씨가 나빠지다.

- 天気予報(てんきよほう)がはずれた。
  일기예보가 빗나갔다.

- 天気予報(てんきよほう)によると午後(ごご)から雨(あめ)が降(ふ)るそうです。
  일기예보에 의하면 오후부터 비가 온다고 합니다.

- はっきりしない天気(てんき)。
  확실치 않은 날씨. 흐린 날씨.

- うっとうしい天気(てんき)が続(つづ)く。
  찌뿌드드한 날씨가 이어지다.

유사 표현

① 日和(ひより) 날씨, 화창한 날

- 今日(きょう)は行楽日和(こうらくびより)だからどこかへ出(で)かけよう。
  오늘은 행락에 알맞은 날씨니까 어딘가 나가자.

- 母(はは)は晴(は)れあがった空(そら)にむかって「いいお日和(ひより)だこと」と言(い)った。
  엄마는 맑게 개인 하늘을 향해 '화창해서 좋은 날이구나'라고 했다.

② 空模様(そらもよう) 날씨

- 一雨来(ひとあめき)そうな空模様(そらもよう)だ。 한차례 비가 내릴 것 같은 날씨다.

*우리말의 '날씨가 ~하다'를 직역하여 「天気(てんき)が~」라고 해서는 안 된다. 즉 「天気(てんき)」를 빼고 「寒(さむ)い 춥다」「暑(あつ)い 덥다」「晴(は)れている 맑다」「曇(くも)っている 흐리다」 등을 쓰면 된다.

날씨의 다른 표현

嵐(あらし) 광풍, 폭풍	温度(おんど) 온도
雷(かみなり) 천둥	気象(きしょう) 기상 ▶ 気象台(きしょうだい) 기상대
気候(きこう) 기후	霧(きり) 안개 ▶ 雨(あめ) 비 雪(ゆき) 눈 霜(しも) 서리 露(つゆ) 이슬
凍(こお)る 얼다	小雨(こさめ) 가랑비
小春日和(こはるびより) 초겨울의 따뜻한 날씨	湿気(しっけ) 습기 = しっき, しめりけ
時雨(しぐれ) 늦가을에서 초겨울에 걸쳐 오다 말다 하는 비	湿度(しつど) 습도
土砂降(どしゃぶ)り 억수같은 비	雪崩(なだれ) 눈사태
にわか雨(あめ) 소나기	日照(ひで)り 가뭄
日向(ひなた) 양지	吹雪(ふぶき) 눈보라
星(ほし)が出(で)る 별이 뜨다	夕立(ゆうだち) 여름 오후의 소나기

230 　電車　전철

・電車で行けばもっと早く着くはずです。
전철로 가면 좀 더 빨리 도착할 겁니다.

231 　天井　천정 ↔　床(ゆか) 바닥

・雨漏りして天井にしみがつく。
비가 새서 천정에 얼룩이 진다.

・天井知らずの高値。
천정 부지의 고가.

232 　てんぷら　튀김 ▶ 揚(あ)げ物(もの) 튀김류

・日本に来て初めて天ぷらを食べて以来、ずっと天ぷらが好きだ。
일본에 와서 처음으로 튀김을 먹은 후 쭉 튀김을 좋아한다.

233 　電話　전화

・電話がかかる。 전화가 걸려 오다.

・電話をかける。 전화를 걸다.

・電話のベルが鳴る。 전화벨이 울리다.

・電話に出る。 전화를 받다.

・電話を受ける。 전화를 받다.

・電話を切る。 전화를 끊다.

🔎 **다양한 전화**

留守番電話　자동응답 전화기　　国際電話　국제전화

国内電話　국내전화　　長距離電話　장거리전화

公衆電話　공중전화　　携帯電話　휴대전화

234 　床屋　이발소

・きのうは床屋へ行って髪を刈ってもらった。
어제는 이발소에 가서 머리를 잘랐다.

명사

235 所 (ところ) 곳, 장소 □□□

・シルバーシートはお年寄りが座る所であって若者が座る所ではない。
경로석은 노인들이 앉는 곳이지 젊은 사람들이 앉는 곳이 아니다.

236 年 (とし) 나이 ▶ 年甲斐(としがい)もない 나이값도 못 한다 □□□

・年をとってもきれいなままでいたい。
나이를 먹어도 예쁜 그대로 있고 싶다.

237 年上 (としうえ) 연상 ↔ 年下(としした) 연하 □□□

・太郎君はぼくより一つ年上のいとこだ。
타로 군은 나보다 한 살 위의 사촌이다.

238 図書館 (としょかん) 도서관 □□□

・朝早く来て図書館で勉強します。
아침 일찍 와서 도서관에서 공부합니다.

239 特急 (とっきゅう) □□□
① 특급 ＊「特別(とくべつ)急行(きゅうこう) 特別급행」의 준말
② 특히 서두르거나 급하게 함 ＝ 大急(おおいそ)ぎ

・特急券 (とっきゅうけん) 특급권
・超特急 (ちょうとっきゅう) 초특급
・特急で仕上げるように頼みました。
특히 서둘러 끝내도록 부탁하였습니다.

240 隣 (となり) 옆, 곁, 이웃 □□□

・やっと隣のビルができあがった。
드디어 옆 빌딩이 완성되었다.
・会社の隣の店で買いました。
회사 옆 가게에서 샀습니다.

241 友だち (とも) 친구 ＝ 友人(ゆうじん) 친구, 벗 □□□

・一生の友だちが何人いますか。
평생의 친구가 몇 명 있습니까?

242
とり
鳥 새

□□□

・残念ですが、いまとなっては日本でこの鳥を見ることはできません。
유감입니다만, 이제는 일본에서 이 새를 볼 수 없습니다.

243
と
取りたて 갓 취득함, 갓 땀

□□□

・ここにあるのは、どれも取りたての新鮮な果物です。
여기에 있는 것은 어느 것이나 갓 딴 신선한 과일입니다.

244
ど りょく
努力 노력

□□□

・毎日の努力こそ成功の秘訣なのです。
매일 노력하는 것이야말로 성공의 비결인 것입니다.

・成功するには努力するのがいいとばかり言えない。
성공하려면 노력하는 것이 좋다고만 할 수 없다.

245
なか
中 속, 안 ↔ 外(そと) 바깥

□□□

・ランドセルの中に教科書とノートが入っている。
(초등학생용) 책가방 안에 교과서와 노트가 들어 있다.

・井の中の蛙大海を知らず。
우물 안 개구리 세상 넓은 줄 모른다.

🔷 유사 표현

① 奥 (공간의 안, 내부) 안
・奥の席に座ると先生の話が聞き取れません。
안쪽 자리에 앉으니 선생님의 이야기를 알아들을 수 없습니다.

246
なっとう
納豆 낫토

□□□

・納豆が食べられます。
낫토를 먹을 수 있습니다.

なっとう
* **納豆**

청국장처럼 콩을 발효시킨 것으로 특유의 냄새와 맛을 낸다. 먹을 때 끈끈하고 늘어지는
느낌이 있어 처음 먹는 사람들은 거부감이 들 수 있으나, 일본인들은 뜨거운 밥에 이 낫토를
떠서 비벼 먹기도 한다. 물론 일본인들 중에도 낫토를 안 먹는 사람들이 있지만, 낫토를 먹을
수 있느냐 없느냐에 따라 일본 생활의 적응 여부를 가리기도 한다.

명사

247 涙（なみだ）눈물 ▶ 涙(なみだ)もろい 눈물을 잘 흘리다, 눈물이 헤프다

・わたしの母（はは）は涙（なみだ）もろくて、悲（かな）しいドラマを見（み）るとすぐ泣（な）いてしまう。
　내 어머니는 눈물이 많아 슬픈 드라마를 보면 금방 울어버린다.

248 何歳（なんさい）・**何才**（なんさい）몇 살 ＝ おいくつ

・この映画（えいが）は何才（なんさい）から見（み）られますか。
　이 영화는 몇 살부터 볼 수 있습니까?

249 匂い（にお）냄새（「臭(にお)い」로 쓰면 보통 '나쁜 냄새'를 의미）
　　　▶ においを嗅(か)ぐ 냄새를 맡다

・いい匂（にお）いがする。
　좋은 냄새가 난다.

・男（おとこ）の人（ひと）はバラのにおいを嗅（か）いでいます。
　남자는 장미 냄새를 맡고 있습니다.

250 肉（にく）고기, 살코기

・どちらかといえば、肉（にく）より魚（さかな）の方（ほう）が好（す）きなんだけど。
　어느 쪽이냐 하면 고기보다 생선이 좋은데.

251 荷物（に もつ）짐, 화물

・荷物（に もつ）が着（つ）きしだい送金（そうきん）します。
　짐이 도착하는 대로 송금하겠습니다.

252 ネクタイ (necktie) 넥타이 ▶ 세는 단위는 本(ほん)

・ネクタイをしめる。
　넥타이를 매다.

・すみません。探（さが）しているネクタイが見（み）つからないんですが。
　여기요. 찾고 있는 넥타이가 안 보이는데요.

253 猫（ねこ）고양이 ▶ 猫(ねこ)も杓子(しゃくし)も 어중이 떠중이 모두

・猫（ねこ）をかわいがる。 고양이를 귀여워하다.

・またミニスカートが流行（はや）り出（だ）した。それで猫（ねこ）も杓子（しゃくし）もはいて…。
　또 미니스커트가 유행하기 시작했다. 그래서 너도나도 할 것 없이 입고서….

① 犬 개

- 犬も歩けば棒に当たる。
  ㉠ 함부로 나섰다간 봉변을 당한다 ㉡ 적극적으로 행동하다 보면 뜻밖의 행운을 만난다
- 飼い犬に手を噛まれる。
  믿는 도끼에 발등 찍힌다.

② 狸 너구리

- 狸寝入り。
  꾀잠. 자는 체함.
- とらぬ狸の皮算用。
  너구리 굴 보고 가죽값 계산한다. 김칫국부터 마신다.

③ 狐 여우

- 狐につままれたような話。
  여우에게 홀린 것 같은 이야기.

④ いたち 족제비

- いたちごっこ = 堂々巡り
  다람쥐 쳇바퀴 돌리기. 악순환. 진전이 없음.

⑤ 蜂 벌

- 泣き面に蜂 = 弱り目に祟り目
  엎친 데 덮친 격. 설상가상.

⑥ 鳩 비둘기

- 鳩が餌をつついています。
  비둘기가 먹이를 콕콕 쪼고 있습니다.

⑦ かっぱ 물 속에 산다는 상상의 동물

- かっぱの川流れ = 猿も木から落ちる = 弘法にも筆の誤り
  아무리 명인이라도 때로는 실수할 수가 있다. 원숭이도 나무에서 떨어질 때가 있다.

---

254 値段 가격, 값 = 価格(かかく)

- 値段があがる。
  값이 오르다.
- この品は値段の割にはいい。
  이 물건은 가격에 비해서는 좋다.

명사

명사

255 <ruby>熱<rt>ねつ</rt></ruby> 열

☐☐☐

- <ruby>熱<rt>ねつ</rt></ruby>が<ruby>出<rt>で</rt></ruby>る。 열이 나다.

- <ruby>熱<rt>ねつ</rt></ruby>がありました。それで<ruby>会社<rt>かいしゃ</rt></ruby>を<ruby>休<rt>やす</rt></ruby>みました。
  열이 있었습니다. 그래서 회사를 쉬었습니다.

256 <ruby>農産物<rt>のうさんぶつ</rt></ruby> 농산물

☐☐☐

- ここで<ruby>新鮮<rt>しんせん</rt></ruby>な<ruby>農産物<rt>のうさんぶつ</rt></ruby>が<ruby>買<rt>か</rt></ruby>える。
  여기서 신선한 농산물을 살 수 있다.

257 <ruby>喉<rt>のど</rt></ruby> 목, 목구멍 ▶ 喉(のど)が渇(かわ)く 목이 타다 = のどがからからだ
　　　　　　　　　喉(のど)から手(て)が出(で)る
　　　　　　　　　(목구멍에서 손이 나올 지경으로) 몹시 탐이 나다

☐☐☐

- <ruby>今日<rt>きょう</rt></ruby>はやたらとのどが<ruby>渇<rt>かわ</rt></ruby>く。
  오늘은 몹시 목이 마르다.

- <ruby>喉<rt>のど</rt></ruby>から<ruby>手<rt>て</rt></ruby>が<ruby>出<rt>で</rt></ruby>るほど<ruby>欲<rt>ほ</rt></ruby>しい<ruby>本<rt>ほん</rt></ruby>がある。
  몹시 탐이 나는 책이 있다.

258 <ruby>飲物<rt>のみもの</rt></ruby> 음료, 마실 것 ▶ 飲(の)み会(かい) 회식

☐☐☐

- お<ruby>客様<rt>きゃくさま</rt></ruby>、お<ruby>飲物<rt>のみもの</rt></ruby>は<ruby>何<rt>なに</rt></ruby>になさいますか。
  손님, 음료는 무엇으로 하시겠습니까?

- きのうのクラスの<ruby>飲<rt>の</rt></ruby>み<ruby>会<rt>かい</rt></ruby>は<ruby>楽<rt>たの</rt></ruby>しかったです。
  어제 학급 회식은 즐거웠습니다.

259 <ruby>飲<rt>の</rt></ruby>み<ruby>屋<rt>や</rt></ruby> 술집 ▶ 居酒屋(いざかや) 선술집

☐☐☐

- みんなでいっしょに<ruby>近<rt>ちか</rt></ruby>くの<ruby>飲<rt>の</rt></ruby>み<ruby>屋<rt>や</rt></ruby>で<ruby>お酒<rt>さけ</rt></ruby>を<ruby>飲<rt>の</rt></ruby>みました。
  모두 함께 근처 술집에서 술을 마셨습니다.

- <ruby>友達<rt>ともだち</rt></ruby>と<ruby>居酒屋<rt>いざかや</rt></ruby>で<ruby>酒<rt>さけ</rt></ruby>を<ruby>飲<rt>の</rt></ruby>んだ。
  친구와 선술집에서 술을 마셨다.

260 <ruby>葉<rt>は</rt></ruby> 나뭇잎 ▶ 落(お)ち葉(ば) 낙엽 = 落葉(らくよう)
　　　　　　　根(ね)も葉(は)もない 뿌리도 잎도 없다, 아무 근거도 없다

☐☐☐

- まつの<ruby>葉<rt>は</rt></ruby>は<ruby>一年中緑色<rt>いちねんじゅうみどりいろ</rt></ruby>をしている。
  소나무 잎은 일년 내내 녹색을 띠고 있다.

261 歯 ^は 이, 치아 □□□

・歯が痛かったので、歯医者へ行った。
이가 아파서 치과에 갔다.

・歯が立たない。
상대가 너무 강해서 도저히 당해 낼수가 없다.

・歯を食いしばる。
이를 악물다, 고통이나 어려움을 참아 내다.

262 バーゲン (bargain sale) 염가 매출 = 安売(やすう)り, バーゲンセール □□□

・バーゲンをしているから安く買えます。
바겐세일을 하고 있으니까 싸게 살 수 있습니다.

263 灰色 ^{はいいろ} 회색 ▶ 灰皿(はいざら) 재떨이 □□□

・白い壁がよごれて灰色に見える。
하얀 벽이 더러워져서 회색으로 보인다.

・丸いテーブルの上に灰皿が置いてある。
둥근 테이블 위에 재떨이가 놓여 있다.

264 拝見 ^{はいけん} (「見る」의 겸양어) 삼가 봄 ← ご覧(らん) (「見る」의 존경어) 보심 □□□

・お手紙、ありがたく拝見しました。
편지, 감사하게 받아 보았습니다.

265 拍手 ^{はくしゅ} 박수 ▶ 手(て)を叩(たた)く 손뼉을 치다 □□□

・優勝した選手に拍手を送った。
우승한 선수에게 박수를 보냈다.

・人気歌手の登場に観客は拍手で迎えた。
인기가수의 등장에 관객은 박수로 맞이했다.

266 箱 ^{はこ} 상자 ▶ 箱入(はこい)り娘(むすめ) 좀처럼 외출도 시키지 않고 집안에서 애지중지 키운 딸 □□□

・お菓子を箱に詰めた。
과자를 상자에 채워 넣었다.

267 初め (はじ) 처음 ▶ 終(おわ)り 끝 = すえ 끝, 마지막

· 6月の初めになると、日本はそろそろ梅雨に入る時期になる。
6월 초가 되면, 일본은 슬슬 장마철에 들어갈 시기가 된다.

· 夏休みもあとわずかで終りになる。
여름방학도 불과 며칠 후면 끝나게 된다.

268 柱 (はしら) 기둥 ▶ 大黒柱(だいこくばしら) 집안이나 단체의 중심인물, 대들보

· 子どもの時、柱で背をはかった。
어렸을 때 기둥에서 키를 쟀다.

269 二十歳 (はたち) 20세 ▶ 二十日(はつか) 20일

· 憲法では、二十歳になると成人とみなされることになっている。
헌법에서는 20세가 되면 성인으로 간주되도록 되어 있다.

· ここに引っ越ししてきてからもう20日になる。
여기에 이사 온 지 벌써 20일이 된다.

270 鼻 (はな) 코

· 鼻がつまる。 코가 막히다.

➡ 관련 표현

① 鼻が高い (はな たか) 콧대가 높다, 우쭐하다

· 兄弟そろって展覧会に入賞し、鼻が高い。
형제가 함께 전람회에 입상하여 우쭐하다.

② 鼻にかける (はな) 자랑하다

· 吉田君はピアノが弾けることを鼻にかけている。
요시다 군은 피아노를 칠 수 있다는 것을 뽐내고 있다.

➡ 유사 표현

① 自慢する (じ まん) 자랑하다

② 自惚れる (うぬ ぼ) 뻐기다, 자만하다, 자부하다

③ 理張る (い ば) 뽐내다

④ 得意な顔をする (とく い かお) 자신만만한 얼굴을 하다

271 花 ^{はな} 꽃 ▶ 花冷(はなび)え 꽃샘추위, 꽃이 필 무렵의 추위
花形(はながた) 인기가 있는 것, 총아

- 花瓶に花が飾ってあります。
  꽃병에 꽃이 꽂혀 있습니다.
- 花冷えの中、花見となった。
  꽃샘추위 속의 벚꽃놀이가 되었다.
- 花形産業。 가장 인기가 있고 주목을 받는 산업.
- 花より団子。
  겉모양보다도 실리를 중시함. 금강산도 식후경.
- 花を持たせる。
  상대를 치켜세워 그에게 공을 돌리다.
- 両手に花だね。
  양손에 꽃이군.(예쁜 여자에게 둘러싸여 있음을 의미)

272 花束 ^{はなたば} 꽃다발

- わたしは先生に花束をさしあげました。
  나는 선생님께 꽃다발을 드렸습니다.

273 花見 ^{はなみ} 꽃구경, 벚꽃놀이

- 南から北へ花見旅行がしたいです。
  남에서 북으로 꽃구경 여행을 하고 싶습니다.

274 母 ^{はは} 어머니 ▶ 母親(ははおや) 어머니 ↔ 父(ちち)・父親(ちちおや) 아버지

- 母は私のことが心配で、全てのことに口を出さずにはいられない
  ようだ。
  엄마는 내가 걱정되어서 모든 것에 참견을 하지 않고서는 참을 수 없는 것 같다.
- 子供が泣いていても平気だとは、あれでも母親だろうか。
  아이가 울고 있어도 아무렇지도 않다니, 저러고도 엄마라고 할 수 있는가?

275 早起き ^{はやお} 일찍 일어남

- 早起きをして犬を散歩に連れていく。
  일찍 일어나서 개를 산책에 데리고 가다.

  * 早起きは三文の得 아침에 일찍 일어나는 것은 무언가 유익한 점이 있다, 부지런하면 이득
    이 있다

명사

명사

276 はやくち
早口 말이 빠름

・父は早口なので、ときどき何を言っているのか聞き取れないことがある。
아버지는 말이 빨라서 때때로 무슨 말을 하시는지 알아듣지 못할 때가 있다.

277 **バランス** (balance) 밸런스, 균형 = かねあい

・健康を守るうえで、栄養のバランスがとれた食事ほど大切なものはない。
건강을 지키는데 영양의 균형이 잡힌 식사만큼 중요한 것은 없다.

278 はる
春 봄

・春の野に陽炎が立ち上る。
봄 들녘에 아지랑이가 피어오른다.

・春の風がそよそよと吹いて気持ちがいい。
봄바람이 살랑살랑 불어서 기분이 좋다.

279 ばんぐみ
番組 프로그램

・見たい番組があるからつけてあるんですよ。
보고 싶은 프로그램이 있어서 켜 놓은 거예요.

280 はんのう
反応 반응

・叱っても全然反応がない。
꾸중을 해도 전혀 반응이 없다.

281 ひ
火 불 ▶ 火(ひ)だるま 불덩이, 불덩어리　火(ひ)だるまになる 불덩어리가 되다

・長時間水につけておいた後、すぐ火にかけないでください。
장시간 물에 담가 놓은 뒤, 바로 불에 올려놓지 마세요.

282 ひ
日 해, 날

・日の光がまぶしい。
햇빛이 눈부시다.

・朝と夜、日に二回歯をみがく。
아침과 저녁, 하루에 두 번 이를 닦는다.

283
日陰　그늘

- 暑いから日陰に入ろう。
  더우니까 그늘로 들어가자.
- 一生、日陰の生活を送る。
  평생 동안 그늘진 생활을 보내다.

284
光　빛, 희망, 광명 ▶ 마음을 밝혀주는 대상으로서의 '빛, 희망'이라는 의미도 있음.

- 宇宙は光ではかる。
  우주는 빛으로 측량한다.
- 将来に光を見いだす。
  장래에 희망을 발견하다.

285
髭　수염 ▶ 髭(ひげ)を生(は)やす 수염을 기르다

- うちのおじいさんは長い髭を生やしています。
  우리 할아버지는 긴 수염을 기르고 있습니다.

286
膝　무릎

- ころんで膝をぶつけた。
  넘어져서 무릎을 부딪쳤다.
- 膝をつく。
  무릎을 꿇다. ＝正座 무릎을 꿇고 앉은 자세
- 膝を崩してください。
  편히 앉으십시오.(꿇었던 무릎을 펴고 편안히 앉으라는 의미)

287
左　왼쪽 ↔ 右(みぎ) 오른쪽 ▶ 左手(ひだりて) 왼쪽 방향, 왼손

- 左の人が右の人よりずっと大きいです。
  왼쪽 사람이 오른쪽 사람보다 훨씬 큽니다.

288
人　① 사람　② 남, 타인 ▶ 人(ひと)のふんどしで相撲(すもう)を取(と)る
남의 것을 이용하여 자기 이익을 챙기다, 다른 사람의 물건이나 힘을
이용하여 자신의 이익을 얻으려고 하다

명사

289 一休み（ひとやす）　잠깐 쉼　☐☐☐

・男（おとこ）の人（ひと）は一休（ひとやす）みしている。
남자는 잠깐 쉬고 있다.

290 火の車（ひ・くるま）　(빈곤하여) 살림이 매우 쪼들림　☐☐☐

・わが家（や）の台所（だいどころ）は火（ひ）の車（くるま）だ。
우리 집의 (재정)형편은 말이 아니다.

・完成（かんせい）したころは人気（にんき）があったのに、今（いま）では経営（けいえい）が火（ひ）の車（くるま）だそうです。
완성했을 때는 인기가 있었는데, 지금은 경영이 매우 쪼들린다고 합니다.

291 病気（びょうき）　① 병, 질병(앓음)　② 나쁜 버릇　☐☐☐

・病気（びょうき）を治（なお）す。　병을 고치다.

・いつもの病気（びょうき）が出（で）た。　평소의 나쁜 버릇이 나왔다.

🔵 **관련 표현**

① 病弱（びょうじゃく）　병약

・わたしは子供（こども）の頃病弱（ころびょうじゃく）で、たびたび医者通（いしゃがよ）いをして母（はは）に心配（しんぱい）をさせたものだ。
나는 어렸을 때 병약해서, 자주 병원에 다녀서 엄마에게 걱정을 끼치곤 했다.

292 昼（ひる）　낮, 점심　☐☐☐

・お昼（ひる）はラーメンを食（た）べに行（い）きませんか。
점심은 라면 먹으러 가지 않을래요?

293 ビル　(building) 빌딩 ▶ ビルディング의 줄임말　☐☐☐

・10年前（ねんまえ）は小（ちい）さい店（みせ）だったが、今（いま）や立派（りっぱ）なビルになっている。
10년 전에는 작은 가게였는데, 지금은 훌륭한 빌딩이 되어 있다.

294 服（ふく）　옷　☐☐☐

・高価（こうか）な服（ふく）を着（き）ている日本人（にほんじん）でも狭（せま）い家（いえ）に住（す）んでいる人（ひと）がたくさんいる。豊（ゆた）かなようでもあるし、貧（まず）しいようでもある。
고가의 옷을 입고 있는 일본인이라도 좁은 집에 살고 있는 사람이 많다. 풍족한 것 같기도 하고 가난한 것 같기도 하다.

295
複雑 (ふくざつ) 복잡 ↔ 簡単(かんたん) 간단

・問題があまりにも複雑なので、わけがわからなくなってしまった。
문제가 너무나 복잡해서 무슨 말인지 모르게 되었다.

296
不合格 (ふごうかく) 불합격(명사용법에 한정)

・面接で不合格になる。
면접에서 불합격되다. ＊「不合格する」는 잘못된 표현

🔵 관련 표현

① **落第** (らくだい) (진급이 되지 못하고) 낙제

・こんな成績では落第だ。
이런 성적으로는 낙제이다.

297
布団 (ふとん) 이부자리

・ベッドの上に布団を敷く。
침대 위에 이부자리를 깔다.

298
船 (ふね) 배

・船で行くことにしました。
배로 가기로 했습니다.

299
踏み切り (ふ き り) 건널목

・踏み切りを渡っている。
건널목을 건너고 있다.

🔵 시험에 잘 나오는 관련 표현

横断歩道 (おうだんほどう) 횡단보도 ・ **歩道橋** (ほどうきょう) 육교

300
風呂 (ふろ) 목욕, 목욕통, 목욕물

・私はいつもお風呂に入ってからご飯を食べます。
나는 언제나 목욕하고 나서 밥을 먹습니다.

명사

301 ふんいき
雰囲気 분위기

・彼がいると周りの雰囲気がパッと明るくなるんだよ。
그가 있으면 주위 분위기가 확 살아나!

302 ぶんぼうぐ
文房具 문방구 또는 그 가게 = 文房具屋(ぶんぼうぐや)

・鉛筆や消ゴムなどは文房具屋で売っている。
연필이나 지우개 등은 문구점에서 팔고 있다.

303 へいわ
平和 평화

・国民の平和への願いに反し、軍事行政が再開された。
국민의 평화에 대한 바람과는 달리, 군사 행정이 재개되었다.

304 へや
部屋 방

・日当たりのいい部屋だ。
햇볕이 잘 드는 방이다.

305 へん
辺 부근

・この辺では車を2台以上持っている人が多い。
이 부근에서는 자동차를 두 대 이상 갖고 있는 사람이 많다.

306 へんか
変化 변화 = 移(うつ)り変(か)わり 추이, 변화, 변천

・15日から18日にかけて最も変化が大きかった。
15일부터 18일에 걸쳐 가장 변화가 컸다.

307 へんじ
返事 대답 ▶ 二(ふた)つ返事(へんじ) 흔쾌히 승낙함

・いくら呼んでも返事がない。
아무리 불러도 대답이 없다.

・小林さんは何か頼むと二つ返事で引き受ける。
고바야시 씨는 무언가를 부탁하면 흔쾌히 응해 준다.

308
弁当 도시락

・愛妻弁当を同僚に冷やかされた。
사랑하는 아내가 싸준 도시락을 동료가 놀렸다.

・お昼ご飯はお弁当屋で食べる。
점심은 도시락 가게에서 먹는다.

> 여러 가지 도시락과 관련된 표현
> ① 駅弁 「駅売り弁当」의 준말로 역 구내에서 파는 도시락
> ② 折り詰めの弁当 나무 상자에 담은 도시락

309
貿易 무역 ▶ 自由貿易(じゆうぼうえき) 자유무역

・貿易会社で働きながら日本語を勉強している。
무역 회사에서 일하면서 일본어를 공부하고 있다.

310
ほお 볼, 뺨 *속어적으로는 「ほっぺた(뺨, 뺨따귀)」라고도 한다.

・ほおを赤くする。
뺨을 붉히다.

・ほっぺたをつねる。
얼굴을 꼬집다. 너무 기뻐서 믿어지지 않을 때, 꿈인가 생시인가 하다.

・ええ、僕が100点? ほっぺたをつねてみよう。
와아, 내가 100점? 볼을 꼬집어 봐야지.

311
骨 뼈 ▶ 骨(ほね)が折(お)れる 고생이 되다 = 苦労(くろう)する 고생하다
骨(ほね)に刻(きざ)む 마음에 깊이 새기다, 명심하다

・やっと向こうと契約を結ぶのに成功しました。骨が折れました。
겨우 상대편과 계약을 체결하는 데 성공했어요. 무척 고생했습니다.

・先生の話は骨に刻んでおきます。
선생님 말씀은 마음에 깊이 새겨 두겠습니다.

312
本棚 책장 ▶ 本箱(ほんばこ) 보통 책상 위의 책꽂이

・本棚を買ったらどうですか。
책장을 사는 게 어떻습니까?

명사

313 まいにち
毎日 매일

・毎日こんなにがんばっているのに、生活は一向に楽にならない。
매일 이렇게 열심히 하고 있는데 생활은 전혀 나아지지 않는다.

314 まえ
前 ① 공간적인 앞 ② 시간적인 앞, 앞서
▶ 〜前(まえ)に 〜(하기) 전에　後(あと)で 〜(한) 다음에

・部長のお宅へ行く前に電話をしました。
부장님 댁에 가기 전에 전화를 했습니다.

・母に電話をかけた後で手紙を書きました。
어머니께 전화를 건 후에 편지를 썼습니다.

315 ま　　　かど
曲がり角 길모퉁이

・その曲がり角を右に曲がる。
그 길모퉁이를 오른쪽으로 돌다.

316 まち
町 도시(도로에 의한 시가의 구획)

・東京という町は住みにくい。
도쿄라는 도시는 살기 힘들다.

🔵 유사 표현

① 街 (인가, 상점가가 밀집해 있는) 거리(훈독)
・街の外れ　시가의 변두리

② 街 (사방으로 통하는 큰길) 거리(음독)
・商店街　상점가
・繁華街　번화가

317 まつ
祭り 축제

・秋の祭りにはぼくもこどもみこしをかつぐんだ。
가을 축제 때에는 나도 어린이 가마를 맨다.

318 まま (그 상태 그대로) ～(한) 채, 그대로

- 裸足のままで駆け出しました。
  맨발인 채로 뛰어나갔습니다.

- 着の身着のままで出かけました。
  맨몸으로 나갔습니다.

- 口をつぐんだまま何とも言わない。
  입을 다문 채 아무 말도 안 한다.

319 漫画 만화

- 日本では子供から大人まで漫画をよく読む。
  일본에서는 아이부터 어른까지 만화를 자주 읽는다.

- 子供のころは本を読んだこともあろうに、最近は漫画ばかりとは情けない。
  어렸을 때는 책을 읽은 적도 있는데, 요즘에는 만화뿐이라니 한심하다.

320 見送り 전송, 배웅 ↔ 出迎(でむか)え 마중

- 海外出張に行く父を見送りに行く。
  해외출장 가는 아버지를 배웅하러 가다.

321 右 오른쪽 ↔ 左(ひだり) 왼쪽

- ハンドルを右に切ってください。
  핸들을 오른쪽으로 꺾어 주세요.

- そこの交差点を右に曲がると駅があります。
  그 교차로를 오른쪽으로 돌면 역이 있습니다.

322 水 물, 찬물

🔹「水」와 잘 어울리는 표현

① 水が開く 상대와 격차가 크게 벌어지다, 우열의 차가 나다

② 水入らず 남이 끼지 않은 집안끼리

③ 水に流す 과거의 (바람직하지 않았던) 일은 없었던 것으로 하다

명사

323 店 （みせ） 가게 ＝店舗(てんぽ) 점포, 가게

・あの店へ入ってみましょうか。
저 가게에 들어가 볼까요?

324 未定 （みてい） 미정

・旅行先は未定だが、いずれにしても出発はあさってだ。
여행지는 미정이지만, 여하튼 출발은 모레이다.

325 緑 （みどり） 녹음, 녹색

・私は山に囲まれた緑豊かな町に住んでいます。
저는 산으로 둘러싸인 녹음이 우거진 마을에 살고 있습니다.

326 港 （みなと） 항구

・今、船は港に向かって進んでいる。
지금 배는 항구를 향해 나아가고 있다

➡ 港：港湾 항만・漁港 어항, 어업의 근거지가 되는 항구

327 南向き （みなみむき） 남향

・今度引っ越した家は日当たりもいいし、南向きのベランダもある。
이번에 이사한 집은 볕도 잘 들고 남향 베란다도 있다.

328 身ぶり手ぶり （みてぶり） 손짓 발짓

・身ぶり手ぶりで何かを説明する。
손짓 발짓으로 무언가를 설명하다.

329 耳 （みみ） 귀

・兎は耳が大きい。
토끼는 귀가 크다.

・耳がいい。
잘 들리다.

・多くの人は年をとるにつれて、人の言うことに耳をかそうとしなくなる。
많은 사람은 나이가 듦에 따라 다른 사람이 하는 말을 들으려고 하지 않게 된다.

① 耳にたこができる 귀에 못이 박이다(질릴 정도로 여러 번 반복해서 듣다)

② 寝耳に水 아닌 밤중에 홍두깨, 날벼락 ＝ やぶから棒(ぼう)

③ 耳に付く ㉠ 귀에서 떠나지 않다, 들은 말이 잊혀지지 않다
　　　　　　㉡ 몇 번이나 들어 듣는 것이 싫어지다
　　・その歌もそろそろ耳に付いてきた。
　　　그 노래도 슬슬 싫증이 났다.

④ 耳を貸す 남의 말을 듣다, 귀를 기울이다
　　・弟は先生や兄弟のいかなる忠告にも耳を貸そうとしなかった。
　　　동생은 선생님과 형제의 어떠한 충고도 들으려 하지 않았다.

⑤ 耳を傾ける 열심히 듣다, 귀를 기울이다
　　・話に耳を傾ける。
　　　이야기에 귀를 기울이다.

⑥ 初耳だ 금시초문이다
　　・山川課長が元プロ野球の選手だなんて初耳だ。
　　　야마카와 과장이 전 프로 야구 선수라니 금시초문이다.

---

330 未来 미래 ↔ 現在(げんざい) 현재　過去(かこ) 과거　☐☐☐

・あかるい未来をきずくために努力する。
밝은 미래를 구축하기 위해 노력하다.

---

331 皆・皆 다, 모두, 전부, 여러분　☐☐☐

・陰で皆、僕のことを笑っているんだ。
뒤에서 모두 나를 비웃고 있다.

・国民皆が年金制度に加入するべきだ。
국민 모두가 연금제도에 가입해야 한다.

---

332 向き (관심 따위가 향하는 곳) 경향 ＝ 傾向(けいこう)　☐☐☐

・今度の発言はこの地域を再び勢力圏に組み入れようとする野望の表れとみる向きも世界には少なくない。
이번 발언은 이 지역을 다시 세력권에 넣으려는 야망의 표현이라고 보는 경향도 세계에는 적지 않다.

명사

명사

333 **向こう** 건너편, 저쪽, (목적지의) 그쪽, 상대방
▶ 向(む)こう側(がわ) 상대편, 맞은편

· あのビルの向こう側に銀行がある。
저 빌딩 맞은편에 은행이 있다.

· けんかの原因は向こうにある。
싸움의 원인은 상대에게 있다.

334 **虫** ① 벌레 ② 감정, 기분, 예감 ③ 신경질(어린 아이의 경기)

· 虫の音　벌레 소리

· 虫の声を聞く。　벌레 소리를 듣다.

· 腹の虫がおさまらない。　울화통이 안 가라앉다. 치미는 부아를 누를 수 없다.

· 虫をわずらう。　경기를 앓다.

🔷 관련 표현

① 虫の居所が悪い　기분이 언짢다

② 虫が知らせる　어쩐지 불길한 예감이 들다

③ 虫の知らせ　어쩐지 무슨 일이 생길 것 같은 예감

335 **息子** 아들 ↔ 娘(むすめ) 딸, 아가씨

· おどろいたことに、彼女には大学に通う息子がいた。
놀랍게도, 그녀에게는 대학에 다니는 아들이 있었다.

336 **胸** 가슴

· 胸がどきどきする。　가슴이 두근거리다.

· 優勝が決まったときは胸が一杯になった。
우승이 결정되었을 때는 가슴이 벅차올랐다.

🔷 관련 표현

① 胸を打つ　감동시키다, 감격시키다

· 山下さんの絵に胸を打たれました。
야마시타 씨의 그림에 감동했습니다.

② 胸を撫でおろす　(휴우 하고) 안심하다 ＝ 安心する, ほっとする

· とりあえず重要な仕事が終わり、胸を撫で下ろした。
일단 중요한 일이 끝나서 안심했다.

337 目 눈 ▶ 〜目(め) 접미어로 쓰이면 '〜째, 차례, 서열'을 나타낸다. ☐☐☐

- 二番目 2번째
- 三年目 3년째
- 四時間目 4시간째
- うの目たかの目 = くまなく探す 샅샅이 뒤지다
  열심히 무엇을 찾는 모습. (무엇을 찾아내려고 눈을 번득이는 모양)

🔹 **관련 표현**

① **目が回る** 무척 바쁘다
- この一週間は目が回るほど忙しかったよ。
  이 일주일간은 눈이 핑핑 돌 정도로 바빴어.

② **目を通す** 대충 훑어보다 = ざっと見(み)る
- 私は毎朝、新聞に目を通して出かけます。
  나는 매일 아침, 신문을 훑어보고 집을 나섭니다.

③ **〜に目がない** 〜에 홀딱 빠지다 = 大好(だいす)き 무척 좋아함
- 田中さんは甘いものに目がない。
  다나카 씨는 단것이라면 사족을 못 쓴다.

④ **目を光らせる** 눈을 번뜩이다
- 課長は部下の仕事に四六時中目を光らせている。
  과장은 부하 일에 하루 종일 눈을 번뜩이고 있다.

338 迷惑 폐, 성가심 ▶ 迷惑(めいわく)をかける 폐를 끼치다 ☐☐☐

- 人に迷惑をかけるようなおこないはつつしもう。
  남에게 폐를 끼치는 행동은 삼가자.

339 眼鏡 안경 ☐☐☐

- 眼鏡をかければ黒板の字が見えるようになります。
  안경을 쓰면 칠판 글씨가 보이게 됩니다.

340 目覚まし時計 자명종 시계 ☐☐☐

- 目覚まし時計が鳴る。
  자명종 시계가 울리다.

명사

341 免許 면허 ▶ 免許証(めんきょしょう) 면허증

・20歳になったら自動車の運転免許を取りたい。
20세가 되면 자동차 운전면허를 따고 싶다.

342 目次 목차 = 見出(みだ)し 목차, 표제어

・目次には本の内容の順序が書き並べてある。
목차에는 책의 내용의 순서가 적혀 있다.

343 屋 ~가게, ~집
▶ 접미어로 '직업'으로서 뭔가를 팔거나 취급하고 있는 사람 또는 가게를 나타낸다.

○ 여러 가지 가게를 나타내는 말

八百屋 채소 가게 · 文房具屋 문방구점 · 魚屋 생선가게 · 居酒屋 선술집 ·
屋台 포장마차

344 役 쓸모, 소용, 도움 ▶ 役(やく)に立(た)つ · 役立(やくだ)つ 도움이 되다, 쓸모가 있다

・日常の暮らしに役に立つ。
일상생활에 도움이 되다.

345 夜景 야경

・高台にありますから、見晴らしもいいし、夜景もとてもきれいです。
높은 지대에 있어서 전망도 좋고 야경도 매우 아름답습니다.

346 火傷 화상

・火傷に注意してください。
화상에 주의하세요.

347 野菜 채소

・野菜の量はそれほど変化していません。
채소의 양은 그다지 변화하지 않았습니다.

348 家賃 집세

・駅の近くにあるアパートは家賃が高い。
역 근처에 있는 아파트는 집세가 비싸다.

349 屋根（やね） 지붕

- 屋根（やね）から落（お）ちてけがをした。 지붕에서 떨어져서 다쳤다.

350 山（やま） ① 산, (비유로) 산더미 ② 사물의 절정 ③ 요행을 노리는 도박

- 山（やま）に登（のぼ）った。
  산에 올랐다.

- 山（やま）が見（み）える。
  앞날의 전망이 보이다.

- 山（やま）をかける。
  투기를 하다. 요행을 걸다.

- 山（やま）が外（はず）れる ↔ 山（やま）が当（あ）たる
  예상이 빗나가다 ↔ 예상했던 것이 딱 들어맞다

351 湯（ゆ） 뜨거운 물

- 湯（ゆ）をわかす。
  물을 끓이다.

- 湯沸（ゆわ）かし器（き）
  물을 끓이는 금속제 기구, 주전자 모양의 비탕기

352 夕方（ゆうがた） 저녁 때

- ゆうがたから雨（あめ）が降（ふ）るそうです。
  저녁 때부터 비가 온다고 합니다.

353 夕食（ゆうしょく） 저녁식사 ▶ 昼食(ちゅうしょく) 점심식사　朝食(ちょうしょく) 아침식사

- 夕食（ゆうしょく）まremだ時間（じかん）がありますから何（なに）か軽（かる）いものでも食（た）べましょうか。
  저녁식사까지 아직 시간이 있으니까 뭔가 가벼운 것이라도 먹을까요?

354 郵便局（ゆうびんきょく） 우체국

- 郵便局（ゆうびんきょく）で切手（きって）を買（か）う。
  우체국에서 우표를 사다.

355 昨夜（ゆうべ） 어젯밤 (さくや로도 읽음)

・ゆうべ９時間も寝たのにまだ眠い。
어젯밤 9시간이나 잤는데도 아직 졸리다.

356 床（ゆか） 마루 ▶ 床（とこ） 잠자리

・床（ゆか）にワックスをかける。
마루에 왁스를 칠하다.

・床（とこ）につく。
잠자리에 들다.

357 輸出（ゆしゅつ） 수출 ↔ 輸入（ゆにゅう） 수입

・産業（さんぎょう）が発展（はってん）するとしだいに輸出（ゆしゅつ）が多（おお）くなる。
산업이 발전하면 차차 수출이 많아진다.

358 指（ゆび） 손가락 ▶ 指輪（ゆびわ） 반지

・指（ゆび）で数（かず）を数（かぞ）える。
손가락으로 수를 세다.

359 夢（ゆめ） 꿈 ▶ 夢（ゆめ）を見（み）る 꿈을 꾸다

・楽（たの）しくてまるで夢（ゆめ）のようだ。
즐거워서 마치 꿈만 같다.

360 夜明（よあ）かし 밤샘, 철야 ＝ 徹夜（てつや） 철야

・夜明（よあ）かしで、仕上（しあ）げなければならない。
밤새워 완성해야 한다.

361 用事（ようじ） 용무, 볼일 ▶ 用（よう）ができる 용무가 생기다

・用事（ようじ）ができましたので、お先（さき）に失礼（しつれい）します。
볼일이 생겨서 먼저 실례하겠습니다.

・急（きゅう）な用（よう）ができて約束（やくそく）の時間（じかん）に間（ま）に合（あ）わなかった。
급한 용무가 생겨서 약속시간에 대지 못했다.

362 ヨーロッパ (Europe) 유럽, 구주(欧洲)

・アジアであろうと、ヨーロッパであろうと、戦火のある土地には
住みたくない。
아시아든 유럽이든 전쟁이 있는 곳에는 살고 싶지 않다.

363 横書き 가로쓰기 ↔ 縦書(たてが)き 세로쓰기

・ローマ字は横書きにする。
로마자는 가로쓰기로 한다.

364 予習 예습 ↔ 復習(ふくしゅう) 복습

・予習しておくと授業がよくわかる。
예습해 두면 수업을 잘 이해할 수 있다.

365 予定 예정

・旅行に行く予定だったが、急に仕事が入ってしまってあきらめざ
るを得なくなった。
여행 갈 예정이었으나, 갑자기 일이 들어 와서 포기할 수밖에 없게 되었다.

366 来月 다음 달 ▶ 今月(こんげつ) 이번 달 先月(せんげつ) 지난달

・来月テストがあるから、毎晩、勉強しようと思います。
다음 달에 시험이 있기 때문에, 매일 저녁 공부하려고 합니다.

367 ライバル (rival) 라이벌, 경쟁 상대

・ライバルというものは人間の成長にとって必要な存在である。
라이벌은 인간의 성장에 있어서 필요한 존재이다.

368 離婚 이혼 ↔ 結婚(けっこん) 결혼

・法律の上では夫婦だが、実質的にはもう離婚している。
법률상으로는 부부이나, 실질적으로는 이미 이혼했다.

369 理由 이유

・どんな理由であれ、人に嘘を吐くのは良くないことです。
어떤 이유이든 다른 사람에게 거짓말을 하는 것은 좋지 않습니다.

명사

명사

370 領収書・領収証 영수증

・領収証くらいはいつでも再発行してあげる。
영수증 정도는 언제라도 재발행해 준다.

371 料理 요리 ▶ 手料理(てりょうり) 가정에서 손수 만든 요리

・この魚はどう料理すればいいんですか。
이 생선은 어떻게 요리하면 됩니까?

372 旅館 여관 ▶ 宿屋(やどや) 여인숙, 여관

・行楽シーズンで、観光地の旅館はどこもいっぱいだ。
행락 시즌이어서 관광지에 있는 여관은 어디나 만원이다.

373 旅行 여행 = 旅(たび)

・お金がないばかりに今度の旅行には行けない。
돈이 없는 탓에 이번 여행은 갈 수 없다.

🔵 관련 표현

① 海外旅行 해외여행

・海外旅行がブームになって久しいが、これまで30歳前後の夫婦は、旅行業界のターゲットには含まれていなかった。
해외여행이 붐을 이룬지 오래되었으나, 지금까지 30세 전후의 부부는 여행업계의 주 대상에는 포함되지 않았었다.

374 留守 부재 중(不在中), 외출하고 집에 없음
▶ 居留守(いるす)を使(つか)う 집에 있으면서 일부러 없는 체 하다

・叔母の家へ行ったら留守でした。
숙모님 댁에 갔는데 부재 중이었습니다.

375 例 ① 예 = ためし 예, 선례, 전례 ② 언제나, 여느 때, 평소, 늘
▶ 例(れい)によって 여느 때처럼, 평소 하던 대로

・これまでに例のないことだ。
이제까지 예가 없는 일이다.

・例によって朝の散歩に出かけた。
여느 때처럼 아침 산책을 나섰다.

376 冷房 [れいぼう]　냉방 ↔ 暖房(だんぼう) 난방

- この部屋は冷房がよくきいている。
  이 방은 냉방이 잘 되고 있다.

377 歴史 [れきし]　역사 ▶ 歴史教科書(れきしきょうかしょ) 역사 교과서

- 彼は日本の歴史についてよく知っている。
  그는 일본 역사에 대해 잘 알고 있다.

378 レストラン　(restaurant) 레스토랑

- レストランのドアは開けっ放しです。
  레스토랑 문은 열린 채로 있습니다.

- あんなに高くてまずいレストランには二度と行くまい。
  저렇게 비싸고 맛없는 레스토랑에는 두 번 다시 가지 않겠다.

379 練習 [れんしゅう]　연습 ▶ 稽古(けいこ) 특히 예체능 계통의 연습

- これはやさしいから練習さえすればすぐ上手になります。
  이것은 쉬우니까 연습만 하면 곧 능숙하게 됩니다.

380 連絡 [れんらく]　연락, 연결 ▶ 連絡(れんらく)を取(と)る 연락을 취하다

- 今夜、お宅にご連絡します。
  오늘밤 댁으로 연락드리겠습니다.

381 廊下 [ろうか]　복도

- 学校の廊下を走ってはいけません。
  학교 복도를 뛰어서는 안 됩니다.

382 録音 [ろくおん]　녹음 ▶ 吹(ふ)き込(こ)む 녹음하다, 취입하다　録画(ろくが) 녹화

- 録音テープ
  녹음 테이프

- 録音する時はボタンを押せばいいです。
  녹음할 때는 버튼을 누르면 됩니다.

- もう一度見たいテレビ番組を録画する。
  다시 한 번 보고 싶은 텔레비전 프로그램을 녹화하다.

명사

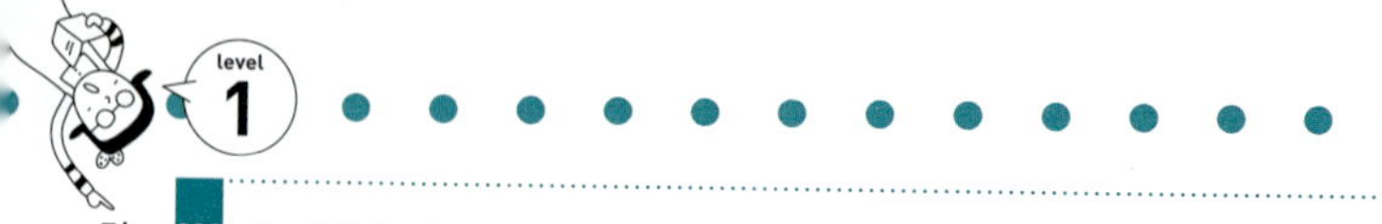

383 わがまま 제멋대로

・その子どもはわがままで、自分の思うとおりにならないと泣く。
그 아이는 제멋대로여서, 자기가 생각하는 대로 되지 않으면 운다.

384 若者 젊은이 = 若手(わかて) 한창 나이의 젊은이

・若者は若者なりに、大人とは違った価値観で人生を真剣に考えているのだ。
젊은이는 젊은이 나름대로, 어른과는 다른 가치관으로 인생을 진지하게 생각하고 있는 것이다.

385 私 (남녀 모두 사용하는 말) 나, 저

・私も行こうと思っています。
저도 가려고 합니다.

유사 표현

① 僕 (주로 남자가 사용하는 말) 나

・僕は来年アメリカへ行くことになった。
나는 내년에 미국에 가게 되었다.

386 割勘 각자 부담, 더치페이

・この払いは割勘にしましょう。
이번 계산은 각자 부담으로 합시다.

・飲み屋のつけを割勘で消しました。
술집 외상값을 공동부담으로 갚았습니다.

387 悪口 욕, 험담, 비방

・人の悪口をするのはやめてほしいです。
남의 험담을 하는 것은 그만두었으면 합니다.

명사

☐☐☐

001 相性 (あいしょう) 성격이 서로 맞음 ▶ 相性(あいしょう)がいい 성격이 잘 맞다

・田中さんとは相性がいいんです。
다나카 씨와는 성격이 잘 맞습니다.

☐☐☐

002 愛情 (あいじょう) 애정 ▶ 구체적 대상에 대하여 느끼는 사랑의 감정, 대상은 사람 뿐만 아니라
생물, 일, 음악 등이 가능하다. 따라서 「神(かみ) 신」「真理(しんり) 진리」 등에
대해 쓸 때는 거부감이 있다.

・子供にできるだけの愛情をそそぐ。
아이에게 가능한 한 애정을 쏟다.

・愛情を打ち明ける。
사랑을 고백하다.

⟶ 유사 표현

① 愛 (あい)

사랑, 애정, 상대의 가치를 인정하고 소중히 여기는 의미로, 사용 범위가 가장 포괄적이며
대상은 구체적인 것부터 추상적인 것까지 광범위하다.

・苦しむ人に愛の手を差しのべる。
고통당하는 사람에게 사랑의 손길을 내밀다.

☐☐☐

003 合図 (あいず) 신호, 사인

・手を振ったら、前進の合図だ。
손을 흔들면 전진 신호다.

・目で合図をする。 눈짓하다.

☐☐☐

004 愛想・愛想 (あいそ・あいそう) 좋은 인상, 싹싹함, 붙임성
▶ 愛想(あいそ)がつきる 정나미가 떨어지다

・分からずやのあの子には、もう愛想がつきた。
벽창호인 저 아이에게는 이제 정나미가 떨어졌다.

☐☐☐

005 間柄 (あいだがら) 관계, 사이 = 仲(なか)

・兄弟同然の親密な間柄だった。
형제나 마찬가지인 친밀한 사이였다.

명사

006 相づち (원래는 대장간의 맞메질) 맞장구

・相づちを打つ。
맞장구를 치다.

・相づちを打ちながら熱心に話を聞いていた。
맞장구를 치면서 열심히 이야기를 듣고 있었다.

007 赤字 적자 ↔ 黒字(くろじ) 흑자

・アメリカの対日貿易赤字問題が話し合われた。
미국의 대일 무역 적자 문제가 논의되었다.

↪ 관련 표현

① 足が出る 적자가 나다, 돈이 모자라다
・一万円ほど足が出る。
만 엔 정도 적자가 나다.

008 空地・空き地 공터

・空き地で草野球をする。
공터에서 동네 야구를 한다.

009 欠伸 하품

・眠くて欠伸が出る。
졸려서 하품이 나다.

・欠伸をかみ殺す。
하품을 꾹 참다.

010 胡坐 책상다리

・あぐらをかく。
책상다리를 하고 앉다.

011 汗 땀

・汗をかく。
땀을 흘리다.

- 手に汗をにぎる。
  손에 땀을 쥐다.
- 健康な大人が7時間眠ると150gの汗が出るといわれる。
  건강한 어른이 7시간 잠을 자면 150g의 땀을 흘린다고 한다.

012 辺り 주변, 근처 = 近辺(きんぺん) 근처 付近(ふきん) 부근

- 辺りを見回す。
  주변을 둘러보다.

  ● 동음이의어

  ① 当たり 촉감, 짐작

  - 当たりがつく。
    짐작이 가다.

013 当たり前 ① 당연함, 마땅함 ② 보통, 일반적
▶ 当然(とうぜん) 당연함(문장체적 표현)

- 勝って当たり前だ。
  이기는 것이 당연하다.
- 当たり前の女の子。
  보통 여자 아이.

014 厚着 옷을 많이 껴입음 ↔ 薄着(うすぎ) 옷을 얇게 입음

- あの人はいつも厚着だ。
  저 사람은 항상 옷을 많이 껴입는다.

015 集まり 모임 ▶ 集(つど)い 격식을 차린 모임, 회합

- 町内の集まりがある。
  주민자치 모임이 있다.

016 宛先 보낼 곳 ▶ 宛名(あてな) (편지 등에 쓰는 상대의) 이름, 주소

- 宛先を忘れないように手帳にメモしておきます。
  보낼 곳을 잊지 않도록 수첩에 메모해 둡니다.
- 手紙には必ず宛名を書いてください。
  편지에는 반드시 주소 성명을 써 주십시오.

명사

명사

017 後片付け 뒷마무리 = 後始末(あとしまつ) 뒤처리, 뒷마무리
　▶ 尻(しり)を拭(ぬぐ)う 남이 잘못한 일의 뒷수습(뒤치다꺼리)을 하다

・後片付けが終わったら知らせてください。
　뒷마무리가 끝나면 알려 주세요.

018 雨具 우비

・雨具を持っていく。
　우비를 갖고 가다.

019 天の邪(鬼) 심술을 부림, 심술꾸러기

・うちの子はあまのじゃくで、叱るとなおいたずらをする。
　우리 애는 심술꾸러기여서 야단치면 더 장난을 친다.

　＊ **お山の大将** 골목대장, 세상 물정도 모르고 좁은 사회, 집단의 우두머리가 되어 우쭐하는 사람

020 過ち (행위의 잘못에 대해 인정하는) 잘못, 실수, 오류

・過ちを認める。
　잘못을 인정하다.

🔵 유사 표현

① 誤り (표기, 계산, 판단의 잘못에 대해 인정하는) 잘못, 실수, 틀림

・わたしの記憶に誤りなければ、あの日は雨が降っていた。
　내 기억에 틀림이 없다면, 그날은 비가 내리고 있었다.

021 嵐 폭풍우, 심한 비바람

・花が咲いたと思うと、嵐ですぐ散ってしまった。
　꽃이 피었나 했더니, 폭풍으로 금세 져 버렸다.

022 在り方 ① 사물의 현재의 상태, 상황, 모습　② 마땅히 그래야 할 상태

・政治の在り方に不満が高まる。
　정치 현실에 불만이 고조되다.

・自己の在り方に疑問を抱く。
　자신의 현재 상태에 의문을 품다.

・教育の真の在り方を追求する。
　교육의 참 모습을 추구하다.

023 言い訳（い わけ） 변명, 핑계 ＝ 申(もう)し訳(わけ), 弁解(べんかい)
▶ 申(もう)し訳(わけ)ありません 죄송합니다

・言い訳（い わけ）をする。
평계를 대다.

・遅刻（ち こく）の言い訳（い わけ）をする。
지각한 변명을 대다.

＊「言い訳（い わけ）」에는 못된 짓을 했다는 자각이 있고, 「弁解（べんかい）・弁明（べんめい）」에는 실수를 해도 어쩔 수 없는 이유가 있다는 느낌이 있다.

024 以下（い か） 이하 ↔ 以上(いじょう) 이상

・18歳以下（さい い か）はこのスナックには入（はい）れないことになっている。
18세 이하는 이 식당에는 들어갈 수 없도록 되어 있다.

・130cm以上（い じょう）の人（ひと）が乗（の）れます。
130cm 이상인 사람이 탈 수 있습니다.

025 生花（いけばな） 꽃꽂이 ＝ 華道(かどう) 화도, 꽃꽂이

・母（はは）は生花（いけばな）を教（おし）えている。
어머니는 꽃꽂이를 가르치고 있다.

026 以降（い こう） 이후 ＝ 以後(いご)
「以後(いご)」에 비해 그 시간의 경과 쪽에 비중을 둠

・十時以降（じゅうじ い こう）は店（みせ）を閉（と）じています。
10시 이후로는 가게를 닫습니다.

・その事故以後（じ こ い ご）あの人（ひと）を見（み）た人（ひと）がいない。
그 사고 이후, 그 사람을 본 사람이 없다.

027 移住（い じゅう） 이주

・海外（かい がい）に移住（い じゅう）するつもりです。
외국으로 이주할 생각입니다.

028 以前（い ぜん） 이전 ↔ 以後(いご)・以降(いこう) 이후

・以前（い ぜん）はよくこの川（かわ）で泳（およ）いだものだ。
이전에는 자주 이 강에서 수영했었지.

명사

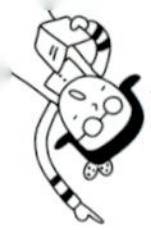

029 いそん・いぞん
依存・依存 의존

・大国の経済力に依存している。
대국의 경제력에 의존하고 있다.

・多くの産業が輸入に依存している。
많은 산업이 수입에 의존하고 있다.

030 いたで
痛手 심한 타격, 손해 ▶ 手痛(ていた)い打撃(だげき) 심한 타격

・痛手を受ける。
타격(심한 손해)을 입다.

031 いたるところ
至る所 가는 곳마다, 도처 ▶ 至(いた)る所(ところ)青山(せいざん)あり 인간 도처에 유청산, 사람은 어디를 가나 (뼈를 묻을) 청산이 있다

・ゴールデンウィークは至る所大変な人出だ。
황금 휴일에는 가는 곳마다 대단한 인파다.

032 いっさい
一切 ① 일체, 모두(긍정문) ② 전혀, 일절(부정문)

・仕事の一切を任せる。
업무 일체를 맡기다.

・酒は一切飲まない。
술은 전혀 마시지 않는다.

033 いっぷく
一服 차를 한 잔 마심, 담배를 한 대 피움 ▶ 一服(いっぷく)する 잠깐 동안 휴식을 취하다

・ここなら一服してもかまわないでしょう。
여기라면 한 대 피워도 되겠지요?

유사 표현

① 一息入れる(ひといきいれる) 한숨 돌리다, 잠깐 쉬다

② 一休みをする(ひとやすみをする) 잠깐 쉬다

034 糸口 (いとぐち) 실마리, 단서, 발단 = 手掛(てが)かり・端緒(たんしょ) 단서

- 争(あらそ)いの糸口(いとぐち)。
  싸움의 발단.

- 事件解決(じけんかいけつ)の糸口(いとぐち)を見(み)つける。
  사건 해결의 실마리를 찾다.

🔊 관련 표현

① 発端(ほったん) 발단
- 大統領暗殺(だいとうりょうあんさつ)が戦争(せんそう)の発端(ほったん)となった。
  대통령 암살이 전쟁의 발단이 되었다.

② きっかけ 실마리, 계기
- 話(はなし)のきっかけを探(さが)す。
  이야기의 실마리를 찾다.

③ 契機(けいき) 계기
- 同窓会(どうそうかい)を契機(けいき)に親(した)しくなった。
  동창회를 계기로 친해졌다.

④ 機(き) 기회, 때
- 機(き)をのがさず反撃(はんげき)に出(で)る。
  기회를 놓치지 않고 반격에 나서다.
- 三連勝(さんれんしょう)を機(き)に隠退(いんたい)した。
  3연승을 기회로 은퇴했다.

⑤ 起因(きいん) 기인
- 突然死(とつぜんし)は多(おお)く過労(かろう)に起因(きいん)する。
  돌연사는 대부분 과로에 기인한다.

⑥ 引(ひ)き金(がね) 방아쇠, 계기, 원인
- 口論(こうろん)が引(ひ)き金(がね)となって日頃(ひごろ)の鬱憤(うっぷん)が爆発(ばくはつ)した。
  말다툼이 계기가 되어 평소의 울분이 폭발했다.
- 石油不足(せきゆぶそく)が引(ひ)き金(がね)となって物価(ぶっか)の高騰(こうとう)が起(お)こった。
  석유부족이 원인이 되어 물가 폭등이 발생했다.

⑦ 火種(ひだね) (사건, 소요 등의 원인을 비유로 표현) 불씨, 소요나 싸움의 원인
- 国家紛争(こっかふんそう)の火種(ひだね)となった。
  국가 분쟁의 불씨가 되었다.
- 火種(ひだね)を残(のこ)す。
  불씨를 남기다. 근본 원인을 그대로 두다.

명사

・イランの<ruby>核開発<rt>かくかいはつ</rt></ruby>は<ruby>新<rt>あら</rt></ruby>たな<ruby>中東<rt>ちゅうとう</rt></ruby><ruby>地域<rt>ち いき</rt></ruby>の<ruby>紛争<rt>ふんそう</rt></ruby>の<ruby>火種<rt>ひ だね</rt></ruby>になりそうだ。
이란의 핵개발은 새로운 중동지역 분쟁의 불씨가 될 것 같다.

⑧ <ruby>動機<rt>どう き</rt></ruby> 동기

・<ruby>犯行<rt>はんこう</rt></ruby>の<ruby>動機<rt>どう き</rt></ruby>は<ruby>一体何<rt>いったいなん</rt></ruby>なのか<ruby>未<rt>いま</rt></ruby>だにはっきりしていない。
범행 동기는 도대체 무엇인지 여전히 분명하지 않다.

⑨ モチーフ 계기, 동기

・この<ruby>作品<rt>さくひん</rt></ruby>のモチーフは<ruby>少年期<rt>しょうねん き</rt></ruby>の<ruby>体験<rt>たいけん</rt></ruby>によるところが<ruby>多<rt>おお</rt></ruby>い。
이 작품의 동기는 소년기의 체험에 기인하는 바가 많다.

⑩ <ruby>誘因<rt>ゆういん</rt></ruby> 계기, 실마리, 원인

・<ruby>騒動<rt>そうどう</rt></ruby>の<ruby>誘因<rt>ゆういん</rt></ruby>を<ruby>調<rt>しら</rt></ruby>べる。
소동의 원인을 조사하다.

---

035 <ruby>田舎<rt>いなか</rt></ruby> 시골 □□□

・<ruby>田舎<rt>いなか</rt></ruby>での<ruby>生活<rt>せいかつ</rt></ruby>は<ruby>不便<rt>ふ べん</rt></ruby>です。 시골에서의 생활은 불편합니다.

---

036 <ruby>命<rt>いのち</rt></ruby> 목숨 □□□

・<ruby>人<rt>ひと</rt></ruby>の<ruby>命<rt>いのち</rt></ruby>を<ruby>助<rt>たす</rt></ruby>ける。 남의 목숨을 살리다.

🔵 관련 표현

① <ruby>命<rt>いのち</rt></ruby>の<ruby>洗濯<rt>せんたく</rt></ruby> 기분 전환을 하여 그 동안의 노고를 품
② <ruby>命<rt>いのち</rt></ruby>からがら 겨우 목숨만은 건져서, 간신히, 가까스로

---

037 <ruby>命取<rt>いのち と</rt></ruby>り 치명상 □□□

・<ruby>失言<rt>しつげん</rt></ruby>がその<ruby>政治家<rt>せい じ か</rt></ruby>の<ruby>命取<rt>いのち と</rt></ruby>りとなった。
실언이 그 정치가의 치명상이 되었다.

🔵 관련 표현

① <ruby>致命傷<rt>ち めいしょう</rt></ruby> 치명상

・<ruby>頭<rt>あたま</rt></ruby>の<ruby>傷<rt>きず</rt></ruby>が<ruby>致命傷<rt>ち めいしょう</rt></ruby>となった。
머리의 상처가 치명상이 되었다.

② <ruby>取<rt>と</rt></ruby>り<ruby>返<rt>かえ</rt></ruby>しがつかない 돌이킬 수 없다

・<ruby>取<rt>と</rt></ruby>り<ruby>返<rt>かえ</rt></ruby>しのつかないミスをしてしまった。
돌이킬 수 없는 실수를 해 버렸다.

③ 天王山（てんのうざん） 승패, 운명을 판가름하는 중대한 때나 장면, 갈림길
＊교토 남부에 위치한 산으로 도요토미 히데요시가 아케치 미츠히데를 물리쳤을 때, 이 산의 점유로 승패를 결정지었다고 전해진다.

・天下分け目の天王山（てんかわめ　てんのうざん）。
천하를 건 승패의 갈림길.

---

038 以来（いらい） 이래, 이후 ▶ 주로「〜て以来（いらい）」의 꼴로 '〜한 이래'

・先月以来雨が降っていない。（せんげつ　いらいあめ　ふ）
지난달 이후 비가 내리지 않고 있다.

・この薬を飲み始めて以来、症状が軽い。（くすり　の　はじ　いらい　しょうじょう　かる）
이 약을 먹기 시작한 이후로 증상이 가볍다.

---

039 祝い（いわ） 축하

・山田さんに結婚のお祝いをさしあげました。（やまだ　けっこん　いわ）
야마다 씨에게 결혼 축하 선물을 드렸습니다.

▶ 여러 가지 선물을 나타내는 말

① 出産祝い（しゅっさんいわ） 출산 축하 선물
② 昇進祝い（しょうしんいわ） 승진 축하 선물
③ 引っ越し祝い（ひ　こ　いわ） 이사 축하 선물
④ 卒業・入学祝い（そつぎょう　にゅうがくいわ） 졸업·입학 축하 선물

---

040 引退（いんたい） 은퇴

・この試合をかぎりにボクシングを引退する。（し　あい　いんたい）
이 시합을 끝으로 복싱을 은퇴한다.

---

041 植木（うえき） 정원수, 분재

・庭に植木を植える。（にわ　うえき　う）
뜰에 정원수를 심다.

---

042 うがい 양치질 ▶ 口（くち）をすすぐ 양치질하다, 입안을 가시다

・嗽水（うがいみず）。 양칫물.
・外から帰ったらうがいをしよう。（そと　かえ）
밖에서 돌아오면 양치질을 하자.

043 **受取** ^{うけとり} 수취 ↔ 差(さ)し出(だ)し 제출

・荷物を受取にいく。
짐을 받으러 가다.

＊ 受取人 수취인 ↔ 差出人 발송인

044 **嘘** ^{うそ} 거짓말, 틀림, 잘못 ▶ 嘘八百(うそはっぴゃく) 온통 거짓말, 거짓말투성이
嘘(うそ)をつく 거짓말하다 嘘(うそ)つき 거짓말쟁이

・嘘八百を並べる。
온통 거짓말만 늘어놓다.

045 **内** ^{うち} ① 안 ② 자기의 동료·조직·단체를 가리킬 때 씀 ③ 자기 집, 자기 가정

・鬼は外、福は内。
귀신은 밖으로, 복은 안으로.

・うちの社長。
우리 회사 사장.

・うちの女房。
우리 마누라.

046 **訴え** ^{うった} 소송 ＝ 訴訟(そしょう) 소송

・訴えを取り下げる。
소송을 철회하다.

047 **器** ^{うつわ} 그릇, 인물, 재능, 감

・ガラスの器にサラダを盛る。
유리그릇에 샐러드를 담다.

・彼はとても人の上に立つ器ではない。
그는 도저히 남의 위에 설 인물이 아니다.

048 **生まれつき** ^う 천성, 선천적

・声が悪いのは生まれつきだ。
목소리가 나쁜 것은 선천적이다.

049 **売れ行き** 팔림새

・売れ行きが悪く在庫をかかえている。
팔림새가 나빠서(잘 팔리지 않아서) 재고를 안고 있다.

050 **噂** 소문

・噂をすれば影がさす。
호랑이도 제 말하면 온다.

・噂を聞いて彼は憮然としていました。
소문을 듣고 그는 망연자실하고 있었습니다.

・根も葉もない噂を立てられた。
근거 없는 소문이 났다.

⟶ 관련 표현

① 人の噂も七十五日　남의 말도 석달, 소문은 오래가지 않는다

② 言いふらす　말을 퍼뜨리다

・人の秘密をあちこちに言いふらす。
남의 비밀을 여기저기에 퍼뜨리다.

③ 吹聴　말을 퍼뜨림

・自慢話を吹聴して歩く。
자기 자랑을 선전하고 다니다.

051 **営業** 영업

・まめにセールスレターを書いて営業の実績を上げる。
부지런히 세일즈 레터를 써서 영업실적을 올린다.

・彼は営業はダメだが、企画にかけては社内一だ。
그는 영업은 별로지만, 기획에 있어서는 사내 제일이다.

052 **笑顔** 웃는 얼굴

・みどりさんは笑顔のすてきな人です。
미도리 씨는 웃는 얼굴이 멋진 사람이다.

053 **演説** 연설

・彼の演説はいつも人を感動させる。
그의 연설은 언제나 사람을 감동시킨다.

명사

명사

054 えんりょ
遠慮 ① 사양, 사절, 겸손 ② 삼감, 조심함, 망설임
▶ 控(ひか)える 삼가다, 절제하다

・駐車ご遠慮ください。
주차를 삼가 주십시오.

・遠慮しないで思ったことをどんどん言ってください。
사양하지 말고 생각한 것을 지체 없이 말해 주세요.

055 おうきゅう
応急 응급 ▶ 応急(おうきゅう)手当(てあて) 응급조치, 응급치료

・応急手当を受ける。
응급처치를 받다.

056 おうせつしつ
応接室 응접실 ＝ 応接間(おうせつま) ▶ 居間(いま) 거실

・応接室にお茶を持ってきてください。
응접실로 차를 가져오세요.

057 おうてん
横転 옆으로 뒤집힘 ▶ 横転事故(おうてんじこ) 전복사고

・バイクが横転する。 오토바이가 뒤집히다.

058 おおあめ
大雨 폭우 ＝ 豪雨(ごうう) 호우, 큰비 ▶ 大雪(おおゆき) 폭설

・昨日は大雨だったせいか、観光地はどこもお客の入りが少なかった。
어제는 폭우가 내린 탓인지, 관광지는 어디나 손님이 적게 들었다.

059 おおがた
大型 대형 ↔ 小型(こがた) 소형

・規制緩和を契機に大型店があちこちに進出した。
규제 완화를 계기로 대형점이 여기 저기에 진출했다.

060 おおすじ
大筋 (대강의) 줄거리, 요점, 대략

・両首脳は関税問題に大筋で合意した。
두 정상은 관세문제에 대략적으로 합의했다.

061
大幅 _{おおはば} 대폭 ↔ 小幅(こはば) 소폭

・コストが大幅に下がりました。
값이 대폭 내렸습니다.

062
大水 _{おおみず} 홍수 = 洪水(こうずい)

・大水が出る。 홍수가 나다.

063
大晦日 _{おおみそか} 섣달 그믐날 = 大晦(おおつごもり) *12월 31일 섣달 그믐날, 묵은 해를
보내고 새해를 맞이하며 이 날 밤에 「年越(としこ)しそば」를 먹는다

・大晦日は大掃除をします。
섣달 그믐날에는 대청소를 합니다.

064
大目玉 _{おおめだま} 몹시 꾸중함

・いたずらが過ぎて父に大目玉を食らった。
장난이 지나쳐서 아버지에게 호되게 야단맞았다.

065
大雪 _{おおゆき} 폭설, 큰 눈

・今日午後八時の大阪行きは、大雪で欠航となりました。
오늘 오후 8시의 오사카 행은 폭설로 인해 결항되었습니다.

066
お構い _{かま} 대접 = ごちそう, ご接待(せったい)

・何のお構いもせず、失礼致しました。
아무 대접도 못 하고, 실례했습니다

067
お歳暮 _{せいぼ} ① 연말, 세밑 ② 연말에 보내는 선물

・お歳暮の時期はデパートの配送センターが大いそがしである。
연말 시기에는 백화점의 배송 센터가 엄청 분주하다.

068
お世辞 _{せじ} 겉치레 말, 발림 말 ▶ おもねる・へつらう 아부하다

・お世辞を言っている。
인사치레로 하는 소리다.

명사

➡️ 유사 표현

① 機嫌を取る　비위를 맞추다

② おべっかを使う　아첨하다

---

069 汚染 오염 ▶ 汚(よご)れる 더러워지다

・地球が汚染される。
지구가 오염되다.

---

070 お互いさま　피차 일반(서로 매일반)

・ごぶさたはお互いさまです。
격조한 것은 서로 매일반입니다.

---

071 お中元　백중, 중원

・お世話になった方にお中元を送る。
신세진 분에게 백중날 선물을 보내다.

＊中元

음력 7월 15일로, 한 해 동안 신세진 사람들이나 손윗사람들에게 마음의 표시로 선물(보통 먹을 것과 일용품 등)을 보내며, 이 때 백화점에서는 「中元コーナー」를 만들거나 아르바이트를 고용해 큰 세일을 실시한다.

---

072 思いやり　동정심, 배려, 헤아림

・思いやりがある。
배려가 깊다.

---

073 思う存分　마음대로, 실컷

・20年ぶりに高校時代の友人に会った。今日は思う存分飲んで遊ぼう。
20년 만에 고교 시절 친구를 만났다. 오늘은 실컷 마시고 놀자.

---

074 恩 은혜 ▶ 恩(おん)に着(き)る 은혜를 입다

---

075 温泉 온천 ▶ 露天風呂(ろてんぶろ) 노천탕

・温泉に入る。
온천욕을 하다.

076 おんだん
温暖 온난 ▶ 気候(きこう)の温暖(おんだん)な地方(ちほう) 기후가 온난한 지방

077 おんち
音痴 음치 ▶ 方向音痴(ほうこうおんち) 방향치, 길눈이 어두움, 그런 사람

078 かいごう
会合 회합, 모임

・その件は今度の会合の折に話してみよう。
그 건은 이번 회합 때 이야기해 보자.

079 かいさつ
改札 개찰 ▶ 改札口(かいさつぐち) 개찰구

・発車20分前に改札を始める。
발차 20분 전에 개찰을 시작한다.

080 かいし
開始 개시 ▶ 始(はじ)める 시작하다

・仕事の開始が遅れる。
일의 개시가 늦어지다.

081 かいじょう
会場 회장

・ノーベル賞受賞者の講演とあって会場は学生で溢れた。
노벨상 수상자의 강연이라서 회장은 학생들로 넘쳤다.

082 かいふく
回復 회복 ↔ こじれる・ぶりかえす 병이 도지다, 악화되다

・ご病気の回復が一日も早いことを願ってやみません。
하루라도 빨리 병이 회복되기를 바라 마지 않습니다.

083 かかく
価格 가격 = 値段(ねだん)

・居酒屋では価格表が見やすいように一覧表になっている。
술집에는 가격표가 보기 쉽도록 일람표로 되어 있다.

084 かか
係り 담당, 관계

・図書の係りを決める。
도서 담당을 정하다.

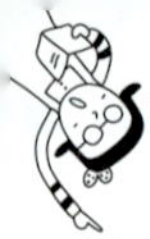

085 かぎ
鍵 열쇠 □□□

もんだいかいけつ かぎ にぎ
・問題解決の鍵を握っている。
문제 해결의 열쇠를 쥐고 있다.

086 がくいん
学院 학원 ▶ 塾(じゅく) 취미나 학교 교육의 보충을 위한 학원
予備校(よびこう) 대학 입시 준비를 전문으로 하는 학원 □□□

たいしゃ がくいん い
・退社してから学院へ行きます。
퇴근하고 나서 학원에 갑니다.

087 かくご
覚悟 각오 □□□

かくご
・覚悟はできたか。
각오는 되었느냐?

관련 표현

はら す
① **腹が据わる** 침착하다, 각오가 되다, 마음의 준비가 되다

なに お はら す
・何が起きようと、ぼくの腹は据わっているんだから。
무슨 일이 일어나든 간에 나는 마음의 준비가 다 되어 있으니까.

はら す けっか ま
・腹を据えて結果を待つ。
마음의 준비를 단단히 하고 결과를 기다린다.

088 かくやす
格安 품질에 비해 값이 쌈, 보통보다 특별히 쌈 □□□

かいがいしゅっちょう べんり ねん かくやすけん
・海外出張に便利な1年オープンの格安券はありません。
해외출장에 편리한, 1년간 사용할 수 있는 싼 가격의 티켓은 없습니다.

089 がくれき
学歴 학력 □□□

がくれき しゅっせ
・学歴がなくても出世できる。
학력이 없어도 출세할 수 있다.

090 かげ
陰 그늘, 뒤 ▶ 影(かげ) 그림자 □□□

かげ わるくち い
・陰で悪口を言う。
뒤에서 욕하다.

みずうみ うつ やま かげ
・湖に映る山の影。
호수에 비치는 산의 그림자.

091 過去（かこ）　과거 ↔ 未来(みらい) 미래　現在(げんざい) 현재

・過去（かこ）にさかのぼる。　과거로 거슬러 올라가다.

092 貸し出し（かしだし）　대출 ▶ 貸付(かしつけ) 대부, 증서를 받고 빌려줌

・貸し出し（かしだし）期間（きかん）は２週間（しゅうかん）です。
대출 기간은 2주간입니다.

093 数（かず）　① 수　② 여러 가지 수, 다수

・さらに子供（こども）の数（かず）が減少（げんしょう）していくことが予想（よそう）される。
더욱 아이들의 수가 감소해 갈 것이 예상된다.

094 片手（かたて）　한 손 ↔ 両手(りょうて) 양 손

・片手（かたて）で持（も）たないで両手（りょうて）で持（も）ちなさい。
한 손으로 들지 말고 양 손으로 드세요.

095 塊（かたまり）　덩어리, 집단 ▶ 脂肪(しぼう)の塊(かたまり) 지방덩어리

096 格好（かっこう）　모습, 모양 ▶「恰好(かっこう)」고도 씀

・その女（おんな）の人（ひと）はどんな格好（かっこう）をしていますか。
그 여인은 어떤 모습을 하고 있습니까?

097 勝手（かって）　형편, 사정, 생계

・勝手（かって）が違（ちが）う。（기대한 것과) 사정이 다르다.
・勝手（かって）が苦（くる）しい。 생계가 곤란하다.

098 活躍（かつやく）　활약

・営業部員（えいぎょうぶいん）であるかたわら、チームの監督（かんとく）としても活躍（かつやく）している。
영업부원이면서 팀의 감독으로서도 활약하고 있다.

명사

099 過程 (かてい)　과정(사물이 경과하는 일련의 진행 경로로서의 의미) = プロセス
*학교 등에서 어느 일정기간 동안 할당하여 이루어지는 학습의 범위나 순서를 나타내는 「課程(かてい) 과정」 과는 구별이 필요함.

・様々な過程をたどる。(さまざま / かてい)
갖가지 과정을 거치다.

100 金儲け (かねもうけ)　돈벌이를 함(일회성, 도박성이 있는 말)
한꺼번에 목돈을 손에 넣거나 한 밑천 잡는 「一儲(ひともう)け」 와 정상적으로 열심히 일(仕事)을 해서 수입을 얻는 「稼(かせ)ぐ」 는 구별이 필요함
▶ 共稼(ともかせ)ぎ 맞벌이 = 共働(ともばたら)き

・働かずに金儲けしようなんてあさましい了見は捨てなさい。(はたら / かねもうけ / りょうけん / す)
일하지 않고 돈을 벌려고 하다니 한심스러운 생각은 버리시오.

◉ P1-L2-02

101 株式 (かぶしき)　주식 ▶ 株(かぶ) 주식, 주가

・株式会社。(かぶしきがいしゃ)　주식회사.
・株は日に日に下げ足が速まっている。(かぶ / ひ / ひ / さ / あし / はや)
주가는 날이 갈수록 시세의 하락 현상이 빨라지고 있다.

102 壁 (かべ)　벽

・壁につきあたる。(かべ)
막다른 벽에 부딪히다.
・壁にぶつかる。(かべ)
벽에 부딪치다.

103 髪 (かみ)　머리카락 = 髪(かみ)の毛(け)

・髪が長くなったので、もう少し短くしてください。(かみ / なが / すこ / みじか)
머리카락이 길어졌으니 조금 더 짧게 해 주세요.

104 空 (から)　거짓, 속이 텅 빈 일 ▶ 空(から)オケ 가라오케

・空っぽ。(から)
건물, 탈것, 그릇 등에 아무 것도 없음.
・空焚きをしないでください。(から / だ)
물을 붓지 않고 열을 가하지 않도록 하십시오.

105 過労 과로

・過労死が社会問題になっている。
과로사가 사회문제가 되고 있다.

106 皮 껍질, 가죽 ▶ 捕(と)らぬ狸(たぬき)の皮算用(かわざんよう) 너구리굴 보고
가죽값 계산한다, 떡 줄 사람 생각도 않는데 김칫국부터 마신다

・わたしはいつもりんごを皮ごと食べます。
저는 항상 사과를 껍질째 먹습니다.

107 癌 암

・癌の治療薬ができそうだ。
암 치료약이 만들어질 것 같다.

・現代社会の癌ともいうべき公害問題。
현대 사회의 암이라고도 해야 할 공해 문제.

108 感覚 감각 ▶ 感(かん)じ 느낌, 감각

・指にまったく感覚がない。
손가락에 전혀 감각이 없다.

・寒くて感じがなくなる。
추워서 감각이 없어지다.

109 環境 환경 ▶ 環境汚染(かんきょうおせん) 환경오염

・こどもは環境に左右されやすい。
어린이는 환경에 좌우되기 쉽다.

110 歓迎 환영 ▶ ようこそ! 어서 오십시오(환영하는 말)

・熱烈な歓迎を受ける。
열렬한 환영을 받다.

111 勘定 계산 ▶ 割(わ)り勘(かん) 각자 계산

・まちがいがないように何回も勘定してみる。
틀림없도록 몇 번이고 계산해 보다.

명사

112 感心 감탄 ▶ 感銘(かんめい) 감명

・彼の勉強熱心なのには感心させられた。
그가 열심히 공부하는 것에는 감탄했다.

・多くの人に感銘を与えた映画だ。
많은 사람에게 감명을 준 영화다.

◐ 유사 표현

① 舌を巻く 혀를 내두르다, 몹시 두려워하거나 놀라다, 매우 감탄하다

113 歓声 환성

・ここでは子供たちがあちこちで歓声を上げていて、美術館というより
は、遊園地か公園の遊び場といった感じだ。
여기에서는 아이들이 여기저기서 환성을 지르고 있어, 미술관이라고 하기보다는 유원지나 공원의
놀이터 같은 느낌이야.

114 感動 감동

・病気と戦う子供の姿に感動した。
병과 싸우는 어린아이의 모습에 감동했다.

◐ 관련 표현

① 胸を打つ 감동시키다

・彼の勇気ある行動にはみんな胸を打たれたようだ。
그 사람의 용기 있는 행동에는 다들 감동을 받은 것 같다.

115 機械 기계

・その機械を無理に使っていると、そのうちに壊れるよ。
그 기계를 무리하게 사용하면 머지않아 부서져요.

116 着替え 갈아입음 ▶ 着替(きか)える・着替(きが)える 옷을 갈아입다

・着替えのシャツを用意する。
갈아입을 셔츠를 준비한다.

117 企画 기획

・その企画には同意しかねます。 그 기획에는 동의하기 어렵습니다.

□□□

118 気軽（きがる） 너무 어렵게 생각하지 않음, 선뜻선뜻 처신하는 모양

・ぼくはあの人とは気軽に話せます。
나는 저 사람과는 거리낌 없이 말할 수 있습니다.

□□□

119 効き目・利き目（きめ・きめ） 효과 ▶ 効（き）く 효력이 있다, 잘 듣다

・この薬は飲むとすぐに効き目があらわれます。
이 약은 먹으면 바로 효과가 나타납니다.

□□□

120 機嫌（きげん） 기분, 비위

・あの赤ちゃんは機嫌が悪くて泣いてばかりいる。
그 아기는 기분이 나빠서 울고만 있다.

♀ 관련 표현

① **機嫌を取る**（きげんをとる） 남의 비위를 맞추다, 아부하다

② **胡麻をする**（ごまをする） 아부하다, 아첨하다

□□□

121 貴社（きしゃ） 귀사(상대의 회사를 높이는 말) = 御社(おんしゃ)

・貴社ますますご清栄のこととお喜び申し上げます。
귀사가 나날이 번창하신다니 경하하여 마지 않습니다.

♀ 관련 표현

① **小社**（しょうしゃ） 폐사, 저희 회사

・**小社の製品**（しょうしゃのせいひん） 폐사의 제품

□□□

122 技術（ぎじゅつ） 기술 ▶ 技（わざ） 기술, 씨름이나 유도에서의 수

・技術の向上で、農作物の収穫がふえた。
기술 향상으로 농작물 수확이 늘었다.

□□□

123 傷（きず） 상처 = けが 상처, 부상

・傷が浅い。 상처가 깊지 않다.

・傷が深い。 상처가 심하다.

・昨日、駅のホームから落ちてしまったけど、かすり傷ですみました。
어제 역의 홈에서 떨어져 버렸는데도 찰과상으로 그쳤습니다.

명사

명사

124 犠牲 (ぎせい) 희생 ▶ 「いけにえ(犠牲)」라고 읽으면 예스러운 말투로 '희생, 희생물, 산 제물'이란 뜻이 된다. 참고로, 「白羽(しらは)の矢(や)が立(た)つ」는 '많은 사람 중에서 특별히 뽑히다, 특히 희생자가 되는 것'을 의미한다.

・自分を犠牲にして、まずしい人のために働く。
자신을 희생하여 가난한 사람을 위하여 일하다.

125 期待 (きたい) 기대 = 当(あ)て ▶ 当(あ)てが外(はず)れる 기대가 빗나가다

・期待を裏切る。
기대에 어긋나다.

・言うには言ってみますが、あまり期待しないでくださいよ。
얘기는 해 보겠지만, 별로 기대는 하지 마세요.

126 帰宅 (きたく) 귀가 = 帰(かえ)り

・母はいつも遅く帰宅する父に腹が立つらしい。
어머니는 언제나 늦게 귀가하는 아버지에게 화가 나시는 듯하다.

・父が帰宅すると、家族たちを暗い気持ちにさせずにはおかなかった。
아버지가 집에 돌아오면 가족들을 우울한 기분이 들게 했다.

127 喫煙 (きつえん) 흡연 ↔ 禁煙(きんえん) 금연 ▶ タバコを吸(す)う 담배를 피우다

・斉藤さんなら喫煙室でたばこを吸っていますよ。
사이토 씨라면 흡연실에서 담배를 피우고 있어요.

128 記入 (きにゅう) 기입 ▶ 記(しる)す 적다, 기록하다

・用紙に氏名を記入する。
용지에 성명을 기입하다.

129 機能 (きのう) 기능

・手術が成功しても、体が動かなくなるか、ないしは運動機能に障害が残る心配があります。
수술이 성공해도 몸이 움직이지 않게 되든가, 혹은 운동기능에 장애가 남을 염려가 있습니다.

130 **気分**（き ぶん）　기분 (심리적인 측면보다 외부의 자극이나 몸 상태로 인한 상태로 특히 구토 증세를 수반하는 경우가 많다)　☐☐☐

・ちょっと気分が悪いです。　조금 기분이 안 좋아요.

131 **希望**（き ぼう）　희망 ▶ 望(のぞ)み 희망, 소망, 가망　☐☐☐

・希望の学校に合格できた。
희망하는 학교에 합격할 수 있었다.

132 **急増**（きゅうぞう）　급증 ↔ 急減(きゅうげん) 급감　☐☐☐

・交通事故が急増している。　교통사고가 급증하고 있다.

133 **行儀**（ぎょう ぎ）　예의범절 ＝ 礼儀作法(れいぎさほう) 예의범절　☐☐☐

・山田さんのお子さんは行儀がいいから先生にかわいがられているらしい。
야마다 씨의 자제 분은 예의가 바르기 때문에 선생님에게 귀여움을 받는 것 같다.

・行儀が悪い。　버릇이 없다.

134 **供給**（きょうきゅう）　공급 ↔ 需要(じゅよう) 수요　☐☐☐

・需要が多くて供給が間に合わない人気商品。
수요가 많아서 공급이 따르지 못하는 인기 상품.

135 **行事**（ぎょう じ）　행사　☐☐☐

・学校行事はどんな理由があっても休んではいけない。
학교 행사는 어떤 이유가 있더라도 쉬어서는 안 된다.

136 **業績**（ぎょうせき）　업적　☐☐☐

・彼の業績を人々は賞賛せずにはおかなかった。
그의 업적을 사람들은 칭찬하지 않을 수 없었다.

137 **競争**（きょうそう）　경쟁 ▶ 競(きそ)う 경쟁하다, 다투다　☐☐☐

・あの学校は競争がはげしくて入学がむずかしい。
저 학교는 경쟁이 심해서 입학이 어렵다.

명사

명사

138 共通語 （きょうつうご） 공통어, 표준어 ↔ なまり 사투리　方言(ほうげん) 방언

・アナウンサーは共通語を使って話す。
아나운서는 표준어를 사용하여 말한다.

・あの人の言葉にはなまりがある。
저 사람의 말에는 사투리가 있다.

139 興味 （きょうみ） 흥미

・興味を引く。
흥미를 끌다.

・田中さんは韓国の古典音楽に興味があります。
다나카 씨는 한국의 고전음악에 흥미가 있습니다.

140 漁業 （ぎょぎょう） 어업 ▶ 漁場(ぎょじょう) 어장　漁師(りょうし) 어부

・らいねん韓日漁業協定が更新されることになっています。
내년에 한일 어업 협정이 갱신되게 되어 있습니다.

141 拒否 （きょひ） 거부 ▶ 拒(こば)む 거부하다

・登校拒否。 등교 거부.

・拒否反応を起こす。 거부 반응을 일으키다.

142 器量 （きりょう） ① 기량, 역량　② 용모

・器量といい、気立てといい、申し分のない娘である。
용모며 마음씨며 나무랄 데 없는 딸이다.

143 禁止 （きんし） 금지 ▶ 禁(きん)ずる 금하다　撮影禁止(さつえいきんし) 촬영 금지

・禁止を解く。 금지를 풀다.

・出入り禁止 출입금지

・喫煙禁止 흡연금지 ＝ 禁煙 금연

106

144 緊張 （きんちょう）　긴장

・緊張をほぐす。
긴장을 풀다.

・聴衆は緊張してその演説を聞いた。
청중은 긴장하고 그 연설을 들었다.

145 具合 （ぐあい）　형편, 사정 ＝ 調子(ちょうし)

・体の具合が悪い。
몸이 불편하다, 몸 상태가 안 좋다.

146 苦情 （くじょう）　불만 ＊「苦情(くじょう)」는 「不満(ふまん)・文句(もんく) 불평, 불만」에
비하여 '공적으로 제기하는 문제 제기'를 의미

・苦情を言ったものの何も改善されなかった。
불만을 말하기는 했는데 아무 것도 개선되지 않았다.

147 癖 （くせ）　버릇 ▶ 無(な)くて七癖(ななくせ) 사람은 누구나 버릇이 몇 가지씩 있다

・恥ずかしいとき、頭をかくのがあの人の癖です。
부끄러울 때 머리를 긁는 것이 그 사람의 버릇입니다.

148 工夫 （くふう）　궁리 ▶ 凝(こ)る 공들이다, 몰두하다　練(ね)る 이리저리 생각하다

・もっと味に工夫すれば、おいしくなりますよ。
좀 더 맛에 대해 궁리하면 맛이 좋아집니다.

・工夫を凝らす。
머리를 짜내다. 궁리하다.

149 区別 （くべつ）　구별 ▶ わきまえる 분별하다, 판별하다

・区別をつける。 구별을 짓다.

150 組み合わせ （くあわせ）　짜 맞춤, 편성

・準々決勝の組み合わせが決まる。
준준결승의 대전표가 결정되다.

151 **苦^{くる}しみ** 괴로움, 고통 ▶ もだえる 몹시 번민하다, 괴로워하다

- 苦しみをのりこえる。 괴로움을 극복하다.

152 **グルメ** 요리에 정통한 사람, 미식가 ＝ 美食家(びしょくか) 미식가

- 彼はグルメとして知られている作家である。
  그는 미식가로 알려진 작가이다.

  ⏺ **관련 표현**

  ① 食通 음식의 맛이나 요리 방법에 정통한 사람, 식도락가
  - 彼はなかなかの食通だ。
    그는 상당한 식도락가다.

153 **苦労^{く ろう}** 노고, 수고 ▶ 苦痛(くつう) 고통

- 苦労をいとわない。
  수고를 마다하지 않는다.
- 長い苦労のあげくとうとう死んでしまった。
  오랜 고생 끝에 결국 죽어 버렸다.
- 苦痛を感ずる。
  고통을 느끼다.

154 **黒字^{くろ じ}** 흑자 ↔ 赤字(あかじ) 적자

- 日本の貿易黒字問題がG7蔵相会議で話し合われた。
  일본의 무역 흑자 문제가 G7 재무 장관 회의에서 논의되었다.

155 **群衆^{ぐんしゅう}** 군중

- 群衆を押し分けていく。
  군중을 헤치고 가다.

  ⏺ 衆：公衆 공중 ・ 大衆 대중 ・ 観衆 관중

156 **経営^{けいえい}** 경영 ▶ 営(いとな)む 경영하다

- 父は会社を経営している。
  아버지는 회사를 경영하고 있다.

108

157 景気 경기 ▶ 不景気(ふけいき) 불경기 景気(けいき)低迷(ていめい) 경기 침체

・景気がよくなったら設備投資に資金をまわす。
경기가 좋아지면 설비 투자로 자금을 돌린다.

158 経験 경험

・年を取ることは、それだけ経験を積むことだ。
나이를 먹는 것은 그만큼 경험을 쌓는 일이다.

・経験豊かな課長も彼には一目置いているそうだよ。
경험이 풍부한 과장님도 그 사람은 인정하고 있대.

159 掲示 게시 ▶ 掲示板(けいじばん) 게시판　掲(かか)げる 내걸다, 책에 게재하다

・あしたは休みだという掲示が出ている。
내일은 휴일이라는 게시가 나와 있다.

160 軽蔑 경멸 ▶ さげすむ 깔보다, 멸시하다

・軽蔑の念をいだく。
경멸하는 마음을 품다.

161 けじめ 명확히 구분해야 할 구분
　　　　▶ けじめをつける 구별을 분명히 하다, 분명히 구분하다

・公私のけじめをつける。 공사를 구분 짓다.

162 下宿 하숙 ▶ 自炊(じすい) 자취

・下宿をさがす。 하숙을 구하다.

163 下旬 하순 ↔ 初旬(しょじゅん) 초순　中旬(ちゅうじゅん) 중순

・3月下旬から4月にかけて桜の花が咲きはじめる。
3월 하순부터 4월에 걸쳐 벚꽃이 피기 시작한다.

164 血液 혈액 ▶ 血液型(けつえきがた) 혈액형

・血液の循環がよくなる。 혈액 순환이 좋아지다.

명사

명사

165 結果 결과

・こっけいに聞こえる結果にもなりかねません。
우스꽝스럽게 들리는 결과가 되기도 쉽습니다.

166 月給 월급

・私の月給は、20万円あまりです。
제 월급은 20만 엔 남짓입니다.

167 結局 결국 ▶ とうとう・ついに・とどのつまり 드디어, 결국

・結局はだれも行かなかった。
결국에는 아무도 가지 않았다.

168 決心 결심

・なかなか決心がつかない。
좀처럼 결심이 안 선다.

・すべては君の決心次第だ。
모든 것은 자네가 결심하기 나름이다.

🔸 관련 표현

① 腹を決める 큰일을 결심하다, 의중을 굳히다

・よし、腹を決めた。今度の誕生日にはピアノを買ってあげる。
좋아, 결정했어. 이번 생일날에는 피아노를 사 줄게.

169 決定 결정 ▶ 取(と)り決(き)める 정하다

・決定に従うことにした。 결정에 따르기로 했다.

170 欠点 결점, 단점 ＝ 短所(たんしょ) 단점 ↔ 長所(ちょうしょ) 장점

・本田課長は冗談めかしに、私の欠点を遠回しに指摘した。
혼다 과장님은 농담인 양, 내 결점을 넌지시 지적했다.

171 下落 하락

・豊作で米価が下落した。 풍작으로 쌀값이 하락했다.

172 現実 げんじつ　현실 ▶ 現(うつつ) 현실, 생시　夢(ゆめ)か現(うつつ)か 꿈이냐 생시냐

- 現実にあわない。
  현실에 맞지 않는다.

173 減少 げんしょう　감소 ↔ 増加(ぞうか) 증가 ▶ 減(へ)る 줄다

- 昨年は利益がわずかに減少しました。
  작년에는 이익이 약간 감소했습니다.

174 見当 けんとう　짐작 ▶ 見当(けんとう)違(ちが)い 예상이 어긋남, 헛다리 짚음

- だれがやったことかだいたい見当がつく。
  누가 한 짓인지 대략 짐작이 간다.

175 高価 こうか　고가, 값이 비쌈 ↔ 安値(やすね) 싼값, 염가

- 口車にのって高価なものを買ってしまった。
  감언이설에 넘어가서 비싼 물건을 사 버렸다.

176 後悔 こうかい　후회 ▶ 悔(く)いる 뉘우치다, 후회하다

- 後悔先に立たず。
  나중에 후회해 보았자 소용없다. 후회막급이다.

177 公害 こうがい　공해 ▶ 騒音公害(そうおんこうがい) 소음 공해

- 国内で発生する公害に改めて注意を喚起する声が高まっている。
  국내에서 발생하는 공해에 새삼 주의를 환기하는 목소리가 높아지고 있다.

178 交換 こうかん　교환 ＝ 取(と)り替(か)える 교환하다

- 交換を呼び出す。
  교환을 불러내다.

- サイズが合わないので交換していただけませんか。
  사이즈가 맞지 않으니까 교환해 주시지 않겠습니까?

179 公共 こうきょう　공공 ▶ 公共(こうきょう)事業(じぎょう) 공공사업
　　　　　　　　　　公(おおやけ) 공공, 공적인 일

명사

180 交際 こうさい 교제 ▶ 付(つ)き合(あ)う 교제하다, 사귀다

・交際を求める。 교제를 청하다. (こうさい / もと)

181 交渉 こうしょう 교섭 ＝話(はな)し合(あ)い 교섭, 의논

・交渉に入る。 (こうしょう / はい)
교섭(절충)에 들어가다.

・交渉の成り行きが注視される。 (こうしょう / な / ゆ / ちゅうし)
교섭의 귀추가 주목된다.

182 好物 こうぶつ 즐기는 음식, 좋아하는 음식

・果物は私の大好物です。 (くだもの / わたし / だいこうぶつ)
과일은 내가 아주 좋아하는 음식입니다.

183 興奮 こうふん 흥분

・興奮して眠れない。 흥분되어 잘 수가 없다. (こうふん / ねむ)

184 公務員 こうむいん 공무원 ＊약간 격이 떨어지나 「役人(やくにん)」이라고도 한다.

・公務員である限り、憲法を遵守しなければならない。 (こうむいん / かぎ / けんぽう / じゅんしゅ)
공무원인 한, 헌법을 준수해야 한다.

185 行楽 こうらく 행락 ▶ 行楽地(こうらくち) 행락지

・連休の行楽地はどこも人でにぎわう。 (れんきゅう / こうらくち / ひと)
연휴의 행락지는 어디나 사람들로 붐빈다.

186 交流 こうりゅう 교류 ＝触(ふ)れ合(あ)い 접촉, 교류

・交流をはかる。 교류를 도모하다. (こうりゅう)

187 故郷 こきょう 고향 ＝お国(くに)・古里(ふるさと)

・故郷が恋しい。 (こきょう / こい)
고향이 그립다.

188 **小雨** 가랑비 ▶ しとしと 부슬부슬(비 오는 모습)

・夕方から小雨が降る。
저녁부터 가랑비가 오다.

189 **国会** 국회

・日本の国会は衆議院と参議院がある。
일본 국회는 중의원과 참의원이 있다.

190 **固定** 고정

・月曜日に休日を固定することで連休を増やそうという考えだ。
월요일에 휴일을 고정하는 것으로 연휴를 늘리려는 생각이다.

191 **粉** 가루 ▶ 小麦粉(こむぎこ) 밀가루

・粉薬は食後に飲んでください。
가루약은 식후에 드십시오.

🔑 관련 표현

① 身を粉にする 뼈가 으스러지도록 일하다, 분골쇄신하다

・おばさんは身を粉にして働いてきた。
아주머니는 뼈가 으스러지도록 일해 왔다.

192 **好み** 취향 = 嗜好(しこう) 기호

・食べ物の好みはひとそれぞれ違う。
음식의 취향은 사람마다 각기 다르다.

193 **御無沙汰** 오랫동안 격조함, 무소식(공손어) ▶ 梨(なし)のつぶて 무소식

・どうも御無沙汰しておりました。 매우 격조하였습니다.

194 **これから** 앞으로 ↔ これまで 지금까지

・これからはこのようなことがないように、みんなに注意してください。
앞으로는 이 같은 일이 없도록, 모두 주의시켜 주세요.

・これまでのご苦労が無駄になる。
지금까지의 고생이 헛일이 되다.

명사

195 **頃合**（ころあい） 적당한 시기 ▶ 見頃（みごろ） 보기에 꼭 알맞은 때

・頃合（ころあい）を見計（みはか）らってわたしから彼（かれ）に話（はな）しましょう。
적당한 기회를 봐서 내가 그 사람에게 이야기하지요.

196 **今後**（こんご） 앞으로 ↔ 今回（こんかい） 이번

・今後（こんご）の努力次第（どりょくしだい）では、目標（もくひょう）の大学（だいがく）の試験（しけん）に合格（ごうかく）するのも夢（ゆめ）ではない。
앞으로의 노력 여하에 따라, 목표하는 대학 시험에 합격하는 것도 꿈이 아니다.

・お金（かね）を貸（か）すのは今回（こんかい）きりですよ。
돈을 빌려주는 것은 이번뿐입니다.

197 **混雑**（こんざつ） 혼잡 ▶ 込（こ）み合（あ）う 많은 사람이 모여 북적거리다

・交通（こうつう）の混雑（こんざつ）を緩和（かんわ）する。
교통의 혼잡을 완화하다.

198 **今日**（こんにち） 오늘날

・全社員（ぜんしゃいん）の努力（どりょく）によって今日（こんにち）の会社（かいしゃ）があるのです。
전사원의 노력으로 말미암아 오늘의 회사가 있는 것입니다.

199 **婚約**（こんやく） 약혼 ▶ 許嫁（いいなずけ） 어린 자녀를 부모가 미리 약혼시키는 일, 약혼자

・結納（ゆいのう）というのは婚約（こんやく）のしるしに両家（りょうけ）の間（あいだ）で品物（しなもの）を交換（こうかん）することです。
예물이라는 것은 약혼의 표시로 양가 사이에서 물건을 주고받는 것을 말합니다.

＊일본어에서는 「約婚 약혼」이라고 하지 않는다.

200 **差**（さ） 차, 차이 ▶ けた違（ちが）い 엄청난 차이, 차원이 다름

・差（さ）がつく。
차이가 나다.

P1-L2-03

201 **最高**（さいこう） 최고 ↔ 最低（さいてい） 최저, 형편없음　最悪（さいあく） 최악
　　　　　　▶ 最高額（さいこうがく） 최고액

・買（か）う気（き）はないが、買（か）うとしたら、最高（さいこう）のものを買（か）いたい。
살 마음은 없으나, 산다면 제일 좋은 것을 사고 싶다.

・あいつは最低だ。
저 녀석은 형편없다.

・2009年米国の対日赤字は6月に最高額を記録しました。
2009년 미국의 대일 적자는 6월에 최고액을 기록했습니다.

---

202 財産 재산

・彼女は美人で頭がいい。それに加え、財産もある。
그녀는 미인이고 머리가 좋다. 거기에 더해 재산도 있다.

---

203 最終 최종 ↔ 最初(さいしょ) 최초 ▶ 最上(さいじょう) 최상

・最終結果だ。 마지막 결과다.

・最上の喜びだ。 최상의 기쁨이다.

---

204 最先端 최첨단 ▶ 最先端(さいせんたん)の技術(ぎじゅつ) 최첨단 기술
　　　　　　　*우리식 표현인「尖端(せんたん) 첨단」으로 쓰지 않도록 한다.

---

205 催促 재촉 ▶ 促(うなが)す 재촉하다　矢(や)の催促(さいそく) 성화같은 독촉

・借金の催促。 빚 독촉.

・借金取りから矢の催促を受けた。
빚쟁이로부터 성화같은 독촉을 받았다.

・金を早く返せと矢の催促をされた。
돈을 빨리 갚으라고 성화같은 독촉을 받았다.

---

206 最中 한창 때 ▶ 真(ま)っ最中(さいちゅう) 한창　~하는 중(강조)

・ゲームをしている最中は、電話がかかってきても出ない。
한창 게임을 하고 있을 때에는 전화가 와도 안 받는다.

---

207 災難 재난 = 災(わざわ)い ▶ 自然(しぜん)災害(さいがい) 자연재해

・災難をまぬがれる。 재난을 모면하다.

---

208 歳末 연말 ▶ 歳末(さいまつ)大売(おおう)り出(だ)し 연말 대매출

명사

209 <ruby>採用<rt>さいよう</rt></ruby> 채용 □□□

・<ruby>当社<rt>とうしゃ</rt></ruby>はやる<ruby>気<rt>き</rt></ruby>のある<ruby>人<rt>ひと</rt></ruby>を<ruby>採用<rt>さいよう</rt></ruby>します。
당사는 의욕 있는 사람을 채용합니다.

210 <ruby>幸<rt>さいわ</rt></ruby>い 다행, 행복 = 幸福(こうふく) □□□

・よい<ruby>友<rt>とも</rt></ruby>だちをもって<ruby>幸<rt>さいわ</rt></ruby>いだ。
좋은 친구를 가져서 행복하다.

211 <ruby>坂<rt>さか</rt></ruby> 언덕, 비탈길 = 坂道(さかみち) □□□

・<ruby>急<rt>きゅう</rt></ruby>な<ruby>坂<rt>さか</rt></ruby>をのぼる。 가파른 언덕길을 오르다.

・<ruby>坂道<rt>さかみち</rt></ruby>を<ruby>転<rt>ころ</rt></ruby>げ<ruby>落<rt>お</rt></ruby>ちる。
비탈길에서 굴러 떨어지다.(병이나 사물의 상태가 급속히 악화되어 가는 모습)

212 <ruby>境<rt>さかい</rt></ruby> 경계 ▶ 境界(きょうかい) 경계　境目(さかいめ) 경계, 경계선, 갈림길 □□□

・<ruby>2003年度<rt>ねんど</rt></ruby>を<ruby>境<rt>さかい</rt></ruby>に<ruby>急激<rt>きゅうげき</rt></ruby>に<ruby>下<rt>さ</rt></ruby>がる。
2003년도를 경계로 급격히 떨어진다.

・<ruby>国<rt>くに</rt></ruby>と<ruby>国<rt>くに</rt></ruby>との<ruby>境界<rt>きょうかい</rt></ruby>を<ruby>国境<rt>こっきょう</rt></ruby>という。
나라와 나라와의 경계를 국경이라고 한다.

・<ruby>隣町<rt>となりまち</rt></ruby>との<ruby>境目<rt>さかいめ</rt></ruby>に<ruby>流<rt>なが</rt></ruby>れる<ruby>川<rt>かわ</rt></ruby>。
이웃 마을과의 경계를 흐르는 강.

・ここが<ruby>生死<rt>せいし</rt></ruby>の<ruby>境目<rt>さかいめ</rt></ruby>だ。
여기가 생사의 갈림길이다.

213 <ruby>逆立<rt>さかだ</rt></ruby>ち ① 물구나무서기 ② 반대, 거꾸로 되어 있음 □□□
▶ 逆立(さかだ)ちしても 아무리 발버둥 쳐도, 죽었다 깨어나도

・<ruby>君<rt>きみ</rt></ruby>が<ruby>勝<rt>か</rt></ruby>ったら、<ruby>町内<rt>ちょうない</rt></ruby>を<ruby>逆立<rt>さかだ</rt></ruby>ちして<ruby>一周<rt>いっしゅう</rt></ruby>してやるよ。
네가 이기면 동네를 물구나무서기 해서 한 바퀴 돌아줄게.

・<ruby>上下<rt>じょうげ</rt></ruby>が<ruby>逆立<rt>さかだ</rt></ruby>ちに<ruby>見<rt>み</rt></ruby>える。
상하가 거꾸로 보인다.

・<ruby>彼<rt>かれ</rt></ruby>には<ruby>逆立<rt>さかだ</rt></ruby>ちしても<ruby>追<rt>お</rt></ruby>いつけない。
그에게는 발버둥 쳐도 따라갈 수 없다.

① 逆さま 역, 반대, 거꾸로임

· 絵を逆さまに掛ける。 그림을 거꾸로 걸다.

· 「ヤオヤ」は逆さまに読んでも同じだ。
   ヤオヤ는 거꾸로 읽어도 똑같다.

② 逆 역, 반대

· テープを逆に回す。 테이프를 반대로 돌리다.

③ あべこべ 반대임, 거꾸로임, 뒤죽박죽

· 先生が学生に教わるなんてあべこべだ。
   선생이 학생에게 배우다니 거꾸로 되었다.

④ 裏腹 반대, 불일치, 뒤죽박죽임

· 日ごろの考えとは裏腹のことを言ってしまいました。
   평소의 생각과는 반대되는 말을 해 버렸습니다.

---

214 削除 삭제 □□□

· そのファイルは削除してください。
   그 파일은 삭제해 주세요.

---

215 座敷 다다미방 ＝ 畳(たた)み部屋(べや) □□□

· 座敷にあがる。 다다미방에 들어가다.

---

216 雑談 잡담 ＊이야기의 본 줄거리와는 관계없는 종잡을 수 없는 이야기를 의미하며, □□□
      과정상 부적절한 말을 부각한 말이다. ▶ 雑木林(ぞうきばやし) 잡목림

· 会議中には雑談をするな。
   회의 중에는 잡담을 하지 마라.

🔵 관련 표현

① お喋り 잡담

· ちょっとお喋りするうちに時間になった。
   잠시 잡담을 하는 사이에 시간이 되었다.

② 無駄話 쓸데없는 이야기, 잡담
   ＊아무런 실질적 도움이 되지 못하는 말을 의미로, 말의 가치성을 부각시킬 때 쓰는 표현

명사

명사

③ 世間話 세상 이야기, 잡담
④ 四方山話 세상 이야기, 갖가지 이야기
⑤ 言わずもがな 말하지 않는 편이 좋은

217 差別 차별 ▶ 男女差別(だんじょさべつ) 남녀 차별

· 男女の差別をつけない。
남녀의 차별을 두지 않는다.

218 寒気 오한 = 悪寒(おかん)

· お腹が痛くて寒気がするんです。
배가 아프고 오한이 납니다.

219 左右 좌우 ▶ 前後左右(ぜんごさゆう) 전후좌우

· 左右にわかれる。
좌우로 갈라지다.

220 猿 원숭이

· 猿も木から落ちる。＝弘法も筆の誤り, かっぱの川流れ
원숭이도 나무에서 떨어진다.

221 参加 참가 ▶ 参加者(さんかしゃ) 참가자

· 参加を呼びかける。
참가를 호소하다.

· こんなに参加者が少ないなら、いっそ取りやめにしましょうか。
이렇게 참가자가 적으면 차라리 그만둘까요?

222 残暑 늦더위 ▶ 残暑見舞(ざんしょみまい) 더위에 보내는 안부 편지

· 今年は残暑がきびしい。
금년에는 늦더위가 심하다.

223 賛成 찬성 ↔ 反対(はんたい) 반대

· 法案は賛成多数で可決された。
법안은 찬성 다수로 가결되었다.

224 **死**(し) 죽음(인간과 그 외의 사물에도 쓸 수 있는 말) ▶ 事故死(じこし) 사고사

- 死(し)をもって償(つぐな)う。 죽음으로서 속죄하다.

유사 표현

① **死亡**(しぼう) 사망(죽음을 사무적, 객관적으로 표현한 말)

- 事故(じこ)で2名死亡(にめいしぼう) 사고로 2명 사망

② **死去**(しきょ) 사망, 죽음(죽음을 애도하는 감정이 이입된 말투)

- 親友(しんゆう)の死去(しきょ)を悲(かな)しむ。 친구의 죽음을 슬퍼하다.

225 **仕上げ**(しあ) 마무리, 끝손질

- 現在地下鉄工事(げんざいちかてつこうじ)は仕上(しあ)げの段階(だんかい)です。
  현재, 지하철 공사는 마무리 단계입니다.

226 **時間割り**(じかんわ) 시간표 ▶ ダイヤ 열차의 운행 시각표

- 時間割(じかんわ)りを決(き)める。 시간표를 짜서 정하다.

227 **至急**(しきゅう) 매우 급함, 급히, 빨리 = 緊急(きんきゅう)に 긴급하게 急(いそ)いで 서둘러

- 部長(ぶちょう)は秘書(ひしょ)に書類(しょるい)を至急(しきゅう)コピーするように言(い)った。
  부장님은 비서에게 서류를 급히 복사하도록 했다.

228 **資金**(しきん) 자금 ▶ 資金繰(しきんぐ)り 자금 조달

- 資金(しきん)を調達(ちょうたつ)する。 자금을 조달하다.

資(し) : 資料(しりょう) 자료 · 資格(しかく) 자격 · 資本(しほん) 자본

229 **仕組み**(しく) ① 구조, 기구 ② 순서, 방법 ③ (조립되어 있는 것의) 구조
= 構造(こうぞう) 구조

- 会社組織(かいしゃそしき)の仕組(しく)み
  회사조직의 구조
- 山(やま)から切(き)り出(だ)された木材(もくざい)は船(ふね)で運(はこ)ばれる仕組(しく)みになっている。
  산에서 벌목한 목재는 배로 운반되는 구조로 되어 있다.
- このビルは耐震構造(たいしんこうぞう)ができている。
  이 빌딩은 내진 구조가 되어 있다.

명사

230 支社 지사 ↔ 本社(ほんしゃ) 본사 ▶ 支店(してん) (특히 은행의) 지점, 분점
　　　　↔ 本店(ほんてん) 본점

· 支社は本社の半数である。 지사는 본사의 반수이다.

231 支出 지출 ↔ 収入(しゅうにゅう) 수입

· 支出をおさえる。
지출을 억제하다.

232 市場 시장 = 市場(いちば) 시장 ▶ 青物市場(あおものいちば) 청과물 시장

· わたしは市場の動向を調べさせられました。
저는 시장 동향을 조사하도록 지시 받았습니다.

233 事情 사정

· 事情が許せばぜひ行ってみたい。
사정이 허락한다면 꼭 가 보고 싶다.

234 地震 지진

· 今朝の新聞によると、日本で大きな地震があったそうです。
오늘 아침 신문에 따르면, 일본에서 큰 지진이 있었다고 합니다.

· いまでこそ平和な町になったが、あの地震の直後はひどい状態だった。
지금은 평화로운 마을이 되었지만, 그 지진 직후는 심각한 상태였다.

235 次第 ① 일의 순서 ② 현재에 이르기까지의 사정, 어떤 일의 경과 및 되어 가는 형편
　　　　= 経緯(いきさつ) 일의 경과　成(な)り行(ゆ)き 경과, 추세

· 式の次第 식의 순서

· 事と次第によっては許可しないかもしれない。
경우에 따라서는 허가하지 않을지도 모른다.

· 心から感謝申し上げる次第でございます。
진심으로 감사 말씀드리는 바입니다.

🔵 관련 표현

① **次第**(동사 ます형 / 명사 / 접미어 뒤에 접속)

㉠ ~하는 즉시, ~하자마자 = ~했다(하면)すぐに
㉡ ~에 의해서 결정됨, ~에 달려 있음, ~나름

• 送金次第、品をお届けします。
송금하시는 대로 물건을 보내드리겠습니다.

• すべては、君の決心次第だ。
모든 것은 자네의 결심에 달려 있네.

---

236 時代 시대 ▶ 時代遅(じだいおく)れ 시대에 뒤떨어짐

• 時代を反映する。 시대를 반영하다.

---

237 支度 준비 * 미리 필요한 물건(주로 식사, 복장, 소지품 등)을 마련한다는 의미로, 마음의 준비나 마음 가짐의 의미는 없다.
▶ 身支度(みじたく) 몸차림, 몸치장을 함, 복장을 갖춤

• 旅の支度をする。 여행 준비를 하다.
• 昨夜は支度で少しも眠れなかった。
어젯밤은 준비로 한숨도 잘 수 없었다.
• 旅行の身支度をして出かけた。
여행가는 복장을 하고 나갔다.

🔵 유사 표현

① **用意**

어떤 일을 하려 할 때 미리 필요한 물건을 마련한다는 의미, 또한 마음의 준비를 뜻함, 시간적인 면에서는 일을 앞두고 하는 직전의 준비

• 料理を用意しておきました。 요리를 준비해 두었습니다.
• 用意、ドン。 준비, 땅.

② **準備**

用意와 거의 같은 의미, 마음의 준비나 마음가짐, 비교적 장기적인 준비를 뜻하며, 몸의 컨디션 조절 등에 사용

• 3時から7階で会議がありますから、その準備をしています。
3시부터 7층에서 회의가 있기 때문에, 그 준비를 하고 있습니다.
• 心の準備 마음의 준비
• 準備運動 준비 운동

명사

238 失業者 (しつぎょうしゃ) 실업자 □□□

・一方では失業者が増え、一方では人手が足りない業種もあるという。
한편에서는 실업자가 늘고, 한편에서는 일손이 부족한 업종도 있다고 한다.

239 失業率 (しつぎょうりつ) 실업률 □□□

・4ヵ国の失業率順位は常に変わっていない。
4개국의 실업률 순위는 항상 변하지 않는다.

240 実行 (じっこう) 실행 □□□

・あなたの同意が得られればこそ、この計画も実行できるのです。
당신의 동의를 얻어야 이 계획도 실행할 수 있는 것입니다.

241 湿度 (しつど) 습도 □□□

・湿度が高い。
습도가 높다.

> 🔵 관련 표현
>
> ① じめじめ 축축한 모양, 음침한 모양 ▶ じめじめとした 우울하다, 음울하다
>
> ・梅雨で毎日じめじめしている。
> 장마로 매일매일 축축하다.

242 指導 (しどう) 지도 □□□

・翌日の準備をしてから寝るように、ご家庭でも子供たちにご指導ください。
다음 날 준비를 하고 나서 자도록, 가정에서도 아이들을 지도해 주세요.

243 品切れ (しなぎ) 품절 ▶ 品数(しなかず) 물품의 종류, 물품의 수효 □□□

・品切れになる。
품절 되다.

・この店は品数が多くて値段も安い。
이 가게는 물품의 종류가 많고 값도 싸다.

244 **支払い** 지불

- 支払いを済ませる。
  셈을 치르다.
- 富士商会からの支払いがとどこおっている。
  후지 상회로부터의 지불이 밀려 있다.

245 **死亡** 사망 ▶ 亡(な)くなる 죽다, 돌아가시다

- 彼は交通事故で死亡した。
  그는 교통사고로 사망했다.

246 **始末** (나쁜) 결과, 꼴, 형편

- バーゲンセールはますます激しくなり、あのスーパーにいたっては大根一本10円で売る始末だ。
  바겐세일은 점점 치열해져, 그 슈퍼는 특히 무 하나에 10엔에 파는 형편이다.

247 **自慢** 자랑 ▶ うぬぼれる 자부하다, 스스로 우쭐대다

- のど自慢。
  노래 자랑(우리의 전국 노래 자랑 같은 NHK 프로그램 이름).
- また彼の息子自慢が始まった。
  또 그의 아들 자랑이 시작되었다.

248 **地味** 수수함 ↔ 派手(はで) 화려함

- この服は地味だから彼によく似合います。
  이 옷은 수수해서 그에게 잘 어울립니다.

249 **締め切り** 마감(일)

- 締め切りに間に合う。
  마감에 맞추다.

명사

명사

250
じゃくてん
弱点 약점 = 弱(よわ)み 약점, 남보다 뒤떨어지는 점

・弱点を握る。
약점을 잡다.

251
しゃっきん
借金 빚, 돈을 꿈, 꾼 돈 ↔ 返済(へんさい) 반제, 빚을 갚음

・借金がまだかなりある。
빚이 아직 꽤 남아 있다.

252
しゅうきゅう
週休 일주일 동안에 쉬는 날
▶ 週休二日制(しゅうきゅうふつかせい) 주휴 2일제(주 5일 근무제)

253
しゅうごう
集合 집합 ▶ 集(あつ)まる 모이다, 집합하다

・生徒を集合させて注意を与える。
학생을 집합시켜 주의를 주다.

254
じゅうし
重視 중시

・主にその季節らしい感じを重視する。
주로 그 계절다운 느낌을 중시한다.

255
じゅうたい
渋滞 정체 ▶ 込(こ)む 혼잡하다, 붐비다, 북적거리다

・観光地の入口の渋滞には閉口しました。
관광지 입구의 정체에는 질렸습니다.

256
しゅうでん
終電 막차, 마지막 전철 = 終電車(しゅうでんしゃ)
↔ 始発(しはつ) 열차, 전철, 버스 따위가 맨 처음으로 출발함

・終電に遅れて困ってしまいました。
막차에 늦어서 난처해져 버렸습니다.

・終電までにはもう一本しかありません。
막차까지는 이제 한 대밖에 없습니다.

257
しゅうにゅう
収入 수입 ↔ 支出(ししゅつ) 지출

・前期収入の内訳は下記の通りです。
전기 수입의 내역은 아래와 같습니다.

258 しゅうへん
周辺 주변 ▶ 周囲(しゅうい) 주위 □□□

・都市周辺の住宅地。
도시 주변의 주택지.

・周囲の人に気をつかう。
주위 사람들에게 (이것저것) 마음을 쓴다.

259 じゅけん
受験 수험 ▶ 試験(しけん)を受(う)ける 시험을 보다 □□□

・大学を受験する。
대학 입학시험을 치르다.

260 しゅさい
主催 주최 ▶ 催(もよお)す 개최하다 □□□

・大会を主催する。
대회를 주최하다.

261 しゅしょう
首相 수상 = 内閣総理大臣(ないかくそうりだいじん) 내각총리대신 □□□

・首相は国会議員の中から選ばれる。
수상은 국회의원 중에서 선출된다.

262 しゅしょく
主食 주식 □□□

・アジア人の食生活の特徴は主食があることです。欧米人の食生活
には主食がありません。
아시아인의 식생활의 특징은 주식이 있다는 것입니다. 구미인의 식생활에는 주식이 없습니다.

263 しゅっきん
出勤 출근 ↔ 退社(たいしゃ) 퇴근 □□□

・出勤途中で雨に降られた。
출근하는 도중에 비를 맞았다.

264 しゅび
守備 수비 ↔ 攻撃(こうげき) 공격 □□□

・守備をかためる。
수비를 견고히 하다.

명사

명사

265 じゅみょう
寿命 수명

・この靴は寿命が長い。
이 구두는 수명이 길다.

・寿命がくる。 = 寿命が尽きる。
수명이 다 되다.

266 しゅやく
主役 주역 ▶ 立役者(たてやくしゃ) 주역, 사물의 중심적인 역할을 하는
중요한 사람, 중심 인물

・主役をつとめる。
주역을 맡아 하다.

267 じゅよう
需要 수요 ↔ 供給(きょうきゅう) 공급

・最近、パソコンの需要が増えている。
최근 퍼스널 컴퓨터의 수요가 늘고 있다.

268 しゅるい
種類 종류

・種類が違う。 = 種類が異なる。
종류가 다르다.

・あの店なら品物の種類が多いです。
저 가게라면 물품의 종류가 많습니다.

　➡ 類：**書類** 서류・**衣類** 의류・**人類** 인류・**類似** 유사・**魚類** 어류・**穀類** 곡류

269 しゅんかん
瞬間 순간 = 瞬(またた)く間(ま) 순간, 눈 깜짝할 사이

・あの人に会った瞬間、目の前に光があふれた。
그 사람을 만난 순간 눈앞에 빛이 쏟아졌다.

270 じゅんじょ
順序 순서 ▶ 順(じゅん) 순서, 차례

・ものには順序というものがある。
일에는 순서라는 것이 있다.

・順に並ぶ。 차례로 늘어서다.

271 じゅんばん
順番 순번, 차례
□□□

・順番がくる。
차례가 오다.

🔹 시험에 잘 나오는 유사 표현

① お鉢が回ってくる 차례가 돌아오다, 자기 차례가 되다

272 しよう
使用 사용, 씀
□□□

・使用者 사용자(부리는 입장에 있는 사람)
・使用人 고용인(부림을 당하는 입장에 있는 사람)

273 しょうか
消化 소화 ▶ 消化不良(しょうかふりょう) 소화 불량
□□□

・消化がいい。
소화가 잘 되다.

274 しょうがい
障害 장애
□□□

・身体障害者のための設備が不足している。
신체장애자를 위한 설비가 부족하다.

* 보통 「〜の不自由な人 (〜이 불편한 사람)」으로 표현한다.

275 しょうがい
生涯 생애, 평생 ▶ 生涯教育(しょうがいきょういく) 평생 교육
□□□
＊「平生教育(へいぜいきょういく)」라고 하지 않도록 한다. 일본어에서 「平生(へいぜい)」는 '평소'라는 의미이다.

・生涯を終える。 생애를 마치다.

276 しょうがっこう
小学校 초등학교
□□□

・彼もいまでこそ立派な人物だが、小学校の頃は悪ガキだった。
그도 지금이야 훌륭한 사람이지만, 초등학교 때는 장난꾸러기였다.

277 じょうきょう
状況 상황 ▶ 有(あ)り様(さま) 모양, 상태
□□□

・景気の状況によっては来年の予算をもう一度練り直さなければならない。
경기의 상황에 따라서는 내년 예산을 한 번 더 다시 짜지 않으면 안 된다.

278 条件 조건
じょうけん

・条件次第では未経験者でもかまわない。
　조건에 따라서는 미경험자라도 상관없다.

279 証拠 증거 ＝ 証(あかし) 증명, 증거
しょうこ

・れっきとした証拠もないのに人を疑ったりするのはよくないよ。
　뚜렷한 증거도 없는데 사람을 의심하거나 하는 것은 좋지 않아.

280 詳細 상세
しょうさい

・詳細に説明する。　상세하게 설명하다.

281 上司 상사 ＝ 上役(うわやく) 상사
じょうし

・宴会の時、上司の命令で歌を歌わせられました。
　연회 때 상사의 명령으로 노래를 불러야 했습니다.

282 上昇 상승 ↔ 下降(かこう) 하강
じょうしょう

・貿易赤字は３月より上昇する一方です。
　무역적자는 3월부터 계속 상승하고 있습니다.

283 状態 상태
じょうたい

・加藤さんは今どんな状態ですか。
　가토 씨는 지금 어떤 상태입니까?

284 上達 숙달, 기술 등이 향상됨
じょうたつ

・上達が早い。
　기능 향상이 빠르다.

285 冗談 농담 ▶ たわごと 실없는 말, 농담
じょうだん

・中田君は真面目なんだが、冗談が通じなくて困るよ。
　나카다 군은 진지하긴 한데, 농담이 안 통해서 난처해.

286 承知 동의, 승낙, 알고 있음 ＝ ご存(ぞん)じ 알고 계심

・ご承知のとおり。
잘 아시는 바와 같이.

・そんなことはじゅうじゅう承知です。
그런 것은 충분히 잘 알고 있습니다.

287 衝突 충돌 ▶ ぶつかる 부딪치다, 충돌하다

・衝突をさける。
충돌을 피하다.

・危うく衝突するところだった。
하마터면 충돌할 뻔했다.

🔵 유사 표현

① 玉突き 자동차의 연쇄 추돌

・五台も玉突きになった。
5대나 연쇄 추돌했다.

② 玉突き事故 연쇄 추돌 사고

288 小児科 소아과 ▶ 外科(げか) 외과

・あのう、小児科はどちらですか。
저기, 소아과는 어느 쪽입니까?

289 承認 승인

・承認を得る。 승인을 얻다.

290 商売 장사, 상업

・税金が高いので、商売をやめたいくらいだ。
세금이 비싸서 장사를 그만두고 싶을 정도이다.

291 消費 소비 ▶ 消費者(しょうひしゃ) 소비자

・消費税が5％なので10,000円のものが10,500円になるというわけです。
소비세가 5%이므로 만 엔짜리 물건이 만오백 엔이 되는 것입니다.

명사

명사

・消費税を導入しても物を買わなければ、景気は回復しない。
소비세를 도입해도 물건을 사지 않으면, 경기는 회복되지 않는다.

292 商品 상품 ▶ 商売(しょうばい) 장사

・この商品には物品税が掛ります。
이 상품에는 물품세가 듭니다.

・商売繁盛を祈願する。
장사가 번창하기를 기원한다.

293 少量 소량 = 少(すく)な目(め) ↔ 多量(たりょう) 다량 = 多目(おおめ)

・少量の砂糖をくわえる。
소량의 설탕을 넣다.

294 初級 초급 ▶ 中級(ちゅうきゅう) 중급 高級(こうきゅう) 고급

・このテキストは初級者には難しすぎます。
이 교과서는 초급자에게는 너무 어렵습니다.

295 食欲 식욕 ▶ 食欲旺盛(しょくよくおうせい) 식욕 왕성
食欲(しょくよく)をそそる 식욕을 돋우다

・A：朝ごはんはどうしますか。
아침은 어떻게 하시겠어요?

・B：朝はちょっと食欲がないので…。
아침은 좀 식욕이 없어서….

🔊 **관련 표현**

① のどが鳴る 입맛 다시다, 맛있는 음식을 보고 식욕이 일다

・どうしよう、ダイエット中なのに、おいしいものがいっぱいなのでのどが鳴るよ。
어쩌지? 다이어트 중인데. 맛있는 것이 많아서 식욕이 발동하네.

296 徐行 서행 ▶ のろのろ運転(うんてん) 느린 운전, 서행 운전

・大雪でどの車も注意深く徐行している。
폭설로 어떤 차든지 조심스럽게 서행하고 있다.

297 所持 ^{しょじ} 소지

・許可証を所持している。
허가증을 소지하고 있다.

● 「持つ」의 의미로 풀이되는 말

① 免許証を携帯している 면허증을 휴대하고 있다
② 印鑑を持参している 인감을 지참하고 있다
③ 広い土地を所有している 넓은 땅을 소유하고 있다
④ 世界記録を保有している 세계기록을 보유하고 있다
⑤ 健康を維持する 건강을 유지하다
⑥ 緊張を持続する 긴장을 지속하다
⑦ 憲法を堅持する 헌법을 견지하다

298 女子 ^{じょし} 여자 = 女性(じょせい) 여성 ↔ 男子(だんし) 남자・男性(だんせい) 남성

・ぼくのクラスは女子のほうが多い。
우리 학급은 여자가 많다.

299 暑中見舞 ^{しょちゅうみまい} 서중 문안, 한여름 문안 인사

・友だちに暑中見舞のはがきを出す。
친구에게 서중 문안 엽서를 보낸다.

300 食器 ^{しょっき} 식기 ▶ 茶碗(ちゃわん) 찻잔, 밥공기 お皿(さら) 접시

・子供の食器にはかわいい絵がついている。
어린이 식기에는 귀여운 그림이 붙어 있다.

◉ P1-L2-04

301 書店 ^{しょてん} 서점 = 本屋(ほんや)

・この本はあそこの書店で買った。
이 책은 저기 있는 서점에서 샀다.

302 所得 ^{しょとく} 소득

・あの地域の国々は、一人あたりの所得がまだまだ低い。
저 지역의 나라들은 일인당 소득이 아직도 낮다.

명사

명사

303 白髪 (しら が) 흰머리, 백발 □□□

・祖父はめっきり白髪がふえた。
할아버지는 눈에 띄게 흰머리가 늘었다.

304 知り合い (し あ) 친지, 아는 사이 □□□

・ふたりはおさないころからの知り合いです。
두 사람은 어린 시절부터 아는 사이입니다.

○ 유사 표현

① 身寄り (み よ) 친족, 친척 ＝ 親戚(しんせき)

・身寄りのないかわいそうなお年より。
친족이 없는 불쌍한 노인.

305 市立 (し りつ) 시립 ▶ 国公立(こっこうりつ) 국공립 □□□
　　　　　 ↔ 私立(しりつ・わたくしりつ) 사립

・わたしはいつも市立図書館を利用している。
나는 항상 시립 도서관을 이용하고 있다.

306 資料 (し りょう) 자료 □□□

・会議の資料はコピーしておきました。
회의 자료는 복사해 두었습니다.

307 印 (しるし) 표시 ▶ ほしじるし 별표 □□□

・地図に印をつけておく。 지도에 표시를 해 두다.

308 しわ 주름 □□□

・しわになる。 ＝しわがよる。
주름이 지다.
・母の顔に最近しわがふえた。
어머니 얼굴에 요즘 주름이 늘었다.

309 仕業 (し わざ) 소행, 짓 □□□

・このいたずらは、いったい誰の仕業だ。
이 장난은 도대체 누구의 소행이냐?

310
じんかく
人格 인격 ▶ 人柄(ひとがら) 인품, 사람됨

かれ　　　　　　　　　　じんかく　　　も　　ぬし
・彼はすぐれた人格の持ち主だ。
그는 훌륭한 인격의 소유자다.

□□□

311
じんこう
人工 인공 ▶ 人工衛星(じんこうえいせい) 인공 위성

じんこう　みずうみ
・あれは人工の湖だ。
저것은 인공 호수다.

□□□

312
しんこく
申告 신고

しんこく　も
・申告漏れ 신고 누락

かくていしんこく
・確定申告 확정 신고

🔍 **관련 표현**

① むとど
無届け 무신고, 무단

むとど　　しゅうかい
・無届け集会。
무단 집회.

かれ　　しゅうかん　　むとど　　　かいしゃ　けっきん　かいこ
・彼は２週間も無届けで会社を欠勤し解雇された。
그는 2주일이나 무단으로 회사를 결근하여 해고되었다.

313
しんしゅつ
進出 진출

がいこく　しょうけんがいしゃ　　しんしゅつ
・外国の証券会社が進出してきた。
외국의 증권 회사가 진출해 왔다.

にほんきぎょう　かいがいしんしゅつ　めざ
・日本企業の海外進出には目覚ましいものがある。
일본 기업의 해외 진출에는 눈부신 면이 있다.

□□□

314
しんじん
新人 신인, 신입사원 ＝ 新米(しんまい)・新前(しんまえ)

なかがわくん　お　めただ　しんじん
・中川君は折り目正しい新人だ。
나카가와 군은 예의바른 신입사원이다.

□□□

315
しんせき
親戚 친척 ＝ 親類(しんるい)

ほうじ　しんせき　ひと　あつ
・法事に親戚の人が集まった。
제사에 친척들이 모였다.

□□□

명사

316 心臓 (しんぞう) 심장 ▶ 心臓発作(しんぞうほっさ) 심장 발작

・機械の心臓部が故障してしまった。
기계의 심장부가 고장 나 버렸다.

317 進歩 (しんぽ) 진보 ▶ 進(すす)む 나아가다

・技術が著しく進歩した。
기술이 현저하게 진보했다.

318 信頼 (しんらい) 신뢰 ▶ 信(しん)じて頼(たよ)る 믿고 의지하다

・彼は信頼している友だちだ。
그는 신뢰하는 친구다.

🔎 **관련 표현**

① 不信感(ふしんかん) 배신 따위를 당했을 때 생기는 불신감
② 半信半疑(はんしんはんぎ) 반신반의 ('의심하다'의 뉘앙스가 더 강한 말)

319 炊事 (すいじ) 취사

・炊事と洗濯は自分でするようにしています。
취사와 세탁은 스스로 하려고 하고 있습니다.

320 睡眠 (すいみん) 수면

・仕事を持つ20〜30代の男女に睡眠に関する調査を行った結果、
睡眠不足に悩んでいるようすが浮かび上がった。
직업을 가진 20~30대 남녀에게 수면에 관한 조사를 실시한 결과, 수면 부족으로 고민하고 있는
모습이 드러났다.

321 末 (すえ) 끝, 말 ▶ 末(すえ)っ子(こ) 막내 末(まつ) 말

・今月の末にテストがある。 이번 달 말에 테스트가 있다.

322 姿 (すがた) 모습 ▶ 後(うし)ろ姿(すがた) 뒷모습

・兄は後ろ姿が父にそっくりです。
형은 뒷모습이 아버지를 꼭 닮았습니다.

323 **好き嫌い** 편식
〔す き きら〕

· 姉は食べ物の好き嫌いがはげしい。
〔あね　た もの　す きら〕
누나는 편식이 심하다.

324 **筋** ① 근육, 심줄 ② 조리, 도리 ▶ 筋道(すじみち) 사리, 조리
〔すじ〕
　　③ (소식통의 출처를 말할 때 씀)

· 水泳をしていて、足の筋がつった。
〔すいえい〕　　　　　〔あし　すじ〕
수영을 하다가 발(근육)에 쥐가 났다.

· 筋道の通らない意見です。
〔すじみち　とお　　　い けん〕
조리에 맞지 않는 의견입니다.

· 確かな筋からの情報。
〔たし　　すじ　　じょうほう〕
정확한 소식통이 보내온 정보.

325 **スタッフ** (staff) 스태프, 담당자, 부원

· あの店は、店長以下10人のスタッフで店をやっている。
〔みせ　てんちょう い か　にん〕　　　　　　　〔みせ〕
저 가게는 점장 이하 10명의 스태프로 가게를 운영하고 있다.

326 **頭痛** 두통 = 頭(あたま)が痛(いた)い 머리가 아프다
〔ず つう〕

· 飲めないのに無理に酒を飲まされて頭痛がする。
〔の〕　　　　　む り　さけ　の　　　　　　ず つう〕
마시지 못하는데 억지로 술을 마시게 해서 머리가 아프다.

327 **隅** 구석 = 角(かど) 구석, 길모퉁이
〔すみ〕
　　　　▶ 隅(すみ)に置(お)けない 얕볼 수 없다, 보통내기가 아니다

· 部屋の隅にいる。 방구석에 있다.
〔へ や　すみ〕

· あの人はなかなか隅に置けない人だ。
〔ひと〕　　　　　すみ　お　　ひと〕
저 사람은 좀처럼 무시할 수 없는 사람이다.

328 **すり** 소매치기 ▶ する 소매치기하다 = すりをする

· 電車の中で、すりにさいふを盗まれた。
〔でんしゃ　なか〕　　　　　　ぬす〕
전철 안에서 소매치기에게 지갑을 도둑맞았다.

329 **せい** (원인, 이유) 탓

· 彼が病気になったというのも、毎日の激務のせいです。
〔かれ　びょうき〕　　　　　　　　　　まいにち　げき む〕
그가 병에 걸린 것도 매일 계속되는 격무 탓입니다.

명사

명사

330 清栄 せいえい　편지에서 상대편의 건강과 번영을 축복하는 인사말　□□□

・御社ますますご清栄のこととお喜び申し上げます。
おんしゃ　　　　　せいえい　　　　　　　　　よろこ　もう　あ
귀사가 나날이 번창하신다니 경하하여 마지 않습니다.

331 税金 ぜいきん　세금 ▶ 税(ぜい)を納(おさ)める 세금을 납부하다　□□□

・この税金はどう使われますか。
ぜいきん　　　　つか
이 세금은 어떻게 사용됩니까?

332 政権 せいけん　정권 ▶ 政権(せいけん)を握(にぎ)る 정권을 잡다　□□□

・38年ぶりに政権交代が行われた。
ねん　　　　せいけんこうたい　　おこな
38년 만에 정권교체가 이루어졌다.

333 制限 せいげん　제한 ▶ 限(かぎ)る 제한하다, 한정하다　□□□

・制限スピードは時速60キロメートルと決められている。
せいげん　　　　　　じそく　　　　　　　　　　き
제한 스피드는 시속 60킬로미터로 정해져 있다.

334 政治 せいじ　정치　□□□

・政治に対する不信感は募るばかりだ。
せいじ　　たい　　ふしんかん　つの
정치에 대한 불신감은 점점 심해질 뿐이다.

335 贅沢 ぜいたく　사치　□□□

・贅沢を言う。 분에 넘치는 소리를 하다.
ぜいたく　い
・そんな高価な自転車なんて贅沢だ。
こうか　　じてんしゃ　　　　ぜいたく
그렇게 비싼 자전거라니 사치다.

336 生年月日 せいねんがっぴ　생년월일　□□□

・はがきに住所と氏名、それに生年月日を書いて申し込む。
じゅうしょ　しめい　　　　　せいねんがっぴ　　か　　　もう　こ
엽서에 주소와 성명, 그리고 생년월일을 적어서 신청한다.

🔷 **네 개의 한자로 이루어진 어구**

① 異口同音 いくどうおん 이구동음, 이구동성　　② 一言居士 いちげんこし 말참견을 않고는 못 배기는 사람
③ 一網打尽 いちもうだじん 일망타진　　④ 一蓮托生 いちれんたくしょう 좋든지 나쁘든지 행동을 함께 함
⑤ 一生懸命 いっしょうけんめい 열심히 함　　⑥ 卸売業者 おろしうりぎょうしゃ 도매업자

⑦ 古今東西 동서고금　⑧ 言語道断 언어도단
⑨ 自画自賛 자화자찬　⑩ 自業自得 자업자득
⑪ 自分勝手 제멋대로임　⑫ 人事異動 인사이동
⑬ 終始一貫 시종일관, 처음부터 끝까지　⑭ 四六時中 24시간 동안, 하루 종일, 항상
⑮ 津々浦々 방방곡곡　⑯ 中途半端 어중간함
⑰ 油断大敵 방심은 가장 큰 적, 방심은 금물

337 製品 제품

・新製品の説明会に出席した。
신제품 설명회에 참석했다.

338 世間 세상 ▶ 世間知(せけんし)らず 세상 물정에 어두움, 또는 그런 사람

・世間をおどろかす。
세상을 놀라게 하다.

・世間の思惑ばかり気にして生きるのはやめよう。
세상의 평판만을 신경 쓰면서 사는 것은 그만두자.

・世間ずれした男。
세파에 시달려 닳고 닳은 남자.

・世間ずれしていない女。
세상의 때가 묻지 않은 여자.

339 節約 절약 ↔ 贅沢(ぜいたく) 사치 ▶ つづまやか 검소함

・人件費節約のため、海外に工場を移す。
인건비 절약을 위해서 외국으로 공장을 옮기다.

340 背伸び 발돋움

・赤ちゃんが机の上の物を取ろうとして背伸びをしている。
아기가 책상 위의 물건을 집으려고 발돋움을 하고 있다.

341 世論 세론, 여론

・世論調査 여론조사

명사

342 世話 (せわ) 돌봄, 신세 ▶ 世話(せわ)が焼(や)ける 손이 가다, 성가시다 □□□

・お世話(せわ)になりました。
신세 많이 졌습니다.

・病気(びょうき)になった祖母(そぼ)の世話(せわ)をする。
병이 나신 할머니를 돌보다.

・余計(よけい)なお世話(せわ)です。
쓸데없는 참견이에요.(필요 없는 참견을 하지 말았으면 하는 의미, 꽤 강한 거부의 뉘앙스)

343 専攻 (せんこう) 전공 ▶ 専攻(せんこう)する 전공하다 ＊어떤 학문을 전문으로 연구하는 것. □□□

・松浦(まつうら)さんの専攻(せんこう)は英語(えいご)でしたか。
마츠우라 씨의 전공은 영어였습니까?

・心理学(しんりがく)を専攻(せんこう)しました。
심리학을 전공했습니다.

🔿 관련 표현

① 専門 (せんもん) 전문 ＊오로지 특정한 분야의 학문이나 업무를 연구, 담당하는 것

・JPTを専門(せんもん)とする講師(こうし)。
JPT를 전문으로 하는 강사.

・大学(だいがく)では心理学(しんりがく)を専門(せんもん)に研究(けんきゅう)しました。
대학에서는 심리학을 전문적으로 연구했습니다.

344 先日 (せんじつ) 며칠 전, 일전, 요전 날 ＝ このあいだ・この前(まえ)・せんだって □□□

・小林(こばやし)さんは先日(せんじつ)お目(め)にかかりました。
고바야시 씨는 며칠 전에 뵈었습니다.

345 先祖 (せんぞ) 선조, 조상 ＝ 祖先(そせん) □□□

・ぼくの家(いえ)の先祖(せんぞ)は平家(へいけ)の武士(ぶし)だったらしい。
우리 집 선조는 헤이케의 무사였던 것 같다.

346 先輩 (せんぱい) 선배 ↔ 後輩(こうはい) 후배 □□□

・新入社員(しんにゅうしゃいん)は先輩(せんぱい)の親切(しんせつ)な一言(ひとこと)を嬉(うれ)しく思(おも)うものだ。
신입사원은 선배의 친절한 한 마디를 기쁘게 생각하는 법이다.

347 専門 ^{せんもん} 전문 ▶ 専門家(せんもんか) 전문가

· 兄は歴史を専門に研究しています。
형은 역사를 전문적으로 연구하고 있습니다.

348 騒音 ^{そうおん} 소음 ▶ 騒音公害(そうおんこうがい) 소음 공해

· 昨夜は騒音のせいで少しも眠れなかった。
어젯밤은 소음 탓으로 한숨도 잘 수 없었다.

349 増加 ^{ぞうか} 증가 ↔ 減少(げんしょう) 감소
▶ 急増(きゅうぞう) 급증 ↔ 急減(きゅうげん) 급감

· 都市では人口の増加とともに、住宅問題が深刻になってきた。
도시에서는 인구의 증가와 함께 주택문제가 심각해졌다.

350 総会 ^{そうかい} 총회 ▶ 株主(かぶぬし)総会(そうかい) 주주총회

· 遅くとも6時には総会を始めます。
늦어도 6시에는 총회를 시작합니다.

351 底 ^{そこ} 바닥 ▶ 底(そこ)をつく 저장해 둔 것이 바닥나다　底(そこ)を打(う)つ
밑바닥까지 떨어지다, 더 이상 나빠지지 않을 정도로 사정이 악화되다

· コップの底に砂糖がたまっている。
컵 밑바닥에 설탕이 가라앉아 있다.

· このままなら5月には資金が底をつく可能性がある。
이대로라면 5월에는 자금이 바닥날 가능성이 있다.

○ 관련 표현

① 底抜け ^{そこぬ} 한이 없음 ＊한이 없고 극도로 지나친 모양을 나타내는 말로, 긍정적이며 개방적인 뉘앙스를 가지고 있다. 따라서 부정적인 말과는 함께 사용하지 않는다.

· 彼女の顔は底抜けに明るい。
그녀의 얼굴은 한없이 밝다.

352 代金 ^{だいきん} 대금

· 本の代金を支払う。
책의 대금을 지불하다.

○ 代 : 修理代 수리비(대금)　· **本代** 책값　· **食事代** 식대

353 **待遇** (たいぐう) 대우 ▶ 優遇(ゆうぐう) 우대, 후하게 대접함

・働く人たちの待遇を改善する。
일하는 사람들의 대우를 개선하다.

354 **大使** (たいし) 대사 ▶ 領事(りょうじ) 영사

・アメリカ大使に任命される。
미국 대사에 임명되다.

355 **対象** (たいしょう) 대상

・この試験問題は中学1年生を対象としたものにしては難しい。
이 시험 문제는 중학 1학년생을 대상으로 한 것치고는 어렵다.

356 **退職** (たいしょく) 퇴직 ▶ 退社(たいしゃ) 퇴근

・あと5日で定年退職です。
앞으로 5일이면 정년퇴직입니다.

357 **体調** (たいちょう) 몸 상태, 컨디션 ＝ コンディション

・体調を整える。
컨디션을 조절하다.

➡ 体 ：体操 체조 ・体重 체중 ・体温 체온

358 **態度** (たいど) 태도

・慎重な態度をとる。
신중한 태도를 취하다.

359 **大統領** (だいとうりょう) 대통령 ▶ 首相(しゅしょう) 수상

・大統領はどうして大使にばかりおこるんでしょうね。
대통령은 왜 대사에게만 화를 내실까요.

360 **逮捕** (たいほ) 체포 ▶ 捕(つか)まえる・捕(とら)える 붙잡다

・思いがけないことから犯人が逮捕された。
뜻하지 않은 일로 범인이 체포되었다.

361 大量（たいりょう） 대량 ↔ 少量(しょうりょう) 소량

・この商品は大量に売れないと採算がとれない。
이 상품은 대량으로 팔리지 않으면 수지가 맞지 않는다.

362 互い違い（たが ちが） 엇갈림, 번갈아 (함)
＊다른 2개의 사물이 순번이 바뀌는 것이나 하나 걸러 뒤섞여 있는 것.

・大皿と小皿を互い違いに並べる。
큰 접시와 작은 접시를 번갈아 늘어놓다.

363 多岐（たき） 여러 갈래로 갈려 복잡다단함, 다방면 ▶ 多方面(たほうめん) 다방면

・多岐に渡る研究課題が与えられた。
다방면에 걸친 연구과제가 주어졌다.

・多岐に渡って解説してある。
여러 갈래에 걸쳐 해설되어 있다.

・多岐亡羊。
학문의 길은 다방면에 걸쳐 있어서 좀처럼 진리에 도달하기 어려움을 일컫는 말.

・多方面で活躍する。
다방면에서 활약하다.

364 立入禁止（たちいりきんし） 출입금지

・ここは立入禁止です。 여기는 출입금지입니다.

365 立場（たちば） 입장

・あなたがわたしの立場だったらどうしますか。
당신이 내 입장이었다면 어떻게 하겠습니까?

366 建前（たてまえ） 표면상 방침, 겉마음 ↔ 本音(ほんね) 본심, 속마음

・本音と建前とは大違いだ。
속마음과 겉마음은 상당한 차이이다.

367 棚（たな） 선반 ▶ 棚上(たなあ)げにする 연기하다, 보류하다

・結論が出ないから、この問題はしばらく棚上げだ。
결론이 안 나오므로 이 문제는 잠시 보류다.

명사

명사

368 谷間（たにま） 골짜기, 계곡(주위보다 낮은 곳)

・谷間（たにま）に川（かわ）が流（なが）れている。
계곡에 강이 흐르고 있다.

・今週（こんしゅう）は仕事（しごと）の谷間（たにま）であまり忙（いそが）しくない。
이번 주는 일의 짬이 나서 별로 바쁘지 않다.

369 煙草（たばこ） 담배

・タバコを吸（す）う。 담배를 피우다.

・厚生省（こうせいしょう）は、煙草（たばこ）の喫煙率（きつえんりつ）やストレスなどが寿命（じゅみょう）に影響（えいきょう）していると見（み）ている。
후생성은 담배의 흡연율과 스트레스 등이 수명에 영향을 주고 있다고 보고 있다.

370 旅（たび） 여행 ＝ 旅行（りょこう）

・旅（たび）に出（で）る。 여행을 떠나다.

・旅（たび）は道連（みちづ）れ、世（よ）は情（なさ）け。
여행길에서는 길동무가 있으면 마음 든든하고, 세상을 살아가는 데는 정을 나눌 수 있어야 한다.

371 玉（たま） 구슬, 둥근 것 ▶ 500円（えん）玉（だま） 500엔짜리 동전

・星（ほし）が夜空（よぞら）に玉（たま）を散（ち）りばめたようにうつくしくかがやく。
별이 밤하늘에 구슬을 온통 박아 넣은 듯 아름답게 빛난다.

372 玉（たま）に瑕（きず） 옥에 티

・あの人（ひと）はせっかちなのが玉（たま）に瑕（きず）だ。
그 사람은 성급한 것이 옥에 티이다.

🔵 관련 표현

① 欠点（けってん） 결점 ＊사람의 성격이나 물건의 성능 등에서 좋지 않은 부분을 지적하는 말

・人（ひと）は誰（だれ）でも欠点（けってん）があります。
사람은 누구나 결점이 있습니다.

② 短所（たんしょ） 단점, 결점, 약점 ＊다른 것과 비교해서 뒤지는 면을 지적하는 말

・引（ひ）っ込（こ）み思案（じあん）なところが彼（かれ）の短所（たんしょ）だ。
소극적인 면이 그의 단점이다.

373
溜め息　한숨 ▶ 嘆(なげ)く 한숨을 짓다, 한탄하다

· 溜め息が出る。
한숨이 나온다.

· 溜め息をつく。
한숨을 쉬다.

374
便り　소식, 편지

· 旅先から便りをもらうのは嬉しいものだ。
여행지로부터 편지를 받는 것은 기쁜 일이다.

375
単位　학점

· 兄は単位の不足で、大学を卒業できなかった。
형은 학점 부족으로 대학을 졸업하지 못했다.

376
短気　성질이 급함 = 気(き)が短(みじか)い 성질이 급하다
気短(きみじか) 성급함, 참을성이 없음, 조급함 ↔ 気長(きなが) 느긋함, 여유로움

· 父は短気でおっちょこちょいだ。
아버지는 성질이 급하고 덜렁댄다.

377
短所　단점 = 欠点(けってん) 단점, 결점 ↔ 長所(ちょうしょ) 장점

· 人にはだれにだって短所の一つや二つはある。
사람에게는 누구라도 단점 한 두 가지는 있다.

378
たんす　장롱, 장 ▶ 押(お)し入(い)れ 세간이나 이불 등을 넣는 방, 골방, 벽장

· 晴れ着をたたんでたんすにしまう。
외출복을 개어서 장에 넣다.

379
団地　단지 ▶ 住宅団地(じゅうたくだんち) 주택단지

· 埋め立て地に工業団地をつくる。
매립지에 공업단지를 만들다.

380
担当　담당 = 係(かかり) 어떤 일을 담당함, 담당

· 国家間で異なる漢字の形態や意味を、実務担当者が解決すべきだ。
국가 간에 서로 다른 한자의 형태와 뜻을 실무 담당자가 해결해야 한다.

명사

명사

381 担任 <ruby>担任<rt>たんにん</rt></ruby> 담임, 담당 = 受(う)け持(も)ちの先生(せんせい) 담임 선생님
▶ 受(う)け持(も)つ 담당하다, 담임하다, 맡다

· 私たちのクラスの担任がかわる。
우리들 학급 담임이 바뀌다.

382 田圃 <ruby>田圃<rt>たんぼ</rt></ruby> 논 ▶ 畑(はたけ)・田畑(たはた) 밭

· 田圃に水を張る。
논에 물을 가득 채우다.

383 地域 <ruby>地域<rt>ちいき</rt></ruby> 지역

· 太平洋は世界でも重要な地域だ。
태평양은 세계에서도 중요한 지역이다.

➡ 地：地価 지가 · 地平線 지평선 · 地形 지형

384 違い <ruby>違い<rt>ちが</rt></ruby> 차이

· 合格するとしないとではたいへんな違いだ。
합격하는 것과 하지 않는 것은 대단한 차이다.

385 近頃 <ruby>近頃<rt>ちかごろ</rt></ruby> 요즘, 최근 = このところ

· 近頃はやりの服装だ。
최근 유행 복장이다.

386 近道 <ruby>近道<rt>ちかみち</rt></ruby> 지름길 = 早道(はやみち)

· こっちのほうがずっと近道だ。
이 쪽이 훨씬 지름길이다.

387 力 <ruby>力<rt>ちから</rt></ruby> 힘 = パワー ▶ 力(ちから)を入(い)れる 힘을 쏟다, 주력하다
↔ 力(ちから)が抜(ぬ)ける 힘이 빠지다

· あの人は背が高いばかりで、あまり力はない。
저 사람은 키만 크고 힘은 그다지 없다.

· 力を入れて歌おう。
힘을 쏟아서 노래하자.

388 **知人** ちじん　지인, 지기, 아는 사람 ＝ 知(し)り合(あ)い

・引(ひ)っ越(こ)してきたばかりなので、この町(まち)には知人(ちじん)がほとんどいない。
이사 온 지 얼마 안 되어서, 이 마을에는 아는 사람이 거의 없다.

389 **中央** ちゅうおう　중앙 ▶ 真(ま)ん中(なか) 한 가운데

・広場(ひろば)の中央(ちゅうおう)に小(ちい)さな池(いけ)がある。
광장 중앙에 작은 연못이 있다.

390 **中止** ちゅうし　중지 ▶ 止(と)める 세우다

・雨(あめ)のため遠足(えんそく)は中止(ちゅうし)になった。
비 때문에 소풍은 중지되었다.

391 **駐車** ちゅうしゃ　주차 ▶ 駐車場(ちゅうしゃじょう) 주차장

・この広場(ひろば)には駐車(ちゅうしゃ)できません。
이 광장에는 주차할 수 없습니다.

392 **中旬** ちゅうじゅん　중순 ▶ 初旬(しょじゅん) 초순　下旬(げじゅん) 하순

・中旬(ちゅうじゅん)にはどんなことをしますか。　중순에는 어떤 일을 합니까?

393 **注目** ちゅうもく　주목

・それは注目(ちゅうもく)に値(あたい)する事件(じけん)だ。
그것은 주목할 가치가 있는 사건이다.

➡ 注(ちゅう)：注文(ちゅうもん) 주문・注視(ちゅうし) 주시・注意(ちゅうい) 주의

394 **調査** ちょうさ　조사 ▶ 調(しら)べる 조사하다

・だれを対象(たいしょう)に行(おこな)う調査(ちょうさ)ですか。
누구를 대상으로 실시하는 조사입니까?

395 **調子** ちょうし　(몸 · 기계 등의) 상태, 컨디션

・胃(い)の調子(ちょうし)がよくない時(とき)は、この薬(くすり)を飲(の)みなさい。
위 상태가 좋지 않을 때는 이 약을 드세요.

명사

396 <ruby>塵<rt>ちり</rt></ruby> (대기 중의 미세한 입자) 먼지

・<ruby>風<rt>かぜ</rt></ruby>が<ruby>吹<rt>ふ</rt></ruby>いて<ruby>塵<rt>ちり</rt></ruby>が<ruby>舞<rt>ま</rt></ruby>い<ruby>上<rt>あ</rt></ruby>がる。
바람이 불어서 먼지가 흩날린다.

🔵 유사 표현

① ごみ (빗자루로 쓸어 모아 버리는 것·요리 찌꺼기) 쓰레기
・<ruby>物<rt>もの</rt></ruby>が<ruby>豊<rt>ゆた</rt></ruby>かになるにつれてごみの<ruby>量<rt>りょう</rt></ruby>が<ruby>増<rt>ふ</rt></ruby>えていきます。
물자가 풍부해짐에 따라 쓰레기양이 늘어갑니다.

② ほこり (책상 위나 선반 위에 쌓인 입자) 먼지
・<ruby>障子<rt>しょうじ</rt></ruby>の<ruby>桟<rt>さん</rt></ruby>にほこりがたまる。
장지문 창살에 먼지가 쌓이다.

③ くず (종잇조각, 음식 등의 찌꺼기, 특히 빵의) 부스러기, 찌꺼기, 쓰레기

397 <ruby>追突<rt>ついとつ</rt></ruby> 추돌

・<ruby>高速道路<rt>こうそくどうろ</rt></ruby>でバスの<ruby>追突事故<rt>ついとつじこ</rt></ruby>が<ruby>発生<rt>はっせい</rt></ruby>した。
고속도로에서 버스 추돌 사고가 발생했다.

398 <ruby>墜落<rt>ついらく</rt></ruby> 추락 ▶ <ruby>落<rt>お</rt></ruby>ちる 떨어지다

・<ruby>航空機<rt>こうくうき</rt></ruby>が<ruby>墜落<rt>ついらく</rt></ruby>した。
항공기가 추락했다.

399 <ruby>突<rt>つ</rt></ruby>き<ruby>当<rt>あ</rt></ruby>たり 막다른 곳

・この<ruby>道<rt>みち</rt></ruby>の<ruby>突<rt>つ</rt></ruby>き<ruby>当<rt>あ</rt></ruby>たりを<ruby>右<rt>みぎ</rt></ruby>へ<ruby>曲<rt>ま</rt></ruby>がってください。
이 길의 막다른 곳에서 오른쪽으로 도십시오.

400 <ruby>月日<rt>つきひ</rt></ruby> ① 세월 ② 월일, 날짜 = <ruby>日付<rt>ひづけ</rt></ruby> 날짜

・<ruby>月日<rt>つきひ</rt></ruby>が<ruby>経<rt>た</rt></ruby>つ。세월이 흐르다.
・<ruby>手紙<rt>てがみ</rt></ruby>の<ruby>終<rt>おわ</rt></ruby>りには<ruby>日付<rt>ひづけ</rt></ruby>を<ruby>書<rt>か</rt></ruby>くものです。
편지 끝에는 날짜를 쓰는 것입니다.

◉ P1-L2-05

401 <ruby>釣<rt>つ</rt></ruby>り<ruby>合<rt>あ</rt></ruby>い 균형

・<ruby>力<rt>ちから</rt></ruby>の<ruby>釣<rt>つ</rt></ruby>り<ruby>合<rt>あ</rt></ruby>いがとれている。
힘의 균형이 잡혀 있다.

□□□

402 **連(つ)れ** 동행, 일행 ▶ 連(つ)れる 동반하다, 동행하다

- 連(つ)れが待(ま)っていますので、先(さき)に帰(かえ)ります。
  일행이 기다리고 있어서 먼저 돌아가겠습니다.

□□□

403 **手当(てあ)て** 치료 = 治療(ちりょう)

- けがをした友達(ともだち)の手当(てあ)てをする。
  상처를 입은 친구를 치료하다.

관련 표현

① **手入(てい)れ** 검색, 단속, 손질

- 手入(てい)れが行(ゆ)き届(とど)いている。
  손질이 잘 되어 있다.

② **手落(てお)ち** 실수, 잘못

- 手落(てお)ちなくやる。
  실수 없이 하다.

□□□

404 **定休日(ていきゅうび)** 정기 휴일

- この店(みせ)は毎週火曜日(まいしゅうかようび)が定休日(ていきゅうび)です。
  이 가게는 매주 화요일이 정기 휴일입니다.

□□□

405 **提出(ていしゅつ)** 제출 ▶ 出(だ)す 내다

- 彼(かれ)は辞表(じひょう)を提出(ていしゅつ)した。
  그는 사표를 제출했다.

□□□

406 **程度(ていど)** 정도 *수량의 대소, 강약, 고저, 경중 등 다른 물건 및 그 이전의 비교 대상과의 차이에 대한 비율을 의미

- 進化(しんか)の程度(ていど)によって植物(しょくぶつ)を分類(ぶんるい)する。
  진화 정도에 따라 식물을 분류한다.
- 自分(じぶん)の学力程度(がくりょくていど)に合(あ)うテキストを探(さが)す。
  자신의 학력 정도에 맞는 교재를 찾다.

관련 표현

① **度合(どあ)い** 정도 *주로 상태의 변화를 나타내는 말과 더불어 사용한다.

- 緊張(きんちょう)の度合(どあ)いを増(ま)す。
  긴장의 정도를 더하다.

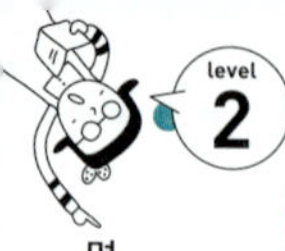

• 人によって興味の度合いが異なる。
사람에 따라 흥미 정도가 다르다.

② 程 정도, 만큼, 보다 *상태나 비교의 비율이 두드러진 상태임을 시사하는 말이다.

• 君ほどの実力があれば優勝は間違いない。
너 정도의 실력이 있으면 우승은 틀림없다.

• 今日は昨日ほど暑くない。
오늘은 어제보다 덥지 않다.

---

407 定年 정년 ▶ 定年退職(ていねんたいしょく) 정년퇴직

• 鈴木さんは定年で退職した。 스즈키 씨는 정년퇴직을 했다.

---

408 定評 정평

• あれは定評のある雑誌だ。 그것은 정평이 나 있는 잡지이다.

---

409 出入口 출입구

• ここは出入口ですから物を置かないでください。
여기는 출입구이므로 물건을 놓지 말아 주십시오.

---

410 手入れ 손질

• 釣り道具の手入れをする。
낚시 도구 손질을 하다.

---

411 出来事 일, 사건, 사고

• その日の出来事を日記につける。
그 날 있었던 일을 일기에 적다.

---

412 凸凹 울퉁불퉁, 불균형

• 道が凸凹している。 길이 울퉁불퉁하다.

---

413 手数 수고, 애씀, 성가심, 귀찮음 ▶ 手数(てすう)をかける 수고를 끼치다

• お手数をかけまして、どうもすみません。
수고를 끼쳐드려서 정말 죄송합니다.

414 手続き 수속
てつづ

・入学の手続きをすませる。 입학 수속을 마치다.
にゅうがく　てつづ

415 徹夜 철야
てつや

・徹夜でこの仕事を仕上げた。
てつや　しごと　しあ
철야로 이 일을 끝냈다.

416 手間 품, 수고 = 手数(てすう) 수고, 품
てま

・手間をかけて料理をつくる。
てま　りょうり
수고를 들여 요리를 만들다.

・手数のかかる仕事。
てすう　しごと
수고가 드는 일.

417 手前 바로 앞
てまえ

・化粧室の手前に花が飾ってあります。
けしょうしつ　てまえ　はな　かざ
화장실 바로 앞에 꽃이 장식되어 있습니다.

418 出前 주문 배달
でまえ

・電話でラーメンの出前をたのむ。
でんわ　でまえ
전화로 라면 배달을 부탁하다.

419 手元 주변, 곁, 바로 옆
てもと

・いつも手元に辞書と地図を置いておくと便利だ。
てもと　じしょ　ちず　お　べんり
항상 곁에 사전과 지도를 놓아두면 편리하다.

420 転勤 전근, 근무처를 옮김 = 転任(てんにん) 전임, 전근, 전직
てんきん

・父は今度、東京の支社に転勤になる。
ちち　こんど　とうきょう　ししゃ　てんきん
아버지는 이번에 도쿄 지사로 전근 가게 된다.

➡ 転 ：転校 전학 ・ 移転 이전 ・ 回転 회전
てん　てんこう　いてん　かいてん

명사

421 でんごん
伝言 전언, 전할 말 = ことづて 전언, 말을 전함

・きょう、広田さんに会うんですが、何かご伝言ありますか。
오늘 히로타 씨를 만납니다만, 뭔가 전하실 말이라도 있습니까?

422 とうげ
峠 ① 산마루 ② 고비

・峠の茶店で休む。
산마루 찻집에서 쉬다.

・ご主人は今夜が峠です。
남편께서는 오늘밤이 고비입니다.

423 とうさん
倒産 도산 ▶ つぶれる 망하다, 파산하다

・叔父がつとめている会社が倒産した。
숙부가 근무하고 있는 회사가 도산했다.

○ 관련 표현

① 息を吹き返す　되살아나다, 회복되다
・今回の新しいアイデア商品で、うちの会社も息を吹き返す
ことができるだろう。
이번에 내놓은 새 아이디어 상품으로, 우리 회사도 다시 살아날 수 있을 것이다.

424 どくじ
独自 독자

・協会で大体の色を決めた後、メーカーが独自に決める。
협회에서 대부분의 색을 결정한 후, 제작사가 독자적으로 정한다.

425 とりしま
取締り 단속 ▶ 取(と)り締(し)まる 위반하지 않도록 관리, 감독하다

・選挙違反の取締りはきびしくやってもらいたい。
선거 위반 단속은 엄격하게 해 주었으면 한다.

426 とりひき
取引 거래 ▶ 取引先(とりひきさき) 거래처

・あの会社とは古くから取引がある。
저 회사와는 오래 전부터 거래가 있다.

427 **取りやめ** 취소, 중지 □□□

・出張が取りやめになりました。
출장이 취소되었습니다.

428 **泥** 진흙 ▶ 泥(どろ)だらけ 진흙 투성이 □□□

・泥にまみれる。
진흙 투성이가 되다.

429 **問屋** 도매상 ▶ 小売(こうり) 소매 ↔ 卸売(おろしうり) 도매 □□□

・この洋服は問屋から安く買ったものだ。
이 양복은 도매상에서 싸게 산 것이다.

430 **内緒** 비밀 = 秘密(ひみつ) ▶ 内緒話(ないしょばなし) 은밀한 이야기 □□□

・まだはっきり決まったわけじゃないので、このことは内緒です。
아직 확실히 결정된 것은 아니므로, 이 일은 비밀입니다.

431 **長生き** 장수 = 長寿(ちょうじゅ) □□□

・祖父は92歳まで長生きした。
할아버지는 92세까지 장수했다.

432 **長続き** 오래 지속함 □□□

・妹はあきっぽいので、何をやっても長続きしない。
여동생은 금방 질리는 성격이어서 무엇을 해도 오래 지속하지 않는다.

433 **半ば** 절반 = 半分(はんぶん) □□□

・目的地の半ばまで歩いた。
목적지의 절반까지 걸었다.

434 **仲間** 동료, 친구, 무리 ▶ 仲間割(なかまわ)れ 내분, 내부 분열, 집안싸움 □□□

・サッカーをする仲間を集める。
축구를 할 동료를 모으다.

명사

명사

---

435 なかみ なかみ
中身・中味 (속에 들어 있는) 알맹이, 내용물 □□□

・この箱の中身は何だろう。
이 상자의 내용물은 무엇일까?

---

436 ながも
長持ち 오래 씀, 오래 감 □□□

・この冷蔵庫はずいぶん長持ちした。
이 냉장고는 꽤 오래 사용했다.

---

437 なこうど
仲人 중매인, 중매 ▶ 媒酌人(ばいしゃくにん) 중매인 □□□

・息子の結婚式の仲人は、木村社長にお願いします。
아들 결혼식의 중매인은 기무라 사장님에게 부탁합니다.

---

438 なぞ
謎 수수께끼 □□□

・宇宙のなぞをさぐる。 우주의 수수께끼를 탐구하다.

---

439 なっとく
納得 납득 ▶ 腑(ふ)に落(お)ちない 납득이 안 가다 □□□

・そんな説明では納得できない。
그런 설명으로는 납득할 수 없다.

🔹 **관련 표현**

① とくしん
得心 납득함, 충분히 이해함

・得心が行く。
납득이 가다.

・事情を説明して得心してもらう。
사정을 설명하고 이해를 구하다.

・双方得心の上で手を打つ。
쌍방이 납득한 상태에서 결말을 짓다.

② がてん
合点がいかない 납득이 안 가다

・不採用になったことに合点がいかない。
채용되지 않은 것에 납득이 안 간다.

③ しょうち
承知 양해, 동의

・お互い承知の上で決めたことだ。
서로 동의하에 정한 일이다.

④ 頷く　고개를 끄덕이다, 수긍하다
・首相のなげやりな答弁によもや頷く人はあるまい。
수상의 무성의한 답변에 설마 수긍하는 사람은 없을 것이다.

440
夏物　여름철에 쓰는 것 ↔ 冬物(ふゆもの) 겨울철에 쓰는 것

・奥の方に夏物の服を入れておきます。
안쪽에 여름 옷을 넣어 둡니다.

441
斜め　① 비스듬함, 경사짐　② 기분이 언짢음

・斜め後ろに立つ。
비스듬히 서다.

・斜めに帽子をかぶる。
비스듬히 모자를 쓰다.

・ご機嫌斜めだ。
기분이 좋지 않다, 저기압이다.

442
生　날것 = 生物(なまもの) 날것, 주로 생선류를 가리킴 ▶ 生(なま)ビール 생맥주

・生で食べられる野菜も多い。
날것으로 먹을 수 있는 채소도 많다.

443
波　파도 ▶ 波打(なみう)つ 물결이 일다, 파도가 일다

・波を打つ。　파도가 치다.

・波が立つ。　물결이 일다.

・海の波が荒い。　바다의 파도가 거세다.

관련 표현

① **波風が立つ**　풍파가 일다, 풍파가 끊이질 않다
・家庭内に波風が立つ。
가정 내에 풍파가 끊이질 않는다.

② **波に乗る**　때의 흐름, 시세를 잘 타다
・事業が景気の波に乗る。
사업이 경기의 흐름을 타다.

명사

444 並 (なみ) 보통, 중간 ▶ 人並(ひとなみ) 보통 사람과 같음

・並(なみ)の人間(にんげん)では考(かんが)えつかない発明(はつめい)だ。
보통 사람으로는 생각해내지 못하는 발명이다.

445 偽物 (にせもの) 가짜, 위조 ↔ 本物(ほんもの) 진품

・有名(ゆうめい)な絵(え)の偽物(にせもの)。
유명한 그림의 위조품.

・本物(ほんもの)のダイヤモンドだ。
진짜 다이아몬드다.

446 日常 (にちじょう) 일상 ▶ 日常品(にちじょうひん) 일용품

・健康(けんこう)を保(たも)つためには日常(にちじょう)の心(こころ)がけが大事(だいじ)だ。
건강을 지키기 위해서는 평상시의 마음가짐이 중요하다.

・日常茶飯事(にちじょうさはんじ)。
일상다반사. 평소 흔히 있는 일.

447 日中 (にっちゅう) 낮 동안

・これからの季節(きせつ)、日中(にっちゅう)はだんだん暖(あたた)かくなってきます。
이제부터의 계절은 낮에는 점점 따뜻해집니다.

448 入社 (にゅうしゃ) 입사 ↔ 退職(たいしょく) 퇴직

・私(わたし)が入社(にゅうしゃ)する前(まえ)から、経営状態(けいえいじょうたい)が悪(わる)かったそうだ。
내가 입사하기 전부터 경영 상태가 나빴다고 한다.

・入社(にゅうしゃ)して以来一度(いらいいちど)も遅刻(ちこく)したことがない。
입사한 이래 한 번도 지각한 적이 없다.

449 入場 (にゅうじょう) 입장 = 登場(とうじょう) 등장 ↔ 退場(たいじょう) 퇴장

・これから行(い)っても入場(にゅうじょう)できないでしょう。
지금부터 가더라도 입장하지 못할 겁니다.

450 人数 (にんずう) 인원수

・カラオケルームは人数(にんずう)に応(おう)じて部屋(へや)が選(えら)べます。
가라오케 룸은 인원수에 따라 방을 고를 수 있습니다.

451 根（ね） 뿌리

・花（はな）はかれたが、根（ね）だけは残（のこ）っている。
꽃은 시들었지만 뿌리만은 남아 있다.

・根（ね）も葉（は）もないうわさだ。
아무런 근거도 없는 소문이다.

➡「根（ね）」와 잘 어울리는 표현

① 根（ね）に持（も）つ　원한을 잊지 않다, 앙심을 품다, 꽁하게 생각하다.

・昔（むかし）いじめられたことを、まだ根（ね）に持（も）っている。
옛날에 괴롭힘 당한 것을 아직도 앙심을 품고 있다.

② 根（ね）ほり葉（は）ほり　꼬치꼬치, 미주알고주알 ＝ しらみ潰（つぶ）しに 이 잡듯이 샅샅이

③ 根（ね）も葉（は）もない　아무 근거도 없음 ＝ まったく根拠（こんきょ）のないこと 전혀 근거 없는 일

452 値上（ねあ）がり　인상(값이 오름) ↔ 値下（ねさ）がり 인하(값이 내림)

・けさのニュースによると、また私鉄（してつ）の運賃（うんちん）が値上（ねあ）がりするということだ。
오늘 아침 뉴스에 의하면 또 민간 철도의 운임이 오른다고 한다.

453 値打（ねう）ち　가치, 값어치

・なんの値打（ねう）ちもない。　아무런 가치도 없다.

454 ネタ　① (신문, 잡지 등의) 자료, 기사거리, 소재　② (범죄 따위의) 증거

・ネタを探（さが）す。　기사거리를 찾다.

・ネタを集（あつ）める。　소재를 모으다.

・ネタがあがる。　증거가 드러나다.

455 値引（ねび）き　값을 깎음, 싸게 함 ＝ まける 값을 깍아 주다

・少（すこ）し値引（ねび）きしましょう。
조금 값을 깎아 드리죠.

・50%の値引（ねび）きになっております。　▶ 半額（はんがく） 반액
50% 할인하고 있습니다.

・買（か）ってもらうためには20%値引（ねび）きせざるをえない。
팔기 위해서는 20% 할인하지 않을 수 없다.

명사

456 ねんじゅう
年中 연중, 언제나, 항상 ▶ 年中無休(ねんじゅうむきゅう) 연중무휴

ねんじゅういそが
・年中忙しくてゴルフどころではない。
항상 바빠서 골프를 칠 때가 아니다.

457 ねんぱい　ねんぱい
年配・年輩 연배, 중년, 연상

ねんぱい　かた　　ていねい　せっ
・年配の方には丁寧に接する。
나이 드신 분에게는 공손하게 대한다.

よっ　　ねんぱい
・四つ年輩だ。
네 살 연상이다.

458 ねんまつ
年末 연말 ↔ 年始(ねんし) 연시, 한 해의 처음

ねんまつねんし　の　きかい　おお　たいちょう
・年末年始は飲む機会が多くて体調をくずしやすい。
연말연시에는 (술을) 마실 기회가 많아서 건강을 해치기 쉽다.

ねんしまわ
・年始回りにいく。
새해 인사하러 다니다.

459 ばあい
場合 경우

とうじつあめ　ばあい　たいいくかん　おこな
・当日雨の場合には体育館で行います。
당일 비가 올 경우에는 체육관에서 거행합니다.

460 はいく
俳句 하이쿠, 5·7·5의 17음으로 만든 단시(短詩)

はは　はいく　じょうず
・母は俳句が上手だ。 어머니는 하이쿠를 잘한다.

　＊「俳句」한가지 소개!
ふるいけ　　かわず　　　　おと
　古池や / 蛙とびこむ / みずの音
　오래된 연못에 개구리 뛰어드는 물소리. (주변의 고요함을 노래)

461 はか
墓 묘소, 무덤 ▶ お墓参(はかまい)り 성묘

はか
・墓にもうでる。 성묘하다.

462 はかせ
博士 박사 ＝ 博士(はくし) ▶修士(しゅうし) 석사

かれ　ものし　はかせ
・彼は物知り博士だ。
그는 만물박사다.

463 **はかり** 저울 ▶ 天秤(てんびん)にかける 저울질을 하다, 우열을 비교하다
양다리를 걸치다

・はかりをかける。 저울질하다.

464 **爆弾**(ばくだん) 폭탄 ▶ 爆弾声明(ばくだんせいめい) 폭탄 선언

・爆弾(ばくだん)を落(お)とす。 폭탄을 떨어뜨리다.

465 **派遣**(はけん) 파견 ▶ 遣(つか)わす 파견하다

・海外工場(かいがいこうじょう)に技術指導者(ぎじゅつしどうしゃ)を派遣(はけん)する。
외국 공장에 기술 지도자를 파견한다.

466 **端**(はし) 끝 ▶ 両端(りょうはし・りょうたん) 양 끝

・お盆(ぼん)の端(はし)にお箸(はし)が載(の)っている。
쟁반 끝에 젓가락이 놓여 있다.

467 **恥**(はじ) 창피, 부끄러움 ▶ 恥(は)じる 부끄럽게 여기다 恥(はじ)をかく 창피를 당하다
＝恥(はじ)をさらす

・旅行先(りょこうさき)で勝手(かって)な行動(こうどう)をして恥(はじ)をかくことがよくある。
여행지에서 제멋대로 행동을 해서 창피를 당하는 경우가 종종 있다.

468 **梯子**(はしご) 사다리 ▶ はしご酒(ざけ) 「一次(いちじ) 일차」,「二次(にじ) 이차」등
차례로 장소를 옮겨 술을 마심

・梯子(はしご)をかける。 사다리를 걸치다.

469 **裸**(はだか) 알몸, 거짓이 없음 ▶ 真(ま)っ裸(ぱだか) 알몸 裸一貫(はだかいっかん) 맨주먹

・裸(はだか)になって話(はな)し合(あ)う。 꾸밈없이 서로 이야기하다.

470 **跣・裸足**(はだし・はだし) 맨발 ▶ 素顔(すがお) 화장기가 없는 맨 얼굴, 참모습

・子供(こども)が裸足(はだし)で駆(か)け回(まわ)っています。
아이가 맨발로 뛰어 다니고 있습니다.
・あの人(ひと)は素顔(すがお)のほうが美(うつく)しい。
저 사람은 맨 얼굴이 더 아름답다.

명사

471 罰 (ばつ) 벌 ▶ 罰金(ばっきん) 벌금

- やくそくを守らなかった罰として庭の掃除をさせられた。
약속을 지키지 않은 벌로 정원 청소를 하게 되었다.
- 駐車禁止の場所に駐車して罰金を取られた。
주차 금지 장소에 주차하여 벌금을 물었다.

472 発言 (はつげん) 발언 ▶ 発達(はったつ) 발달 発表(はっぴょう) 발표

- いつもの彼らしくない発言だ。
평소의 그 사람답지 않은 발언이다.
- 技術の発達が著しい。 기술의 발달이 현저하다.
- 明日は息子の大学の合格発表日なんです。
내일은 아들의 대학 합격 발표일입니다.

➡ 発 : 発達 발달 ・ 発表 발표

473 発売 (はつばい) 발매 ▶ 売(う)り出(だ)し 매출, 발매 売(う)り出(だ)す 팔기 시작하다

- 大量に仕入れてほかの店より安く発売する。
대량으로 매입하여 다른 가게보다 싸게 발매하다.

474 話し方 (はなかた) 말투 = 言(い)い方(かた)

- 話し方からすると、彼は東京の人ではないようだ。
말투로 보면, 그는 도쿄 사람이 아닌 것 같다.

475 花婿 (はなむこ) 신랑 ↔ 花嫁(はなよめ) 신부

- 花婿が花嫁の指に指輪をはめる。
신랑이 신부 손가락에 반지를 끼우다.

476 パニック (panic) 패닉, 공황, 혼란, 불의의 재해로 사회가 혼란한 상태

- パニック状態に陥る。 패닉 상태에 빠지다.

477 幅 (はば) 폭 ▶ 幅(はば)を利(き)かす 위세를 떨치다, 활개 치다 幅広(はばひろ)い 폭넓다

- 幅広い階層の人々から支持される。
폭넓은 계층의 사람들로부터 지지받다.

478
浜辺 바닷가 ▶ 海岸(うみべ) 해변, 바닷가, 해안 海岸(かいがん) 해안

・浜辺に波が打ち寄せる。
바닷가에 파도가 밀려들다.

479
腹 배 = お腹(なか) ▶ 腹(はら)が減(へ)る 배가 고프다 腹(はら)が立(た)つ 화나다

・腹が減ってぐうぐう鳴る。
배가 고파서 꼬르륵 소리가 나다.

480
範囲 범위

・アメリカでは、広い範囲に渡って砂漠化が進んでいるといわれている。
미국에서는 광범위에 걸쳐서 사막화가 진행되고 있다고 한다.

481
繁栄 번영

・子孫繁栄を願う。
자손 번영을 기원하다.

・経済の繁栄が著しい。
경제 번영이 두드러지다.

➡ 繁 : **繁華街** 번화가 ・ **繁盛** 번성 ・ **繁殖** 번식

482
半額引き 반액 할인 = 半額(はんがく)の割引(わりびき)

・普通は１万円するワインが今日は半額引きとあっては行かないわけにはいかない。
보통은 만 엔 하는 와인이 오늘은 50%세일이라니 가지 않을 수가 없다.

483
判子 도장

・父あるいは母の判子が必要です。
아버지 혹은 어머니의 도장이 필요합니다.

명사

484 犯罪 (はんざい) 범죄 ▶ 犯人(はんにん) 범인 □□□

・青少年の犯罪の増加をめぐって、さまざまな意見が出されている。
청소년 범죄의 증가를 둘러싸고 여러 가지 의견이 나오고 있다.

・犯人逮捕で事件に終止符がうたれた。
범인 체포로 사건에 종지부가 찍혔다.

485 反省 (はんせい) 반성 ▶ 省(かえり)みる 반성하다 □□□

・反省してまちがった行いをあらためる。
반성하여 잘못된 행동을 고치다.

◐ 관련 표현

① 悔い改める　회개하다, 뉘우쳐 고치다
・義人のふりをして悔い改めなければ、さらに大きな悲劇にあう。
의인인 척하고 뉘우치지 않으면, 더욱 큰 비극을 만난다.

486 販売 (はんばい) 판매 □□□

・販売成績が伸びないからには、この商品は生産中止にするしかない。
판매 실적이 늘지 않는 이상, 이 상품은 생산 중지할 수밖에 없다.

➡ 売 : 売却 매각 ・ **売買** 매매 ・ **売店** 매점

487 半分 (はんぶん) 반, 절반 = 半(なか)ば □□□

・すいかを半分に切る。
수박을 반으로 자르다.

488 日当たり (ひあ) 햇볕이 잘 듦, 양지 □□□

・この部屋は日当たりがいい反面、夏は非常に暑い。
이 방은 햇빛이 잘 드는 반면, 여름은 대단히 덥다.

489 被害 (ひがい) 피해 □□□

・今度の台風の被害は深刻です。
이번 태풍 피해는 심각합니다.

・被害がこれまで広がろうとは、専門家も予想しなかった。
피해가 이렇게까지 확대되리라고는, 전문가도 예상하지 못했다.

490 ひかく
比較 비교 ▶ 比(くら)べる 비교하다

・どちらのボールペンが書きやすいかを比較する。
어느 볼펜이 쓰기 좋은지를 비교하다.

491 ひ
日ごろ 평소, 늘 = 常(つね)に 항상, 늘　常日(つねひ)ごろ 보통, 평소

・あの人は日ごろから人望がある。
저 사람은 평상시부터 인망이 있다.

492 ひ ざ
日差し 햇살

・強い日差しが部屋の中に入り込む。
강한 햇살이 방 안 깊숙이 들어오다.

493 ぬ
びしょ濡れ 흠뻑 젖음

・みんな雨でびしょ濡れです。
모두 비 때문에 흠뻑 젖었습니다.

494 ひたい
額 이마 ▶ 猫(ねこ)の額(ひたい) 고양이의 이마처럼 몹시 좁음의 비유 = 狭(せま)い

・先生は額がはげあがっている。
선생님은 이마가 훤하게 벗겨졌다.

495 ひっしゅう
必修 필수

・国際社会では英語力は必修です。 국제사회에서는 영어 실력은 필수입니다.

496 ひとあじ
一味 독특한 맛 ▶ 一味(ひとあじ)違(ちが)う 다른 것에서는 볼 수 없는
독특한 맛이 있어 색다르다, 어딘가 다르다

・他人とは一味違うユニークな名刺を作る人も増えた。
다른 사람과는 색다른, 독특한 명함을 만드는 사람도 늘었다.

497 ひとがら
人柄 사람, 인품

・あの人の人柄にひかれた。
저 사람의 인품에 끌렸다.

・あの人は四角張った人柄だ。
저 사람은 고지식한 인품이다.

498 一口 (ひとくち) 한마디, 한 입 ☐☐☐

・一口食べてみてもよろしいですか。
한 입 먹어봐도 되겠습니까?

499 一言 (ひとこと) 한마디 ☐☐☐

・人の物を使うときは一言断るものだ。
남의 물건을 사용할 때는 한마디 양해를 구하는 법이다.

500 人込み (ひとごみ) 인파 ▶ 込(こ)み合(あ)う 많은 사람이 모여 북적거리다, 붐비다 ☐☐☐

・挨拶をして友達は人込みの中にきえていった。
인사를 하고 친구는 인파 속으로 사라져 갔다.

◉ P1-L2-06

501 人手 (ひとで) 일손 ▶ 人手不足(ひとでぶそく) 일손 부족 ☐☐☐

・人手不足を補う。 부족한 일손을 보충한다.

502 人出 (ひとで) 인파 ▶ 人出(ひとで)でにぎわう 인파로 북적거리다 ☐☐☐

・お花見の人出を当て込んで露店がならぶ。
꽃놀이 인파를 노려 노점이 늘어서다.

503 一通り (ひととおり) 대충, 대강 ☐☐☐

・一通り仕事を終えました。 대충 일을 끝냈습니다.
・一通り説明を聞く。 대충 설명을 듣다.

🔵 관련 표현

① **一渡り** (ひとわた) 대충, 대강, 대략
・一渡り調べがついた。 대략 조사가 끝났다.

② **あらまし** 거의, 대체로
・仕事はあらまし完成した。 일은 거의 완성되었다.

③ **大体** (だいたい) 명 대부분 부 거의, 대략, 대체로
・大体の出席者が賛成した。 대부분의 출석자가 찬성했다. 명
・大体次のとおりです。 대체로 다음과 같습니다. 부

④ **おおよそ** 거의, 대개, 대체로
・問題はおおよそ解決を見た。 문제는 거의 해결을 보았다.

⑤ **大方** 대부분, 거의
・大方の会社は60歳が定年だ。 대부분의 회사는 60세가 정년이다.

⑥ **大部分** 대부분
・住民の大部分が賛成した。 주민의 대부분이 찬성했다.

⑦ **殆ど** 거의, 대충, 대부분, 십중팔구
・殆どの市民が反対する。 대부분의 시민이 반대한다.

⑧ **あらかた** 대부분, 대충
・金はあらかた使ってしまった。 돈은 대부분 써 버렸다.

⑨ **ほぼ** 거의, 대충, 대강, 대략
・客席はほぼ満員になった。 객석은 거의 만원이 되었다.
・成功はほぼ間違いない。 성공은 거의 틀림없다.

⑩ **十中八九** 십중팔구
・十中八九合格するだろう。 십중팔구 합격할 것이다.

---

504 人通り 사람의 왕래 ▶ 往来(おうらい) 왕래

・商店のシャッターがおりるころになると、人通りがまばらになる。
상점 문이 내려질 무렵이 되면 사람의 왕래가 뜸해진다.

---

505 一人暮し 독신 생활

・一人暮しを始めて以来、物価に詳しくなった。
혼자서 살기 시작한 이후, 물가에 환해졌다.

---

506 非難 비난 ▶ 批判(ひはん) 비판

・非難が高まる。
비난이 높아지다.
・人の過ちを非難する。
남의 실수를 비난하다.

명사

507 **皮肉** (ひにく)　빈정거림, 비꼼, 풍자, 야유, 싫은 소리

・だれでも皮肉(ひにく)を言(い)われたくないものだ。
누구든지 싫은 소리를 듣고 싶어 하지 않는 법이다.

508 **日の出** (ひ・で)　일출 ↔ 日(ひ)の入(い)り 일몰

・東(ひがし)の空(そら)が白(しら)んで日(ひ)の出(で)が近(ちか)い。
동쪽 하늘이 밝아지니 일출이 가깝다.

509 **日焼け** (ひ・や)　햇볕에 그을림

・姉(あね)は海水浴(かいすいよく)で日焼(ひや)けした顔(かお)を気(き)にしている。
누나는 해수욕으로 그을린 얼굴을 걱정하고 있다.

510 **百科事典・百科辞典** (ひゃっ・か・じ・てん　ひゃっ・か・じ・てん)　백과사전

・定評(ていひょう)のある百科事典(ひゃっかじてん)。　정평이 나 있는 백과사전.

511 **表現** (ひょうげん)　표현 ▶ 表(あら)わす 나타내다, 표시하다

・自然(しぜん)の美(うつく)しさを音楽(おんがく)で表現(ひょうげん)する。
자연의 아름다움을 음악으로 표현하다.

512 **表情** (ひょうじょう)　표정 ▶ 顔付(かおつ)き 얼굴 모습, 표정

・気分(きぶん)がいいときは表情(ひょうじょう)が明(あか)るい。
기분이 좋을 때에는 표정이 밝다.

・話(はなし)を聞(き)いて険(けわ)しい顔(かお)つきに変(か)わった。
이야기를 듣고 험악한 표정으로 바뀌었다.

🔵 **관련 표현**

① **面持ち** (おも・も)　표정, 안색, 기색

・社員(しゃいん)は社長(しゃちょう)の話(はなし)を真剣(しんけん)な面持(おもも)ちで聞(き)いていた。
사원은 사장의 이야기를 진지한 표정으로 듣고 있었다.

513 **平等** (びょうどう)　평등

・兄弟(きょうだい)でケーキを平等(びょうどう)に分(わ)ける。
형제끼리 케이크를 평등하게 나누다.

514 評判^{ひょうばん} (주변 사람들의 입에 오르내리는 평가, 소문) 평판

↔ 不評(ふひょう) 평판이 좋지 않음, 악평 = 不評判(ふひょうばん)

▶ 評判(ひょうばん)がいい · 悪(わる)い 평판이 좋다 · 나쁘다

· 評判の映画だったが、それほど面白くなかった。
평판이 있는 영화였지만 그다지 재미있지 않았다.

· 不評を買う。 악평을 받다.

○ 유사 표현

① 定評 정평(세상 사람들로부터 널리 인정받고, 가치성이 보장된 평가)

· このレストランはえびフライに定評がある。
이 레스토랑은 새우튀김에 정평이 나 있다.

② 取り沙汰 별로 좋지 않은 세상의 평판, 소문

· 結婚問題についてあれこれ取り沙汰する。
결혼 문제에 대해 이러쿵저러쿵 수군거리다.

· 世人の取り沙汰を気にする。 세인의 평판을 신경 쓰다.

③ 噂になる 소문이 나다

515 日和^{ひより} ① 날씨 ② ~하기에 좋은 날씨 ③ 형편, 형세

· いいお日和ですね。 좋은 날씨이군요.

· 待てば海路の日和あり。
끈기 있게 기다리다 보면 뱃길이 잔잔해질 때가 있다. 쥐구멍에도 볕들 날이 있다.

· 小春日和。 초겨울의 봄처럼 따뜻한 날씨.

· 行楽日和。 나들이하기에 좋은 날씨. 행락에 안성맞춤인 날씨.

· 日和を見てどちらの側に立つかを決める。
형세를 보고 어느 쪽에 설 것인지를 정하다.

○ 관련 표현

① 日和見 자신에게 유리한 쪽으로 붙으려고 일의 추이만을 살피는 행위, 형세를 관망함

· 日和見主義 기회주의

· 日和見的態度をきめこむ。 형세를 관망하는 것 같은 태도를 취하기로 하다.

② 洞が峠 유리한 쪽으로 붙으려고 기회를 관망함, 기회주의

＊1582년 야마자키 전투에서 쓰츠이 준케가 도쿄와 오사카 경계에 있는 산마루 「洞が峠」에서 유리한 쪽에 붙으려고 전세를 관망했다는 데에서 유래된 표현.

· 洞が峠をきめこむ。 센 쪽에 붙으려고 기회를 엿보기로 하다.

명사

명사

516
ひらしゃいん
平社員 평사원 ☐☐☐

・大企業の平社員のまま終わるくらいなら、零細企業の社長になりたい。
대기업 평사원으로 끝날 바에는 영세기업의 사장이 되고 싶다.

517
ひるね
昼寝 낮잠 ☐☐☐

・子供が昼寝をしています。
어린애가 낮잠을 자고 있습니다.

518
ひろう
疲労 피로 = 疲(つか)れ ☐☐☐

・疲労が重なる。 피로가 겹치다.

519
ひろば
広場 광장 ☐☐☐

・広場に大勢の人が集まっている。
광장에 많은 사람들이 모여 있다.

520
ふえ
笛 피리 ▶ 口笛(くちぶえ) 휘파람 ☐☐☐

・笛を吹く。 피리를 불다.

521
ふきゅう
普及 보급 ☐☐☐

・パソコンの普及で便利な世の中になりました。
컴퓨터의 보급으로 편리한 세상이 되었습니다.

522
ふきょう
不況 불황 = 不景気(ふけいき) 불경기 ☐☐☐

・不況にたえるために人員整理をせざるをえない。
불황을 견디기 위해서 인원 정리를 하지 않을 수 없다.

523
ふくし
福祉 복지 ☐☐☐

・今年度は福祉の予算を前年度よりも増やすべきだ。
금년도는 복지 예산을 전년도보다도 늘려야 한다.

524 服装(ふくそう) 복장 ▶ カジュアルな服装(ふくそう) 캐쥬얼한 복장
↔ 正装(せいそう) 정장

· 渡辺(わたなべ)さんはいつもきちんとした服装(ふくそう)をしています。
와타나베 씨는 언제나 깔끔한 복장을 하고 있습니다.

➡ 틀리기 쉬운 오용

'~한 옷을 입다, 복장을 하다'를 표현하면서 「服装を着ている」라고 하지 않도록 주의한다. 「服装」에는 「飾る(꾸미다, 장식하다)」라는 뜻이 포함되어 있기 때문이다. 따라서 그냥 「服装をする」라고 하면 된다.

525 不景気(ふけいき) 불경기 ↔ 好景気(こうけいき) 호경기

· 政府(せいふ)が不景気(ふけいき)をのりきる政策(せいさく)を打(う)ち出(だ)す。
정부가 불경기를 극복할 정책을 밝히다.

526 不十分(ふじゅうぶん)・不充分(ふじゅうぶん) 불충분 ↔ 十分(じゅうぶん) 충분

· 資料(しりょう)が不十分(ふじゅうぶん)で、結論(けつろん)が出(だ)せない。
자료가 불충분해서 결론을 낼 수 없다.

527 負傷(ふしょう) 부상 = 怪我(けが)

· ボールが頭(あたま)に当(あ)たって負傷(ふしょう)する。
공이 머리에 맞아서 부상당하다.

528 不正(ふせい) 부정 ▶ 바르지 못한 일, 법이나 도의에 반하는 일
「非理(ひり)」는 한국식 표현으로 일본어에서는 '비리, 도리에 어긋남'이라는 의미

· 不正(ふせい)を働(はたら)く。
부정한 짓을 하다.
· 不正(ふせい)な取引(とりひき)。
부정한 거래.
· 汚職(おしょく)をした疑(うたが)いがある。
부정을 한 혐의가 있다.

＊ 汚職 공직에 있는 사람이 지위나 직권을 이용하여, 뇌물 등에 의해 부정한 이익을 얻는 것.

529 不足(ふそく) 부족 ▶ 料金不足(りょうきんぶそく) 요금부족

· 栄養不足(えいようぶそく)を補(おぎな)う。
영양부족을 메우다.

명사

530 双子（ふたご） 쌍둥이 ＝ 双生児(そうせいじ) 쌍생아, 쌍둥이

・ぼくたち兄弟（きょうだい）は双子（ふたご）だ。
우리 형제는 쌍둥이다.

531 普段（ふだん） 평소, 보통 ▶ 普段着(ふだんぎ) 평상복 ↔ 晴(は)れ着(ぎ) 외출복

・普段（ふだん）からメモをとるくせをつけている。そうでないとすぐに忘（わす）れてしまうからね。
평소부터 메모하는 습관을 들이고 있다. 그렇지 않으면 금방 잊어버리니까.

532 物価（ぶっか） 물가

・東京（とうきょう）の物価（ぶっか）が一番高（いちばんたか）いだろうと思（おも）います。
도쿄의 물가가 가장 비쌀 거라고 생각합니다.

533 筆（ふで） 붓 ▶ 筆無精(ふでぶしょう) 귀찮아서 편지나 글을 잘 쓰지 않음, 또는 그런 사람

・筆（ふで）の運（はこ）びがすばらしい。
붓의 놀림이 훌륭하다.

534 不得意（ふとくい） 잘 못함 ＝ 苦手(にがて) ↔ 得意(とくい) 잘함, 자신 있음

・わたしは物理（ぶつり）が不得意（ふとくい）でした。
저는 물리를 잘 못했습니다.

535 不平（ふへい） 불평 ▶ 不平(ふへい)を言(い)う 불평하다

・妹（いもうと）は買（か）ってもらった靴（くつ）が気（き）にいらないようで、不平（ふへい）を言（い）っている。
여동생은 (사) 받은 구두가 마음에 들지 않는 듯 불평을 하고 있다.

536 不満（ふまん） 불만 ↔ 満足(まんぞく) 만족

・わたしは父（ちち）のやり方（かた）が不満（ふまん）だ。
나는 아버지의 방식이 불만이다.

537 不明（ふめい） 불명 ▶ 行方不明(ゆくえふめい) 행방불명

・どこへ引（ひ）っ越（こ）したのか、行（ゆ）く先（さき）が不明（ふめい）だ。
어디로 이사했는지 행선지가 불명이다.

538 麓 （ふもと） 산기슭 □□□

・麓から山頂を仰ぐ。 산기슭에서 산 정상을 바라본다.

539 冬物 （ふゆもの） 겨울용품, 겨울 옷 ↔ 夏物(なつもの) 하복, 여름 옷 □□□

・冬物を安売りする。 겨울 옷을 염가 판매하다.

540 不良 （ふりょう） 불량, 상태가 좋지 않음 ↔ 善良(ぜんりょう) 선량 □□□
▶ 不良息子(ふりょうむすこ) 불량아들

・天候が不良で、作物のできが悪い。
날씨가 안 좋아서 작황이 나쁘다.

541 古里 （ふるさと） 고향 = 故郷(こきょう) □□□

・10年ぶりに古里の地を踏む。
10년 만에 고향 땅을 밟다.
・京都は日本文化の古里である。
교토는 일본 문화의 고향이다.

542 不渡り （ふわたり） 부도 ▶ 倒産(とうさん) 도산 □□□

・A産業は不渡りを出して倒産した。
A산업은 부도를 내고 도산했다.

543 分秒 （ふんびょう） 분초 ▶ 分秒(ふんびょう)を争(あらそ)う 분초를 다투다 □□□

・火事の知らせを受けるや、分秒を争って消防車が現場に駆けつけた。
화재 연락을 받자마자, 분초를 다퉈 소방차가 현장에 달려갔다.

544 閉会 （へいかい） 폐회 ↔ 開会(かいかい) 개회 □□□

・オリンピックは大成功のうちに閉会した。
올림픽은 성공리에 폐회되었다.

545 臍 （へそ） 배꼽 ▶ へそくり 주부 등이 절약해서 남모르게 모은 돈, 비상금 □□□
へそを曲(ま)げる 기분이 상하다

・そんなことをしたら、だれだってへそを曲げるだろう。
그런 짓을 하면 누구라도 기분 나빠하겠지.

명사

명사

546
偏見 〔へんけん〕 편견

・偏見を持たずに人と付き合いなさい。
편견을 갖지 말고 사람과 사귀세요.

547
変更 〔へんこう〕 변경 ▶ 変(か)える 바꾸다

・予定を変更する。　예정을 변경하다.

548
棒 〔ぼう〕 막대기 ▶ 棒(ぼう)に振(ふ)る 헛되게 하다, 무로 돌리다

・病気をして一年間を棒に振ってしまった。
병으로 일 년간을 날려 버렸다.

549
法案 〔ほうあん〕 법안

・法案は賛成多数で可決された。
법안은 찬성 다수로 가결되었다.

550
妨害 〔ぼうがい〕 방해 ▶ 妨(さまた)げる 방해하다

・試合を妨害する。
시합을 방해하다.

551
方向 〔ほうこう〕 방향

・矢印の方向に進む。
화살표 방향으로 나아가다.

552
報告 〔ほうこく〕 보고 ▶ 報道(ほうどう) 보도

・その件は課長に報告してあります。
그 건은 과장님에게 보고해 두었습니다.

・テレビで報道された事件。
텔레비전에서 보도된 사건.

553
防止 〔ぼうし〕 방지 ▶ 防(ふせ)ぐ 막다

・犯罪を未然に防止する。
범죄를 미연에 방지하다.

554
法律（ほうりつ） 법률

・国民の祝日について法律が新しくなった。
국민의 경축일에 대해 법률이 새롭게 되었다.

555
牧場（ぼくじょう） 목장 ＊「牧場(まきば)」라고도 읽는다.

・牧場でかわいい子馬が走っている。
목장에서 귀여운 망아지가 달리고 있다.

556
保険（ほけん） 보험 ▶ 生命保険(せいめいほけん) 생명보험

・火事に備えて建物に保険をかける。
화재에 대비하여 건물에 보험을 들다.

557
保護（ほ ご） 보호 ▶ かばう 보호하다, 감싸다, 비호하다

・ガーゼで傷口を保護する。
거즈로 상처 부위를 보호하다.

・国産品を保護するため輸入課徴金をかける。
국산품을 보호하기 위해 수입과징금을 부과한다.

558
歩行（ほ こう） 보행 ▶ 歩行者天国(ほこうしゃてんごく) 보행자 천국

・交通がはげしいので、歩行に注意する。
교통이 복잡하므로, 보행에 주의하다.

559
募集（ぼ しゅう） 모집

・A社は今までの職歴を問わず、さまざまな分野で管理職を募集している。
A사는 지금까지의 경력을 불문하고, 각종 분야에서 관리직을 모집하고 있다.

560
保証（ほ しょう） 보증 ＊반드시 책임을 수반하여 내리는 판단

・品質は私が保証します。
품질은 제가 보증합니다.

명사

관련 표현

① 請(う)け合(あ)う　보증하다

・その品(しな)の質(しつ)は私(わたし)が請(う)け合(あ)います。
그 물건의 품질은 제가 보증합니다.

② 間違(まちが)いない　틀림없다

③ 太鼓判(たいこばん)を押(お)す　틀림없다고 보증하다

④ 折(お)り紙(がみ)をつける　보증하다

561　程(ほど)　한계, 한도, 분수　□□□

・身(み)の程(ほど)を知(し)らない。　자기 분수를 모른다.

・物(もの)を知(し)らないにも程(ほど)がある。　모르는 데도 정도가 있지.

562　仏(ほとけ)　부처님 ▶ 知(し)らぬが仏(ほとけ) 모르는 게 약　□□□

・だれにでも優(やさ)しい、仏(ほとけ)のような人(ひと)だ。
누구에게나 상냥한 부처님 같은 사람이다.

563　本気(ほんき)　진심, 진지함　□□□

・わたしは本気(ほんき)ですよ。　저는 진심이에요.

・君(きみ)は本気(ほんき)でそう言(い)っているのか。
자네는 진심으로 그렇게 말하고 있는가?

564　本物(ほんもの)　진품, 전문가, 본격적인 것　□□□

・本物(ほんもの)かどうかわからない。
진품인지 아닌지 모른다.

・彼(かれ)もとうとう本物(ほんもの)になりそうだ。
그 사람도 마침내 전문가가 될 것 같다.

565　前向(まえむ)き　앞을 향함(자세), 긍정적임(마음가짐)　□□□
　　　　＝積極的(せっきょくてき) 적극적 ↔ 後(うし)ろ向(む)き 등을 돌림, 소극적

・前向(まえむ)きにきちんと座(すわ)りなさい。
앞을 향해 반듯이 앉으세요.

・背中(せなか)を流(なが)せと後(うし)ろ向(む)きになる。
등을 밀라고 뒤돌아 앉다.

566 負^まけ 패배 ↔ 勝(か)ち 이김, 승리

- しりとり遊^{あそ}びでは「ん」で終^おわることばを言^いったら負^まけだ。
  끝말잇기 놀이에서는 ん으로 끝나는 말을 하면 지는 것이다.

  ○ 관련 표현

  ① 負^まけず嫌^{ぎら}い　다른 사람에게 지는 것을 싫어하는 사람

  ② 負^まけ惜^おしみ　(지거나 실패한 것을 인정하지 않고) 억지를 쓰는 일

567 真心^{まごころ} 진심 ▶ 誠意(せいい) 성의　誠心誠意(せいしんせいい) 성심성의

- 真心^{まごころ}をこめて説得^{せっとく}する。
  진심을 기울여 설득하다.

58 待合室^{まちあいしつ} 대합실 ▶ 控(ひか)え室(しつ) 대기실

- 駅^{えき}の待合室^{まちあいしつ}で列車^{れっしゃ}の到着^{とうちゃく}を待^まつ。
  역 대합실에서 열차 도착을 기다리다.

569 間違^{まちが}い 실수, 잘못

- 間違^{まちが}いないとわかっても念^{ねん}を入^いれて確^{たし}かめる。
  틀림없다고 알고 있어도 만약을 위해 확인하다.
- 間違^{まちが}いは一字^{いちじ}たりとも許^{ゆる}さない。
  오류는 한 글자일지라도 용인하지 않는다.

570 窓口^{まどぐち} 창구

- 願書^{がんしょ}はあちらの窓口^{まどぐち}にお出^だしください。
  원서는 저쪽 창구에 내주십시오.

571 真似^{まね} 흉내 ▶ 真似(まね)をする 흉내를 내다　ものまね 흉내

- 人^{ひと}のことばの真似^{まね}がうまい。　남의 말을 잘 흉내 낸다.

572 回^{まわ}り道^{みち} 길을 돌아서 감, 우회 도로

- もう少^{すこ}し歩^{ある}きたいので、回^{まわ}り道^{みち}をして帰^{かえ}ろう。
  조금 더 걷고 싶으니까 우회해서 돌아가자.

명사

명사

573 身 몸, 처지, 분수 ☐☐☐

・身のまわりをかたづける。 몸 주변을 정돈하다.

🔵 관련 표현

① **身につける** (입거나 신거나) 몸에 걸치다, 몸에 지니다, 배워 익히다
・大金を身につけている時は、特に気をつけなさい。
큰돈을 몸에 지니고 있을 때는 특히 주의해라.
・このままだと、英会話を身につけるのに一年以上かかる。
이대로라면 영어 회화를 익히는 데 1년 이상 걸린다.

② **身につまされる** 남의 일 같지 않다, 깊이 동정하다, 측은해하다
・事故で親を亡くした人の話を聞いて身につまされる思いがした。
사고로 부모님을 여읜 사람의 이야기를 듣고 남의 일 같지가 않았다.

③ **身にあまる** 분에 넘치다, 능력 이상이다
・身にあまる光栄であります。
분에 넘치는 영광입니다.

④ **身にしみる** 사무치다, 뼈저리게 느끼다, 절실히 ~하다
・寒さが身にしみる季節となりました。
추위가 몸속에 스며드는 계절이 되었습니다.

⑤ **身を固める** 결혼해서 가정을 이루다
・高田さん、とうとう身を固めるんだって。
다카다 씨, 드디어 결혼한다던데.

⑥ **身から出た錆** 제 잘못으로 인한 화, 자업자득, 자승자박 ＝ 自業自得 자업자득

574 見覚え 본 기억 ☐☐☐

・あの人の顔には見覚えがある。
저 사람의 얼굴은 본 기억이 있다.

575 見掛け 외관 ☐☐☐

▶ 人(ひと)は見掛(みか)けによらない 사람은 겉보기만으로는 알 수 없다

・見掛けは悪いが、おいしい魚だ。
보기에는 나쁘지만, 맛있는 생선이다.

576

見方 보는 법
- ものの見方は人それぞれだ。
사물을 보는 법은 사람마다 제각각이다.

577

見込み 장래성, 전망
- 頭がよくておおいに見込みのある少年だ。
머리가 좋아서 매우 장래성 있는 소년이다.

578

自ら 스스로 = 自分(じぶん)で
- 自らの力だけをたよりに、困難に立ち向かう。
스스로의 힘만을 의지하여, 어려움에 맞서다.

579

溝 도랑, 개천, 틈, 갭, 불화 = ギャップ
- 夫婦間の溝が深まった。
부부 사이의 불화가 깊어졌다.

580

見出し 표제
- 見出しを見れば記事のだいたいの内容がわかる。
표제를 보면 기사의 대략의 내용을 알 수 있다.

581

見通し 전망, 예측 ▶ 見通(みとお)しが立(た)つ 전망이 서다
- 学校の屋上からは、町はずれまで見通しがきく。
학교 옥상에서는 동네 변두리까지 조망이 가능하다.

582

見習い 견습, 수습, 또 그런 사람
- 新規採用者の見習い期間は3カ月とする。
신규채용자의 수습 기간은 3개월로 한다.

583

身の回り 자신의 주위, 신변
- 私の身の回りでは、いろいろなところでコンピューターが使われています。
내 주변에서는 다양한 곳에서 컴퓨터가 사용되고 있습니다.

level 2

584 **身ぶり** 몸짓

・口で言うより身ぶりで表わす。その方が効き目がある。
입으로 말하기보다 몸짓으로 표현한다. 그쪽이 효과가 있다.

・身ぶり手ぶりで示す。
손짓 발짓으로 나타내다.

🔵 관련 표현

① 仕種・仕草　몸짓, 동작, 시늉
・猿が人間をまねて、おかしな仕種をする。
원숭이가 사람을 흉내 내 우스꽝스러운 시늉을 한다.

② 振る舞い　동작, 행동, 매너
・勝手な振る舞いは許さない。
제멋대로의 행동은 용서하지 않는다.

③ そぶり　태도, 표정, 모습
・そぶりに現われる。
표정에 나타나다.

④ 行い　행위, 행동, 짓
・勇気のある行いをたたえる。
용기 있는 행동을 칭찬하다.

585 **見本** 견본

・実物大の見本が展示してある。
실물 크기의 견본이 전시되어 있다.

586 **見舞い** 문안, 위문, 문병 ▶ 暑中見舞(しょちゅうみま)い
더운 여름의 문안 인사나 편지

・お見舞いのお礼かたがた、退院の報告に行く。
문병을 와주신 감사 인사 겸 퇴원했음을 보고하러 가다.

587 **土産** 기념 선물

・由美さんもお土産を買いたがっています。
유미 씨도 기념 선물을 사고 싶어 합니다.

588 無言 무언 = 黙(だま)る 침묵하다 ▶ 無言劇(むごんげき) 무언극, 팬터마임

- 会議はしばらく無言がつづいた。
会議는 잠시 동안 침묵이 계속되었다.

589 虫 벌레 ▶ 虫(むし)が知(し)らせる 나쁜 예감이 들다

- 虫が知らせたのか、実家へ電話をかけてみたら、祖母が急病だとのことで、すぐに駆け付けた。
이상한 예감이 들어서 본가에 전화를 걸어보니, 할머니가 갑작스럽게 병이 났다고 해서 바로 달려갔다.

590 無駄遣い 낭비 = 浪費(ろうひ) 낭비 ▶ 費(つい)やす 낭비하다

- お年玉を無駄遣いしないように貯金する。
세뱃돈을 낭비하지 않도록 저금하다.
- 金銭を浪費する。 돈을 낭비하다.

591 無断 무단

- 無断欠席、遅刻に加えて授業中の態度も最悪の学生だ。
무단결석, 지각에 더하여 수업 중 태도도 최악인 학생이다.

592 夢中 열중, 열심 ▶ 無我夢中(むがむちゅう) 한 가지 일에 정신을 쏟음

- テレビを見るのに夢中になって、宿題をわすれてしまった。
텔레비전을 보는 데 열중하느라 숙제를 잊어버렸다.
- 会社の仕事に夢中で家族の気持ちにまで思い至らなかった。
회사 일에 정신이 팔려서 가족의 기분까지 생각이 미치지 못했다.

593 無料 무료 = ただ ↔ 有料(ゆうりょう) 유료

- 小学生以下は無料です。
초등학교 이하는 무료입니다.

594 名刺 명함 ▶ 名刺入(めいしい)れ 명함 지갑

- 名刺に肩書きを入れる。
명함에 직함을 넣다.

명사

595 **目下** 손아래 ↔ 目上(めうえ) 손위, 손윗사람

- あの人は目下の者の言うこともよく聞いてくれる。
  저 사람은 아랫사람이 하는 말도 잘 들어 준다.

596 **目印** 표시

- 人のかさと間違えないために目印として柄にテープをはっておく。
  남의 우산과 착각하지 않기 위해 표시로서 손잡이에 테이프를 붙여 둔다.

597 **面倒** 폐, 성가심 ▶ 面倒(めんどう)くさい

- 面倒をかけてどうもすみません。
  폐를 끼쳐서 대단히 죄송합니다.

- 面倒を見る。
  보살펴 주다.

- 面倒がらないで一生懸命しましょう。
  귀찮게 여기지 말고 열심히 합시다.

598 **申し込み** 신청 ▶ 申請(しんせい) 신청
申(もう)し込(こ)む (이쪽의 요구, 희망을 상대에게) 전하다, 신청하다

- 申し込み多数の場合は抽選になります。
  신청이 많은 경우에는 추첨하게 됩니다.

- 特許の申請をするため書類を作る。
  특허 신청을 하기 위해 서류를 만들다.

- 書類を記入して入会を申し込んだ。
  서류를 기입하여 입회를 신청했다.

- 結婚の申し込みをした。
  결혼 신청을 했다.

🔵 관련 표현

① **申し出る** (의견, 요구, 희망 등을) 자청해서 말하다, 신청하다

- 辞任を申し出た。
  사임을 자청했다.

- 参加を希望される方は申し出てください。
  참가를 희망하시는 분은 신청해 주십시오.

② **申し入れる** (이쪽의 의사, 요구를 강한 태도로 상대에게 통고하고) 알리다, 신청하다
▶ 申し入れ 신청, 의사의 표시

178

・相手に抗議を申し入れる。
상대에게 항의를 표하다.

・喜んで協力する旨を申し入れた。
기꺼이 협력하겠다는 취지를 통고했다.

・武力行使の禁止など平和的解決を訴える申し入れ書を基地
関係者に手渡す。
무력 행사의 금지 등 평화적 해결을 호소하는 신청서를 기지 관계자에게 전달하다.

③ 申し立てる (관공서나 손윗사람에게) 신청하다, 제기하다 ▶ 申し立て 진술, 증언

・異議を申し立てる。
이의를 제기하다.

・この件について申し立てを行う。
이 건에 대해서 증언을 행하다.

---

599 申し訳 변명 ▶ 申(もう)し訳(わけ)ない 미안하다

・借りた本をよごしてしまって申し訳ない。
빌린 책을 더럽혀 버려서 미안하다.

---

600 餅 떡 ▶ 餅(もち)は餅屋(もちや) 떡은 떡집 *'무슨 일이든 전문가가 잘한다'는 의미.

・餅は餅屋で、水道工事の人は5分で直した。
무슨 일이든 전문가가 잘하는 법이어서 수도 공사하는 사람은 5분 만에 고쳤다.

◎ P1-L2-07

---

601 持ち主 소유주, 주인

・このラケットの持ち主はだれですか。
이 라켓의 주인은 누구입니까?

---

602 元・本 원래, 근본, 뿌리

・話を元にもどして考えてみよう。
이야기를 처음으로 되돌려서 생각해 보자.

---

603 物事 세상사, 매사

・物事ははじめが肝心だ。
세상사는 처음이 중요하다.

명사

604 模様 모양, 형세

▶ 空模様(そらもよう) 날씨 水玉模様(みずたまもよう) 물방울무늬

・今にも雨が降り出しそうな空模様です。
당장에라도 비가 내릴 것 같은 날씨입니다.

605 文句 불평, 불만

・山本部長は部下のやり方が気に入らない時でも文句を言わない。
야마모토 부장님은 부하의 일하는 방식이 마음에 들지 않을 때에도 불평을 하지 않는다.

🔹 관련 표현

① 不平を言う 불평하다

② 苦情 불평, 불만(특히, 소비자나 고객의 불편이나 불만)

③ 口を尖らせる 입을 삐죽 내밀다

④ ぶつぶつと言う 투덜거리다

606 焼きもち 질투 = 嫉妬(しっと) ▶ 焼(や)きもちをやく 질투를 하다

・弟は、母が妹を可愛がるのを見て焼きもちをやいていた。
남동생은 엄마가 여동생을 귀여워하는 것을 보고 질투를 했다.

607 役目 임무, 역할

・一年間学級委員の役目を果たした。
일년간, 학급 위원의 임무를 다했다.

608 役割 ① 역할 ② 할당된 임무, 소행

・火事やガス漏れを知らせたり、電気がついているかどうか点検したり、雨戸やドアを閉めたりするのがホームオートメーションの役割だ。
화재나 가스 누출을 알리거나, 전기가 켜져 있는지 어떤지 점검하거나, 빈지문이나 문을 닫거나 하는 것이 홈오토메이션의 역할이다.

609 安売り 염가 판매 ▶ バーゲンセール(bargain-sale) 바겐 세일, 염가 대매출

・春になると、冬物の衣料品が安売りされる。
봄이 되면 겨울 의류품이 염가 판매된다.

610 夕暮れ (ゆうぐれ) 해질녘, 황혼 = 黄昏(たそがれ) 일몰

・夕暮れになると、あちこちの家にあかりがつく。
해질녘이 되면, 집집마다 불이 켜진다.

611 有効 (ゆうこう) 유효, 유용 ＊「有用(ゆうよう)」으로 쓰지 않도록 주의한다.

・あちこちを旅行して夏休みを有効に使う。
여기저기를 여행하면서 여름방학을 유용하게 사용한다.

612 融通 (ゆうずう) ① 융통성이 있음 ② (돈의) 융통

・会計課長は融通がきかない人だ。
회계과장은 융통성이 없는 사람이다.

・資金を融通してもらった。
자금을 융통받았다.

613 夕立 (ゆうだち) (여름날 저녁에 오는) 소나기 = にわか雨(あめ) 소나기

・学校帰りに夕立にあって、ずぶぬれになった。
하굣길에 소나기를 만나 흠뻑 젖었다.

614 夕日 (ゆうひ) 석양 = 黄昏(たそがれ) 황혼, 해질 무렵

・夕日が空を真っ赤に染める。
석양이 하늘을 새빨갛게 물들이다.

615 夕焼け (ゆうやけ) 노을, 저녁놀 ↔ 朝焼(あさや)け 아침놀

・夕焼けの空に鳥が飛んでいくのが見える。
노을진 하늘에 새가 날아가는 것이 보인다.

616 有料 (ゆうりょう) 유료 ↔ 無料(むりょう) 무료·다다 공짜

・このトイレは有料です。
이 화장실은 유료입니다.

617 行きつけ (ゆきつけ) 단골 ▶ お得意(とくい) 단골 得意先(とくいさき) 단골 손님, 단골집

・お昼はいつも行きつけの食堂で食べます。
점심은 언제나 단골 식당에서 먹습니다.

명사

618 **行方** (ゆくえ) 행방 ▶ 行方不明(ゆくえふめい) 행방불명

- ちょっと買(か)い物(もの)をしている間(あいだ)に、子供(こども)の行方(ゆくえ)がわからなくなった。
  잠깐 쇼핑을 하고 있는 사이에, 아이의 행방을 알 수 없게 되었다.

- 秘書(ひしょ)が公金(こうきん)を横領(おうりょう)して行方(ゆくえ)を晦(くら)ました。
  비서가 공금을 횡령하여 행방을 감추었다.

○ 관련 표현

① 行方不明(ゆくえふめい)になる 행방을 감추다, 행방불명되다

② 神隠(かみかく)し (어린이 등이) 갑자기 실종됨

- 神隠(かみかく)しに遭(あ)う。
  갑자기 행방불명되다.

③ 身元(みもと)を晦(くら)ます 신원을 감추다

④ 足跡(あしあと)を晦(くら)ます 종적을 감추다

619 **湯気** (ゆげ) 김, 수증기

- 炊(た)きたてのごはんから湯気(ゆげ)が立(た)っている。
  갓 지은 밥에서 김이 나고 있다.

620 **輸送** (ゆそう) 수송

- 材木(ざいもく)を輸送(ゆそう)する船(ふね)が到着(とうちゃく)した。
  목재를 수송하는 배가 도착했다.

621 **油断** (ゆだん) 방심 ▶ 油断大敵(ゆだんたいてき) 방심은 큰 적, 방심은 금물
　　　　　油断(ゆだん)も隙(すき)もない 조금도 방심할 수 없다

- ちょっとした油断(ゆだん)が命取(いのちと)りになる。
  사소한 방심이 목숨을 앗아가게 된다.

- 油断(ゆだん)のならない世(よ)の中(なか)。
  방심하지 못할 세상.

- 海外(かいがい)に行(い)くときには、貴重品(きちょうひん)は身(み)につけておかないと油断(ゆだん)も隙(すき)もない所(ところ)もあるそうだ。
  해외에 나갈 때에는 귀중품은 몸에 지니지 않으면 조금도 방심할 수 없는 곳도 있다고 한다.

622 **ゆとり** 여유 = 余裕(よゆう) 여유
▶ ゆとりのある生活(せいかつ) 여유 있는 생활

・スケジュールにゆとりがないんです。
스케줄에 여유가 없어요.

623 **世** 세상 = 世(よ)の中(なか) 세상, 사회

・世のためになる仕事をしたい。
세상에 유익한 일을 하고 싶다.

624 **夜** 밤 ▶ 夜明(よあ)け 새벽

・夜がふける。 밤이 깊어지다.
・夜明けを待ってつりに出かける。
새벽을 기다려 낚시하러 나가다.

625 **用** 용무 ▶ 用件(ようけん) 용건 用事(ようじ) 용무, 볼일

・用があるので出席できません。
일이 있기 때문에 출석할 수 없습니다.
・お客様に用件を聞く。 손님에게 용건을 묻다.

626 **要求** 요구 ▶ 求(もと)める 요구하다

・おこづかいをあげてほしいと、母に要求する。
용돈을 올려 주었으면 한다고 엄마에게 요구하다.

627 **幼児** 유아 = 幼子(おさなご) 어린아이, 유아

・この絵本は幼児から大人まで楽しめる。
이 그림책은 유아부터 어른까지 즐길 수 있다.

628 **用心** 조심, 주의

・雪が積もってこおった道をころばないように用心しながら歩く。
눈이 쌓여 얼은 길을 넘어지지 않도록 조심하면서 걷다.
・火の用心。 불조심.
・万一のために日頃から用心したほうがいい。
만일을 위해 평소에도 조심하는 편이 좋다.

명사

명사

629
様子 (사물의) 상태, 모양, 상황

・町の様子がすっかりかわる。
동네 모습이 완전히 바뀌다.

630
要点 요점 ▶ 要(かなめ) 가장 중요한 곳, 요점

・要点だけを手短に話す。
요점만을 간단하게 이야기하다.

631
洋風 서양풍 ↔ 和風(わふう) 일본풍

・家を洋風に建てかえる。
집을 서양풍으로 다시 짓다.

632
翌朝 다음날 아침

・運動会の疲れは翌朝にはとれていた。
운동회의 피로는 다음날 아침에는 풀려 있었다.

633
翌日 이튿날 ▶ 明(あ)くる日(ひ) 다음 날

・遠足の翌日、足が痛くて困った。
소풍 다음날, 다리가 아파서 힘들었다.

634
横顔 ① 옆 얼굴 ② 프로필

・横顔だけではわからなかった。
옆 얼굴만으로는 알지 못했다.

・新聞に人気歌手の横顔が紹介されている。
신문에 인기 가수의 프로필이 소개되어 있다.

635
横ばいの状態 보합 상태, 시세가 크게 변동하지 않고 있는 상태

・販売台数は全体的に横ばいの状態である。
판매 대수는 전체적으로 보합 상태이다.

636
善し悪し ① 좋고 나쁨, 옳고 그름
② 「～だ」의 꼴로 (좋은 경우도 있고 나쁜 경우도 있어) 한 마디로 단정할 수 없다, 쉽사리 판단할 수 없다

- 品物の善し悪しを調べた。
  물건의 좋고 나쁨을 살폈다.
- 子供をほめすぎるのも善し悪しだ。
  아이를 지나치게 칭찬하는 것도 생각해볼 문제이다.

637 予想 예상 ▶ 見込(みこ)む 예상하여 고려에 넣다, 내다보다

- どの選手が一着になるか予想する。
  어느 선수가 일등이 될지 예상하다.

638 よそ見 한눈 팖, 곁눈질 = わき見(み)

- 運転中によそ見してはいけない。
  운전 중에 한눈을 팔아서는 안 된다.

639 世の中 세상 = 世間(せけん) 세상, 일반 사회

- 世の中にはさまざまなできごとがあり、いろいろな人がいる。
  세상에는 다양한 사건이 있고, 다양한 사람이 있다.

640 夜更かし 밤 늦게까지 자지 않음, 밤샘

- 夜更かしすると、朝起きるのがつらい。
  밤 늦게까지 자지 않으면 아침에 일어나는 것이 괴롭다.

641 嫁 며느리

- わたしに言わせれば、うちの嫁の料理は50点というところだね。
  나는 우리 며느리 음식을 50점이라고 생각해.

642 世論 여론 *「世論(せろん)」으로도 읽는다 ▶ 世論調査(せろんちょうさ) 여론 조사

- 世論が高まる。 여론이 높아지다.

643 落第 낙제 ▶ 滑(すべ)る 낙제하다, 미끄러지다

- 兄は大学で一年落第していた。
  형은 대학에서 1년 낙제했다.

명사

644 欄 (らん)　난, 인쇄물에서 선으로 둘러싼 부분
▶ 空欄(くうらん) 공란　括弧(かっこ) 괄호

・解答(かいとう)を欄(らん)の中(なか)に書(か)く。
해답을 난 속에 쓰다.

645 乱暴 (らんぼう)　난폭, 난동 ▶ 暴(あば)れる 난폭하게 굴다

・乱暴(らんぼう)な言葉(ことば)づかい。
난폭한 말씨.

・酒(さけ)に酔(よ)って乱暴(らんぼう)する。
술에 취하여 난동 부리다.

646 利益 (りえき)　이익

・昨年(さくねん)は利益(りえき)がわずかに減少(げんしょう)しました。
작년에는 이익이 약간 감소했습니다.

647 理解 (りかい)　이해 ▶ のみ込(こ)む 이해하다, 납득하다

・この本(ほん)はむずかしすぎて理解(りかい)できない。
이 책은 너무 어려워서 이해할 수 없다.

648 理屈 (りくつ)　이치, 도리 ▶ 理屈(りくつ)っぽい 이치만 따지고 들다, 이유가 많다

・きみの意見(いけん)は理屈(りくつ)に合(あ)わない。
자네의 의견은 이치에 맞지 않는다.

649 利口 (りこう)　영리함 ▶ 頭(あたま)が切(き)れる 머리가 잘 돌아간다

・この犬(いぬ)はとても利口(りこう)だ。
이 개는 매우 영리하다.

650 利子・利息 (りし・りそく)　이자 ▶ 利上(りあ)げ 이자 인상, 금리 인상

・借金(しゃっきん)の利子(りし)を払(はら)う。
꾼 돈의 이자를 지불하다.

・利息(りそく)がつく。
이자가 붙다.

651 りゅうこう
流行 유행 = 流行(はやり) ▶ はやる 유행하다

・話題になっている流行の服装だ。
화제가 되고 있는 유행 복장이다.

652 り よう
利用 이용 ▶ 使(つか)う 이용하다

・この図書館は多くの人に利用されています。
이 도서관은 많은 사람이 이용합니다.

653 りょう
寮 기숙사 = 寄宿舎(きしゅくしゃ)

・今、寮にいるのは私だけです。
지금, 기숙사에 있는 것은 나뿐입니다.

654 りょうがえ
両替 환전, 돈을 바꿈

・千円札を百円玉に両替した。
천 엔짜리 지폐를 백 엔짜리 동전으로 바꾸었다.

655 りょうがわ
両側 양쪽, 양편 ↔ 片側(かたがわ) 한쪽

・川の両側に平野が開けている。
강의 양쪽에 평야가 펼쳐져 있다.

656 れい ぎ
礼儀 예의

・きちんとすわって、礼儀正しくあいさつする。
반듯하게 앉아서 예의 바르게 인사하다.

657 れんきゅう
連休 연휴 ▶ 飛(と)び石(いし)連休(れんきゅう) 징검다리 연휴

・明日から連休が始まるから、お金をおろしておかなきゃ。
내일부터 연휴가 시작되니까 돈을 찾아 둬야 해.

658 ろうじん
老人 노인 = 年寄(としよ)り

・神経痛やリューマチは、老人に多い病気です。
신경통이나 류머티즘은 노인에게 많은 병입니다.

명사

명사

659 和解 ^{わ かい} 화해 ▶ 仲直(なかなお)りする 화해하다

・わだかまりが解けて和解する。
맺혀 있던 감정이 풀어져 화해하다.

・けんかした友達と仲直りした。
싸웠던 친구와 화해했다.

660 割合 ^{わりあい} 비율 ▶ 割(わ)り勘(かん) 각추렴, 각자 부담

・あぶらと酢を1対3の割合でまぜる。
기름과 식초를 1대 3의 비율로 섞다.

・ここの食事代は割り勘にしましょう。
여기 식사비는 각자가 부담합시다.

661 割引 ^{わりびき} 할인 ▶ 割(わ)り引(び)く 할인하다, 값을 깎다

・夜7時をすぎると、遠距離電話料金は割引になる。
밤 7시가 지나면 장거리 전화요금은 할인이 된다.

명사

P1-L3-01

001 合間 (あいま) 짬, 틈 = 暇(ひま) ▶ 間(ま) 사이, 간격

・仕事の合間に新聞を読む。
일하는 짬짬이 신문을 보다.

・すこし間を置いてすわってください。
조금 사이를 두고 앉으세요.

002 青田買い (あおたがい) 기업이 인재 확보를 위하여 졸업 전의 학생과 입사 계약을 맺는 일
*전후 미국 곡물 상인들이 농가를 상대로 벼의 수확 전에 수확고를 가늠하여 행한 입도선매(立稲先買)에서 유래

・青田買いをあまり派手にやられると、４年生が落ちつかなくなって困る。
졸업 전에 입사 계약이 너무 빈번하게 되면, 4학년 시절이 불안정해져 곤란하다.

003 明るみ (あか) 밝은 곳, 세상, 공개적인 장소
▶ ～が明(あか)るみに出(で)る 숨겨져 있던 것이 세상에 알려지다, 표면화되다

・開発途上国への政府開発援助をめぐる汚職事件が明るみに出た。
개발도상국으로의 정부 개발 원조를 둘러싼 독직 사건이 표면화되었다.

004 悪戦苦闘 (あくせんくとう) 악전고투

・悪戦苦闘のうえ、やっと決勝戦に勝った。
악전고투한 후에 가까스로 결승전에서 승리했다.

005 明くる日 (あくるひ) 다음 날, 이튿날 = 翌日(よくじつ)

・明くる日、彼は帰った。
다음 날 그는 돌아갔다.

006 朝飯前 (あさめしまえ) 누워서 떡 먹기, 식은 죽 먹기 = たやすい 손쉽다

・そのくらいは朝飯前だ。
그 정도는 식은 죽 먹기다.

🔷 비슷한 표현

① お茶の子さいさい

・こんな事はお茶の子さいさいだ。
이런 일은 누워서 떡 먹기다.

② 赤子の手をねじるよう

・彼をだましてお金を出させるのは赤子の手をねじるようなものだ。
그를 속여서 돈을 내게 하는 것은 식은 죽 먹기 같은 것이다.

---

007 足場 ① 발판, 발 디딜 곳 ② (~하기 위한) 토대, 기반 ③ 교통편 □□□

・ビル工事のため足場が組まれています。
빌딩 공사를 위해 발판이 만들어져 있습니다.

・生活の足場を固める。
생활의 기반을 튼튼히 하다.

・農村を足場に票を伸ばす。
농촌을 기반으로 표를 늘리다.

・会社に通うのに足場がよい。
회사에 다니기에 교통편이 좋다.

---

008 足踏み 제자리걸음, 답보 상태 □□□

・足が冷たいので、足踏みをしながらバスを待った。
발이 차가워서 제자리걸음을 하면서 버스를 기다렸다.

・交渉は足踏み状態だ。
교섭은 답보 상태이다.

---

009 足下 서 있는 발 아래, 발 밑 □□□

▶ 足元(あしもと)を見(み)る 약점을 보고 무리한 요구를 하다, 약점을 이용하다

・列車の脱線事故が起こった昨夜、一部のタクシー運転手たちは料金の二倍を要求するなど、足下を見ているような行動をとった。
열차 탈선 사고가 일어난 어젯밤, 일부 택시 운전수들은 요금의 2배를 요구하는 등, 기회를 이용하여 수익을 올려 보려는 듯한 행동을 했다.

① **弱味** 약점, 결점
- **弱味を握られる。** 약점을 잡히다.

② **弱点** 약점
- **誰でも皆弱点があるものだ。** 누구나 다 약점이 있기 마련이다.

③ **泣き所** 약점, 급소
- **弁慶の泣き所。** 유일한 약점. 아킬레스건.
- **相手チームの泣き所をつく。** 상대팀의 약점을 찌르다.

---

010 頭打ち (천정 시세) 한계점, 정점 ▶ ぎりぎり
*경제 용어로는 주식 등의 시세가 그 이상 올라가지 않는 일.

- **頭打ちになる。**
한계점에 달하다.

- **対米輸出はもはや頭打ちの状態だ。**
대미 수출은 이제 한계점에 이른 상태다.

---

011 呆気 놀라서 기가 막힘 ▶ 呆(あっけ)にとられる 어안이 벙벙하다, 어리둥절하다

- **意外な成り行きに、呆気にとられる。**
뜻밖의 결과에 어안이 벙벙하다.

---

012 あて ① 목표 ② 기대, 의지, 전망 ＝ 見込(みこ)み 전망

- **君を当てにしているよ。**
자네를 믿고 있네.

---

013 跡 ① 자국 ② 흔적, 자취 ▶ 跡(あと)を絶(た)たない 끊이지 않다

- **世界各地で地域紛争が跡を絶たない。**
세계 각지에서 지역 분쟁이 끊이지 않는다.

---

014 後始末 뒤처리, 뒷마무리 ＝ 後片付(あとかたづ)け 뒤처리

- **運動会の後始末をする。** 운동회의 뒷마무리를 하다.

- **花火をしたら、後始末をわすれずに。**
불꽃놀이를 하거든, 뒷정리를 잊지 말도록.

명사

명사

015 後の祭り　소 잃고 외양간 고치기, 시기가 지나 소용이 없는 것

・今言ったところで後の祭りだ。
지금 말해 봤자 소 잃고 외양간 고치기다.

🔷 반대 표현

・転ばぬ先の杖。
넘어지기 전의 지팡이. 유비무환.

016 穴埋め　결손을 메워 넣음, 결손 보충 ＝ 穴塞(あなふさ)ぎ

・ボーナスで赤字の穴埋めをした。
보너스로 적자를 메웠다.

・失敗の穴埋めをする。
실패에 대한 보충을 하다.

017 天下り　상부의 일방적인 지시, 낙하산 ▶ 天(あま)の川(がわ) 은하, 은하수

・天下り人事。
낙하산 인사.

・官庁をやめたあと、造船会社の取締役に天下りする。
관청을 그만둔 후, 조선 회사의 이사로 낙하산 인사가 되다.

018 雨漏り　비가 샘 ▶ 雨宿(あまやど)り (추녀 밑이나 나무 밑에서) 비를 피함

・雨漏りして天井にしみがつく。
비가 새서 천정에 얼룩이 지다.

・木の下で雨宿りする。
나무 아래에서 비를 피하다.

019 嵐　① 폭풍우, 심한 비바람 ＝ 暴風雨(ぼうふうう)　② (비유적으로) 격렬함,
열광적임, 비상사태, 파동 ▶ 嵐(あらし)の前(まえ)の静(しず)けさ 폭풍 전의 고요
＊보통 폭풍우가 몰아치기 전에 일시적으로 주변이 고요한 데서 비롯된 말

・嵐が吹く。
폭풍이 불다.

・場内が嵐のような拍手で沸き返った。
장내가 열광적인 박수소리로 들끓었다.

020 　**有り合わせ** 마침 그 자리에 있음, 또는 그 물건

- 有り合わせの菓子で間に合わせた。
  마침 집에 있는 과자로 대접했다.
- 有り合わせの材料で食事を作った。
  집에 있는 재료로 식사를 만들었다.

021 　**暗示** 암시 ▶ ほのめかす 넌지시 비추다, 암시하다

- 大事件を暗示するようなできごと。
  대 사건을 암시하는 듯한 일.

022 　**言い回し** 말주변, 표현법 = 言(い)い表(あらわ)し方(かた)

- 言い回しがうまい。
  말주변이 좋다.
- 言い回しが難しくて意味がよくわからない。
  표현이 어려워서 의미를 잘 모르겠다.

023 　**威嚇** 위협 = おどかし 위협, 협박 ▶ 脅(おど)かす 위협하다, 협박하다

- 男をピストルで威嚇する。
  남자를 권총으로 위협하다.

024 　**遺憾** 유감 = 残念(ざんねん) 유감스러움

- 遺憾に存じます。 유감스럽게 생각합니다.

025 　**異議** 이의

- 異議を唱える。
  이의를 제기하다.
- 調書の内容に異議を申し出た。
  조서 내용에 이의를 제기했다.

026 　**勢い** 남을 압도하는 힘, 기세, 여세 ▶ 勢(いきお)いよく 기세좋게

- あの投手の玉には勢いがある。
  저 투수의 공은 힘이 좋다.

명사

명사

027 生きがい 사는 보람 ▶ やりがい 하는 보람

・教師は生きがいを感ずる職業である。
교사는 보람을 느끼는 직업이다.

・やりがいのある仕事がしたい。
보람있는 일을 하고 싶다.

028 意気地 고집, 기개 = 意地(いじ)

・意気地なしの男は嫌いだ。
패기가 없는 남자는 싫다.

029 憩い 푹 쉼, 휴식 = 休息(きゅうそく) 휴식

・あの公園は人々にとって憩いの場所になっている。
저 공원은 사람들에게 휴식 장소가 되고 있다.

030 異彩 이채

・彼の才能は学界でも異彩を放っています。
그의 재능은 학계에서도 이채를 띠고 있습니다.

031 いざ鎌倉 정작 위급할 때 ＊가마쿠라 시대에 막부에 비상이 생겼을 때
여러 지방의 무사가 가마쿠라에 모여든 것에서 유래함

・いざ鎌倉という時に真っ先に駆け付けるつもりだ。
정작 위급한 일이 생겼을 때는 맨 앞으로 달려나갈 작정이다.

032 いざこざ 옥신각신, 분쟁, 다툼 = ごたごた・揉(も)め事(ごと)

・いざこざが絶えない。
분쟁이 끊이지 않다.

033 意地 고집, 오기 ▶ 意地(いじ)を張(は)る 고집을 피우다

・こうなったら意地でもやってみせる。
이렇게 되면 오기로라도 해 보이겠다.

・両方で意地を張っては、話し合いがつかない。
쌍방 모두 고집을 부려서는 타협이 성립하지 못 한다.

* 고집을 피우다, 억지를 부리다

① 強情を張る
② 減らず口をたたく
③ 横車を押す
④ 負け惜しみを言う
⑤ 駄々をこねる

034 遺失物 유실물 = 忘(わす)れ物(もの)・落(おと)し物(もの)

・遺失物がないように気をつけてください。
유실물이 없도록 주의해 주십시오.

035 移植 이식

・移植の時期を選ぶ。 이식 시기를 고르다.

➡ 移：移動 이동・移民 이민・移住 이주

036 威勢 위세 = 威風(いふう) 위풍　勢(いきお)い 기세

・彼の威勢におされた。 그의 위세에 눌렸다.

037 いたちごっこ 다람쥐 쳇바퀴 돌리기, 쌍방이 똑같은 일을 되풀이하기만
하여 끝장이 없는 것 *서로 손등을 꼬집고 순서대로 포개는 아이들의
놀이에서 유래 = 堂々巡(どうどうめぐ)り

・犯罪者と警察とのいたちごっこが続いている。
범죄자와 경찰과의 숨바꼭질이 계속되고 있다.

038 一人前 ① 1인분　② 기능 따위가 제구실을 하게 함

・おすしを一人前、出前してください。
초밥 1인분 배달해 주세요.

・就職して一人前になる。
취직해서 제 몫을 하게 되다.

039 一網打尽 일망타진, (한 번 던진 그물로 거기에 있는 고기를 완전히 잡는다는
뜻에서) 범인 등의 일당을 한 번에 체포하는 것

・空港に網を張って、麻薬取引の一味を一網打尽した。
공항에 수사망을 펼쳐, 마약거래 일당을 일망타진했다.

명사

level 3 195

◆ 관련 표현

① 芋づる式 (고구마 덩굴을 잡아당기면 연달아 고구마가 붙어 나오듯) 처음에 얻은 일이
계기가 되어 거기에 관련된 것이 차례로 밝혀지는 모습, 줄줄이

· 容疑者が芋づる式に検挙された。
용의자가 줄줄이 검거되었다.

---

040 一目 （いちもく）　바둑에서 한 눈, 또는 한 개의 바둑돌, 한 점
▶ 一目置(いちもくお)く 상대가 나은 것을 인정하고 한발 양보하는 태도를 보이다

· 経験豊かな彼も、あの人には一目置いているようだ。
경험 많은 그도, 저 사람은 한 수 높이 봐주고 있는 것 같다.

---

041 一翼 （いちよく）　(사업 등의 일부를 분담하여 책임을 짐) 하나의 역할, 일익

· 資源開発の一翼を担う。
자원 개발의 일익을 담당하다.

---

042 一蓮托生 （いちれんたくしょう）　일련탁생, 좋든지 나쁘든지 행동을 함께 함, 다른 사람과
행동과 운명을 같이함 = 運命共同体(うんめいきょうどうたい) 운명공동체

· 我々は皆一蓮托生だ。
우리들은 모두 행동을 함께 할 운명공동체이다.

---

043 一見 （いっけん）　일견, 언뜻 봄 ▶ 一目(ひとめ) 한번 봄, 한눈에

· 一見こわそうな人だけれど、本当はやさしい人だ。
언뜻 무서워 보이는 사람이지만, 사실은 상냥한 사람이다.
· 百聞は一見にしかず。
백문이 불여일견.

---

044 一長一短 （いっちょういったん）　일장일단

· 一長一短あってどちらがいいか一概には言えない。
일장일단이 있어서 어느 쪽이 좋을지 일률적으로는 얘기할 수 없다.

---

045 一対 （いっつい）　(두 개가 한 조가 되는 것) 한 쌍 = ペア

· 紅白一対の餅。 빨강과 흰색이 한 쌍인 떡.

046 **一点張り** 한가지 일을 밀고 나감, 오로지 ~만 파고 듦, ~으로 일관함

・知らぬ存ぜぬの一点張りで、何も答えようとしなかった。
끝까지 모른다고 우기며, 아무 대답도 하려 하지 않았다.

047 **移転** 이전 = 引(ひ)っ越(こ)し・転居(てんきょ) 이사, 이전

・発展途上国への技術移転について話し合うために来日した代表団
の一人は、一回合意ができなくても対話を持続し、その成果に前
向きの見通しを持っていることを明らかにした。
개발도상국으로의 기술 이전에 관해 논의하기 위해 일본에 온 대표단의 한 사람은 한 번으로 합의
를 못 보더라도 대화를 지속하여 그 성과에 진취적인 전망을 갖고 있음을 밝혔다.

048 **緯度** 위도 ↔ 軽度(けいど) 경도

・緯度観測をする。 위도 관측을 하다.

049 **井戸** 우물 ▶ 井戸会議(いどばたかいぎ) 우물가에서 여자들이 물을 긷거나
빨래를 하면서 주고받는 잡담, 주부들의 잡담

・町の人のために井戸を掘ろうとしていたのに一時中断せざるを
得なかった。
마을 사람들을 위해 우물을 파려고 했는데 일시중단할 수 밖에 없었다.

050 **稲妻** 번개 = 稲光(いなびかり)

・かれは稲妻のように駆け出した。
그는 번개처럼 내달리기 시작했다.

051 **委任** 위임 ▶ 任(まか)せる 맡기다

・学級委員にいっさいを委任する。
학급 위원에게 일체를 위임하다.

052 **意表** 의표, 뜻밖

・敵の意表を突いた。
적의 의표를 찔렀다. 적이 전혀 예상하지 못한 일을 했다.

・相手の意表を突く質問だった。
상대의 의표를 찌르는 질문이었다.

명사

명사

053 違法 (いほう) 위법 ↔ 合法(ごうほう) 합법

・違法行為(いほうこうい)は許(ゆる)されない。
위법행위는 용서될 수 없다.

054 戒め (いまし) 훈계, 교훈 = 教(おし)え 가르침

・親(おや)の戒(いまし)めをよく守(まも)る。
부모의 훈계를 잘 지키다.

055 芋 (いも) 감자, 고구마, 토란 등의 총칭

▶ 芋(いも)を洗(あら)うよう 감자를 씻듯이 많은 사람이 비좁은 곳에서 북적거리는 모양

・車内(しゃない)は芋(いも)を洗(あら)うような込(こ)み方(かた)だった。
차 안은 콩나물시루 같이 혼잡했다.

056 嫌気 (いやけ) 싫증

・嫌気(いやけ)がさす。
(사소한 일이 원인이 되어 지금까지 하던 것이) 싫어지다, 싫증이 나다.

・嫌気(いやけ)を起(お)こす。
싫증을 내다.

057 いんちき 협잡, 부정, 속임(수) = ごまかし 속임수 詐欺(さぎ) 사기

・いんちきをする。 속임수를 쓰다.

・いんちきなやり方(かた)に引(ひ)っかかる。
사기 수법에 걸려들다.

058 受け皿 (う ざら) ① 받침접시 ② 주관, 수용할 수 있는 태세, 장소, 조직, 능력, 제도

・苦情(くじょう)の受(う)け皿(ざら)がない。
불만을 수용할 수 있는 제도가 없다.

・難民(なんみん)の受(う)け皿(ざら)を用意(ようい)する。
난민을 수용할 수 있는 준비를 하다.

・被災者救済(ひさいしゃきゅうさい)の受(う)け皿(ざら)がない。
재해민을 구제할 수 있는 능력이 없다.

・今(いま)まで天下(あまくだ)り官僚(かんりょう)の受(う)け皿(ざら)になってきた会社(かいしゃ)だった。
지금까지 낙하산 관료를 수용하는 장소가 되어 온 회사였다.

□□□

059 受け持ち　담당(자) ＝ 係(かかり) (그 일의) 담당자

・会計は彼の受け持ちだ。
회계는 그의 담당이다.

□□□

060 渦　소용돌이

・波が渦を巻く。
파도가 소용돌이를 치다.

・争いの渦に巻き込まれたくない。
분쟁의 소용돌이에 휘말리고 싶지 않다.

□□□

061 有頂天　너무 기뻐서 어찌할 바를 모름

・難関を突破して有頂天になっている。
난관을 돌파하고 기뻐서 어쩔 줄 모르고 있다.

・優勝して有頂天の表情で会見した。
우승하고 기뻐서 어쩔 줄 모르겠다는 표정으로 회견을 했다.

□□□

062 打って付け　알맞음, 최적임, 안성맞춤임
＝最適(さいてき)・誂(あつら)え向(む)き・もってこい

・彼はその役に打って付けだ。
그는 그 역에 안성맞춤이다.

□□□

063 俯せ　엎드림 ↔ 仰向(あおむ)け 위를 봄, 위를 향함

・寝台に俯せになる。　침대에 엎드려 눕다.

□□□

064 腕前　솜씨, 역량, 기량 ＝ 手並(てな)み 솜씨, 수완, 기량

・料理人が腕前を見せる。　요리사가 솜씨를 보이다.

□□□

065 うなぎ登り・鰻上り　(사물의 정도, 가치가) 순식간에 올라감,
(물가, 지위 등이) 마구 뛰어오름

・株価がうなぎ登りに上昇した。
주가가 순식간에 올랐다.

・まさにうなぎ登りの出世としか言いようがございません。
그야말로 초고속 출세라고밖에 달리 말할 방법이 없습니다.

명사

명사

066 うねり 물결침, 넘실거림
▶ のたりのたり 느리게 물결치는 모양, 너울너울, 철썩철썩

・波のうねりが大きくなる。
파도가 점점 크게 넘실거리다.

067 海辺 해변, 바닷가, 해안 ＝ 浜辺(はまべ)

・海辺を散歩する。
바닷가를 산책하다.

068 うやむや 유야무야, 흐지부지, 애매함 ＝ 曖昧(あいまい) 애매함

・うやむやな態度をとる。
애매한 태도를 취하다.

069 右翼 우익, 보수적, 국수적 ↔ 左翼(さよく) 좌익

・自民党は右翼の政党である。
자민당은 보수적인 정당이다.

070 裏腹 반대, 불일치 ＝ 反対(はんたい) 반대

・昨日言ったことと裏腹な行動を取っている。
어제 말한 것과 반대되는 행동을 하고 있다.

071 売り込み 판매 ▶ 売(う)り上(あ)げ 매상

・新製品の売り込みに力を入れる。
신제품 판매에 힘을 쏟다.

・毎日の天気によってスーパーの売り上げがかわります。
매일 날씨에 의해 슈퍼의 매상이 바뀝니다.

072 潤い 습기 ＝ しめりけ・湿気(しっけ)

・潤いのある肌。 촉촉한 피부.

073 浮気 바람기, 바람기 있음, 변덕스러움

・浮気をする。 바람을 피우다.

・彼女は夫の浮気に困っている。
그녀는 남편의 바람기에 괴로워하고 있다.

① 尻が軽い (여자가) 바람기가 있다

・京子は尻が軽いって噂が立って、ほんとうに困っちゃったよ。
교코는 바람기가 있다는 소문이 나서 정말 곤란하게 됐어.

---

074 運営 운영 ▶ 営(いとな)む 경영하다

・事業を運営する。 사업을 운영하다.

---

075 運休 운전, 운항을 쉼 = 欠航(けっこう) 결항(비행기 선박의 운항이 중지)
▶ 運転休止(うんてんきゅうし)·運行休止(うんこうきゅうし)의 약자

・台風で電車が運休する。
태풍으로 전철이 운행을 쉬다.

---

076 運搬 운반 ▶ 持(も)ち運(はこ)び 운반, 들고 다님

・材料を運搬する。 재료를 운반하다.

---

077 永遠 영원

・永遠に続く。 영원히 계속되다.

・彼とはもう永遠に会えない。
그 사람과는 이제 영원히 만날 수 없다.

・永遠の眠りに就いた。
영원한 잠에 들었다(돌아가셨다).

---

078 栄光 영광 = 光栄(こうえい)

・受賞の栄光に浴する。 수상의 영광을 입다.

---

079 営利 영리 ▶ 金(かね)もうけ 돈벌이

・営利にきゅうきゅうとしている。 영리에 급급하다.

명사

080
会釈（えしゃく）　가벼운 인사, 고개를 끄덕임, 배려
・遠慮会釈なく非難する。
인정사정없이 비난하다.

081
縁（えん）　연, 인연, 계기 = 結(むす)び付(つ)き
・これをご縁によろしく。
이것을 계기로 잘 부탁드립니다.

082
宴会（えんかい）　연회 = さかもり 주변, 술잔치
・宴会を開く。 연회를 열다.

083
縁起（えんぎ）　① 기원, 유래(특히 신사, 절의 유래) ② 길흉의 조짐, 재수
・寺の縁起を話す。
절의 유래를 이야기하다.
・縁起でもないことを言うな。
재수없는 소리 그만해라.
・縁起を担いで旅行を中止する。
재수를 따져서 여행을 취소하다.
・明日外国へ行くのに、飛行機事故のニュースなんて縁起でもない。
내일 외국에 가는데, 비행기 사고 뉴스라니 재수 없다.

084
延滞（えんたい）　연체 ▶ 滞(とどこお)る 날짜가 지났는데도 지불이 밀리다
・延滞金をはらう。
연체금을 지불하다.

085
尾（お）　(동물의) 꼬리 ▶ 尾(お)を引(ひ)く 영향을 미치다
・いつかの誤解が尾を引いて今でもしっくりしない。
언젠가의 오해가 영향을 미쳐 지금도 원만하지 못하다.

086
黄金（おうごん）　황금 *「こがね」로도 읽는다.
・黄金に目がくらむ。
황금에 눈이 멀다.

087 おうじょう
往生 (극락)왕생, 죽음

・苦しみもせずよい往生だった。
고통스러워하지도 않고 조용한 임종이었다.

088 おうせつ
応接 응접 ▶ 応対(おうたい) 응접, 응대 応接室(おうせつしつ) 응접실

・年始の客の応接に追われる。
연초 손님 접대에 쫓기다.

・心のこもった応対だ。
정성어린 응대이다.

089 おうちゃく
横着 ① 뻔뻔스러움, 교활함 ② 꾀를 부림, 게으름 피움

・横着して掃除当番を怠ける。
꾀를 부려서 청소 당번을 게을리하다.

・仕事もしないで金をもらうとは横着千万だ。
일도 안 하고 돈을 받다니 뻔뻔하기 짝이 없다.

090 おうぼ
応募 응모

・音楽コンテストに応募した。
음악 경연대회에 응모했다.

・新聞の懸賞小説に応募した。
신문의 현상소설에 응모했다.

091 おおげさ
大袈裟 과장됨, 허풍을 떪

・あの俳優は大げさな動作が多い。
저 배우는 과장된 동작이 많다.

092 おおまた
大股 보폭이 넓음

・大股で歩く。 성큼성큼 걷다.

093 おおやけ
公 ① 공공관청, 정부 ② 표면상 ▶ 公共(こうきょう) 공공

・父は公の機関につとめている。
아버지는 공공 기관에 근무하고 있다.

명사

・<ruby>公<rt>おおやけ</rt></ruby>には<ruby>成功<rt>せいこう</rt></ruby>したように<ruby>発表<rt>はっぴょう</rt></ruby>する。
표면상으로는 성공한 것처럼 발표하다.

---

094 お<ruby>越<rt>こ</rt></ruby>し　행차　＊「行(い)く 가다・来(く)る 오다」의 높임말　□□□

・お<ruby>越<rt>こ</rt></ruby>しください。
찾아와 주십시오.

・お<ruby>客様<rt>きゃくさま</rt></ruby>のお<ruby>越<rt>こ</rt></ruby>しをいつもお<ruby>待<rt>ま</rt></ruby>ちしております。
손님께서 찾아 주시기를 항상 기다리고 있습니다.

---

095 お<ruby>座<rt>ざ</rt></ruby>なり　일을 적당히 건성으로 하는 모양, 무성의함　□□□
　　＝ その場(ば)逃(のが)れ 일시 모면을 위한 임시 변통　付(つ)け焼(や)き刃(ば)
　　그 자리를 얼버무리기 위한 미봉을 씀, 그런 태도, 벼락치기

・お<ruby>座<rt>ざ</rt></ruby>なりを<ruby>言<rt>い</rt></ruby>う。
무성의한 말을 하다.

・いくら<ruby>徹夜<rt>てつや</rt></ruby>してもしょせん<ruby>付<rt>つ</rt></ruby>け<ruby>焼<rt>や</rt></ruby>き<ruby>刃<rt>ば</rt></ruby>だから、<ruby>成績<rt>せいせき</rt></ruby>が<ruby>上<rt>あ</rt></ruby>がるはずが
ない。<ruby>勉強<rt>べんきょう</rt></ruby>は<ruby>毎日<rt>まいにち</rt></ruby>の<ruby>積<rt>つ</rt></ruby>み<ruby>重<rt>かさ</rt></ruby>ねが<ruby>大切<rt>たいせつ</rt></ruby>だ。
아무리 철야를 해도 어차피 벼락치기이기 때문에 성적이 오를 리가 없다. 공부는 매일 매일의 반복
이 중요하다.

---

096 <ruby>押<rt>お</rt></ruby>し<ruby>売<rt>う</rt></ruby>り・<ruby>押売<rt>おしうり</rt></ruby>　강매(꾼)　□□□

・<ruby>押<rt>お</rt></ruby>し<ruby>売<rt>う</rt></ruby>りを<ruby>玄関先<rt>げんかんさき</rt></ruby>で<ruby>追<rt>お</rt></ruby>い<ruby>払<rt>はら</rt></ruby>った。
강매꾼을 현관 앞에서 쫓아 버렸다.

---

097 <ruby>押<rt>お</rt></ruby>し<ruby>問答<rt>もんどう</rt></ruby>　서로 자기주장을 내세워 양보하지 않음, 입씨름, 승강이　□□□

・いつまで<ruby>押<rt>お</rt></ruby>し<ruby>問答<rt>もんどう</rt></ruby>していても<ruby>話<rt>はなし</rt></ruby>はまとまらない。
언제까지 입씨름을 해 봤자 이야기는 결말이 나지 않는다.

---

098 お<ruby>節<rt>せち</rt></ruby>　주로 설에 먹는 (조림) 요리　□□□

・お<ruby>節料理<rt>せちりょうり</rt></ruby>を<ruby>拵<rt>こしら</rt></ruby>える。　설날 음식을 준비하다.

---

099 お<ruby>節介<rt>せっかい</rt></ruby>　쓸데없는 참견　▶ お節介(せっかい)を焼(や)く 쓸데없는 참견을 하다　□□□

・よけいなお<ruby>節介<rt>せっかい</rt></ruby>はやめて。　쓸데없는 참견은 그만둬!

・お<ruby>節介<rt>せっかい</rt></ruby>をやくのはやめてほしい。　쓸데없는 참견을 하는 것은 그만두었으면 한다.

100 虞 ^{おそれ} 우려, 염려 ＝ 懸念(けねん)・気(き)がかり・気遣(きづか)い □□□

・集中豪雨のおそれがある。
집중호우의 우려가 있다.

・高波のおそれがある。
높은 파도의 우려가 있다.

● P1-L3-02

101 お供 ^{とも} 모시고 따라감 ＝ お連(つ)れ □□□

・母のお供をして買い物に行った。
어머니를 모시고 쇼핑을 갔다.

102 鬼 ^{おに} 귀신 □□□

・節分には、「鬼は外、福は内」と言ってまめまきをする。
입춘 전날에는 '귀신은 밖으로, 복은 안으로' 라고 말하며 콩 뿌리기를 한다.

103 面影 ^{おもかげ} (기억에 남아 있는) 모습, 얼굴 생김새 □□□

・彼女の面影が急に浮かんだ。
그녀의 모습이 갑자기 떠올랐다.

104 趣き ^{おもむ} 정취, 취지 □□□

・古い武家屋敷が昔の趣きをのこしている町。
오래된 무가의 저택이 옛날의 정취를 남기고 있는 도시.

105 思惑 ^{おもわく} 평판, 생각, 의도 □□□

・両親の思惑どおりにはいかない。
부모님 생각대로는 되지 않는다.

・世間の思惑ばかり気にして生きるのはやめよう。
세상의 평판만을 신경 쓰면서 사는 것은 그만두자.

106 折り返し ^{お かえ} ① 반환, 되접어 꺾은 곳 ② 되돌아 옴(감) ③ (받은) 즉시 □□□

・マラソンの先頭ランナーが折り返し地点を通過した。
마라톤의 선두 주자가 반환 지점을 통과했다.

・その件につきましては、調査の後折り返しご連絡いたします。
그 건에 대해서는 조사한 후 즉시 연락드리겠습니다.

명사

명사

107 **愚か者** 바보, 어리석은 자

・愚か者、おまえの魂は、今夜おまえから取り去られる。そうしたら、おまえが用意した物はいったい誰の物になるのか。
어리석은 자여 오늘밤에 네 영혼을 도로 찾을 것이다. 네가 장만한 것들이 대관절 누구의 것이 되겠느냐?(성경 누가복음 12:20)

108 **卸・卸売** 도매

・卸売業者は生産者から物を仕入れ、小売り業者に売る。
도매업자는 생산자한테 물건을 사들여서 소매 업자에게 판다.

109 **恩返し** 보은, 은혜를 갚음 ↔ 恩(おん)をあだで返(かえ)す 은혜를 원수로 갚다

・ぼくは大人になったら、先生に恩返しをしようと思っている。
나는 어른이 되면, 선생님에게 은혜를 갚으려고 생각하고 있다.

관련 표현

① 恩に着せる 은혜를 베풀어주었다고 해서 특별히 생색을 내다, 공치사하다

② 恩に着る 은혜를 입은 것을 고맙게 생각하다

110 **御中** 귀중(우편물을 받을 단체나 회사의 이름 아래에 붙이는 말)

・A会社御中。 A사 귀중.

111 **音頭** 선창, 앞장 섬

・音頭を取る。 선창을 하다. 주장하다. 앞장을 서다.

112 **おんぶ** 업음

・赤ちゃんをおんぶしたお母さん。 아기를 업은 엄마.

113 **絵画** 회화, 그림 = 絵(え)・図(ず) 문자의 대칭 개념으로서의 그림

・私の趣味は絵画鑑賞です。
내 취미는 그림 감상입니다.

・わかりやすく図で説明する。
알기 쉽게 그림으로 설명하다.

114 **外見** 외견, 겉모습 = 見(み)た目(め) 본 느낌, 겉보기, 외관

・彼はただ外見のみならず、性格もいい。
그는 단지 겉모습뿐만 아니라 성격도 좋다.

115 **解雇** 해고 ▶ 首(くび)にする 해고하다

・不正なことをした社員を解雇する。
부정을 저지른 사원을 해고하다.

116 **回顧** 회고 ▶ 顧(かえり)みる 되돌아보다, 회상하다

・野山で遊んだ子供時代を回顧する。
산과 들에서 놀았던 어린 시절을 회고하다.

117 **解消** 해소, 취소

・売買の契約を解消する。
매매 계약을 취소하다.

➡ **解** : **解雇** 해고 ・ **解決** 해결 ・ **解禁** 해금(금지령을 해제함) ・ **解散** 해산

118 **外相** 외무장관 ▶ 内相(ないしょう) 내무장관

・外相は責任感がないと言われている。
외무장관은 책임감이 없다고들 말한다.

119 **解説** 해설

・本田課長の解説をよく聞くと、納得せざるをえない。
혼다 과장의 해설을 잘 들으면 납득하지 않을 수 없다.

120 **回避** 회피 ▶ 避(さ)ける 피하다

・危険な作業を回避する。
위험한 작업을 회피하다.

명사

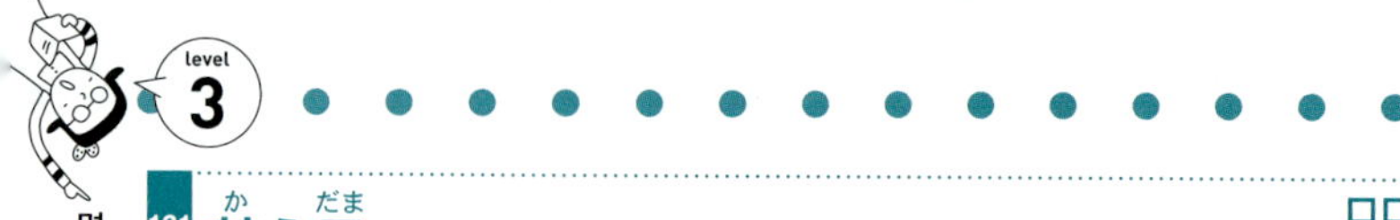

명사

121 替え玉(か・だま) 진짜처럼 가장하여 남의 눈을 속이는 행위, 남의 눈을 속이기 위한
진짜 대신의 가짜, 대리, 대역(代役) = 身代(みが)わり 대신, 대역(대역의 결과로 불이
익을 당한다는 뉘앙스가 강함) ▶ 替(か)え玉(だま)投票(とうひょう) 대리 투표
替(か)え玉(だま)受験(じゅけん) 대리 수험

・替え玉(か・だま)だと見破(みやぶ)られる。
대역임이 드러나다.

・映画(えいが)で危険(きけん)な場面(ばめん)は替え玉(か・だま)を使(つか)う。
영화에서 위험한 장면에는 대역을 쓴다.

122 顔なじみ(かお) 서로 잘 앎, 낯익음, 친지 ▶常連(じょうれん) 단골손님, 팬

・店(みせ)の主人(しゅじん)が、顔(かお)なじみの客(きゃく)と話(はなし)をしている。
가게 주인이 낯익은 손님과 이야기를 하고 있다.

123 顔触れ(かお・ぶ) 참가한 사람들, 멤버

・読書会(どくしょかい)にあたらしい顔触(かお・ぶ)れが加(くわ)わった。
독서회에 새로운 멤버가 더해졌다.

124 顔負け(かお・ま) (실력이) 뺨침, 무색해짐

・女優(じょゆう)も顔負(かお・ま)けのすぐれた演技(えんぎ)を見(み)せた。
여배우 뺨칠 정도의 뛰어난 연기를 보여주었다.

・専門家(せんもんか)も顔負(かお・ま)けの研究成果(けんきゅうせいか)を上(あ)げた。
전문가도 무색할 만큼의 연구 성과를 올렸다.

・彼(かれ)の厚(あつ)かましさにはこちらが顔負(かお・ま)けせざるを得(え)ない。
그의 뻔뻔스러움에는 이쪽이 주눅이 들지 않을 수 없다.

125 書き初め(か・そ) 신춘휘호

・今年(ことし)の書き初(か・そ)めは何(なに)を書(か)こうか。
금년 신춘휘호는 무엇을 쓸까?

126 核心(かくしん) 핵심

・問題(もんだい)の核心(かくしん)をつく。
문제의 핵심을 찌르다.

127 **下降**（か こう） 하강 ↔ 上昇(じょうしょう) 상승

・気温が下降する。 기온이 하강하다.

128 **肩書**（かたがき） 직함, 직위 ＊세로로 쓰는 명함, 서류 등에서 성명 오른쪽 위에 직함을 쓰는 것.

・佐藤一郎さんの肩書は何ですか。
사토 이치로 씨의 직함은 무엇입니까?

129 **敵**（かたき） 적수, 경쟁상대, 원수 ▶ 敵討(かたきう)ち 복수, 원수를 갚음
↔ 味方(みかた) 자기편, 아군

・きっと敵討ちはしてやる。 반드시 복수를 하고 말겠다.
・目の敵にする。 눈엣 가시로 여기다

＊ 凝り性（こしょう） 집념이 강한 성질

130 **形見**（かたみ） 기념물, 유물, 유품

・これは祖父の形見です。 이것은 할아버지의 유품입니다.
・死んだ母の形見の指輪。 돌아가신 어머니의 유품인 반지.

131 **肩身**（かたみ） (남에 대한) 면목, 체면

・負け続けで肩身が狭い。 계속 져서 부끄럽게 느껴진다.
・喫煙者は何かと肩身が狭い。
흡연자는 어딘지 모르게 주눅이 든다.
・孫がりっぱになって肩身が広い思いをする。
손자가 훌륭하게 되어 자랑스럽게 여기다.

132 **片輪**（かたわ） 불균형, 비정상

・戦争は強いが文化が低いというのは片輪だ。
전쟁은 강하나, 문화 수준이 얕다는 것은 비정상이다.

133 **傍ら**（かたわ） 옆, 곁, 가 ▶ ～のかたわら ～하는 한편

・窓のかたわらに本棚を置く。 창 옆에 책꽂이를 놓다.
・仕事のかたわら勉強する。 일하는 한편 공부한다.

134 合併 **합병**

・最近は不景気で金融機関の合併が進んでいる。
최근에는 불경기로 금융기관의 합병이 진행되고 있다.

135 鼎 왕위, 권위의 상징(고대 중국의 세발 솥)
▶ 鼎(かなえ)の軽重(けいちょう)を問(と)う 권위 있는 사람의 실력을 의심하다, 능력을 의심하고 그 지위, 평판을 빼앗으려 하다

136 要 가장 중요한 곳

・腰は体の要だ。
허리는 몸의 가장 중요한 부분이다.

137 加入 **가입**

・生命保険に加入する。
생명보험에 가입하다.

138 兼ね合い 균형을 유지함, 밸런스, 안배

・予算との兼ね合いで決める。
예산과의 균형을 생각해서 정하다.

139 下半身 하반신 ↔ 上半身(じょうはんしん) 상반신

・下半身がおとろえる。
하반신이 쇠약해지다.

140 黴 곰팡이 ▶ カビが生(は)える 곰팡이가 피다

・洗いや乾燥が不十分だと、カビの原因になります。
세척이나 건조가 불충분하면, 곰팡이의 원인이 됩니다.

141 貨幣 **화폐**

・貨幣の流通が滞ると社会問題が起ってくる。
화폐의 유통이 원활하지 못 하면 사회문제가 발생한다.

142 下流 _{かりゅう} 하류 ↔ 上流(じょうりゅう) 상류

- 下流で二つの川が合流する。
  하류에서 두 개의 강이 합류한다.

143 皮切り _{かわき} 사물의 시발, 시작, 시초

- 会長の挨拶を皮切りに、来賓の祝辞が次々に述べられた。
  회장의 인사를 시작으로, 내빈의 축사가 연달아 이어졌다.
- 内部告発が皮切りとなって、相次いで事実が明らかになった。
  내부 고발이 시발점이 되어, 이어서 사실이 밝혀졌다.

🔵 관련 표현

① 序の口　시초, 시작
- こんな忙しさはほんの序の口だ。
  이런 분주함은 그저 시작일 뿐이다.
- こんな寒さはまだ序の口だ。
  이런 추위는 아직 시작일 뿐이다.

② 発端　발단
- 事件の発端は今から２年前だ。
  사건의 발단은 지금부터 2년 전이다.
- 大統領暗殺が戦争の発端となった。
  대통령 암살이 전쟁의 발단이 되었다.

③ 滑り出し　시작, 개시, 출발
- 順調な滑り出しを見せた。
  순조로운 출발을 보였다.
- 試合の滑り出しは上々だった。
  시합의 출발은 최상이었다.

④ しょっぱな　일의 실마리, 처음 부분, 제일 처음
- 新学期のしょっぱなから遅刻してしまった。
  신학기 첫날부터 지각해 버렸다.
- 試合のしょっぱなに負けた。
  첫 시합부터 패했다.

⑤ 口開け　(장사 등의) 시작
- 口開けから人が集まる。　시작부터 사람이 모이다.
- 口開けから繁盛する。　시작부터 번성하다.

명사

명사

144 かわせ
為替 환율 ＝ 為替相場(かわせそうば)

・不安定な世界経済を反映して為替相場の変動が激しい。
불안정한 세계 경제를 반영하여 환율의 변동이 심하다.

145 かんいっぱつ
間一髪 간발, 아슬아슬한 상태

・遅刻しそうだったが、間一髪のところで間に合った。
지각할 것 같았는데 아슬아슬하게 시간에 맞추었다.

146 かんき
寒気 한기, 추위, 오한 ▶ 寒気(さむけ)がする 오한이 들다　悪寒(おかん) 오한

・今月末には寒気もゆるみそうだ。
이달 말에는 추위도 풀릴 것 같다.

147 かんき
換気 환기, 불러일으킴 ▶ 喚起(かんき) (注意를) 환기
　　　　　　　　　　　換気扇(かんきせん) ＝ 換気(かんき)ファン 환기 팬

・窓をあけて部屋の換気をする。
창문을 열고 방의 환기를 하다.

・国内で発生する公害に改めて注意を喚起する声が高まっている。
국내에서 발생하는 공해에 새삼 주의를 환기하는 목소리가 높아지고 있다.

148 かんげん
還元 환원

・円高差益を還元する。　엔고 차익을 환원하다.

149 かんし
監視 감시 ▶ 目(め)を光(ひか)らせる 눈을 번득이며 감시하다

・プールで遊ぶ生徒たちを監視する。
풀장에서 노는 학생들을 감시하다.

150 かんしょく
間食 간식 ＝ おやつ (오후 2시~4시 사이의) 간식

・なるべく間食はやめよう。
가능한 한 간식은 먹지 말자.

151 かんたん
感嘆 감탄 ▶ 舌(した)を巻(ま)く 혀를 내두를 정도로 경탄하다

・すばらしい演技に感嘆する。
훌륭한 연기에 감탄하다.

152 **勘当**(かんどう) 부모, 주인, 스승 등이 여태까지의 인연을 끊음, 의절(義絶)함 □□□

· 家出(いえで)息子(むすこ)を勘当(かんどう)した。
가출한 자식과의 인연을 끊었다.

153 **喚問**(かんもん) 소환, 환문 □□□

· 証人(しょうにん)として喚問(かんもん)される。
증인으로서 소환되다.

154 **緩和**(かんわ) 완화 ▶ 緩(ゆる)める 느슨하게 하다, 완화하다 □□□

· 道幅(みちはば)を広(ひろ)げて、道路(どうろ)の混雑(こんざつ)を緩和(かんわ)する。
도로 폭을 넓혀서 도로의 혼잡을 완화하다.

155 **飢餓**(きが) 기아, 굶주림 ▶ 飢(う)える 굶주리다 □□□

· 飢餓(きが)と病気(びょうき)に苦(くる)しむ。
기아와 병으로 고통스러워하다.

156 **帰郷**(ききょう) 귀향 = 里帰(さとがえ)り □□□

· 年末(ねんまつ)の列車(れっしゃ)は帰郷(ききょう)する人(ひと)で満員(まんいん)だ。
연말의 열차는 귀향하는 사람들로 만원이다.

157 **気配り**(きくばり) 배려, 염려 = 配慮(はいりょ) 배려 □□□

· 人(ひと)に迷惑(めいわく)をかけないように気配(きくば)りをする。
남에게 폐를 끼치지 않도록 배려를 한다.

158 **兆し**(きざし) 징조, 전조 = 前触(まえぶ)れ 조짐, 전조 ↔ 前兆(ぜんちょう) 전조 □□□

· 三月(さんがつ)に入(はい)ると春(はる)の兆(きざ)しが感(かん)じられるようになる。
3월에 들어서면 봄 기운이 느껴지게 된다.

159 **生地**(きじ) 천 □□□

· この生地(きじ)は防水加工(ぼうすいかこう)がしてあるので水(みず)をはじく。
이 천은 방수가공이 되어 있으므로 물을 흡수하지 않는다.

➡ 地(じ) : 無地(むじ) 무지, 무늬가 없음 · 地味(じみ) 수수함, 검소함

160 規制 규제 ▶ 規制緩和(きせいかんわ) 규제 완화

・規制を緩めて経済の活性化を図る。
규제를 완화해서 경제의 활성화를 도모한다.

161 きっかけ 계기, 동기

・スペイン語を始められたきっかけはなんですか。
스페인어를 시작하신 계기는 무엇입니까?

🔵 관련 표현

① 絲口 실마리, 단서

② 引き金 어떤 일의 계기, 발단(원래 총의 방아쇠를 뜻함)

③ 発端 발단

・ささいなことが発端となって、事件が起こった。
사소한 일이 발단이 되어 사건이 일어났다.

162 来手 올 사람, 와 줄 사람

・農村は高齢化し、おまけに嫁の来手がないという問題を抱えている。
농촌은 고령화되고 게다가 시집올 사람이 없다는 문제를 안고 있다.

163 規定 규정, 규칙 = 掟(おきて)

・規定の手続きをすませて入会する。 규정된 수속을 마치고 입회하다.

164 軌道 궤도

・新しい計画が軌道に乗った。 새로운 계획이 궤도에 올랐다.

165 危篤 위독 ▶ 篤(あつ)い 위독하다, 위중하다

・病人の容体が急に悪くなって危篤におちいる。
환자의 상태가 갑자기 나빠져서 위독 상태로 빠져들다.

166 祈念 기원 *인사장이나 편지의 말미에 '기원합니다'의 의미로, 격식을 차린 표현

・家族の健康を祈念する。
가족의 건강을 기원하다.

167 **気前** 째쩨하지 않은 기질, 호탕한 기질 ▶ 気前(きまえ)がいい 호탕한 기질이다

- 叔父はいつも気前よくおこづかいをくれる。
  숙부는 언제나 호탕하게 용돈을 잘 준다.

168 **気味** 기분, 기색, 경향 ▶いい気味(きみ)だ 고소하다

- 夜の墓地は気味が悪い。
  밤의 묘지는 기분이 나쁘다.

169 **決め手** ① 결정타 ② (사건 등의) 결정적 근거, 뒷받침, 열쇠, 키

- 決め手に欠ける。
  결정타가 없다.
- 血液型の一致が決め手となった。
  혈액형의 일치가 결정적 근거가 되었다.

  ➡ 관련 표현

  ① 切り札 최후의 수단, 비장의 무기, 묘책, 비책
    - 最後の切り札を切る。 최후의 수단을 쓰다.

170 **肝** 간, 담력 ▶ 肝(きも)に銘(めい)ずる 명심하다

- 先生の注意を肝に銘じて努力する。
  선생님의 충고를 명심하여 노력한다.

  ➡ 관련 표현

  ① 苛める 약한 사람을 학대하다, 못살게 들볶다, 끓리다, 괴롭히다
    - 中小企業が大企業に苛められる。 중소기업이 대기업에 시달리다.

  ② 苦しめる (육체적, 정신적으로) 괴롭히다, 고통을 주다, 시달리게 하다
    - 心ない一言で相手を苦しませた。
      매정한 한 마디로 상대를 괴롭게 했다.

  ③ 虐げる 학대하다, 못살게 굴다
    - 動物を虐げる行為は罰せられる。
      동물을 학대하는 행위는 처벌받는다.

  ④ 苛む 들볶다, 못살게 굴다
    - 罪の意識に苛まれる。 죄의식에 시달리다.

명사

171 ぎゃくたい
虐待 학대

・幼児を虐待した罪に問われる。
유아를 학대한 죄로 추궁당하다.

172 きゃっこう
脚光 각광

・彼はベストセラー作家として脚光を浴び始めた。
그는 베스트셀러 작가로서 각광을 받기 시작했다.

173 きゅうくつ
窮屈 갑갑하게 느껴짐 ▶ せま苦(ぐる)しい 좁아서 답답하다

・家族5人には窮屈な部屋ですね。
5인 가족에게는 답답한 방이군요.

・そんな窮屈な話ばかりではつまらない。
그런 답답한 이야기만으로는 재미없다.

174 きょうこう
強行 강행 ▶ 押(お)し進(すす)める 추진하다, 밀고 나가다

・その計画どおり強行せざるを得ない。
그 계획대로 강행하지 않을 수 없다.

175 きょうしゅく
恐縮 깊이 감사함, 송구스러움

・あなたのご親切には恐縮しております。
당신의 친절에는 감사하고 있습니다.

176 きょうそう
競走 경주

・短距離競走で優勝した。 단거리 경주에서 우승했다.

　⊃ 走：走行 주행・脱走 탈주

177 きょうばい
競売 경매

・競売にかける。 경매에 붙이다.

178 きょうはく
脅迫 협박 ▶ 脅(おど)かす 협박하다

・あれは脅迫されてやったことで、ぼくの本心ではない。
저것은 협박 받아서 한 것으로, 내 본심은 아니다.

179
きょうよう
強要 강요 ▶ 強(し)いる 강요하다, 강권하다

- <ruby>賛成<rt>さんせい</rt></ruby> <ruby>意見<rt>いけん</rt></ruby>を<ruby>強要<rt>きょうよう</rt></ruby>する。
  찬성 의견을 강요하다.

180
きょうよう
共用 공용

- <ruby>洗面所<rt>せんめんじょ</rt></ruby>を<ruby>共用<rt>きょうよう</rt></ruby>する。
  화장실을 같이 쓰다.

  ➡ <ruby>共<rt>きょう</rt></ruby>：<ruby>男女共学<rt>だんじょきょうがく</rt></ruby> 남녀공학・<ruby>共同<rt>きょうどう</rt></ruby> 공동

181
きょじゅう
居住 거주 = 住(す)まい 주거, 또는 살고 있는 곳 ▶ 居住地(きょじゅうち) 거주지

- <ruby>雪国<rt>ゆきぐに</rt></ruby>に<ruby>居住<rt>きょじゅう</rt></ruby>している。
  눈이 많은 곳에 거주하고 있다.

182
きょぜつ
拒絶 거절 ▶ 断(ことわ)る 거절하다
↔ 承諾(しょうだく) 승낙　受諾(じゅだく) 수락

- <ruby>仲直<rt>なかなお</rt></ruby>りの<ruby>申<rt>もう</rt></ruby>し<ruby>入<rt>い</rt></ruby>れを<ruby>拒絶<rt>きょぜつ</rt></ruby>する。
  화해 신청을 거절하다.

  ➡ <ruby>拒<rt>きょ</rt></ruby>：<ruby>拒食症<rt>きょしょくしょう</rt></ruby> 거식증(음식을 거부하는 병)・<ruby>拒否<rt>きょひ</rt></ruby> 거부

183
きりふだ
切札 최후에 내놓는 가장 강력한 수단, 결정적인 수, 비장의 무기

- <ruby>彼<rt>かれ</rt></ruby>は<ruby>我<rt>わ</rt></ruby>がチームの<ruby>切<rt>き</rt></ruby>り<ruby>札<rt>ふだ</rt></ruby>だ。
  그는 우리 팀의 비장의 무기이다.
- <ruby>監督<rt>かんとく</rt></ruby>は<ruby>終盤戦<rt>しゅうばんせん</rt></ruby>にチームの<ruby>切札<rt>きりふだ</rt></ruby>を<ruby>出<rt>だ</rt></ruby>した。
  감독은 종반전에 팀의 비장의 카드를 꺼냈다.

184
きわ
極み 극, 극치, 극도, 극점, 끝 = 至(いた)り

- <ruby>期待<rt>きたい</rt></ruby>に<ruby>反<rt>はん</rt></ruby>し、こんな<ruby>結果<rt>けっか</rt></ruby>になって、<ruby>遺憾<rt>いかん</rt></ruby>の<ruby>極<rt>きわ</rt></ruby>みです。
  기대에 반해 이런 결과가 되어 유감스럽기 그지 없습니다.

185
きんこう
均衡 균형 = 釣(つ)り合(あ)い 균형, 조화

- <ruby>均衡<rt>きんこう</rt></ruby>をたもつ。 균형을 유지하다.

명사

level 3 **217**

명사

186 偶像 〔ぐうぞう〕 우상 = アイドル(idol) 아이돌 ▶ 偶像崇拝(ぐうぞうすうはい) 우상 숭배

- 多くの人々の偶像だ。
  많은 사람들의 우상이다.

187 釘 〔くぎ〕 못 ▶ 釘(くぎ)を刺(さ)す 다짐하다

- 二度と同じ失敗を繰り返すなと釘を刺しておく。
  두 번 다시 같은 실수를 되풀이하지 말라고 다짐을 해 두다.

188 区切り 〔くぎり〕 매듭

- 公私の区切りをつける。
  공과 사의 매듭을 짓다.

189 くじ引き 제비뽑기 = 抽選(ちゅうせん) 추첨 ▶ 宝(たから)くじ 복권

- くじ引きで決める。 추첨으로 정하다.

190 愚痴 〔ぐち〕 푸념 ▶ ぶつぶつと文句(もんく)を言(い)う 투덜투덜 불평을 하다

- 愚痴をこぼす。 푸념하다.
- 叔父は酒を飲むといつも愚痴を言う。
  숙부는 술을 마시면 언제나 푸념을 한다.

191 口数 〔くちかず〕 말수 ▶ 口(くち)が重(おも)い 과묵하다, 말수가 적다

- 父は口数がすくない。 아버지는 말수가 적다.

192 口車 〔くちぐるま〕 감언이설, 입발림

- 口車にのって、高価なものを買ってしまった。
  감언이설에 넘어가서 비싼 물건을 사 버렸다.

194 口答え 〔くちごたえ〕 말대답, 말대꾸 ▶ たてつく 반항하다, 말대답하다

- 親に口答えするなんて、とんでもない。
  부모에게 말대답하다니, 당치도 않다.

194 口出し　말참견 ▶ 口(くち)をだす　말참견하다

□□□

・人事に口出しする。　인사에 참견하다.

・部外者が口出しするな。　외부인이 참견하지 마라.

🡒 관련 표현

① くちばしを容れる　말참견하다 ＝ くちばしを挟む　＊「嘴」는 본래 새의 부리
・彼女は人の内輪のことに余計にくちばしを容れる。
그녀는 남의 집안일에 쓸데없이 참견을 한다.

② 差し出口をする　말참견을 하다, 주제 넘는 참견을 하다

③ 人の話に口をさしはさむ　남의 이야기에 말참견하다

④ 余計なお世話だ　쓸데없는 참견이다

⑤ 横やりを入れる　곁에서 참견하다, 간섭하다

⑥ 一言居士　무슨 일에나 말참견하지 않고는 못 배기는 사람
・彼は一言居士だから、我々だけで決めたことに黙って賛成するはずがない。
그는 무슨 일에나 참견하는 사람이니, 우리들끼리 정한 것에 잠자코 찬성할 리가 없다.

195 苦悩　고뇌

□□□

・父は毎日、あたらしい店のやりくりで苦悩している。
아버지는 매일 새로운 가게를 꾸리는 데 고민하고 있다.

🡒 관련 표현

① 胸がつかえる　가슴이 미어지다, 걱정으로 괴롭다
・孤児院で離ればなれになった妹のことを思うと、胸がつかえるようだ。
고아원에서 뿔뿔히 헤어지게 된 여동생을 생각하면 가슴이 미어질 것 같다.

196 くびき　멍에

□□□

・儒教のくびきに悩んでいる新世代の女性たち。
유교의 멍에로 고민하는 신세대 여성들.

명사

명사

197 <ruby>首<rt>くび</rt></ruby>っ<ruby>引<rt>び</rt></ruby>き　책 등과 씨름함, 초심자가 일일이 사전을 찾아가며 열심히 하는 것

- <ruby>辞書<rt>じしょ</rt></ruby>と<ruby>首<rt>くび</rt></ruby>っ<ruby>引<rt>び</rt></ruby>きで<ruby>英文<rt>えいぶん</rt></ruby>を<ruby>訳<rt>やく</rt></ruby>す。
  사전과 씨름하며 영문을 번역하다.

198 <ruby>窪<rt>くぼ</rt></ruby>み　구덩이 ▶ 窪(くぼ)む 움푹 들어가다, 패다

- <ruby>窪<rt>くぼ</rt></ruby>みに<ruby>落<rt>お</rt></ruby>ちる。　구덩이에 빠지다.

199 <ruby>工面<rt>くめん</rt></ruby>　① 금전을 변통하여 마련함　② 주머니 형편, 수입, 형편, 살림

- <ruby>資金<rt>しきん</rt></ruby>を<ruby>工面<rt>くめん</rt></ruby>する。　자금을 마련하다.
- <ruby>今<rt>いま</rt></ruby>は<ruby>工面<rt>くめん</rt></ruby>が<ruby>悪<rt>わる</rt></ruby>い。　지금은 주머니 사정이 안 좋다.

   🔷 관련 표현

   ① <ruby>金繰<rt>かねぐ</rt></ruby>り　(사업 등에 필요한) 돈의 변통, 자금의 융통, 돈 마련
   - <ruby>金繰<rt>かねぐ</rt></ruby>りに<ruby>苦労<rt>くろう</rt></ruby>する。　돈 마련에 애를 먹다.

   ② <ruby>資金繰<rt>しきんぐ</rt></ruby>り　자금 변통, 자금 융통
   - <ruby>資金繰<rt>しきんぐ</rt></ruby>りが<ruby>苦<rt>くる</rt></ruby>しい。　자금 변통이 어렵다.

   ③ やりくり　변통, 주변, 둘러댐
   - <ruby>家計<rt>かけい</rt></ruby>をやりくりする。　가계를 잘 꾸려가다.
   - <ruby>借金<rt>しゃっきん</rt></ruby>などが<ruby>多<rt>おお</rt></ruby>くて、やりくりがつかない。
     빚 등이 많아서 융통을 해 나갈 수 없다.

   ④ やりくり<ruby>算段<rt>さんだん</rt></ruby>　금전상 잘 둘러대거나 변통하는 행위
   - <ruby>少<rt>すく</rt></ruby>ない<ruby>給料<rt>きゅうりょう</rt></ruby>をやりくり<ruby>算段<rt>さんだん</rt></ruby>して<ruby>貯金<rt>ちょきん</rt></ruby>する。
     적은 월급을 잘 꾸려 맞추어 저금하다.

   ⑤ <ruby>金回<rt>かねまわ</rt></ruby>り　㉠ 돈의 유통　㉡ 자금사정, 주머니 사정
   - <ruby>年末<rt>ねんまつ</rt></ruby>の<ruby>金回<rt>かねまわ</rt></ruby>りがよくなった。
     연말의 금전 유통이 좋아졌다.
   - <ruby>彼<rt>かれ</rt></ruby>は<ruby>最近金回<rt>さいきんかねまわ</rt></ruby>りがいいらしい。
     그는 최근 주머니 사정이 좋은 것 같다.

200 <ruby>傾斜<rt>けいしゃ</rt></ruby>　경사 ▶ 斜(なな)め 경사짐

- <ruby>傾斜<rt>けいしゃ</rt></ruby>のなだらかな<ruby>坂道<rt>さかみち</rt></ruby>。
  경사가 완만한 언덕길.

201 けいたい
携帯 휴대 ▶ 携(たずさ)える 휴대하다, 지니다 □□□

・携帯に便利な小型ラジオ。
휴대에 편리한 소형 라디오.

・いまでこそ子供でも持っているが、10年前、携帯電話は珍しかった。
지금이야 아이들도 가지고 있지만, 10년 전 휴대전화는 드물었다.

202 けいり
経理 경리 □□□

・父は会社で経理を担当しています。
아버지는 회사에서 경리를 담당하고 있습니다.

➡ 経 : 経歴 경력 ・ 経済 경제 ・ 経験 경험 ・ 経営 경영

203 げきれい
激励 격려 ▶ 励(はげ)ます 격려하다, 북돋우다 □□□

・がんばれよ、と先生から激励されて勇気が出てきた。
힘내라고 선생님에게 격려 받고 용기가 생겼다.

204 けた
桁 (주판의) 꿰대, (숫자의) 자릿수 □□□

・人物の桁がずっと大きい。
인물의 틀이 훨씬 크다.

➡ 관련 표현

① 桁が違う 차원이 다르다
・昔選手だっただけに、母のテニスの腕前は、私とは桁が違う。
옛날 선수였던 만큼 엄마의 테니스 실력은 나하고는 차원이 다르다.

② 掛け離れる ㉠ 멀리 떨어지다, 동떨어지다 ㉡ 차이가 크게 나다
・現実と掛け離れた理想論にすぎない。
현실과 동떨어진 이상론에 불과하다.
・年の掛け離れた夫婦であった。
나이 차이가 많이 나는 부부였다.

③ 桁違い 차이가 엄청남
・そのチームが桁違いの強さを見せた。 그 팀이 월등히 강함을 보였다.

④ 段違い 월등함
・相手は段違いに強い。 상대는 월등하게 강하다.

명사

명사

205 解熱（げねつ） 해열 ▶ 解熱剤(げねつざい) 해열제

・解熱剤を飲む。 해열제를 먹다.

206 気配（けはい） 기색, 기운

・人の気配を感じて後ろを振り向いた。
인기척을 느껴서 뒤를 돌아보았다.

207 嫌悪（けんお） 혐오 ▶ 嫌悪感(けんおかん) 혐오감 嫌(きら)う 싫어하다, 미워하다

・嫌悪感を覚える。 혐오감을 느끼다.

208 限定（げんてい） 한정 ▶ 限(かぎ)る 제한하다, 한정하다

・時間を1時間に限定してテストを行う。
시간을 1시간으로 한정해서 테스트를 행한다.
・女性限定の特別ツアーを企画する。
여성 한정의 특별 여행을 기획하다.

209 見聞（けんぶん） 견문 = 見聞(みき)きする 보고 듣다

・旅をし、見聞を広める。
여행을 해서 견문을 넓히다.

210 剣幕（けんまく） 몹시 화난 모습

・課長が大変な剣幕で怒っている。
과장이 대단히 무서운 얼굴로 화내고 있다.

211 倹約（けんやく） 검약, 절약 ▶ 約(つづま)やか 검소한 모양

・毎月こづかいを倹約してお金をためています。
매달 용돈을 절약해서 돈을 모으고 있습니다.

212 権利（けんり） 권리

・外国人だからといって遠慮するにはあたりません。自分の権利は
主張するべきです。
외국인이라고 해서 사양할 필요는 없습니다. 자신의 권리는 주장해야 합니다.

213 後援　후원 ▶ 後押(あとお)し 후원, 후원자

・放送局の後援で音楽会が開かれる。
방송국 후원으로 음악회가 열린다.

214 交差　교차 ▶ 交(まじ)わる 교차하다, 서로 엇갈리다　交差点(こうさてん) 교차로

・この道は百メートル先で国道と交差する。
이 길은 100미터 앞에서 국도와 교차한다.

215 降参　항복 ▶ 参(まい)る 지다, 항복하다

・城をあけわたし、敵に降参した。
성을 비워 주고 적에게 항복했다.

216 口実　핑계 ▶ 事寄(ことよ)せる 핑계삼다, 빙자하다

・宿題を口実にして家の手伝いをやらなかった。
숙제를 핑계로 집안일을 돕지 않았다.

217 強情　고집이 셈, 고집을 부림 ▶ 意地(いじ)を張(は)る 고집을 부리다

・強情を張る。
고집을 부리다. 억지를 쓰다.

・強情に言い張る。
고집스럽게 우겨대다.

・強情な子供だった。
고집이 센 아이였다.

218 更新　갱신

・来年韓日漁業協定が更新されることになっています。
내년에 한일어업협정이 갱신되게 되어 있습니다.

219 降水量　강수량

・全国各地の今月の降水量を測ってみた。
전국 각지의 이달 강수량을 측정해 보았다.

level 3

220 恒例（こうれい） 의식, 행사가 늘 일정하게 행해짐, 항례, 정례 ☐☐☐

・たかが恒例（こうれい）の部会（ぶかい）に、部長（ぶちょう）はいつももったいをつけたがる。
고작 정례 부서 모임에 부장님은 언제나 거드름을 피우려고 한다.

・年末（ねんまつ）には毎年恒例（まいねんこうれい）の忘年会（ぼうねんかい）がもよおされる。
연말에는 매년 항례 송년회가 열린다.

221 告白（こくはく） 고백 ▶ 打（う）ち明（あ）ける 비밀, 고민 따위를 숨김없이 털어놓다 ☐☐☐

・先生（せんせい）に「ガラスを割（わ）ったのはぼくです」とすなおに告白（こくはく）した。
선생님에게 '유리를 깬 것은 접니다'라고 솔직하게 고백했다.

➡ 告（こく）：広告（こうこく）광고・告別（こくべつ）고별

222 克服（こくふく） 극복 ▶ 乗（の）り越（こ）える 곤란을 극복（돌파）하다 ☐☐☐

・多（おお）くの困難（こんなん）を克服（こくふく）した。
많은 어려움을 극복했다.

223 心地（ここ ち） 기분, 마음 상태 ☐☐☐

・あの時（とき）は生（い）きた心地（ここ ち）がしなかったよ。
그 때는 살아 있다는 느낌이 안 들었어.

➡ 관련 표현

① ～心地（ごこ ち） ～하고 있을 때의 느낌

・はき心地（ごこ ち）。 신었을 때의 느낌.

・すわり心地（ごこ ち）のよいソファー。 앉았을 때 느낌이 좋은 소파.

224 心当たり（こころ あ） 마음이 짚이는 데, 짐작 가는 데 ☐☐☐

・そう言（い）われても心当（こころ あ）たりがないんです。
그렇게 말해도 짚이는 데가 없어요.

225 心得（こころ え） 주의사항, 수칙 ☐☐☐

・会議（かい ぎ）に出（で）るには、それなりの心得（こころ え）がいる。
회의에 나가기 위해서는 그 나름의 주의가 필요하다.

□□□

226 **心掛け** 일반적인 정신 태도, 마음가짐

・心掛けのよい感心な少年。 마음가짐이 바른 기특한 소년.

🔷 유사 표현

① 心構え (어떤 사건을 예상하고 이에 대한 정신적 준비) 마음의 준비, 각오

・かれはどんな苦しいことにもくじけない心構えがある。
그는 어떤 고생에도 좌절하지 않을 각오가 있다.

□□□

227 **志** 뜻, 후의

・大きな志を抱く。 큰 뜻을 품다.

□□□

228 **戸籍** 호적

・戸籍の上では私の子供になっている養子とまだ会ったことはない。
호적상으로는 내 자식으로 되어 있는 양자와 아직 만난 적은 없다.

□□□

229 **こぶ** 혹 ▶ 目(め)の上(うえ)のこぶ 눈엣가시

・こぶができる。 혹이 생기다.

□□□

230 **胡麻** 참깨 ▶ 胡麻(ごま)すり 아첨함, 아부함, 또는 그런 사람

・胡麻を擦る。
남에게 알랑거리다. 아첨하다.

・わが社で一番の胡麻すり男と言える。
우리 회사에서 가장 아부 잘하는 남자라고 할 수 있다.

🔷 관련 표현

① 世辞 아부, 아첨

・客にお世辞を言う。
손님에게 아첨하다(알랑거리다).

② ちやほや 비위를 맞추어 아부하는 모양

・ちやほやされて付け上がる。
치켜세워져서 버릇없이 굴다.

・ちやほやされていい気になっている。
치켜세워져서 우쭐해 하고 있다.

명사

명사

③ 媚びる（こ）　알랑거리다, 아첨하다
- 権力（けんりょく）に媚びる（こ）。
  권력에 아첨하다.

④ 阿る（おもね）　알랑거리다, 아첨하다, 영합하다
- 世間（せけん）に阿る（おもね）。
  세상과 영합하다.
- 世（よ）に阿（おもね）って生（い）きる。
  세상에 영합하여 살다.

⑤ 諂う（へつら）　알랑거리다, 아첨하다
- 権力者（けんりょくしゃ）に諂う（へつら）。
  권력을 가진 자에게 아부하다.

⑥ 取（と）り入（い）る　환심 사다, 비위 맞추다, 빌붙다, 아첨하다
- 社長（しゃちょう）に取（と）り入（い）る。
  사장에게 아첨하다.

⑦ 鼻息（はないき）をうかがう　상대의 기분을 살피다(주로 여성이 사용)
- 「犬（いぬ）を飼（か）いたい」と言（い）って、そっと父（ちち）の鼻息（はないき）をうかがう。
  '개를 기르고 싶다'고 말하며, 살짝 아버지의 기분을 살핀다.

⑧ 尻尾（しっぽ）を振（ふ）る　아양을 떨다, 비위를 맞추다
- 客（きゃく）に尻尾（しっぽ）を振（ふ）ってうまく取（と）り入（い）る。
  손님에게 아양을 떨며 능숙하게 비위를 맞추다.

⑨ おためごかし　표면적으로는 남을 위하는 체하면서 실은 자기 이익을 도모하거나 실속을 차리는 행위나 말
- おためごかしの親切（しんせつ）ならもう御免（ごめん）です。
  자기 잇속을 챙기기 위한 친절이라면 이제 싫습니다.

⑩ 機嫌（きげん）を取（と）る　아첨하다, 알랑거리다

⑪ 顔色（かおいろ）をうかがう　안색을 살피다, 눈치를 보다

⑫ お追従（ついしょう）を言（い）う　아첨하다, 알랑거리다

⑬ おべっかを使（つか）う　아첨하다, 알랑거리다

⑭ 愛想（あいそう）をふりまく　아첨하다, 알랑거리다

231 御免（ご めん）　이젠 싫다, 지겹다(그만둬 주었으면 하는 일에 대하여 사용)

・こんな苦しい生活は、ぼくは御免です。
이런 괴로운 생활은 나는 싫습니다.

232 雇用（こ よう）　고용 ▶ 雇(やと)う 고용하다

・会社が新社員の雇用を中止した。
회사가 새로운 사원의 고용을 취소했다.

233 献立（こんだて）　식단, 메뉴 ＝メニュー

・今週の給食の献立が掲示板に出ている。
금주의 급식 식단이 게시판에 나와 있다.

234 困惑（こんわく）　곤혹, 난처함, 곤란, 당혹 ▶ 困(こま)る 난처하다

・困惑の表情は隠せない。
곤혹스러운 표정은 감출 수 없다.

・貴重な本を無くして困惑する。
귀중한 책을 잃어버려 난처해 하다.

◯ 관련 표현

① 困る　곤란하다, 난처하다, 힘들다　＊표정에 주목하는 표현
・過分に褒められて返事に困っている。
과분한 칭찬을 들어 답변에 곤란해 하다.

② 戸惑う　당황하다, 망설이다
・急にモデルにならないかと言われて戸惑った。
갑자기 모델이 되지 않겠냐는 말을 해서 당황했다.

③ 当惑　당혹, 당황
・突然の指名に当惑している。
갑작스런 지명에 당황하고 있다.

④ まごつく　당황하다, 허둥거리다, 갈팡질팡하다
・慣れない仕事でまごつく。
익숙하지 않은 일로 허둥거리다.

⑤ 慌てる　당황하다, 허둥지둥하다
・地震の時は慌ててはいけない。
지진이 일어났을 때에는 당황해서는 안 된다.

명사

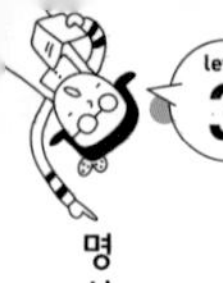

⑥ 狼狽える 당황하다, 허둥지둥하다
· 突然の出来事に狼狽えた。
갑작스러운 사건에 당황했다.

⑦ 狼狽する 당황하다, 허둥거리다
· 不意の指名に狼狽する。 불시의 지명에 당황하다.

⑧ まごまご (망설이는 모양) 우물쭈물, 허둥지둥, 갈팡질팡
· 行き先もわからずまごまごした。
목적지도 모르고 갈팡질팡했다.

⑨ あわてふためく 몹시 허둥지둥하다, 당황하다
· 火事にあわてふためいて逃げる。
불이 나서 허둥지둥하며 도망치다.

⑩ 泡を食う 깜짝 놀라다, 기절초풍하다

⑪ 周章狼狽 당황하여 어찌할 바를 모름

⑫ 閉口 질림, 어이가 없음, 기가 막힘
· 彼のしつこさには閉口した。
그의 집요함에는 두 손 들었다.

⑬ 手に負えない 힘에 부치다, 역부족이다 = 手に余る

⑭ 地団太 분해서 발을 동동 구름 ▶ 足をばたばたさせて悔しがる
발을 동동 구르며 분하게 여기다
· 彼は地団太を踏んで残念がった。
그는 분해서 발을 구르며 분해했다.

⑮ 悔しがる 분하게 여기다, 억울해하다
· 試合に負けて泣いて悔しがっている。
시합에 져서 울면서 분해하고 있다.

⑯ 泣き寝入り 불만스러우나 할 수 없이 단념함, 억울하나 참고 넘어감
· 被害者たちが泣き寝入りせず、警察に訴えた。
피해자들이 억울함을 그냥 당하지 않고 경찰에 고소했다.

⑰ 引ける 일이 끝나고 파하다, 기가 죽다, 소극적이 되다
· 会社は五時に引ける。
회사는 5시에 파한다.
· 気が引けて今さら参加できない。
마음이 내키지 않아 이제 와서 참가할 수 없다.

235 さいき **再起** 재기 ▶ 立(た)ち直(なお)る (기운, 기세를) 되찾다, 회복하다

・さいき再起を期する。
재기를 기약하다.

・しくじったが、じっとこらえてさいき再起をはかる。
실패했지만 꾹 참고 재기를 도모하다.

236 さいく **細工** 세공, 농간, 잔꾀 = 小細工(こざいく) 얄팍한 잔꾀

・しっぱい失敗がばれないようにさいく細工する。
실패가 탄로 나지 않도록 잔꾀를 부리다.

237 さいけん **再建** 재건 = 建(た)て直(なお)し 건물의 개축, 재건
▶ 建(た)て直(なお)す 건물을 개축하다, 본래의 좋은 상태로 되돌리다, 재건하다

・かじ火事でや焼けたこうどう講堂がさいけん再建された。
화재로 불탄 강당이 재건되었다.

・しゃっきん借金をかえ返してみごと見事、かいしゃ会社をさいけん再建した。
빚을 갚고 훌륭하게 회사를 재건했다.

238 さいご **最期** 임종, 생의 최후 ▶ 最後(さいご) 최후, 마지막, 맨끝
～が最後(さいご)・～たら最後(さいご) 일단 ～하기만 하면 그것으로 끝
㋐ いったん～したら, それっきり

・はは母のさいご最期をみとる。
어머니의 임종을 지켜보다.

・い行ったらさいご最後、にど二度ともど戻ってこない。
일단 한 번 가면 두 번 다시 돌아오지 않는다.

239 さいさん **採算** 채산

・このしょうひん商品はたいりょう大量にう売れないとさいさん採算がとれない。
이 상품은 대량으로 팔리지 않으면 수지가 맞지 않는다.

240 さいしょうげん **最小限** 최소한 ↔ 最大限(さいだいげん) 최대한

・ひがい被害をさいしょうげん最小限にくいとめることができた。
피해를 최소한으로 막을 수 있었다.

명사

level 3

---

241 境目（さかいめ） 갈림길, 경계점, 분기점

- 生死（せいし）の境目（さかいめ）をさまよう。 생사의 갈림길을 헤매다.
- 政治学（せいじがく）と社会学（しゃかいがく）の境目（さかいめ）。 정치학과 사회학의 경계점.

🔵 **관련 표현**

① 瀬戸際（せとぎわ） (성패, 성공 여부, 운명 등의) 중대한 갈림길

- 運命（うんめい）の瀬戸際（せとぎわ）に立（た）たされる。 운명의 갈림길에 놓이다.
- ここが勝（か）つか負（ま）けるかの瀬戸際（せとぎわ）だ。
  여기가 이기느냐 지느냐를 판가름하는 갈림길이다.

② 分（わ）かれ目（め） (사물의 진행이 어느 쪽으로 결정되는) 지점, 승부의 갈림길

- 道（みち）の分（わ）かれ目（め）に立（た）っている。 길이 나뉘는 지점에 서 있다.
- ここが勝負（しょうぶ）の分（わ）かれ目（め）だ。 여기가 승부의 갈림길이다.

③ 変（か）わり目（め） (계절·연령·세대가) 바뀔 때, 전환점

- 季節（きせつ）の変（か）わり目（め）には風邪（かぜ）を引（ひ）きやすい。
  환절기에는 감기에 걸리기 쉽다.
- 時代（じだい）の変（か）わり目（め）にさしかかる。
  시대의 전환점에 접어들다.

---

242 逆恨み（さかうらみ） 원한이 있는 사람에게서 거꾸로 원한을 삼

- あいつから逆恨（さかうら）みを受（う）けるいわれはない。
  저 녀석한테서 거꾸로 원한을 살 이유는 없다.

---

243 詐欺（さぎ） 사기 ▶ いんちき 속임, 협잡, 사기

- 詐欺（さぎ）にあい、土地（とち）まで取（と）られてしまったそうだ。
  사기를 당해 땅까지 빼앗겨버렸다고 한다.

---

244 先駆け（さきがけ） 선구 = 先駆（せんく）

* 원래는 적진에 가장 먼저 침투하는 '선봉'의 의미였으나, 주로 어떤 분야에서
  가장 먼저 그 일을 시작했다는 의미로 사용

- 流行（りゅうこう）の先駆（さきが）けとなったデザインとして名高（なだか）い。
  유행의 선구가 된 디자인으로 유명하다.
- ニュータウン開発（かいはつ）の先駆（さきが）けとして知（し）られている。
  뉴타운 개발의 선구로 알려져 있다.

230

① 先手を取る 주도권을 잡다, 선수를 치다

・市場争いの先手を取る。 시장 다툼의 주도권을 잡다.

② 先手を打つ 기선을 제압하다, 선수를 치다

---

245 削減 삭감 ▶ 削(けず)る 줄이다, 삭감하다 減(へ)らす 줄이다

・大幅に予算の削減が行われた。 대폭적인 예산 삭감이 시행되었다.

---

246 指図 지시 ▶ 指示(しじ) 지시

・監督の指図に従って作業を進める。
감독의 지시에 따라 작업을 진행한다.

---

247 差し支え (무언가를 할 때 형편이 안 좋은 사정) 지장, 장애

・お差し支えがなければ、話を聞かせてくださいませんか。
지장이 없다면 이야기를 들려주시지 않겠습니까?

① 差し障り 지장, 방해, 장해 ＊「差(さ)し支(つか)え」의 구어체 표현
특히 「差(さ)し支(つか)えがある」의 꼴로 '난처한 일이 생긴다'는 의미를 나타낸다.

・そんな事を言うと差し障りがある。
그런 말을 하면 사정이 난처해진다.

---

248 差引 차감, 공제, 차감한 잔액

・差引ゼロになった。 차감하여 0이 되었다.

---

249 左遷 좌천 ▶ 飛(と)ばす 멀리 쫓아버리다, 좌천시키다

・地方の支店に左遷される。 지방 지점으로 좌천되다.

---

250 錯覚 착각 ▶ 勘違(かんちが)いする 착각하다, 잘못 알다

・弟の方を兄と錯覚する。
동생을 형으로 착각하다.

・以前お会いした方だと錯覚した。
이전에 만나뵌 분이라고 착각했다.

명사

251 殺到 (さっとう) 쇄도 ▶ 押(お)し寄(よ)せる 밀려오다, 밀어닥치다

・問(と)い合(あ)わせが殺到(さっとう)する。 문의가 쇄도하다.

252 暫定 (ざんてい) 잠정 = 臨時(りんじ) 임시

・暫定措置(ざんていそち)を取(と)るべきだ。
잠정 조치를 취해야만 한다.

・暫定内閣(ざんていないかく)を組織(そしき)した。
잠정 내각을 조직했다.

🔵 관련 표현

① 暫定的(ざんていてき) (형용사 용법)

・暫定的(ざんていてき)ルールを決(き)めた。 잠정적인 규칙을 정했다.

・暫定的(ざんていてき)な計画(けいかく)を立(た)てた。 잠정적인 계획을 세웠다.

253 仕上(しあ)がり 완성, 결과, 성과

・有名(ゆうめい)であろうとなかろうと、仕事(しごと)の評価(ひょうか)は仕上(しあ)がりで決(き)まる。
유명하든 아니든 업무의 평가는 성과로 정해진다.

🔵 관련 표현

① 仕上(しあ)げ 완성, 마무리

・プロジェクトの仕上(しあ)げにかかっている。 프로젝트 완성에 달려 있다.

② 完成(かんせい) 완성 ＊주로 눈에 보이는 사물의 마무리

・新庁舎(しんちょうしゃ)が完成(かんせい)した。 새 청사가 완성되었다.

・情報伝達(じょうほうでんたつ)のシステムを完成(かんせい)した。 정보전달 시스템을 완성했다.

③ 後始末(あとしまつ) 뒷정리, 뒤처리, 뒷마무리, 사후처리

＊장소에 주목하여 말할 때는 「跡始末」를 사용

・会場(かいじょう)の後始末(あとしまつ)をする。 회의장 뒷마무리를 하다.

・倒産(とうさん)の後始末(あとしまつ)をつけるには時間(じかん)がかかる。
도산의 뒤처리를 하는 데에는 시간이 걸린다.

④ 後片付(あとかたづ)け 뒤처리, 뒷마무리, 설거지 ＊장소의 흔적에 주목하여 말할 때 사용

・食事(しょくじ)の後片付(あとかたづ)けをきちんとしてください。
식사 뒷마무리를 깔끔히 해 주세요.

⑤ 尻(しり)を拭(ぬぐ)う 남이 저지른 실수의 뒤치다꺼리를 하다

254 飼育 _{しいく} 사육 ▶ 飼(か)う (동물을) 기르다, 사육하다 　□□□

・ライオンを飼育する係。
사자를 사육하는 담당자.

255 仕入れ _{しい} (상품이나 원료의) 구입, 매입 　□□□

・魚屋さんが魚河岸に魚の仕入れに出かける。
생선판매업자가 생선도매시장에 생선 구매를 하러 나간다.

256 四苦八苦 _{しくはっく} 온갖 고생, 갖은 고생을 다함 　□□□
▶ 非常(ひじょう)に苦労(くろう)する 몹시 고생하다

・資金繰りに四苦八苦した。
자금을 융통하는 데 애를 먹었다.

257 施行 _{しこう} (공포된 법령을 실제로 발효하는 것) 시행, 실시 ＝ 実施(じっし) 실시 　□□□
▶ 施(ほどこ)す 시행하다, 행하다

・一度だけの施行ではわからない。
한 번만의 시행으로는 모른다.

258 示唆 _{しさ} 시사, 암시 ▶ ほのめかす 넌지시 비추다, 암시하다 　□□□

・こうしたほうがよいと示唆を与える。
이렇게 하는 게 좋다고 암시를 주다.

259 指示 _{しじ} 지시 ▶ 指(さ)す 지정하다, 지명하다 　□□□

・矢印が指示する方向に従って歩く。
화살표가 지시하는 방향에 따라서 걷다.

🔵 示 : 展示(てんじ) 전시 · 表示(ひょうじ) 표시 ＊「し」로 읽지 않도록 주의.

260 辞職 _{じしょく} (어떤 문제가 원인이 되어 자기 스스로 회사를 그만두는 것) 사직 　□□□
▶ 辞(や)める 관직, 근무처 따위에서 물러나다　辞職願(じしょくがん) 사직원

・鈴木部長は来年辞職するらしい。
스즈키 부장은 내년에 사직하는 것 같다.

261 持続 （じぞく）　지속 ▶ 続(つづ)く 계속되다, 잇따르다　□□□

・この風邪薬（かぜぐすり）は効果（こうか）が10時間持続（じゅうじかんじぞく）する。
이 감기약은 효과가 10시간 지속된다.

262 地団太 （じだんだ）　분해서 발을 동동 구름　□□□

・地団太（じだんだ）を踏（ふ）む。 분에 못 이겨 발을 동동 구르다.

263 躾 （しつけ）　예의범절 ▶ しつける (가정에서) 예의범절 따위를 가르치다　□□□

・躾（しつけ）がいい。 예의범절이 훌륭하다.

264 執行 （しっこう）　집행 ▶ 執行猶予(しっこうゆうよ) 집행유예, 형 집행을 잠시 보류함　□□□

・刑（けい）の執行（しっこう）をとりやめる。 형 집행을 중지하다.

265 嫉妬 （しっと）　질투, 시기 ＝ ねたみ ▶ 焼(や)きもちを焼(や)く 질투를 하다　□□□

・嫉妬（しっと）の目（め）で見（み）る。 시기의 눈으로 보다.

266 鎬 （しのぎ）　칼등 쪽의 불룩한 부분 ▶ しのぎを削(けず)る 맹렬히 싸우다　□□□

・新車（しんしゃ）の開発（かいはつ）をめぐって各社（かくしゃ）はしのぎを削（けず）っている。
신차 개발을 둘러싸고 각사는 치열한 다툼을 하고 있다.

267 芝居 （しばい）　연극 ＝ 演劇(えんげき)　□□□

・わたしは映画（えいが）とか芝居（しばい）とかいうものはあまり好（す）きじゃない。
나는 영화라든가 연극 같은 것은 그다지 좋아하지 않는다.

268 地元 （じもと）　자신의 생활 근거지, 그 고장　□□□

・ビルの建設（けんせつ）は地元住民（じもとじゅうみん）の反対（はんたい）にあってなかなか進（すす）まない。
빌딩 건설은 지역 주민의 반대에 부딪혀 좀처럼 진행되지 않는다.

269 洒落 （しゃれ）　익살, 신소리, 멋을 부림 ▶ 冗談(じょうだん) 농담 おしゃれ 멋부림　□□□

・兄（あに）は洒落（しゃれ）がうまくていつも家族（かぞく）を笑（わら）わせる。
형은 익살이 뛰어나서 항상 가족을 웃게 한다.

270 銃 （じゅう） 총 ▶ 拳銃(けんじゅう) 권총　鉄砲(てっぽう) 총포, 소총

・銃をかまえる。 총을 겨냥하다.

・鉄砲を打つ。 총을 쏘다.

271 獣医 （じゅうい） 수의사

・獣医は家畜やペットの病気を治療する。
수의사는 가축이나 애완동물의 병을 치료한다.

272 週休二日制 （しゅうきゅうふつかせい） 주 5일 근무제

・週休二日制の影響でレジャー産業が盛んになった。
주 5일 근무제의 영향으로 레저 산업이 활발해졌다.

273 終始 （しゅうし） 시종 ＝ 始終(しじゅう) 시종, 자초지종
　　　　　▶一部始終(いちぶしじゅう) 자초지종

・彼女は終始沈黙を守った。 그녀는 시종 침묵을 지켰다.

・一部始終を報告した。 자초지종을 보고했다.

274 終止符 （しゅうしふ） 종지부, 마침표 ＝ ピリオド
　　　　　▶ 終止符(しゅうしふ)を打(う)つ 종지부를 찍다

・犯人逮捕で事件に終止符が打たれた。
범인 체포로 사건에 종지부가 찍혔다.

275 愁傷 （しゅうしょう） 죽음을 애통해 함

・この度はご愁傷様です。
이번일로 얼마나 상심이 크십니까.

◐ 위로하는 말

① お悔やみを言う　조의를 표하다

② お悔やみ申しあげます　애도의 말씀을 드립니다

276 拾得 （しゅうとく） 습득 ▶ 拾(ひろ)う 줍다

・拾得物はすぐに交番に届けよう。
습득물은 바로 파출소에 신고하자.

명사

명사

277 十八番・十八番 （じゅうはちばん・おはこ） 가장 잘하는 것, 장기, 특기

・酔うと十八番の歌が出る。
취하면 장기인 노래가 나온다.

・オペラ歌手のまねは母の十八番だ。
오페라 가수의 흉내는 어머니의 장기이다.

관련 표현

① **得意**（とくい） 가장 숙련되어 있음, 가장 자신 있음

・ぼくが得意なのは体操の鉄棒だ。
내가 가장 자신 있는 것은 체조의 철봉이다.

② **上手**（じょうず） 하는 일이 능숙함, 솜씨가 좋음

・母は料理が上手だ。
엄마는 요리를 잘한다.

③ **うまい** 솜씨가 뛰어나다, 좋다

・兄は字がうまい。
형은 글씨를 잘 쓴다.

④ **優れる**（すぐ） 뛰어나다, 우수하다 ▶ 優れない（すぐ） 좋은 상태가 아니다

・優れた印刷技術を持っている。
뛰어난 인쇄 기술을 갖고 있다.

⑤ **勝る**（まさ） 보다 더 낫다, 우수하다

・勝るとも劣らない。
나으면 낮지 못하지는 않다.

・聞きしに勝る美しさだった。
소문으로 들은 이상으로 아름다웠다.

・打撃力では相手チームに勝っている。
타격력에서는 상대팀보다 낫다.

⑥ **腕に覚えがある**（うで・おぼ） 실력이나 기량에 자신이 있다

278 熟年（じゅくねん） 50세 전후의 인간으로서 성숙한 연령, 중・노년층
＝中高年(ちゅうこうねん)

・熟年のパソコン通信愛好者が、自分たちの経験を踏まえて、初心者が
覚えやすい教室にする予定だ。
중・노년층의 PC통신 애호자가 자신들의 경험을 바탕으로 초심자가 배우기 쉬운 교실을 운영할 예
정이다.

279 宿泊 （しゅくはく）　숙박 ▶ 泊（と）まる 묵다, 숙박하다

□□□

・交通費（こうつうひ）、宿泊費（しゅくはくひ）など全部（ぜんぶ）ひっくるめて 2 万（まん） 7 千円（せんえん）かかる。
교통비, 숙박비 등 전부 합쳐서 2만 7천엔 든다.

➡ 宿：宿題（しゅくだい）숙제・下宿（げしゅく）하숙

---

280 趣旨 （しゅし）　취지 = 旨（むね）주된 내용, 취지

□□□

・大会（たいかい）の趣旨（しゅし）に反（はん）する。 대회 취지에 반하다.

---

281 出力 （しゅつりょく）　출력 ↔ 入力（にゅうりょく）입력

□□□

・このスピーカーの最大出力（さいだいしゅつりょく）は百（ひゃく）ワットです。
이 스피커의 최대 출력은 100 와트입니다.

---

282 首脳 （しゅのう）　수뇌, 정상

□□□

・日米首脳会議（にちべいしゅのうかいぎ）が東京（とうきょう）で開（ひら）かれた。
미일 정상 회담이 도쿄에서 열렸다.

---

283 将棋 （しょうぎ）　장기

□□□

・社長（しゃちょう）は将棋（しょうぎ）をさす（す）ことがお好きだそうですね。
사장님은 장기 두는 것을 좋아하신다고 하는군요.

---

284 証券 （しょうけん）　증권

□□□

・外国（がいこく）の証券会社（しょうけんがいしゃ）が進出（しんしゅつ）してきた。 외국의 증권 회사가 진출해 왔다.

---

285 承諾 （しょうだく）　승낙 ▶ 承諾（しょうだく）を得（え）る 승낙을 얻다

□□□

・先生（せんせい）の承諾（しょうだく）を得（え）て、放課後（ほうかご）、教室（きょうしつ）を使（つか）う。
선생님 승낙을 얻어 방과 후에 교실을 사용한다.

---

286 焦点 （しょうてん）　초점

□□□

・話（はなし）の焦点（しょうてん）がぼやけた。 이야기의 초점이 흐려졌다.

・話（はなし）の焦点（しょうてん）を絞（しぼ）ってみる。 대화의 초점을 좁혀보다.

・物価問題（ぶっかもんだい）が選挙（せんきょ）の焦点（しょうてん）となった。 물가 문제가 선거의 초점이 되었다.

명사

명사

287 衝動 （しょうどう） 충동

- 飛び降りたい衝動にかられる。
  뛰어내리고 싶은 충동에 사로잡히다.

288 正念場 （しょうねんば） 실패가 허용되지 않는 제일 중요한 장면, 사물의 성패를 결정하는 중요한 국면

- 正念場を迎えている。
  중요한 국면을 맞이하고 있다.

289 処置 （しょち） 조치

- 会社からすれば、今度の処置は当然だった。
  회사 입장에서 보면 이번 조치는 당연했다.

290 しり上がり （しりあがり） (뒤로) 갈수록 상태가 좋아짐, 뒤가 올라감
＝右肩上（みぎかたあ）がり

- 営業成績がしり上がりに伸びている。
  영업 성적이 갈수록 향상되고 있다.

> **관련 표현**
>
> ① 急騰 (물가, 주가 등이 갑자기 오르는 것) 급등 ↔ 急落（きゅうらく） 급락
>   - 地価が急騰した。 땅값이 급등했다.
> ② 暴騰 폭등
>   - 物価が暴騰した。 물가가 폭등했다.

291 尻切れとんぼ （しりき） 도중에서 끝남, 어떤 일이 중간에 끊어져 뒤로 이어지지 않는 것

- 話は尻切れとんぼのままだ。
  이야기는 뒷마무리가 안 된 채 끝났다.
- 彼の演説は尻切れとんぼに終わった。
  그의 연설은 마무리가 되지 못한 채 끝났다.

292 尻ごみ （しり） 망설임, 후퇴함

- 初めてのことだからといって、そんなにしりごみすることはないよ。
  처음(하는 일)이라고 해서 그렇게 망설일 것은 없어.

293
素人 _{しろうと} 아마추어 ↔ 玄人(くろうと) 전문가

・この方面ではずぶの素人です。
이 방면에서는 전혀 생소합니다.

294
師走・師走 _{しわす・しはす} 섣달, 12월의 다른 말

・師走が押し詰まった。 섣달이 임박했다.

295
侵害 _{しんがい} 침해 ▶ 侵(おか)す 침범하다, 침해하다

・プライバシーを侵害される。 프라이버시를 침해당하다.

296
審議 _{しんぎ} 심의

・A社の業績につき、審議が行われた。
A사의 업적에 대해 심의가 이루어졌다.

297
人事 _{じんじ} 인사 ▶ 異動(いどう) (직위, 근무처 따위의) 이동

・人事異動で転勤することになった。
인사이동으로 전근하게 되었다.

🔔 관련 표현

営業部 영업부・輸出部 수출부・購買部 구매부・企画部 기획부

298
心中 _{しんじゅう} 동반 자살, 정사(情死)

・新聞に一家心中の記事がのった。 신문에 일가 동반 자살 기사가 실렸다.

＊無理心中 죽고 싶어하지 않는 상대를 억지로 정사(情死)하게 하는 일

299
心酔 _{しんすい} 심취, 진심으로 사모하고 감동함

・彼は音楽に心酔している。
그는 음악에 심취해 있다.

300
進捗 _{しんちょく} 진척

・プロジェクトの進捗状況を説明する。
프로젝트의 진척 상황을 설명하다.

명사

301 しんにゅう
侵入 침입 ▶ 押(お)し入(い)る 억지로 들어가다, 침입하다

・留守のあいだに泥棒が家に侵入したようだ。
부재 중에 도둑이 집에 침입한 것 같다.

302 しんぼう
辛抱 참고 견딤, 인내 ▶ 耐(た)える 참아 내다, 견디어 내다

・ころんで足にけがをしたが、辛抱して家まで歩いた。
넘어져 다리를 다쳤는데 참고 집까지 걸어갔다.

303 すいこう
遂行 수행 ▶ 遂(と)げる 이루다, 성취시키다

・決められた仕事を遂行する。 결정된 일을 수행하다.

304 すいとう
出納 출납

・彼女は銀行で出納係をしているそうだ。
그녀는 은행에서 출납계를 보고 있다고 한다.

305 すいりょう
推量 추량, 추측, 짐작 ▶ 推(お)し量(はか)る 헤아리다, 추량하다

・友達の心を推し量るとつらい。
친구의 마음을 헤아리니 괴롭다.

306 すお
据え置き ① 거치, 그대로 놓아 둠 ② 변동이 예상되던 것이 그대로 있음, 보류

・定期預金を据え置きにしました。
정기예금을 일정 기간 그대로 두기로 했습니다.

・バス料金の据え置きを決めました。
버스 요금 인상을 보류하기로 결정했습니다.

307 すきま
隙間 틈새, 사이

・雨戸の隙間から光がさし込む。 덧문 틈새로 빛이 들어오다.

308 すばち
捨て鉢 자포자기 = 自暴自棄(じぼうじき) 자포자기
▶自棄(やけ)をおこす・自棄(やけ)になる・自棄糞(やけくそ)になる
자포자기하다

・捨て鉢になる。 자포자기가 되다.

240

① **破れかぶれ** 자포자기, 죽기 아니면 까무러치기

・破れかぶれな気持ちになる。
자포자기하는 기분이 들다.

309

すねかじり 부모에게 학비나 생활비를 받거나 신세를 지는 사람
＝すねっかじり・親掛(おやが)かり

・すねかじりの身なので、何となく肩身が狭い。
부모에게 신세를 지는 처지라서 왠지 모르게 주눅이 든다.

310

滑り出し 일의 시작, 출발

・滑り出しはよかったのに。
시작은 좋았는데.

311

相撲 일본의 전통적인 씨름 ▶ 相撲取(すもうと)り 씨름꾼

・横綱のいない相撲はつまらない。
요코즈나가 없는 스모는 재미없다.

312

ずれ 엇갈림, 차이 ＝ 違(ちが)い 다름, 틀림, 차이

・ずれが大きい。
차이가 크다.

・両者の見解にズレがある。
양자의 견해에 차이가 있다.

・この時計はどうしたわけか一日に５分もズレがある。
이 시계는 무슨 영문인지 하루에 5분이나 차이가 난다.

313

寸法 치수

・寸法をはかる。 치수를 재다.

314

精 기력, 원기, 정력 ▶ 精(せい)を出(だ)す 열심히 힘쓰다

・精を出して試験の準備をする。
열심히 시험 준비를 하다.

명사

315 せいてん
晴天 맑은 날씨, 갠 날씨

· このところ晴天が続いている。
요즘 맑은 날씨가 계속되고 있다.

관련 표현

① 晴天の霹靂 청천벽력, 마른 하늘에 날벼락

316 せっしょく
接触 접촉

· イギリスのスパイと接触する。
영국 스파이와 접촉하다.

· いろいろな人と接触して知識を広めよう。
다양한 사람과 접촉하여 지식을 넓히자.

유사 표현

① 接する (거리상) 인접하다, (사람을) 응대하다, 상대하다

· たくさんの工場が川に接して立ちならんでいる。
많은 공장이 강에 인접해서 늘어서 있다.

317 せったい
接待 접대 ▶ 持(も)て成(な)し 음식 대접, 향응

· 接待につとめる。 접대에 힘쓰다.

· お客様の接待で忙しい。 손님 접대로 바쁘다.

318 せつだん
切断 절단 ▶ 断(た)つ 자르다

· カッターで紙を切断する。
재단기로 종이를 절단하다.

319 せっち
設置 설치 ▶ 設(もう)ける 설치하다

· 店先に自動販売機を設置する。
가게 앞에 자동판매기를 설치하다.

320 せっちゅう
折衷 절충(두개의 좋은 점을 취하여, 알맞게 조화를 이루게 하는 일)

· ふたりの考えを折衷して一つの計画をつくる。
두 사람의 생각을 절충하여 하나의 계획을 만들다.

① 折衝 ^{せっしょう} 절충, 나라와 나라, 자본가와 노동자 등 이해 관계가 엇갈리는 것(사람)들 사이에
　서 교섭을 벌이는 일
・労使問題で折衝を重ねる。 노사 문제로 절충을 거듭하다.

---

321 説得 せっとく　설득 ▶ 説(と)く 타이르다, 설득하다

・説得力のある人だ。 설득력 있는 사람이다.

---

322 節分 せつぶん　입춘 전날 *2월 3일경으로 이 날 볶은 콩(まめまき)을 뿌려 악귀를 쫓는
　풍습이 있음

・節分に豆をまく。 입춘 전날에 콩을 뿌린다.

---

323 絶望 ぜつぼう　절망 ▶ 落(お)ち込(こ)む 침울해지다

・冬山で行方不明になった登山家はもう絶望的だ。
　겨울 산에서 행방불명된 등산가는 이제 절망적이다.

---

324 絶滅 ぜつめつ　① 근절 ② (생물의 종이 사라지는 것) 멸종, 절멸

・悪習を絶滅しなければならない。
　악습을 근절시키지 않으면 안 된다.
・天然記念物の絶滅が深刻さを増している。
　천연기념물의 멸종이 심각함을 더하고 있다.

---

325 是非 ぜひ　옳고 그름, 꼭, 반드시

・その件の是非は問わない。 그 건에 관한 옳고 그름은 불문한다.

---

326 瀬踏み せぶ　일을 하기 전에 우선 시험해 봄, 미리 떠봄

・示談に応じるかどうか瀬踏みをする。
　시담에 응할지 어떨지 떠보다.

*示談 분쟁을 재판에 붙이지 않고 당사자끼리 해결하는 것.

① 試す ためす　시험해 보다
・機械の調子を試す。 기계 상태를 시험해 보다.

명사

명사

② 試(こころ)みる 시험해 보다, 시도해 보다

③ 鎌(かま)をかける 넌지시 넘겨짚다, 마음속을 떠보다

④ 腹(はら)を探(さぐ)る 상대방 의중(속마음)을 떠보다

---

327 栓(せん) 마개 ▶ 栓抜(せんぬ)き 마개, 따개, 오프너

· ビールの栓(せん)を抜(ぬ)く。 맥주병의 마개를 따다.

🔾 **관련 표현**

① ふた 뚜껑, 덮개

· ふたをする。 뚜껑을 덮다.

---

328 扇子(せん す) 부채, 쥘부채

· 女(おんな)の人(ひと)は両手(りょうて)で扇子(せん す)を広(ひろ)げています。
여자는 양손으로 부채를 펴고 있습니다.

---

329 喘息(ぜんそく) 천식

· 怖(こわ)い喘息(ぜんそく)、侮(あなど)ると死(し)を招(まね)く。初期治療(しょ き ち りょう)が大切(たいせつ)だ。
무서운 천식, 얕보면 죽음을 초래한다. 초기 치료가 중요하다.

---

330 相違(そう い) 다름, 틀림

· 冬休(ふゆやす)みだから国(くに)へ帰(かえ)ったに相違(そう い)ない。
겨울방학이라 고향에 돌아간 것이 틀림없다.

---

331 操作(そう さ) 조작 ▶ 操(あやつ)る 조종하다, 잘 부리다

· この機械(き かい)は操作(そう さ)が難(むずか)しい。
이 기계는 조작이 어렵다.

*「作」는 보통「さく」로 읽는데, 예외적으로「さ」로 읽는 경우가 있다.

🔾 作動(さ どう) 작동 · 作業(さ ぎょう) 작업 · 作用(さ よう) 작용 · 動作(どう さ) 동작 · 発作(ほっ さ) 발작

---

332 捜査(そう さ) 수사 ▶ 捜(さが)す · 探(さが)す 찾다

· 事件(じ けん)の捜査(そう さ)にあたる。 사건의 수사를 담당하다.

333 相殺（そうさい） 상쇄, 셈을 서로 비김 □□□

・これで相殺（そうさい）してください。
이것으로 상쇄해 주세요.

334 喪失（そうしつ） 상실 *추상적인 것에 쓰이며, 물건은 「遺失(いしつ) 유실」이라고 한다. □□□

・記憶喪失（き おくそうしつ）。 기억상실.

335 装飾（そうしょく） 장식 ▶ 飾(かざ)る 장식하다, 꾸미다 □□□

・装飾（そうしょく）をほどこす。 장식을 하다.

336 相場（そう ば） 시세 □□□

・相場（そう ば）は横這い状態（よこ ば じょうたい）だ。 시세는 보합 상태이다.

337 促進（そくしん） 촉진 ▶ 促(うなが)す 재촉하다, 촉진하다 □□□

・販売（はんばい）の促進（そくしん）を図（はか）る。
판매의 촉진을 꾀하다.

338 阻止（そ し） 저지 ▶ 阻(はば)む 저지하다 □□□

・警官（けいかん）がデモ隊（たい）を阻止（そ し）した。
경찰이 데모대를 저지했다.

339 措置（そ ち） 조치 □□□

・措置（そ ち）を講（こう）じる。
조치를 강구하다.

・措置（そ ち）を怠（おこた）ったばかりに、とんでもないことになった。
조치를 태만히 한 탓에 엄청난 사태가 되었다.

340 存分（ぞんぶん） 마음껏 □□□

・思（おも）う存分（ぞんぶんあそ）遊んだ。
실컷 놀았다.

명사

level 3

---

341 _{たいまん}
怠慢 태만

・この事故は会社経営陣の怠慢からきている。
이 사고는 회사 경영진의 태만에서 온 것이다.

---

342 _{たか ね}
高値 (주식거래에서) 상종가, 가장 높은 값

・最高値は12月1日でした。
가장 높은 시세는 12월 1일이었습니다.

---

343 _{たかのぞ}
高望み 제 분수나 능력에 넘치는 소원, 허황된 욕심

・高望みをしていると、いつになっても結婚できない。
허황된 욕심만 부리고 있으면 언제까지나 결혼할 수 없다.

---

344 _{たぐ}
類い ① 유례, 같은 부류 ② 같은 종류

・類いまれな才能の持ち主である。
보기 드문 재능의 소유자이다.

・この類いの音楽は苦手だ。
이런 종류의 음악은 딱 질색이다.

⊙ 관련 표현

① 仲間 동류

・たんぽぽは菊の仲間だ。 민들레는 국화과이다.

・鯨は魚の仲間ではない。 고래는 물고기과가 아니다.

② 同類 동류

・同類の動物とみなす。 같은 부류의 동물로 간주하다.

③ 類 동류, 동아리, 유례

・類なき秀才。 유례없는 수재.

---

345 _{たた だい}
叩き台 비판, (검토를 가하여 보다 좋게 하기 위한) 원안

・わたしの案を叩き台にしてください。
제 안을 원안으로 해 주십시오.

・メモを叩き台にして話を進める。
메모를 원안으로 해서 얘기를 진행하다.

346 立ち読み　서서 읽음 ▶ 立(た)ち食(ぐ)い 선 채로 먹음

- 本屋で雑誌を立ち読みする。
  서점에서 잡지를 서서 읽다.

347 抱っこ　안음, 안김 ▶ 抱(だ)く 안다, 껴안다　おんぶ 업음

- お母さんが赤ちゃんをだっこしています。
  엄마가 아기를 안고 있습니다.

348 達成　달성 ▶ 成(な)し遂(と)げる 성취하다, 이룩하다

- 記録を達成した。
  기록을 달성했다.

349 盾　방패, 구실 ↔ 矛(ほこ) 창 ▶ 矛盾(むじゅん) 모순

- 盾に取る。구실로 삼다.

350 縦　종, 세로 ↔ 横(よこ) 횡, 가로

- 縦に並ぶ。세로로 줄지어 서다.
- 首を縦に振る。고개를 끄덕이다. 승낙하다.

　　＊ 縦書き 종서, 세로 쓰기 ↔ 横書き 횡서, 가로쓰기

351 打破　타파 ▶ 打(う)ち破(やぶ)る 완전히 깨뜨리다, 타파하다

- 悪習を打破する。
  악습을 타파하다.

352 堕落　타락 ▶ 堕落(だらく)した生活(せいかつ) 타락한 생활

　　🔵 관련 표현

　　① 身を持ち崩す　몸가짐을 그르치다, 방탕하다, 타락하다

- あの子、かわいそうに若い時のただ一回あやまちために身を持ち崩したそうだ。
  저 아이, 가엾게도 젊은 날 단 한 번 실수 때문에 타락에 빠졌다고 한다

명사

명사

353 啖呵 (たん か) 날카롭고 위세 좋은 말, 당당한 말, 큰소리
▶ 啖呵(たんか)を切(き)る 큰소리를 치다, 날카로운 기세로 시원시원하게 말하다

・必(かなら)ずやって見(み)せると啖呵(たんか)を切(き)る。
반드시 해 보이겠다고 큰소리를 치다.

・喧嘩相手(けんかあいて)に威勢(いせい)よく啖呵(たんか)を切(き)る。
싸움 상대에게 위세 좋게 큰소리를 치다.

354 炭疽 (たん そ) 탄저(말, 소, 양 등 동식물에 발생하는 급성 전염병의 하나)

・炭疽病(たんそびょう)が急増(きゅうぞう)している。 탄저병이 급증하고 있다.

➡ 狂牛病(きょうぎゅうびょう) 광우병・炭疽菌(たんそきん) 탄저균・口蹄疫(こうていえき) 구제역

355 段取(だんど)り 일의 순서, 방법

・仕事(しごと)の段取(だんど)りを決(き)める。 일의 순서를 정하다.

356 断念 (だんねん) 단념 ▶ 思(おも)い切(き)り ① 체념, 단념, ② 마음껏

・体(からだ)の具合(ぐあい)が悪(わる)いので山(やま)へ登(のぼ)るのを断念(だんねん)した。
몸 상태가 좋지 않아서 산에 오르는 것을 단념했다.

・思(おも)い切(き)りの悪(わる)い人(ひと)なんだ。
선뜻 단념을 못하는 사람이야.

357 黙(だんま)り 침묵, 묵묵부답 ▶ 黙(だんま)りを決(き)める 묵묵부답하다, 침묵하기로 하다

・米国(べいこく)が為替問題(かわせもんだい)に黙(だんま)りを決めこんだのはこれまでのように円高促進(えんだかそくしん)
による日本(にほん)の黒字(くろじ)べらしを声高(こわだか)に主張(しゅちょう)できない事情(じじょう)があるからだ。
미국이 환율문제에 침묵을 지키기로 한 것은 지금까지처럼 엔고촉진에 의한 일본의 흑자감소를 소
리 높여 주장할 수 없는 사정이 있기 때문이다.

358 着手 (ちゃくしゅ) 착수 ▶ 乗(の)り出(だ)す 자진해서 어떤 일을 시작하다

・新(あたら)しい研究(けんきゅう)に着手(ちゃくしゅ)する。
새로운 연구에 착수하다.

359 躊躇 (ちゅうちょ) 주저 ▶ ためらう 주저하다　二(に)の足(あし)を踏(ふ)む
(한걸음 나아가고 두걸음째는 제자리 걸음을 한다는 뜻에서) 주저하다

・躊躇(ちゅうちょ)せずに承諾(しょうだく)してしまった。 주저 않고 승낙해 버렸다.

中途半端 어설픔, 어중간함, 흐지부지함

・工事が中途半端に終わった。
공사가 어설프게 끝났다.

・大人でも子供でもない中途半端な年ごろ。
어른도 애도 아닌 어중간한 나이.

🔹 관련 표현

① **曖昧** 애매함, 불확실함
・曖昧な返事をする。
애매한 대답을 하다.

② **うやむや** 유야무야, 흐지부지함, 애매모호함
・事件はうやむやなまま終わってしまった。
사건은 애매모호한 채 끝나버렸다.

③ **あやふや** 애매모호함
・あやふやな態度を取る。
애매모호한 태도를 취하다.

④ **どっちつかず** 엉거주춤함, 애매모호함, 불확실함
・どっちつかずの態度を取る。
애매모호한 태도를 취하다.

⑤ **漠然** 막연함
・人はだれでも将来に対する漠然とした不安がある。
사람은 누구나 장래에 대한 막연한 불안감이 있다.

⑥ **不確か** 불확실함, 어렴풋함
・彼が来るか否かは不確かだ。
그가 올지 안 올지는 불확실하다.

⑦ **おぼろげ** 어렴풋함, 어스름함, 아련함
・おぼろげな記憶しか残っていない。
어렴풋한 기억밖에 남아 있지 않다.

⑧ **煮え切らない** 확실치 못하다, 미적지근하다
・何度聞いても煮え切らない返事しか返ってこない。
몇 번 물어도 애매모호한 대답밖에 안 한다.

⑨ **生半可** 어설픔, 섣부름, 불충분함
・生半可な決意ではできない。
어설픈 결심으로는 할 수 없다.

・私は生半可なことはきらいだ。
나는 물에 물탄 듯 술에 술탄 듯한 것은 싫다.

⑩ なまじ・なまじっか　㉠ 섣불리, 어설피, 공연히　㉡「なまじの〜」의 꼴로 어중간함
　㉢ 내키지 않으면서 굳이 함

・なまじ口出ししたために、私まで怒られてしまった。
섣불리 참견했다가 나까지 혼나고 말았다.

・なまじ英語がわかると言ったばかりに、仕事が増えてしまった。
공연히 영어를 안다고 말했다가 일이 늘어나 버렸다.

・なまじっかなことは言わないほうがいい。
내키지 않는 말은 안 하는 편이 낫다.

---

361 重複 중복 ＊「じゅうふく」로도 읽음 ▶ ダブる 중복하다　重(かさ)なる 겹치다

・重複をさける。 중복을 피하다.

---

362 直感 직감 ▶ 感(かん) 감, 직감

・刑事が直感で犯人の目星をつける。
형사가 직감으로 범인을 지목하다.

---

363 賃金 임금 ▶ 賃上(ちんあ)げ 임금 인상　↔ 賃下(ちんさ)げ 임금 인하

・不景気のため賃金の上昇は望めない。
불경기라 임금 인상은 바랄 수 없다.

---

364 沈黙 침묵 ▶ 黙(だま)る 말을 멈추고 입을 다물다

・じっと沈黙を守って 一言もしゃべらない。
묵묵히 침묵을 지킨 채, 한 마디도 하지 않다.

---

365 追及 (책임 등의) 추궁

・門限に少しでも遅れようものなら、父の火のような追及が待っている。
통금 시간에 조금이라도 늦었다가는 아버지의 불같은 추궁이 기다리고 있다.

---

366 追求 추구

・市民の意見を無視して、利益を追求した判決が出た。
시민의 의견을 무시하고, 이익을 추구한 판결이 나왔다.

367
通過 통과 ▶ 通(とお)る 통과하다
☐☐☐

・台風が昼すぎに東京を通過した。
태풍이 점심 지나서 도쿄를 통과했다.

368
通行 통행 ▶ 人通(ひとどお)り 사람들의 왕래
☐☐☐

・あたらしい道路は通行がはげしい。
새 도로는 통행이 격심하다.

369
通告 통고 ▶ 告(つ)げる 통고하다
☐☐☐

・一方的に通告する。 일방적으로 통고하다.

370
通達 통달, 알림, 통지 ▶ 語学(ごがく)に堪能(たんのう)な人(ひと)
어학에 뛰어난 사람
☐☐☐

・今朝都知事から通達が出された。 오늘 아침 도지사로부터 통지를 받았다.
・兄はドイツ語に通達している。 형은 독일어에 능통하다.

371
通話 통화 ▶ お話中(はなしちゅう) 통화중
☐☐☐

・台風のため、通話ができなくなった。
태풍 때문에 통화를 할 수 없게 되었다.

372
杖 지팡이 ▶ 杖(つえ)をつく 지팡이를 짚다
☐☐☐

・転ばぬ先の杖。 유비무환.
・杖にすがる。
지팡이에 의지하다.
・杖とも柱ともたのむ人。
지팡이나 기둥처럼 크게 의지가 되는 사람.

373
使い捨て 일회용 ▶ 使(つか)い捨(す)てライター 일회용 라이터
☐☐☐

374
束の間 잠깐 동안, 한순간 = せつ 순간
☐☐☐

・束の間の夢を語る。
한순간의 꿈을 이야기하다.

명사

375 付(つ)け 외상
・付(つ)けで買(か)う。 외상으로 사다.

376 辻褄(つじつま) ① 사리, 이치 ② 조리, 계산 ▶ 辻褄(つじつま)が合(あ)わない 이치가 맞지 않다
・帳簿(ちょうぼ)につじつまが合(あ)わないところがある。
장부에 계산이 맞지 않는 데가 있다.

377 綴(つづ)り ① 철(綴)함, 묶음 ② 철자 = スペル(spell)
・綴(つづ)りをまちがえる。 철자를 틀리다.

378 津波(つなみ) 해일
・地震(じしん)による津波(つなみ)で大(おお)きな被害(ひがい)が出(で)た。
지진에 의한 해일로 큰 피해가 났다.
・津波警報(つなみけいほう)が出(だ)され、テレビではしきりに注意(ちゅうい)を呼(よ)び掛(か)けている。
쓰나미 경보가 내려, 텔레비전에서는 자주 주의를 호소하고 있다.

379 翼(つばさ) 날개
・2mもの翼(つばさ)で飛(と)ぶ。
2m나 되는 날개로 날다.
・想像(そうぞう)の翼(つばさ)を広(ひろ)げる。
상상의 날개를 펴다.

380 壺(つぼ) 항아리, 단지, 급소, 요점 ▶ 高価(こうか)な壺(つぼ) 값비싼 항아리
・話(はなし)の壺(つぼ)をおさえて聞(き)く。
이야기의 요점을 파악하여 듣다.

381 爪先(つまさき) 발끝, 발부리
・頭(あたま)の先(さき)から爪先(つまさき)までなめるように見(み)られた。
머리끝부터 발끝까지 훑듯이 쳐다보았다.

382 積(つ)み立(た)て 적립, 적금
・町内会(ちょうないかい)の積(つ)み立(た)て貯金(ちょきん)。 주민 자치회의 적금.

252

383 艶 윤기, 광택 　□□□

つや

・くつを磨いて艶を出す。
구두를 닦아서 광택을 내다.

384 通夜 밤샘 *「お通夜(つや)」의 공손한 말 　□□□

つや

・なくなった友人の通夜に行く。
죽은 친구 집에 밤샘을 하러 간다.

385 面 낮짝, 상판 *「顔(かお)」의 거친 말 　□□□

つら

・あいつの面は見たくない。 저 녀석 낮짝은 보고 싶지 않다.
・泣き面に蜂。 엎친 데 덮친 격. 설상가상.

386 締結 체결 ▶ 結(むす)ぶ 연결하다 　□□□

ていけつ

・漁業協定を締結する。 어업 협정을 체결하다.

387 体裁 체재, 외관 ▶ 体裁(ていさい)を繕(つくろ)う 겉모양을 꾸미다 　□□□

ていさい

・体裁を気にする。
겉모습을 걱정하다.
・体裁よく盛りつけをした料理。
보기 좋게 담은 요리.

388 亭主 남편 ↔ 女房(にょうぼう) 아내, 처 　□□□

ていしゅ

・たしか、かれは佐藤さんの亭主だと思う。
아마, 그는 사토 씨의 남편일 거야.

389 停滞 정체 　□□□

ていたい

・ワインブームは最近停滞していますね。
와인 붐은 최근 정체되고 있군요.

390 手遅れ 때를 놓침, 시기를 놓침 　□□□

ておくれ

・癌の手術をしたが、すでに手遅れだった。
암 수술을 했지만, 이미 손을 쓸 수 없었다.

명사

명사

391 手落ち　실수, 잘못

・手落ちがないか確認する。
実수가 없는지 확인하다.

392 手掛かり　단서, 실마리 ＝ 糸口(いとぐち)

・事件を解決する手掛かりがない。
사건을 해결할 단서가 없다.

> 관련 표현
>
> ① よすが　의지할 수단, 방법, 단서, 실마리
>
> ・彼の消息を知るよすがもない。
> 그의 소식을 알 만한 방법도 없다.
>
> ・古い絵が往時をしのぶよすがとなった。
> 낡은 그림이 지난날을 떠올리는 단서가 되었다.
>
> ② 足掛かり　(사물의 새로운 전개에 도움이 되는) 발판, 실마리, 연줄
>
> ・政界に出る足掛かりをつかんだ。
> 정계에 나갈 연줄을 잡았다.
>
> ・捜査の足掛かりを得た。
> 수사의 단서를 얻었다.
>
> ③ 足取り　발걸음, 발자취, 행적
>
> ・殺人犯の足取りを追っている。
> 살인범의 행적을 쫓고 있다.
>
> ④ 足が付く　범인의 꼬리가 잡히다, 단서가 잡히다
>
> ・脅迫電話の声紋から足が付いた。
> 협박전화의 음성지문을 통해 단서가 잡혔다.

393 手加減　상황에 따라 적당히 처리함, 참작함

・手加減しないで鍛えた。　사정 보지 않고 단련했다.

・採点に手加減を加えた。　채점 시에 참작을 했다.

> 관련 표현
>
> ① 頃合い　㉠ 적당한 때, 시기 ㉡ 적당한 정도, 상태
>
> ・頃合いを見計らって食事にしましょう。
> 적당한 시기를 봐서 식사를 합시다.

・頃合いの値段で手を打った。
적당한 가격에 매듭을 지었다.

② 手心 손어림, 손대중, 참작, 적당히 다룸

③ 手心を加える 참작을 하다, 형편을 감안하여 관대하게 조처하다
・彼は若いので手心を加えてやった。
그는 젊기 때문에 사정을 봐 주었다.

④ 手頃 (크기나 무게가) 적당함, 알맞음. (조건이나 상황이 자신에게) 알맞음, 적당함
・手頃の石を探す。 적당한 돌을 찾다.
・手頃な価格のマンションだったので契約した。
적당한 가격의 맨션이어서 계약했다.

⑤ 適当 ㉠ (조건·목적·요구 등에) 적당함, 적절함, 타당함 ㉡ (분량·정도 등이) 꼭 알맞음, 적당함 ㉢ 진지하게 대응하지 않고 요령 있게 대응함
・適当な人がいない。 적당한 사람이 없다.
・適当なところで休憩した。 적당한 지점에서 휴식을 했다.
・適当に返事しておいた。 적당히 답변을 해 두었다.

⑥ 適切 적절함, 적당함
・適切に指導する。 적절하게 지도하다.

⑦ 適度 적당한(알맞은), 정도
・適度な睡眠を取ってください。
적당한 수면을 취하세요.

⑧ 妥当 타당
・妥当と認める。
타당하다고 인정하다.

⑨ あつらえ向き 안성맞춤인 모양, 십상
・おあつらえ向きの人が見つかった。
안성맞춤인 사람이 나타났다.

⑩ うってつけ 꼭 알맞음, 안성맞춤, 최적
・それは彼にうってつけの任務だった。
그것은 그에게 안성맞춤인 임무였다.

⑪ もってこい 꼭 알맞음, 안성맞춤, 절호
・ハイキングにはもってこいの日和だった。
하이킹을 가기에 딱 알맞은 날씨였다.

명사

⑫ お座なり   임기응변, 즉흥적임, 얼렁뚱땅함

・来月、海外旅行に行くというのに、お座なりの計画しか立ててていない。しっかりした計画を、急いで作らなくては。
다음 달 해외여행을 가는데, 대략적인 계획밖에 세우지 않았다. 확실한 계획을 서둘러 세우지 않으면 (안 된다).

---

394 出稼ぎ   어떤 기간 집을 떠나 타관, 타국에서 돈벌이를 함

・出稼ぎに行く。
타관에 벌이하러 가다.

---

395 手形   어음 ▶ 約束手形(やくそくてがた) 약속어음

・手形を振り出す。
어음을 발행하다.

---

396 手柄   칭찬을 받을만한 눈부신 활약, 공적, 공명

・試合で手柄を立てる。   시합에서 공을 세우다.

🔷 **관련 표현**

① 功績 (업무・연구 등에서 국가・사회에 기여함) 공적
・彼の功績は生前には認められたことがなかった。
그의 공적은 생전에는 인정된 적이 없었다.

---

397 的中   적중 ▶ 当(あ)たる 명중하다, 적중하다

・予想が的中する。
예상이 적중하다.

---

398 手際   솜씨, 수완 ▶ 手際(てぎわ)がいい 솜씨가 좋다

・不手際。
솜씨가 나쁨.

・手際よく処理する。
솜씨 있게 처리하다.

・あざやかな手際だ。
멋진 솜씨다.

① 出来ばえ (완성도가 좋은) 솜씨, 기량, 만듦새
・予想外の見事な出来ばえだった。
예상외의 멋진 솜씨였다.

---

399 手口 범죄 따위의 수법

・あくどい手口に開いた口が塞がらない。
악랄한 수법에 벌어진 입이 다물어지지 않는다.(어이가 없어서 말이 나오지 않는다.)
・同じ手口の犯罪が多発する。
같은 수법의 범죄가 많이 발생한다.

---

400 梃子 지레, 지렛대 ▶ 梃子(てこ)でも動(うご)かない 요지부동이다, 막무가내다

・彼はいったんこうと決めたら梃子でも動かない性格だ。
그는 일단 이렇다고 정하면 요지부동인 성격이다.

관련 표현
① 微動だにしない 미동도 안 한다
② 梃子入れ 지원, 조치를 취함
・中小企業に梃子入れする。
중소기업에 지원하다.

P1-L3-05

---

401 手立 일을 성공시키기 위한 구체적인 방법, 수단

・よい手立を講じる。
좋은 수단을 강구하다.

---

402 手取り足取り 손과 발을 끌어다가 실제로 시키다시피 하며
세밀하게 가르치는 모양, 친절히 가르치고 이끌어 주는 모양

・手取り足取りして教える。
하나하나 자상하게 가르치다.

관련 표현
① 噛んで含める 잘 이해가 되도록 친절하게 알려주다
・一つ一つ噛んで含めるように説明した。
하나하나 잘 이해가 되도록 친절하게 설명했다.

명사

명사

403 手抜き（てぬき） 해야 할 수고나 공정・절차를 생략함, 수고를 덞, 손이 덜 감

- 手抜き工事（てぬきこうじ）。 날림 공사. 부실 공사.
- 仕事（しごと）の手抜（てぬ）きをする。 일을 얼렁뚱땅하다.

404 手配（てはい） ① 일이나 행사를 위한 준비 ② 범인 등의 수배

- 修学旅行（しゅうがくりょこう）のバスと旅館（りょかん）の手配（てはい）をすませる。
  수학여행 버스와 여관의 준비 절차를 끝내다.

405 手引き（てび） 인도, 안내, 안내서 = ガイドブック(guidebook) 가이드북
　　　　　▶案内（あんない） 안내

- 内部（ないぶ）の事情（じじょう）にあかるい者（もの）が手引（てび）きをしたに違（ちが）いない。
  내부 사정에 밝은 사람이 안내를 했음에 틀림없다.

406 手振り（てぶり） 손짓 ▶ 身振（みぶ）り手振（てぶ）り 손짓 발짓, 제스처

- 手振（てぶ）りをまじえて話（はな）す。 손짓을 섞어 가며 말하다.

407 添加（てんか） 첨가 ▶ 添（そ）える 첨가하다, 덧붙이다

- この食品（しょくひん）は着色料（ちゃくしょくりょう）など添加物（てんかぶつ）をいっさい使用（しよう）していません。
  이 식품은 착색료 등 첨가물을 일체 사용하지 않습니다.

408 転嫁（てんか） 전가 ▶ 人（ひと）のせいにする 남의 탓으로 돌리다

- 責任（せきにん）を他人（たにん）に転嫁（てんか）する。 책임을 타인에게 전가하다.

409 転機（てんき） 전기, 전환기

- 人生（じんせい）の一大転機（いちだいてんき）を迎（むか）える。 인생의 일대 전기를 맞이하다.

○ 관련 표현

① 変（か）わり目（め） 전환점, 전기
- 学年（がくねん）の変（か）わり目（め）に転校（てんこう）した。 학년이 바뀔 때에 전학했다.

② 転換点（てんかんてん） 전환점
- 経済開発（けいざいかいはつ）によって農業社会（のうぎょうしゃかい）から工業社会（こうぎょうしゃかい）への転換点（てんかんてん）となった。
  경제개발에 의해 농업 사회에서 공업 사회로의 전환점이 되었다.

410
天井知らず （てんじょうしらず） 천정부지(天井不知) ＊시세나 물가가 한없이 오르는 것

- 天井知らずの相場。
  한없이 오르는 시세.
- 株は先月、天井知らずに上がった。
  주식은 지난달 최고로 높이 올랐다.

411
伝達 （でんたつ） 전달 ▶ 伝(つた)える 전달하다

- 意思を伝達する。
  의사를 전달하다.

412
転覆 （てんぷく） 전복 ▶ 覆(くつがえ)る 뒤집히다, 전복되다

- 定員をオーバーした遊覧船が横波を受けて転覆した。
  정원을 초과한 유람선이 옆에서 들이치는 파도에 전복되었다.

413
胴 （どう） 몸통 ▶ 胴上(どうあ)げ 헹가래

- 胴を突かれる。
  몸통을 찔리다.
- 野球チームの監督を胴上げした。
  야구팀 감독을 헹가래쳤다.

414
動機 （どうき） 동기 ＝ きっかけ 계기

- 犯人から犯行の動機を聞き出す。
  범인으로부터 범행 동기를 캐어서 알아내다.

415
動向 （どうこう） 동향 ＝ 動(うご)き 움직임, 동향

- 為替相場の動向は時として経済を大きく左右する。
  환율의 동향은 때로는 경제를 크게 좌우한다.

416
頭取 （とうどり） 대표자, 우두머리 ＊특히 은행의 대표

- ただいま頭取を呼んでまいります。
  지금 곧 대표자를 불러오겠습니다.

명사

417 当惑 (とうわく) 당혹 ▶ 戸惑(とまど)う 수단, 방법이 생각나지 않아 당황하다, 망설이다

・外国人に道をたずねられ当惑した。
외국인이 길을 물어봐서 당황했다.

418 棘 (とげ) 가시 ▶棘(とげ)のあることば 가시 돋친 말

・バラの棘にさわって、痛いと感じる。
장미 가시를 만져 아프다고 느끼다.

419 年頃 (としごろ) 짐작되는 나이, 결혼 적령기

・年頃の女性。
혼기에 이른 여성.

・先生の年頃は35、6だ。
선생님의 나이는 35, 6세 정도다.

420 土手 (どて) 제방 = 堤防(ていぼう)・堤(つつみ) 둑

・台風で土手が切れる。 태풍으로 제방이 무너지다.

421 都道府県 (とどうふけん) 도도부현 *일본의 행정구역 분류인 1都(と)ー東京都(とうきょうと)
1道(どう)ー北海道(ほっかいどう), 2府(ふ)ー大阪府(おおさかふ)・京都府(きょうとふ), 43県(けん)을 말한다.

422 飛切り (とびき) 월등함

・飛切り上等の品。 특상품, 월등히 좋은 물건.

・飛切り安い。 월등히 싸다.

・あの万年筆は飛切りいいものだ。
저 만년필은 월등하게 좋은 것이다.

423 途方 (とほう) 수단, 방법, 조리, 도리 ▶ 途方(とほう)に暮(く)れる 어찌할 바를 모르다

424 富 (とみ) 부 ▶ 富(と)む 재산, 물자가 많이 있다

・事業に成功して富と名声を得る。
사업에 성공하여 부와 명성을 얻다.

425 **共働き** 맞벌이 = 共稼(ともかせ)ぎ

・ぼくの両親は共働きです。
우리 부모님은 맞벌이입니다.

426 **取り柄** 취할 점, 장점 = 長所(ちょうしょ)

・弟は元気なのだけが取り柄だ。
동생은 건강한 것만이 장점이다.

427 **取り返し** 되찾음, 돌이킴, 만회, 복원 ▶ 取(と)り返(かえ)しがつかない
(실패해서) 돌이킬 수가 없다, 만회할 도리가 없다
= もとどおりにできない

・取り返しのつかない失敗をしてしまった。
돌이킬 수 없는 실수를 하고 말았다.
・その決定は取り返しのつかない失敗だった。
그 결정은 돌이킬 수 없는 실수였다.

428 **取締役** 이사

・我が社の取締役の数は10人です。
우리 회사의 이사 수는 10명입니다.

429 **どんぐりの背比べ** 도토리 키 재기, 비슷비슷하여 모두 대단치 않음
↔「粒揃(つぶぞろ)い」모인 사람들이
한결같이 우수하여 뒤쳐지는 사람이 없는 것

・今年の新人はどんぐりの背比べだ。
금년 신입사원은 모두가 실력이 대단치 않다.
・粒揃いの選手で組まれた。
전원 우수한 선수들로 구성되었다.

🔵 관련 표현

① **似たり寄ったり** 어슷비슷함, 비슷비슷함, 대동소이함

・どのイベントも似たり寄ったりの趣向だった。
어느 이벤트 할 것 없이 비슷비슷한 취향이었다.

② **大同小異** 대동소이 = 五十歩百歩 오십보백보

・どの意見も大同小異だ。
어느 의견이나 대동소이하다.

명사

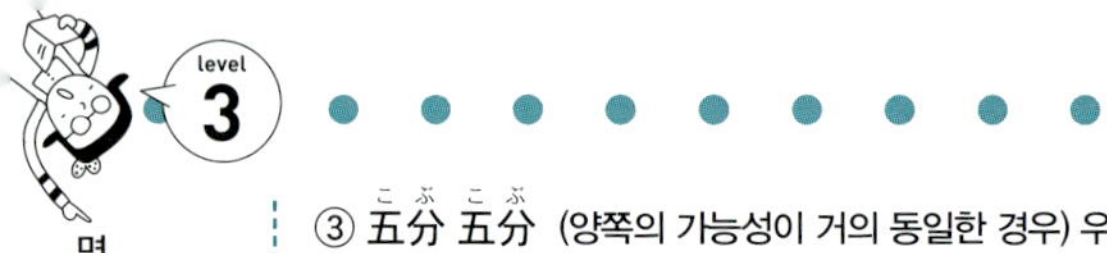

③ 五分 五分 (양쪽의 가능성이 거의 동일한 경우) 우열이 없음, 어슷비슷함, 반반임

· 勝負は五分五分だ。 승부는 반반이다.

---

430 とんとん拍子 순조롭게 나아감, 척척 진행됨

· 話がとんとん拍子に進みますか。
이야기가 순조롭게 진행됩니까?

· トントン拍子に昇進する。
척척 순조롭게 승진하다.

🔵 관련 표현

① 順風満帆 배가 돛에 순풍을 가득 받음, 일이 아주 순조로움 ＝ 物事が極めて順調に運ぶこと

② 得手に帆を揚げる 때를 만나 신나게 일을 하다

③ 流れに棹さす 시류에 편승하다, 대세에 따르다

---

431 とんぼ返り (목적지에 가서 볼일을 마치고) 발길을 곧 돌이킴, 곧 되돌아옴(감)

· とんぼ返りで出張先から会社へ戻った。
출장간 곳에서 회사로 곧장 돌아왔다.

· 忙しい父は、出張してもいつもとんぼ返りする。
바쁜 아버지는 출장을 가도 항상 곧 되돌아온다.

---

432 内職 부업, 삯일

· 内職で翻訳をしている。
부업으로 번역을 하고 있다.

---

433 仲間外れ 따돌림, 외톨이

· 日本社会は集団主義的であり、仲間外れにされることを極端に恐れる。
일본 사회는 집단주의적이며, 따돌림당하는 것을 아주 두려워한다.

🔵 관련 표현

① 除け者にされる 따돌림을 당하다

· 家族から除け者にされる。 가족으로부터 따돌림을 당하다.

② 村八分にされる 따돌림을 당하다

· 隣近所から村八分にされる。 이웃으로부터 따돌림을 당하다.

③ 爪弾きされる 따돌림을 당하다, 비난받다

・いつも遅刻すると同僚から爪弾きされる。
　항상 지각을 하면 동료로부터 비난을 받는다.

④ 置いてきぼりにされる 따돌림을 당하다

・仲間から置いてきぼりにされる。 동료로부터 따돌림을 당하다.

⑤ つんぼさじきに置かれる 따돌림을 당하다, 소외된 지위에 놓이다

・国民は政治からつんぼさじきに置かれている。
　국민은 정치로부터 소외당하고 있다.

⑥ はぐらかす (동행 등을) 따돌리다

・友だちをはぐらかして、一人で帰る。
　친구를 따돌리고 혼자 돌아오다.

---

434 済し崩し ① 빚을 조금씩 갚아나감 ② 일을 조금씩 해 나감, 일을 조금씩 처리함

・借金を済し崩しに返す。
　빚을 조금씩 갚다.

・方針が済し崩しに変更された。
　방침이 조금씩 변경되었다.

---

435 なしのつぶて 편지를 보내도 소식이 없음, 감감 무소식(함흥차사)

・彼からはあれっきり、なしのつぶてだ。
　그로부터는 그 후 아무런 소식도 없다.

---

436 雪崩 눈사태 ▶ 土砂崩(どしゃくず)れ 사태, 토사가 무너짐

・雪崩がおこる。
　눈사태가 일어나다.

---

437 七光り (주인이나 부모 등의) 위광, 깊은 은혜
　　　　　　▶ 親(おや)の七光(ななひか)り 부모님의 깊은 은혜

・彼は親の七光りで就職できたようなものだろう。
　그는 부모의 위광으로 취직할 수 있었던 것 같다.

---

438 名乗り 자기 이름을 댐

・名乗りをあげる。 자기 이름을 큰소리로 대다. 입후보하다.

명사

439
生物 (なまもの) 날것, 주로 「魚(さかな)」를 지칭

・私(わたし)は生物(なまもの)は苦手(にが て)です。
저는 날것은 질색입니다(자신 없습니다).

440
成り行き (な ゆ) 일이 되어가는 형편, 과정, 추세

・自然(し ぜん)の成り行き(な ゆ)にまかせる。
자연의 순리에 맡기다.

・いまの成り行き(な ゆ)では心配(しんぱい)はいらない。
지금의 추세로는 걱정할 것 없다.

・今後(こん ご)の成り行き(な ゆ)。 앞으로의 추세.

441
難癖 (なんくせ) 트집, 결점, 흠

・些細(さ さい)なことに難癖(なんくせ)を付ける(つ)。
사소한 일에 트집을 잡다. 사소한 결점을 들어 비난하다.

・掲載文(けいさいぶん)に難癖(なんくせ)を付けられた(つ)。
게재한 글에 트집을 잡혔다.

🔵 관련 표현

① 言い掛かり(い が)を付ける(つ) 트집을 잡다
② 因縁(いんねん)を付ける(つ) 트집 잡다, 시비를 걸다

442
難色 (なんしょく) 난색 ▶ 難色(なんしょく)を示(しめ)す 난색을 표하다

・A案(あん)については皆(みな)が難色(なんしょく)を示した(しめ)。
A안에 대해서는 모두가 난색을 표했다.

・文部省(もん ぶ しょう)は「学校週五日制(がっこうしゅう いつか せい)」について発言(はつげん)し、この問題(もんだい)が子供(こ ども)たちの教育面(きょういくめん)からではなく、教員(きょういん)の「週休二日制(しゅうきゅう ふつか せい)」を最優先(さいゆうせん)に論議(ろん ぎ)されることに対して(たい)難色(なんしょく)を示した(しめ)。
문부성은 '학교 주 5일제'에 관해 발언하여, 이 문제가 어린이들의 교육면에서가 아니라 교원의 '주 5일 근무제'를 최우선으로 논의된 것에 대해 난색을 표했다.

443
荷 (に) 짐, 책임 ▶ 重荷(おもに) 무거운 짐, 부담

・病弱(びょうじゃく)の母(はは)には子(こ)どもの世話(せ わ)は重荷(おもに)だ。
병약한 엄마에게 아이 돌보기는 부담이다.

① 肩の荷が下りる 무거운 책임이 끝나다, 어깨가 가벼워지다

・急ぎの書類作成がやっと終わって、肩の荷が下りたよ。
급하게 해야 할 서류 작성이 겨우 끝나 홀가분해졌어.

---

444 虹 무지개 ☐☐☐

・今朝は雨が上がって、東の空にきれいな七色の虹がかかるのを見ました。
오늘 아침은 비가 그치고 동쪽 하늘에 아름다운 일곱 빛깔의 무지개가 뜬 것을 보았습니다.

---

445 二重 이중 *「二重(ふたえ)」라고도 읽는다. ☐☐☐

・ガラス窓を二重にして音をふせぐ。
유리 창문을 이중으로 하여 소음을 방지하다.

---

446 偽 가짜 ↔ 本物(ほんもの) 진짜, 진품 ▶ 偽物(にせもの) 위조품 ☐☐☐

・あれは偽の絵だ。 저것은 가짜 그림이다.

---

447 二進も三進も 진퇴양난, 이러지도 저러지도, 빼도 박도 ☐☐☐

・こう人手不足では二進も三進もできない。
이렇게 일손이 부족해서는 어찌해 볼 도리가 없다.

① 立ち往生 오도 가도 못함, 꼼짝 못함

・大雪のため、新幹線が立ち往生した。
폭설 때문에 신칸센이 오도 가도 못하게 되었다.

② 足踏み状態 답보상태 / 足踏みをする (일이) 제자리걸음을 하다

・景気は足踏み状態だ。
경기는 제자리걸음 상태이다.

---

448 二の足 두 번째 내미는 발 ▶ 二(に)の足(あし)を踏(ふ)む 주저하다, 망설이다 ☐☐☐
＝しりごみする・迷(まよ)う・ためらう・躊躇(ちゅうちょ)する 망설이다, 주저하다

・事業の拡張に二の足を踏む。 사업의 확장을 주저하다.

명사

🔗 **관련 표현**

① 迷う 망설이다, 주저하다

- どちらのクラスに入るか選択に迷っている。
  어느 학급에 들어갈지 선택하는 데 망설이고 있다.

- どう判断すべきかを迷った。
  어떻게 판단해야 할지 망설였다.

② 躊躇う 망설이다, 주저하다, 지체하다

- 返事をためらった。 답장을 망설였다.

- ためらわずにまっすぐ実行した。
  주저하지 않고 곧장 실행했다.

- 声をかけるのもためらわれて、そのまま通りすぎた。
  말을 거는 것도 주저되어 그대로 지나갔다.

③ 二足のわらじを履く 양립하기 힘든 두 종류의 일을 같은 사람이 겸하는 것
- 銀行員と小説家の二足のわらじを履く。
  은행원과 소설가의 두 가지 일을 하다.

④ 両天秤にかける 양다리를 걸치다
- 二人を両天秤にかける。 두 사람 사이에서 양다리를 걸치다.

---

449 二の舞 남과 같은 실패를 되풀이함, 전철을 밟음

- 二の舞を踏む。
  남과 똑같은 실패를 되풀이하다.
- 彼の二の舞を踏みたくはない。
  그가 저지른 것과 같은 실패를 되풀이하고 싶지는 않다.
- 前任者の二の舞を演じる。
  전임자의 전철을 밟다.

---

450 入荷 입하 ↔ 出荷(しゅっか) 출하

- 今日は野菜の入荷が少ない。
  오늘은 채소의 입하가 적다.

---

451 にわか 갑작스러운 모양, 돌연 ▶にわか雨(あめ) 소나기

- 空がにわかに曇った。
  하늘이 갑자기 흐려졌다.

452 にんたい
忍耐　인내 ▶耐(た)える 참아 내다　忍(しの)ぶ 참다, 견디다

・忍耐の要る苦しい仕事だ。　인내가 필요한 힘든 일이다.

453 ぬし
主　주인 ▶ 家主(やぬし) 호주, 집주인　持(も)ち主(ぬし) 소유주, 소유자

・忘れ物の持ち主をさがす。　분실물 주인을 찾는다.

454 ね
音　소리 ▶ 音(ね)を上(あ)げる 우는 소리를 하다, 손들다

・あまりの重労働にさすがの兄も音を上げた。
너무나 심한 중노동에 내로라 하는 형도 우는 소리를 했다.

455 ねい
寝入りばな　갓 잠이 들 때, 막 잠들 무렵

・寝入りばなを起こされる。　막 잠들자마자 깨워서 일어나다.

○ 관련 표현

① たぬき寝入りをする　자는 체하다, 실제로는 잠이 들지 않았으나, 일부러 잠든 척 하는 것.
＊너구리는 겁이 많은 동물로 위험에 처하면 속이기 위해 죽은 척 하는 데서 나온 표현

456 ねがえ
寝返り　돌아누움, 배반함 ▶ 裏切(うらぎ)る・背(そむ)く 배반하다, 배신하다

・寝苦しくて何度も寝返りをうった。
잠자기 힘들어 몇 번이나 돌아누웠다.

457 ねこじた
猫舌　뜨거운 것을 잘 못 먹는 사람 ＊고양이가 뜨거운 음식을 싫어하는 데서 비롯됨

・猫舌で熱いものが食べられません。
뜨거운 것을 먹을 수 없습니다.

458 ねこ ひたい
猫の額　손바닥만 함, 협소한 땅 ▶ 狭(せま)い 좁다

・我が家の庭は狭くて猫の額ほどです。
우리 집 정원은 좁아서 손바닥만 합니다.

○ 관련 표현

① 猫の手も借りたい　무척 바쁘다 ＝ 忙しい 바쁘다

② 猫も杓子も　어중이떠중이, 누구나

③ 猫をかぶる　본성을 숨기다, 시치미를 떼다 ＝ 涼しい顔をする

명사

459 根回し （ねまわし）

사전교섭 ＊「根回(ねまわ)し」의 원래 뜻은 '나무를 옮겨심기 위해 그 뿌리를 중심으로 주변의 흙을 파내는' 일이다. 그러나 일본 기업에서는 이 말이 어떤 공식적인 결정이 내려지기 전에 거기에 관련된 사람들한테 지지를 얻거나 비공식적인 동의를 확보해 내기 위해 하는 사전 준비 작업을 뜻한다.

・交渉の根回しをする。（こうしょう の ねまわし） 교섭을 위한 사전 준비를 하다.

460 眠気 （ねむけ） 졸음

・仕事がひまな時はつい眠気を催す。（しごと が ひまな とき は つい ねむけ を もよお す）
일이 한가할 때는 자기도 모르게 졸음이 온다.

461 狙い （ねらい） 목표, 겨냥

・問題の狙いを正しくつかみなさい。（もんだい の ねらい を ただし くつかみなさい）
문제의 노리는 바를 바르게 파악하세요.

462 念 （ねん） 주의를 기울임, 조심함 ▶ 念(ねん)を入(い)れる 주의를 기울이다
念(ねん)を押(お)す 재차 확인하다 ＝ だめを押(お)す

・間違いないとわかってもなお念を入れて確かめる。（まちが いない と わかってもなお ねん を い れて たし かめる）
틀림없다는 것을 알아도 더욱 주의를 기울여 확인하다.

463 捻挫 （ねんざ） 염좌(삐어 상함) ▶ くじく 관절을 삐다, 접질리다

・ころんで足首を捻挫した。（あしくび を ねんざ した） 넘어져서 발목을 삐어 상했다.

464 納入 （のうにゅう） 납입 ▶ 納(おさ)める 납부하다

465 軒並み （のきなみ） 일제히, 모두

・公共料金が軒並み値上げされた。（こうきょうりょうきん が のきなみ ねあ げされた） 공공요금이 일제히 인상되었다.
・事故の影響で列車が軒並みおくれた。（じこ の えいきょう で れっしゃ が のきなみ おくれた） 사고의 영향으로 열차가 일제히 늦어졌다.
・軒並み赤字で悩む。（のきなみ あかじ で なや む） 모두 적자로 고생하다.

466 のし紙 （がみ） 선물 등을 포장할 때 위에 덧대는 종이

・黒い箱に白いのし紙がかかっている。（くろ い はこ に しろ いのし がみ がかかっている）
검은 상자에 하얀 노시가미가 둘러져 있다.

467
乗り気　마음이 내켜 하려는 마음이 강함, 의욕

・あたらしい仕事にはみんな乗り気になっている。
새로운 일에는 모두 하려는 의욕이 넘쳐 있다.

468
輩出　배출

・うちの大学では数々の偉人を輩出している。
우리 대학에서는 수많은 위인을 배출하고 있다.

469
ハイジャック・乗っ取り　하이잭, 배나 비행기를 납치함
＝拉致(らち) 납치

・旅客機の乗っ取りを防ぐためICAO(国際民間航空機関)が中心になってハイジャック防止条約が締結された。
여객기의 납치를 방지하기 위해, ICAO(국제민간항공기관)가 중심이 되어 공중납치 방지조약이 체결되었다.

470
背水　배수 ▶ 背水(はいすい)の陣(じん)　배수의 진
＊필사적 각오로 덤벼드는 것을 의미

・背水の陣を敷く。
배수의 진을 치다.

471
配属　배속

・配属されるかされないかのうちに、辞めてしまった。
배속되자마자 그만둬 버렸다.

472
敗北　패배 ▶ 敗(やぶ)れる　지다, 패하다

・実力がちがいすぎるので、敗北ははじめから覚悟していた。
지나친 실력 차이 때문에, 패배는 처음부터 각오하고 있었다.

473
白状　자백 ＊일반적으로「白状」는 숨기고 있던 것을 숨김없이 이야기할 경우에 쓴다.

・罪を白状する。
죄를 자백하다.

・男らしく白状しなさい。
남자답게 자백하세요.

명사

명사

🔶 관련 표현

① 打ち明ける　털어놓다, 고백하다
・本心を姉だけに打ち明けた。　본심을 언니에게만 털어놓았다.

② 告白する　고백하다
・十年前の罪を告白した。　10년 전의 죄를 고백했다.

③ 自白　자백, 고백　＊「自白」는 범인이 조사를 받을 때에 상대방이 말한 대로 자신이 죄를 범한 사실을 인정하는 경우
・事件のあらましを自白した。　사건의 개략을 자백했다.

④ 自供　자백　＊「自供」는 범인이 조사를 받을 때에 자신이 스스로 나서서 범죄의 사실을 말하는 경우
・犯行を自供する。　범행을 자백하다.

474　拍車 (승마 구두의 뒤축에 달아 말의 배에 자극을 주는 기구) 박차
▶ 拍車(はくしゃ)をかける　박차를 가하다, 촉진시키다
　拍車(はくしゃ)がかかる　활기를 띠다. 탄력이 붙다

・タバコの売り上げ増加が、肺癌の増加に拍車をかけている要因である。
담배의 매출증가가 폐암 증가를 촉진시키는 요인이다.

475　暴露 폭로 ▶ 暴(あば)く　비밀을 폭로하다, 들추어내다

・新聞が事件の真相を暴露する。
신문이 사건의 진상을 폭로하다.

🔶 유사 표현

① ばらす　비밀을 폭로하다(알고 있던 사실을 발표해 버린다는 의미)
・秘密をばらす。　비밀을 폭로하다.

476　弾み ① 탄력, 탄성　② 기세, 여세, 신바람
▶ 弾(はず)みをつける　힘이 붙다, 가락이 오르다, 기운이 나다

・今度の措置は友好的な両国関係に弾みをつけるきっかけになった。
이번 조치는 우호적인 양국관계를 더욱더 발전시키는 계기가 되었다.

477　場違い 거기에 어울리지 않음, 부적당함

・場違いの発言を非難される。
어울리지 않는 발언을 하여 비난을 받다.

270

478　はつのうんちん
初乗り運賃　(전철, 버스, 택시 등에서) 기본요금

・日本の大型タクシーの初乗り運賃。
일본 대형택시의 기본 운임.

479　ばっぽん
抜本　발본, 근본

・この際、抜本的な改革が必要だ。　이 때, 발본적인 개혁이 필요하다.

480　はど
歯止め　① 브레이크　② 억제, 제동　▶ 歯止(はど)めが掛(か)かる 제동이 걸리다
歯止(はど)めを掛(か)ける 제동을 걸다

・物価の急騰に歯止めが掛かった。
물가 급등에 제동이 걸렸다.

・暴力ストの頻発になんらかの歯止めを掛けるべきだ。
폭력파업의 빈발에 대해 어떤 형태로든 제동을 걸어야만 한다.

481　はながた
花形　인기 있는 것, 인기배우

・繊維が日本の花形輸出産業だったころ、A社は日本を代表する大企業であった。
섬유가 일본의 인기 수출산업이었을 무렵, A사는 일본을 대표하는 대기업이었다.

482　はめ
羽目　곤란한 처지, 입장

・ひとりであとしまつをする羽目になった。
혼자서 뒷수습을 해야 할 처지가 되었다.

483　はもん
波紋　파문, 다른 일에 영향을 줌

・波紋が広がる。　파문이 확대되다.

・彼の発言は政界に大きな波紋を呼び起した。
그의 발언은 정계에 커다란 파문을 불러일으켰다.

484　はやがってん
早合点　지레짐작, 속단

・失敗を成功と早合点する。　실패를 성공으로 속단하다.

・彼は早合点して彼女が死んだと思いこんだ。
그는 지레짐작으로 그녀가 죽은 것으로 믿어버렸다.

관련 표현

① 早のみ込み　지레짐작, 섣부른 판단

・早のみ込みして間違った。
지레짐작하여 실수했다.

② 捕らぬ狸の皮算用　너구리 굴 보고 가죽 계산을 한다, 떡 줄 사람은 생각지도 않는데 김칫국부터 마신다.

＊사물의 결과가 결정되기 전에 자신의 형편에 유리하게 지레짐작하는 경우를 비유함.

---

485 波乱 파란

・波乱を呼んだ事件だった。
파란을 일으킨 사건이었다.

・波乱含みの展開になりそうだ。
파란을 머금은 전개가 될 것 같다.

---

486 万全 만전

・警備に万全を期する。　경비에 만전을 기하다.

・万全の措置を講ずる。　만반의 조치를 강구하다.

＊ **用意万端整う** 만단(만반)의 준비가 갖추어지다

---

487 ひいき 편을 듦, 역성 듦, 후원자 ▶ えこひいき 편파, 편애

・先生は頭がいい子をひいきする。
선생님은 머리좋은 아이편을 든다.

・あの新人歌手はひいきがおおい。
저 신인 가수는 후원자가 많다.

관련 표현

① 肩を持つ　편들다, 지지하다

・一方的に自分の妹の肩を持っちゃだめじゃないか。
일방적으로 자기 여동생의 편을 들면 안 되잖아.

---

488 日帰り 당일치기 ↔ 泊(と)まりがけ 묵을 예정으로 떠남

・日帰りの予定で出張した。
당일치기 예정으로 출장 갔다.

489 悲観的 ^{ひかんてき} 비관적

□□□

- 彼は物事を悲観的にとらえるきらいがある。
  그는 매사를 비관적으로 받아들이는 경향이 있다.

490 引き立て ^{ひ た} 돌봄, 보살핌

□□□

- 今後ともより一層のお引き立てのほど、よろしくお願い申し上げます。
  앞으로도 한층 더 보살펴주시기를 잘 부탁드리겠습니다.

491 引け目 ^{ひ め} 열등감 = 劣等感(れっとうかん) 열등감 ↔ 優越感(ゆうえつかん) 우월감

□□□

- 弟より記憶力がよくないので、引け目を感じる。
  동생보다 기억력이 좋지 않아서 열등감을 느낀다.

492 ひざもと 슬하, 측근

□□□

- 親のひざもとを離れる。 부모의 슬하를 떠나다.

493 微笑 ^{び しょう} 미소 = 微笑(ほほえ)み 미소

□□□

- 母はいつも口元に微笑を絶やさない。
  엄마는 언제나 입가에 미소를 잃지 않는다.

494 微増 ^{び ぞう} 미증, (물가 따위가) 조금 오름 ↔ 激増(げきぞう) 격증
　　　　　　　　　　　　　　　　　　　　　急増(きゅうぞう) 급증

□□□

- 夏にはいると販売台数が微増した。
  여름에 들어서자 판매 대수가 조금 올랐다.

495 引っ張りだこ ^{ひ ぱ} 인기가 있어서 여기저기서 끌어당김, 또는 그런 사람이나 물건

□□□

- アイドル歌手のBさんは放送局からの引っ張りだこになっている。
  아이돌 가수인 B씨는 방송국이 서로 끌어가려는 최고 인기인이 되었다.

496 人質 ^{ひとじち} 인질

□□□

- 人質になる。
  인질이 되다.

명사

명사

497 人見知り (ひとみしり)　낯가림 = 人怖(ひとお)じ 특히 어린 아이들의 낯가림

・友だちが遊びに来たら、妹が人見知りして泣き出した。
친구가 놀러 왔는데, 여동생이 낯가림을 하여 울기 시작했다.

498 独り占め (ひとりじめ)　독점, 독차지 ＊행동방식이 독선적인 경우는
「一人(ひとり)よがり」라고 함.

・もうけを独り占めにする。　이윤을 독차지하다.

499 一人相撲 (ひとりずもう)　독무대 ＊ 상대가 없거나 또는 다른 사람에게는 열의가 없는데 혼자
설치는 일

・一人相撲を取る。　혼자 씨름하다. 혼자 우쭐대다.

・だれも相手にしないので一人相撲に終わった。
아무도 상대해 주지 않아서 혼자 설치다 말았다.

🔵 관련 표현

① のさばる　제멋대로 날뛰다, 함부로 설치다

② はびこる　만연하다, 널리 퍼지다, 횡행하다
・世の中に悪がはびこっている。　세상에 악이 횡행하고 있다.

③ 暴れる(あばれる)　날뛰다, 설치다, 활약하다
・政界で大いに暴れている。　정계에서 크게 활약하고 있다.

④ 荒れる(あれる)　㉠ 난폭하게 굴다, 날뛰다, 설치다　㉡ (날씨・분위기가) 사나워지다, 거세어지다, 험악해지다
・議長の一言で会議は荒れた。　의장의 한마디에 회의 분위기가 험악해졌다.

⑤ 猛る(たける)　사납게 날뛰다, 설치다, 흥분하다
・試合の前に猛る気持ちを静めた。　시합을 앞두고 흥분된 마음을 진정시켰다.

⑥ 横行(おうこう)　횡행, 활개 침, 멋대로 설침
・詐欺まがいの商売が横行している。　사기나 마찬가지인 장사가 횡행하고 있다.

500 日向 (ひなた)　양지 ↔ 陰(かげ) 그늘 = 日陰(ひかげ) 그늘
▶ 日向(ひなた)ぼっこ 햇볕을 쬐며 몸을 녹임

・日向においたコップの水があたたまる。
양지에 놓아둔 컵의 물이 따뜻해지다.

・天気がいい日は日向ぼっこをしている。　날씨가 좋은 날은 햇볕을 쬐고 있다.

501 桧舞台（ひのきぶたい） 능력을 과시할 영광스러운 자리

☐☐☐

・世界（せかい）の桧舞台（ひのきぶたい）を踏（ふ）む。
세계적인 무대에 서다. 영광스러운 자리에 서다(크게 활약하다).

502 暇潰し（ひまつぶ） 시간 낭비, 심심풀이

☐☐☐

・暇（ひま）つぶしにちょっと散歩（さんぽ）でもしてくるよ。
무료함을 달래기 위해 잠깐 산책이라도 하고 올게.

503 冷（ひ）や汗（あせ） 식은땀

☐☐☐

・がけの上（うえ）から落（お）ちそうになって冷（ひ）や汗（あせ）をかいた。
절벽 위에서 떨어질 뻔하여 식은땀을 흘렸다.

504 拍子（ひょうし） 박자, 장단 ▶ 拍子抜(ひょうしぬ)け 맥빠짐, 김빠짐

☐☐☐

・行進（こうしん）に合（あ）わせ、手（て）を打（う）って拍子（ひょうし）をとる。
행진에 맞추어 손을 치며 장단을 맞추다.

505 表明（ひょうめい） 표명(자신의 의견·생각을 다른 사람에게 분명히 나타냄)

☐☐☐

・所信表明演説（しょしんひょうめいえんぜつ）
소신표명연설(총리나 대통령이 신년을 맞이하여 국회에서 행하는 연두교서).

・方針（ほうしん）に疑問（ぎもん）を表明（ひょうめい）した。 방침에 의문을 표명했다.

・大臣（だいじん）は辞意（じい）を表明（ひょうめい）した。 장관은 사의를 표명했다.

○ 관련 표현

① 論議（ろんぎ）を呼（よ）ぶ 논의를 불러일으키다
・韓日間（かんにちかん）における過去史（かこし）の問題（もんだい）は政権交替（せいけんこうたい）ごとに論議（ろんぎ）を呼（よ）んでいる。
한일 간의 과거사 문제는 정권 교체 때마다 논의를 불러일으키고 있다.

② 明（あか）るみに出（で）る 드러나다, 표면화되다
・開発途上国（かいはつとじょうこく）への政府開発援助（せいふかいはつえんじょ）をめぐる汚職事件（おしょくじけん）が明（あか）るみに出（で）た。
개발도상국으로의 정부개발 원조를 둘러싼 독직 사건이 표면화되었다.

③ 藪蛇（やぶへび） 공연한 짓을 하여 시끄럽게 만듦

④ 藪（やぶ）をつついて蛇（へび）を出（だ）す 긁어 부스럼

⑤ 寝（ね）た子（こ）を起（お）こす 긁어 부스럼을 만들다

명사

명사

506 ピンからキリまで 처음부터 끝까지, 가장 좋은 것에서부터
가장 나쁜 것까지 ＝ 一(いち)から十(じゅう)まで

・会社といってもピンからキリまである。
회사라고 해도 별의별 회사가 다 있다.

　🡆 보충

　ピン・キリ

둘 다 포르투갈어에서 유래함.「ピン」은 트럼프나 주사위의 1의 수를 의미하며, 첫째가는 것,
첫째, 최상급을 의미한다.「キリ」는 10의 뜻으로 최후의 것, 최저의 것을 의미한다.

507 歩合 ① 보합, 비율　② 수수료

・公定歩合。 공정 비율.

・歩合制。 비율제(소득 분배에서 기본 경비를 제외하고 고용주와 일정 비율로 나누는 제도).

・一割の歩合を払う。 10퍼센트의 수수료를 물다.

508 吹き溜まり ① 바람에 날려 눈이나 낙엽이 쌓이는 곳
　② 생활 낙오자가 모이는 막다른 곳

・社会の吹き溜まり。
사회의 낙오자가 모이는 곳.

509 袋だたき 여러 사람으로부터 집중적인 비난・공격을 받음, 뭇매질

・世間の袋だたきに遭った。
세상의 집중적인 비난을 당했다.

・世論の袋だたきに遭った。
여론의 뭇매를 맞았다.

510 不作 흉작, 실패작 ↔ 豊作(ほうさく) 풍작

・今年の米は著しい不作、つまり凶作だった。
올해의 쌀은 두드러진 실패작, 다시 말해서 흉작이었다.

511 節目 ① 마디, 옹이　② 전기, 계기

・今年は人生の大きな節目を迎える年だ。
올해는 인생의 커다란 전기를 맞이하는 해이다.

512
無精・不精 부지런하지 않음, 게으르고 힘을 아낌, 꾀를 부리고 느릿느릿함
▶ 出不精(でぶしょう) 외출하기 싫어함

・私は出不精だから、たいてい家でゴロゴロしています。
저는 돌아다니기를 싫어해서, 거의 집에서 빈둥거리고 있습니다.

513
二重 이중, 두 겹 ▶ 二重(ふたえ)まぶた 쌍꺼풀

・紙を二重にたたむ。 종이를 두 겹으로 접다.

514
二つ返事 '예, 예'하고 흔쾌히 승낙하는 일
▶ 快(こころよ)くすぐに承諾(しょうだく)すること 기분 좋게 바로 승낙하는 것

・二つ返事で引き受ける。 아주 기분 좋게 맡다.

515
普段 보통, 평상시 = 日頃(ひごろ) 평소(에)

・このあたりは、普段は静かな所だ。
이 근처는 평상시는 조용한 곳이다.

516
懐 ① 품, 깊숙한 곳 ② 가진 돈, 호주머니

・ハンカチを懐に入れる。 손수건을 품에 넣다.
・懐が寂しい / 寒い。 가진 돈이 적다 / 없다.

517
振替口座 대체 계좌

・銀行の振替口座。 은행의 대체 계좌.

518
分際 분수, 주제

・分際を守る。 분수를 지키다.
・分際を弁える。 분수를 알다.
・学生の分際でぜいたくだ。 학생인 주제에 사치스럽다.

519
文書 문서 ▶ 古文書(こもんじょ) 고문서

・作ったばかりの文書が見当たらない。
방금 작성한 문서가 보이지 않는다.

명사

명사

520 紛争 (ふんそう) 분쟁 = 争(あらそ)い 다툼, 분쟁 ▶ もめる 분규가 일어나다, 옥신각신하다

- 争いの種をまく。
  분쟁의 씨를 뿌리다.
- 世界各地で民族紛争が跡を絶たない。
  세계 각지에서 민족분쟁이 끊이지 않는다.

521 閉口 (へいこう) ① 곤란함 ② 질림 ③ 손듦(항복)

- 観光地の人ごみには閉口した。
  관광지의 인파에는 질렸다.

522 便宜 (べんぎ) 편의 ▶ 便宜(べんぎ)をはかる 편의를 도모하다

- 係員がとくべつの便宜をはかってくれた。
  담당자가 특별 편의를 도모해 주었다.

523 勉強 (べんきょう) ① 공부 ② 값을 깎음

- 試験が近いから、勉強せざるを得ない。
  시험이 가까워졌기 때문에, 공부하지 않을 수 없다.
- これで一万円はちょっと高いなあ。少し勉強してくれたら買うよ。
  이것으로 만 엔이라니 좀 비싼 걸. 조금 깎아 주면 사겠소.

524 返済 (へんさい) 변제 ▶ 返(かえ)す 갚다, 변제하다

- 債務を返済する。 채무를 갚다.

525 ポイ捨て (す) 휙 하고 아무데나 버리는 것

- 煙草を吸うのはいいが、ポイ捨てだけは止めてほしい。
  담배를 피우는 것은 좋으나, 꽁초를 아무데나 버리는 것만은 그만두었으면 한다.

526 膨張 (ぼうちょう) 팽창

- 膨張する都市人口。 팽창하는 도시 인구.
- スポークスマンの声明を対外膨張や武力行使を公然と叫ぶ好戦主義とは区別したい。
  대변인의 성명을 대외 팽창이나 무력행사를 공공연히 외치는 호전주의와는 구별했으면 한다.

① 膨れる　부풀다, 불룩해지다, 많아지다, 증대하다

・ビールでお腹が膨れる。
맥주로 배가 불룩해지다.

② 膨れ上がる　부풀어 오르다, (수량 등이 기준보다) 많아지다

・予算が3倍に膨れ上がる。
예산이 3배로 불어나다.

③ 盛り上がる　부풀어 오르다, 불거져 나오다

・腕の筋肉が盛り上がる。
팔 근육이 불거져 나오다.

527　暴落　폭락 ↔ 暴騰(ぼうとう) 폭등

・株価の暴落が懸念されている。　주가 폭락이 염려되고 있다.

528　反古・反故　① 못쓰는 종이　② 쓸모없게 된 것, 휴지화
▶ 反古(ほご)にする 소용없다고 버리다, 무효로 하다
破(やぶ)る (약속을) 어기다

・約束をほごにする。　약속을 어기다.

529　誇り　자랑 ▶ 誇(ほこ)る 자랑하다, 뽐내다

・生徒の代表に選ばれたことを誇りに思う。
학생 대표로 선출된 것을 자랑으로 여긴다.

530　補正　(보충하고 바로 고침) 보정, 수정

・補正予算。　수정 예산. 추가 경정 예산.

531　没　① 없어지다, 다하다, 없애다　② 원고가 채택되지 않음, 몰서(没書)

・先週出した企画案が没されてがっかりしている。
지난주 제출한 기획안이 채택되지 않아 실망하고 있다.

532　骨惜しみ　게으름을 피움

・近頃の若い人は骨惜しみをして楽ばかりしたがる。
요즘의 젊은이는 게으름을 피우고 편하게 지내고만 싶어한다.

명사

533 掘り出し物 우연히 얻게 된 진귀한 물건, 뜻밖에 싸게 산 물건

*원래 땅 속에 묻힌 보물 따위를 우연히 파낸다는 의미로 돈을 들이지 않고 귀중한 물건을 손에 넣는다는 뜻이다. 일반적으로 바겐세일에서 좋은 물건을 샀을 때 사용한다.

・これは掘り出し物のつぼです。
이것은 좋은데도 싸게 산 항아리입니다.

・このルノワールの絵は3億円で掘り出し物だった。
이 르느와르의 그림은 3억 엔으로 운 좋게 구입했다.

534 本性 본성

・あれが彼の本性にちがいない。
저것이 그의 본성임에 틀림없다.

535 本音 본심, 속마음 ↔ 建前(たてまえ) 표면상의 방침, 주의, 원칙

・彼女はなかなか本音を言わない。
그녀는 좀처럼 본심을 말하지 않는다.

・日本人の特徴の一つは本音と建前にある。
일본인의 특징 중 하나는 속마음과 겉마음에 있다.

🔷 유사 표현

① 本心 본심

・あれが彼の本心にちがいない。　저것이 그의 본심임에 틀림없다.

536 本場 본고장, 주산지 ▶ 本場仕込(ほんばじこ)みの芸(げい) 본고장에서 익힌 기예

・本場で料理の腕をみがく。　본고장에서 요리 솜씨를 갈고 닦다.

・青森はりんごの本場だ。
아오모리는 사과의 주산지다.

537 曲がり角 전환점, 길모퉁이

・人生の曲がり角。
인생의 전환점.

・この商売もそろそろ曲がり角に来ている。
이 장사도 슬슬 전환점에 이르렀다.

538 **待ち伏せ** 숨어서 기다림 ▶ 張(は)り込(こ)む 감시하다, 잠복하다

・曲がり角で待ち伏せして、ワッとおどろかそう。
길모퉁이에서 숨어 기다리다가 와~ 하고 놀래키자.

539 **麻痺** 마비

・29日未明首都圏で、国鉄線運行を支える通信ケーブルと信号ケーブ
ルが計33か所に渡って切断され、首都圏の国電は完全にマヒした。
29일 새벽 수도권에서 국철 선로의 운행을 떠받치는 통신케이블과 신호케이블이 도합 33개소에
걸쳐 절단되어 수도권의 국철은 완전히 마비되었다.

540 **幻** 환상, 환영 = 幻想(げんそう) 환영

・あれは夢だったのだろうか、幻だったのだろうか。
그것은 꿈이었는가, 환영이었는가.

541 **蔓延** 만연

・その会社の不正の蔓延は今に始まったことではないが、その多さ
には驚かされた。
그 회사의 비리 만연은 어제 오늘 시작된 것은 아니나, 그렇게 많은 것에는 깜짝 놀랐다.

542 **満面** 만면, 얼굴 전체

・満面に笑みを浮かべた。
만면에 미소를 띠었다.

543 **見栄** 외양, 허세 ▶ 見栄(みえ)を張(は)る 허세를 부리다

・見栄を張った以上、ここであきらめられない。
큰소리 친 이상 여기서 포기할 수 없다.

544 **見返り** 보답 = 代償(だいしょう) 보상, 일한 것에 대한 대가

・たくさん働けば見返りも多い。
많이 일하면 돌아오는 것도 많다.

명사

545 身柄（みがら） 신병, 신분, 분수 ▶ 家柄(いえがら) 집안, 가문, 문벌

· 家出少年の身柄を警察が保護する。
가출 소년의 신병을 경찰이 보호하다.

· 山田さんはいい家柄の出だ。
야마다 씨는 명문가 출신이다.

546 見切り発車（みきはっしゃ） 충분한 검토를 하지 않고 결정함

· 最初、彼女は事業の詳細を夫に内緒にしていた。そのまま見切り発車で、開業資金も父から借りた。
처음 그녀는 사업의 상세한 것을 남편에게 비밀로 했다. 그대로 대충 결정하고, 개업 자금도 아버지께 빌렸다.

547 水入らず（みずいらず） 집안끼리만 모임

· 親子水入らずで旅行する。
부모와 자식끼리만 여행하다.

548 見ず知らず（みずしらず） 전혀 모르는 사람, 생면부지
▶ 赤(あか)の他人(たにん) 생판 모르는 사람

· 見ず知らずの人に声をかけられてびっくりした。
전혀 모르는 사람이 말을 걸어와 깜짝 놀랐다.

549 水の泡（みずあわ） 수포, 결과가 허무함

· せっかくの苦心も水の泡になった。
모처럼의 노력도 수포로 돌아갔다.

550 道草（みちくさ） 도중에 딴짓으로 시간을 허비함

· 学校帰りに道草をしてはいけません。
하굣길에 딴짓을 해서는 안 됩니다.

🔵 유사 표현

① 道草を食う（みちくさくう） 일하는 도중에 딴짓을 하다, 옆길로 빠져 시간을 허비하다

② 油を売る（あぶらうる） 일하다 말고 잡담을 하거나 게으름 피우다

551 三日坊主 작심삼일, 쉽게 싫증을 내고 오래 안 가는 것

・三日坊主にならないように、きちんと日記をつける。
작심삼일이 되지 않도록 꼬박꼬박 일기를 쓰다.

552 見積り　견적, 예산, 눈어림 ▶ 見積書(みつもりしょ) 견적서

・見積りを取る。 어림잡다.
・見積りを出す。 견적을 내다.

553 身投げ　투신 ▶ 飛(と)び降(お)りる 뛰어내리다

・身投げした人の死体が見つかる。
투신한 사람의 사체가 발견되다.

554 身の上　신상, 운명 ▶ 身(み)の上(うえ)相談(そうだん) 인생 상담

・両親をなくして親戚の家に行った友達の身の上を案じる。
부모님을 잃고 친척집에 간 친구의 신상을 걱정하다.

555 身元　신원

・身元不明。 신원 불명.
・身元調査。 신원 조사.

556 見よう見まね　눈썰미로 배움, 보고 흉내내는 중에 저절로 터득함

・母の得意にしている料理を、見よう見まねで作れるようになった。
엄마가 잘하는 요리를 어깨너머로 배워 만들 수 있게 되었다.

🔵 관련 표현

① 覚える　배워 몸에 익히다
・車の運転を覚えたい。 차 운전을 배우고 싶다.

557 矛盾　모순

・君の話は矛盾だらけだ。 네 이야기는 모순투성이이다.
・前後矛盾する。 앞뒤가 모순되다.

명사

① 食い違う 틀리다, 차이나다, 불일치하다

・二人の話が食い違う。 두 사람의 이야기가 서로 맞지 않다.

② 話の辻褄が合わない 이야기의 앞뒤가 안 맞는다

---

558 むるい
無類 비할 데 없음, 비교할 수 없음

・彼は無類な酒好きです。 그는 비길 데 없을 정도로 술을 좋아합니다.

---

559 め
芽 (초목의) 싹, (비유적으로) 싹 ▶ 芽(め)が出(で)る 싹이 트다, 빛이 보이다
「芽(め)を摘(つ)む 싹을 따다, 이제부터 성장・발전하려는 것을 망쳐놓다

・悪の芽を摘む。 악의 싹을 자르다.

---

560 めあ
目当て 목적, 목표

・神社を目当てに行けば見つけやすい。
신사를 목표로 가면 찾기 쉽다.

---

561 めいがら
銘柄 상표 = ブランド

・同じように見える商品でも銘柄によって値段が違う。
같아 보이는 상품이라도 상표에 따라 가격이 다르다.

---

562 めうつ
目移り 눈(관심)이 쏠림

・新しい品に目移りがする。 신제품에 눈이 쏠리다.
・品物が多くて目移りがする。 물건이 많아서 여기저기로 눈이 쏠린다.

---

563 めだましょうひん
目玉商品 특매품(손님을 끌기 위함)

・本日の目玉商品はこのノートです。 오늘의 특매품은 이 노트입니다.

---

564 めど
目処 전망, 목표 ▶ 目処(めど)が立(た)つ 전망이 서다, 목표가 서다

・まだ商売を始めるめどがたたない。 아직 장사를 시작할 전망이 확실치 않다.
・景気回復の目処がつかない。 경기회복에 대한 전망이 확실치 않다.

① 目処がつく 조짐이 보이다, 전망이 서다, 앞날이 보이다

・台風のため、山手線が止まっているが、正午までには復旧の目処がつくだろう。
태풍 때문에 야마노테선이 정지되어 있지만, 정오까지는 복구의 조짐이 보일 것이다.

② 目当て 겨눔, 겨냥, 목표, 목적, 노림

・金を目当てに仕事をする。 돈을 목적으로 일을 하다.

・広告塔を目当てにする。 광고탑을 목표로 하다.

・これから先の目当てがつかない。
앞으로의 목표가 서지 않는다.

・目当ての商品を買うことができなかった。
원하는 상품을 살 수 없었다.

③ 見通し 앞일을 내다봄, 예측, 예상, 전망

・どうなるか見通しさえつかない。
어떻게 될지 예측조차 할 수 없다.

④ 的を射る 요점을 잘 파악하다, 정곡을 찌르다

---

565 目減り 다루는 동안에 분량이 저절로 줄어듦

・インフレで貯蓄が目減りする。
인플레로 저축이 줄어들다.

・目減り分を考えて生産する。
분량 감소를 감안하여 생산하다.

---

566 目安 목표, 표준

・5月下旬施行を目安に計画を立てる。
5월 하순 시행을 목표로 계획을 세우다.

---

567 猛威 맹위

・台風が猛威を振るっている。
태풍이 맹위를 떨치고 있다.

명사

명사

568 猛暑 (もうしょ) 맹렬한 더위, 지독한 더위

・今年は猛暑だということだけど、それにしても今日は暑いね。
올해는 지독한 더위라고 하지만, 그렇다고 해도 오늘은 덥군.

569 持ちあわせ (も) 마침 가지고 있는 것 *일반적으로 돈을 가지고 있지 않을 때 사용

・今、持ちあわせがないんです。
지금 가진 게 없습니다.

570 持て成し (も な) 대접, 대우 ▶ 接待(せったい) 접대

・あの店員は客の持て成し方が上手だ。
저 점원은 손님 대접 방법이 능숙하다.

571 物腰 (ものごし) 태도, 말씨

・落ち着いた物腰。 침착한 말씨.
・物腰が柔らかい。 사람을 대하는 태도가 친절하다.

572 物差し (ものさ) 자, 기준, 척도

・物差しで測る。 자로 재다.
・考え方の物差しが違う。 사고방식의 기준이 다르다.

573 物知り (ものし) 박식한 사람, 학자

・彼はなかなかの物知りだ。
그는 상당히 박식한 사람이다.
・彼の物知りには驚いた。
그의 박식함에는 놀랐다.

574 物別れ (ものわか) 교섭이나 상담 등의 결렬

・交渉は物別れとなった。
교섭은 결렬되었다.
・話し合いは物別れに終わった。
대화는 결렬로 끝났다.

575 **紅葉** 〔もみじ〕 단풍 ▶ 紅葉(こうよう)する 단풍들다 紅葉狩(もみじが)り 단풍 구경

・秋になると山は紅葉でいっぱいです。
가을이 되면 산은 단풍으로 가득합니다.

576 **門前払い** 〔もんぜんばらい〕 ① (찾아온 사람을 만나거나 집에 들이지 않고 쫓아냄) 문전 박대
② 문제로서 받아들이지 않는 것

・門前払いを食う。
문전박대를 당하다.

・門前払いを食わせた。
문전박대를 했다.

・門前払い判決 = 訴訟棄却
소송 기각

577 **八重** 〔やえ〕 ① 여덟 겹 ② 같은 것이 수없이 겹침, 겹친것

・七重の膝を八重に折る。
정중히 사과하다. 간절히 부탁하다.

578 **八百長** 〔やおちょう〕 씨름·경기 등에서 미리 짜고 겉으로만 그럴싸하게 겨루는 승부

・八百長試合。 짜고 하는 시합.

🔵 **관련 표현**

① なれ合う (나쁜 일을 하기 위하여) 공모하다, 담합하다

・なれ合って仕事をなまける。 담합하여 업무를 게을리하다.

② 示し合わせる 미리 의논해 두다, 미리 짜다

・示し合わせて逃げ出す。 미리 짜고 도망치다.

③ 共謀 공모

共謀して盗みを働く。 공모하여 절도를 하다.

④ ぐるになる 한패가 되다, 한통속이 되다

579 **矢面** 〔やおもて〕 화살이 날아오는 정면, 공격(질문·비난)이 집중하는 정면

・矢面に立つ。
비난·질문 따위를 정면으로 받다(진두에 서다).

명사

・抗議の矢面に立たされた。
항의를 정면으로 받는 처지가 되었다.

580 焼きもち 질투 ▶ 嫉妬(しっと)する 질투하다

・弟は母が妹をかわいがるのを見て焼きもちをやいている。
남동생은 어머니가 여동생을 귀여워하는 것을 보고 질투를 한다.

581 役 (주어진) 일, 업무, 임무
▶ 役不足(やくぶそく) 임무에 대한 불만, 능력에 비해 하찮은 일

・彼の力量からして、こんな仕事をやらせては役不足でもったいない。
그의 역량으로 볼 때, 이런 일을 시켜서는 하찮은 일이어서 능력이 아깝다.

582 八つ当たり 엉뚱한 화풀이

・弟は、父にしかられてみんなに八つ当たりした。
남동생은 아버지에게 야단맞고 모두에게 엉뚱한 화풀이를 했다.

583 山場 고비, 절정 = クライマックス 클라이맥스, 최고조, 정점

・交渉は山場を迎えている。
교섭은 고비를 맞이하고 있다.

584 やり繰り (특히 금전적인) 변통

・母はやり繰り上手だ。 어머니는 변통을 잘한다.

585 やり取り 물건을 주고받음, 교환

・外国へ行った友達と、手紙のやり取りをする。
외국에 간 친구와 편지 왕래를 한다.

586 故 까닭, 이유, 사정 ▶ ～때문에, ～이므로 = ～のため, ～なので
＊체언이나 활용어의 연체형에 접속

・急いでおりました故、失礼いたしました。
서두르고 있던 터라 실례했습니다.

・これも幼き故とお許しください。
이것도 어리기 때문이거니 하고 용서해 주십시오.

・貧しさ故の犯罪とはいえ、許すわけにはいかない。
가난하기 때문에 저지른 범죄라고는 하나, 용서할 수는 없다.

・若さ故の失敗だから、そんなにがっかりしないでください。
젊음으로 인한 실패이니 그렇게 실망하지 마세요.

587 浴衣 유카타 *일본의 전통의상. 기모노의 일종으로 여름에 많이 입음

・日本人の好きな浴衣は、最近外国人にも人気があるようです。
일본 사람이 좋아하는 유카타는 최근 외국인에게도 인기가 있는 것 같습니다.

588 容疑 용의, 혐의 ▶ 容疑者(ようぎしゃ) 용의자

・強盗の容疑で取り調べる。 강도 혐의로 취조하다.

589 様子 징조, 기색

・夕立が来そうな様子だ。
소나기가 올 듯한 기색이다.

・一目でその場の様子を見て取る。
한눈에 그곳의 상황을 알아차리다.

590 余剰 잉여, 나머지, 잔여

・余剰が出る。 나머지가 생기다.

・余剰人員を整理する。 남아도는 인원을 정리하다.

🔵 **관련 표현**

① **余り** 남은 것, 나머지, 여분, 우수리

・月々の余りを預金に回した。
그 달의 남은 것을 예금했다.

・余りの時間で答案を読み直した。
남는 시간에 답안을 다시 검토했다.

591 選り取り (많은 것 중에서 마음에 드는 것을) 마음대로 골라잡음, 자유롭게 선택함

・選り取り見取り。
자유롭게 보고 마음대로 골라잡는 것.

명사

592 埒 _{らち} 사물의 단락, 울타리 ▶ 埒外(らちがい) 허용될 수 있는 범위나 한계를 넘는 일

· 埒があかない。
결말이 안나다. 해결이 안 되다.

· 医者として埒外の行為だ。
의사로서 있을 수 없는 행위다.

593 利上げ _{り あ} 이자 인상, 금리 인상

· 政府は金利の利上げを認めない方針である。
정부는 금리 인상을 인정하지 않을 방침이다.

594 理事 _{り じ} 이사 = 取締役(とりしまりやく)

· 理事会では指名されるまで発言をひかえようと思う。
이사회에서는 지명될 때까지 발언을 삼가려고 한다.

595 了承 _{りょうしょう} 사정을 짐작하여 승낙함, 납득함

· この工事で２時間に及び停電しますが、ご了承ください。
이 공사로 2시간에 걸쳐 정전합니다만 양해 바랍니다.

596 類似 _{るい じ} 유사 ▶ 似(に)たり寄(よ)ったり 아주 비슷해서 잘 구별하기 힘듦
大同小異(だいどうしょういい) 대동소이
五十歩百歩(ごじっぽひゃっぽ) 오십보백보

· 二人の性格は類似しているところが多い。
두 사람의 성격은 유사한 점이 많다.

597 劣等感 _{れっとうかん} 열등감 = 引(ひ)け目(め) ↔ 優越感(ゆうえつかん) 우월감

· 兄に劣等感を抱く。
형에게 열등감을 품다.

598 路地 _{ろ じ} 골목길 ▶ 袋小路(ふくろこうじ) 막다른 골목

· 路地裏に住んでいる。
골목 안에 살고 있다.

599 賄賂 뇌물 ▶ 贈収賄(ぞうしゅうわい) 뇌물을 주고 받는 일

・賄賂で買収する。 뇌물로 매수하다.

600 枠 틀, 범위, 제한, 테두리

・予算の枠を出ないようにお金を使う。
예산 범위를 넘지 않도록 돈을 쓴다.

・枠にはまった考え。 틀에 박힌 생각.

・法律の枠を越えた行動。
법률의 한계를 넘어선 행동.

601 技 기술, 재주, 수, 솜씨, 기예 ▶ 技術(ぎじゅつ) 기술
わざを磨(みが)く 기술을 연마하다
わざを競(きそ)う 재주를 겨루다

・技を覚える。 수를 익히다.

・技をかける。 기술을 걸다.

・技を発揮する。 솜씨를 발휘하다.

・優れた技を見せる。 뛰어난 솜씨를 보이다.

・料理の技を自慢する。 요리 솜씨를 자랑하다.

602 災い 재앙

・災いを転じて福となす。 전화위복하다.

603 和室 일본식 방 ↔ 洋室(ようしつ) 서양식 방
▶ 和食(わしょく) 일본음식 ↔ 洋食(ようしょく) 양식
和服(わふく) 기모노(일본 전통옷)

・このホテルにはいくつか和室もあります。
이 호텔에는 일본식 방도 몇 개 있습니다.

・年をとると和食を好む人がふえてくる。
나이를 먹으면 (일본) 전통 음식을 즐기는 사람이 늘게 된다.

・絹織物には和服のような高級なものが多い。
견직물에는 기모노처럼 고급스러운 것이 많다.

　*和風 일본풍(식) ▶ 和風(わふう)の料理(りょうり) 일본식 요리

명사

명사

604 わだかま
蟠り 마음의 응어리, 거리낌 ▶ しこり 응어리, 뭉친 것

· 二人の間の蟠りがとけた。
두 사람 사이에 맺혔던 감정이 풀렸다.

· 心のしこりがすっかり取れる。
마음의 응어리가 모두 가시다.

605 わんぱく
腕白 장난꾸러기 = いたずらっ子(こ) 개구쟁이
▶ お山(やま)の大将(たいしょう) 좁은 사회나 집단의 우두머리, 골목대장
腕白坊主(わんぱくぼうず) 개구쟁이

· 腕白をする。
개구쟁이 짓을 하다.

➡ 관련 표현

① いたずら 장난, 나쁜 짓

· いたずら電話。 장난 전화.

· 運命のいたずら。 운명의 장난.

② おてんば 말괄량이, 왈가닥

· おてんば娘。 말괄량이. 왈가닥.

· おてんばするんじゃありません。
덜렁거려서는 못써요.

606 わんりょく
腕力 완력 ▶ 腕(うで)ずく 완력으로 일을 처리하는 일, 주먹 다짐

· 腕力をふるう。
완력을 휘두르다.

PART 2

동사

동사

001 愛する 사랑하다 □□□

・愛する人と結婚する。
사랑하는 사람과 결혼하다.

002 会う 만나다 ▶ 遭(あ)う (사고, 재난 따위를) 만나다, 당하다 □□□

・デパートへ行ったら小学生時代の同級生に会った。
백화점에 갔다가 초등학교 시절 동창생을 만났다.

・災害に遭う。
재해를 당하다.

・川口さんは今朝、車で会社へ来るときに事故に遭って怪我をしたそうです。
가와구치 씨는 오늘 아침, 자동차로 회사에 올 때 사고를 당해서 다쳤다고 합니다.

・旅行中に台風に来られて、本当にひどい目に遭いました。
여행 중에 태풍이 몰아쳐서 정말로 혼이 났습니다.

003 合う 맞다, 일치하다 □□□

・気が合う。
마음(기분)이 맞다.

・条件に合う。
조건에 맞다.

・息が合う。
호흡이 맞다. 서로 기분이나 느낌이 맞다.

・レベルテストをうけて自分に合うクラスに入ります。
레벨 테스트를 받아서 자신에게 맞는 반에 들어갑니다.

・相性が合わない。
서로 성품이 어울리지 않는다.

004 上がる ① 오르다, 올라가다 ↔ 下(さ)がる 밑으로 내려가다 ② 집안으로 들어가다
③「食(た)べる 먹다・飲(の)む 마시다」의 높임말 □□□

・値段が上がる。
값이 오르다.

・あの人はよく勉強するわりに、成績が上がらない。
저 사람은 열심히 공부하는 것에 비해 성적이 오르지 않는다.

・いらっしゃい。どうぞ、お上がりください。
어서오세요. 어서 들어(올라) 오십시오.

・たくさんお上がりください。
많이 잡수십시오.

⤵ 유사 표현

あがる・のぼる

둘 다 아래에서 위로 이동하는 행동을 의미하는데, 「あがる」가 위의 어떤 지점에 도착하는 일에 중점을 두고 있다면, 「のぼる」는 위로 이동하는 과정에 더 중점을 두고 있다.

・2階へ上がると富士山がよく見えます。
2층에 올라가면 후지산이 잘 보입니다.

・わたしはこの休みに友だちと富士山にのぼるつもりだ。
나는 이번 휴가 때 친구와 후지산에 오를 생각이다.

---

005 開く 열리다 ㉰ 開(あ)ける 열다 ▶ 空(あ)く ① 공간이 비다, 들어있지 않다
② 짬이 나다, 여가가 생기다 ㉰ 空(あ)ける 비우다, (짬, 틈을) 내다

・寒いと思ったら、窓が開いていました。
춥다고 생각했더니, 창문이 열려 있었습니다.

・空いている部屋はありません。
비어 있는 방은 없습니다.

・松本くん、いま手が空いているかな。
마쓰모토 군, 지금 좀 한가한가?

・引き出しが開けっぱなしになっています。
서랍이 열린 채로 되어 있습니다.

---

006 あげる (주로 「～てあげる」의 꼴로) ～해 주다, 주다
＊「～てもらえる・～ていただける(～(해) 주실 수 있다)」의 꼴로 화자의 정중한 부탁이나 요구 표현을 나타낸다.

・被災地の人たちにはできるだけのことをしてあげたい。
재해 지역의 사람들에게는 가능한 만큼의 일은 다해 주고 싶다.

・あしたお電話をいただけますか。
내일 전화 주시겠습니까?

・来週旅行するので、カメラを貸してもらえますか。
다음 주에 여행을 하는데 카메라를 빌려줄 수 있어요?

・金さんの住所を教えていただけませんか。
김 씨의 주소를 가르쳐 주시지 않겠습니까?

・そこ、ちょっと詰めていただけますか。
거기, 좀 좁혀 주시겠습니까?

・お名前を教えてもらいたいんですが。
성함을 알고 싶습니다만.

007 預ける 맡기다 ▶ 預(あず)かる 맡다, 보관하다 □□□

・もらったお年玉を母に預ける。
받은 세뱃돈을 어머니에게 맡기다.

008 遊ぶ 놀다 □□□

・ひまな時に私のうちへも遊びにきてほしいですね。
한가할 때 저의 집에도 놀러 오셨으면 좋겠어요.

009 暖める・温める 따뜻하게 하다, 덥게 하다 □□□
▶ 暖(あたた)まる・温(あたた)まる (온도, 기후가) 따뜻해지다

・冷めたスープを温める。
식은 수프를 데우다.

・ストーブをつけて応接間を暖める。
스토브를 켜서 응접실을 따뜻하게 하다.

010 集まる (어떤 목적이나 원인에 의해 일정한 곳으로) 모이다 □□□
▶ 集(あつ)める 모으다

・集まったのは学生だけらしいです。
모인 것은 학생뿐인 것 같습니다.

 유사 표현

① **群がる** (특정한 장소에 질서없이 난잡하게) 모이다, 군집하다, 떼를 짓다

・からすが、群がって畑におりてきた。
까마귀가 떼를 지어 밭에 내려왔다.

② **集る** (동물이 계속 모이는 상태로 그 행위가 좋지 않게 평가될 때) 모이다, 모여들다, 꾀어 들다

・ありが砂糖に集る。
개미가 설탕에 꾀어 들다.

011 浴（あ）びる　뒤집어쓰다, (일반적으로) 받다 ▶ 浴（あ）びせる 끼얹다, ~를 씌우다

・風邪をひいている時は、シャワーを浴びてはいけません。
감기에 걸려 있을 때는 샤워를 해서는 안 됩니다.

・脚光を浴びる。
각광을 받다.

・非難を浴びる。
비난을 받다.

관련 표현

① 言葉を浴びせる　말을 해 대다, 말로 공격하다

・お金の返済日を守れなかったので、ひどい言葉を浴びせられた。
돈을 갚아야 할 날을 지키지 못해 심한 말을 들었다.

012 余る　남다 ㊗ 余（あま）す 남기다, 남아 있다

・あまった給料を貯金するという考えではお金はたまらない。
남은 월급을 저금한다는 생각으로는 돈이 모이지 않는다.

관련 표현

① 身に余る　분에 넘치다, 분수에 맞지 않다

・それは身に余るお言葉です。
그건 분에 넘치는 말씀입니다(과분한 칭찬입니다).

013 謝る　사과하다, 사죄하다 ＝ わびる 사죄하다, 용서를 빌다 ▶ 謝罪（しゃざい）사죄

・こうなったからには謝るほかない。
이렇게 된 바에는 사과할 수밖에 없다.

・店員は髪の毛が入っていたことについては謝ったが、皿を下げる時乱暴だった。
점원은 머리카락이 들어 있었던 것에 대해서는 사과했지만, 접시를 치울 때 난폭했다.

014 洗う　씻다 ▶ 洗濯（せんたく）세탁

・顔を洗って宿題をします。
얼굴을 씻고 숙제를 합니다.

・しばらく水につけてから洗濯する。
잠시 물에 담갔다가 세탁하다.

동사

015 ある (사물이) 있다, 소유하다 ＝ いる (사람 · 동물) 있다, 존재하다

□□□

・姉は子どもが３人あるから、再婚は難しいと思う。
언니는 아이가 3명 있어서, 재혼은 어렵다고 생각한다.

보충

① ある '사물의 존재를 나타내는 있다'라는 뜻 외에도 '무게, 넓이, 거리, 높이 따위가 얼마큼 되다'라는 뜻도 있다.

・長さが１キロある橋。
길이가 1킬로미터인 다리.

・この木は20メートルもある。
이 나무는 20미터나 된다.

016 歩く 걷다 ▶ 徒歩(とほ) 도보

□□□

・家から学校まで歩きます。
집에서 학교까지 걷습니다.

관련 표현

① さっそうと　경쾌하게

・さっそうと歩いている女性が見えます。
경쾌하게 걷고 있는 여자가 보입니다.

② すたすた　총총, 종종, 부리나케

・すたすたと歩く。
총총걸음으로 걷다.

③ せかせか　바삐 서둘러 걷는 모양

・みんなせかせかと先を急いでいるようです。
다들 부산하게 서둘러 걷고 있는 것 같습니다.

④ そそくさ　총총히, 허둥지둥

・そそくさ立ち去った。
총총히 가버렸다.

⑤ ちょこちょこ　종종걸음 치는 모양

・ちょこちょこと歩く。
종종걸음으로 걷다.

⑥ どしどし　거칠게 복도를 소리를 내며 걷는 모양, 쿵쿵

・廊下をどしどしと歩いた。
복도를 쿵쿵거리며 걸었다.

⑦ **のろのろ**　느릿느릿

・彼はいつものろのろしていて、人より遅れる。
　그는 언제나 느릿느릿해서 남보다 늦다.

⑧ **ぱたぱた**　쿵쾅쿵쾅, 빨리 걷는 소리

・ぱたぱたと走り回る。
　쿵쾅쿵쾅 뛰어다니다.

⑨ **よろよろ**　비틀비틀 ＝ ふらふら

・酒に酔ってよろよろする。
　술에 취해서 비틀비틀한다.

---

017 言う　말하다　＊「言(い)う」는 간단한 문장이나 단어 따위를 입으로 옮기는
행동(行動)이다. 상대가 듣고 있는지 듣고 있지 않는지는 직접적인 관계가 없는 일반적인
'말하다'의 의미이다.
　　▶ 言(い)い合(あ)う 언쟁하다, 말다툼하다　言(い)いにくい 말하기 어렵다

・わたしの言うことをよく聞きなさい。
　제가 하는 말을 잘 들으세요.

・世界で一番高い山はエベレストだと言われている。
　세계에서 가장 높은 산은 에베레스트라고 말해지고 있다.

・あなたが言いにくいのなら、私から話してあげましょう。
　당신이 말하기 어렵다면 내가 말해줄게요.

---

018 行く　가다　＊「行(ゆ)く」라고도 읽는다.

・山田君、いっしょに行こう。
　야마다 군, 함께 가자.

・わたしはアメリカへ行ったことがありません。
　나는 미국에 간 적이 없습니다.

🔵 **行くを行くで 읽어야 하는 단어**

① **行き届く**　마음씨나 주의가 구석구석까지 미치다

・行き届いたサービス、ありがとうございます。
　정성스런 서비스, 감사합니다.

② **行き渡る**　골고루 미치다

・日光がすみずみまで行き渡る。
　햇빛이 구석구석까지 두루 비추다.

・社長命令が1人1人にまで行き渡るようにする。
　사장 명령이 한 사람 한 사람에게까지 두루 미치도록 하다.

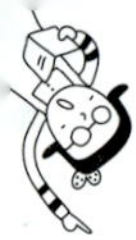

동사

019

急ぐ （いそ） 서두르다, 조급해지다

- 急いでいる時にかぎって電車が遅れるので困る。
  서두를 때만 전철이 늦어서 곤란하다.

- 善は急げ。
  좋은 일은 서둘러라. 쇠뿔도 단김에 빼라.

020

いる 있다 ▶ 要(い)る 필요하다 必要(ひつよう) 필요

- 心配で居ても立ってもいられない。
  걱정이 되어서 안절부절못하다.

- 心配いらないよ、遅くなったところで今日中には着けるから。
  걱정할 필요 없어요, 늦어진다고 하더라도 오늘 중에는 도착할 수 있을 테니까요.

021

入れる （い） (차를) 끓이다, 내다, 넣다

- 今冷たいお茶を入れますから。
  지금 차가운 차를 내올게요.

- ポケットに細かいお金を入れる。
  주머니에 잔돈을 넣다.

022

植える （う） 심다

- 畑になすの苗を植えた。
  밭에 가지 모종을 심었다.

023

伺う （うかが） 방문하다 = 出向(でむ)く 목적한 곳으로 나아가다

- 今会議中ですが、終りしだいうかがいます。
  지금 회의 중입니다만, 끝나는 대로 찾아뵙겠습니다.

- 来週、御社に伺います。
  다음 주 귀사로 찾아뵙겠습니다.

024

受け付ける （う）（つ） 접수하다, 받아들이다 ▶ うけつけ 접수, 접수처

- 入場券の申しこみを受け付ける。
  입장권의 신청을 접수하다.

025 **受け取る** 받다, 수취하다

- つまらない物ですが、お受け取りください。
別것 아닙니다만, 받아 주십시오.
- 企画書は昨日確かに受け取りました。
기획서는 어제 분명히 받았습니다.

026 **受ける** ① (주는 것이나 외부로부터 오는 작용을) 받다, (시험을) 보다
㉔ 受(う)かる 합격하다 ② (연극 따위에서) 호평을 받다, 인기를 모으다

- 試験を受ける。
시험을 보다.
- 検査を受ける。
검사를 받다.
- 大衆に受けた。
대중의 인기를 모았다.
- 読むたびに、違った印象を受ける本がある。
읽을 때마다, 다른 인상을 받는 책이 있다.
- いじめを受けていた少年はどんなにつらかったことか。
괴롭힘을 당한 소년은 얼마나 힘들었을까!
- 注文を受ける。
주문을 받다.
- 授業を受ける。
수업을 듣다.
- ショックを受ける。
쇼크를 받다.
- 影響を受ける。
영향을 받다.
- 主婦に受ける。
주부에게 인기가 있다.

🔗 **관련 표현**

① **受験** 수험

- 受験で100点をとったので喜んでいるんです。
시험에서 100점을 맞았기 때문에 기뻐하고 있는 것입니다.

027 動かす 움직이게 하다, 마음이 끌리거나 흔들리게 하다 ㉜ 動(うご)く 움직이다

- その詩は人々の心を動かす。
  그 시는 사람들의 마음을 감동시킨다.

- 山でけがをして動けなくなった。
  산에서 부상을 당해 움직일 수 없게 되었다.

028 歌う 노래하다 ▶ 歌(うた)を歌(うた)う 노래하다

- 校歌をみんなで歌う。
  교가를 모두 함께 노래하다.

029 打つ 치다, 때리다 ▶ 非(ひ)の打(う)ちどころがない 하나도 나무랄 데가 없다, 결점이 없다

- ヒットを打つ。
  (야구에서) 안타를 치다.

- 思いきって打ったらホームランになりました。
  힘껏 쳤더니 홈런이 되었습니다.

- 舌鼓を打つ。
  (음식 맛이 너무 좋아서) 입맛을 다시다.

- 彼の仕事ぶりは完璧で、非の打ちどころがない。
  그의 일처리하는 모습은 완벽해서 하나도 나무랄 데가 없다.

> **유사 표현**
>
> ① 叩く (맨손이나 도구를 이용하여) 치다, 두드리다 = 打つ
>   - 体罰は悪いが、先生にすれば子どもへの愛情から叩いたのかもしれない。
>   체벌은 나쁘지만, 선생님 입장에서는 아이에 대한 애정에서 때리는 것일지도 모른다.
>
> ② 殴る (몸에 타격을 가하는 행위) 세게 때리다, 구타하다
>   - けんかをして殴られた。
>   싸움을 해서 얻어맞았다.

030 移す 옮기다 ㉜ 移(うつ)る (자리, 위치, 지위가) 바뀌다, 옮겨지다
  ▶ 写(うつ)す 베끼다 写(うつ)る 사진이 찍히다

- 場所を移して飲みなおそう。
  장소를 옮겨서 다시 마시자.

・口先だけでなく実行に移してもらいたい。
말로만 하지 말고 실행에 옮겨 주었으면 좋겠다.

・友だちのノートを写す。
친구의 노트를 베끼다.

031 生まれる 태어나다 ▶ 生(う)む 만들어 내다　産(う)む 출산하다　

・わたしは東京で生まれ、東京で育ちました。
저는 도쿄에서 태어나 도쿄에서 자랐습니다.

・新記録を生む。
신기록을 내다.

032 売り切れる 다 팔리다, 매진되다

・今日の分はもう売りきれてしまいました。
오늘 분량은 이미 다 팔려 버렸습니다.

・入場券は一日で売り切れた。
입장권은 하루에 매진되었다.

033 売る 팔다 ㉨ 売(う)れる 팔리다 ▶ 売(う)れ行(ゆ)き 팔림새　

・あの店では、鉛筆やけしゴムのようなものを売っています。
저 가게에서는 연필이나 지우개 같은 것을 팔고 있습니다.

・この雑誌はよく売れている。
이 잡지는 잘 팔리고 있다.

034 選ぶ 고르다, 선택하다 ▶ 選択(せんたく) 선택

・二人は食べるものを選んでいます。
두 사람은 먹을 것을 고르고 있습니다.

035 追い越す 앞지르다 ▶ 追(お)い抜(ぬ)く 앞질러가다, 추월하다

・先頭の人を追い越していちばん前に出た。
선두에 가는 사람을 앞질러서 맨 앞에 나섰다.

036 起きる 일어나다 ▶ 起(お)こす 깨우다 ＊사역의 의미를 포함

・今日はいつもより早く7時に起きた。
오늘은 여느 때보다 일찍 7시에 일어났다.

동사

037 置く 놓다, 두다

・家にかばんを置くなり、あそびに出かけた。
집에 가방을 놓자마자, 놀러 나갔다.

🔷 **관련 표현**

① 一目置く　자기보다 능력이 우월함을 인정하여 한 수 위로 여기다
・経験ゆたかな彼もあの人には一目置いているようだ。
경험이 풍부한 그도 저 사람에게는 한 수 위로 여기고 있는 것같다.

038 贈る 보내다, 선사하다 ▶ 送(おく)る (사람, 물건을) 보내다, 부치다

・誕生日に花束を贈る。
생일에 꽃다발을 선사하다.

・彼に頼むくらいなら忙しくても自分で送った方がいい。
그에게 부탁할 바에야 바빠도 본인이 보내는 편이 낫다.

・学校を卒業するにあたり、お世話になった先生ひとりひとりに感謝
の言葉をお送ります。
학교를 졸업할 즈음해서, 신세를 진 선생님 한 분 한 분께 감사의 말씀을 전합니다.

🔷 **관련 표현**

① 送る　(자동사 용법으로) 시간을 보내다 ＝ 時(とき)を過(す)ごす 시간을 보내다
・お互い幸せな人生を送りたいものです。
서로 행복한 인생을 보내고 싶습니다.

039 遅れる 늦다, 지각하다

・遅れないように早く行きましょう。
늦지 않도록 빨리 갑시다.

040 怒る 화내다 ▶ 叱(しか)る 야단치다

・京子さんは急に怒って先に帰ってしまったが、私には何が何だか
さっぱりわからなかった。
교코 씨는 갑자기 화를 내고 먼저 돌아가 버렸지만, 나는 뭐가 뭔지 전혀 알 수가 없었다.

・怒っている人も、泣いている人もいる。
화내는 사람도, 울고 있는 사람도 있다.

① かんかん 노발대발하는 모양, 불같이

・かんかんになって怒る。
불같이 화를 내다.

② 腹を立てる 화를 내다

③ かっと (갑자기 화를 내는 모습) 발끈, 벌컥

・かっとなって相手につかみかかる。
발끈해서 상대방에게 달려들다.

---

041 起こる 새로 생겨나다, 발생하다

・地震が起こる。 지진이 발생하다.

🔷 관련 표현

① 頻発する 빈발하다, 계속해서 발생하다

・事件が頻発した。 사건이 빈발했다.

・最近交通事故が頻発している。
최근 교통사고가 계속 발생하고 있다.

---

042 押さえる ① 누르다, (활동, 힘 등을) 억제하다, 발휘하지 못하게 하다
② 핵심을 파악하다

・これは商品につけるプレゼントなので、コストはできるだけおさえたいんです。
이것은 상품에 덤으로 주는 선물이므로, 생산비는 가능한 한 억제했으면 합니다.

・このタイプの旅行は見所を押さえて観光できる点などから時間のないサラリーマンや旅慣れない人にはお勧めできる。
이런 유형의 여행은 볼 만한 곳만을 짚어서 관광할 수 있는 등의 이유로 시간이 없는 샐러리맨이나 여행에 익숙지 못한 사람에게는 권할 수 있다.

---

043 教える 가르치다 ▶ 仕込(しこ)む 가르치다, 훈련하다 教(おし)え 가르침

・駅へ行く道を教えていただけませんか。
역으로 가는 길을 가르쳐 주시지 않겠습니까?

・先生の教えを守る。
선생님의 가르침을 지키다.

동사

동사

044 押す 누르다, 밀다 ↔ 引(ひ)く 끌다, 잡아당기다

· ご用の際はベルを押してください。
용무가 있을 때에는 벨을 눌러 주십시오.

· 自転車を押して坂をのぼる。
자전거를 밀며 언덕을 오르다.

➡ 시험에 잘 나오는 관련 표현

① 念を押す 주의를 기울이다

045 落ちる 떨어지다 ▶ 墜落(ついらく) 추락   脱落(だつらく) 탈락

· 階段から落ちたのは田中さんです。
계단에서 떨어진 것은 다나카 씨입니다.

· この本は製本のミスで十六ページ脱落している。
이 책은 제본 실수로 16페이지가 탈락되어 있다.

046 落とす (물건 등을) 잃어버리다, 분실하다 = なくす ▶ 紛失(ふんしつ) 분실

· 財布を落としたといっても、中には1000円ぐらいしか入っていなかった。
지갑을 잃어버렸다고 해도, 안에는 1000엔 정도밖에 들어 있지 않았다.

· 紛失届を出したが、連絡がない。
분실신고를 냈지만 연락이 없다.

047 踊る 춤추다

· 運動場でフォークダンスを踊る。
운동장에서 포크댄스를 추다.

➡ 관련 표현

① 躍る 뛰다, 두근거리다

② 胸が躍る 가슴이 뛰다

③ 胸を躍らせる (기쁨이나 기대로) 가슴이 설레다

· 合格の知らせに胸を躍らせた。
합격했다는 소식에 가슴이 설레었다.

048 驚^{おどろ}く　놀라다 ▶ 驚(おどろ)き 놀람　驚(おどろ)かす 놀라게 하다　□□□

・死^しんだと思^{おも}っていた兄^{あに}が外国^{がいこく}から帰^{かえ}ってきたので、驚^{おどろ}きました。
죽었다고 여기고 있던 형이 살아서 돌아와서 깜짝 놀랐습니다.

・世^よの中^{なか}を驚^{おどろ}かす。
세상을 놀라게 하다.

・驚^{おどろ}きのあまり声^{こえ}も出^でない。
놀란 나머지 말도 안 나온다.

・驚^{おどろ}いたことに、彼女^{かのじょ}はもうその話^{はなし}を知^しっていた。
놀랍게도 그녀는 이미 그 이야기를 알고 있었다.

*동사 た형＋ことに (주로 감정을 나타내는 동사의 た형에 붙어) ~하게도

049 覚^{おぼ}える　기억하다, 외우다, 배우다　□□□

・クラス全員^{ぜんいん}の名前^{なまえ}をようやく覚^{おぼ}えた。
학급 전원의 이름을 간신히 외웠다.

🔷 관련 표현

① 身^みに覚^{おぼ}えがない　~한 기억이 없다

・そんなことを言^いったなんて身^みに覚^{おぼ}えがないよ。
그런 말을 했다니 기억이 없어.

050 お目^めに掛^かかる　(「会^あう」의 겸양어) 만나다, 뵙다　□□□

・病院^{びょういん}の院長^{いんちょう}先生^{せんせい}にお目^めにかかった。
병원 원장 선생님을 만나뵈었다.

051 思^{おも}い出^だす　생각해 내다, 상기하다　□□□

・中学生^{ちゅうがくせい}の時^{とき}とった写真^{しゃしん}を見^みるたびにそのころを思^{おも}い出^だします。
중학생 때 찍은 사진을 볼 적마다 그 때를 생각합니다.

052 思^{おも}いをする　느낌(기분)을 갖다, 경험을 하다　□□□

・地震^{じしん}で家族^{かぞく}を失^{うしな}い、彼女^{かのじょ}がいかに悲^{かな}しい思^{おも}いをしているか考^{かんが}えただけで胸^{むね}が痛^{いた}む。
지진으로 가족을 잃고 그녀가 얼마나 슬픈 경험을 했는지 생각하는 것만으로 가슴이 아프다.

동사

053 思う　생각하다, 의도하다

- ミンソクチョンは思ったよりひろくてきれいだった。
  민속촌은 생각보다 넓고 아름다웠다.

- こんなに楽に勝てるとは思わなかった。
  이렇게 쉽게 이길 수 있으리라고는 생각하지 못했다.

🔾 시험에 잘 나오는 관련 표현

① ～と思うと　～인가 했더니, ～인 듯 싶더니, ～하자 곧
  - 稲光がしたかと思うと、かみなりがゴロゴロ鳴り出した。
    번개가 쳤는가 싶더니 천둥이 우르릉쾅쾅 치기 시작했다.
  - 花が咲いたと思うと、あらしですぐ散ってしまう。
    꽃이 피었는가 했더니 폭풍으로 금세 져버린다.

054 泳ぐ　헤엄치다, 수영하다 ▶ 水泳(すいえい) 수영

- 海に行って泳ぐ。
  바다에 가서 헤엄치다.

- 川にはたくさんの魚が泳いでいる。
  강에는 많은 물고기가 헤엄치고 있다.

055 下りる　허가가 나오다, 내려지다 ▶ 降(お)りる (차 등에서) 내리다

- きょう出張の許可がおりた。
  오늘 출장 허가가 내려졌다.

- バスを降りて歩いた。
  버스에서 내려 걸었다.

056 折る　꺾다, 접다 ㉜ 折(お)れる 꺾어지다, 부러지다

- ナプキンを三角に折る。
  냅킨을 삼각으로 접다.

- 話の腰を折る。
  말허리를 자르다. 말을 도중에 가로막다.

おる 있다

・無事に暮らしております。
무사히 지내고 있습니다.

➡ 보충

「いる」의 겸양어로 예스러운 말씨이다. 「～ております」의 꼴로 '～하고 있습니다'의 뜻을 나타낸다. 원래는 자기 쪽을 낮춰 말하는 겸양어 계열이나, 존경의 의미를 나타내는 「れる」에 연결하여 「おられる」라고 하면 '계시다'라는 뜻의 상대를 높이는 존경 표현이 되기도 한다.

058

下ろす (예금 따위를) 인출하다, 찾아내다 ▶ 降(お)ろす 내리다, 낮은 데로 옮기다

・土日は銀行が休みだから今日中に行ってお金を下ろしておかなくちゃ。
토요일과 일요일은 은행이 쉬니까 오늘 중으로 가서 돈을 찾아 놓아야 한다.

・荷物を積んだり降ろしたりします。
짐을 싣거나 내리거나 합니다.

➡ 유사 표현

① 引き出す 돈을 찾다, 인출하다
・銀行からお金を引き出した。
은행에서 돈을 찾았다.

059

終わる 끝나다 ＊타동사적으로 쓰이면 '마치다, 끝내다'의 뜻

・これで話を終わります。
이것으로 이야기를 마치겠습니다.

060

買う 사다 ＝買(か)い上(あ)げる 사들이다, 구입하다 ↔ 売(う)る 팔다

・中川君、家を買ったらしいですよ。
나카가와 군, 집을 샀나 봐요.

➡ 유사 표현

① 買い取る (소유권 이동에 중점을 둔 표현) 사서 차지하다, 사들이다
② 買い込む (대량으로) 사들이다, 사재기하다
③ 購入する (양적, 금액적으로 대량) 구입하다
・学校で新しい机を購入する。
학교에서 새 책상을 구입하다.

동사

061 返^{かえ}す 돌려주다, 반환하다 ▶ 返却(へんきゃく) 반환, 반납

・図書館へ本を返しに行きました。
도서관에 책을 반납하러 갔습니다.

062 代^かえる 대신하다, 바꾸다 ▶ 変(か)える 바꾸다, 변경시키다
　　　　　⇄ 変(か)わる 바뀌다, 변화하다 変更(へんこう) 변경
　　　　　交換(こうかん) 교환

・私に代えて弟を会合に出席させる。
나를 대신하여 남동생을 회합에 출석시키다.

・ベッドの位置を変える。 침대 위치를 바꾸다.

・留守中、何か変わったことはありませんでしたか。
부재 중에 뭔가 달라진 점은 없었습니까?

063 帰^{かえ}る 돌아오다, 돌아가다 (도착보다는 원래 위치로 간다는 데에 중점)

・授業がおわったら、すぐ家へ帰りましょう。
수업이 끝나면 바로 집에 돌아갑시다.

🔹 유사 표현

① 戻^{もど}る 제자리로 돌아오다(이동보다는 도착에 중점)

・今朝、出張から戻ったばかりです。
오늘 아침 출장에서 막 돌아왔습니다.

064 替^かえる・換^かえる 교환하다, 바꾸다

・銀行でお金が換えられます。
은행에서 돈을 교환할 수 있습니다.

🔹 유사 표현

① 引替^{ひきか}え・引^ひき替^かえ 교환

・現金と引き替えに品物を渡す。 현금과 교환하기 위해 물건을 건네다.

065 掛^かかる 필요하다, 소요되다, 걸리다 ＝ 要(よう)する 필요로 하다
　　　　　▶ ～かかる (이제 막) ～하려 하다

・家から病院まで歩いて５分ぐらいかかります。
집에서 병원까지 걸어서 5분 정도 걸립니다.

・死にかかった人の命をとりとめた。 죽어가는 사람의 목숨을 건졌다.

066 **書く** 쓰다 ▶ 書(か)き取(と)る 받아쓰다

・忘れないように書いておいてください。
잊어버리지 않도록 써 놓으세요.

・秘書にメモを書き取らせる。
비서에게 메모를 받아쓰게 하다.

067 **隠れる** 숨다, 남의 눈에 띄지 않게 몸을 숨기다 *의지적, 무의지적인 경우에 사용

・隠れた能力を引き出す。
숨은 능력을 끌어내다.

🠖 **유사 표현**

① **潜む** 숨다, 잠복하다
*의지적인 동작에만 사용, 추상적인 것에 대해 비유적인 표현으로 사용할 경우 무의지적이 된다

・ぼくの胸の中には、彼へのはげしい敵愾心が潜んでいる。
내 가슴 속에는 그에 대한 격렬한 적개심이 숨어 있다.

068 **かける** ① 걸다, (단추를) 채우다, (안경을) 쓰다 ↔ 外(はず)す 풀다, 벗다
② 걸터앉다 = 腰掛(こしか)ける ③ (세금 등을) 부과하다

・かべに絵をかける。
벽에 그림을 걸다.

・眼鏡をかけるとよく見える。
안경을 쓰면 잘 보인다.

・女の子が一人ベンチに腰かけています。
여자아이가 한 명 벤치에 걸터앉아 있습니다.

・関税をかける。
관세를 부과하다.

🠖 **시험에 잘 나오는 관련 표현**

① **歯止めがかかる** 제동이 걸리다
・株価の暴落に歯止めがかかった。
주가 폭락에 제동이 걸렸다.

② **歯止めをかける** 제동을 걸다
・暴力ストの頻発になんらかの歯止めをかけるべきだ。
폭력 파업의 빈발에 대해 어떤 형태로든 제동을 걸어야만 한다.

069 掛（か）ける ① 앉다 ② 시도해 보다, 마음에 두다 ③ 걸다, 끼우다
④ (「〜から〜にかけて」의 꼴로) 〜에 걸쳐서

- 声（こえ）をかける。 말을 걸다.
- 心配（しんぱい）をかける。 걱정을 끼치다.
- 夏（なつ）から秋（あき）にかけての景色（けしき）が一番（いちばん）すばらしい。
  여름부터 가을에 걸쳐서의 경치가 제일 멋지다.

🔵 관련 표현

① 〜かける (동사 ます형에 붙어) 〜하다 말다, 〜하기 시작하다

- ストーブの火（ひ）が消（き）えかけている。
  스토브 불이 꺼져가고 있다.
- 建（た）てかけた家（いえ）。
  짓다 만 집.

070 飾（かざ）る 장식하다, 꾸미다 ▶ 飾（かざ）り 장식

- かびんに花（はな）が飾（かざ）ってあります。
  꽃병에 꽃이 장식되어 있습니다.
- 文章（ぶんしょう）に飾（かざ）りがない。
  문장에 꾸밈이 없다.

071 貸（か）し出（だ）す 대출하다 ▶ 貸（か）す 빌려주다

- 銀行（ぎんこう）が資金（しきん）を貸（か）し出（だ）す。
  은행이 자금을 대출하다.
- あなたの読（よ）んだ本（ほん）の中（なか）からおもしろいと思（おも）ったのを２、３冊（さつか）貸（か）してください。
  당신이 읽은 책 중에서 재미있다고 생각한 것을 2, 3권 빌려 주세요.

072 数（かぞ）える 수를 헤아리다, 계산하다

- お金（かね）を数（かぞ）える。 돈을 세다.

073 片付（かたづ）ける 치우다, 정리하다, 정돈하다 ＝ 整理（せいり）する 정리하다
片付（かたづ）く 정리되다, 처리되다 ▶ 後片付（あとかたづ）け 뒤처리

- あしたまでにこの仕事（しごと）を片付（かたづ）けてしまいたい。
  내일까지 이 일을 마무리짓고 싶다.

① **始末** 끝마무리(매듭), 뒤처리

· 火の始末はきちんとしよう。
불의 뒤처리는 빈틈없이 하자.

---

074 勝つ 이기다 ↔ 負(ま)ける 지다

· 今度こそ兄に勝ってみせます。
이번에야말로 형을 이겨 보이겠습니다.

· 体力には自信があります。まだまだ新入社員には負けません。
체력에는 자신이 있습니다. 아직까지는 신입 사원에게는 지지 않습니다.

---

075 悲しむ 슬퍼하다 ▶ 悲(かな)しみ 슬픔, 비탄

· 母を悲しませてはいけない。 어머니를 슬프게 해서는 안 된다.

· 悲しみに沈む。 슬픔에 잠기다.

---

076 かぶる 뒤집어쓰다, 쓰다 ↔ とる 벗다

· 赤いぼうしをかぶっている人はだれですか。
빨간 모자를 쓰고 있는 사람은 누구입니까?

· 面をかぶる
탈을 쓰다.

---

077 噛む 깨물다, 씹다

· ご飯をよくかんで食べなさい。
밥을 잘 씹어 드세요.

· 砂を噛むような気分。
모래를 씹는 듯한 기분. 아무 맛도 재미도 없는 느낌.

① **噛んで含める** 자상하게 이야기하다, 알기 쉽게 차근차근 이야기하다

· 香の家庭教師の先生、噛んで含めるように教えてくれるみたいだよ。
가오리의 가정교사 선생님, 알기 쉽게 차근차근 잘 가르쳐 주는 것 같아요.

동사

② 噛(か)み殺(ころ)す (입을 다물고) 억제하다, 누르다

- 授業中(じゅぎょうちゅう)にあくびが出(で)るのを噛(か)み殺(ころ)した。
  수업 중에 하품이 나오는 것을 눌러 참았다.

③ 一枚(いちまい)噛(か)む (속어) 관계하다, 바람직하지 못한 일에 끼다

---

078 通(かよ)う 정기적으로 다니다, 오가다

- 会社(かいしゃ)に勤(つと)めつつ夜学(やがく)に通(かよ)う。
  회사에 근무하면서 야학에 다니다.

---

079 借(か)りる 빌리다 ↔ 返(かえ)す 되돌리다, 돌려주다

- ちょっと電話(でんわ)をお借(か)りできますか。
  잠깐만 전화를 빌릴 수 있겠습니까? (사용하겠다는 의미임)

- 借(か)りたビデオを、今日中(きょうじゅう)に返(かえ)すつもりです。
  빌린 비디오를 오늘 중으로 반납할 생각입니다.

- この本(ほん)は木村(きむら)さんに借(か)りたのですが、おもしろくて一日(いちにち)で読(よ)んでしまったんです。
  이 책은 기무라 씨에게 빌린 것인데, 재미있어서 하루에 읽어 버렸어요.

---

080 代(か)わる 대신하다, 대리하다 ▶ 代(か)わり 대신 変(か)わる 변화하다, 변하다
お変(か)わりなく 변함 없이

- 彼(かれ)に代(か)わってわたしが行(い)く。
  그를 대신해서 내가 간다.

- 欠席(けっせき)の場合(ばあい)は代(か)わりの方(かた)をお願(ねが)いします。
  결석할 경우는 대신할 분을 부탁합니다.

- 先生(せんせい)はお変(か)わりなくお過(す)ごしでしょうか。
  선생님께서는 여전히 잘 지내고 계시는지요?

🔹 관련 표현

① 〜の代(か)わりに 〜대신에

- 皮(かわ)の代(か)わりにビニールが使(つか)われています。
  가죽 대신에 비닐이 사용되고 있습니다.

- 今(いま)の社長(しゃちょう)に代(か)わる人物(じんぶつ)が社内(しゃない)にはいない。
  지금의 사장님을 대신할 인물이 사내에는 없다.

081 考える ^{かんが} 생각하다

・レストランの前で何を食べるか考えています。
레스토랑 앞에서 무엇을 먹을까 생각하고 있습니다.

・将来のことを真剣に考える。
장래에 대해서 진지하게 생각한다.

○ '생각하다'는 말 「考える・思う」

① 考える

논리적인 생각을 나타낸다. 마음 속에 두 개 혹은 다수의 생각이 있어 그것들을 서로 비교하고 이럴까, 저럴까 선택을 하거나, 여러모로 궁리하여 어떤 일정한 내용을 구성하는 의미로 사용한다.

・この問題をあなたはどう考えていますか。
이 문제를 당신은 어떻게 생각하고 있습니까?

② 思う

감정적, 감각적, 주관적인 생각을 나타낸다. 마음 속에 간직한 하나의 생각이 변함없이 고정되어 있는 상태를 나타낸다.

・むかしのことを思うと悲しくなる。
옛날 일을 생각하면 슬퍼진다.

082 感じる ^{かん} 느끼다, 마음에 새기다(명심하다)

・人の親切をうれしく感じる。
남의 친절을 기쁘게 여기다.

083 頑張る ^{がんば} 노력하다, 끝까지 버티다

・明日の試験こそ頑張ろう。
내일 시험이야말로 분발하자.

084 着替える ^{きが} 옷을 갈아입다

・体育の時間には運動着に着替える。
체육 시간에는 운동복으로 갈아입는다.

085 聞く ^き ① 듣다 ② 말을 듣다, 받아들이다 ▶ 聴(き)く (자진해서) 귀를 기울여 듣다
㉞ 聞(き)こえる 들리다

・テレビを見たり音楽を聞いたりしました。
텔레비전을 보기도 하고 음악을 듣기도 했습니다.

・音楽を聴く。
음악을 귀 기울여 듣다.

・あの人はそばにいても聞こえないほど小さい声で話します。
저 사람은 곁에 있어도 들리지 않을 만큼 작은 목소리로 이야기합니다.

🔗 관련 표현

① 聞き捨てならない 듣고 그냥 있을 수 없다, 묵과할 수 없다

・わたしが泣き虫だなんて、聞き捨てならないよ。
내가 울보라니, 듣고 가만 있을 수 없다구.

・お客さんの注文を聞いたり、お客さんに料理を出したりすればいいです。
손님의 주문을 받거나, 손님에게 요리를 내놓거나 하면 됩니다.

---

086 着せる 옷 따위를 입히다 ▶ 着(き)る 입다
歯(は)に衣(きぬ)を着(き)せない 까놓고 솔직하게 말하다, 말하는데 가식이 없다

・妹が寒そうだったので、わたしの上着を着せてやった。
여동생이 추운 것 같아서, 내 겉옷을 입혀 주었다.

---

087 決まる ① 정해지다, 결정되다 🈂 決(き)める 정하다, 결정하다
▶ 決(き)まり 규칙, 규율 ② (「～に決(き)まっている」의 꼴로) 반드시～하게 마련
이다 ③ (동작 등이) 틀이 잡히다

・夏休みにどこへ行くかまだ決まっていません。
여름방학에 어디로 갈지 아직 결정되지 않았습니다.

・そんなことを言われたら、だれでもおこるに決まっている。
그런 말을 듣게 되면, 누구든지 화를 내게 마련이다.

・びしっと決まった演技。
제대로 틀이 잡힌 연기.

・学校の決まりは守らなくてはいけない。
학교 규율은 지키지 않으면 안 된다.

🔗 유사 표현

① 定める (주로 공적인 결정의 경우) 정하다, 결정하다

・場所と時間を定める。
장소와 시간을 정하다.

② 決定 (규약 등을 결정하는 공적인 경우, 여러 가지 논란 끝에 최종적인 순간에 정해진 경우) 결정

・決定的な打撃を与えた。 결정적인 타격을 주었다.

088 切る ① 끊다, 자르다 ㉔ 切(き)れる 끊어지다, 절단되다 ② 돌리다, 틀다, 꺾다

・りんごを八つに切る。 사과를 여덟 개로 자르다.

・切っても切れない関係。 끊을래야 끊을 수 없는 관계.

・カーブでハンドルを切る。 커브에서 핸들을 꺾다.

관련 표현

① **自腹を切る** ㉠ 자기 주머니를 털다, 사비를 들이다 ㉡ 회회하다, 이하가 되다

・サークルの会長はいつも自腹を切って、会員たちに食事をおごっていた。
동아리 회장은 언제나 자기 주머니를 털어 회원들한테 밥을 사 주었다.

・国際相場の低迷と円高を背景に、果物の輸入は増える一方です。国内自給率はすでに6割を切っています。
국제시세의 하향세와 엔고를 배경으로, 과일 수입은 늘기만 합니다. 국내 자급률은 이미 6할을 밑돌고 있습니다.

② **〜切る** 다 〜하다 ▶ 〜切(き)れない 다 〜할 수 없다

・きっぱり言い切る。
딱 잘라 말하다.

・数え切れないほどたくさんの星の群れだ。
다 셀 수 없을 정도로 많은 별 무리다.

③ **自前** 비용을 모두 자기가 부담함, 독립적으로 운영함

089 腐る 썩다, 상하다 ▶ 腐敗(ふはい) 부패

・この魚は腐っている。 이 생선은 썩었다.

090 下る (어떤 코스를 경유하여 서서히) 밑으로 내려가다

・山道を下る。 산길을 내려가다.

유사 표현

① **下りる** (사람 또는 그 외의 것이 이동하여) 내리다

・山から下りる。 산에서 내려오다.

② **下がる** (동작이 아니고 객관적으로 위치가 아래에 위치하는 경우) 내리다

・ズボンが下がる。 바지가 내려가다.

동사

091 配る [くば] 나눠주다, 배포하다 ▶ 配布(はいふ) 배포
- 一人[ひとり]に２枚[まい]ずつ配[くば]ってください。 한 사람에 2장씩 나눠주세요.

092 組み立てる [く][た] 조립하다 ▶ 組立工場(くみたてこうじょう) 조립 공장
- 兄[あに]に、分解[ぶんかい]した目覚[めざ]まし時計[どけい]を組[く]み立[た]ててもらった。
  형이 분해한 자명종 시계를 조립해 주었다.

093 曇る [くも] 흐리다 ↔ 晴(は)れる ① (하늘이) 개다 ② (의심·혐의 등이) 풀리다
- 西[にし]の空[そら]が曇[くも]ってきた。 서쪽 하늘이 흐려졌다.

094 比べる [くら] 비교하다 = 比較(ひかく)する
- 日本国内[にほんこくない]の旅行[りょこう]は海外旅行[かいがいりょこう]に比[くら]べて高[たか]くつく。
  일본 국내 여행은 해외 여행에 비해 비싸게 먹힌다.

095 繰り返す [く][かえ] 반복하다
- 同[おな]じ失敗[しっぱい]を繰[く]り返[かえ]すようでは進歩[しんぽ]はない。 같은 실패를 반복해서는 진보는 없다.

096 来る [く] 오다 ▶学院(がくいん)に来(く)る 학원에 오다 頭(あたま)に来(く)る 화나다
- 田中[たなか]さんは相当頭[そうとうあたま]に来[き]ていたようだった。
  다나카 씨는 상당히 화가 난 모양이었다.

097 加える [くわ] 보태다, 더하다 ㉒ 加(くわ)わる 늘다, 추가되다, 늘어나다
  ▶ ～に加(くわ)えて ～에 더하여(첨가)
- 定価[ていか]に消費税[しょうひぜい]を加[くわ]えるとちょうど一万円[いちまんえん]になった。
  정가에 소비세를 더하니 정확히 만 엔이 되었다.
- あの会社[かいしゃ]は社長[しゃちょう]の放漫経営[ほうまんけいえい]に加[くわ]えて、商品偽造[しょうひんぎぞう]も発覚[はっかく]した。
  그 회사는 사장의 방만한 경영에다가, 상품 위조까지 발각되었다.

098 消す [け] 끄다 ㉒ 消(き)える (불, 빛 등이) 꺼지다
- 電気[でんき]がついているよ。消[け]してください。 불이 켜져 있어요. 꺼 주세요.
- 夜[よ]もふけて、窓[まど]のあかりが一[ひと]つずつ消[き]えてゆく。
  밤도 깊어 창문의 불이 하나씩 꺼져 간다.

099 **削る** 깎아 내다, 삭제하다 ▶ 削除(さくじょ) 삭제

・経費節減のため交際費を削ることにした。
경비 절감을 위해 교제비를 삭감하기로 했다.

① しのぎを削る 맹렬히 싸우다, 격전을 벌이다
・新車の開発をめぐって各社はしのぎを削っている。
신형차 개발을 둘러싸고 각사는 치열한 다툼을 벌이고 있다.

100 **蹴る** 공을 차다

・男の人がボールを蹴ろうとしている。
남자가 볼을 차려고 하고 있다.

101 **越える** 넘다 ▶ 越(こ)す 건너다, 넘기다, 지나다, 앞지르다

・中央分離線を越えている。 중앙선을 넘고 있다.

・アメリカの３大自動車メーカーやIBM、ATTなど大企業のトップの
年収はいずれも100万ドルを越している。日本の大企業のトップと
はケタはずれの高収入で、アメリカならではの感が強い。
미국의 3대 자동차 메이커나 IBM, ATT 등 대기업의 최고 간부들의 연 수입은 어느 회사나 100만
달러를 넘기고 있다. 일본의 대기업의 최고 간부들의 수입과는 월등한 차이가 나는 고수입으로, 미
국이 아니고서는 불가능하다는 느낌이 강하다.

① 超える 넘다, 초과하다
・支出が収入の３分の１を超える。
지출이 수입의 3분의 1을 넘는다.

102 **凍る** 얼다
・昨日の寒さで池の水が凍った。 어제의 추위로 연못의 물이 얼었다.

103 **応える** 응하다

・お忙しいところ申し訳ありませんが、アンケートに応えて下さいま
すか。
바쁘신 데 죄송하지만, 설문조사에 응해 주시겠습니까?

○ 관련 표현

* 다른 의미의「こたえる」: 강하게 느껴지다, 반응하다, 사무치다, 깊이 배어들다

- 胸にこたえる。 가슴에 사무치다.
- 彼は、母の突然の死が、かなり胸にこたえたみたいだ。
  그는 어머니의 갑작스런 죽음이 꽤 가슴에 사무쳤던 모양이다.

---

104 断る ① 거절하다 ＝ 撥(は)ねる 물리치다, 거절하다 ② 사전에 양해를 구하다

- きっぱりと断る。 딱 잘라 거절하다.
- 要求を撥ねる。 요구를 물리치다.

---

105 好む 좋아하다, 애호하다

- 演劇を好む。 연극을 좋아하다.

---

106 こぼす (액체 따위를) 흘리다, 엎지르다
ⓐ こぼれる 밖으로 넘쳐 나오다, 흘러 나오다

- ろうかに水をこぼす。 복도에 물을 흘리다.

---

107 困る 곤란하다, 난처하다

- うちの子どもは体がよわくて困ります。
  우리 아이는 몸이 약해서 걱정입니다.
- それはちょっと困ります。 그건 좀 곤란합니다.

---

108 込む・混む (전철, 집, 거리 등 일정 공간이) 혼잡하다, 붐비다

- 今日は道が込んでいるのか、バスがなかなか来ませんね。
  오늘은 길이 막히는지, 버스가 좀처럼 오지 않는군요.

○ 유사 표현

① 立て込む (사람이 많이 모여, 일이 많아) 붐비다, 혼잡하다
  - 夕方のスーパーマーケットは客がたてこむ。
    저녁 때 수퍼마켓은 손님이 붐빈다.

② ごったがえす (어수선한 모습) 몹시 혼잡하다, 붐비다
  - ひっこしで家の中はごったがえした。 이사로 집안이 몹시 혼잡했다.

109 殺す (ころ) 죽이다 ▶ 息(いき)を殺(ころ)す 숨을 죽이다, 두려움이나 집중을 위해 숨을 멈추다

- 多くの無実の人々が殺された。
  많은 사람들이 억울하게 살해되었다.

110 転ぶ (ころ) 넘어지다

- 階段から転んで怪我をした。 계단에서 넘어져 다쳤다.

111 壊す (こわ) 부수다, 파괴하다 ▶ 壊(こわ)れる 부서지다, 파괴되다

- 体をこわす。 건강을 해치다.
- 食べすぎてお腹をこわした。 너무 많이 먹어서 배탈이 났다.

112 壊れる (こわ) ① 고장나다 ② (고유의 형태를 잃어 버림) 부서지다, 파손되다

- ストーブが壊れてしまった。それで新しいのを買うことにした。
  스토브가 고장나 버렸다. 그래서 새 것을 사기로 했다.

🔎 유사 표현

① **崩れる** (くず) (물질의 집합이 조직, 질서를 무너뜨릴 때) 무너지다, 큰돈을 작은 액수의 잔돈으로 바꾸다

- 一万円さつがやっと崩れた。
  만 엔 짜리 지폐를 겨우 잔돈으로 바꿨다.

② **つぶれる** ㉠ (어느 정도 평평하게) 찌부러지다 ㉡ 망하다, 도산하다
  = 倒産(とうさん)する 도산하다

- 彼は会社がつぶれて首がまわらない状態です。
  그는 회사가 망해서 (빚 때문에) 옴짝달싹도 못 하는 상태입니다.

③ **故障する** (こしょう) 고장나다

- テレビが故障して、映らなくなった。
  텔레비전이 고장나서 나오지 않게 되었다.

113 探す (さが) 찾다 ＊「捜(さが)す」라고도 쓴다.

- これだけ探しても見つからないのだから、あきらめざるを得ない。
  이만큼 찾아도 눈에 띄지 않으니까, 포기하지 않을 수 없다.
- 血まなこになって探す。 혈안이 되어 찾다.
- 部屋中くまなく探したが、書類は見つからなかった。
  방 전체를 샅샅이 뒤졌지만 서류는 보이지 않았다.

동사

동사

114 下_さがる ① 뒤로 물러서다 ② (위치가) 밑으로 내려가다 ③ (값, 지위 따위가) 떨어지다 ☐☐☐

- 危_{あぶ}ないから、下_さがってください。
  위험하니까 물러서세요.

- 1,000メートル登_{のぼ}るごとに気温_{きおん}が6度_どずつ下_さがるそうだ。
  1,000미터 오를 때마다 기온이 6도씩 내려간다고 한다.

- 地価_{ちか}は一気_{いっき}に下_さがった。
  땅값은 단번에 떨어졌다.

  ▶ 시험에 잘 나오는 관련 표현

  ① 頭_{あたま}が下_さがる 머리가 숙여지다 = 尊敬(そんけい)する 존경하다

  - 中村_{なかむら}さんには本当_{ほんとう}に頭_{あたま}が下_さがります。
    나카무라 씨에게는 정말 머리가 숙여지는군요. 존경할 만하군요.

115 咲_さく 꽃이 피다 ↔ 散(ち)る 꽃이나 잎이 지다, 떨어지다 ☐☐☐

- さくらの花_{はな}がきれいに咲_さいている。
  벚꽃이 예쁘게 피어 있다.

- 話_{はなし}に花_{はな}が咲_さく。
  이야기에 꽃이 피다. 연달아 여러 가지 이야기가 나오다.

- さくらの花_{はな}はぱっとさいて、ぱっと散_ちるとか命_{いのち}が短_{みじか}いとか言_いわれます。
  벚꽃은 한번에 피었다, 한번에 진다든지 생명이 짧다든지라고 말합니다.

116 下_さげる 내리다, 낮게 하다 ↔ 上(あ)げる 들다, 올리다 ☐☐☐

- 夏_{なつ}は室内_{しつない}の温度_{おんど}を下_さげる。
  여름에는 실내 온도를 낮춘다.

- 質問_{しつもん}のある人_{ひと}は手_てを上_あげてください。
  질문이 있는 사람은 손을 들어 주세요.

  ▶ 관련 표현

  ① 提_さげる (비교적 끈이 달린 긴 가방, 비닐 봉지, 핸드백 등을) 들다

  - ハンドバッグを提_さげる。 핸드백을 들다.

117 刺_さす 꽂다, 찌르다, (벌레 따위가) 쏘다 ☐☐☐

- 鶏肉_{とりにく}を串_{くし}に刺_さして焼_やく。
  닭고기를 꼬챙이에 꽂아 굽다.

① 釘を刺す　다짐하다, 못박다
・二度と同じ失敗をくりかえすなと釘を刺しておいた。
두 번 다시 같은 실패를 되풀이하지 말라고 다짐을 해 두었다.

118 誘う　권유하다, 불러내다　▶ 誘惑(ゆうわく) 유혹　勧誘(かんゆう) 권유

・友だちをピクニックに誘う。
친구를 피크닉에 가자고 권하다.
・誘惑に負けて友達と遊んでしまった。
유혹에 져서 친구와 놀고 말았다.

119 冷める　식다, 차가워지다　▶ 冷(ひ)やす 차게 하다　冷(ひ)える 시원해지다

・コーヒーが冷めないうちに召し上がってください。
커피가 식기 전에 드세요.
・冷蔵庫でジュースを冷やす。
냉장고로 주스를 차게 하다.

120 覚める　잠에서 깨다　▶ 覚(さ)ます 잠을 깨우다, 깨다

・年をとったせいか、朝早く目が覚めてしまいます。
나이를 먹은 탓인지, 아침 일찍 잠에서 깨어 버립니다.

121 騒ぐ　떠들다　▶ 騒(さわ)がす 시끄럽게 하다, 떠들썩하게 하다
騒(さわ)ぎ 소동, 소란

・騒ぎがおさまる。
소동이 가라앉다.
・子どもをさわがせるな。
아이를 떠들게 하지 마라.

① 胸が騒ぐ　가슴이 두근거리다, 전전긍긍하다
・何か胸が騒いでしょうがない。
어쩐 일인지 가슴이 떨려 견딜 수가 없다.
② 騒動　소동 ＝ 騒(さわ)ぎ立(た)てる 소란피우다, 시끄럽게 떠들다
・騒動が治まった。　소동이 가라앉았다.

동사

동사

122 さわ
触る (① 대상이 고체, 액체인 경우 ② 한쪽 사람이 일방적으로
③ 양쪽이 사람인 경우나 사람의 일정 부위를) 가볍게 닿다, 손대다

・汚れた手で触る。 더러운 손으로 만지다.

・燃えているストーブにさわると熱い。
불이 좋은 난로에 손을 대면 뜨겁다.

　→ 유사 표현

　　① 触れる ① 대상이 기체나 전류 ② 접촉 대상의 범위가 추상적이고 광범위함
　　　　③ 물건과 물건과의 접촉 만지다, 손을 대다

　　　・サンプルには手を触れないでください。
　　　샘플에는 손을 대지 마세요.

　　　・いかりに触れる。
　　　노여움을 사다.

123 しか
叱る (사람이나 가축을) 꾸짖다, 야단치다 ↔ 褒(ほ)める 칭찬하다, 축하하다

・犬を叱る。 개를 혼내다.

・あまりひどく叱るとかえって子どもによくない。
너무 심하게 꾸짖으면 오히려 아이에게 좋지 않다.

　　→ 유사 표현

　　① 叱責する (감독자가 아래 사람을) 질책하다 ＊강한 어조의 문장체 표현
　　・部下を叱責する。 부하를 질책하다.

124 し
敷く 깔다, 펴다 ↔ 畳(たた)む 개다, 개키다

・ぼくはいつも自分で布団を敷く。
나는 항상 스스로 이불을 깐다.

125 しず
沈む (대체로 자연스럽게) 물 속에 가라앉다, 지다

・海底に沈んだ船を引き上げる。
해저에 가라앉은 배를 끌어올리다.

　→ 유사 표현

　　① 潜る (오직 자발적인 경우에만 사용) 기어들다, 잠수하다
　　・地震の時は机の下にもぐるとよい。
　　지진이 일어났을 때는 책상 밑에 들어가면 된다.

126 死ぬ 죽다 = 亡(な)くなる 돌아가시다

・夜は死んだように静まり返っていた。
밤은 쥐죽은 듯이 고요해졌다.

127 しまう 치우다, 간수하다, 보관하다 ▶ おしまい 끝, 마지막(しまい의 공손한 말)

・どこにしまったか心あたりがない。
어디에 치웠는지 짐작 가는 곳이 없다.

・これでお話はおしまいです。
이것으로 이야기는 끝입니다.

🔎 시험에 잘 나오는 관련 표현

① しまう 끝내다, 마치다

・もうこの店はしまおう。
이제 이 가게는 닫자.

・もうおそいから仕事をしまいなさい。
벌써 늦었으니까 일을 끝내세요.

② ～てしまう ～해 버리다(완료) ＊회화에서는 「～ちゃう」로 쓴다.

・一晩でこの本を読んでしまった。
하룻밤에 이 책을 읽어버렸다.

③ ～てしまう ～해 버리다(후회, 유감)

・大事な書類をなくしてしまった。
중요한 서류를 잃어버렸다.

128 締める 조르다, 졸라매다 ↔ 外(はず)す 풀다 ㉔ 締(し)まる 단단히 죄이다, 느슨한 것이 죄어져서 제대로 되다

・ネクタイ(ベルト)をしめる。
넥타이(벨트)를 매다.

129 閉める (문을) 닫다 ㉔ 閉(し)まる 닫히다

・ホテルのドアは、閉めると自然にかぎがかかるようになっている。
호텔의 문은 닫으면 저절로 자물쇠가 걸리도록 되어 있다.

동사

130 喋る(しゃべ) 수다스럽게 말하다, 지껄이다 ▶ (お)喋(しゃべ)り 지껄임, 수다스러움, 수다쟁이 *「しゃべる」는 「話(はな)す」의 속어(俗語)이다. 불필요한 말을 많이 하는 것을 의미하며 '지껄이다'라는 의미가 강하게 내포되어 있다. 영어의 chat에 해당한다.

・今(いま)は、試験中(しけんちゅう)です。しゃべってはいけません。
지금은 시험 중입니다. 말해서는 안 됩니다.

・人前(ひとまえ)でしゃべるのはどうも苦手(にがて)です。
남 앞에서 말하는 것은 아무래도 서툽니다.

131 しょう (등에) 지다 ＝ 背負(せお)う

・左側(ひだりがわ)の女性(じょせい)はリュックをしょっています。
왼쪽의 여자는 가방을 메고 있습니다.

132 知らせる(し) 알리다, 통보하다, 통지하다 ▶ (お)知(し)らせ 알림, 통지

・前(まえ)もって知(し)らせる。
미리 알리다. 예고하다.

・出発(しゅっぱつ)の時間(じかん)は電話(でんわ)でお知(し)らせいたします。
출발 시간은 전화로 알려 드리겠습니다.

・胸(むね)をわくわくさせて知(し)らせを待(ま)つ。
가슴을 두근거리며 통지를 기다리다.

133 調べる(しら) 조사하다

・何(なに)が原因(げんいん)なのかよく調(しら)べる必要(ひつよう)がある。
무엇이 원인인지 자세히 조사할 필요가 있다.

134 知る(し) 알다 ▶ (〜なら)いざ知(し)らず (〜이면) 또 모르지만, 〜은 어떨지 모르지만

・あの人(ひと)は中国人(ちゅうごくじん)だけに漢字(かんじ)をよく知(し)っている。
저 사람은 중국인인 만큼 한자를 잘 알고 있다.

・人(ひと)ならいざ知(し)らず、私(わたし)には承服(しょうふく)できない。
다른 사람이라면 몰라도 나는 승복할 수 없다.

・子供(こども)ならいざ知(し)らず、そんなくだらないことで煩(わずら)わせないでください。
어린애라면 또 모르지만, 그런 하찮은 일로 걱정을 끼치지 말아 주세요.

'알다'로 해석되는 「知る」와「分かる」

① 知る 타동사로 학습을 통해 얻은 지식이나 지적인 측면을 말하는 표현이다. 그러므로 단순히 '모르다'의 반대 개념에 가깝다. 동작을 나타내는 동사인 만큼 '알고 있다'라는 표현은 현재 상태를 나타내는 「知(し)っている」로 해야 한다. 그러나 부정형의 경우는 「~ている」의 형태가 아니라 「知(し)らない」라고 해야 한다.

· 一度習ったことはすべて知っている。
한 번 배운 것은 모두 알고 있다.

② 分かる 단순히 알고 있다는 의미보다 '더욱 깊이 이해한다'는 의미에 가깝다. 어떤 사물에 대한 내용 파악 및 심정이나 사정을 이해한다는 의미를 가진 동사이다.

· みなさん、どんな意味か分かりましたか。
여러분, 무슨 의미인지 이해했습니까?

---

135 **信じる** 믿다 □□□

· あの人にかぎってそんなひどいことはしないと信じている。
저 사람만은 그런 심한 짓은 하지 않을 거라고 믿고 있다.

---

136 **吸う** 피우다 □□□

· 先生がタバコを吸っているのを見ました。
선생님이 담배를 피우는 것을 보았습니다.

· 18歳以下の人はタバコを吸ってはいけません。
18세 이하인 사람은 담배를 피워서는 안 됩니다.

---

137 **過ぎる** 지나다 □□□

· 何してるの? 待ち合わせの時間30分も過ぎてるよ。
무슨 일이야? 약속 시간 30분이나 지났어.

보충

① ~にすぎない ~에 지나지 않는다, ~에 불과하다

· 日本語ができるといっても、日常のやさしい会話ができるにすぎない。
일본어를 할 수 있다고 해도, 일상적인 쉬운 회화가 가능한 것에 불과하다.

*「たった(단지)・ほんの(불과)・わずか(고작)」와 잘 어울린다.

---

138 **空く** (속에 있던 것이) 비다, 적어지다 ↔ 混(こ)む 혼잡(복잡)하다, 붐비다 □□□

· 日曜日はすいているだろうと思います。
일요일은 한가할 거라고 생각합니다.

동사

동사

139 進む 앞으로 나가다 ▶ 進(すす)める 앞으로 나가게 하다, 전진시키다

・思うように仕事が進まない。
생각처럼 일이 진행되지 않는다.

140 捨てる 버리다

・窓からものを捨ててはいけません。
창문으로 물건을 버려서는 안 됩니다.

141 滑る 스키, 스케이트를 타다

・雪山をスキーで滑る。
눈이 쌓인 산에서 스키를 타다.

142 済む 일이 완료되다, 끝나다 ▶ 済(す)ます・済(す)ませる 끝내다, 때우다, 해결하다

・お食事はもう済みましたか。
식사는 벌써 하셨습니까?

・今やっと勉強が済んだところです。
지금 겨우 공부가 막 끝났습니다.

143 住む 살다

・ライオンはアフリカに住んでいる。
사자는 아프리카에 살고 있다.

144 する 하다 ▶ 〜がする 〜이 나다, (어떤 사태가) 일어나다, 느껴지다
　　　　　　　　〜にする 〜으로 하다 (선택)
　　　　　　　　化粧(けしょう)をする 화장을 하다 ↔ 化粧を落(お)とす 화장을 지우다

・留守番をする。
집을 보다.

・店番をする。
가게를 보다.

・音がする。
(사물의) 소리가 나다.

・草取をする。
잡초를 뽑다.

・この花、変なにおいがします。
이 꽃, 이상한 냄새가 납니다.

・送金はドル建てにしますか、円建てにしますか。
송금은 달러로 합니까? 엔화로 합니까?

◘ 관련 표현

① 〜がする (어떤 상태가) 느껴지다, 나다

- 寒気がする 한기가 느껴지다

- 匂いがする 냄새가 나다

② 気にする 걱정하다 = 心配(しんぱい)する

③ 〜気がする 〜생각이 들다

④ 口にする 말하다, 먹다 = 言(い)う 말하다・食(た)べる 먹다

⑤ イヤリング・ネックレスをする 귀걸이・목걸이를 하다

- みんなイヤリングをしています。
모두 귀걸이를 하고 있습니다.

◘ する 와 잘 어울리는 표현

① 朝寝坊をする 늦잠을 자다

② 後押しをする 후원하다

③ あらわにする 드러나다, 노출하다 =むきだす

④ 大騒ぎをする 소란을 피우다(떨다)

⑤ 大きな顔をする 남들 앞에서 (혼자) 잘난 체하다

⑥ ぎょっとする 깜짝 놀라다

⑦ 怪我をする 부상을 당하다, 상처를 입다

⑧ 心を鬼にする 마음을 냉혹하게 먹다

⑨ 袖にする 소홀히 하다, 거들떠보지 않다

⑩ 知らないふりをする 모르는 체 하다

---

145 座る 앉다 ↔ 立(た)つ 일어서다

・山田先生の隣に座っているのはだれですか。
야마다 선생님 옆에 앉아 있는 사람은 누구입니까?

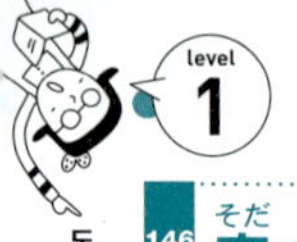

146 育つ 자라다, 성장하다 ▶ 育(そだ)てる 기르다, 키우다

・わたしは東京で生まれ、東京で育ちました。
저는 도쿄에서 태어나 도쿄에서 자랐습니다.

147 そる (머리나 수염 따위를) 깎다, 면도하다 ▶ かみそり 면도칼, 면도기

・父はふろ場でひげをそる。
아버지는 목욕탕에서 면도를 한다.

148 存じる 알다 *「知(し)る」의 겸양어

・お名前は存じておりますが、お目にかかったことはありません。
성함은 알고 있지만, 만나뵌 적은 없습니다.

149 倒れる 쓰러지다, 넘어지다 ▶ 倒(たお)す 쓰러뜨리다

・自転車が横に倒れている。
자전거가 옆으로 쓰러져 있다.

> **관련 표현**
>
> ① 転ぶ 넘어지다, 쓰러지다
> ・廊下で滑って転んでしまった。
> 복도에서 미끄러져 넘어져 버렸다.
>
> ② こける 넘어지다, 쓰러지다, 고꾸라지다
> ・雪道でこける。 눈길에 넘어지다.
>
> ③ 横になる 눕다
> ・横になって本を読む。 누워서 책을 읽다
>
> ④ 将棋倒し 줄줄이 넘어짐
> ・野球場の入り口に行列していた人たちが、後ろから押されて将棋倒しになった。
> 야구장 입구에 줄 서 있던 사람들이 뒤에서 밀려서 줄줄이 넘어졌다.

150 足す (부족한 부분 만큼을 충당하기 위하여) 더하다, 필요한 것을 채우다
*인간을 대상으로 하는 표현에는 사용할 수 없다
＝つけくわえる ▶ 足(た)し算(ざん) 덧셈

・不足の分を足す。 부족분을 채우다.

＊다음 단어는 인간을 대상으로 표현할 수 있다.

① 加える (보완하는 경우가 아닌 추가한다는 개념) 더하다, 가하다
　　　㉜ 加(くわ)わる 더해지다, 늘다

・大雨に加えて、風まで吹いてきた。
비에다 바람까지 겹쳐 불어왔다.

② 追加する 추가하다

・このグループに山田君を追加する。
이 그룹에 야마다 군을 추가하다.

---

151 出す 부치다, 보내다　㉜ 出(で)る 나가다, 나오다

・散歩がてら、手紙を出してきます。
산책하는 김에 편지를 부치고 오겠습니다.

➡ 시험에 잘 나오는 관련 표현

① 精を出す 열심히 하다

・予定通り仕上げようと精を出した。
예정대로 완성하려고 열심히 했다.

・精を出して試験の準備をする。
열심히 시험 준비를 하다.

---

152 助ける 돕다, 구하다　㉜ 助(たす)かる 구조되다, 도움이 되다

・川に落ちた子犬を助ける。
강에 빠진 강아지를 구하다.

---

153 尋ねる 묻다 ▶ 訪(たず)ねる 방문하다

・日本に来たばかりのころは、知らない人に道を尋ねました。
일본에 막 왔을 때는 모르는 사람에게 길을 물었습니다.

・山の奥の湖を訪ねる。
산 속에 있는 호수를 방문하다.

---

154 畳む 접다, 개다

・傘を畳む。 우산을 접다.

・布団を畳む。 이불을 개다.

level 1

🔷 관련 표현

① 胸に畳む 가슴에 접다, 가슴 속에 간직하다, 혼자만 알다

・今度のことは、僕の胸に畳んでおくから、心配しなくていいよ。
이번 일은 나 혼자만 알고 있을 테니까, 걱정 안 해도 돼.

---

155 立つ 일어서다 ↔ 座(すわ)る 앉다

・二人の女の人は並んで立っています。
두 여자는 나란히 서 있습니다.

・立ちっぱなしでいる。 선 채로 있다.

---

156 経つ 시간이 지나다, 경과하다 ▶ 建(た)つ 건물 등이 세워지다, 서다
建(た)てる 세우다, 짓다 建築(けんちく) 건축

・この家に引っ越して来てからもう３年経った。
이 집에 이사 온 지 벌써 3년 지났다.

・丘の上にテレビの中継塔が建っている。
언덕 위에 텔레비전 중계탑이 서 있다.

・この工場は2000年に建てられた。
이 공장은 2000년에 지어졌다.

・ビルを建築中である。 빌딩을 건축 중이다.

---

157 楽しむ 즐기다

・登山を楽しむ。 등산을 즐기다.

・余暇を楽しむ時代になりました。 여가를 즐기는 시대가 되었습니다.

---

158 頼む 믿다, 의지하다

・私は母にお弁当を作ってくれるように頼んだ。
나는 어머니께 도시락을 만들어 주도록 부탁했다.

---

159 食べる 먹다 = 食(く)う ▶ 食(た)べ終(お)わる 다 먹다

・日本料理を食べたことがありますか。
일본 요리를 먹어 본 적이 있습니까?

・もう食べ終わった人もいるようです。
벌써 다 먹은 사람도 있는 것 같습니다.

① ぱくぱく 마구 먹어대는 모양, 덥석덥석, 허겁지겁

② もぐもぐ 우물우물, 꾸물꾸물

- もぐもぐ食(た)べる。
  우물우물 먹다.

---

160 溜(た)める ① 막다, 막아서 괴게 하다 ② 모으다
  ▶ 貯(た)める・お金(かね)を貯(た)める 돈을 모으다

- 貧乏(びんぼう)が身(み)に染(し)みている彼(かれ)は無駄使(むだづか)いは一切(いっさい)せずにお金(かね)を溜(た)めた。
  가난을 뼈저리게 느낀 그는 낭비는 일절 하지 않고 돈을 모았다.

---

161 足(た)りる 충분하다

- 合格(ごうかく)できなかったのは、努力(どりょく)が足(た)りなかったからにほかならない。
  합격하지 못한 것 다름 아닌 노력이 부족했기 때문이다.

---

162 違(ちが)う (어떤 기준이 되는 것과 맞지 않을 때) 다르다, 틀리다, 정상이 아니다

- それでは話(はなし)が違(ちが)うじゃないか。
  그럼 얘기가 다르잖아?

- 韓国(かんこく)の食(た)べ物(もの)はアメリカの食(た)べ物(もの)と違(ちが)います。
  한국 음식은 미국 음식과 다릅니다.

⬤ 유사 표현

① 異(こと)なる (잘못되다, 정상이 아니라는 의미는 없다) 다르다, 같지 않다

- りんごとなしは種類(しゅるい)の異(こと)なる果物(くだもの)だ。
  사과와 배는 종류가 다른 과일이다.

② 相違(そうい) 상이함, 다름 *「ことなる」와 거의 동일한 의미

- その品物(しなもの)は見本(みほん)と相違(そうい)している。
  그 물건은 견본과 다르다.

③ 間違(まちが)う ㉗ 틀리다, 잘못되다 ㉤ 잘못 알다, 틀리게 하다

- この会議(かいぎ)のお知(し)らせは場所(ばしょ)が間違(まちが)っている。 ㉗
  이 회의 알림장은 장소가 잘못되어 있다.

- 相手(あいて)の名前(なまえ)を間違(まちが)って、恥(はじ)をかいた。 ㉤
  상대의 이름을 틀려서 창피를 당하였다.

④ 間違(まちが)える ㉤ 틀리게 하다, 잘못하다

동사

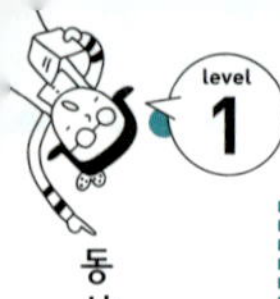

・店員は客におつりを間違えて渡した。
점원은 손님에게 잔돈을 틀리게 주었다.

⑤ ～に違いない　～임에 틀림없다 = ～はずだ

・この不況は長引くにちがいない。
이 불황은 오래 계속될 것임에 틀림없다.

・これからも金融機関の破綻は続くにちがいない。
앞으로도 금융 기관의 파탄은 계속될 것임에 틀림없다.

・ゆうべの雨で花が散ってしまったにちがいない。
어젯밤 내린 비로 꽃이 진 것이 분명하다.

---

163 使う　사용하다 ▶ お使(つか)い 심부름

・のこぎりを使って木を切る。
톱을 사용하여 나무를 자르다.

・そんなに気を使わないでください。
그렇게 신경을 쓰지 마세요.

🔵 **유사 표현**

① 使用　사용

・電子レンジ・オーブンにはご使用になれません。
전자렌지 · 오븐에는 사용하실 수 없습니다.

---

164 疲れる　피곤하다 ▶ 疲(つか)れ 피로

・疲れたときは寝るにかぎる。
피곤할 때는 자는 것이 최고다.

・疲れはとれましたか。
피로는 풀렸습니까?

・疲れがたまっている。　피로가 쌓여 있다.

🔵 **관련 표현**

① 顎を出す　녹초가 되다

② 綿のように疲れる　몹시 피로하다, 녹초가 되도록 지치다

③ 性根が尽き果てる　기진맥진하다

④ 足が棒になる　다리가 뻣뻣해지다, 지치다, 피로하다

・一日中歩きまわって、足が棒になる。
하루 종일 돌아다녀서 다리가 뻣뻣해지다.

□□□

165 **付く** 같이 있다, 뒤따르다, 덧붙다, 첨가되다
　　▶ 高(たか)くつく 값이 치이다, 비용이 들다　付(つ)き 붙어 있음, 부속, 달려 있음
　　条件(じょうけん)付(づ)き 조건부

・父について行く。 아버지를 따라가다.

・サービス料がつくから少し高くなります。
서비스료가 붙기 때문에 조금 비싸집니다.

・今度の旅行は高くつきました。
이번 여행은 비싸게 치였습니다.

・色がつく。 물이 들다.

・おまけがつく。 사은품이 붙다(덧붙다).

・気がつく。 정신이 들다. 눈치 채다.

□□□

166 **つく** 불이 켜지다 ㉮ つける 전등, 불을 켜다

・電燈がつく。 전등이 켜지다.

🔵 **관련 표현**

① つく(吐く) 숨을 쉬다, 말하다

　・ため息を吐く。 한숨을 쉬다.

　・うそをつく。 거짓말을 하다.

② 就く 그 자리에 앉다, 취임하다
　・社長の任に就く。 사장에 취임하다.

□□□

167 **突く** 짚다, 괴다

・杖を突く。 지팡이를 짚다.

・手を突く。 손을 짚다.

・肘を突いて本を読む。 턱을 괴고 책을 읽다.

□□□

168 **作る・造る** 만들다

・ビールは麦から作られます。 맥주는 보리로 만들어집니다.

・日本酒は米から作られます。 일본 술은 쌀로 만들어집니다.

동사

169 付ける 달다, 바르다, 일기를 쓰다

- ブローチをつける。 브로치를 달다.
- 香水をつける。 향수를 뿌리다.
- 今年から毎日日記をつけることにしました。
  올해부터 매일 일기를 쓰기로 했습니다.

➡ 보충 표현

① ～につけ ～につけ ～이건 ～이건, ～이나 ～이나

- 喜びにつけ、悲しみにつけ。
  기쁘면 기쁜 대로, 슬프면 슬픈 대로. 기쁘거나 슬프거나.
- 大人につけ、子供につけ、喜ばれている映画である。
  어른이나, 어린이나 다 좋아하는 영화다.
- 雨につけ、風につけ、遠くにいる息子のことが案じられる。
  비가 오건, 바람이 불건, 먼 곳에 있는 아들이 염려된다.

170 伝える 전하다, 전달하다 ㉲ 伝(つた)わる 전해지다, 알려지다

- 彼に私がよろしく言っていたとお伝えください。
  그에게 제가 잘 부탁한다고 전해 주세요.

171 続ける 계속하다, 잇달아 하다 ㉲ 続(つづ)く 계속되다, 이어지다

- この問題に関してはあくまで主張を続けるつもりだ。
  이 문제에 관해서는 끝까지 주장을 계속할 작정이다.

172 包む 싸다, 포장하다

- 急いで包んでもらえますか。 2時にはここを出るもので。
  서둘러 포장해 주실 수 있겠어요? 2시에는 여기를 나가야 하기 때문에요.

173 勤める 근무하다, 일하다 ▶ 勤(つと)め 근무

A : どちらにお勤めですか。
  어디에서 일하십니까?

B : 韓国銀行に勤めています。
  한국은행에 근무하고 있습니다.

* ～に勤める, ～で働く 조사의 쓰임을 주의하자!

174 積もる　쌓이다 ↔ 積(つ)む 쌓다

- ちりも積もれば山となる。
  티끌 모아 태산이다.
- 一晩で雪が15センチも積もった。
  하룻밤 사이에 눈이 15cm나 쌓였다.

175 釣る　물고기를 낚다, 곤충을 잡다

- 父が大きなさばを釣ってきた。
  아버지가 큰 고등어를 낚아 왔다.

176 連れて行く　데리고 가다 ↔ 連(つ)れて来(く)る 데리고 오다

- 課長は時々わたしたちをレストランに連れていってくれます。
  과장님은 가끔 우리들을 레스토랑에 데리고 가 줍니다.

177 出かける　나가다, 외출하다 ＝ 出(で)る 나가다, 나오다 ▶ 出発(しゅっぱつ) 출발

- わたしこれから出かけますの。
  저 지금부터 나갈 거예요.
- 団体で海外旅行に出かける。
  단체로 해외 여행을 가다.
- いま出たところだ。
  지금 막 나왔다.

178 できる　발생하다, 생기다, 할 수 있다

- 用事ができたので、今日は行けません。
  볼일이 생겨서, 오늘은 갈 수 없습니다.
- できるだけやってみて、だめならまた考えればいい。
  할 수 있는 데까지 해 보고 안 되면 또 생각하면 된다.

보충

① できる　완성되다 ＝ 仕上がる

- うん、なかなかよくできました。おいしいですね。
  음, 제법 잘 완성되었습니다. 맛있군요.

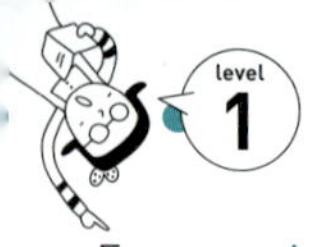

② **できる** 성적이 좋다, 잘하다, 능력이 있다

・このクラスで数学が一番できる学生。
이 반에서 수학을 제일 잘하는 학생.

・彼は勉強がよく出来るばかりか、絵の天才に至っては全く並ぶ者がいない。
그는 공부를 잘할 뿐 아니라 그림의 천부적 재능에 있어서는 당할 자가 없다.

---

179 手伝う 도와주다, 거들어 주다 = 手助(てだす)けする 돕다
援助(えんじょ)する 원조하다 ▶ 手伝(てつだ)い 남의 일을 거듦, 심부름
お手伝(てつだ)い 도움

・忙しいので細かいことまで手伝えない。
바빠서 세세한 데까지 거들 수 없다.

・会場の準備のお手伝いをお願いします。
회의장 준비를 도와줄 것을 부탁합니다.

・店の手伝いをする。
가게 심부름을 하다.

---

180 通る 지나다, 통과하다

・ひっきりなしに車が通っている。
끊임없이 차가 지나가고 있다.

・店の前を通っている。
가게 앞을 통과하고 있다.

---

181 閉じる 눈을 감다 ▶ 目(め)を閉(と)じる 눈을 감다, 돌아가시다

・父はその日の午後静かに目を閉じた。
아버지는 그 날 오후에 조용히 눈을 감았다.

---

182 届く (짐, 편지 등이) 배달되다, 도착하다 *사람도 파견되는 경우라면 사용 가능
▶届(とど)ける 보내다, 배달하다, 신고하다

・手紙が届く。 편지가 도착하다.

・部長あての小包が届いています。
부장님 앞으로 소포가 와 있습니다.

・拾った財布を交番に届けた。
주운 지갑을 파출소에 신고했다.

① 着<ruby>着<rt>つ</rt></ruby>く (사람, 타는 것, 짐 등이) 도착하다

・早<ruby>早<rt>はや</rt></ruby>く着<ruby>着<rt>つ</rt></ruby>くように電車<ruby>電車<rt>でんしゃ</rt></ruby>で行<ruby>行<rt>い</rt></ruby>った。
빨리 도착하도록 전철로 갔다.

② 到着<ruby>到着<rt>とうちゃく</rt></ruby>する (사람, 짐에 사용, 단 어느 지점까지 도달하는 의미로는 불가) 도착하다

・全員<ruby>全員<rt>ぜんいん</rt></ruby>が無事<ruby>無事<rt>ぶじ</rt></ruby>に目的地<ruby>目的地<rt>もくてきち</rt></ruby>に到着<ruby>到着<rt>とうちゃく</rt></ruby>した。
전원이 무사히 목적지에 도착했다.

③ つく (손이) 닿다

・手<ruby>手<rt>て</rt></ruby>が天井<ruby>天井<rt>てんじょう</rt></ruby>に届<ruby>届<rt>つ</rt></ruby>いた。
손이 천정에 닿았다.

---

183 飛<ruby>飛<rt>と</rt></ruby>ぶ 날다 ▶ 飛(と)ばす 날려 보내다

・鳥<ruby>鳥<rt>とり</rt></ruby>は山<ruby>山<rt>やま</rt></ruby>のほうへ飛<ruby>飛<rt>と</rt></ruby>んでいった。
새는 산쪽으로 날아갔다.

---

184 止<ruby>止<rt>と</rt></ruby>まる 멈추다, 서다 ▶ 止(と)める 멈추다, 정지시키다

・タクシーが止<ruby>止<rt>と</rt></ruby>まっています。
택시가 멈춰 서 있습니다.

・ここに自転車<ruby>自転車<rt>じてんしゃ</rt></ruby>を止<ruby>止<rt>と</rt></ruby>めないでください。
여기에 자전거를 세우지 말아주세요.

① 立<ruby>立<rt>た</rt></ruby>ち止<ruby>止<rt>ど</rt></ruby>まる 제자리에 서다

・歩行者<ruby>歩行者<rt>ほこうしゃ</rt></ruby>が立<ruby>立<rt>た</rt></ruby>ち止<ruby>止<rt>ど</rt></ruby>まっている。
보행자가 멈춰 서 있다.

---

185 泊<ruby>泊<rt>と</rt></ruby>まる 묵다, 숙박하다 ▶ 泊(と)める 숙박시키다, 묵게 하다

・船<ruby>船<rt>ふね</rt></ruby>が港<ruby>港<rt>みなと</rt></ruby>に泊<ruby>泊<rt>と</rt></ruby>まっている。
배가 항구에 정박하고 있다.

・今日<ruby>今日<rt>きょう</rt></ruby>はホテルに泊<ruby>泊<rt>と</rt></ruby>まる。
오늘은 호텔에 묵는다.

동사

186 取る 집다, 주문하다 ▶ 撮(と)る (사진 등을) 찍다, 촬영하다
ポーズをとる 자세를 취하다　年(とし)を取(と)る 나이를 먹다

・ちょっと塩を取ってください。
소금 좀 집어 주세요.

・左の人は注文を取っています。
왼쪽 사람은 주문을 받고 있습니다.

・新聞を取っている。 ＝ 購読する 구독하다
신문을 구독하고 있다.

・わたしの趣味は写真を撮ることです。
내 취미는 사진을 찍는 것입니다.

・パソコンの資格でも取ろうかな。
컴퓨터 자격증이라도 취득할까?

・同じポーズをとっている。
같은 자세를 취하고 있다.

・年を取るにつれて、会うこともなくなりました。
나이를 먹음에 따라, 만날 일도 없어졌습니다.

◆ 시험에 잘 나오는 관련 표현

① 揚足を取る　사소한 일로 반론하다, 남의 말꼬리를 잡고 늘어지다

187 取れる ① 붙어 있던 것이 떨어지다, 빠지다　② (피로가) 풀리다, 해소되다
③ (어떤 상태가) 유지되다

・本の表紙が取れる。 책표지가 떨어지다.

・よく寝たから疲れが取れた。 푹 자서 피로가 풀렸다.

・栄養のバランスが取れる。 영양의 균형이 유지되다.

188 治る 병이 낫다 ▶ 治(なお)す 병을 고치다, 치료하다

・病気が治ったから何を食べたっていいんです。
병이 나았으니 어떤 것을 먹어도 좋습니다.

189 鳴く (새, 곤충, 짐승이) 울다
▶ 鳴(な)る (소리가) 울리다, 나다　泣(な)く (사람이) 울다

・虫が鳴く。 벌레가 울다.

・あなたが大声を出したばかりに子どもが泣き出してしまった。
당신이 큰 소리를 낸 탓에 아이가 울음을 터뜨리고 말았다.

190 **泣く** (사람이) 울다

▶ 우는 소리와 관련된 의성어

① めそめそ 소리내지 않고 우는 모습, 훌쩍훌쩍

② しくしく 낙심하여 우는 모습, 훌쩍훌쩍

③ 涙ぐむ 눈물을 글썽이다

④ おいおい 크게 우는 소리, 엉엉

▶ 관련 표현

① 泣き寝入り 불만스러우나 할 수 없이 단념함, 억울하나 참고 넘어감
- 暴力団のいやがらせに泣き寝入りした。
  폭력단의 괴롭힘에 아무런 하소연도 못하고 있었다.
- 報復を恐れて泣き寝入りする。
  보복을 두려워하여 아무 말도 못하다.

② 泣く子と地頭には勝てぬ
직역하면 '우는 아이와 권력자에게는 못 이긴다'로, '도리를 모르는 사람에게는 이치가 통하지 않는다'는 뜻이다. 「地頭(じとう)」에는 여러 가지 뜻이 있으나, 여기서는 '그 지방의 두목'이란 뜻으로 쓰였다.
- 「泣く子と地頭には勝てぬ」という諺もあるんだ。君のほうから曲げて出るよりほか仕方がないよ。
  '우는 아이와 권력자에게는 당할 수 없다'는 속담도 있지 않은가. 자네 쪽에서 굽히고 나갈 수밖에 도리가 없네.

191 **無くなる** 없어지다 囘 無(な)くす 없애다 ▶ 亡(な)くなる 죽다, 돌아가다

- そんなことしてると信用がなくなりますよ。
  그런 짓을 하면 신용이 없어집니다.
- 亡くなった父の写真はこの一枚しかありません。
  돌아가신 아버지 사진은 이 한 장밖에 없습니다.

192 **投げる** 던지다

- だれかが石を投げたらしく、窓ガラスが壊れていた。
  누군가가 돌을 던진 듯, 창문 유리가 깨져 있었다.

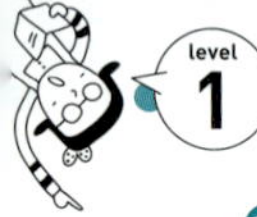

🔹 관련 표현

① 身を投げる 몸을 던지다, 투신 자살하다

・最近若い人たちが、自ら身を投げて、心配だ。
최근에 젊은 사람들이 스스로 투신 자살하여 걱정이다.

---

193 怠ける (목적, 의도를 가지고) 게으름 피우다 ＝ サボる, ずるける

・仕事を怠けるとあとがつらい。 일을 게을리하면 나중이 괴롭다.

🔹 유사 표현

① 怠る 게을리하다, 태만히 하다(당연히 해야 할 것을 깜박 잊었을 경우, 근무처를 목적으로 하는 경우는 사용할 수 없음)

・注意を怠ったばかりに、とんでもないことになった。
주의를 게을리한 탓에 엉뚱한 사태가 되었다.

---

194 習う 배우다

・ギターを習ったことがあります。 기타를 배운 적이 있습니다.

---

195 並べる 늘어놓다, 나란히 하다 ㉔ 並(なら)ぶ 한줄로 서다, 나란히 늘어서다
▶ 立(た)ち並(なら)ぶ 줄지어(나란히) 서다

・その書類をテーブルの上に並べておいてください。
그 서류를 테이블 위에 늘어놓아 주세요.

🔹 관련 표현

① 肩を並べる 어깨를 나란히 하다, 막상막하다

・あの二人はいつも肩を並べてトップを競っている。
저 두 사람은 언제나 막상 막하로 일등 자리를 다투고 있다.

---

196 成る 이루어지다, 완성되다, (존경을 나타내어) ～하시다

・夢中になる。 열심히 하다. 열중하다.

・いろいろお世話になりました。 여러 가지로 신세 많이 졌습니다.

---

197 慣れる 익숙해지다, 적응이 되다

・日本の生活に慣れたので、前よりおもしろくなってきた。
일본 생활에 익숙해져서, 전보다 재밌어졌다.

198 似合う　어울리다, 잘 맞다 ▶ ぴったり 꼭 맞음
↔ だぶだぶ 헐렁헐렁(몸에 비해 의복 등의 치수가 큰 경우)
きつい 꼭 끼다, 몸집에 비해 작다

・たいへんよくお似合いですよ。 너무 잘 어울려요.
・この女性は白い服がよく似合う。 이 여성은 하얀 옷이 잘 어울린다.

199 握る　쥐다, 손으로 물건을 잡다
・決勝戦は手に汗を握るいい試合でしたね。
결승전은 손에 땀을 쥐는 좋은 시합이었어요.
・すしを握る。 초밥을 만들다.
・証拠を握る。 증거를 잡다.
・秘密を握る。 비밀을 쥐다.

200 逃げる　도망치다, 달아나다 ▶ 逃(のが)す 놓치다
・小鳥が鳥かごから逃げてしまった。
새가 새장에서 도망가 버렸다.

◎ P2-L1-03

201 似ている　닮다 ＊원형은 「似(に)る」이며 조사 「に」를 수반한다.
・彼の性格はお父さんに似ている。 그의 성격은 아버지를 닮았다.

　➡ 유사 표현
　① 父親にそっくりだ　아버지를 꼭 닮았다
　② 瓜二つ　(오이를 세로로 자르면 두 개가 꼭 같다는 데서) 아주 닮음

202 抜く　앞지르다, 뽑다, 빼내다, (절차, 과정을 멋대로) 생략하다, 거르다
㉠ 抜(ぬ)ける 벗겨지다, 빠지다 ▶ 栓抜(せんぬ)き 병따개
手抜(てぬ)き工事(こうじ) 부실 공사
・2003年には輸出が輸入を抜く。
2003년에는 수출이 수입을 앞지르다.
・息を抜く。 긴장을 풀다.

203 脱ぐ　벗다 ↔ 着(き)る 입다　はく 신다
・日本では家に入るとき、くつをぬぎます。
일본에서는 집에 들어갈 때 신발을 벗습니다.

동사

동사

204 盗む　훔치다 ＝取(と)る 훔치다, 빼앗다

・今月の小遣いを盗まれた。 이번 달 용돈을 도둑맞았다.

205 塗る　칠하다 ▶ 塗(ぬ)り 칠

・壁にペンキを塗る。 벽에 페인트를 칠하다.

・おわんの塗りがはげる。 밥그릇 칠이 벗겨지다.

206 濡れる　젖다 ▶ 濡(ぬ)れぎぬを着(き)せられる 누명을 쓰다

・服がびっしょり濡れている。 옷이 흠뻑 젖었다.

・おかあさん、ぼく今日学校で濡れぎぬを着せられたんだ。
엄마, 나 오늘 학교에서 억울하게 누명을 썼어.

207 眠る　잠자다 ▶ 眠(ねむ)り 잠, 수면

・昼の間は体を動かして働き、夜は静かにねむります。
낮에는 몸을 움직여서 일을 하고, 밤에는 조용하게 잡니다.

・背中をまるめて眠る。 새우잠을 자다.

・深い眠りに落ちる。 깊은 잠에 빠지다.

208 寝る　자다, 눕다

・きのうは風邪を引いて一日中寝ていました。
어제는 감기에 걸려서 하루종일 누워 있었습니다.

🔁 보충

① 寝る　누워 있지만 수면을 취하고 있는지 아닌지 확실하게 나타내지는 못 한다.

・夜は10時に寝ます。 밤에는 10시에 잡니다.

② 眠る　확실하게 수면을 취하고 있는 상태를 나타낸다.

・一日、8時間眠る。 하루에 8시간 잔다.

209 残る　남다 ▶ 残(のこ)り 나머지　残(のこ)す 남기다

・料理は食べ終わって残っていませんでした。
요리는 다 먹고 남아 있지 않았습니다.

・できるだけ残さないようにしてください。
가능하면 남기지 않도록 해 주십시오.

210 伸びる 자라다, 신장하다, 성장하다 ^囲 伸(の)ばす 넓히다, 발전시키다
▶ 伸(の)び 신장, 늘어남 ↔ 落(お)ち込(こ)み 줄어듦, 위축

・3月の販売台数はおおきく伸びた。 3월의 판매 대수는 크게 늘었다.

・2002年度と2003年度の伸びには大きな差がある。
2002년도와 2003년도의 신장에는 큰 차이가 있다.

➡ 유사 표현

① **上昇** 상승

・貿易赤字は5月より上昇する一方です。
무역 적자는 5월부터 계속 상승하고 있습니다.

211 登る 오르다 ▶ 山登(やまのぼ)り 등산

・富士山に登ったことがあります。
후지산에 오른 적이 있습니다.

・私の趣味はテニスをすることと山登りをすることです。
내 취미는 테니스를 치는 것과 등산을 하는 것입니다.

212 飲む 마시다 ▶ 涙(なみだ)をのむ 눈물을 삼키다
声(こえ)をのむ (놀라) 목소리가 나오지 않다   要求(ようきゅう)をのむ 요구
를 받아들이다   条件(じょうけん)をのむ 조건을 받아들이다

・のどがかわいたので水を飲む。 목이 말라서 물을 마신다.

・薬を飲んだほうがいいですよ。 약을 먹는 편이 좋아요.

➡ 마시는 모양

① **ごくごく** 액체를 시원스럽게 마셔 삼키는 모양, 꿀꺽꿀꺽
② **がぶがぶ** 액체를 기운차게 마시는 모양, 벌컥벌컥

・お酒をがぶがぶと飲む。 술을 벌컥벌컥 마시다.

・いくら喉が渇いたからって水をがぶがぶと飲んではいけない。
아무리 목이 마르다고 해서 물을 벌컥벌컥 마셔서는 안 된다.

213 乗り換える ① 바꿔타다, 갈아타다 ② (생각이나 방침을) 바꾸다

・途中、駅で急行電車から各駅停車に乗り換える。
(가던) 도중, 역에서 급행 전철에서 각역 정차하는 것으로 갈아탄다.

214 乗り越す　내릴 정거장을 지나쳐 버리다 ☐☐☐

- 居眠りをしていて、三つも駅を乗り越した。
  졸고 있다가, 역을 세개나 지나쳤다.

215 乗る　타다　回 乗(の)せる 태우다, 얹다, 올려놓다 ▶ 乗(の)り降(お)り 타고 내림 ☐☐☐

- ぶらんこに乗ったことがありますか。
  그네를 타 본 적이 있습니까?

- テーブルの上に本を乗せる。
  테이블 위에 책을 올려놓다.

  🔄 **관련 표현**

  ① 油が乗る　일에 능률이 오르다

  ② 大船に乗る　안심하다

  ③ 口に乗る　달콤한 말에 속다, 감언이설에 넘어가다

  ④ 口車に乗る　감언이설에 속다

  ⑤ 図に乗る　생각대로 되어 우쭐하다

  ⑥ 肩車に乗せる　목말 태우다

  - 子供を肩車に乗せている。
    아이를 목말 태우고 있다.

216 入る　들어가다(오다) = 入(い)る ☐☐☐

- お風呂に入る。
  목욕하다.

- あの店へ入ってみましょうか。
  저 가게에 들어가 볼까요?

  🔄 **관련 표현**

  ① 身が入る　진지하게 하다, 어떤 일에 열중하다

  - うちのせがれは何をしても身が入らなくて困ってるんです。
    우리집 아들 녀석은 무엇을 하든지 진지하게 하지 않아 걱정입니다.

217 履く　(신발을) 신다, (하의를) 입다 ☐☐☐

- 白いブラウスを着て、黒いスカートを履いている人はだれですか。
  하얀 브라우스를 입고, 검은 스커트를 입고 있는 사람은 누구입니까?

218 運（はこ）ぶ　운반하다, 나르다　□□□

・果物（くだもの）を運（はこ）んでいるのはだれですか。
과일을 운반하고 있는 사람은 누구입니까?

219 始（はじ）まる　시작되다　囲 始（はじ）める 시작하다　□□□
▶ 始（はじ）まり 시작, 발단　始（はじ）め 처음, 최초　↔ 終（お）わり 끝, 마지막

・学校（がっこう）は午前（ごぜん）9時（じ）より始（はじ）まります。　학교는 오전 9시부터 시작됩니다.

・けんかの始（はじ）まりはささいな事（こと）からだった。
싸움의 발단은 사소한 일에서였다.

・なんでも始（はじ）めが肝心（かんじん）だ。　무엇이든지 처음이 중요하다.

220 走（はし）る　① (주행 수단을 이용한 공간적인 빠른 이동) 달리다　□□□
② (좋지 않은 방향으로) 기울다, 치우치다, 치닫다

・もう中学生（ちゅうがくせい）の時（とき）のように速（はや）くは走（はし）れない。
이제 중학생 때처럼 빨리는 달릴 수 없다.

・非行（ひこう）に走（はし）る。　비행으로 치닫다.

🡒 유사 표현

① 駆（か）ける　(구어적 표현) 가능한 서둘러 빨리 달리다
・精（せい）いっぱい駆（か）ける。　힘껏 달리다.

② 馳（は）せる　囲 ㉠ 달리게 하다, 달리다, 몰다 ㉡ (생각 등을) 이르게 하다
・馬（うま）を馳（は）せる。　말을 달리다.
・遠（とお）い異国（いこく）に思（おも）いを馳（は）せる。
먼 이국 생각을 하다.

221 働（はたら）く　일하다, 활동하다, 작용하다　□□□
▶ 働（はたら）き 일, 활동, 기능　活動（かつどう） 활동

・働（はたら）かないで、お金（かね）がもらえるような仕事（しごと）はないでしょうか。
일하지 않고, 돈을 벌 수 있는 일은 없을까요?

・推理（すいり）を働（はたら）かせる。　추리하다.

・めざましい活動（かつどう）だ。　눈부신 활동이다.

・頭（あたま）を働（はたら）かせて考（かんが）えてください。　머리를 써서 생각해 주세요.

동사

222 話<ruby>はな</ruby>す　말하다 ▶ 話(はな)し合(あ)う 의논하다, 대화하다　話(はなし) 이야기
＊「話(はな)す」는 어떤 정리된 내용을 스토리로 구성하여 입으로 옮기는 것이다, 따라서 '대화하다'라는 의미가 더 강하다.「話(はな)し合(あ)い」는 '상담, 회의' 등의 의미가 된다. 영어의 talk에 해당한다.

・人前で話すのは苦手なんですよ。
남 앞에서 말하는 것은 자신이 없습니다.

・すみませんが、もう少しゆっくり話してください。
죄송하지만 좀더 천천히 말해 주세요.

223 はやる　유행하다 ▶ 流行(りゅうこう) 유행

・風邪がはやってますから気をつけてください。
감기가 유행하고 있으니 (건강에) 주의하세요.

224 払<ruby>はら</ruby>う　지불하다 ▶ 払(はら)い 지불　月末払(げつまつばら)い 월말 지불

・手持ちのお金がないなら、現金で払うことはない。カードで払えば
いい。
수중에 돈이 없으면, 현금으로 지불할 필요가 없다. 카드로 내면 된다.

➡ 先払い 선불 ↔ 後払い 후불

225 張<ruby>は</ruby>り切<ruby>き</ruby>る　힘(기운)이 넘치다 ＝ 意気(いき)ごむ, 勇(いさ)む

・張り切って働く。
활기차게 일하다.

226 貼<ruby>は</ruby>る　붙이다

・壁にポスターがべたべたと貼ってあります。
벽에 포스터가 덕지덕지 붙어 있습니다.

227 晴<ruby>は</ruby>れる　날이 개다, 맑다 ▶ 晴(は)れ 맑음

・天気予報によると、あしたは晴れるそうだよ。
일기예보에 의하면 내일은 맑다고 해.

・晴れの日がつづく。
맑은 날이 계속되다.

① あがる 끝나다, 마치다

・雨があがったので、洗濯をした。
비가 그쳐서 빨래를 했다.

② やむ 그치다, 끝나다, 멈추다

・雨がやんでから出かけましょう。
비가 그친 후에 나갑시다.

228 冷える 날씨가 추워지다 🖾 冷(ひ)やす 차게 하다, 식히다 ▶ 冷凍(れいとう) 냉동

・明日からは冷えるそうです。
내일부터는 날씨가 추워진다고 합니다.

・缶ジュースを冷蔵庫で冷やす。
캔 주스를 냉장고에서 차게 하다.

・牛肉を冷凍する。 쇠고기를 냉동하다.

229 光る 빛나다 ▶ きらきら 반짝반짝

・星が光っています。 별이 빛나고 있습니다.

・課長は部下の仕事に四六時中目を光らせている。
과장은 부하의 일에 하루종일 눈을 번뜩이고 있다.

230 引く 끌다, 끌어당기다, (사전을) 찾다

・そのドアは引かなければ開きませんよ。
그 문은 잡아 당기지 않으면 열리지 않아요.

・辞書を引きながら日本の小説を読みました。
사전을 찾으면서 일본 소설을 읽었습니다.

・風邪を引いて十日ほど学校を休みました。
감기에 걸려서 열흘 정도 학교를 쉬었습니다.

① 弾く 악기를 연주하다

・ピアノを弾くことができますか。 피아노를 칠 수가 있습니까?

② 轢く 차가 사람이나 동물을 치다

・ぼんやり歩いてると車に轢かれますよ。 멍하니 걷고 있으면 차에 치어요.

동사

231 引っ越す 이사하다 ▶ 引(ひ)っ越(こ)し 이사

・わたしは今度、学校の近くのアパートへ引っ越します。
저는 이번에 학교 근처에 있는 아파트로 이사합니다.

・となりの町に引っ越しをする。
이웃 마을로 이사한다.

232 引っ張る 잡아당기다, 잡아끌다
▶ 引(ひ)っ張(ぱ)りだこ 여기저기서 서로 스카웃하려는 대상

・子どもの手を引っ張る。
어린애의 손을 잡아끌다.

233 開く 개설하다, (가게를) 열다, 시작하다 ▶ 開店(かいてん) 개점

・銀行で口座をひらきます。 은행에서 계좌를 개설합니다.
・銀行は午前9時に開店する。 은행은 오전 9시에 개점한다.

○ 관련 표현

① ～開き 여는 것, 개시, 시작
・店開き 개점　・海開き 해수욕장 개장

234 拾う 떨어진 것을 줍다 ↔ 捨(す)てる 버리다

・散らかったかみくずを拾う。 널브러진 휴지를 줍다.
・ごみを拾ってごみ箱に捨てた。 쓰레기를 주워 쓰레기통에 버렸다.

235 増える (수량에 대해서만 사용) 수량이 늘다, 불어나다 ↔ 減(へ)る 줄어들다

・自動車の数は増える一方です。
자동차 수는 계속 늘어나기만 합니다.

○ 유사 표현

① 増す (수량과 정도에 대해 사용) 늘다, 더하다, 낫다 ▶ 増(ま)し 증가
・雨はいちだんと激しさを増した。 비는 한층 더 세차게 내렸다.
・休日の宿泊料は一割増しです。 휴일 숙박료는 10% 할증입니다.

② 増やす (수량에 대해서만 사용) 늘리다, 증가시키다
・財産を増やす。 재산을 늘리다.

236 吹く 바람이 불다 ▶ 噴(ふ)く (기체·액체 등이) 뿜다, 솟아나다

· 外は風がつよく吹いているらしい。
밖은 바람이 강하게 불고 있는 것 같다.

237 ぶつかる 부딪치다, 충돌하다 ▶ 衝突(しょうとつ) 충돌

· 自転車に乗っていて、車にぶつかった。
자전거를 타다가 차에 부딪쳤다.

238 太る 살찌다 ↔ やせる 마르다

· 甘いものは太ると知りつつも、目の前にあるとつい食べてしまう。
단 것은 살찐다는 걸 알면서도 눈앞에 있으면 그만 먹어버린다.

239 踏む 밟다 ▶ 二(に)の足(あし)を踏(ふ)む 주저하다, 망설이다 ＝ ためらう

· 自転車のペダルを踏む。 자전거의 페달을 밟다.

240 振る 흔들다 ▶ 降(ふ)る (비가) 내리다

· 船が出るとき、彼は手を振り、彼女はハンカチを振った。
배가 떠날 때, 그는 손을 흔들고 그녀는 손수건을 흔들었다.

· 雨が降るだけでなく、風まで吹き出した。
비가 올 뿐만 아니라 바람까지 불기 시작했다.

241 震える 흔들리다, 진동하다, (추위나 두려움으로) 떨리다

· 道路工事の振動で窓ガラスががたがた震える。
도로 공사 진동으로 유리창이 덜컹덜컹 흔들린다.

· あんまり寒いので震え上がりました。
너무 추워서 부들부들 떨었습니다.

242 減る 줄다 ▶ 減少(げんしょう)する 감소하다 減(へ)らす 줄이다
　　　　 ↔ 増(ふ)やす 늘리다 ㈜ 増(ふ)える 늘다

· 体重が減る。
체중이 줄다.

· 円高のため輸出が減る。
엔고로 인해 수출이 줄다.

동사

・年々減り続く。
매년 줄어들다.

・今年度は福祉の予算を前年度よりも増やすべきだ。
금년도는 복지 예산을 전년도보다 늘려야 한다.

・日本の防衛関係費は増え続けています。
일본의 방위 관련 비용은 계속 증가하고 있습니다.

243 干す 말리다 ＊「干(ほ)す」는 수분이나 습기를 제거하기 위해 통풍이 잘되는 곳에
내놓거나 햇빛이나 불을 쬐는 것을 말한다.

・洗濯物を干す。
빨래를 말리다.

・洗ったシャツを干す。
세탁한 셔츠를 말리다.

🔵 유사 표현

① 乾かす 말리다 ＊ 수분이나 습기를 제거하는 사실에 중점을 두는 말
　　㉚ 乾(かわ)く 마르다

・濡れたかさを乾かす。(干す(×))
젖은 우산을 말리다.

244 褒める 칭찬하다 ↔ 叱(しか)る 꾸짖다, 야단치다

・褒める一方で悪口を言う。 칭찬하는 한편 욕을 한다.
・山田さんは社長に褒められてうきうきしている。
야마다 씨는 사장에게 칭찬을 받고 우쭐해 하고 있다.

245 参る (「行く・来る」의 겸양어) ① 가다, 오다 ② 질리다, 손들다
　　▶ 閉口(へいこう) 난처함, 질림, 항복함

・今年の５月に韓国へ参りました。 금년 5월에 한국에 왔습니다.
・君のうそには参ったよ。 네 거짓말에는 질렸어.
・飲めないのに酒をすすめられて閉口した。
못 마시는데 술을 권해서 (몹시) 난처했다.

246 曲がる 구부러지다, 돌다　㉣ 曲(ま)げる 구부리다

・スーパーは一つ目の角を右に曲がるとあります。
슈퍼는 첫 번째 모퉁이를 오른쪽으로 돌면 있습니다.

247 巻く 　감다 ▶ 舌(した)を巻(ま)く 혀를 내두르다

・画用紙は折るとしわになるので巻いて持ち帰る。
도화지는 접으면 주름이 지기 때문에 말아서 가지고 간다.

248 間違える 　다른 것으로 착각하다, 잘못 알다
④ 間違(まちが)う 틀리다, 잘못하다 ↔ 正(ただ)しい 맞다, 올바르다

・この漢字、間違ってますよ。
이 한자, 틀렸어요.

・時間を間違えて田中さんにはとうとう会えなかった。
시간을 잘못 알아 다나카 씨와는 결국 만나지 못했다.

・あなたの言ったことは、ある意味では正しいと思います。
당신이 말한 것은 어떤 의미에서는 맞다고 생각합니다.

249 待つ 　기다리다

・お客様を待たせてはだめですよ。
손님을 기다리게 해서는 안 돼요.

・首を長くして待つ。
목이 빠져라 기다리다. 잔뜩 기대하다.

・お待たせしてすみませんでした。
기다리게 해서 죄송했습니다.

⚙ 관련 표현

① ～にまつ　～에 기대하다
・彼の成功は、もっぱら母の努力にまつところだと言える。
그의 성공은 전적으로 어머니의 노력에 의한 바라고 말할 수 있다.
・人間の幸福は、その人の努力にまたねばならない。
인간의 행복은 그 사람의 노력에 기대하지 않으면 안 된다.

② ～にまつところ　～에 힘입은(기대하는) 바
・電燈の発明は、エンジンの研究にまつところ大であった。
전등의 발명은 엔진 연구에 힘입은 바 컸다.
・今後の発展は君らにまつところが大きい。
앞으로의 발전은 제군들에게 기대하는 바가 크네.

동사

250 間に合う　시간에 늦지 않게 가다, 시간에 대다

- 急行に乗り換えれば、約束の時間に間に合うかもしれない。
  급행으로 갈아타면 약속 시간에 맞춰 갈지도 모른다.
- これ以上彼を待っていては間に合わなくなるから、もう行きましょう。
  이 이상 그를 기다리고 있으면 시간에 맞출 수 없으니까 이제 그만 갑시다.

251 守る　지키다 ▶ お守(まも)り 부적

- 慣習を守る。　관습을 지키다.
- 交通規則はかならず守るべきだ。
  교통 규칙은 반드시 지켜야 한다.

252 迷う　길을 잃다, 헤매다

- 洋子は初めての町で道に迷ってしまった。
  요코는 처음 가는 동네에서 길을 잃어버렸다.

253 回る　돌다　他 回(まわ)す 돌리다 ▶ 回(まわ)り・周(まわ)り 주위, 둘레, 회전

- お腹がぺこぺこで目が回りそうだ。
  배가 고파서 현기증이 날 것 같다.
- 電話を回しますから、お待ちください。
  전화를 돌려드릴 테니까 기다려 주세요.
- 知恵が回る。　머리가 잘 돌아가다.
- 池の回りを散歩する。　연못 주위를 산책하다.

  ● 관련 표현

  ① 首が回らない　빚 등쌀에 꼼짝을 못하다
  - 少しずつ借金していたのが、今は首が回らなくなってしまった。
    조금씩 빚을 진 것이 이제는 꼼짝달싹 할 수 없게 되었다.

254 見送る　바래다 주다, 배웅하다 ↔ 出迎(でむか)える 마중나가다

- 先生を駅まで見送る。　선생님을 역까지 배웅하다.
- わざわざ見送ってくださってどうもありがとうございます。
  일부러 바래다 주셔서 대단히 감사합니다.

255 磨く (윤이 잘 나도록 하는 경우 / 날붙이 이외의 경우에 사용) 닦다, 광을 내다
▶ うでを磨(みが)く 실력을 연마하다

・靴を磨いてもこの雨ではどうせ汚れちゃいますよ。
구두를 닦아도 이 빗속에서는 어차피 더러워져요.

・歯を磨いてから、朝ごはんを食べます。
이를 닦고 나서 아침을 먹습니다.

유사 표현

① 研ぐ ㉠ 칼 등 날붙이를 날카롭게 하다, 갈다 ㉡ 쌀 등을 씻다, 물로 비비어 씻어 내다

・包丁を研ぐ。 부엌칼을 갈다.

・お米を研ぐ。 쌀을 씻다.

256 見せる 보이다, 보여주다

・すみませんが、これをちょっと見せてください。
죄송하지만, 이것을 좀 보여 주십시오.

257 見つかる 발견되다, 찾게 되다 ㉣ 見(み)つける 찾다, 찾아내다

・いくらさがしても、安いアパートはなかなか見つかりません。
아무리 찾아도 싼 아파트는 좀처럼 못 찾겠습니다.

258 見る 보다 ㉔ 見(み)える 보이다 ▶ 見(み)るに見(み)かねる 차마 볼 수 없다

・日本の映画を見たことがあります。
일본 영화를 본 적이 있습니다.

・テレビを見ながら勉強してはいけません。
텔레비전을 보면서 공부해서는 안 됩니다.

・彼女は見るに見かねて、横から口を出してしまった。
그녀는 보다 못해 옆에서 말참견을 하고 말았다.

・それ見ろ、と言わんばかりの顔。
'거 봐라'란 듯한 얼굴.

보는 모습을 나타내는 말

① じろじろ 빤히, 뚫어지게

・なんでそんなに人の顔をじろじろ見るんだよ。
어째서 그렇게 남의 얼굴을 뚫어지게 보는 거야?

② ざっと　일을 대강대강 하는 모양, 대충

- ざっと読(よ)む。 대충 읽다.

- ざっと目(め)を通(とお)す。 대강 한 번 훑어보다. 대충 보다.

③ じろりと　눈알을 굴리면서 쏘아보는 모양

- 相手(あいて)の顔(かお)をじろりと見(み)る。 상대방의 얼굴을 무서운 눈초리로 보다.

④ きょろきょろ　두리번두리번

- 彼(かれ)はきょろきょろとあたりを見(み)まわした。
  그는 두리번두리번 주변을 둘러보았다.

---

259 迎(むか)える　맞이하다, 마중하다　▶ 山場(やまば)を迎(むか)える 절정을 맞이하다　□□□

- お客(きゃく)さんを笑顔(えがお)で迎(むか)える。 손님을 웃는 얼굴로 맞이하다.

---

260 召(め)し上(あ)がる　(「食(た)べる, 飲(の)む」의 존경어) 드시다　□□□

- コーヒーが冷(さ)めないうちに召(め)し上(あ)がってください。
  커피가 식기 전에 드십시오.

- A : どうぞ、召(め)し上(あ)がってください。 어서 드세요.
  B : いただきます。 잘 먹겠습니다.

---

261 申(もう)し上(あ)げる　말씀드리다 = 申(もう)す　□□□

- 入社式(にゅうしゃしき)にあたって一言(ひとこと)ごあいさつ申(もう)し上(あ)げます。
  입사식에 즈음하여 인사 한 말씀 드리겠습니다.

---

262 申(もう)し込(こ)む　① 신청하다, 응모하다　② 제기하다, 제의하다　□□□

- 参加(さんか)を申(もう)し込(こ)む。 참가를 신청하다.
- 新規(しんき)に申(もう)し込(こ)む。 새로이(신규로) 신청하다.
- 抗議(こうぎ)を申(もう)し込(こ)む。 항의를 제기하다.

---

263 持(も)つ　들다　▶ 持(も)たせる 들게 하다, 들려 보내다　□□□

- 手(て)で物(もの)を持(も)つことができます。
  손으로 물건을 들 수 있습니다.
- 花(はな)を持(も)たせる。 상대에게 명예와 영광을 돌리다.

356

□□□

264 持って来る 가지고 오다 ↔ 持(も)って行(い)く 가지고 가다

・きょうは早く持ってきてください。
오늘은 일찍 가지고 오십시오.

□□□

265 焼ける 햇볕에 몸이 타다 = 日焼(ひや)けする ▶ 焼(や)く 태우다, 굽다

・うわあ、焼けましたね。どこで焼いたんですか。
우와, 탔네요. 어디서 태우고 왔습니까?

・古い手紙を焼く。 오래된 편지를 태우다.

・パンを焼く。 빵을 굽다.

🔔「焼く」와 잘 어울리는 표현

① **手を焼く** 애를 먹다, 속썩이다

② **世話を焼く** 보살피다, 돌보아주다

③ **焼きもちを焼く** 질투하다 = 嫉妬(しっと)する

④ **焼け石に水** 노력의 정도나 원조가 아무런 효과가 없음을 비유한 말, 언 발에 오줌 누기

□□□

266 休む 쉬다 ▶ 休(やす)み 휴가 欠席(けっせき) 결석 欠勤(けっきん) 결근
　　　早引(はやび)き 조퇴

・あたまが痛いから学校を休もう。
머리가 아프니까 학교를 쉬어야지.

・休みがほしい。
쉬고 싶다. 휴가를 얻고 싶다.

□□□

267 やせる 여위다, 살이 빠지다 ↔ 太(ふと)る 살찌다

・少しおやせになりましたね。 살이 좀 빠지셨군요.

□□□

268 破る (그때까지의 기록, 정세, 권위를) 깨다, 찢다
　　　㉀ 破(やぶ)れる (승부에서) 지다, 패배하다

・父の大切な絵を破ってしまった。
아버지의 소중한 그림을 찢고 말았다.

・彼はマラソン大会で今までの世界記録を破って優勝した。
그는 마라톤 대회에서 지금까지의 세계 기록을 깨고 우승했다.

・惜しくも決勝戦で破れた。 아깝게도 결승전에서 졌다.

동사

동사

269 止む 비가 그치다, 중단되다 ▶ 止(や)める 그만두다, 중단하다

- 雨は止みそうもなく降りつづきました。
  비는 그칠 것 같지 않게 계속 내렸습니다.
- 部長がタバコを止めたという話を知りませんでした。
  부장님이 담배를 끊었다는 얘기를 몰랐습니다.

270 辞める (관직, 근무처 일이나 직장을) 물러나다, 사직하다 ▶ 辞任(じにん) 사임

- 会社を辞めてしまおうかと思ったが考えなおした。
  회사를 그만둘까 했으나 다시 생각하기로 했다.
- 責任をとって辞任する。 책임을 지고 사임하다.

271 やる (손아래 사람이나 동물에게 먹이를) 주다

- 弟にグローブをやる。 남동생에게 글러브를 주다.
- はやく宿題をやってしまおう。 빨리 숙제를 해버리자.
- 鯉にえさをやっています。 잉어에게 먹이를 주고 있습니다.

272 許す 용서하다, 허락하다

- 反省しているようなので弟のいたずらを許してやった。
  반성하고 있는 것 같아서 남동생의 장난을 용서해 주었다.

273 揺れる 흔들리다 ▶ 動揺(どうよう) 동요　揺(ゆ)れ 동요, 흔들림

- 風で木の葉が揺れる。 바람으로 나뭇잎이 흔들리다.
- 車体のゆれがはげしい。 차체의 흔들림이 심하다.

274 汚れる 더러워지다 ▶ 汚(よご)れ 더러워짐, 더러워진 곳　汚(よご)す 더럽히다

- 靴を磨いてもこの雨ではどうせ汚れちゃいますよ。
  구두를 닦아도 이 빗속에서는 어차피 더러워져요.
- 転んでズボンを汚す。 넘어져서 바지를 버리다.
- 汚れを落とす。 때를 벗기다.

275 **呼ぶ** ① 부르다 ② 초대하다 ＝ 招(まね)く・招待(しょうたい)する □□□

・会議中(かいぎちゅう)に社長(しゃちょう)に呼(よ)ばれた。 회의 중에 사장님에게 호출되었다.

・論議(ろんぎ)を呼(よ)ぶ。 논의를 불러일으키다.

・助(たす)けを呼(よ)ぼうにも声(こえ)が出(で)ない。 도움을 청하려고 해도 소리가 나오지 않는다.

276 **読む** 읽다 □□□

・本(ほん)を読(よ)んで音楽(おんがく)を聞(き)きます。 책을 읽고 음악을 듣습니다.

277 **沸かす** (물을) 펄펄 끓이다 ㊌ 沸(わ)く 끓다 □□□

・お湯(ゆ)を沸(わ)かす。 물을 끓이다.

＊「水(みず)をわかす」라고 하지 않도록 주의하자!

278 **分かる** 알다, 이해하다 ▶ 理解(りかい)する 이해하다 □□□

・よく分(わ)かるように教(おし)えてください。
잘 알 수 있도록 가르쳐 주세요.

279 **別れる** 헤어지다 ▶ 別(わか)れ 이별 □□□

・3日前(みっかまえ)に別(わか)れたまま、行方(ゆくえ)がわからない。
3일 전에 헤어진 후로(여전히) 행방을 알 수 없다.

・みんなに別(わか)れを告(つ)げる。 모두에게 이별을 고하다.

280 **分かれる** 하나였던 것이 여러 개로 쪼개지거나 나누어지다 □□□
㊌ 分(わ)ける ① 나누다, 가르다, 구분하다 ② 헤치다, (좌우로) 밀어 헤치다
▶ 物別(ものわか)れ 교섭이나 상담 등의 결렬

・道(みち)が二(ふた)つに分(わ)かれる。 길이 둘로 갈라지다.

・人波(ひとなみ)を分(わ)けていく。 인파를 헤치고 가다.

281 **忘れる** 잊다, 잊어버리다 ▶ 忘(わす)れっぽい 잘 잊다 □□□

・7時(じ)に電話(でんわ)すると約束(やくそく)したのにすっかり忘(わす)れてしまった。
7시에 전화하기로 약속했는데 까맣게 잊고 말았다.

・年(とし)をとるとわすれっぽくなる。 나이가 들면 잘 잊어버리게 된다.

동사

동사

🔵 **관련 표현**

① 物忘れ 건망증

・年をとるにつれて物忘れがひどくなった。
나이를 먹음에 따라 건망증이 심해졌다.

---

282 わた
渡す 넘기다, 넘겨 주다 ㉋ 渡(わた)る 건너다

・この書類を課長に渡してください。
이 서류를 과장님에게 건네 주세요.

・横断歩道を渡っている。
횡단보도를 건너고 있다.

🔵 **관련 표현**

① ～に渡って / ～に渡る ～에 걸쳐서(전체에) / ～에 걸친

・6ヶ月に渡って、気温、降水率とも高かったです。
6개월에 걸쳐 기온, 강수율 모두 높았습니다.

---

283 わら
笑う 웃다 ▶ 笑(わら)い 웃음　笑(わら)いごと 웃을 일, 웃고 넘길 일
笑(え)みを浮(う)かべる 미소를 띄우다

・にこにこ笑う。 싱글벙글 웃다.

・先生はやさしい笑みを浮かべた。
선생님은 부드러운 미소를 띄웠다.

・笑い事ではすまされない悪質ないたずらだ。
웃고 넘길 일로는 끝낼 수 없는 악질적인 장난이다.

---

284 わ
割る ① 깨다, 부수다 ② 나누다, 나눗셈을 하다 ㉋ 割(わ)れる 깨어지다, 부서지다

・ガラスを割る。
유리를 깨뜨리다.

・10を5で割る。
10을 5로 나누다.

・頭が割れるように痛い。
머리가 깨질 것 같이 아프다.

① 腹を割る 속을 털어놓다, 속내를 드러내다
· 腹を割って話し合った方が解決がはやいと思うけど。
  속을 털어놓고 이야기를 나누는 편이 해결이 빠를 거라고 생각하는데.

② 腹をかかえる 배꼽이 빠지게 웃다
· その話を聞いて、みんな腹を抱えて笑った。
  그 얘기를 듣고 모두가 배꼽이 빠지게 웃었다.

유사 표현

① げらげら 깔깔, 껄껄
· 大声を出してげらげら笑う。
  큰 소리를 내며 깔깔 웃는다.

② くすくす 킥킥, 낄낄
· 三人はくすくす笑いだしました。
  세 사람은 킬킬거리며 웃기 시작했습니다.

동사

◎ P2-L2-01

001 相手取る（あいてどる） 분쟁의 상대로 삼다, 소송의 대상으로 삼다

・国を相手取って訴訟を起こした。
국가를 상대로 소송을 벌였다.

002 上がる（あがる）
① 눈이나 비가 그치다 ▶ 終了(しゅうりょう)する
② 긴장하여 흥분하다, 얼다 ▶ 緊張(きんちょう)する 긴장하다

・三日間降り続いた雨がようやく上がりました。
3일간 계속 내린 비가 간신히 그쳤습니다.

・初めての舞台ですっかり上がってしまった。
첫 무대여서 완전히 얼고 말았다.

🔵 유사 표현

① 足がすくむ（あし） 놀라움・두려움 등으로 다리가 얼어붙다, 꼼짝 못하다

・足がすくんでつり橋が渡れない。
발이 얼어붙어 다리를 건널 수 없다.

003 あきらめる 포기하다

・わたしは大学入試をあきらめざるをえなかった。
나는 대학 입시를 포기하지 않을 수 없었다.

004 飽きる（あきる） 만족하다, 싫증나다, 물리다

・漫画を読むのは飽きた。
만화를 보는 것은 싫증이 났다.

🔵 유사 표현

① あきっぽい 금방 싫증을 내다

・彼はあきっぽい性格だ。
그는 금방 싫증을 잘 내는 성격이다.

005 あきれる 기가 차다, 뜻밖의 일에 깜짝 놀라다, 어이가 없어지다

・あきれてものも言えない。 어이가 없어서 말도 안 나온다.

006 空ける (あ)　비우다, (틈, 시간을) 내다　☐☐☐

・今週の土曜日に時間を空けておいてください。
이번 주 토요일에 시간을 비워 두세요.

🔹 유사 표현

① 開ける（あ）　열다
・店を開ける。（みせ・あ）　가게를 열다.

007 明ける (あ)　밝다, 동이 트다　▶ 夜(よ)が明(あ)ける 날이 밝다　☐☐☐

・年が明ける。（とし・あ）
새해가 되다.

・明けましておめでとうございます。（あ）
새해 복 많이 받으세요.

008 挙げる (あ)　(예를) 열거하여 보여 주다, 내세우다　▶ 揚(あ)げる 기름에 튀기다　☐☐☐

・証拠を挙げる。（しょうこ・あ）
증거를 들다.

・てんぷら・フライ等の揚げ物には使用しないでください。（など・あ・もの・しよう）
튀김 · 프라이 등의 튀김류에는 사용하지 마십시오.

009 憧れる (あこが)　동경하다, 그리워하다　▶ 憧(あこが)れ 동경, 그리움　☐☐☐

・自由にあこがれる。（じゆう）　자유를 동경하다.
・憧れの的だ。（あこが・まと）　동경의 대상이다.

010 味わう (あじ)　맛을 보다, 맛을 즐기다　☐☐☐

・テーブルの料理を一つずつ味わいながら食べた。（りょうり・ひと・あじ・た）
테이블 위의 요리를 하나씩 맛을 즐기며 먹었다.

011 焦る (あせ)　초조하다, 안달하다, 조급하게 굴다　☐☐☐

・焦ってもしようがない。（あせ）
안달해도 소용없다.

・焦っても無駄だ。（あせ・むだ）
조급하게 굴어도 소용없다.

・功をたてようとして焦って失敗した。
공을 세우려고 서두르다 실패했다.

🔷 유사 표현

① いらいらする 안절부절 못하다, 초조하여 안달하다

・いらいらしながらバスを待っている。
초조하게 버스를 기다리고 있다.

② 気を揉む 걱정하여 애태우다

・子供の結婚で気を揉んでいる。
자식의 결혼으로 마음고생을 하고 있다.

③ じりじりする 초조해하다, 바작바작 애태우다

・じりじりしながら待つ。
바작바작 애태우며 기다리다.

④ 焦れったい 안타깝다, 애달다, 속이 타다

・司会者がもたもたして焦れったい。
사회자가 우물쭈물해서 속이 탄다.

⑤ いらだたしい (생각대로 되지 않아) 초조하다, 조바심이 나다

・連絡が取れなくていらだたしかった。
연락이 되지 않아서 조바심이 났다.

⑥ もどかしい 뜻대로 안 되어 답답하다, 안타깝다, 초조하다

・話が分かってもらえなくてもどかしい。
이야기가 통하지 않아서 답답하다.

⑦ はがゆい 뜻대로 되지 않아 성에 차지 않다, 안타깝다, 답답하다

・はがゆくて見ていられない。
성에 차지 않아서 보고 있을 수 없다.

⑧ 苛立つ 뜻대로 안 되어 초조해지다, 안절부절못하다, 안달나다

・神経を苛立たせる発言をする。
신경을 건드리는 발언을 하다.

⑨ 焦りを感じる 초조함을 느끼다

---

012 値する ~할 만하다, 상당하다 □□□

・あの地は一見に値する。
그 지역은 한번 볼 만하다.

013 与(あた)える 주다, 부여하다

・上司(じょうし)は部下(ぶか)の適性(てきせい)を考(かんが)えて仕事(しごと)を与(あた)えなければならない。
상사는 부하의 적성을 생각해서 업무를 맡겨야 한다.

014 当(あ)たる　① 해당하다 ▶ 〜にあたる 〜에 해당하는
　　　　　② 적중하다 ↔ 外(はず)れる 빗나가다

・A市(し)の人口(じんこう)はB市(し)の人口(じんこう)の約二倍(やくにばい)にあたる14万(まん)8千人(せんにん)である。
A시 인구는 B시 인구의 약 2배에 해당하는 14만 8천명이다.

・天気予報(てんきよほう)が外(はず)れた。
일기예보가 빗나갔다.

015 扱(あつか)う　(사물이나 사람을 대상으로) 다루다, 취급하다

・その品(しな)は当店(とうてん)では扱(あつか)っておりません。
그 물건은 저희 가게에서는 취급하지 않습니다.

016 当(あ)てる　① 대다, 얹다 = やる 손을 대다 ② 지명하여 시키다, 할당하다

・右手(みぎて)を軽(かる)く結(むす)んで口(くち)に当(あ)てている。 오른손을 가볍게 쥐고 입에 대고 있다.
・一人(ひとり)に10個(じゅっこ)ずつ当(あ)てる。 한 사람에게 10개씩 할당하다.
・左手(ひだりて)を髪(かみ)にやる。 왼손을 머리에 대다.

🔵 다른 표현

① 充(あ)てる (어떤 용도에) 쓰다, 충당하다
▶ 充当(じゅうとう)する (금품이나 인원을 어떤 목적이나 용도로) 충당하다
・教育費(きょういくひ)に充(あ)てるお金(かね)。 교육비로 충당할 돈.

② 宛(あ)てる (편지·짐 등을) 〜앞으로 보내다
・田中(たなか)さん宛(あ)てに小包(こづつみ)が届(とど)いていますよ。
다나카 씨 앞으로 소포가 배달되어 있어요.
・友人宛(ゆうじんあ)てに手紙(てがみ)を書(か)いた。
친구 앞으로 편지를 썼다.

017 溢(あふ)れる　가득 차서 넘치다 ▶ 水(みず)が溢(あふ)れる 물이 흘러 넘치다

・聴衆(ちょうしゅう)で会場(かいじょう)が溢(あふ)れている。
청중들로 회의장이 넘치고 있다.

동사

018 甘える〔あま〕 호의, 친절 등을 사양하지 않고 이용하다
▶ 甘(あま)やかす 응석 받다, 버릇없이 기르다

・つきましては、お言葉に甘え、ぜひ貴社へのご紹介をお願いさせてください。
그런고로 염치 불구하고 꼭 귀사에 소개를 부탁드리겠습니다.

유사 표현

① 猫かわいがり〔ねこ〕 분별없이 귀여워함
・祖父は孫を猫かわいがりして、何でも買い与えてしまう。
할아버지는 손자를 무턱대고 귀여워해서 무엇이든지 사줘 버린다.

019 編む〔あ〕 ① 뜨다, 짜다 ② 엮다, 편집하다

・作品を集めて文集を編む。
작품을 모아서 문집을 편집하다.

・母がセーターを編んでくれた。
엄마가 스웨터를 짜 주었다.

020 争う〔あらそ〕 다투다, 경쟁하다, 투쟁하다 ▶ 争(あらそ)い 다툼, 분쟁

・手術は一刻を争っている。
수술은 일각을 다투고 있다.

・あの二国間で今争いがおこっている。
저 두 나라 사이에서 지금 분쟁이 일어나고 있다.

021 改まる〔あらた〕 ① (틀리지 않아도 질적으로 향상시킴) 새로워지다, 새로이 바뀌다
② 새삼스럽게 격식을 차리다
▶ 改(あらた)める 고치다, 개선하다
改(あらた)まった服装(ふくそう) 격식을 차린 복장
年(とし)が改(あらた)まる 해가 바뀌다 → 年(とし)が明(あ)ける 새해가 되다

・規則が改まる。 규칙이 새롭게 바뀌다.

유사 표현

① 直る〔なお〕 (부서진 물건이나 틀린 것이 바른 상태로) 고쳐지다, 수리되다 🖪 直(なお)す 고치다
・こわれていたラジオが直った。
고장났던 라디오가 고쳐졌다.

022 現す・表す　나타내다 ㈜ 表(あらわ)れる 나타나다

☐☐☐

・自分の考えを言葉で表す。
자기의 생각을 말로 나타내다.

・効果が表れる。
효과가 나타나다.

023 著す　책을 쓰다, 저술하다

☐☐☐

・新しい本を著す。 새로운 책을 쓰다.

024 荒れる　거칠어지다

☐☐☐

・天気が荒れる。 날씨가 사나워지다.
・生活が荒れる。 생활이 거칠어지다.
・肌が荒れる。 피부가 거칠어지다.

025 合わせる　합치다, 합하다, 어울리게 하다, 조화시키다

☐☐☐

・手を合わせてお祈りをする。
두 손 모아 기도하다.

・収入に合わせて生活する。
수입에 맞춰서 생활하다.

026 合わせる顔がない　상대의 기대를 배반한 듯한 짓을 해서 완전히 체면을 잃다

☐☐☐

・母校の名誉を汚し、恩師に合わせる顔がない。
모교의 명예를 더럽혀, 은사를 만날 면목이 없다.

027 慌てる　놀라서 당황하다

☐☐☐

・火事や地震のときはあわててはいけない。
화재나 지진일 때는 당황해서는 안 된다.

🔖 유사 표현

① じたばた　(당황하거나 애가 타서 발버둥치는 모습) 바동바동, 버둥버둥
・テストの前日になってじたばたしてももう遅い。
시험 전날이 되어서 발버둥쳐도 이미 때는 늦었다.

028 言い落とす 말을 빠뜨리다, 빠뜨리고 말하다 = 言(い)いもらす

・大事なことを言い落とす。
중요한 말을 빠뜨리다.

029 言い換える 바꿔 말하다, 환언하다

・可哀想だと思うのは、言い換えればその人のことが好きになった証拠だ。
불쌍하다고 생각하는 것은 다시 말하면 그 사람이 좋아졌다는 증거다.

030 生かす 살리다 ㉔ 生(い)きる 살다, 생존하다

・専攻を生かせる会社に入りたい。
전공을 살릴 수 있는 회사에 들어가고 싶다.

・休暇は人間らしく生きるのに必要だ。
휴가는 인간답게 사는 데 필요하다.

031 行ける ① 마음먹은 대로 되다, 잘 나가다 ② 먹을 만 하다, 꽤 쓸 만하다
③ 술을 꽤 잘 마시다

・このまんじゅうはなかなかいける。
이 만두는 꽤 먹을 만하다.

・けっこういける口だ
꽤 술을 잘 마신다.

032 いじめる 약한 자를 괴롭히다, 못살게 굴다 ▶ いじめ 괴롭힘, 왕따

・年下の子をいじめる。
나이 어린 아이를 못살게 굴다.

⬇ 유사 표현

① いびる 들볶다, 학대하다, 구박하다(대상이 인간에 한정되고 악의가 있음)

・嫁をいびる。 며느리를 구박하다.

② さいなむ 들볶다, 괴롭히다(추상적인 명사들과 잘 어울린다)

・悪夢にさいなまれる。 악몽에 시달리다.

033 抱く (いだく) (마음에) 품다 ▶ 抱(だ)く 포옹하다, 안다 抱(かか)える 팔로 감싸듯이 안다

- 若(わか)いからこそ希望(きぼう)を抱(いだ)くことができるのです。
  젊기 때문에 희망을 가질 수 있는 것입니다.
- 幻想(げんそう)を抱(いだ)く。
  환상을 품다.

034 痛む (いたむ) 아프다 ▶ 痛(いた)める 아프게 하다, 정신적으로 고통을 주다

- 頭(あたま)がずきずき痛(いた)む。
  머리가 욱신욱신 쑤신다.
- 母(はは)は、体(からだ)の弱(よわ)い弟(おとうと)のことで胸(むね)を痛(いた)めている。
  어머니는 몸이 약한 남동생 때문에 가슴 아파하신다.

> **🟢 관련 표현**
>
> ① 悼(いた)む 애도하다
> - 人(ひと)の死(し)を悼(いた)む。
>   남의 죽음을 가슴 아파하다.
>
> ② 傷(いた)む 상하다, 파손되다 ▶ 傷(いた)める 손상하다, 흠내다
> - 傷(いた)んだ本(ほん)の修理(しゅうり)をする。
>   파손된 책을 수선하다.

035 炒める (いためる) 기름에 볶다, 지지다

- 肉(にく)はうすく切(き)ってからやさいを入(い)れていためてください。
  고기는 얇게 썬 후 채소를 넣고 볶아 주세요.

036 至る (いたる) 이르다, 도달하다, 두루 미치다

- 大事(だいじ)に至(いた)る。
  감당하기 어려운 일로 발전하다. 큰일이 나다.

037 祈る (いのる) 기도하다, 기원하다

- 祈(いの)るような気持(きも)ちで見守(みまも)る。　기도하는 심정으로 지켜보다.

038 威張る (いばる) 뽐내다, 으시대다, 뻐기다

- 少(すこ)しも威張(いば)ったところがない。　조금도 뽐내는 구석이 없다.

039 嫌がる 싫어하다 ↔ 好(この)む 좋아하다 □□□

・人の嫌がる仕事を進んで引き受ける。
남이 싫어하는 일을 자진해서 떠맡다.

040 入れ換える 교체하다, 바꾸어 넣다, 갈아 넣다 □□□

・空気が悪いから入れ換えようと思って。
공기가 나쁘니까 환기시키려고 생각해서.

041 祝う 축하하다 □□□

・友人の結婚を祝う。 친구의 결혼을 축하하다.

042 浮かぶ 뜨다, 떠오르다 ↔ しずむ 가라앉다 ▶ 浮(う)かべる 뜨게 하다, 띄우다 □□□

・口元に微笑みが浮かんだ。 입가에 미소가 떠올랐다.

・池にボートが浮かんでいる。 연못에 보트가 떠 있다.

043 受かる 시험에 합격하다 = 通(とお)る ↔ 撥(は)ねる 가려내다, 불합격으로 하다 □□□

・まったく彼もいつになったら国家試験に受かることやら。
정말이지 그도 언제나 돼야 국가 시험에 붙을는지….

・面接に撥ねられる。
면접에서 떨어지다.

044 浮く 마음이 들뜨다, 부풀다 ▶ 歯(は)が浮(う)く 속이 들여다보이다 □□□

・どうしたんだ。浮かない顔をして。
무슨 일이야? 우울한 얼굴을 하고.

・歯が浮くようなお世辞は止めてよ。
속이 들여다보이는 듯한 아첨은 그만 둬.

○ 관련 표현

① 浮かない 우울하다, 침울하다

② 元気がない 기운이 없다

③ 楽しそうではない 재미있어 보이지 않다

④ 浮かぬ顔 우울하고 불쾌한 듯한 안색, 침울한 낯빛, 시무룩한 표정

□□□

045 受け入れる 받아들이다

・要求を受け入れる。 요구를 받아들이다.

□□□

046 受け止める ① 인식하다 ② 막아내다

・事態を深刻に受け止める。 사태를 심각하게 인식하다.

・反対派の攻撃を受け止める。 반대파의 공격을 막아내다.

□□□

047 受け持つ 담당하다, 담임하다

・英語の授業を受け持つ。 영어 수업을 담당하다.

□□□

048 失う (무의지적인 경우에만 사용 / 책임감을 느낌 / 유감이나 후회하는 감정이
잠재해 있음) 잃다, 놓치다

・記憶を失う。 기억을 잃다.

・酒に酔って正気を失った。 술에 취해 제정신을 잃었다.

🔖 **유사 표현**

① **無くす** (의지적인 경우 / 소멸 또는 박탈의 의미 / 어쩔 수 없음) 잃다, 분실하다, 없애다

　・交通事故を無くす。
　　교통 사고를 없애다.

　・彼女に書類を渡すとなくしかねない。
　　그녀에게 서류를 넘겨주면 잃어버릴지도 모른다.

　＊「亡(な)くす」라고 쓰면 '죽다, 돌아가시다'의 의미이다.

□□□

049 埋める 묻다, 파묻다

・穴をほってゴミを埋める。
　구덩이를 파서 쓰레기를 파묻다.

□□□

050 疑う 의심하다 ▶ 疑問(ぎもん)をいだく 의문을 품다

・れっきとした証拠もないのに人を疑ったりするのはよくないよ。
　뚜렷한 증거도 없는데 사람을 의심하거나 하는 것은 좋지 않아.

동사

051 打ち明ける 비밀, 고민 따위를 털어놓다 □□□

・友達に悩みを打ち明けたら何だかすっきりした。
친구에게 고민을 털어놓았더니 왠지 마음이 후련해졌다.

・どうした。胸の内を打ち明けてくれないと、何の悩みかわからないじゃない。
왜 그래? 속마음을 털어놓지 않으면 무슨 고민인지 알 수가 없잖아.

052 打ち込む 몰두하다, 열중하다 □□□

・もっぱら仕事に打ち込むばかりで、家族のことはそっちのけだ。
오로지 일에 몰두하기만 하고, 가족은 거들떠보지도 않는다.

053 映す 비추다 ㉂ 映(うつ)る 비치다, 반영하다 □□□

・鏡に顔を映す。 거울에 얼굴을 비추다.

054 訴える 고소하다, 소송하다, 호소하다 □□□

・加害者を訴える。 가해자를 고소하다.

・苦痛を訴える。 고통을 호소하다.

・武力に訴える。 무력에 호소하다.

> **🔄 유사 표현**
>
> ① **告訴** 고소
> ・交通事故の加害者を告訴する。 교통사고 가해자를 고소하다.
>
> ② **提訴する** 제소하다
> ・国連に提訴する。 국제 연합에 제소하다.

055 うつむく 고개를 숙이다 ↔ 仰(あお)ぐ 위를 보다, 쳐다보다, 우러러보다 □□□

・恥ずかしそうにうつむく。 부끄러운 듯이 고개를 숙이다.

056 促す 재촉하다, 다그치다, 촉구하다 ▶ 催促(さいそく) 재촉 督促(とくそく) 독촉 □□□

・森田さんにもう一度確認してくださいと促した。
모리타 씨에게 다시 한 번 확인해 달라고 촉구했다.

・文集にのせる原稿を催促する。 문집에 실을 원고를 독촉하다.

057 うなずく 수긍하는 뜻으로 고개를 끄덕이다

- ぼくの話を聞きながら先生は何度もうなずかれた。
  내 이야기를 들으면서 선생님은 몇 번이고 고개를 끄덕이셨다.

058 奪う 빼앗다, 가로채다, 남의 관심이나 주의를 끌다

- ストのため通勤の足を奪われる。 파업 때문에 통근 길의 발이 묶이다.
- 女性に心を奪われた。 여성에게 마음을 빼앗겼다.

059 敬う 존경하다, 공경하다 ▶ 尊敬(そんけい)する 존경하다

- 最近の子供には教師を敬うという気持ちがまったくないようだ。
  요즘 아이들에게는 교사를 공경한다는 마음이 전혀 없는 것 같다.

060 裏返す 뒤집다

- 裏返して言えば。 뒤집어 말하면.
- たたみの表を裏返す。 다다미의 겉을 뒤집다.

061 裏切る 배반하다, 기대에 어긋나다

- 信頼を裏切る。 신뢰를 배반하다.
- 予想を裏切る。 예상에 어긋나다.

  🔵 유사 표현

  ① 友を売る 친구를 배반하다
  ② 手の平を返す (손바닥을 뒤집듯이) 언행, 태도가 돌변하다
  ③ 煮え湯を飲まされる 믿는 도끼에 발등 찍히다
  ④ 寝返りを打つ 배반하다, 적과 내통하다
  ⑤ 背く 배반하다, 저버리다
     - 信義に背く。 신의를 저버리다.
  ⑥ 背を向ける 등을 돌리다
  ⑦ 返り忠する 섬기던 주군을 배반하고 적을 섬기다
  ⑧ 弓を引く 배반하다, 반역하다
     - 社長に弓を引く。 사장에게 반기를 들다.

동사

동사

062 恨む 원망하다, 분하게 여기다

・犯人は世の中を恨んで犯行に及んだと言っている。
범인은 세상을 원망해서 범행에 이르렀다고 말하고 있다.

063 売り出す 발매하다, 팔다

・新製品を売り出す。
신제품을 발매하다.

064 うんざりする 진절머리가 나다, 지긋지긋하다, 질렸다, 몹시 싫증나다

・お説教にうんざりする。
잔소리에 진저리가 난다.

065 描く 그리다

・小説に描かれた美しい風景。
소설에 묘사된 아름다운 풍경.

066 得る 얻다, 손에 넣다, 이해하다

・特許を得る。 특허를 얻다.
・彼女の話は一向に要領を得ない。
그녀의 이야기는 도무지 요령부득이다.

🔵 관련 표현

① ～ざるを得ない ～하지 않을 수 없다
・試験が近いから、勉強せざるを得ない。
시험이 가까워서 공부하지 않을 수 없다.

067 追う 쫓다, 뒤를 쫓다

・スピード違反の車を追う。
속도 위반 차량을 뒤쫓다.

068 応じる 응하다, 대답하다

・せっかくですから、応じていただけませんか。
모처럼이니 응해 주지 않겠습니까?

069 お
終える 끝내다 ㉜ 終(お)わる 끝나다

・授業が終えてから行く。 수업을 마친 다음에 가다.

070 おお
覆う 위에서 덮어씌우다, 덮어 감싸다

・手で顔を覆っている。 손으로 얼굴을 감싸고 있다.

071 おか
侵す 남의 권리를 침범하다 ▶ 犯(おか)す 범하다, 어기다

・表現の自由を侵す。 표현의 자유를 침해하다.
・法律を犯す。 법률을 어기다.

072 おぎな
補う 보충하다

・説明不足を補う。 부족한 설명을 보충하다.

073 お
起きる 일이 발생하다, 일어나다 ▶ 起(お)こす 발생시키다

・信じられない奇跡が起きた。 믿을 수 없는 기적이 일어났다.

074 おこな
行う 행하다, 실시하다, 실행하다 *「する・やる」보다 격식 차린 말

・来週の木曜日、社内定期健康診断を行います。
다음 주 목요일에 사내 정기 건강 검진을 실시합니다.

075 おさ
抑える 누르다, 막다, 억제하다

・うわさが広がるのを抑える。 소문이 퍼지는 것을 막다.

076 おさ
治める 다스리다 ▶ 納(おさ)める 납입(납부)하다

・国を治める。 나라를 다스리다.
・税金を納める。 세금을 납부하다.

　🔵 관련 표현

① 収める 거두다 · 修める 수양하다, 익히다
・明日までに会費を収めてください。 내일까지 회비를 거둬 주세요.
・医学を修める。 의학을 익히다.

（동사）

동사

077 惜しむ 애석하게 여기다
・故人の才能を惜しむ。 고인의 재능을 애석하게 여기다.

078 押し切る (곤란, 반대 따위를) 무릅쓰다, 강행하다
・親の反対を押し切って結婚する。 부모의 반대를 무릅쓰고 결혼하다.

079 押し寄せる 밀어닥치다, 몰려들다
・不況の波が、お年玉にも押し寄せてきた。
불황의 여파가 세뱃돈에도 영향을 끼쳤다.

080 襲う 느닷없이 덮치다, 습격하다
・伝染病が村を襲った。
전염병이 마을을 덮쳤다.

081 恐れる 두려워하다 ▶ 恐(おそ)れ 우려, 염려　おどおどする・びくびくする
(두려워하는 모습, 무서워서 떠는 모양) 겁먹다, 주뼛주뼛하다
・死ぬことを恐れていては大きな仕事はできない。
죽는 것을 두려워하고 있어서는 큰일은 못 한다.
・割れる恐れがあります。
깨질 염려가 있습니다.

082 教わる 배우다, 가르침을 받다
・母から習字を教わる。
어머니한테서 습자를 배우다.

083 おだてる 치켜세우다, 부추기다
・おだてて一杯おごらせる。
치켜세워서 한턱 쓰게 하다.

084 落ち着く 안정되다, 가라앉다 ↔ 心細(こころぼそ)い 불안하다
・あしたは試験なので、落ち着かない。
내일이 시험이라서 마음이 안정되지 않는다.

085 脅かす（おどかす）　위협하다, 협박하다　□□□

・金（かね）を出（だ）せとナイフで脅（おど）かす。
돈을 내놓으라고 칼로 위협하다.

086 訪れる（おとずれる）　방문하다 ＝ 訪（たず）ねる　□□□

・初（はじ）めてヨーロッパを訪（おとず）れたのはもう25年（ねん）も前（まえ）のことだ。
처음 유럽을 방문한 것은 벌써 25년도 전의 일이다.

087 劣る（おとる）　뒤지다, 뒤떨어지다 ↔ 勝（まさ）る 낫다, 뛰어나다　□□□

・体力（たいりょく）では兄（あに）の方（ほう）が弟（おとうと）に劣（おと）る。　체력으로는 형이 동생만 못하다.

088 衰える（おとろえる）　쇠하다, 쇠퇴하다 ＝ 衰退（すいたい）する　□□□

・体力（たいりょく）が衰（おとろ）える。　체력이 쇠하다.
・台風（たいふう）の勢力（せいりょく）が衰（おとろ）えてきた。　태풍의 세력이 약해졌다.

089 溺れる（おぼれる）　물에 빠져 죽다, 물에 빠지다　□□□

・溺（おぼ）れている子（こ）を救（すく）う。
물에 빠진 아이를 구하다.

090 思いやる（おもいやる）　（「思（おも）いやられる」의 꼴로) 염려되다, 걱정되다　□□□

・こんなことではさきが思（おも）いやられる。　이런 상태로는 앞날이 걱정된다.

091 及ぶ（およぶ）　미치다, 어떤 상태에 도달하다　㉺ 及（およ）ぼす 끼치다, 미치다　□□□
　　▶「〜には及（およ）ばない」의 꼴로 〜할 필요는 없다, 〜할 것까지는 없다

・だから言（い）ったでしょう。心配（しんぱい）には及（およ）ばないって。
그러니까 말했죠. 걱정할 필요는 없다고.

・害（がい）を及（およ）ぼす。　해를 끼치다.

　🔵 관련 표현

　① 及（およ）び腰（ごし）　엉거주춤한 자세(태도)
　　・及（およ）び腰（ごし）でボールをとる。　엉거주춤한 자세로 공을 잡다.

동사

092 買い叩く （팔 사람의 약점을 이용하여） 부당하게 몹시 값을 깎아서 사다

・足下をみられて商品を安く買い叩かれた。
약점을 잡혀서 상품을 터무니없이 싼값으로 팔아야 했다.

093 飼う 기르다, 사육하다 ＝ 飼育(しいく)する

・猫も10年も飼っていると、ペットというより家族の一員です。
고양이도 10년이나 기르면, 애완 동물이라기보다는 가족의 일원입니다.

094 抱える 안다, 껴안다, 끌어안다
▶ 頭(あたま)を抱(かか)える 머리를 감싸쥐다, 고민하다

・書物を数冊小わきに抱えて帰ってきた。
책 몇 권을 겨드랑이에 끼고 돌아왔다.

・男の人は頭を抱えています。
남자는 머리를 감싸쥐고 있습니다.

🔵 관련 표현

① 腹を抱える 배꼽이 빠지게 웃다

・その話を聞いて、みんな腹を抱えて笑った。
그 얘기를 듣고 모두가 배꼽이 빠지게 웃었다.

095 欠かす 거르다 ▶ 欠(か)かせない 빼놓을 수 없다, 불가결하다

・いくら忙しくても朝の散歩は欠かさない。
아무리 바빠도 아침 산책은 거르지 않는다.

・勇気と意欲が欠かせない毎日の暮らしです。
용기와 의욕이 필요한 매일 매일의 생활입니다.

096 輝く 빛나다, 화려하게 이름이 알려지다

・ノーベル賞に輝く。 노벨상에 빛나다.

097 関わる・係わる 관계되다, 상관하다, 관련되다,
(문장에서) 다음 어구에 영향을 미치다

・成否にかかわる大事。 성패가 달린 큰일.

・この形容詞は下の名詞に係わる。 이 형용사는 아래의 명사에 걸린다.

098 限る 제한하다, 한정하다 ▶ 限(かぎ)り 한계, 한도

・このプランは女性に限ります。
이 플랜은 여성에게 한합니다.

・病気でない限り出席してください。
병이 아닌 한 출석해 주십시오.

・安いものが必ずしも悪いものとはかぎらない。
싼 것이 반드시 나쁘다고는 할 수 없다.

・限りなく多い。 한없이 많다.

🔷 관련 표현

① ～に限り・～に限って ～에 한해서, ～만은, ～따라
・今回の措置は現地直輸入の生鮮品に限ってのことだ。
이번 조치는 현지 직수입한 신선한 상품에 한정된 것이다.

② ～に限る ～하는 것이 제일이다(더할 나위 없다, 최상이다)
＊「～は～が一番いい」의 의미로「に」앞에는 명사·동사의 현재 기본형이 온다.
・やっぱり入学式は桜吹雪のころに限るなあ。
역시 입학식은 벚꽃이 흩날리는 때가 제일이구나.

③ ～に限られている (공간·시간적 범위를 제한하여 수동꼴로) ～으로 제한되어 있다,
～뿐이다 = ～だけだ
・この仕事は経験者に限られている。
이 일은 경험자에만 해당한다.

④ ～を限りに ～을 마지막으로(끝으로)
・この会は今回を限りに解散することになりました。
이 모임은 이번 회를 마지막으로 해산하게 되었습니다.

099 かく (눈물이나 땀을) 흘리다, (손톱으로 바닥이나 거죽을) 문지르다

・汗をかく。 땀을 흘리다.

・恥ずかしいとき、頭をかくのがあの人の癖です。
부끄러울 때 머리를 긁는 것이 그 사람의 버릇입니다.

🔷 시험에 잘 나오는「かく」

・いびきをかく。 코를 골다.
・恥をかく。 창피를 당하다.

동사

100 欠く(か) (필요한 것을) 빠뜨리다, 소홀히 하다 ☐☐☐

- 食事(しょくじ)を欠(か)くこともある。
  식사를 거를 때도 있다.
- 栄養(えいよう)をかいた食事(しょくじ)ばかりしている。
  영양을 고려하지 않은 식사만 하고 있다.

🔘 P2-L2-02

101 嗅ぐ(か) 냄새를 맡다 ☐☐☐

- 鼻(はな)でにおいを嗅(か)ぐことができます。
  코로 냄새를 맡을 수 있습니다.

102 隠す(かく) 숨기다, 감추다 ㉜ 隠(かく)れる 숨다 ☐☐☐

- たんすの奥(おく)にお金(かね)を隠(かく)す。
  장롱 깊숙이 돈을 숨기다.

103 欠ける(か) ① (일부분이) 깨져 떨어지다, 흠지다 ② (있어야 할 것이) 빠지다, 없다 ☐☐☐
③ 모자라다, 부족하다

- 大切(たいせつ)なお皿(さら)が欠(か)けてしまいました。
  소중한 접시가 깨져 버렸습니다.
- 何事(なにごと)も思慮深(しりょぶか)く慎重(しんちょう)に考(かんが)え、決断(けつだん)を急(いそ)がない部下(ぶか)に対(たい)して、決断
  力(りょく)の欠(か)けた者(もの)として低(ひく)く評価(ひょうか)を下(くだ)す。
  무슨 일이든 사려 깊고 신중하게 생각하고, 결단을 서두르지 않는 부하에 대해서 결단력이 모자란
  사람으로서 낮게 평가를 내린다.

104 囲む(かこ) 둘러싸다, 에워싸다 ▶ 輪(わ)になる 원형을 이루다 ☐☐☐

- そのスターは大勢(おおぜい)のファンに囲(かこ)まれた。
  그 스타는 많은 팬에 둘러싸였다.
- 先生(せんせい)のまわりを輪(わ)になって囲(かこ)む。
  선생님 둘레를 둥그렇게 둘러싸다.

105 重なる(かさ) 겹치다, 포개어지다 ▶ 重(かさ)ねる 포개다, 쌓아 올리다 ☐☐☐

- 落(お)ち葉(ば)が重(かさ)なる。 낙엽이 쌓이다.
- 年齢(ねんれい)を重(かさ)ねる。 나이를 먹다.

① ダブる　(동일한 시간에 두 가지의 다른 사건이 일어나는 경우) 중복되다, 겹치다

・日曜と休日がダブる。
일요일과 휴일이 겹치다.

② 重複する　중복되다

106　かじる　갉다, 갉아먹다

・ネズミが餅をかじる。　쥐가 떡을 갉아먹다.

107　稼ぐ　돈을 벌다, 부지런히 일하다

・昼は稼ぎながら、夜は勉強している人も多いようです。
낮에는 돈을 벌면서, 밤에는 공부하고 있는 사람도 많은 것 같습니다.

① 儲る　벌다, 이익을 보다　㊎ 利益(りえき)を得(え)る 이익을 얻다

・株で儲る。
주식으로 벌다.

② 出稼ぎ　한때 타관에 가서 돈벌이를 함

・都市へ出稼ぎに行く。
도시에 돈벌이하러 가다.

③ 共働き　맞벌이 = 共稼(ともかせ)ぎ

・結婚しても働ける技術をもちたい。共働きの時代ですから。
결혼해서도 일할 수 있는 기술을 가지고 싶어요. 맞벌이 시대니까요.

108　傾ける　기울이다　㊙ 傾(かたむ)く 기울다

・話に耳を傾ける。
이야기에 귀를 기울이다.

・船が傾いている。
배가 기울고 있다.

109　固める　굳히다, 다지다　㊙ 固(かた)まる 굳어지다, 확고해지다

・党内の結束を固める。
당내 결속을 다지다.

level 2

🔵 **관련 표현**

① 身(み)を固(かた)める 일정한 직업을 갖다, 결혼을 하여 가정을 이루다

・おまえもそろそろいい嫁(よめ)をもらい、身(み)を固(かた)めたらどうだ。
자네도 이제 슬슬 좋은 규수를 만나서 가정을 이루는 게 어때?

---

110 片寄(かたよ)る・偏(かたよ)る 한쪽으로 치우치다, 쏠리다 □□□

・栄養(えいよう)が偏(かたよ)っている。
영양이 한쪽으로 치우쳐 있다.

---

111 語(かた)る 이야기를 하다, 말하다 *「語る」는 스토리가 있는 이야기를 다른 사람에게 □□□
전하는 것이다. 체험담이나 인터뷰에 답하는 경우에 사용한다. 「語(かた)り合(あ)う」는 어떤
결론을 내기 위한 목적이 아니라 꿈이나 희망 등을 서로 상대방에게 전하기 위해 말하는
것이다.

・事件(じけん)のあらましを語(かた)る。
사건의 줄거리를 말하다.

---

112 担(かつ)ぐ 메다, 짊어지다 □□□

・兵隊(へいたい)が鉄砲(てっぽう)を担(かつ)いで歩(ある)いている。
군인이 총을 메고 걷고 있다.

---

113 兼(か)ねる (둘 이상의 기능이나 역할을) 겸하다 *「동사 ます형 + 〜かねる」는 □□□
'(사정이 있어) 〜하기 어렵다, 힘들다'라는 뜻이고, 「동사 ます형 + 〜かねない」
가 되면 '〜하기 십상이다, 〜할지도 모른다'는 의미가 된다.

・入学祝(にゅうがくいわ)いを兼(か)ねたパーティー。
입학 축하를 겸한 파티.

・彼(かれ)ならそのようなことはやりかねない。
그라면 그런 짓을 할지도 모른다.

---

114 構(かま)う 상관하다, 구애받다 □□□

・すぐに失礼(しつれい)しますので、どうぞお構(かま)いなく。
금방 일어날 테니 아무쪼록 신경쓰지 마십시오.

・元気(げんき)なら腕白(わんぱく)で構(かま)わない。
건강하다면 개구쟁이라도 상관없다.

115 構える (집, 가게 따위를) 마련하다, 차리다

- 店舗を構える。 점포를 차리다.
- 父は今度京都に店を構えるそうです。
  아버지는 이번에 교토에 가게를 차린다고 합니다.

116 かみしめる 음미하다

- 喜びをかみしめる。 기쁨을 음미하다.
- 先生の言葉をよくかみしめて聞く。
  선생님 말씀을 잘 음미해서 듣다.

117 からかう 조롱하다, 놀리다

- 冗談を言って友だちをからかう。
  농담을 하며 친구를 놀리다.

118 枯れる (식물이) 시들다, 마르다

- 木が枯れると葉はみんな落ちる。
  나무가 시들면 잎은 모두 떨어진다.

🔷 유사 표현

① しおれる (초목이 물기가 적어) 시들다
- 水をやらないと草花はしおれる。 물을 주지 않으면 화초는 시든다.

② 萎む・凋む (꽃이) 시들다
- かびんの花がしぼむ。 꽃병의 꽃이 시들다.

119 関する・関しては 관한·관해서는

- この国の経済に関しては、今後も注目していく必要がある。
  이 나라의 경제에 관해서는, 앞으로도 주목해 갈 필요가 있다.

120 効く (약이) 효력이 있다, 잘 듣다 ▶ 効果(こうか) 효과

- 頭の痛い時にはこの薬がよく効きます。
  머리가 아플 때에는 이 약이 잘 듣습니다.

동사

121 利く（き く） 기능을 발휘하다, 효과가 나타나다 ☐☐☐

- 気が利く。（き き）
  생각이 세심한 데까지 잘 미치다. 눈치가 빠르다. 재치가 있다.
- この交差点は見通しが利かないのでよく事故が起きる。（こう さ てん、み とお、き、じ こ、お）
  이 교차로는 조망이 좋지 않기 때문에 사고가 자주 난다.

122 刻む（きざ） 잘게 썰다 ☐☐☐

- キャベツを細かく刻む。（こま、きざ） 양배추를 잘게 썰다.

  🔵 **관련 표현**

  ① 胸に刻む（むね きざ） 가슴에 새기다, 명심하다

  - このことだけは、ちゃんと胸に刻んでもらいたい。（むね きざ）
    이 일만큼은 반드시 명심해 주었으면 한다.

123 傷付ける（きず つ） 다치게 하다, 흠을 내다 ▶ 傷付（きずつ）く 상처입다, 부서지다 ☐☐☐

- 鍋をテーブル等に置く際は、表面を傷付けないように必ず鍋敷き（なべ、など、お、さい、ひょうめん、きず つ、かなら、なべ し）
  をお使いください。（つか）
  냄비를 테이블 등에 놓을 경우에는 표면을 손상시키지 않도록 반드시 냄비 깔개를 사용하십시오.

124 期する（き） 기하다, 기약하다, 확신하다 ☐☐☐

- 品質には万全を期したつもりだったんですが。（ひんしつ、ばんぜん、き）
  품질에는 만전을 기할 생각이었습니다만.

125 気付く（き づ） 눈치채다, 깨닫다 ▶ 気（き）を付（つ）ける 조심하다, 주의하다 ☐☐☐

- 自分の誤りに気づきました。（じ ぶん、あやま、き）
  자신의 잘못을 깨달았습니다.

126 嫌う（きら） 싫어하다, 미워하다 ↔ 好（す）く 좋아하다 ☐☐☐

- 甘いものを嫌う。（あま、きら） 단것을 싫어하다.

127 区切る（く ぎ） (단순히 대상을 분할) 일단락 짓다, 매듭을 짓다 ☐☐☐

- ひとまず話を区切る。（はなし、く ぎ） 일단 이야기를 매듭짓다.

① 仕切る (공간적으로 칸막이를 만들어) 칸막이하다, 부분으로 나누다

・部屋を三つに仕切る。 방을 세 개로 칸막이하다.

---

128 崩す ① 무너뜨리다, 흩뜨리다 （자） 崩(くず)れる 무너지다, 붕괴하다
② 큰돈을 헐어서 잔돈(동전)으로 바꾸다

・一万円を崩す。
만 엔짜리를 잔돈으로 바꾸다.

・どうぞ、膝を崩してください。
자, 편히 앉으세요.

・足を横に崩して座る。
다리를 옆으로 가지런히 하고 앉다.

---

129 砕く 부수어서 잘게 하다, 알기 쉬운 형태로 만들다 （자） 砕(くだ)ける 부서지다,
깨지다, 허물없다, 스스럼없다 ▶ 岩(いわ)を砕(くだ)く 바위를 부수다

・よく砕いて説明する。 알기 쉽게 풀어서 설명하다.

・砕けた態度。 허물없는 태도.

---

130 くたびれる 피곤하다, 지치다

・引っ越しの手伝いでくたびれた。
이사를 도와 주었더니 지쳐버렸다.

① 顎を出す 너무 지쳐서 꼼짝 못할 지경이다

・この一週間毎日のジョギングで顎を出してしまいました。
요 일주일간 매일 조깅을 했더니 아주 녹초가 되어 버렸습니다.

---

131 くっ付ける 착 달라붙게 하다 （자） くっ付(つ)く 착 달라붙다

・割れたかびんを接着剤でくっつける。
깨진 꽃병을 접착제로 붙이다.

---

132 汲む (물 등을) 긷다, 푸다, 뜨다

・谷川の水をバケツで汲んできた。
계곡 물을 양동이로 길어 왔다.

동사

level 2

133 組む　꼬다, 서로 얽히게 하다

□□□

あし く しんぶん よ
・足を組んで新聞を読んでいる。
다리를 꼬고 앉아 신문을 읽고 있다.

▶ 관련 표현

① 腕を組む　팔짱을 끼다
② 肩を組む　어깨동무하다
③ 手を組む　손을 맞잡다
④ うしろに手を組む　뒷짐을 지다

134 悔やむ　분하게 여기다, 후회하다

□□□

がくせい じ だい べんきょう く
・学生時代にあまり勉強しなかったことが悔やまれます。
학창시절에 별로 공부하지 않았던 것이 후회됩니다.

135 暮らす　살다, 생활하다

□□□

げつ まんえん く
・わたしは1カ月3万円で、暮らしています。
저는 한 달에 3만 엔으로 살고 있습니다.

▶ 보충

① 暮らす '생활하다, 생계를 유지하다'라는 의미가 내포되어 있다. 따라서 삶을 영위하는 데 더욱 중점을 두는 말이다.

に ほん りゅうがく に ほんじん か てい に ほん ご つか く
・日本へ留学したら、日本人の家庭で日本語を使って暮らすほうがいいですよ。
일본에 유학하면, 일본인 가정에서 일본어를 사용하며 사는 것이 좋아요.

② 生きる 「死ぬ 죽다」의 반대 개념으로 단순히 죽지 않고 존재한다는 의미를 나타낸다.

どうぶつ くさ た い
・その動物は草を食べて生きている。
그 동물은 풀을 먹고 살고 있다.

③ 住む 존재하고 있는 장소를 중심으로 생각할 때 쓴다. 따라서 '주거하다'라는 의미가 내포되어 있다.

いま す
・今、どこに住んでいますか。
지금 어디에 살고 있습니까?

④ 過ごす '단순히 시간을 보내다'라는 의미만을 내포하고 있다.

こん や たの す
・今夜はみなさんといっしょに楽しいひとときを過ごしたい
おも
と思っています。
오늘 밤은 여러분과 함께 즐거운 한 때를 보내고 싶습니다.

136 **繰り上げる** (차례를) 위로 끌어당기다, (날짜 등의) 예정을 앞당기다

- 予定を繰り上げるのは難しそうですね。
  예정을 앞당기는 것은 어려울 듯하군요.

137 **狂う** ① 정상 상태에서 벗어나다, 어긋나다, 잘못되다 ② 미치다, 이상해지다

- あの時計はくるっている。
  저 시계는 안 맞는다.

138 **苦しむ** 괴로워하다, 고생하다 ▶ 苦(くる)しめる 괴롭히다

- 世界には食べ物がなくて、苦しんでいる人がたくさんいます。
  세계에는 먹을 것이 없어서, 고통을 당하는 사람이 많이 있습니다.

139 **暮れる** 날이 저물다

- 暮れかかった空を、からすが森に帰ってゆく。
  저물어 가는 하늘을 까마귀가 날아서 숲으로 돌아간다.

> 🔵 시험에 잘 나오는 관련 표현
>
> ① **日暮れ** 일몰, 해질녘
>   - 日暮れになると、山寺のかねの音が聞こえてくる。
>   해질녘이 되니, 산사의 종소리가 들려 온다.
>
> ② **途方にくれる** 어찌할 바를 모르다, 당황하다, 망연자실하다
>   - 大事なノートをなくし、途方にくれてしまった。
>   중요한 노트를 잃어버려 어찌할 바를 몰랐다.

140 **こぐ** 배를 젓다, (자전거 등을 탈 때) 발을 구르다, 밟다

- ボートをこぐ。 보트를 젓다.
- 自転車をこぐ。 자전거 페달을 밟다.

141 **焦げる** 눋다, 타다 ▶ 焦(こ)げ付(つ)く 꾸어준 돈을 회수 못하게 되다

- 魚がすっかり焦げてしまった。
  생선이 새까맣게 타 버렸다.

동사

142 試みる 시험해 보다 ▶ 試(こころ)み 시도

・病気でない限り、試みてください。
아프지 않은 이상, 시도해 주세요.

・この試みは初めてのものだ。
이 시도는 처음하는 것이다.

143 越す・超す 「来(く)る 오다」의 높임말

・皆様お誘いあわせのうえお越しください。
여러분 미리 상의하시고 오십시오.

144 こする 문지르다, 비비다

・ゴミの入った目をこする。
먼지가 들어간 눈을 비비다.

145 ことづける 전갈을 부탁하다

・「今日は体の具合が悪いので休む」と先生に伝えるよう、友だちにことづけた。
'오늘은 몸상태가 안 좋아서 쉰다'고 선생님께 전하도록 친구에게 부탁했다.

146 異なる 다르다

・住民が希望を出したイメージと全く異なったマンションが建設された。
주민이 희망한 이미지와 전혀 다른 맨션이 건설되었다.

147 こねる ① 반죽하다, 이기다 ② 억지를 부리다

・メリケン粉をこねる。 밀가루를 반죽하다.

・だだをこねる。 떼를 쓰다.

148 ごまかす (사람을 속이거나 어떤 내용을 속일 경우) 남의 눈을 속이다, 거짓말로 속이다

・おつりをごまかす。 거스름돈을 속이다.

・ごまかしたっていずれバレちゃうよ。
얼버무려도 얼마 안 있어 탄로나 버려요.

・安物をいかにもよい品のようにごまかす。
싸구려를 아주 좋은 물건인 것처럼 속이다.

🔁 유사 표현

① 騙す　속이다 ＊사람에게만 사용

・お客をだまして悪い品物を売りつける。
손님을 속여서 나쁜 물건을 강매하다.

② いっぱい食わせる　한방 먹이다, 상대를 감쪽같이 속여먹다

・悔しい。またやられたな。いつかきっとあいつにいっぱい
食わせてやる。
억울하다. 또 당했네. 언젠가 꼭 그 녀석한테 한방 먹여 주고 말겠다.

③ 一杯食わす　감쪽같이 속이다

④ 欺く　(거짓으로) 속이다

⑤ 偽る　거짓말하다, 속이다

⑥ はぐらかす　㉠ 어름거려 넘기다, 얼버무리다
　　　　　　　㉡ 따돌리다, 동행이 눈치 채지 못하게 슬쩍 빠져나오다

⑦ 鯖を読む　수를 세거나 할 때, 자신에게 이익이 되도록 속이다 ＝数をごまかす

⑧ お茶をにごす　적당히 그 자리를 얼버무리다

---

149 **込める**　포함하다, 담다

・心を込める。
마음을 담다. 정성을 담다.

・税金を込めると220円です。
세금을 포함하면 220엔입니다.

---

150 **転がる**　구르다 ▶ 転(ころ)がす 굴리다

・これだけ丸いとよく転がるでしょう。
이 정도 둥글면 잘 구르겠지요.

---

151 **怖がる**　무서워하다, 두려워하다

・叱られるのを怖がって黙っている。
꾸지람이 두려워 입을 다물고 있다.

동사

152 栄(さか)える 번영하다, 번창하다 ↔ 衰(おとろ)える 쇠퇴하다, 쇠약해지다

- 会社(かいしゃ)が栄(さか)える。
  회사가 번창하다.

153 逆(さか)らう 거스르다, 거역하다

- 上司(じょうし)に逆(さか)らってばかりいると昇進(しょうしん)できませんよ。
  상사에게 거역하기만 하면 승진할 수 없습니다.

154 叫(さけ)ぶ (주로 의지적으로 세상에 대하여 강하게 주장하다) 큰소리로 외치다

- 海(うみ)にむかって叫(さけ)ぶ。
  바다를 향해 외치다.
- 戦争反対(せんそうはんたい)を叫(さけ)ぶ。
  전쟁 반대를 외치다.

  유사 표현

  ① わめく (동기가 뚜렷하지 않음 / 흥분해서 표출하는 말에 내용이 없음) 큰소리로 떠들다, 고함치다
  - 一団(いちだん)の若者(わかもの)がわめきながら入(はい)ってくる。
    한 무리의 젊은이들이 왁자지껄 떠들며 들어오다.

155 避(さ)ける 피하다, 멀리하다 *달갑지 않은 상황에서 멀리 떨어진 위치에 자리잡는 것

- 人目(ひとめ)を避(さ)ける。
  사람 눈을 피하다(꺼리다).
- 車(くるま)の多(おお)い道(みち)を避(さ)けて学校(がっこう)に行(い)く。
  차의 왕래가 많은 길을 피해 학교에 가다.

  유사 표현

  ① よける (몸을) 피하다, 옆으로 비키다 *「避(さ)ける」보다 구어체적인 표현으로, 추상적인 의미는 없고, 구체적인 행위를 나타내는 말이다.
  - 水(みず)たまりをよけて通(とお)る。
    웅덩이를 피하여 지나가다.

156 支(ささ)える 버티다, 떠받치다

- 四本(よんほん)のふとい柱(はしら)が屋根(やね)を支(ささ)えている。
  네 개의 굵은 기둥이 지붕을 떠받치고 있다.

□□□

157 ささやく 소근거리다, 속삭이다

・<ruby>耳元<rt>みみもと</rt></ruby>でささやく。 귓전에 대고 속삭이다.

□□□

158 <ruby>差<rt>さ</rt></ruby>し<ruby>替<rt>か</rt></ruby>える 바꾸다, 바꾸어 넣다 ＝ <ruby>取<rt>と</rt></ruby>り<ruby>替<rt>か</rt></ruby>える・<ruby>入<rt>い</rt></ruby>れ<ruby>替<rt>か</rt></ruby>える

・<ruby>新<rt>あたら</rt></ruby>しい<ruby>説明書<rt>せつめいしょ</rt></ruby>ができたので<ruby>古<rt>ふる</rt></ruby>いのと<ruby>差<rt>さ</rt></ruby>し<ruby>替<rt>か</rt></ruby>えた。
새로운 설명서가 생겼기 때문에 낡은 것과 바꾸었다.

□□□

159 <ruby>差<rt>さ</rt></ruby>し<ruby>出<rt>だ</rt></ruby>す 내밀다, 제출하다

・<ruby>左<rt>ひだり</rt></ruby>の<ruby>人<rt>ひと</rt></ruby>は<ruby>両手<rt>りょうて</rt></ruby>を<ruby>差<rt>さ</rt></ruby>し<ruby>出<rt>だ</rt></ruby>している。
왼쪽 사람은 양손을 내밀고 있다.

□□□

160 <ruby>指<rt>さ</rt></ruby>す 손가락으로 가리키다

・<ruby>右<rt>みぎ</rt></ruby>の<ruby>女<rt>おんな</rt></ruby>の<ruby>人<rt>ひと</rt></ruby>は<ruby>窓<rt>まど</rt></ruby>の<ruby>外<rt>そと</rt></ruby>を<ruby>指<rt>さ</rt></ruby>しています。
오른쪽 여자는 창 밖을 가리키고 있습니다.

□□□

161 <ruby>差<rt>さ</rt></ruby>す 빛이 나다, 볕이 비치다, 물을 조금씩 따르다

・<ruby>雲<rt>くも</rt></ruby>の<ruby>間<rt>あいだ</rt></ruby>から<ruby>日<rt>ひ</rt></ruby>が<ruby>差<rt>さ</rt></ruby>している。 구름 사이로 해가 비치고 있다.
・<ruby>目薬<rt>めぐすり</rt></ruby>を<ruby>差<rt>さ</rt></ruby>す。 안약을 넣다.

□□□

162 さびる 녹슬다

・<ruby>雨<rt>あめ</rt></ruby>の<ruby>日<rt>ひ</rt></ruby>に<ruby>外<rt>そと</rt></ruby>に<ruby>出<rt>だ</rt></ruby>しておいたら、<ruby>自転車<rt>じてんしゃ</rt></ruby>がさびてしまった。
비 오는 날에 밖에 내놓아 두었더니 자전거가 녹슬어 버렸다.

□□□

163 サボる 게으름을 피우다, (수업을) 빼먹다

・<ruby>学校<rt>がっこう</rt></ruby>をサボる。
학교를 빼먹다.

□□□

164 <ruby>仕<rt>し</rt></ruby><ruby>上<rt>あ</rt></ruby>げる 끝내다, 완성하다 ▶ <ruby>仕上<rt>しあ</rt></ruby>げ 마무리, 끝손질

・これ、<ruby>今晩<rt>こんばん</rt></ruby>10<ruby>時<rt>じ</rt></ruby>までに<ruby>仕<rt>し</rt></ruby><ruby>上<rt>あ</rt></ruby>げてください。
이거, 오늘밤 10시까지 완성해 주세요.

・<ruby>仕<rt>し</rt></ruby><ruby>上<rt>あ</rt></ruby>げをきちんとする。
마무리를 빈틈없이 하다.

동사

동사

165 仕切る 칸막이를 하다 ☐☐☐

・電話と電話の間は仕切られている。
전화와 전화 사이에는 칸막이가 되어 있다.

166 従う 뒤따르다, 복종하다 ☐☐☐

・両親の言うことに従います。
부모님 말씀을 따릅니다.

> 🔵 보충 표현
>
> ① ～にしたがって　～에 따라 ＝ ～につれて, ～とともに
>
> ・南へ行くにしたがってだんだん暑くなります。
> 남쪽으로 감에 따라 점점 더워집니다.
>
> ・年をとるにしたがって体が弱くなります。
> 나이를 먹음에 따라 몸이 약해집니다.

167 親しむ 친하게 하다, 친하게 지내다 ▶ 親(した)しみ 친밀감 ☐☐☐

・彼は20年間親しんできた友人だ。
그 사람은 20년 동안 친하게 지내 온 친구이다.

・親しみを覚える。
친밀감을 느끼다.

・お客さまに親しみを持ってもらいたいと思っています。
손님이 친밀감을 가져 주시길 바라고 있습니다.

168 下回る 하회하다, 밑돌다 ↔ 上回(うわまわ)る 상회하다, 웃돌다 ☐☐☐

・稲作は前年を下回る凶作だった。
벼농사는 작년을 밑도는 흉작이었다.

・予想を大きく下回る。
예상을 크게 밑돌다.

169 支払う 지불하다, 지급하다 ☐☐☐

・工事の代金を支払う。
공사 대금을 지급하다.

170 縛る〔しばる〕 묶다, 동이다

・ほうたいで傷口を縛った。
붕대로 상처난 곳을 동여맸다.

○ 관련 표현

① 柵〔しがらみ〕 들러붙어 떨어지지 않는 것

・会社のしがらみ 회사의 속박

・人情のしがらみ 인정의 굴레(속박)

171 痺れる〔しびれる〕 저리다, 마비되다

・長い間正座していたので足がしびれた。
오랜 시간 정좌를 하고 있었기 때문에 다리가 저렸다.

172 絞る・搾る〔しぼる〕 쥐어짜다, 착취하다

・タオルを絞る
수건을 짜다.

・税金を搾る
세금을 착취하다.

・知恵を絞る
지혜를 짜내다.

173 締め切る〔しめきる〕 마감하다 ▶ 締(し)め切(き)り 마감

・学生の募集を締め切る。
학생 모집을 마감하다.

174 示す〔しめす〕 보여주다, 제시하다

・データを示す。
데이터를 제시하다.

175 湿る〔しめる〕 축축해지다, 습기가 차다 = 潤(うるお)う、湿気(しけ)る
↔ かわく 마르다, 건조하다 ▶ 湿(しめ)っぽい 축축하다, 눅눅하다

・湿った空気。
습기 찬 공기.

동사

176 占める 차지하다, 자리잡다, 점유하다

・半分以上を輸入食品が占めている。
반 이상을 수입 식품이 차지하고 있다.

・学校の敷地は見晴らしのいいおかがほとんどを占めている。
학교 부지는 전망 좋은 언덕이 대부분을 차지하고 있다.

관련 표현

① 味を占める 재미 붙이다, 한번 잘된 것을 자꾸 기대하며 하려고 하다

・この間、あいつにコーヒーをおごったら、味を占めて毎日わたしのところにやってくる。
일전에 녀석에게 커피를 사 주었더니, 재미를 붙이고 매일 나를 찾아온다.

177 しゃがむ 웅크리다, 쭈그리고 앉다 ＝ うずくまる 쭈그려 앉다
▶ 及(およ)び腰(ごし) 엉거주춤한 모습(자세, 태도)

・「もう歩けないよ」と言って、子どもはしゃがんでしまった。
'더 이상 걸을 수 없어요'라며, 아이는 주저앉아 버렸다.

・女の子がベビーカーの前にしゃがんでいる。
여자 아이가 유모차 앞에 쭈그리고 앉아 있다.

178 知れる 알려지다, 발각되다, 판명되다

・そのうわさは町内に知れている。
그 소문은 동네에 널리 알려져 있다.

・嘘をついてもすぐに知れる。
거짓말을 해도 곧 탄로난다.

179 透き通る 비쳐 보이다, 투명하다

・字が透き通って見える紙。
글자가 비쳐 보이는 종이.

180 救う 구하다, 살리다 ▶ 救(すく)い 구함, 구조, 구원

・危ないところで救われた。
위험한 순간에 구조를 받았다.

・穴の奥から、救いを求める声がする。
구멍 깊은 곳에서 구조를 바라는 소리가 난다.

181 **優(すぐ)れる** 뛰어나다, 우수하다 = 堪能(たんのう) 학술, 기예가 뛰어남 □□□

・高島高校(たかしまこうこう)はすぐれている学校(がっこう)なんです。
다카시마 고등학교는 우수한 학교입니다.

관련 표현

① **ずば抜(ぬ)ける** 뛰어나게 우수하다, 빼어나다
= 図抜(ずぬ)ける 유다르다, 두드러지다, 뛰어나다

② **抜(ぬ)きん出(で)る** 뛰어나게 우수하다, 뛰어나다

③ **群(ぐん)を抜(ぬ)く** 출중하다, 빼어나다, 출중하다 = 抜群(ばつぐん) 발군

182 **過(す)ごす** 시간을 보내다, 지내다 ㉶ 過(す)ぎる 약속, 기한이 지나다 □□□

・先生(せんせい)はお変(かわ)わりなくお過(す)ごしでしょうか。
선생님께서는 여전히 잘 지내고 계시는지요?

183 **進(すす)める** 진척시키다 □□□

・仕事(しごと)を進(すす)める。
일을 진척시키다.

다른 표현

① **勧(すす)める** 권하다

・飲(の)めないのに酒(さけ)をすすめられて閉口(へいこう)した。
못 마시는데 술을 권해서 (몹시) 난처했다.

184 **廃(すた)れる** ① 쇠퇴하다, 한물가다 ② 쓰이지 않게 되다, 소용없게 되다
↔ 流行(はや)る 유행하다 □□□

・去年(きょねん)の流行(りゅうこう)のミニスカートはもうすたれた。
작년 유행한 미니 스커트는 벌써 한물갔다.

・地元(じもと)の商店街(しょうてんがい)が廃(すた)れた。
지역 상점가가 쇠퇴했다.

・最近(さいきん)は、正(ただ)しい敬語(けいご)が廃(すた)れる傾向(けいこう)にある。
최근에는 올바른 경어가 사용되지 않는 경향에 있다.

185 **済(す)ます** 일을 마치다, 끝내다 = 済(す)ませる □□□

・食事(しょくじ)を済(す)ませて出発(しゅっぱつ)する。
식사를 끝내고 출발하다.

186 済_すむ 끝나다, 해결되다

- とうとう行_いかないで済_すみました。
  결국 가지 않고 해결되었습니다.

- おかげで苦労_{くろう}しなくて済_すみました。
  덕분에 고생하지 않고 끝났습니다.

- 大学手続_{だいがくてつづ}きも無事_{ぶじ}済_すんで、いよいよ大学生_{だいがくせい}だ。
  대학(입학) 수속도 무사히 끝나 드디어 대학생이다.

187 ずれる 좀 어긋나다, (위치, 시기 따위가 표준에서) 빗나가다, 벗어나다

- 台風_{たいふう}のため、予定_{よてい}が一日_{いちにち}ずれる。
  태풍 때문에 예정이 하루 늦어지다.

188 狭_{せば}める 좁히다 ㉑ 狭(せば)まる 좁아지다, 좁혀지다

- 範囲_{はんい}を狭_{せば}めて出題_{しゅつだい}する。
  범위를 좁혀 출제하다.

189 迫_{せま}る 접근하다, 다가가다(시간이 다가올 때, 어떤 압력이 가해져 온다는 의미)

- 眼前_{がんぜん}に危険_{きけん}が迫_{せま}る。
  눈앞에 위험이 닥치다.

- テストの日_ひが目前_{もくぜん}に迫_{せま}る。
  테스트 날이 목전에 임박하다.

유사 표현

① 近寄_{ちかよ}る (거리가 떨어져 있지 않을 때, 한 쪽이 다른 한 쪽에 능동적으로 접근할 때) 접근하다

- 犬_{いぬ}が近寄_{ちかよ}ってくる。
  개가 다가오다.

② 近付_{ちかづ}く (거리가 많이 떨어져 있을 때) 다가가다, 다가서다, 접근하다

- 目的地_{もくてきち}が近付_{ちかづ}く。
  목적지가 가까워지다.

190 攻_せめる 도전하다, 공격하다 ▶ 攻撃_{こうげき}する 공격하다

- 敵_{てき}の城_{しろ}を攻_せめる。
  적의 성을 공격하다.

191 沿う 따르다, 따라서 나가다(길게 이어진 것의 옆을 떨어지지 않고 따라가는 것)
▶ ～に沿(そ)って (정해진 일 · 기준) ～을 따라

・この道は川に沿っている。
이 길은 강을 따라 있다.

・列島に沿って黒潮が流れる。
열도를 따라 해류가 흐른다.

192 添う 부응하다, 부합하다, 따르다 ▶ 添(そ)える 첨부하다

・彼は父親の期待に添わなかった。
그는 아버지의 기대를 저버렸다.

・手紙に紹介状を添える。
편지에 소개장을 첨부하다.

193 属する 속하다, 소속되다 ▶ 所属(しょぞく) 소속

・ぼくは体操部に属している。
나는 체조부에 속해 있다.

194 注ぐ 기울이다, 쏟다

・すべての力を注ぐ。 모든 힘을 기울이다.

・コンブ茶を注ぐ。 다시마 차를 따르다.

・女性社員の育成に、もっと力を注ぐべきです。
여사원의 육성에 좀더 힘을 기울여야 합니다.

195 備える 대비하다

・震災に備えて防災訓練を行う。
지진에 의한 재해에 대비하여 방재 훈련을 실시하다.

196 そびえる 높이 솟다, 우뚝 솟다, 치솟다 = そびえ立(た)つ

・細長いタワーがそびえています。
길고 뾰족한 탑이 우뚝 솟아 있습니다.

・雲の上にそびえている山がきれいに見える。
구름 위로 솟은 산이 아름답게 보인다.

동사

197 染める　물들이다 ▶ ほおを染(そ)める 수줍어하다, 부끄러워 얼굴을 붉히다

・夕日が空を赤く染める。
석양이 하늘을 붉게 물들이다.

・ね、ね、仁美ちゃんがぼくを見てほおを染めたよ。
이것 봐, 히토미가 날 보고 얼굴을 붉혔어.

198 揃える　모양이나 정도를 같게 하다, 맞추다 ㉔ 揃(そろ)う 고르다, 일치하다,
필요한 것이 갖추어지다

・足を揃えて歩く。　발을 맞추어 걷다.

・男の人は両足を揃えて立っている。
남자가 양발을 가지런히 모으고 서 있다.

・クラスの全員が揃う。　학급 전원이 모이다.

199 耐える　참다, 견디다 ▶ ～に耐(た)えない 차마 ～할 수 없다, ～하기 그지없다

・苦痛に耐える。　고통을 참다.

・皆さんの骨身を惜しまぬ援助活動には感謝に耐えません。
여러분의 몸을 아끼지 않는 원조활동에는 감사하기 그지 없습니다.

　🔵 유사 표현

　① こらえる（자연히 그렇게 되는 듯한 생리적 현상을 억제할 경우）참다, 견디다
　　・転んだが、いたさを堪える。　넘어졌지만, 아픔을 참는다.

　② 忍ぶ（배가 고픔, 아픔, 부자유, 가난 등 내적인 경우를）견디다, 참다
　　・恥を忍んでお金を借りる。　부끄러움을 참고 돈을 빌리다.

　③ 我慢する（고통스러운 일을 참을 때）참다, 인내하다
　　・苦しいのを我慢して走りつづける。
　　괴로운 것을 참고 계속 달리다.

200 高まる　높아지다 ㉕ 高(たか)める 위치, 상태 따위를 높이다

・関心が高まる。　관심이 높아지다.

・異文化への好奇心が高まる。
다른 문화에 대한 호기심이 높아지다.

・女性の職場進出に対する意識が高まってきた。
여성의 직장 진출에 대한 의식이 높아졌다.

201 炊（た）く　밥을 짓다　□□□

・炊（た）きたてのご飯（はん）はおいしい。
갓 지은 밥은 맛있다.

*동사 ます형+たて　갓 ~함, 막 ~함

202 抱（だ）く　팔과 가슴으로 안다 ＝ だっこする　□□□
　▶「抱（いだ）く」로 읽으면 '마음 속에 품다'라는 뜻이 된다.

・赤（あか）ちゃんを抱（だ）いてミルクを飲（の）ませている。
아기를 안고 우유를 먹이고 있다.

203 確（たし）かめる　확인하다 ＝ 確認（かくにん）する 확인하다　□□□

・至急確（しきゅうたし）かめて、折（お）り返（かえ）しお電話（でんわ）いたします。
곧 확인하고 즉시 전화 드리겠습니다.

204 助（たす）かる　살아나다, 살아남다 ↔ 助（たす）ける 돕다　□□□

・子供（こども）が助（たす）かったのはあなたのおかげです。
아이가 구조된 것은 당신 덕분입니다.

205 戦（たたか）う・闘（たたか）う　싸우다, 우열을 가리다　□□□

・スポーツマンシップをもって堂々（どうどう）と戦（たたか）う。
스포츠맨쉽으로 당당히 싸우다.

206 立（た）ち上（あ）がる　일어서다, 일어나다　□□□

・席（せき）を譲（ゆず）るために立（た）ち上（あ）がった。
자리를 양보하기 위해 일어섰다.

207 断（た）ちきる　끊다, 잘라 버리다　□□□

・大（おお）きな布（ぬの）を二（ふた）つに断（た）ちきった。
커다란 천을 둘로 잘라 내었다.
・2人（ふたり）の関係（かんけい）を断（た）ち切（き）る。
두 사람의 관계를 끊다.

동사

208 立ち止まる 멈춰 서다

・歩行者が立ち止まっている。
보행자가 멈춰 서 있다.

209 立ち直る (힘, 기운, 기세를) 되찾다, 회복하다 ↔ 落(お)ち込(こ)む 침울해지다

・相手に立ち直るすきを与えない。
상대에게 재기할 틈을 주지 않는다.

210 立ち並ぶ 같은 정도의 재능·역량을 갖고 있다, 어깨를 나란히 하다
▶ 建(た)ち並(なら)ぶ (건물이) 늘어서다, 도열하다

・美術の鑑定で彼に立ち並ぶ者はいない。
미술 감정에서 그와 어깨를 나란히 할 사람은 없다.

・商家が建ち並ぶ街。
상가가 늘어선 거리.

211 立て替える (나중에 정산해 되돌려 받고) 일단은 본인이 지불하다,
대금을 대신 치르다

・会費を立て替える。
회비를 대신 내다.

212 立て込む 일이 많아 바쁘다, 붐비다

・スケジュールが立て込んでいて、再来週にならないと時間がとれない。
스케줄이 밀려 있어서 다다음 주가 아니면 시간을 낼 수 없다.

213 たまる (한 군데에 모여) 괴다, 쌓이다 [타] ためる (돈을) 모으다, 저축하다
＊'돈을 모으다'라는 표현을 「お金(かね)を集(あつ)める」라고 하지 않도록 주의하자.

・雨水がたまる。
빗물이 괴다.

・ストレスがたまる。
스트레스가 쌓이다.

・残業続きで疲れがたまっている。
잔업(야근)이 계속되어 피로가 쌓였다.

・お金をためて、のんびり趣味を生かした生活がしたい。
돈을 모아서, 느긋하게 취미를 즐기는 생활을 하고 싶다.

214 黙る 입을 다물다, 잠자코 있다 ▶ 沈黙(ちんもく) 침묵
黙(だま)り込(こ)む 조용히 입을 다물고 있다, 아무 말도 안 하고 입을 다물다

· 君さえ黙っていればなんの問題もない。
자네만 잠자코 있으면 아무 문제도 없어.

· 話しかけても返事もしないで、黙り込んでいる。
말을 걸어도 대답도 않고 잠자코 있다.

🔵 관련 표현

① うんともすんとも言わない　전혀 말이 없다, 일언반구도 없다

· わけを聞いてもうんともすんとも言わなかった。
이유를 물어도 전혀 말이 없었다.

215 試す 실제로 해 보다, 시험해 보다
▶ 物(もの)は試(ため)し 무슨 일이든 안 해 보면 잘 모른다

· 営業部で自分の力を試してみたい。
영업부에서 자신의 능력을 시험해 보고 싶다.

· やっと作った模型飛行機を物は試しと、さっそく飛ばしてみた。
겨우 만든 모형 비행기를 일단 시험 삼아, 곧장 날려 보았다.

216 保つ 유지하다, 지키다

· 健康を保つためには適度な運動が必要だ。
건강을 유지하기 위해서는 적당한 운동이 필요하다.

217 頼る 의지하다, 의뢰하다

· ほかの人に頼らないで、とにかく自分でやってみることだ。
다른 사람에게 의지하지 말고 여하튼 스스로 해 봐야 한다.

218 縮まる 오그라들다, 줄다 ＝ 縮(ちぢ)む 작아지다, 짧아지다
㉑ 縮(ちぢ)める 작게 하다, 좁히다, 움츠리다

· 授業時間が縮まった。
수업시간이 줄어들었다.

· 前足を縮める。
앞발을 움츠리다.

219 散らかる（ち） 흩어지다, 어지러지다 ㉧ 散（ち）らかす 흩뜨리다, 어지르다

・選挙遊説場はビラーなどでひどく散らかっている。
선거 유세장은 선전지 등으로 심하게 어지러져 있다.

220 費やす（つい） 써서 없애다, 허비하다, 낭비하다 ＝消費（しょうひ）する 소비하다

・予算を無駄に費やす。
예산을 쓸데없는 데에 쓰다.

221 通じる（つう） 통하다

・何度電話しても話し中なので、電話が通じないんですよ。
몇 번 전화해도 통화 중이어서 전화가 연결이 안 돼요.

・田中くんは真面目なんだが、冗談が通じなくて困るよ。
다나카 군은 진지하긴 한데 농담이 통하지 않아서 난처해.

222 捕まる（つか） 잡히다, 붙잡히다, 체포되다 ▶ 捕（つか）まえる 붙잡다, 붙들다

・どろぼうが捕まった。 도둑이 붙잡혔다.

223 掴む（つか） 붙잡다, 쥐다 ▶ 雲（くも）を掴（つか）むような 막연하여 종잡을 수 없는

・棒を掴もうとしている。 막대기를 잡으려고 하고 있다.
・両手で掴む。 양손으로 잡다.
・大金を掴む。 큰돈을 쥐다.
・心を掴む。 마음을 파악하다.
・機会を掴む。 기회를 잡다.
・彼はいつも雲を掴むような話ばかりしている。
그는 언제나 종잡을 수 없는 이야기만 하고 있다.

224 付き合う（つ・あ） ① (의리나 교제상) 행동을 같이 하다 ② 교제하다, 사귀다
▶ 付（つ）き合（あ）い 교제, 사귐

・迷惑も考えず、夜中に電話をかけてくるような人とは付き合いかねる。
폐를 끼친다는 생각도 없이, 밤중에 전화를 거는 사람과는 사귈 수 없다.

・お酒は好きではないが、付き合いで飲まないこともない。
술은 좋아하지 않으나, 교제를 위해서 못 먹을 것도 없다.

225 突き当たる ① 부딪히다, 충돌하다 ② 막다른 곳에 이르다
③ 앞이 막히다, 더 이상 진행이 안 되다

・わき見をしていて、電柱に突き当たってしまった。
한 눈을 팔아서, 전봇대에 부딪혀버렸다.

・この道を突き当たったところで右へ曲がりなさい。
이 길 막다른 곳에서 오른쪽으로 도세요.

・交渉が壁に突き当たった。 교섭이 난관에 봉착했다.

226 突く 자극하다, 찌르다

・杖を突く。 지팡이를 짚다.

・杖で背中を突く。 지팡이로 등을 찌르다.

・悪臭が鼻をつく。 악취가 코를 찌르다.

・相手の意表をつく。
상대의 의표를[맹점을] 찌르다. 뜻밖의 일을 해서 상대방을 놀라게 한다.

○ 동음이의어

① 就く 그 자리를 차지하다, 취임하다, 종사하다
・彼はやっと職に就いた。
그는 겨우 취직되었다.

② 吐く 숨을 쉬다, 호흡하다

③ 一息を吐く (일이 일단락 되어) 한숨 돌리다
・宿題を終えて、やっと一息を吐いた。
숙제를 마쳐 겨우 한숨 돌렸다.

④ 着く 도착하다
・空港に着いたら電話します。
공항에 도착하면 전화하겠습니다.

227 注ぐ 붓다, 부어 넣다

・酒をコップになみなみと注ぐ。
술을 컵에 가득 차게 따르다.

・女の人が手前のグラスに飲み物を注いでいる。
여자가 앞에 있는 잔에 음료수를 따르고 있다.

동사

① 次ぐ 뒤를 잇다, 뒤따르다

・旗手に次いで入場する。
기수 뒤를 따라 입장하다.

② 継ぐ 더하다, 보충하다, 잇다

・言葉を継いで話す。
말을 이어서 계속하다.

・二の句が継げない。
다음 말을 이을 수가 없다. 기가 막혀서 말이 안 나온다.

---

228 漬ける 액체 속에 담그다, 김치를 절이다

・筆を水に漬ける。 붓을 물에 담그다.

・うりを漬ける。 오이를 절이다.

---

229 突っ込む 핵심에 깊이 파고들다, 아무렇게나 처넣다, 돌진하다

・もっと突っ込んだ話し合いが必要だ。
좀 더 깊이 있는 논의가 필요하다.

🔖 관련 표현

① 首を突っ込む 손대다, 집적거리다, 관여하다

・あれもこれも首を突っ込むのはよくないよ。
이것저것 손대는 것은 좋지 않아.

---

230 努める 힘쓰다, 노력하다, 맡은 일을 하다 ▶ 務(つと)め 의무, 책무

・お客様へのサービスに務める。 손님에 대한 서비스에 힘쓰다.
・国民としての務め。 국민으로서의 의무.
・案内役を務める。 안내역을 맡다.

---

231 つなぐ 하나로 잇다, 연결하다 ㉨ つながる 이어지다, 연결되다 ▶ つながり 연결

・子供たちはみんな手をつないで歩いています。
아이들은 모두 손을 잡고 걷고 있습니다.

・コードのつながりぐあいを調べる。 코드의 연결 상태를 조사하다.

232 つまずく 발이 걸려 넘어지다, 좌절하다, 실패하다

- つまずいて倒れている。 발이 걸려 넘어져 있다.
- 一度つまずくとなかなか立ち直れない。
  한 번 실패하면 좀처럼 다시 일어설 수 없다.

233 詰まる 가득 차다, 임박하다, 종말에 이르다 他 詰(つ)める 빈틈없이 채우다,
　　　　 모호함을 남기지 않도록 분명히 하다, 더 없는 상태로 몰다

- 日程が詰まっている。 일정이 꽉 차 있다.
- 期限が詰まってくる。 기한이 다가오다.
- 詰まるところ私の責任です。 결국은 저의 책임입니다.
- 試合も大詰を迎えた。 시합도 막판에 접어들었다.
- 詰めを怠る。 일의 마무리를 게을리하다.
- 突き詰める。 파고들다.
- 話しをもう少し詰めておこう。 이야기를 좀더 분명히 해 두자.

⇨ 다른 표현

① **ぎっしり**

- 会場は人でぎっしりだ。 회의장은 사람들로 꽉 차 있다.
- 本棚には本がぎっしり詰まっています。
  책장에는 책이 빼곡하게 꽂혀 있습니다.
- 風邪で鼻が詰まる。 감기로 코가 막히다.
- 彼は借金の返済に詰まった。 그는 빚을 갚는데에 곤란을 겪었다.
- 言いづらいことを聞かれて返答に詰まった。
  말하기 어려운 질문을 받고 답변이 막혔다.

234 積む 쌓다, 차나 배에 싣다 ▶ 積(つ)もる 쌓이다

- 富を積む。
  부를 쌓다.
- 立ててある本もあれば、積んである本もあります。
  세워져 있는 책도 있는가 하면, 쌓여 있는 책도 있습니다.

235 強がる 강한 체하다, 허세 부리다

・彼は強がっているけれど、実はとても心配しているんですよ。
그는 허세를 부리고 있지만, 사실은 매우 걱정을 하고 있어요.

236 強まる 차츰 강해지다, 세지다　㉣ 強(つよ)める 강하게 하다, 세게 하다

・反対の意見が強まる。
반대 의견이 강해지다.

237 できあがる 완성되다

・半分ほどできあがった。
반 정도 완성되었다.

238 問い合わせる 문의하다

・会社に問い合わせたところ、まだわからないとのことでした。
회사에 문의했더니, 아직 모른다는 것이었습니다.

239 問う (책임 따위를) 묻다, 밝혀 따지다 ▶ 〜を問(と)わず 〜을 불문하고

・本人の責任を問わざるを得ない。
본인의 책임을 묻지 않을 수 없다.

・その件の是非は問わない。
그 건에 관한 옳고 그름은 불문한다.

　　◐ 관련 표현

　　① 〜を問わず

　　・年齢を問わず、優秀な人材を積極的に登用する。
　　연령을 불문하고, 우수한 인재를 적극적으로 등용한다.

240 通る ① 지나가다, 통과하다 ② 합격하다 ＝ 合格(ごうかく)する
㉣ 通(とお)す ① 통과시키다, 관통하다 ② 안내하다 ＝ 案内(あんない)する

・ひっきりなしに車が通っている。
끊임없이 차가 지나가고 있다.

・夜を通して語り合う。　밤새도록 이야기를 나누다.

・こちらへお通しして。
이리로 안내해 드리세요.

① ～通す 계속 ~하다

・どんなことがあっても一人でやり通したい。
어떤 일이 있더라도 혼자서 끝까지 해내고 싶다.

241 通り掛かる 우연히 그곳을 지나가다

・その前を通りかかった時 7 時の時報が鳴った。
마침 그 앞을 지나갔을 때 7시 시보가 울렸다.

242 通り過ぎる 목적지를 지나치다

・その駅は、わたしが眠っている間に通り過ぎたらしい。
그 역은 내가 잠든 사이에 지나친 것 같다.

243 通り抜ける (어떤 국면을) 통과하다, 빠져나가다

・遅刻したので近道をしようと思って公園の中を通り抜けてきた。
지각을 해서 지름길로 가려고 공원 안을 통과해 왔다.

244 尖る 끝이 날카로워지다, 뾰족해지다

・左に屋根のとがった大きな建物があります。
왼쪽에 지붕이 뾰족한 커다란 건물이 있습니다.

245 解く (금지, 규제, 제한을 해제하고 자유롭게 함) 풀다, 해제하다

・交通規制を解く。 교통 규제를 해제하다.

① 解除 해제

・契約を解除する。 계약을 해제하다.

246 溶ける 녹다, 고체가 액체가 되다 ▶ 溶(と)く 어느 물질을 액체에 넣어서 녹이다
溶(と)かす 열을 가해서 금속 등의 고체를 녹이다

・春先の雪は溶けやすい。
초봄의 눈은 녹기 쉽다.

동사

247 解ける (と) (문제, 의문이) 해명되다, 풀리다 ▶ 解(と)く 의문을 풀다, 해답을 얻다

・小学生(しょうがくせい)にこんな難(むずか)しい問題(もんだい)が解(と)けるわけがない。
초등학생이 이렇게 어려운 문제를 풀 수 있을 리가 없다.

・わだかまりが解(と)ける。
맺힌 감정이 풀리다. 마음의 응어리가 풀리다.

248 遂げる (と) 이루다, 목적을 달성하다

・1988年(ねん)にソウルでアジア2度目(どめ)のオリンピックがあったが、その前後(ぜんご)に韓国(かんこく)は急速(きゅうそく)な経済成長(けいざいせいちょう)を遂(と)げた。
1988년에 서울에서 아시아 두 번째 올림픽이 있었는데, 그 전후로 한국은 급속한 경제 성장을 이루었다.

249 綴じる (と) 철하다, 매다

・3枚(まい)ずつ綴(と)じて1部(ぶ)ずつ配(くば)ってください。
3장씩 철해서 한 부씩 나눠 주십시오.

250 整える (ととの) 잘 정돈하다, 단정히 하다 ㉔ 整(ととの)う 잘 정돈되다

・風(かぜ)で乱(みだ)れた髪(かみ)を整(ととの)える。 바람으로 흩어진 머리를 매만지다.
・準備万端整(じゅんびばんたんととの)った。 만반의 준비가 갖추어졌다.

251 飛ばす (と) ① (자동차를) 빨리 달리게 하다 ② 멀리 쫓아버리다, 좌천시키다
③ (해야 할 일을 안 하고) 빼놓다, 건너뛰다

・あの車(くるま)ずいぶん飛(と)ばしてますね。
저 차 엄청 빨리 달리는군요.
・山川部長(やまかわぶちょう)、地方(ちほう)へとばされるらしいよ。
야마카와 부장님이 지방으로 좌천될 모양이야.
・分(わ)からない問題(もんだい)は飛(と)ばして進(すす)みなさい。
모르는 문제는 건너뛰고 진행하세요.

252 飛び越える (とこ) 뛰어넘다

・ガードレールを飛(と)び越(こ)えて車道(しゃどう)に出(で)ようとしている。
가드 레일을 뛰어넘어 차도로 나가려 하고 있다.

253 飛び込む 뛰어들다

- とんぼが部屋に飛び込んだ。 잠자리가 방에 날아들었다.
- 海に飛び込んでいる。 바다에 뛰어들고 있다.

254 伴う 동반하다, 수반하다 ▶ 〜に伴(ともな)って 〜에 따라

- 急速な景気の回復に伴い、営業成績がしり上がりに伸びている。
  급속한 경기 회복에 따라 영업 성적이 갈수록 늘어나고 있다.
- 急速な工業化に伴って工場が次々と建てられた。
  급속한 공업화에 따라 공장이 잇달아 세워졌다.

255 取り組む 몰두하다, 열심히 일을 행하다

- 旅館組合挙げて観光客集めに取り組んでいる。
  숙박업 조합이 사력을 다해서 관광객 유치에 힘을 쏟고 있다.

256 取り消す 취소하다

- 急用ができたので予約を取り消す。
  급한 용무가 생겨서 예약을 취소하다.

257 取り締まる (위반하지 않도록) 관리, 감독하다

- 駐車違反を取り締まる。 주차 위반을 단속하다.

258 取り戻す 되찾다, 회복하다

- 健康を取り戻す。 건강을 되찾다.
- 人気を取り戻す。 인기를 회복하다.

🔵 「取る」가 들어간 복합동사

① 取り出す 꺼내다, 끄집어내다

② 取り次ぐ 중간에 서서 전해 주다, 주선하다

③ 取り上げる 의견, 신청을 받아들이다, 채택하다

④ 取り扱う 취급하다

⑤ 取り返す 회복하다, 복구하다

⑥ 取り囲む 둘러싸다

동사

259 長引く 시간적으로 오래 끌다, 길어지다

・会議は予定より2時間長引いた。
회의는 예정보다 2시간 길어졌다.

・病気が長引きそうです。
병이 오래갈 것 같습니다.

260 眺める 바라보다 ▶ 眺(なが)め 조망, 전망

・窓の外をながめている。
창 밖을 바라보고 있다.

・山頂からの眺めはすばらしい。
산 정상에서의 조망은 멋있다.

261 流れる ① 물, 액체가 흐르다 ② 취소되다, 중지되다
▶ 流(なが)す 흐르게 하다, 취소하다 流(なが)し 흘림(설겆이), 때밀이
流(なが)れ 흐름, 강

・町の中を川が流れる。
마을 가운데로 강이 흐른다.

・欠席者が多くて会議が流れた。
결석자가 많아서 회의가 취소되었다.

・流しを取る。 때밀이에게 때를 밀게 하다.

・流れにそって谷を歩く。 강을 따라 계곡을 걷다.

262 慰める 위로하다 = ねぎらう, いたわる (특히 노인, 병자를) 위로하다

・試験に失敗した人を慰める。
시험에 실패한 사람을 위로하다.

263 嘆く 한탄하다 ▶ 嘆(なげ)き 한탄, 비탄

・不幸な身の上を嘆く。
불행한 신세를 한탄하다.

・そんなに嘆いてもどうにもなりませんよ。
그렇게 한탄해도 어쩔 수 없습니다.

・友達の不幸を知ってふかい嘆きに沈む。
친구의 불행을 알고 깊은 비탄에 잠기다.

410

264 成す 이루다, 바꾸다('변화시키다, 만들다'라는 의미가 강함)

☐☐☐

- 災い転じて福と成す。
  화를 바꾸어 복이 되게 하다. 전화위복이 되게 하다.

  🔵 유사 표현

  ① **する** 어떤 상태가 되게 하다, 어떤 상태라고 간주하다, ~라고 느끼다
    - 部下にする。 부하로 삼다.

  ② **やる** 하다, 행하다
    - テレビをつけると、ニュースをやっていました。
      텔레비전을 켜니까, 뉴스를 하고 있었습니다.

265 名付ける 이름을 짓다, 명명하다

☐☐☐

- 今度生まれた子は「ミンチャン」と名付けられた。
  이번에 태어난 아이는 민찬이라 이름지어졌다.

266 なめる 혀끝으로 핥다, 경험하다, 겪다

☐☐☐

- アイスクリームをなめる。 아이스크림을 핥다.
- 苦労をなめる。 고생을 맛보다.

267 悩む 고민하다 ▶ 悩(なや)ます 괴롭히다, 시달리게 하다, 고통을 주다
　　　　　　　　　　悩(なや)み 고민

☐☐☐

- 進学の問題で悩む。
  진학 문제로 고민하다.
- 子供のことでは日々悩まされないではいられない。
  자식의 일로 날마다 시달리지 않을 수 없다.
- 先生に進学の悩みを打ち明ける。
  선생님에게 진학 고민을 털어놓다.

268 倣う 모방하다, 흉내내다

☐☐☐

- 前例に倣って処理する。
  전례를 따라 처리하다.

동사

269 成り立つ　이루어지다, 구성되다

- 商談が成り立つ。 교섭이 성립되다.
- 水は酸素と水素で成り立っている。 물은 산소와 수소로 구성되어 있다.

270 匂う・臭う　좋은 냄새가 나다 ▶ 臭(にお)い 냄새

- ガスが匂うようですが、よく締めてありますか。
  가스 냄새가 나는 듯한데, 잘 잠겨 있습니까?
- においでわかったのだが、箱のなかにあるのは食べ物らしかった。
  냄새로 알았지만 상자 안에 있는 것은 음식인 것 같았다.

271 賑わう　번성하다, 흥청거리다

- あの店はいつも客で賑わっている。
  저 가게는 언제나 손님으로 번성하고 있다.

272 憎む　미워하다, 시기하다 ▶ 憎(にく)しみ 미움, 증오 ＝ 憎悪(ぞうお)

- 人の幸せを憎む時がある。 남의 행복을 시기할 때가 있다.
- 下級生をいじめる上級生に憎しみを覚える。
  하급생을 괴롭히는 상급생에게 증오를 느낀다.

273 逃げ出す　도망가다, 도망치기 시작하다

- 家の前をうろうろしている男の人に声をかけると一目散に逃げだした。
  집 앞을 어슬렁거리던 남자에게 말을 걸자 쏜살같이 달아났다.

274 濁る　흐려지다, 탁해지다 ▶ 濁(にご)す 흐리게 하다, 말을 애매하게 하다

- この井戸の水は濁っているから、飲まないほうがいい。
  이 우물물은 탁해져 있으니까, 마시지 않는 편이 좋다.

  🔵 관련 표현

  ① 言葉を濁す　말끝을 흐리다, 말을 얼버무리다
  - 遊園地につれて行ってと言ったら、お父さんは「そうだな」と言って言葉を濁した。
    유원지에 데려가 달라고 했더니 아버지는 '글쎄'하며 말을 얼버무렸다.

275 睨む　노려보다, 주목하다, 주시하다

- すごい目で睨まれて怖かった。
  무서운 눈으로 노려보고 있어 무서웠다.

276 似る　닮다, 비슷하다 ▶ そっくり 꼭 닮은 모양　瓜二(うりふた)つ 쏙 빼닮음

- この子はお父さんによく似ている。
  이 아이는 아버지와 아주 닮았다.

277 煮る　끓이다, 삶다, 익히다

- 冷蔵庫に魚が入っているので、煮るなり焼くなりして食べておいてください。
  냉장고에 생선이 들어 있으므로, 삶든지 굽든지 해서 드세요.

278 縫う　꿰메다, 봉합하다, 사이를 누비고 나아가다

- 傷口を縫う。　상처를 봉합하다.
- 人波の中を縫って歩く。　인파 속을 누비며 걷다.

279 抜く　① 빼다, 가려내다　② 앞지르다
　　　　㉔ 抜(ぬ)ける ① 찢어져서 구멍이 뚫리다　② 없어지다, 사라지다

- 悪い製品を抜く。　나쁜 제품을 골라내다.
- 先進国を抜く。　선진국을 앞지르다.
- ふくろの底がぬけてしまった。　주머니 안이 터져 버렸다.
- 学生の気分が抜けない。　학생 때의 기분에서 벗어나지 못하다.

280 願う　부탁하다

- これ、ちょっとお願いします。　이것 좀 부탁합니다.

281 狙う　기회를 엿보다, ~을 손에 넣으려고 하다

- 親の遺産を狙う。　부모의 유산을 노리다.

동사

◯ 관련 표현

① 狙(ねら)い 목표, 목적, 노리는 바

・それがこの授業(じゅぎょう)の狙(ねら)いである。 그것이 이 수업의 목적이다.

・これが今度(こんど)の企画(きかく)の狙(ねら)いところだ。
이것이 이번 기획에서 가장 중요한 목표이다.

---

282 除(のぞ)く 제거하다, 없애다 □□□

・六十歳以上(ろくじゅっさいいじょう)は除(のぞ)く。 60세 이상은 제외하다.

---

283 覗(のぞ)く 들여다보다 = 覗(のぞ)き込(こ)む 안을 들여다보다 □□□

・かぎ穴(あな)から覗(のぞ)いてみる。 열쇠 구멍으로 들여다보다.

---

284 望(のぞ)む 바라다, 소망하다 ▶ 望(のぞ)み 소망, 희망 □□□

・この事業(じぎょう)の成功(せいこう)を望(のぞ)んでいます。 이 사업의 성공을 바라고 있습니다.

・望(のぞ)みをつなぐ。 희망을 걸다.

---

285 延(の)ばす 시기를 늦추다 ㉘ 延(の)びる 길어지다, 연장되다, 연기되다 □□□

・レポートの提出期限(ていしゅつきげん)を一週間(いっしゅうかん)のばす。
보고서의 제출 기한을 일주일 연기한다.

・日本人(にほんじん)の寿命(じゅみょう)は年々(ねんねん)延(の)びている。
일본인의 수명은 해마다 연장되고 있다.

◯ 관련 표현

① 先送(さきおく)り 연기, 보류

・税制改革(ぜいせいかいかく)は今度(こんど)の臨時国会(りんじこっかい)でも審議(しんぎ)されず先送(さきおく)りされた。
세제 개혁은 이번 임시국회에서도 심의되지 못하고 보류되었다.

② 後回(あとまわ)し 뒤로 돌림, 뒤로 미룸

・遊(あそ)ぶのは後回(あとまわ)しにしよう。 노는 것은 뒤로 미루자.

・自分(じぶん)のことは後回(あとまわ)しにする。 자기 일은 뒤로 미루다.

③ 棚上(たなあ)げ (어떤 문제의 해결, 처리를) 보류해 둠, 뒤로 미뤄 둠

・法案(ほうあん)を棚上(たなあ)げした。 법안 처리를 보류했다.

④ 見送る　보류하다

・病気のため、彼は出世のチャンスを見送らなければならなかった。
병 때문에 그는 출세의 기회를 뒤로 미루지 않으면 안 되었다.

⑤ 見合わせる　미루다, 보류하다, 삼가다

・体調が悪いので旅行を見合わせた。
몸 상태가 좋지 않아서 여행을 보류했다.

⑥ 差し控える　보류하다

・論評・コメントを差し控える。　논평・코멘트를 보류하다.

⑦ 持ち越す　(사물의 결정・처리를) 끝맺지 못하고 넘기다, 미루다, 이월하다

・勝負を明日に持ち越す。　승부를 내일로 미루다.

⑧ 繰り延べる　(예정했던 일시나 기한을) 뒤로 연기하다

・出発を来月に繰り延べることにした。
출발을 다음 달로 연기하기로 했다.

⑨ 棚に上げる　젖혀 놓다, 모른 체하고 문제 삼지 않다, 내버려두다

・自分のことは棚に上げて人のせいにする。
자신의 일은 젖혀 놓고 남의 탓으로 돌린다.

⑩ 引き延ばす　(시간・기일 등을) 끌다, 지연하다

・回答を引き延ばす。　회답을 지연하다.

・だらだらと審議を引き延ばす。　질질 심의를 끌다.

286　述べる　말하다, 진술하다

・卒業に際して、お世話になった方々に、お礼の言葉を述べた。
졸업에 조음하여 신세를 진 분들에게 감사의 말을 하였다.

・大統領は国会の演説でこう述べられた。
대통령은 국회 연설에서 이렇게 말씀하셨다.

⇨ 유사 표현

言う・話す・語る・しゃべる・述べる

「言う」는 반드시 상대방을 의식하지 않아도 되지만, 「話す」는 상대방을 의식한 행위이다. 「言う」는 내용에 관계없이 말로 표현하는 경우, 「話す・語る」는 정리된 것을 말하는 경우에 사용된다. 특히 「語る」는 일이 되어 가는 과정(형편)을 처음부터 끝까지 조리를 세워 말하는 것이다. 「しゃべる」는 음성언어적으로 가볍게 거침없이 잘 지껄여 말하는, 중대한 것이나 비밀 등을 입밖에 내는 그런 경우에 쓰인다. 「話す」는 발언의 순서나 결과를 그다지 생각하지 않고 말한 것의 정리로서 상대방에게 응하도록 적극적으로 작용하는 의미이고, 「述べる」는 내용을 순서를 정한 다음에 상대에게 나타내는 의미이다. 「話す」는 사적인 일에, 「述べる」는 공적인 일에 사용되는 경우가 많다.

287 のぼ
昇る 올라가다 ↔ 下(お)りる・下(くだ)る 내려가다(오다)

・昇る人もいれば下りる人もいます。
올라가는 사람도 있거니와 내려가는 사람도 있습니다.

○ 다른 표현

のぼ　　　　　　　くだ
上り 상행선 ↔ 下り 하행선
じょう げ せん
上下線 상하선

288 の
乗りきる 뚫고 나가다, 극복하다

・難局を乗りきる。
난국을 극복하다.

・全社員が力を合わせて不況を乗りきった。
전 사원이 힘을 합쳐 불황을 극복했다.

289 の　　こ
乗り越える 앞지르다, 극복하다, 뛰어넘다

・危機を乗り越える。
위기를 극복하다.

・民放が復活してたった二年で韓国のテレビは、日本を乗り越えてし
まったのだろうか。
민영방송이 부활한 지 단 2년 만에 한국의 TV는 일본을 앞질러버린 것일까?

290 の　　こ
乗り越す 내릴 곳을 지나쳐 지나가다

・駅名をうっかり見過ごして乗り越してしまった。
역 이름을 깜빡 놓쳐서 그냥 지나치고 말았다.

291 の
載る 기사가 실리다, 게재되다

・インタビュー記事が新聞に載っている。
인터뷰 기사가 신문에 실려 있다.

292 はか
計る (수, 정도를 알기 위해) 계산하다, 재다

・時間を計る。
시간을 재다.

① 測る (길이, 깊이, 높이, 넓이를) 재다

・深さを測る。
깊이를 재다.

② 量る (저울, 되 따위로 무게 · 분량을) 달다, 재다

・体重を量る。
체중을 재다.

・かならず食後に量ってみてください。
꼭 식후에 재어 보세요.

③ 図る 꾀하다, 도모하다

・再起を図る。
재기를 꾀하다.

・両国親善を図るためのスポーツ大会。
양국 친선을 도모하기 위한 스포츠 대회.

④ 謀る 속이다, 꾀하다, 기만하다

・人に謀られる。
남에게 속다.

---

293 吐く 토하다, 내뱉다 *토하는 행위를 다르게 표현하여「もどす」라고도 한다.

・赤ちゃんが乳を吐く。
아기가 젖을 토하다.

・水を飲ませて吐かせる。
물을 마시게 해서 토하게 하다.

유사 표현

① 吐き出す 토해 내다, 내뱉다

・言いたいことを吐き出したら気持ちがすっきりする。
하고 싶은 말을 내뱉었더니 속이 후련하다.

② むかむかする (속이) 메슥메슥하다

・今朝から胃がムカムカする。
오늘 아침부터 속이 메슥거린다.

동사

294 博する 떨치다, 차지하다

・名声を博する。 명성을 떨치다.

295 挟む 사이에 두다

・テーブルを挟んで円形に座る。
테이블을 사이에 두고 둥글게 앉다.

296 外す 자리를 뜨다, 비우다 ▶ 外(はず)れる 빗나가다, 어긋나다
外(はず)れ 빗나감, (기대에) 어긋남

・ただいまあいにく、席をはずしておりますが。
지금 공교롭게도 자리를 비웠습니다만.

・今度買ったステレオは、外れだった。
이번에 산 스테레오는 질이 좋지 않았다.

297 弾む 기세가 오르다, 신바람이 나다

・話が弾む。 이야기가 활기를 띠다.

💡 시험에 잘 나오는 관련 표현

① 弾みをつける 힘이 붙다, 가락이 오르다, 기운이 나다

・今度の措置は友好的両国関係に弾みをつけるきっかけになった。
이번 조치는 우호적인 양국 관계를 더욱더 발전시키는 계기가 되었다.

298 果たす 완수하다, 다하다

・責任を果す。
책임을 완수하다.

299 話し掛ける 상대방에게 말을 걸다

・隣りの人に話しかけています。
옆 사람에게 말을 걸고 있습니다.

300 放れる 매어 두었던 것이 풀리다, 속박에서 자유로워지다
▶ 離(はな)れる 떨어지다, 사이가 벌어지다　離(はな)す 간격을 두다, 떼어놓다

・損得をはなれる 손익을 떠나다.

・いま忙しくて手が離せないから、手があいたら手伝ってあげるよ。
지금 바빠서 짬이 없으니까 한가해지면 도와 줄게.

・彼女は20年前に離れた子供に再会することなく、ひとり寂しく死んでいった。
그녀는 20년 전에 헤어진 아이와 재회하지 못하고 혼자서 쓸쓸히 죽어 갔다.

관련 표현

① 〜離れ 〜를 점점 외면함, 〜를 멀리함
・最近子供たちの本離れが進んでいる。
최근 아이들이 책을 멀리하는 경향이 되고 있다.
・読者の夕刊離れに苦しむ日本の大手新聞社。
독자가 석간을 외면하여 어려운 처지가 된 일본의 유력 신문사.

P2-L2-04

301 ハネあがる 물가가 갑자기 상승하다, 값이 폭등하다
・今年に入って消費者物価がハネあがった。
올해 들어서 소비자 물가가 폭등했다.

302 省く 없애다, 생략하다 = 略(りゃく)する 생략하다
・細かいことは省いて話す。
상세한 것은 생략하고 말하다.
・詳しいことは略する。
자세한 것은 생략하다.

303 はめる 끼우다, 끼다, 채우다 ↔ とる・外(はず)す 빼다
▶ 장신구의 경우 「する」로 대체해서 쓸 수 있다.
・ゆびわをはめている人はみどりさんです。
반지를 끼고 있는 사람은 미도리 씨입니다.
・時計、手袋をはめる。
시계, 장갑을 차다(끼다).

304 生やす 자라게 하다, 기르다 ▶ 生(は)える 나다, 자라다
・うちのおじいさんは長いひげを生やしています。
우리 할아버지는 긴 수염을 기르고 있습니다.
・草が生えています。 풀이 나 있습니다.

동사

동사

305 張^はる ① 수량, 정도가 너무 많아지다, (값이) 비싸다 ② 활짝 펴다, 펼치다

· 値段^{ねだん}が張^はる。 가격이 비싸다.
· 高^{たか}いアンテナを張^はってビジネスチャンスを見逃^{みのが}さないようにする。
  많은 정보를 수집해서 사업상 호기를 놓치지 않도록 한다.

> **관련 표현**
>
> ① 胸^{むね}を張^はる 가슴을 펴다, 자신있는 태도를 취하다, 당당한 태도를 취하다
>   · 菊^{きく}のコンクールで優勝^{ゆうしょう}したので、胸^{むね}を張^はって歩^{ある}いている。
>   국화꽃 경연 대회에서 우승해서 가슴을 펴고 걷고 있다.

306 控^{ひか}える ① 미루다, 보류하다 ② 삼가다, 사양하다

· 国内^{こくない}の航空会社^{こうくうがいしゃ}が採用^{さいよう}を控^{ひか}えているため、スチュワーデスを志願^{しがん}する日本女性^{にほんじょせい}のアジア系航空会社^{けいこうくうがいしゃ}への流出^{りゅうしゅつ}が盛^{さか}んだ。
  국내 항공사가 채용을 미루고 있기 때문에, 스튜어디스를 지원하는 일본 여성의 아시아계 항공사로의 유출이 활발하다.
· 委員会^{いいんかい}では指名^{しめい}されるまで発言^{はつげん}を控^{ひか}えようと思^{おも}う。
  위원회에서는 지명될 때까지 발언을 삼가려고 생각한다.

> **시험에 잘 나오는 「ひかえる」의 다른 뜻**
>   ① 삼가다, 좀 적게 취하다, 절제하다 ② 대기하다 ▶ 控(ひか)え室(しつ) 대기실
>   ③ 가까이 두다 ④ 메모하다

307 引^ひき受^うける ① 책임지고 맡다 ② (일이나 부탁을) 맡다, 상대가 되어 응대하다

· そんなことを引^ひき受^うけることはありません。
  그런 일을 맡을 필요는 없습니다.
· 田中課長^{たなかかちょう}は部下^{ぶか}の頼^{たの}み事^{ごと}を気持^{きも}ちよく引^ひき受^うけてくれる。
  다나카 과장은 부하의 부탁을 흔쾌히 받아 준다.

308 引^ひき出^だす 예금을 찾다, 인출하다

· 銀行^{ぎんこう}で貯金^{ちょきん}を引^ひき出^だす。 은행에서 저금을 인출하다.

309 引^ひき延^のばす 끌다, 지연하다

· 回答^{かいとう}を引^ひき延^のばす。 회답을 지연하다.
· 審議^{しんぎ}を引^ひき延^のばす。 심의를 끌다.

① 引き上げる 끌어올리다, 가격을 인상하다

② 引き返す 되돌아오다

③ 引きずる 질질 끌다, 땅에 질질 끌다

④ 引き止める (돌아가려는 것을) 말리다, 만류하다

---

310 ひねる 손끝으로 비틀다, 비틀어 방향을 바꾸다
▶ 首(くび)をひねる 고개를 갸우뚱하다, 의문을 갖다

・蛇口をひねる。
수도 꼭지를 틀다.

・新聞のつめ将棋を見て、首をひねっている。
신문에 장기 둘 때의 묘수 풀이를 보고 의문이 가다.

---

311 引っ込む 쑥 들어가다

・ゴミのバケツは少し引っ込んだところに置いてある。
쓰레기통은 조금 들어간 곳에 놓여 있다.

---

312 冷やかす 놀리다

・かさが壊れたので、姉の赤いかさをさしていたら、みんなに冷やかされた。
우산이 망가져서, 누나의 빨간 우산을 썼더니 모두에게 놀림을 당했다.

---

313 広がる (대상이 구체적, 공간적, 추상적, 사회적인 경우 등 광범위하다)
넓어지다, 널리 퍼지다 타 広(ひろ)げる (면적, 폭, 범위를) 넓히다, 확장하다

・うわさが広がる。
소문이 퍼지다.

・毎日きびしい暑さが続いています。今日も夏らしい青空が広がり暑い一日となるでしょう。

매일 극심한 더위가 계속되고 있습니다. 오늘도 여름다운 푸른 하늘이 펼쳐져, 더운 하루가 되겠습니다.

・右の人は両手を広げている。
오른쪽 사람은 양팔을 벌리고 있다.

동사

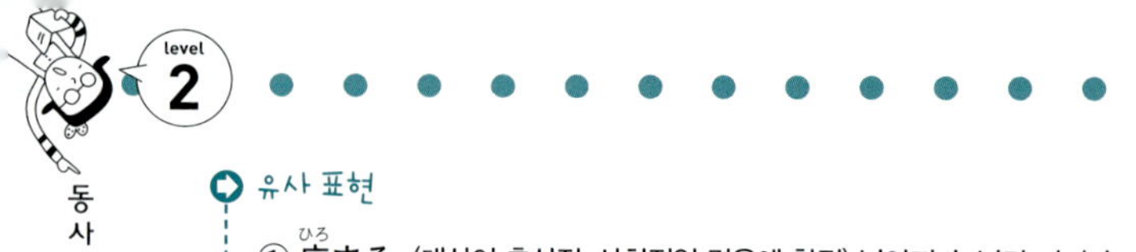

🔵 유사 표현

① 広まる (대상이 추상적, 사회적인 경우에 한정) 넓어지다, 널리 퍼지다
・事業の範囲が広まる。 사업 범위가 넓어지다.

---

314 広める 넓히다, 확장하다 ㉝ 広(ひろ)まる 넓어지다

・いろいろな人と会って交際の範囲を広める。
여러 사람과 만나 교제의 범위를 넓히다.

---

315 深める 깊게 하다 ㉝ 深(ふか)まる 깊어지다

・友人とのつき合いを深める。
친구와의 우정을 돈독히 하다.

---

316 拭く 닦다

・ハンカチで汗を拭く。
손수건으로 땀을 닦다.

・布巾でテーブルを拭いている。
행주로 식탁을 닦고 있다.

・雑巾で車のフロントガラスを拭いている。
걸레로 차의 앞 유리창을 닦고 있다.

---

317 含む 포함하다, 머금다 ▶ 含(ふく)める 포함시키다

・紙が水を含んで重くなる。
종이가 물을 먹어 무거워지다.

---

318 膨れる 부풀다, 불룩해지다
▶ 膨(ふく)れ上(あ)がる 부풀어 오르다, 포화상태가 되다

・人口が２倍に膨れ上がった。
인구가 2배로 늘어났다.

---

319 ふさがる 막히다, 꽉 차서 여유가 없다

・忙しくて今週はずっとふさがっていますが、来週なら大丈夫です。
바빠서 이번 주는 계속 여유가 없지만, 다음 주라면 괜찮습니다.

320 ふさぐ 가로막다, 방해하다 ㉢ ふさがる 막히다

・栓をしてびんの口をふさぐ。
마개를 해서 병 입구를 막다.

・母の病状が心配で気がふさぐ。
어머니의 병세가 걱정되어 마음이 우울해지다.

321 ふざける 실없이 장난치다, 희롱거리다, 까불다

・授業時間中にふざけて先生に叱られる。
수업 시간 중에 장난쳐서 선생님에게 꾸중듣다.

322 防ぐ 막다, 방어하다

・川に堤防をきずいて洪水による被害を防ぐ。
강에 제방을 쌓아서, 홍수에 의한 피해를 막다.

323 ぶら下がる 매달리다, 축 늘어지다 = 下(さ)がる
㉣ ぶら下(さ)げる 축 늘어뜨리다, 매달다

・腰に手ぬぐいがぶら下がっている。
허리에 수건이 매달려 있다.

🔵 **관련 표현**

① **吊り下がる** ㉢ 매달리다
・お寺の軒には風鈴が吊り下がっています。
절의 처마에는 풍경이 매달려 있습니다.

② **吊る** ㉣ 매달다 = ㉣ 吊(つ)り下(さ)げる・吊(つる)す
・蚊帳が吊ってあります。
모기장이 쳐져 있습니다.
・右手を包帯で吊っています。
오른손을 붕대로 매달고 있습니다.

③ **垂れ下がる** 아래로 드리워지다, 늘어지다, 처지다 = 垂(た)れる
・舞台には幕が垂れ下がっていた。
무대에는 막이 드리워져 있었다.

324 振り込む (대체 계좌)에 불입하다

・銀行でお金を振り込んだ。 은행에서 돈을 불입했다.

동사

⮕ 관련 표현

① 引き落とす　자동 납부하다

・最近は、現金を持ち歩くことが少なくなった。給料は銀行に自動振り込みされ、買い物はカードで支払い、月々の必要な経費は銀行から引き落とされていく。

최근에는 현금을 갖고 다니는 일이 적어졌다. 급료는 은행에 자동 불입되고, 쇼핑은 카드로 지불하며, 매달 필요한 경비는 은행에서 자동 납부되어 나간다.

---

325 振り向く　① 다른 쪽으로 돌리다, 거들떠보다, 건너다보다
② 얼굴이나 상체를 돌려 뒤를 돌아보다

□□□

・大きな音がしたので、おどろいて振り向いた。
큰 소리가 났으므로, 놀라서 돌아보았다.

・女の人は後ろを振り向いて何か話しています。
여자는 뒤돌아보며 뭔가 말하고 있습니다.

・声をかけられて後ろを振り向く。
말을 걸어와서 뒤를 돌아보다.

⮕ 주의할 표현

① 振り返る　회상하다, 지난 일을 돌아보다

・名残惜しそうに学校を振り返った。
아쉬운 듯이 학교를 돌아보았다.

② 顧みる　뒤돌아보다, 회고하다, 돌이켜보다 ▶ 둘 다 같은 의미를 가지고 있으나 「振(ふ)り返(かえ)る」는 '뒤를 돌아보는 동작'에 중점을 둔 표현이고 「顧(かえり)みる」는 지나간 시간을 '회상한다'는 의미가 강조된 표현이다.

・楽しかった学生時代を顧みる。　즐거웠던 학창시절을 회상하다.

---

326 経る　거치다, 과정을 밟다

□□□

・創立から20年経た。　창립 후 20년이 지났다.

---

327 ほうる　멀리 내던지다, 방치하다

□□□

・乗り物のまどから、空きカンや紙くずをほうってはいけない。
차창 밖으로 빈깡통이나 휴지를 던지면 안 된다.

・風邪だからといってほうっておくと、大きい病気になりかねない。
감기라고 해서 방치해 두면, 큰 병이 될 수도 있다.

328 **ほえる** (개, 맹수 따위가) 짖다, 울부짖다 ☐☐☐

- ライオンがほえる 사자가 울부짖다.

329 **微笑む** 미소짓다, 방긋 웃다 = にこにこする ☐☐☐

- ほめられて、彼はにっこりと微笑んだ。
  칭찬을 받고, 그는 방긋 미소를 지었다.

330 **掘る** (땅 등을) 파다 ▶ 彫(ほ)る 파다, 조각하다 ☐☐☐

- 地面を掘って、池を作る。 지면을 파서 연못을 만들다.

331 **滅びる** 없어지다, 멸망하다 ▶ 滅(ほろ)ぼす 없애다, 멸망시키다 ☐☐☐

- 中国では多くの王朝がおこり、そして滅びました。
  중국에서는 많은 왕조가 일어나고, 그리고 멸망했습니다.

332 **任せる** 맡기다 ☐☐☐

- 任せたくないと言っているし、今日はもう帰ったほうがいいと思う。
  맡기고 싶지 않다고 하니, 오늘은 이제 돌아가는 것이 좋을 것 같다.
- 身を任せる。
  몸을 맡기다(상대방이 하는 대로 내버려 두다).

333 **まく** 뿌리다, 파종하다 ☐☐☐

- 庭に水をまく。 정원에 물을 뿌리다.
- 種をまく。 씨를 뿌리다.

334 **混ざる・交ざる** 섞이다 *「混(ま)じる・交(ま)じる」로도 쓴다. ☐☐☐
▶ 混(ま)ぜる・交(ま)ぜる 섞어넣다, 뒤섞다

- さとうと、塩が混ざると、もう分けることはできない。
  설탕과 소금이 섞이면, 이제 나눌 수가 없다.
- 雨に雪が混じる 비에 눈이 섞이다.

  🔁 관련 표현

  ① 混同する 혼동하다
  - 言葉の意味を混同した。 단어의 의미를 혼동했다.

（동사）

동사

335 交わる
① 어울리다, 교제하다 = 交際(こうさい) 교제
② 교차하다, 서로 엇갈리다 = 交差(こうさ) 교차

□□□

・友だちとなかよく交わる。
친구와 사이좋게 어울리다.

・道と道が交わるところに、案内板が立っている。
길과 길이 교차하는 곳에, 안내판이 서 있다.

336 待ち合わせる 만나기로 하다

□□□

・7時東京駅で待ち合わせましょう。
7시에 도쿄 역에서 만나기로 합시다.

337 祭り上げる 추대하다, 떠받들다

□□□

・ヒーローに祭り上げられる。
영웅으로 떠받들어지다.

・彼を次期会長に祭り上げた。
그를 차기 회장으로 추대하였다.

338 まとまる 정리되다, 일이 끝나다 ㉮ まとめる 정리하다, 종합하다, 결말을 내다

□□□

・その資料はいつごろまとまるかね。
그 자료는 언제쯤 정리되겠나?

・この企画、明日中にまとめるようにだって。
이 기획, 내일 중으로 완성하라는군.

339 学ぶ 배우다

□□□

・先生にピアノを学んでいる。
선생님에게 피아노를 배우고 있다.

340 間に合わせる
① 시간에 늦지 않게 맞추다 ▶ 間(ま)に合(あ)う 시간에 대다
② 임시 변통하다

□□□

・3時までに間に合わせます。
3시까지는 맞춰 보겠습니다.

・料理する暇がないのでスーパーでできあいのおかずを買ってきて間に合わせた。
요리할 시간이 없기 때문에 슈퍼에서 이미 만들어진 반찬을 사 와서 시간에 맞췄다.

341
招く　① 초대하다　② 초래하다
〔まね〕

□□□

・クラスメートの朴君を晩ご飯に招きました。
〔パクくん　ばん　まね〕
같은 반 친구인 박 군을 저녁 식사에 초대했습니다.

・企業の海外移転が国内産業の空洞化を招いた。
〔きぎょう　かいがい いてん　こくないさんぎょう　くうどうか　まね〕
기업의 해외 이전이 국내 산업의 공동화(중심부나 거점이 공허·허술해짐)를 초래했다.

・誤解を招かないように言動には注意しよう。
〔ごかい　まね　げんどう　ちゅうい〕
오해를 초래하지 않도록 언동에는 주의하자.

342
真似る　흉내내다
〔まね〕

□□□

・彼は、テレビの人気者の話し方をまねるのがとても上手だ。
〔かれ　にんきもの　はな　かた　じょうず〕
그는 텔레비전에 나오는 인기인의 말투를 흉내내는 것에 매우 능숙하다.

343
塗れる　흠뻑 젖다, 투성이가 되다　▶ ～まみれ ～투성이(접미어)
〔まみ〕

□□□

・事務所の大掃除をしたら、ほこりまみれになってしまった。
〔じむしょ　おおそうじ〕
사무소를 대청소했더니, 먼지투성이가 되어 버렸다.

344
見上げる　위를 올려다보다 ↔ 見下(みお)ろす 내려다 보다
〔み あ〕

□□□

・空を見上げる。
〔そら　み あ〕
하늘을 올려다보다.

345
見える　보이다, 눈에 들어오다
〔み〕

□□□

・目に見えてよくなる。
〔め　み〕
눈에 띄게 좋아지다.

🔵 **관련 표현**

① ～と見えて　～인 듯이
〔み〕

・よほどつかれたと見えて、足をひきずりながら歩いている。
〔み　あし　ある〕
상당히 지친 듯이, 다리를 질질 끌면서 걷고 있다.

346
見落とす　못보고 넘기다, 빠뜨리다
〔み お〕

□□□

・あわてていたので、注意書を見落としてしまった。
〔ちゅういがき　み お〕
당황해서 주의 사항을 못보고 말았다.

동사

347 **見下ろす** 아래를 내려다보다 ↔ 見上(みあ)げる 위를 바라보다

・山の上から見下ろすと町が一目で見わたせました。
산 위에서 내려다보니 마을을 한눈에 전망할 수 있었습니다.

348 **満たす** 채우다, 충족시키다 ㉠ 満(み)ちる 일정한 수량이 차다, 충족되다
満(み)つ 차다 ～に満(み)たない ～에 미치지 못하다, ～이 안 되다

・この本はわたしの知りたいことを満たしてくれる。
이 책은 내가 알고 싶은 부분을 충족시켜 준다.

・4月までに会社訪問を始める学生は半分に満たない。
4월까지 회사 방문을 시작하는 학생은 반이 되지 않는다.

349 **乱す** 어지럽히다, 흩뜨리다
㉠ 乱(みだ)れる ① 문란해지다 ② 질서나 규칙 등이 혼란해지다

・列を乱してはいけない。
줄을 흩뜨려서는 안 된다.

・治安が乱れる。
치안이 문란해지다.

・大雪のため列車のダイヤが乱れている。
폭설 때문에 열차 운행이 차질을 빚고 있다.

350 **見違える** 잘못 보다, 몰라보다

・しばらく会わなかったら、いとこは見違えるほどたくましくなった。
잠시 못 만났더니, 사촌은 몰라볼 정도로 씩씩해졌다.

351 **導く** 지도하다, 안내하다

・先生がやさしく導いてくださる。
선생님이 친절하게 지도해 주시다.

352 **見つかる** 들키다, 찾게 되다, 발견되다

・一週間たっても飼い主が見つからないとき、警察のものになる。
1주일이 지나도 애완동물의 주인을 못 찾게 될 때, 경찰의 것이 된다.

353
見詰める
　みつめる

시선을 집중시켜 쳐다보다, 뚫어지게 보다

・新しく受け持ちになった先生の顔をじっと見つめる。
새로 담임이 된 선생님의 얼굴을 물끄러미 바라보다.

354
認める
　みとめる

인정하다

・彼の一生懸命な姿勢を上司が認めてくれた。
그의 열의 있는 자세를 상사가 인정해 주었다.

355
見直す
　みなおす

① 다시 검토하다, 재고하다　② 보고 다시 평가하다

・山田君、こんなりっぱな成績をあげるとは、まったく君を見直したよ。
야마다 군, 이렇게 훌륭한 성적을 올리다니, 정말 자네 다시 봤어.

・いちおう最後まで終わりましたが、もう一度見直します。
일단 마지막까지 끝냈습니다만, 다시 한 번 검토하겠습니다.

356
見習う
　みならう

보고 배우다

・仕事を見習う。
일을 보고 배우다.

357
実る
　みのる

열매를 맺다, 성과를 거두다

・長年の研究が実って新しい機械が発明された。
다년간의 연구가 결실을 거둬 새로운 기계가 발명되었다.

・努力が実ってやっと入社試験に合格した。
노력이 결실을 맺어 마침내 입사시험에 합격했다.

358
見舞う
　みまう

위문하다, 문병하다, 반갑지 않은 것이 들이닥치다

・あらしに見舞われて多数の被害者が出た。
폭풍우를 만나 다수의 피해자가 나왔다.

359
見守る
　みまもる

지켜보다

・あぶなくないように遊んでいる子どもを見守る。
위험하지 않도록 놀고 있는 아이를 지켜보다.

동사

360 診^みる 진찰하다, 보다

・医^い者^{しゃ}が患^{かん}者^{じゃ}を診^みる。
의사가 환자를 진찰하다.

361 見^み渡^{わた}す 멀리 넓게 보다, 전망하다

・はるかかなたまで続^{つづ}く平^{へい}原^{げん}を見^み渡^{わた}す。
아득히 먼 저편까지 이어지는 평원을 바라보다.

362 向^むかい合^あう 마주보다 ↔ お互^{たが}いに目^めをそらす 서로 다른 곳을 보다

・二^{ふたり}人は向^むかい合^あって立^たっている。
두 사람은 서로 마주보고 서 있다.

○ 유사 표현

① 面^{めん}と向^むかって 마주보고, 얼굴을 맞대고

・面^{めん}と向^むかって楽^{たの}しそうに話^{はな}しています。
마주보며 즐겁게 이야기하고 있습니다.

363 向^むく・向^むかう ① (방향) 향하다, 향하여 가다(오다)
② 적합하다, 어울리다, 걸맞다

・正^{しょうめん}面を向^むく。
정면을 향하다.

・私^{わたし}に向^むかってくる。
나를 향해 온다.

・私^{わたし}、どうも営^{えいぎょう}業には向^むいてないと思^{おも}うんですが。
저는 아무래도 영업에는 맞지 않는다고 생각합니다만.

364 むく (과일, 계란 등 내용물의) 껍질 따위를 벗기다, 까다

・リンゴの皮^{かわ}をむく。 사과 껍질을 벗기다.

○ 유사 표현

① 剝^はぐ (벽에 붙어 있는 종이, 입고 있는 것 등 붙어 있는 것을) 벗기다

・シールを剝^はぐ。 씰을 벗기다.

365 **向ける** 그 방향으로 향하게 하다, 돌리다

- 声のした方へ顔を向ける。
  목소리가 난 쪽으로 얼굴을 돌리다.

366 **むける** 벗겨지다

- 日焼けした背中の皮がむける。
  햇볕에 탄 등의 살갗이 벗겨지다.

367 **結ぶ** 매다, 묶다, 관계를 맺다, 계약하다

- 外国と條約を結ぶ。
  외국과 조약을 맺다.

368 **命じる** 명령하다

- このことはみんなに命じても構いません。
  이 일은 모두에게 명령해도 관계없습니다.

369 **めくる** 넘기다, 젖히다

- ページをめくってください。 페이지를 넘겨주세요.

- うっかりして10日過ぎてもカレンダーをめくるのを忘れていた。
  깜빡해서 10일이 지나도록 달력을 넘기는 것을 잊고 있었다.

  ➡ ぱらぱら・ぺらぺら (책장을 넘기는 소리) 팔락 팔락

370 **巡る** 여기저기 돌아다니다, 둘러싸다

- 夏休みになったら名所を巡る旅をしてみたい。
  여름 방학이 되면 명소를 돌아보는 여행을 해보고 싶다.

371 **目指す** 지향하다, 목표로 삼다

- われわれはよりよい生活を目ざして努力しなければなりません。
  우리들은 보다 나은 생활을 지향하여 노력하지 않으면 안 됩니다.

동사

🔵 **관련 표현**

① 狙い(ねらい) 목표, 목적, 노리는 바

・論文(ろんぶん)の狙い(ねらい)を明確(めいかく)にした。
논문의 목적을 명확히 했다.

・彼女(かのじょ)のほんとうの狙い(ねら)は他(ほか)のところにありそうだ。
그녀가 정말 노리는 바는 다른 데 있는 것 같다.

② 狙う(ねらう) 기회를 엿보다, ~을 손에 넣으려고 하다

・親(おや)の遺産(いさん)を狙(ねら)う。 부모의 유산을 노리다.

③ 目安(めやす) 목표, 기준

・これを漢字(かんじ)使用(しよう)の目安(めやす)とする。
이것을 한자 사용의 기준으로 삼다.

・目安(めやす)を考(かんが)える。 목표를 생각하다.

・仕事(しごと)の目安(めやす)がつく。 일의 기준이 서다.

・目安(めやす)を置(お)く。 기준을 두다.

---

372 目立つ(めだつ) 눈에 띄다, 두드러지다 ▶ 目立(めだ)ちたがり屋(や)
남의 시선을 받기 좋아하는 사람, 튀기를 좋아하는 사람

・兄(あに)は普通(ふつう)の人(ひと)より背(せ)が高(たか)いからよく目立(めだ)つ。
형은 보통 사람보다 키가 커서 눈에 잘 띈다.

---

373 もうける 벌다, 이익을 보다, 덕보다 ㉠ もうかる 잘 벌리다, 이익이 남다
▶ 大(おお)もうけ 큰 돈벌이

・商売(しょうばい)がはんじょうしてだいぶもうけた。
장사가 번창하여 짭잘한 이익을 보았다.

---

374 設ける(もうける) 설치하다, (어떤 목적을 위하여) 만들다 ▶ 設置(せっち) 설치

・銀行(ぎんこう)の振替口座(ふりかえこうざ)を設(もう)ける。 은행의 대체 계좌를 개설하다.

---

375 申し出る(もうしでる) (의견, 요구, 희망, 사실 등을) 자청해서 말하다, 제의 · 신청하다

・競技(きょうぎ)に出場(しゅつじょう)したい人(ひと)は申(もう)し出(で)てください。
경기에 출전하고 싶은 사람은 신청해 주세요.

376 **もたらす** 야기하다, 초래하다 = 招(まね)く

・台風はこの地方に大きな被害をもたらした。
태풍은 이 지방에 큰 피해를 초래했다.

377 **もたれる・もたれかかる** 기대다 = 寄(よ)り掛(か)かる

・壁にもたれる。 벽에 기대다.

・ドアにもたれかかる。 문에 기대다.

378 **用いる** (쓸모가 있는 것으로) 사용하다, 이용하다

・正しいことばを用いて文章を書く。
올바른 단어를 사용하여 문장을 쓰다.

379 **持ち込む** 사건이나 의논할 일 따위를 가지고 오다, 부탁해 오다

・ビジネスに私情を持ち込んではいけない。
비즈니스에 사적인 감정을 개입시켜서는 안 된다.

380 **持つ** 어떤 상태가 오래 가다, 지탱하다

・このお菓子はどれくらいもちますか。
이 과자는 며칠 동안 먹을 수 있습니까?

🡆 다른 표현

① **持てる** ㉠ 인기가 있다 ㉡ 가질 수 있다
・好感がもてる。
호감이 가다.

② **持ちつ持たれつ** 서로 도움, 상부상조
・世の中は持ちつ持たれつだ。
세상은 서로 도와가며 사는 것이다.

381 **戻す** 되돌리다, 되돌려 주다

・本を本だなのもとあったところに戻す。
책을 책꽂이의 원래 있던 자리에 돌려놓다.

동사

382 基づく 기초를 두다, 근거하다

・これは事実にもとづいて書かれた小説だそうです。
이것은 사실에 근거하여 쓰여진 소설이라고 합니다.

383 求める 바라다, 요구하다

・定年退職した父が求めていたのは新しい生きがいだ。
정년 퇴직한 아버지가 바라고 있던 것은 새로운 삶의 보람이다.

384 もむ 비비다, 문지르다 ▶ もみ手(で) 두손을 비빔(부탁, 사과)

・ズボンについたどろを手でもんで落とす。
바지에 묻은 흙을 손으로 비벼 제거하다.

385 燃やす 태우다, 연소시키다 ㉔ 燃(も)える 타다

・落ち葉を燃やす。 낙엽을 태우다.
・執念を燃やす。 집념을 불태우다.
・燃えるゴミは水曜日に出す。 타는 쓰레기는 수요일에 내놓는다.

386 催す 개최하다, 열다 ▶ 開催(かいさい) 개최

・展覧会を催す。 전람회를 개최하다.
・展覧会を開催する。 전람회를 개최하다.

387 漏らす 흘리다, 빠뜨리다, 빼먹다 ▶ 漏(も)れる 새다, 비밀이 알려지다

・名簿から名前を漏らす。
명단에서 이름을 빠뜨리다.

388 盛り上がる 기세가 높아지다, 부풀어 오르다, (흥이) 고조되다, 들뜨다
▶ 盛(も)り上(あ)げる 흥을 돋구다

・2次会は盛り上がりましたか。
2차는 분위기가 살아났습니까?

・マドンナが日本に来ることで盛り上がっています。
마돈나가 일본에 오는 일로 들떠 있습니다.

389 盛る　그릇에 수북이 담다　□□□

・茶わんにご飯を盛る。 공기에 밥을 담다.

390 役立つ　소용이 되다, 쓸모 있다　□□□

・この国語辞典は国語の勉強に役立つ。
이 국어사전은 국어 공부에 도움이 된다.

391 養う　기르다, 양육하다　□□□

・3人の子どもを養う。 3명의 아이를 기르다.

392 やっ付ける　과감하게 해치우다, 단단히 혼내 주다　□□□

・この前は負けたけれど、今度はやっつける。
일전에는 졌지만 이번에는 혼내 주겠다.

393 雇う　사람을 고용하다　□□□

・お手伝いさんを雇う。 가정도우미를 고용하다.

　🔵 유사 표현

　① 採用　채용
　・採用の通知が来た。
　　채용 통지가 왔다.

394 破る　(약속 등을) 어기다, 깨다　□□□

・日曜出勤で、息子と遊園地へ行く約束を破ってしまった。
일요일에 출근해서 아들과 유원지에 갈 약속을 깨고 말았다.

　🔵 시험에 잘 나오는 관련 표현

　① 約束をほごにする　약속을 어기다

395 敗れる　패하다, 패배하다 ＝ 負(ま)ける ↔ 勝(か)つ 이기다　□□□

・優勝候補が一回戦で敗れる。
우승 후보가 1회전에서 패하다.

동사

396 和らげる(やわ) 부드럽게 하다, 누그러뜨리다, 완화시키다
▶ 和(やわ)らぐ 진정되다, 온화해지다

・緊張(きんちょう)した気分(きぶん)をユーモアで和(やわ)らげる。
긴장된 기분을 유머로 완화시키다.

397 行き詰まる(ゆ)(づ) 막다르다, 벽에 부딪치다

・仕事(しごと)に行(ゆ)きづまって悩(なや)んでいる。
일이 잘 안 풀려서 고민하고 있다.

398 行き届く(ゆ)(とど) (마음씨나 주의가 구석구석까지) 미치다

・掃除(そうじ)が行(ゆ)き届(とど)いている。 청소가 잘 되어 있다.

399 譲る(ゆず) 양도하다, 양보하다

・赤(あか)ちゃんを抱(だ)いた女(おんな)の人(ひと)がバスに乗(の)ってきたので席(せき)を譲(ゆず)った。
아기를 안은 여자가 버스를 타서 자리를 양보했다.

400 茹でる(ゆ) 데치다, 삶다

・ほうれん草(そう)をゆでる。 시금치를 삶다.

401 指差す(ゆびさ) 손가락으로 가리키다, 지시하다

・「あそこが駅(えき)です」と指差(ゆびさ)して教(おし)える。
'저기가 역입니다'라고 손가락으로 가리키며 가르쳐주다.

402 緩める(ゆる) 느슨하게 하다, 헐겁게 하다 ▶ 緩(ゆる)む 헐거워지다, 헐렁해지다

・糸(いと)の結(むす)び目(め)を緩(ゆる)める。 실의 매듭을 느슨하게 하다.

403 酔う(よ) 취하다 ▶ 酔(よ)っぱらう 몹시 취하다 酔(よ)っ払(ぱら)い 술에 취한 사람

・酔(よ)うとつい口(くち)がすべって、いつも後(あと)で、後悔(こうかい)するんです。
술에 취하면 무의식중에 말을 잘못하여 항상 나중에 후회합니다.

・君(きみ)、ゆうべ酔(よ)っぱらって池(いけ)に飛(と)び込(こ)んだそうだね。
자네, 어제 저녁 술 취해서 연못에 뛰어들었다며?

・酔(よ)っ払(ぱら)い運転(うんてん)をしてはいけない。
음주 운전을 해서는 안 된다.

404 要する　요하다, 필요로 하다 ＝ 要(い)る 필요하다

・橋をかけわたすためには、多くの費用と人手を要する。
다리를 놓기 위해서는 많은 비용과 일손을 필요로 한다.

405 横切る　가로지르다, 횡단하다

・大通りを横切る。　큰 길을 가로지르다.

406 寄せる　밀려오다, 가까이 대다, 바싹 붙이다　㉔ 寄(よ)る 다가가다, 접근하다, 들르다

・大波が寄せる。　큰 파도가 밀려오다.

・車を寄せる。　차를 바싹 붙여 대다.

・荷物を部屋のすみに寄せる。
짐을 방구석에 바싹 붙이다.

・近くへいらっしゃったらぜひお寄りください。
근처에 오시거든 꼭 들러 주십시오.

407 呼び掛ける　호소하다

・大衆に呼び掛ける。
대중에게 호소하다.

408 寄り掛かる　몸을 의지하다, 기대다

・自転車に寄りかかる。
자전거에 기대다.

409 因る　기인하다, 말미암다　▶ ～によると ～에 의하면(판단의 근거를 나타냄)

・この計算は、コンピューターの発達によってはじめて可能となった。
이 계산은 컴퓨터의 발달에 의해 비로소 가능하게 되었다.

🔵 관련 표현

① ～によると　～에 의하면

・天気予報によると明日は雨だそうです。
일기예보에 의하면 내일은 비가 온다고 합니다.

・母の言うところによると、家も昔は金持ちだったらしい。
엄마 말에 의하면, 우리 집도 옛날에는 부자였던 것 같다.

동사

410 喜ぶ（よろこぶ）
① 즐거워하다, 기뻐하다　② 기꺼이 받아들이다
▶ 喜(よろこ)んで 기꺼이　喜(よろこ)び 기쁨

・人の注意を喜んで聞く。
남이 해 주는 주의의 말을 기꺼이 듣다.

・優勝の喜びをみんなと分かち合う。
우승의 기쁨을 모두와 함께 나누다.

411 弱まる（よわまる）
(차츰) 약해지다, 수그러지다　▶ 弱(よわ)める 약하게 하다, 약화시키다

・明け方になって、風雨が弱まった。
새벽녘이 되어서 비바람이 약해졌다.

412 弱る（よわる）
난처해지다, 곤란해지다

・雨に降られて弱る。
비를 맞아서 난감하다.

413 湧く（わく）
① 솟다, 솟아오르다　② (마음 속에서) 생기다

・温泉がわく。
온천이 솟다.

・勇気がわいてきた。
용기가 솟아났다.

414 わびる
사과하다, 사죄하다　▶ お詫(わ)び 사죄　お詫(わ)びのことば 사죄의 말

・ぼくのエラーで試合に負けたことをみんなにわびた。
내 실책으로 시합에 진 것을 모두에게 사과했다.

🔵 사과의 다른 표현

① 申し訳ありません(ございません)。죄송합니다.

② 恐れ入ります。죄송합니다.

③ 恐縮でございます。죄송합니다. 몸둘 바를 모르겠습니다.

④ どうもお手数をおかけしましてすみません。정말 수고를 끼쳐 드려서 죄송합니다.

415 **割り当てる**　할당하다, 분배하다, 분담시키다

・あとかたづけを部員みんなに割り当てて、仕事にかかる。
　뒷처리를 부원 모두에게 분담시키고, 일에 착수하다.

416 **割り込む**　① (차례나 절차 따위를 무시하고) 행렬이나 군중 사이를 비집고 들어가다, 끼어 들다, 새치기하다　② 시세가 일정한 값보다 떨어지다

・バスを待つ人の列に割り込むずうずうしい人がいる。
　버스를 기다리는 사람들 줄에 새치기하는 뻔뻔한 사람이 있다.

・100円を割り込む。
　(증권 시세 등이) 100엔 대 이하로 떨어지다.

417 **割り引く**　① (말・표현을) 줄여 평가하다, 줄잡다
　② 값을 깎다, 할인하다, 에누리하다

・友だちは彼の話を割り引いて聞いた。
　친구들은 그의 이야기를 에누리해서 들었다.

・わたしが日本人であることを割り引いて聞いてください。
　내가 일본 사람인 것을 감안하여 들어 주십시오.

・10パーセントを割り引いてもらった。
　10퍼센트를 할인 받았다.

418 **割れ返る**　(소음・갈채 등이) 크게 일어나다, 발칵 뒤집히다

・割れ返るような拍手。
　떠나갈 듯한 박수.

동사

001 相次ぐ（あいつぐ） 연달다, 잇따르다
☐☐☐

・災難が相次ぐ。（さいなん あいつ）
재난이 뒤따르다.

002 仰ぐ（あおぐ） ① 부채로 부치다, 부채질하다 ② 얼굴을 치켜들다 ③ 의존하다
☐☐☐

・扇子で顔を扇ぐ。（せんす かお あお）
부채로 얼굴을 부치다.

・富士山の頂上を仰ぐと、真っ白な雪を被っていた。（ふじさん ちょうじょう あお ま しろ ゆき かぶ）
후지산 정상을 올려다보니, 새하얀 눈이 덮여 있었다.

・原料を海外に仰ぐ。（げんりょう かいがい あお）
원료를 해외에 의존하다.

003 明かす（あかす） ① 밝히다, 털어놓다 ② 밤을 새우다
☐☐☐

・秘密を全部明かした。（ひみつ ぜんぶ あ）
비밀을 전부 털어놓았다.

・今夜は語り明かそうではありませんか。（こんや かた あ）
오늘밤은 밤새 이야기를 해 보지 않겠습니까?

004 嘲る（あざけ） 비웃다, 조소하다
☐☐☐

・なんだかんだいっていいように嘲られてしまった。（あざけ）
이러쿵저러쿵해서 적당히 조롱을 받고 말았다.

005 欺く（あざむ） 속이다, 기만하다
☐☐☐

・親を欺くとは情けない子だ。（おや あざむ なさ こ）
부모를 속이다니 한심스러운 녀석이다.

006 あせる 바래다, 퇴색하다
☐☐☐

・色があせる。（いろ）
색이 바래다.

007 あつらえる 맞추다, 주문하다

・パーティーに出す特別料理をあつらえる。
파티에 내놓을 특별 요리를 주문하다.

008 当てはまる 꼭 들어맞다, 적합하다
▶ 当(あ)てはめる 꼭 들어맞추다, 적용시키다,
適用(てきよう)する 적용하다

・規則に当てはまる。 규칙에 꼭 들어맞다.

009 侮る 깔보다, 얕보다(문장체적 표현) ▶ 軽蔑(けいべつ)する 경멸하다

・相手が弱いと見て侮る。
상대방이 약하다고 보고 깔보다.

○ 유사 표현

① 見くびる 깔보다, 얕보다, 업신여기다
・相手を見くびる。
상대를 깔보다.

010 暴れる 날뛰다, 난폭하다

・教室の中で暴れてはいけない。
교실 안에서 난폭하게 굴면 안 된다.

011 余す 남기다 ㉕ 余(あま)る 남다, 분에 넘치다

・お年玉を一ヵ月で余さず使ってしまった。
세뱃돈을 한달 만에 남김없이 써 버렸다.

012 操る (자기의 의도대로) 뒤에서 사람을 조종하다 ▶ 操作(そうさ)する 조작하다

・人を操るようなことをするな。
사람을 뒤에서 조종하는 짓을 하지 마라.

013 有り触れる 어디에나 있다, 흔하다, 흔해 빠지다
＝ざらにある ↔ めずらしい 드물다, 희한하다, 신기하다

・有り触れた品で珍しくない。
흔해 빠진 물건이라 신기하지 않다.

동
사

・これはどこにでもある有り触れた話です。
이것은 어디에나 있는 흔한 이야기입니다.

014 哀れむ 불쌍히 여기다, 동정하다 □□□

・彼の境遇を哀れんで金銭的に援助した。
그의 처지를 동정하여 금전적으로 원조하였다.

015 言い触らす 말을 퍼뜨리다, 나발을 불다, 선전하다, 소문을 내다 □□□
▶ 吹聴(ふいちょう)する 말을 퍼뜨리다, 나발을 불다
＊이 표현들은 그 행위에 대해 부정적인 평가를 내리는 말이며 특히「吹聴(ふいちょう)」는 절제를 하지 못하고 주장하는 듯한 말투가 두드러지는 경우에 사용한다.

・人の秘密を言い触らす。
남의 비밀을 떠들고 다니다.
・自慢げに吹聴して回る。
잘난 체하며 말을 퍼뜨리며 돌아다니다.

016 言い渡す 결정된 것을 정식으로 알리다, 언도하다, 선고하다 □□□

・判決を言い渡す。
판결을 선고하다.

017 いじる 자꾸 만지다, 만지작거리다 □□□

・エレベーターのボタンをいじりすぎて壊してしまった。
엘리베이터 버튼을 자꾸 만지작거려서 망가뜨리고 말았다.

018 傷む 물건이 파손되다, 상하다 □□□

・品物が傷む。
물건이 파손되다.

019 悼む 죽음을 애도하다 □□□

・友の死を悼む。
친구의 죽음을 애도하다.

020 労る　친절히 돌보다

- お年寄を労る。 노인을 친절히 돌보다.

021 営む　경영하다

- 食堂を営む。 식당을 경영하다.

022 戒める　훈계하다, 징계하다 ＝こらしめる 벌주다, 징계하다

- 二度といたずらをしないように戒める。
두 번 다시 장난치지 않도록 훈계하다.

> **유사 표현**
>
> ① たしなめる　반성을 촉구하고 주의를 주다, 타이르다, 나무라다
> - 無作法をたしなめる。 버릇없음을 나무라다.

023 飢える　굶주리다　▶餓死(がし) 아사 ＝飢(う)え死(じ)に 굶어서 죽음

- 飢えている子供の写真を見た。
굶주리고 있는 아이들의 사진을 보았다.

024 承る　「듣다(聞く), 받다(受ける), 승낙하다(承知する)」의 겸양어

- ご意見を承る。 삼가 고견을 듣다.

025 うずく　욱신거리다, 쑤시다

- 怪我をした指がうずく。
다친 손가락이 쑤신다.

026 うずくまる　몸을 웅크리다, 웅크리고 앉다 ＝しゃがむ 웅크리다

- 急に痛みだして、その場にうずくまる。
갑자기 통증이 나서 그 자리에 주저앉다.

027 うずまる　파묻히다　▶うずめる 묻다, 파묻다

- 花にうずまって、空をながめる。
꽃에 파묻혀 하늘을 바라보다.

028 打ち出す　주의, 주장을 명확하게 내세우다

・新しい方針を打ち出す。
새로운 방침을 내세우다.

029 討つ　치다, 베어 죽이다

・父の敵を討つ。
아버지의 원수를 갚다.

030 項垂れる　힘없이 고개를 떨구다

・残念な結果を知ってみんなは項垂れた。
안타까운 결과를 알고 모두는 고개를 떨구었다.

031 唸る　끙끙거리다, 신음하다, 윙윙거리다

・病人が苦しそうにうなっている。
환자가 괴로운 듯이 끙끙거리고 있다.

032 うぬぼれる　자만하다, 우쭐하다

・彼は絵がうまいとうぬぼれている。
그는 그림을 잘 그린다고 우쭐대고 있다.

🔵 유사 표현

① 自慢する　자만하다
・自慢さえしなければ、就職難なんてないはずだ。
자만만 하지 않는다면 취직난 따위는 없을 것이다.

② 鼻にかける　자랑하다

033 うねる　(파도가) 너울거리다, 넘실거리다, (길이) 꾸불꾸불하다

・うねる波の間を船が木の葉のようにただよっている。
넘실거리는 파도 사이를 배가 나뭇잎처럼 떠 있다.

・道が大きくうねりながら、山の上へとつづいている。
길이 크게 굽이돌면서, 산 위로 이어지고 있다.

034 埋まる　묻히다, 파묻히다, 가득 차다　□□□

- たくさんの人で、海辺は埋まっていた。
  많은 사람들로, 해변은 가득 차 있었다.

035 占う　예언하다, 점치다　▶ 占(うらな)い 점, 점쟁이　□□□

- 優勝の行方を占う。
  우승의 행방을 점치다.

- 占いがあたった。
  점이 맞았다.

036 売り込む　판로를 넓히다, 광범위하게 팔다　□□□

- 新製品を売り込もうと頑張っている。
  신제품을 팔려고 힘을 쏟고 있다.

  ○ 다른 표현
  ① 売り込み　선전 · 권유하여 팔기
  ② 新聞の売り込み　신문 구독 권유

037 売り出す　이름을 떨치다, 유명해지다　□□□

- その作品で彼は売り出した。
  그 작품으로 그는 유명해졌다.

038 得る　(동사 ます형에 붙어) ~할 수 있다　□□□

- 商社に就職が決まったので、海外に出張することもあり得るだろう。
  상사에 취직이 결정되었기 때문에, 해외로 출장 가는 일도 있을 수 있을 것이다.

039 うろたえる　허둥거리다, 당황하다 ＝ まごつく　□□□

- 不意をつかれてうろたえる。
  허를 찔려 허둥거리다.

040 うろつく　헤매다, 서성대다, 방황하다　□□□

- 怪しい男が家の前をうろつく。
  수상한 남자가 집 앞을 서성거리다.

동사

041 上回（うわまわ）る 상회하다, 수량이 기준보다 많아지다 ↔ 下回（したまわ）る 밑돌다

· 予想を大きく上回る。 예상을 크게 웃돌다.

042 追（お）い込（こ）む 막다른 곳에 빠지게 하다

· 私（わたし）の発言（はつげん）は彼（かれ）を追（お）い込（こ）むことになった。
내 발언은 그를 막다른 곳으로 몰고 가는 결과가 되었다.

043 老（お）いる 늙다 ↔ 若（わか）い 젊다

· 子供（こども）である以上（いじょう）、年老（としお）いた親（おや）の面倒（めんどう）を見（み）るのは当然（とうぜん）なことだ。
자식인 이상, 늙은 부모를 돌보는 것은 당연한 일이다.

· 若（わか）いうちにいい本（ほん）をたくさん読（よ）んでおいたほうがいいですよ。
젊었을 때 좋은 책을 많이 읽어 두는 편이 좋아요.

044 負（お）う 떠맡다, 지다 ▶ 手（に）負（お）えない 힘에 부치다, 감당할 수 없다

· 責任（せきにん）を負（お）う。
책임을 지다.

· 難（むずか）しい仕事（しごと）なので、わたし一人（ひとり）では手（て）におえない。
어려운 일이므로 나 혼자서는 감당할 수 없다.

045 応（おう）じる 응하다, 대답하다

· 生徒（せいと）の質問（しつもん）に応（おう）じる。
학생의 질문에 대답하다.

🔵 보충 표현

① ～に応（おう）じて ～에 따라, ～에 (걸)맞게

· 現金（げんきん）は銀行（ぎんこう）から必要（ひつよう）に応（おう）じて引（ひ）き出（だ）すことにしている。
현금은 은행에서 필요에 따라 인출하기로 하고 있다.

· 収入（しゅうにゅう）に応（おう）じて暮（く）らす。
수입에 맞게 생활하다.

046 冒（おか）す (어려움을) 무릅쓰다

· 危険（きけん）を冒（おか）して働（はたら）く。
위험을 무릅쓰고 일하다.

047 **拝む** 공손히 허리를 굽혀 경의를 표하다, 두손 모아 부탁하다

・拝みながら頼む。 공손히 부탁하다.

048 **興す** 일으키다, 흥하게 하다

・新事業を興す。
새로운 사업을 일으키다.

049 **怠る** 게을리하다, 태만히 하다 = 怠(なま)ける
↔ 励(はげ)む, 努(つと)める, 勤(いそ)しむ 노력하다, 분발하다, 힘쓰다

・注意を怠ったばかりに、とんでもないことになった。
주의를 태만히 한 탓에 엉뚱한 사태가 되었다.

050 **おごる** 한턱 내다 = ごちそうする 대접하다 ▶ おごり 한턱 냄, 돈을 전부 내는 것

・気前よくおごる。
선뜻 기분 좋게 한턱 내다.

・今夜の分はぼくのおごりだよ。
오늘밤 몫은 내가 낼게.

051 **収める・納める** ① 받아들이다, 받다 ② 납입하다, 납부하다
③ (완료하여 성과를)거두다 ④ 한도내에서 마치다

・少々ですが、どうぞお収めください。
약소하지만 부디 받아주십시오.

・紛争を丸く収める。
분쟁을 원만하게 수습하다.

・効果を納める。
효과를 거두다.

・税金を納める。
세금을 납부하다.

🔵 유사 표현

① 収拾 수습
・場内が混乱して収拾がつかない。
장내가 혼란해서 수습이 되지 않는다.

동사

052 修める 학문을 배우고 익히다 ☐☐☐

・医学を修める。
의학을 배우고 익히다.

053 押し付ける 억지로 떠맡기다, 밀어붙이다, 강요하다, 뒤집어 씌우다 ☐☐☐

・掃除を弟に押し付ける。
청소를 동생에게 억지로 떠맡기다.

・難しい仕事を押し付ける。
어려운 일을 억지로 떠맡기다.

054 押しのける (자기의 출세나 승리를 위하여) 밀어 제치다, 물리치다 ☐☐☐

・彼は人を押しのけて自分の主張を通す。
그는 남을 밀어내고 자기 주장을 관철한다.

055 陥る 빠지다, 나쁜 상태에 이르다 ☐☐☐

・危険に陥る。
위험에 빠지다.

・苦しい羽目に陥る。
괴로운 처지에 빠지다.

056 落ち込む 침울해지다, (나쁜 상태에) 빠지다, 떨어지다 ☐☐☐
↔ 立(た)ち直(なお)る 힘을 되찾다, 회복하다, 다시 일어서다

・気分が落ち込む。
기분이 침울해지다.

・今年上半期原油の輸入は、前年の同期と比べ、大きく落ち込んだ。
올 상반기 원유의 수입은 전년 같은 기간에 비해 크게 떨어졌다.

⬦ 관련 표현

① **落ち込み** 폭락, 침체, 움푹 들어감

・オーストラリアは昨年車の売れ行きが非常に好調だったため、今年はその反動で落ち込みが予想されている。
호주는 작년 자동차의 매출이 매우 호조였기 때문에, 올해는 그 반동으로 폭락이 예상되고 있다.

・去年は鮮やかな赤が流行っていたが、世界各地で起ってい
るテロを受け世界的に気分が落ち込み、秋からは白やベー
ジュの色が主流になった。
작년에는 선명한 빨강이 유행했지만, 세계 각지에서 발생하고 있는 테러의 영향으로 세
계적으로 기분이 침체되어, 봄부터는 흰색이나 베이지 색이 주류가 되었다.

---

057 脅す (직접적/공포를 피부로 느끼는 상태) 위협하다, 협박하다

・ナイフで脅す。
칼로 위협하다.

---

058 脅かす (분위기/겁을 주려는 의도) 위협하다, 협박하다

・大国と大国の対立は周りの小国を脅かす。
대국과 대국의 대립은 주변의 작은 나라를 위협한다.

---

059 重んじる 소중히 여기다, 중시하다 ▶ 重(おも)んずる라고도 함

・私は責任を重んじる人になりたい。
나는 책임을 중시하는 사람이 되고 싶다.

---

060 及ぼす (영향을) 미치게 하다, 끼치다 ㉜ 及(およ)ぶ 달하다, 미치다

・害を及ぼす。 해를 끼치다.

---

061 折り返す 곧 회신을 보내다, 곧 회답하다

・友人から折り返し、返事がきた。
친구로부터 바로 답장이 왔다.

---

062 織る 직물을 짜다

・布を織る。 천을 짜다.

---

063 卸す 도매상이 소매상에게 상품을 도매하다

・衣料品を卸す。 의류품을 도매하다.

동사

064 かえり
顧みる 되돌아보다, 회상하다 □□□

・幼(おさな)いころを顧(かえり)みる。
어린 시절을 회상하다.

 관련 표현

① **よぎる** 지나가다, 통과하다, 스쳐 가다

・昔(むかし)の記憶(きおく)が頭(あたま)をよぎる。
옛 기억이 머리를 스치다.

065 かえり
省みる 반성하다 ▶ 反省(はんせい)する 반성하다 □□□

・自分(じぶん)の行(おこな)いを省(かえり)みる。
자기의 행동을 반성하다.

066
かかる 필요하다, 들다, 걸리다 ▶ 手(て)がかかる 잔손이 가다, 품이 들다 □□□

・犬(いぬ)は好(す)きだけど、手(て)がかかるので買(か)うのはよしましょう。
개는 좋아하지만, 잔손이 많이 가니까 사는 것은 그만둡시다.

067 かこつ
託ける (주로 「〜にかこつけて」의 꼴로) 구실삼다, 핑계삼다, 빙자하다 □□□

・山田君(やまだくん)は病気(びょうき)に託(かこつ)けて出席(しゅっせき)しなかった。
야마다 군은 병을 핑계삼아 출석하지 않았다.

유사 표현

① **被ける** 핑계되다, 빙자하다
かず

・病気(びょうき)にかずけて欠席(けっせき)する。
병을 핑계삼아 결석하다.

② **事寄せる** 핑계삼다, 구실삼다, 빙자하다
ことよ

・品薄(しなうす)に事寄(ことよ)せた値上(ねあ)げ。
품귀를 빙자한 물건값의 인상.

068 かし
傾げる 비스듬히 기울이다 □□□

・首(くび)をかしげる。
의심하듯 고개를 갸웃거리다. 수상쩍게 여기다.

・おつりの計算(けいさん)が合(あ)わなくて首(くび)を傾(かし)げていました。
거스름돈 계산이 안 맞아서 고개를 갸웃거리고 있었습니다.

069 **畏まる** ① 황공해 하다, 공손해 하다 ② 삼가 명령을 받들다

・はい、かしこまりました。
네. 알겠습니다. ▶「わかりました」의 공손한 표현

070 **霞む** 물건이 뿌옇게(희미하게) 보이다

・涙で文字が霞む。 눈물로 글자가 뿌옇게 보이다.

071 **かつぐ** (미신에) 사로잡히다, 추대하다, 장난으로 속이다

・A：おとうさん、金融実名制が実施されるそうですよ。
아버지, 금융실명제가 실시된대요.

 B：どれどれ、なんだ去年の新聞じゃないか、これは。親をかつぐな。
어디 보자. 뭐야, 작년 신문이잖아, 이건. 부모를 놀리면 못 써.

・電話の主は気違いではなさそうだった。とすると、友だちの誰か
にかつがれているのかもしれない。
전화를 건 사람은 미치광이는 아닌 것 같았다. 그렇다면 친구 중의 누군가가 장난을 치고 있는 것
인지도 모른다.

072 **叶う** 이루어지다, 뜻대로 되다 ㉃ 叶(かな)える
(희망이나 뜻이) 이루어지다, 충족시키다 敵(かな)う 맞서다, 필적하다, 당해 내다

・やっと念願が叶った。 드디어 염원이 이루어졌다.
・條件を叶える。 조건을 충족시키다.
・叶わない夢を追い続ける。 이루어지지 않을 꿈을 계속 쫓는다.
・神様が祈りを叶えてくださった。 하나님이 기도를 들어주셨다.
・君はだいぶ強くなったが、まだあの選手には敵わないよ。
자네는 꽤 강해졌지만, 아직 저 선수는 당해내지 못해.

 🔖 보충 표현

 ① ～て(で)かなわない ～해서 못 견디겠다, ～해서 참을 수 없다, ～해서 싫다
 ・仲間が急にやめたので、私一人ではいそがしくてかなわない。
동료가 갑자기 그만둬서, 나 혼자서는 바빠서 못 견디겠다.

 ・アパートがこんなに汚くては敵わない。
아파트가 이렇게 더러워서는 견딜 수 없다.

 ② 歯が立たない 맞설 수 없다, 대항할 수 없다

 ③ 太刀打ちできない 상대가 안 된다, 도저히 맞겨룰 수 없다

동사

073 かばう 감싸다, 비호하다

・体で自転車から、子どもをかばう。
몸을 던져 자전거로부터, 아이를 보호하다.

・子どもをかばって、自分がけがをした。
아이를 보호하고, 자신이 상처를 입었다.

074 かぶる 책임, 죄 따위를 뒤집어쓰다 ▶ かぶせる 뒤집어 씌우다

・みんなでやったことだけど、ぼくだけ罪をかぶった。
모두 함께 한 일인데, 나만 죄를 뒤집어썼다.

・車に頭から水をかぶせられた。
차에 의해서 머리부터 물을 뒤집어썼다.

075 絡む 휘감기다, 서로 밀접한 관계로 얽히다, 얽히고 설키다

・麻薬密輸の事件に現役の政府の実力者が絡んでいる。
마약 밀수 사건에 현역의 정부 실력자가 관련되어 있다.

・ネックレスが絡んでとれない。
목걸이가 얽혀서 풀리지 않는다.

076 刈る 머리털을 깎다, 이발하다 ▶ 芝刈(しばか)り 잔디깎기

・頭を刈る。
머리를 깎다.

077 駆る (「〜られる」의 꼴로) 감정에 사로잡히다, 끌리다

・好奇心に駆られる。 호기심에 사로잡히다.

・衝動に駆られる。 충동에 사로잡히다.

🔵 관련 표현

① 駆り立てられる 부추기어 끌어내다, 억지로 몰아넣다, 감정에 사로잡히다

・営業マンを駆り立てて売り上げ増を図る。
영업 직원을 몰아세워 매출 증가를 도모하다.

・不安に駆り立てられる。
불안에 사로잡히다.

078
かわいがる 귀여워하다

- おばあさんは孫をたいへんかわいがっている。
  할머니는 손자를 매우 귀여워하고 있다.

079
交わす　나누다, 교환하다　▶ 意見(いけん)が飛(と)び交(か)う 의견이 분분하다

- 友だちとあいさつをかわす。
  친구와 인사를 나누다.

080
築く　쌓다, 쌓아올리다

- 友人といい関係を築くにはどうしたらいいでしょうか。
  친구와 좋은 관계를 쌓기 위해서는 어떻게 하면 될까요?

081
競う　겨루다, 경쟁하다　▶ 競争(きょうそう) 경쟁

- 技術を競う。 기술을 겨루다.

082
鍛える　단련하다

- 毎朝走って、足を鍛える。
  매일 아침 달려서, 다리를 단련하다.

- 運動をして体をきたえよう。
  운동을 해서 신체를 단련하자.

083
気取る　젠체하다, 점잔 빼다, 거드름 피우다

- カメラに向かって、彼女は気取った顔をしている。
  카메라를 향하여, 그녀는 점잔 빼는 표정을 하고 있다.

084
牛耳る　좌지우지하다, 쥐고 흔들다
▶ 牛耳(きゅうじ)をとる 주도권을 잡고 지배하다, 좌지우지하다

- 政党の大黒柱となって政界を牛耳る。
  정당의 중심인물이 되어 정계를 좌지우지하다.

- あいつは奥さんに牛耳られている。
  저 녀석은 마누라에게 꽉 잡혀 있다.

동사

085 切り上げる 일단락 짓다, 적당한 곳에서 끝내다

・鈴木君、もう遅いからそのへんで切り上げて帰りなさい。
스즈키 군, 많이 늦었으니까 그쯤에서 끝내고 돌아가게.

086 際立つ 뛰어나다, 두드러지다, 눈에 띄다

・際立って美しい建物。
유달리 아름다운 건물.

・際立った存在。
유별난 존재.

087 極まる 극에 달하다, 한도에 달하다, (형용사 어간에 붙어서) 아주 ~하다, ~하기 짝이 없다

・今朝から部長に小言を言われつづけて、不愉快極まりない。
오늘 아침부터 부장님에게 잔소리를 계속 들어 불쾌하기 짝이 없다.

088 食い荒らす (남의 세력권을) 침범하다, 잠식하다

・選挙地盤を食い荒らす。 선거 지반을 잠식하다.
・人の料理まで食い荒らす。 남의 요리까지 마구 먹다.
・輸入品が国内市場を食い荒らした。 수입품이 국내 시장을 잠식했다.

089 食い下がる 물고 늘어지다, 끈덕지게 다투다

・執拗に食い下がって追及した。
집요하게 물고 늘어지며 추궁했다.

090 食い違う (이야기, 의견이) 엇갈리다, 어긋나다 ▶ 食違(くいちが)い 어긋난 일

・意見が食い違う。
의견이 어긋나다.

・目撃者たちの証言が食い違う。
목격자들의 증언이 엇갈린다.

・ふたりの意見には大きな食い違いがある。
두 사람의 의견에는 커다란 차이가 있다.

091 **食い止める** 막다, 저지하다, 방지하다 □□□

- 敵の大軍を食い止める。
  적의 대군을 저지하다.
- 地球温暖化の大きな原因となっている森林の減少を食い止めるのが急務である。
  지구 온난화의 커다란 원인이 되고 있는 삼림의 감소를 막는 것이 시급하다.

092 **悔いる** 뉘우치다, 후회하다, 실패했음을 알고 분해하다 □□□
▶ 悔(く)い 뉘우침, 후회

- 軽はずみな行動を悔いる。 경솔한 행동을 뉘우치다.
- 悔いを残さないようにする。 후회를 남기지 않도록 한다.

🗨 유사 표현

① 後悔 후회
- 学生時代にあまり勉強しなかったことを後悔します。
  학창시절에 별로 공부하지 않았던 것을 후회합니다.

093 **括る** ① 묶다, 잡아(붙들어) 매다 ② 끝맺다, 마무르다, 결말짓다 □□□

- ひもで小包を括った。 끈으로 소포를 묶었다.
- 収支を括った。 수지를 결산했다.

094 **潜る・潜り抜ける** 몸을 구부리고 밑으로 빠져나가다 □□□
↔ 飛(と)び越(こ)える 뛰어넘다

- かきねの穴から、くぐって入ってはいけない。
  울타리 구멍으로, 기어 들어가서는 안 된다.
- 男の人はガードレールをくぐり抜けようとしている。
  남자는 가드레일을 빠져나가려고 하고 있다.
- ガードレールを飛び越えて車道に出ようとしている。
  가드레일을 뛰어넘어 차도로 나가려 하고 있다.

095 **くすぐる** 사람의 마음을 자극하다, 마음을 흔들다 □□□

- 高齢者を頼っていることを装い、高齢者の心理をくすぐるようだ。
  고령자를 의지하는 것처럼 꾸며서, 고령자의 심리를 자극하는 것 같다.

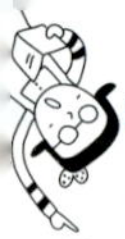

096 くつがえ
覆す (주로 추상적인 것에 대해서 사용) 뒤집다, 전복시키다, 번복하다

□□□

ていせつ　くつがえ
- 定説を覆す。
  정설을 뒤엎다.

いっしん　はんけつ　くつがえ
- 一審の判決を覆す。
  일심의 판결을 뒤집다.

유사 표현

① ひ く かえ 引っ繰り返る 뒤바뀌다, 뒤집히다
*주로 구체적인 동작에 많이 사용, 추상적인 경우에 사용하면 속어적 표현임

かがみ　うつ　かお　さ ゆう　ひ　く　かえ
- 鏡に映る顔は左右が引っ繰り返っている。
  거울에 비치는 얼굴은 좌우가 뒤바뀌어 있다.

097 くつろ
寛ぐ 편안히 쉬다, 유유자적하다

□□□

しばふ　うえ　わ
- 芝生の上で輪になってくつろいでいる。
  잔디 위에서 빙둘러 앉아 쉬고 있다.

098
くわえる (입술이나 이빨로) 물다

□□□

とう
- お父さんがタバコをくわえている。
  아버지가 담배를 물고 있다.

099 くわだ
企てる 기도하다, 꾀하다, 계획하다(주로 나쁜 일에 사용)

□□□

むほん　くわだ
- 謀反を企てる。
  모반을 꾀하다.

관련 표현

① むね いちもつ 胸に一物 꿍꿍이속, 계략, 흉계

たいど　むね　いちもつ
- おまえの態度が、どうも胸に一物ありそうだね。
  자네 태도가 아무래도 꿍꿍이속이 있는 것 같아.

100
けなす 욕하다, 깎아 내리다, 헐뜯다

□□□

いったい わたし
- 一体私をほめているのか、けなしているのか。
  대관절 나를 칭찬하는 것이냐, 헐뜯는 것이냐?

101 煙^{けむ}たがる　어려워하다, 거북하게 여기다

・岡田^{おかだ}課長^{かちょう}は部下^{ぶか}に煙^{けむ}たがられている。
오카다 과장님은 부하들이 어려워 한다.

102 煙^{けむ}る　연기가 나다, 주위가 흐려 보이다

・雨^{あめ}で煙^{けむ}って港^{みなと}の夜景^{やけい}が見^みえなかった。
비 때문에 뿌옇게 흐려서 항구의 야경이 보이지 않았다.

103 肥^こえる　(느낌・안목이) 풍부해지다, 높아지다
▶ 目^め(め)が肥^こ(こ)える 사물을 보는 눈이 높다

・目^めが肥^こえているので偽物^{にせもの}にだまされない。
물건을 볼 줄 아는 안목이 있어서 가짜에 속지 않는다.

104 こぎ着^つける　(노력해서 마침내 목표에) 도달하다

・どうにか開店^{かいてん}までにこぎ着^つけた。
간신히 개점하는 단계에까지 이르렀다.
・正常化^{せいじょうか}にこぎ着^つける。
간신히 정상화되다.

105 焦^こげ付^つく　(꾸어 준 돈을) 회수할 수 없게 되다,
(증권 따위의 시세가) 장기간 변동 없다, 눌어붙다

・焦^こげついたご飯^{はん}がなかなかとれない。
눌어붙은 밥이 좀처럼 떨어지지 않는다.
・融資^{ゆうし}した金^{かね}が焦^こげ付^ついた。
융자한 돈이 회수 불능이 되었다.
・たしかな相手^{あいて}だと思^{おも}って貸^かしたのだが、焦^こげ付^ついてしまった。
확실한 사람이라고 생각해서 빌려 줬는데 떼이게 되었다.

106 凍^{こご}える　얼다, 곱다, (추위로 손, 발 따위의) 감각이 없어지다

・暖房^{だんぼう}のない部屋^{へや}にいたので、手^てが凍^{こご}えてしまった。
난방이 안 되는 방에 있어서 손이 얼어 버렸다.

동사

107 こしらえる (물건을) 만들다, (자금을) 마련하다 □□□

・一日かかって犬小屋をこしらえる。
하루 걸려 개집을 만들다.

・店を開くため資金をこしらえる。
가게를 열기 위해 자금을 마련하다.

108 こだわる 구애되다 ＝くよくよする □□□

・ちいさなことにこだわって、もっと大事なことを忘れるな。
작은 일에 구애되어 좀 더 중요한 일을 잊지 마라.

109 こなす ① 계획대로 해치우다(처리하다) ② 자기 뜻대로 잘 다루다 □□□
㉣ こなれる 일에 숙달되다, 숙련되다

・こんなにたくさんの仕事を一人でこなすなんてすばらしい。
이렇게 많은 일을 혼자서 해치우다니 정말 멋있다.

・このコンピューターを使いこなせるのは石川さんだけです。
이 컴퓨터를 잘 다룰 수 있는 사람은 이시카와 씨뿐입니다.

110 拒む 거부하다 □□□

・相手の申し出をこばむ。
상대의 제의를 거부하다.

111 こみあげる 치밀어 오르다 □□□
▶ 情熱(じょうねつ)を燃(も)やす 정열을 불태우다

・悲しさに涙がこみあげてきた。
슬픔에 못 이겨 눈물이 북받쳐 왔다.

112 籠る 자욱하다, 가득 차다 □□□

・魚を焼いたけむりがへやに籠る。
생선 구운 연기가 방에 가득 차다.

113 肥やす 살찌우다, 잇속을 채우다 ㉣ 肥(こ)える 살찌다, 비옥하다 □□□

・そもそも政治をするという人が、私腹を肥やすことに血眼になって
いるとはもってのほかだ。
도대체 정치를 한다는 사람이 자기 배를 채우는 일에 혈안이 되어 있다니 언어도단이다.

114 懲りる 넌더리 나다, 질리다

· 落ちてけがをしたので、木登りはもう懲りた。
떨어져서 다쳤기 때문에 나무타기는 이제 넌더리가 난다.

115 凝る 한가지 일에 열중하다, 빠지다, 미치다
  *「〜にこっている」의 꼴로 (어떤 일에) 몰두하다, 푹 빠지다

· 最近、編み物に凝ってるんですよ。
최근 뜨개질에 빠졌어요.

🔍 관련 표현

① **はまる** (나쁜 일에) 열중하다

· バクチにはまる。 도박에 미치다.

② **夢中になる** 몰두하다

· ゲームに夢中になる。 게임에 몰두하다.

③ **〜に目がない** ~라면 사족을 못쓴다

· 妹は甘いものに目がない。 여동생은 단거라면 사족을 못쓴다.

④ **病み付き** 중독이 될 만큼 깊이 빠져 버림

· もはや病み付き状態になってしまった。
이미 고질적인 상태가 되고 말았다.

116 硬張る・強張る 굳어지다, 딱딱해지다

· 硬張った顔でおこる。 굳은 표정으로 화내다.

117 遮る 가리다, 차단하다 ▶ 遮断(しゃだん) 차단

· 大きな川が行く手をさえぎった。 큰 강이 앞길을 가로막았다.

118 冴える (두뇌, 신경 따위가) 또렷또렷하다, 말똥말똥하다, 맑고 깨끗하다

· よく寝たので頭が冴えている。 잘 잤기 때문에 머리가 맑다.

119 遡る 거슬러 올라가다

· サケが川を遡る。 연어가 강을 거슬러 올라가다.

· 過去に遡って考える。 과거로 거슬러 올라가 생각하다.

120 裂<ruby>裂<rt>さ</rt></ruby>く (결을 따라 두 개 또는 그 이상의 것으로 나눔, 주로 얇은 것에 대하여 사용) 찢다, 쪼개다 □□□

・ハンカチを裂いて、包帯にする。 손수건을 찢어서 붕대로 쓰다.

○ 유사 표현

① 破る (양적인 제한이 없는 경우) 종이 따위를 찢다

・誰かが本を破った。
누군가가 책을 찢었다.

121 割く 한정된 물건, 시간의 일부를 나누다(쪼개다) □□□

・私のためにお時間を割いていただき、ありがとうございます。
저를 위해 시간을 할애해 주셔서 감사합니다.

122 探る 찾다, 탐색하다, 살피다 □□□

・敵の動向をさぐる。
적의 동향을 살피다.

・ポケットを探って財布を出す。
주머니를 뒤져서 지갑을 꺼내다.

○ 시험에 잘 나오는 표현

① 腹を探る 마음을 떠보다, 상대의 의중을 떠보다 = 瀬踏(せぶ)みする

・いったい何を考えているのかはっきり言ってくれないので腹を探るしかないね。
도대체 무얼 생각하고 있는지 확실하게 말을 해 주지 않으니, 의중을 떠보는 수밖에 없네.

123 捧げる ① 바치다, 헌신하다 ② 양손으로 받들다 □□□

・墓に花を捧げる。 무덤에 꽃을 바치다.

・トロフィーを捧げる。 트로피를 받쳐들다.

124 差し置く 남을 무시하다, 제쳐 놓다 □□□

・先輩を差し置いてレギュラーになってしまった。
선배를 제쳐 두고 정규멤버가 되어 버렸다.

・並んでいる党の元老たちを差し置いて堂々と意見を述べた。
한자리에 나란히 앉아 있는 당의 원로들을 무시하고 당당히 의견을 말했다.

125 <ruby>差<rt>さ</rt></ruby>し<ruby>迫<rt>せま</rt></ruby>る (반드시 처리해야 하는 기일, 기한, 곤란한 사태가 눈앞에) 임박하다, 절박하다, 급박해지다 □□□

- <ruby>手形<rt>てがた</rt></ruby>の<ruby>期日<rt>きじつ</rt></ruby>が<ruby>差<rt>さ</rt></ruby>し<ruby>迫<rt>せま</rt></ruby>る。
  어음 기일이 임박하다.
- <ruby>内需拡大<rt>ないじゅかくだい</rt></ruby>に<ruby>努<rt>つと</rt></ruby>め、<ruby>景気回復<rt>けいきかいふく</rt></ruby>を<ruby>急<rt>いそ</rt></ruby>ぐことは、<ruby>日本<rt>にほん</rt></ruby>の<ruby>差<rt>さ</rt></ruby>し<ruby>迫<rt>せま</rt></ruby>った<ruby>問題<rt>もんだい</rt></ruby>である。
  내수 확대에 힘쓰고 경기 회복을 서두르는 것은 일본의 절박한 문제이다.

  💡 관련 표현

  ① <ruby>切羽<rt>せっぱ</rt></ruby>つまる 막다른 골목에 이르다, 곤경에 빠지다
  - <ruby>切羽<rt>せっぱ</rt></ruby>つまって<ruby>盗<rt>ぬす</rt></ruby>みをはたらく。
    궁지에 몰려 도둑질을 하다.
  - <ruby>切羽<rt>せっぱ</rt></ruby>つまってやったのだ。
    궁지에 몰려서 한 것이다.

126 <ruby>差<rt>さ</rt></ruby>し<ruby>支<rt>つか</rt></ruby>える 지장이 있다 □□□

- <ruby>工事<rt>こうじ</rt></ruby>の<ruby>音<rt>おと</rt></ruby>がやかましくて<ruby>勉強<rt>べんきょう</rt></ruby>に<ruby>差<rt>さ</rt></ruby>し<ruby>支<rt>つか</rt></ruby>える。
  공사 소리가 시끄러워서 공부에 지장이 있다.

127 <ruby>差<rt>さ</rt></ruby>し<ruby>伸<rt>の</rt></ruby>べる 내밀다, 내뻗치다 □□□

- <ruby>救<rt>すく</rt></ruby>いの<ruby>手<rt>て</rt></ruby>を<ruby>差<rt>さ</rt></ruby>し<ruby>伸<rt>の</rt></ruby>べる。
  구원의 손을 내밀다.

128 <ruby>授<rt>さず</rt></ruby>ける 하사하다, 내려 주다 □□□

- <ruby>賞<rt>しょう</rt></ruby>を<ruby>授<rt>さず</rt></ruby>ける。
  상을 하사하다.

129 <ruby>摩<rt>さす</rt></ruby>る 어루만지다 □□□

- しびれたひざをさする。
  저린 무릎을 어루만지다.

130 <ruby>定<rt>さだ</rt></ruby>まる 정해지다, 가라앉다 □□□

- ねらいがなかなか<ruby>定<rt>さだ</rt></ruby>まらない。
  목표가 좀처럼 정해지지 않는다.

동사

동사

131 察する 헤아리다, 살피다 □□□

・弟の気持ちを察する。
남동생의 기분을 살피다.

132 さておく (어떤 사항・화제 등을) 일단 그대로 두다, 일단 차치하다 □□□
▶〜はさておき 〜은 제쳐놓고, 〜은 차치하고 ㊌ 〜は別(べつ)として

・性格はさておき、仕事はよくできる。
성격은 차치하고, 일은 잘한다.

133 悟る 깨닫다 □□□

・自分のいたらなさを悟る。
자신의 미흡함을 깨닫다.

134 裁く 재판하다, 중재하다 □□□

・けんかを裁く。
싸움을 중재하다.

135 妨げる 방해하다 □□□

・テレビの音が勉強を妨げる。
텔레비전 소리가 공부를 방해하다.

136 さ迷う・彷徨う 방황하다, 헤매다 □□□

・道に迷い、山中をさまよう。
길을 잃고 산 속을 헤매다.

137 晒す・曝す 햇볕에 쬐다, 비바람을 맞히다 □□□

・何年も風雨にさらされた道しるべが立っている。
몇 년이나 비바람을 맞은 이정표가 서 있다.

138 去る 떠나다, 사라지다 □□□

・舞台を去る。
무대를 떠나다.

139 ざわめく 웅성거리다, 술렁거리다

・授業が終わったとたんに教室がざわめく。
수업이 끝나자마자 교실이 술렁거리다.

140 障る 방해가 되다, 해롭다, 지장이 되다 ▶ 気(き)に障(さわ)る 비위에 거슬리다

・夜ふかしは体に障る。
밤 늦게까지 안 자면 몸에 해롭다.

・発表すると何か気に障ることでもありますか。
발표하면 비위에 거슬리는 일이라도 있습니까?

141 強いる 강요하다

・読書を強いると、子どもは本嫌いになる。
독서를 강요하면, 아이는 책을 싫어하게 된다.

142 仕入れる 사들이다, 매입하다

・冬物を仕入れる。
겨울 물건을 사들이다.

143 しかめる 얼굴을 찡그리다

・タバコを吸っている人は顔をしかめている。
담배를 피우고 있는 남자는 얼굴을 찡그리고 있다.

144 しくじる 실패하다, 실수하다

・テストをしくじる。
테스트를 실패하다.

145 茂る 우거지다, 무성해지다 ▶ 生(お)い茂(しげ)る 초목이 무성해지다, 우거지다

・庭の木が茂る。
정원의 나무가 무성해지다.

146 慕う 사모하다, 뒤를 쫓다

・漫画家を慕って弟子になる。 만화가를 동경하여 제자가 되다.

동사

147 従える したが　따르게 하다, 데리고 가다　☐☐☐

・生徒を従えて工場見学に行く。
학생을 데리고 공장 견학하러 가다.

148 仕立てる した　만들다, 준비하다　☐☐☐

・1枚の布から洋服を仕立てる。
천 한 장으로 양복을 만들다.

・一人前の選手に仕立てる。
제 몫을 할 수 있는 선수로 만들다.

149 しのぐ 참다, 견디다　☐☐☐

・雨風さえしのげれば、どんなボロ家でもかまわない。
비바람만 견딜 수 있다면, 어떤 낡은 집이라도 상관없다.

150 渋る しぶ　주저하다, 꺼리다 ＝ いやがる　☐☐☐

・承認をしぶる。 승인을 꺼리다.

151 染みる し　스며들다, 깊이 느끼다, 물들다(시각적이든 아니든 사용할 수 있음)　☐☐☐
　　▶ 身(み)に染(し)みる 사무치다, 뼈저리게 느끼다

・人の親切は身に染みるほど嬉しいものだ。
다른 사람의 친절은(남에게 받은 친절은) 뼈에 사무치도록 기쁜 법이다.

・傷口にぬった薬が染みる。
상처에 바른 약이 스며들다.

・白い服にしょうゆが染みてしまった。
흰 옷에 간장이 배어 버렸다.

🔵 유사 표현

① 滲む にじ　스며서 번지다(시각적인 것에만 한정하여 사용, 속도가 느린 느낌)

・あわれな話を聞かされて涙がにじむ。
불쌍한 이야기를 듣고 눈물이 글썽거리다.

② 染み出る し で　(겉으로) 배어 나오다

・水分が鍋底の裏にしみ出ることがありますが、異常ではございいません。
수분이 냄비 바닥 아래로 배어 나오는 경우가 있습니다만, 이상한 것은 아닙니다.

152 <ruby>準<rt>じゅん</rt></ruby>じる 준하다, 따르다, 비례하다 ☐☐☐

· <ruby>以<rt>い</rt></ruby><ruby>下<rt>か</rt></ruby>これに<ruby>準<rt>じゅん</rt></ruby>じた<ruby>措<rt>そ</rt></ruby><ruby>置<rt>ち</rt></ruby>をとることを<ruby>要<rt>よう</rt></ruby><ruby>求<rt>きゅう</rt></ruby>する。
이하 이에 준한 조치를 취할 것을 요구하다.

· <ruby>収<rt>しゅうにゅう</rt></ruby><ruby>入<rt></rt></ruby>に<ruby>準<rt>じゅん</rt></ruby>じた<ruby>会<rt>かい</rt></ruby><ruby>費<rt>ひ</rt></ruby>を<ruby>出<rt>だ</rt></ruby>す。
수입에 따른 회비를 내다.

153 <ruby>生<rt>しょう</rt></ruby>じる · <ruby>生<rt>しょう</rt></ruby>ずる 생기다, 일어나다 ☐☐☐

· カビが<ruby>生<rt>しょう</rt></ruby>じる。
곰팡이가 생기다.

· <ruby>問<rt>もんだい</rt></ruby><ruby>題<rt></rt></ruby>が<ruby>生<rt>しょう</rt></ruby>じる。
문제가 발생하다.

154 <ruby>称<rt>しょう</rt></ruby>する ① 칭하다, 부르다 ② 기리다, 칭찬하다 ☐☐☐
▶ 証(しょう)する 증명하다　賞(しょう)する 칭찬하다

· <ruby>優<rt>ゆうしょう</rt></ruby><ruby>勝<rt></rt></ruby>を<ruby>称<rt>しょう</rt></ruby>し、トロフィーを<ruby>送<rt>おく</rt></ruby>る。
우승을 기려서, 트로피를 보내다.

· <ruby>病<rt>びょう</rt></ruby><ruby>気<rt>き</rt></ruby>と<ruby>称<rt>しょう</rt></ruby>して、<ruby>休<rt>やす</rt></ruby>む<ruby>人<rt>ひと</rt></ruby>が<ruby>多<rt>おお</rt></ruby>い。
병이라 부르며 쉬는 사람이 많다.

155 <ruby>乗<rt>じょう</rt></ruby>ずる 편승하다, 틈타다 ☐☐☐

· <ruby>相<rt>あい</rt></ruby><ruby>手<rt>て</rt></ruby>の<ruby>弱<rt>じゃくてん</rt></ruby><ruby>点<rt></rt></ruby>に<ruby>乗<rt>じょう</rt></ruby>ずる。
상대의 약점을 이용하다.

156 <ruby>退<rt>しりぞ</rt></ruby>く (어떤 지위에서) 물러나다 ☐☐☐

· <ruby>結<rt>けっ</rt></ruby><ruby>婚<rt>こん</rt></ruby>や<ruby>病<rt>びょう</rt></ruby><ruby>気<rt>き</rt></ruby>で<ruby>第<rt>だいいっせん</rt></ruby><ruby>一<rt></rt></ruby><ruby>線<rt></rt></ruby>を<ruby>退<rt>しりぞ</rt></ruby>く。
결혼이나 병으로 제일선에서 물러나다.

157 <ruby>記<rt>しる</rt></ruby>す 기록하다, 새기다 ☐☐☐

· <ruby>母<rt>はは</rt></ruby>の<ruby>言<rt>こと</rt></ruby><ruby>葉<rt>ば</rt></ruby>を<ruby>心<rt>こころ</rt></ruby>に<ruby>記<rt>しる</rt></ruby>す。
어머니 말씀을 마음에 새기다.

158 <ruby>信<rt>しん</rt></ruby>ずる 믿다 ▶ 思(おも)い込(こ)む 믿어버리다, 확신하다 ☐☐☐

· <ruby>信<rt>しん</rt></ruby>じて<ruby>疑<rt>うたが</rt></ruby>わない。 믿어 의심치 않는다.

동사

동사

159 据える 설치하다, 모시다, 자리잡다 □□□

・工場に機械を据える。
공장에 기계를 설치하다.

관련 표현

① 腰を据える 한 곳에 정착하고 지내다, 침착하게 일하다

・じっくり腰を据えて勉強したらどうだ。
차분히 한 자리에 앉아서 공부 좀 하면 어떻겠니?

160 好く 좋아하다, 사랑하다, 호기심을 가지다 □□□

・だれにでも好かれる性質。
누구에게나 사랑받는 성질.

・意地悪やいたずらをしないで、もっと素直な性質だったら人に好かれる。
심술을 부리거나 장난을 치지 말고, 좀더 고분고분한 성격이라면 남들에게서 호감을 산다.

유사 표현

① 好む 좋아하다, 즐기다(객관적이며 차가운 느낌을 주는 말)

・演劇を好む。
연극을 좋아하다.

・議論は好むところだ。
논의는 좋아하는 바이다.

161 掬う 떠내다, 건져 올리다 □□□

・手で水を掬う。 손으로 물을 떠내다.

162 涼む 시원한 바람을 쐬다 □□□

・木陰で涼む。 나무 그늘에서 시원한 바람을 쐬다.

163 すっぽかす (할 일을) 팽개쳐 두다, (약속을) 어기다 □□□

・勉強をすっぽかして遊んでばかりいる。
공부를 팽개쳐 두고 놀고만 있다.

・きのうもまた金さんにすっぽかされた。
어제도 또 김 씨 때문에 허탕을 쳤다.

466

① 約束をたがえる 약속을 어기다
② 約束を破る 약속을 깨다
③ 約束を反古にする 약속을 어기다

164 統べる ① 총괄하다 ② 지배하다, 통치하다

・会社全体を統べる人は副社長だ。
회사 전체를 총괄하는 사람은 부사장이다.

・個人の人生を統べ治める神様。
개인의 인생을 다스리는 하느님.

165 ずらす (겹치지 않도록) 위치나 시간을 조금 옮기다, 물리다
↔ 繰(く)り上(あ)げる (시간, 일정을) 앞당기다

・予定を一時間ずらす。 예정을 1시간 늦추다.

166 刷る 박다, 찍다, 인쇄하다

・版画を刷る。 판화를 찍다.

167 する 뭉개다, 으깨다, 빻다 ▶ ごまをする 참깨를 빻다
*'남에게 아첨하다'는 의미로도 쓰인다.

・彼はいつも上司にごまをすっている。
그는 항상 상사에게 아부하고 있다.

① こびる 아양부리다
・サル山のサルたちがボスにこびている。
원숭이 산의 원숭이들이 두목에게 아첨하고 있다.

② おもねる 아첨하다
・権力者におもねる。 권력자에게 아첨하다.

③ へつらう (상대방의 기분을 맞추려고) 알랑거리다
・強いものにへつらう。 강자에게 알랑거리다.

④ お追従を言う 아첨하는 말을 하다
・心にもないお追従。 마음에도 없는 아첨.

동사

⑤ おべっかを使<ruby>つか</ruby>う　아첨하다

⑥ 機嫌<ruby>きげん</ruby>を取<ruby>と</ruby>る　비위를 맞추다

⑦ 愛嬌<ruby>あいきょう</ruby>・愛想<ruby>あいそ</ruby>をふりまく　애교를 떨다

⑧ 鼻息<ruby>はないき</ruby>をうかがう　남의 비위를 맞추다(여성의 경우)

168 背負<ruby>せお</ruby>う・背負<ruby>しょ</ruby>う　메다, 짊어지다

□□□

· 左側<ruby>ひだりがわ</ruby>の女性<ruby>じょせい</ruby>はリュックをしょっています。
왼쪽의 여자는 배낭을 메고 있습니다.

· 社長<ruby>しゃちょう</ruby>は会社<ruby>かいしゃ</ruby>を背負<ruby>せお</ruby>うたいせつな人<ruby>ひと</ruby>だ。
사장은 회사를 짊어질(책임질) 중요한 사람이다.

169 急<ruby>せ</ruby>かす　재촉하다, 급히 서두르다

□□□

· 仕事<ruby>しごと</ruby>を急<ruby>せ</ruby>かされる。
일을 재촉 당하다.

· 出発<ruby>しゅっぱつ</ruby>を急<ruby>せ</ruby>かす。
출발을 서두르다.

170 せがむ　(친한 손위 사람에게 무언가를 해 달라고) 조르다, 졸라대다

□□□

· 妻<ruby>つま</ruby>にせがまれていっしょに芝居見物<ruby>しばいけんぶつ</ruby>に行<ruby>い</ruby>く。
아내가 졸라대서 함께 연극 구경을 가다.

🔶 유사 표현

① せびる　(무리한 요구의 뉘앙스로) 조르다, 강요하다, 무리하게 요구하다

· 総会屋<ruby>そうかいや</ruby>が寄付<ruby>きふ</ruby>をせびる。　총회를 빌미로 기부를 강요하다.

*総会屋<ruby>そうかいや</ruby>　극히 적은 주식을 소유하고 주주총회에 참석하여 말썽을 일삼는 사람, 총회꾼

② ねだる　(친밀한 관계에서 가능한 요구, 아첨하거나 위협해서) 조르다, 강청하다

· 父<ruby>ちち</ruby>にねだって動物園<ruby>どうぶつえん</ruby>に行<ruby>い</ruby>く。　아버지를 졸라 동물원에 가다.

171 せき止<ruby>と</ruby>める　(어떤 일의 세력이나 물의 흐름 따위를) 막다

□□□

· 川<ruby>かわ</ruby>をせき止<ruby>と</ruby>めてダムを作<ruby>つく</ruby>る。
강물을 막아서 댐을 만들다.

¹⁷²
切羽詰まる　임박하다, 궁지에 몰리다
（せっぱつ）

・切羽詰まってやったのだ。
（せっぱつ）
궁지에 몰려서 한 것이다.

¹⁷³
責める　나무라다, 책망하다 = 非難(ひなん)する 비난하다
（せ）

・人のあやまちを責めるのはよくない。
（ひと）（せ）
남의 잘못을 책망하는 것은 좋지 않다.

・彼をそんなに責めないでください。
（かれ）（せ）
그를 그렇게 나무라지 마세요.

¹⁷⁴
損なう　파손하다, 상하게 하다 ▶ 損(そこ)ねる 상하게 하다, 해치다
（そこ）

・健康を損なう。　건강을 해치다.
（けんこう）（そこ）

🔵 시험에 잘 나오는 관련 표현

① ～損なう　～할 기회를 놓치다, 잘못하다
（そこ）

・書き損なって、また書き直した。
（か）（そこ）（か）（なお）
잘못 써서 또 다시 썼다.

・あの時、死にそこなって、今まで生きのびています。
（とき）（し）（いま）（い）
그때 못 죽어서 지금까지 살아 남았습니다.

¹⁷⁵
そそる　돋우다, 자아내다

・妻の手料理は彩りもよくおいしそうで食欲をそそる。
（つま）（てりょうり）（いろど）（しょくよく）
아내가 손수 만든 요리는 빛깔도 좋고 맛있어 보여서 식욕을 돋운다.

¹⁷⁶
供える　(불상 등에) 바치다
（そな）

・仏様に花を供える。　부처님에게 꽃을 바치다.
（ほとけさま）（はな）（そな）

¹⁷⁷
備わる　구비되다, 갖춰지다
（そな）

・学校にビデオが備わっている。　학교에 비디오가 갖춰져 있다.
（がっこう）（そな）

🔵 관련 표현

① 備え付ける　설비하다, 비치하다
（そな）（つ）

・船に救命具を備え付ける。　배에 구명 도구를 비치하다.
（ふね）（きゅうめいぐ）（そな）（つ）

동사

178
染まる 물들다, 감염되다 ☐☐☐

- 赤く染まる。 빨갛게 물들다.
- 悪に染まる。 악에 물들다.

179
背く 거역하다, 배반하다 ☐☐☐

- 法に背いてはいけない。
  법을 어겨서는 안 된다.

180
逸らす 딴 데로 돌리다 ☐☐☐

- 目を逸らす。 눈을 딴 데로 돌리다.

181
反る 휘다, 구부러지다 ☐☐☐

- 板が反る。 판자가 휘다.

182
逸れる 빗나가다 ☐☐☐

- 話がわき道にそれる。 이야기가 샛길로 빗나가다.

183
平らげる 남김없이 먹어 치우다 ☐☐☐

- あまりに空腹だったとみえて、その子は出された物をあっという
  間に平らげた。
  꽤나 배가 고팠는지, 그 아이는 차려진 음식을 눈 깜짝할 사이에 먹어 치웠다.

184
絶える 끊어지다, 그치다 ☐☐☐

- 連絡が絶える。
  연락이 끊어지다.

185
耕す 경작하다 = 耕作(こうさく)する 경작하다 ☐☐☐

- 畑を耕して、ニンジンを植える。
  밭을 경작하여 당근을 심다.

186 託す=託する
① 의뢰하다, 맡기다
② 구실로 삼다, 핑계를 삼다, 형식을 빌어 표현하다

・友達へのことづけを弟に託する。
친구에게 보낼 전갈을 동생에게 부탁하다.

・花に託して気持ちを伝えた。
꽃을 빌어 마음을 전했다.

187 企む 꾸미다, 계획하다

・兄弟で何かたくらんでいるな。
형제끼리 뭔가 꾸미고 있구나.

188 蓄える 저축하다, 기르다, 쌓다

・入学試験にそなえ学力をたくわえる。
입학시험에 대비하여 학력을 기르다.

🔵 유사 표현

① 貯蓄 저축
・政府が国民に貯蓄を奨励する。
정부가 국민에게 저축을 장려하다.

189 携える 휴대하다, 지니다, 손을 잡다 ㉗ 携(たずさ)わる 종사하다

・妹と手を携えて登校する。
여동생과 손을 잡고 등교하다.

・私の家は代々農業にたずさわってきた。
우리 집은 대대로 농업에 종사해 왔다.

190 叩く 두드리다, 치다, 때리다
▶ 叩(たた)けばほこりが出(で)る 털어서 먼지 안 나는 사람 없다

・政治家はだれでも叩けばほこりが出るものだ。
정치가는 누구든 털어서 먼지 안 나는 사람이 없다.

191 正す 바르게 고치다

・姿勢を正す。
자세를 바르게 고치다.

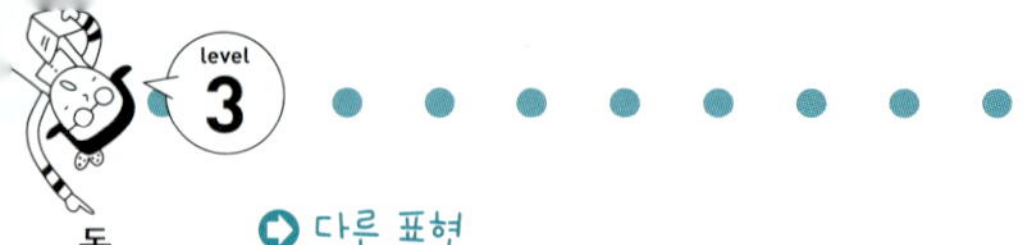

① 問いただす　물어서 밝히다, 추궁하다

・警察は犯人をきびしく問いただした。
경찰은 범인을 엄격하게 추궁했다.

---

192 漂う (물에서) 표류하다, (어떤 향, 냄새, 분위기가) 감돌다

・ある日の朝、通りに香ばしいにおいが漂ってきました。
어느 날 아침, 길가에 구수한 냄새가 감돌았습니다.

---

193 たたる 무언가의 원인으로 나쁜 결과가 생기다

・不摂生がたたって体をこわす。
너무 몸에 신경을 쓰지 않은 나머지 건강을 해치다.

---

194 立ち会う 입회하다

・参考人として立ち会う。
참고인으로 입회하다.

・団体交渉に立ち会う。
단체교섭에 입회하다.

---

195 立ち合う 맞붙다, 승부를 겨루다

・原告と被告が立ち合う。
원고와 피고가 맞서다.

・正々堂々と立ち合う。
정정당당하게 겨루다.

---

196 立ち退く 퇴거하다, 딴 곳으로 이사하다

・住みなれた土地を立ち退く。
정든 땅을 떠나다.

① 立ち退き　퇴거, 이전

・立ち退きを言い渡す。 퇴거를 명령하다.

197 立ち寄る 들르다

- 学校の帰りに本屋に立ち寄る。
  하교 길에 서점에 들르다.

198 絶つ (관계나 인연을) 끊다 ▶ 裁(た)つ 재단하다
　　　　　　　　　　　　　　断(た)つ (습관이나 공급을) 끊다, 없애다

- 交際を絶つ。
  교제를 끊다.

- 寸法に合わせてブラウスを裁った。
  치수에 맞춰서 블라우스를 재단했다.

- たばこを断つ。
  담배를 끊다.

199 たてつく 반항하다, 대들다

- 親にたてついてはいけない。
  부모에게 대들어서는 안 된다.

200 辿る 모르는 길을 물어 가면서 가다
　　　　　▶ ～の一途(いっと)を辿(たど)る ～일로를 걷다

- 川にそった道をたどりながら山奥へと進む。
  강을 따라 난 길을 물어 가면서 깊은 산 속으로 나아 가다.

- 増加の一途を辿っている。
  증가 일로를 걷고 있다.

P2-L3-03

201 旅立つ 여행을 떠나다

- 父に連れられて海外に旅立つ。
  아버지를 따라 해외로 여행을 떠나다.

202 ダブつく (금전, 상품, 구직자 등이) 남다, 남아돌다, 과잉되다
　　　　　　*원래는 '출렁거리다', '헐렁거리다'라는 의미

- 通貨がダブつくと貨幣価値がさがる。
  통화가 과잉되면 화폐가치가 떨어진다.

- この夏は涼しくて、倉庫にはクーラーや扇風機がダブついている。
  올 여름은 시원해서 창고에는 에어컨과 선풍기가 남아돌고 있다.

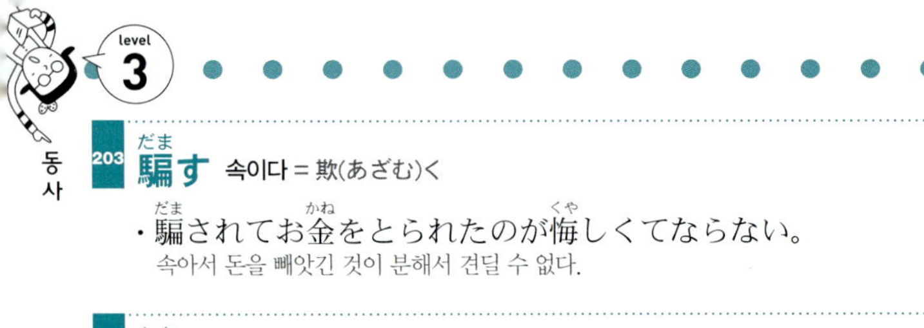

동사

203 騙す　속이다 ＝ 欺(あざむ)く

・騙されてお金をとられたのが悔しくてならない。
속아서 돈을 빼앗긴 것이 분해서 견딜 수 없다.

204 堪る　버티다, 참다　＊「～たまらない」의 꼴로 ～해서 참을 수 없다, 견딜 수 없다

・部屋にはストーブがないから、寒くてたまらない。
방에는 스토브가 없기 때문에 추워서 못 견디겠다.

・母の病気が心配でたまらない。
어머니 병환이 걱정되어 견딜 수 없다.

205 ためらう　결심을 하지 못하고 주저하다, 망설이다

・彼はそれを言うのをためらった。
그는 그것을 말하기를 주저했다.

206 垂らす　늘어뜨리다, 드리우다　▶ 垂(た)れる 드리우다, (물방울이) 떨어지다

・髪を肩まで垂らす。
머리를 어깨까지 늘어뜨리다.

・よだれを垂らす。
군침을 흘리다. 몹시 욕심을 내다.

・頭をふかく垂れる。
머리를 깊이 숙이다.

207 足りる・足る　(수량 등이) 충분하다, 족하다　▶ ～に足(た)る ～할 만하다
＝～に値(あたい)する ～할 만한 가치가 있다

・足りないところがあっても、お互いに助け合っていきましょう。
부족한 데가 있어도, 서로 도와가며 해 나갑시다.

・賞するに足る。　칭찬할 만하다.

・怪しむに足るだけの確かな理由がある。
이상히 여길 만한 분명한 이유가 있다.

208 戯れる　익살부리다, 희롱하다

・人前でものまねをして戯れる。
사람들 앞에서 흉내를 내어 익살을 부리다.

209 縮れる　곱슬곱슬해지다, 주름지거나 가늘게 말려 오그라지다

・縮れた布にアイロンをかけてのばす。
주름진 천에 다림질을 하여 펴다.

210 散らす　흩뜨리다, (약, 찜질로) 가라앉히다

・のどの痛みを抗生物質で散らす。
목의 통증을 항생물질로 가라앉히다.

211 ちらつく　흩날리며 내리다, 어른거리다

・朝から小雪がちらついている。
아침부터 눈발이 흩날리며 내리고 있다.

・優勝賞金100万円が目の前をちらつく。
우승상금 100만 엔이 눈 앞에 어른거린다.

212 通ずる・通じる　통하다

・仕事を通じて石川さんと親しくなりました。
일을 통해서 이시카와 씨와 친해졌습니다.

213 支える　막히다, 메다, 걸리다, 밀리다

・この先300メートルぐらい車が支えているからなかなか進めない。
이 앞에 300미터쯤 차가 막혀 있어서 좀처럼 전진할 수 없다.

214 漬かる　물에 잠기다, 적셔지다

・川がはんらんして家が水に漬かった。
강이 범람하여 집이 물에 잠겼다.

215 突き崩す 무너뜨리다

・たしかにそうなれば政治やファッションまですべての分野を支配する東京一極中心主義を突き崩せるだろう。
확실히 그렇게 되면 정치나 패션까지 모든 분야를 지배하는 도쿄 집중 경향을 무너뜨리게 될 것이다.

216 突き放す 외면하다, (냉정한 입장을) 취하다, 관계를 끊다

・米財務長官は、日本の貿易黒字削減に向けての内需拡大努力を不十分と突き放した。
미 재무 장관은 일본의 무역 흑자 삭감을 위한 내수 확대 노력을 불충분하다고 외면했다.

217 尽くす 다하다 ＊주로 동사의 ます형에 이어져 '죄다 ~하다'의 의미로 쓰임
㉒ 尽(つ)きる 모조리 없어지다, 다 떨어지다

・ベストを尽くす。
최선을 다하다.

・私の言いたいことは、もうすっかり言い尽くしました。
내가 말하고 싶은 것은 이미 다 말했습니다.

218 償う (재물을 내어 주고 손실을) 배상하다, 보상하다, (죄나 책임을) 대신하다, 속죄하다

・イエスキリストによって我々の罪は償われた。
예수 그리스도에 의해 우리들의 죄는 속죄받았다.

219 繕う 수선하다, 깁다, 바로잡다

・シャツを繕う。 셔츠를 수선하다.
・身なりを繕う。 옷차림을 매만지다.

220 告げる 알리다, 이야기하다

・外国へ行く友達に別れを告げた。
외국에 가는 친구에게 이별을 고했다.

221 伝う 따르다, 타다

・涙がほおを伝って流れた。
눈물이 뺨을 타고 흘렀다.

① ～伝い　～을 따라서, ～을 연하여
・線路伝いの道。　선로를 따라 난 길.

---

222 つつく　① 가볍게 여러 번 찌르다　② 꼬드기다, 선동하다
= そそのかす・けしかける

・友達をつついて株を買わせる。
친구를 꼬드겨 주식을 사게 하다.

・かさで人をつつくな。
우산으로 사람을 찌르지 마라.

---

223 慎む・謹む　실수가 없도록 조심하다, 삼가다 ▶ 謹慎(きんしん) 근신

・かるはずみな言動を慎む。　경솔한 언동을 삼가다.

・とんでもない失敗をしてしまったので、しばらく謹慎することにしよう。

당치도 않은 실패를 해 버렸기 때문에, 한동안 근신하기로 하자.

---

224 突っ張る　끝까지 버티다, 고집을 부리다

・無関係だと突っ張る。　관계없다고 우겨대다.

---

225 募る　㉜ 점점 심하게 되다, 격화되다, 널리 구하다, 모집하다

・さびしさが募る。　적막감이 점점 더해지다.
・会員を募る。　회원을 모집하다.

---

226 つぶす　찌부러뜨리다, 못 쓰게 하다, 헛되이 사용하다
㉜ つぶれる 찌부러지다, 깨지다

・何もすることがないから、本でも読んで暇をつぶそうか。
아무것도 할 일이 없으니까, 책이라도 읽으면서 시간을 보낼까.

① 胸がつぶれる　(슬픔이나 걱정거리로) 가슴이 찢어지다, 뭉그러지다
・難民のことを聞いて、胸がつぶれる思いがした。
난민들에 관한 이야기를 듣고 가슴이 찢어지는 것 같았다.

동사

동사

227 摘む(つむ) 따다, 뜨다

・摘んできた花(はな)を部屋(へや)に飾(かざ)った。 꺾어 온 꽃으로 방안을 장식했다.

228 強がる(つよがる) 강한 체하다, 허세 부리다

・彼(かれ)は強(つよ)がっているけれど、実(じつ)はとても心配(しんぱい)しているんです。
그는 강한 체하지만, 사실은 매우 걱정하고 있습니다.

229 連なる(つらなる) 일렬로 죽 늘어서다, 참석하다

　　　　타 連(つら)ねる 이어서 나란히 하다, 행동을 같이하다

・街道(かいどう)に連(つら)なる民家(みんか)。 가도에 죽 늘어선 민가.

230 貫く(つらぬく) 관통하다, 임무를 다하다, 관철하다

・志(こころざし)を貫(つらぬ)く。 뜻을 관철하다.
・主張(しゅちょう)を貫(つらぬ)く。 주장을 관철하다.

　🔹 **관련 표현**

　① 通す(とおす) 끝까지 밀고 나가다
　・主張(しゅちょう)を通(とお)す。 주장을 관철하다.

　② 果たす(はたす) (임무·역할 등을) 완수하다, 달성하다
　・責任(せきにん)を果(は)たす。 책임을 다하다.

231 つる 자 치켜 올라가다, 쥐가 나다, 매달다, 매다

・足(あし)がつって泳(およ)げない。 발에 쥐가 나서 헤엄칠 수 없다.
・谷(たに)の上(うえ)に橋(はし)をつる。 골짜기 위에 다리를 설치하다.

232 手掛ける(てがける) 직접 하다, 손수 다루다, 돌보다

・韓国(かんこく)の若(わか)い女性(じょせい)の中(なか)には、企業社会(きぎょうしゃかい)で男性(だんせい)と対等(たいとう)に働(はたら)くことにとどまらず、今(いま)や既成(きせい)の企業(きぎょう)がやらないことを手掛(てが)けて成功(せいこう)している会社(かいしゃ)の代表(だいひょう)がめずらしくない。
한국의 젊은 여성 중에는 기업 사회에서 남성과 대등하게 일하는 데 그치지 않고, 지금은 기존 기업이 손대지 않는 일을 운영하여 성공하고 있는 회사 대표가 드물지 않다.

233 手塩にかける 손수 돌보아 키우다, 애써 키우다

・手塩にかけて育てた弟子に背かれる。
손수 돌보아 기른 제자에게 냉대당하다.

234 徹する (어느 시간부터 시간까지) 지새우다

・夜を徹して展示会の準備をした。 밤을 새워 전시회 준비를 했다.

235 照れる 수줍어하다(부끄러워하는 기분이 행동에 적극적으로 나타나는 경우)

・大げさに褒められて照れる。
야단스런 칭찬을 받고 겸연쩍어하다.

> **유사 표현**
>
> ① はにかむ 부끄러워하다, 수줍어하다(부끄러워하는 행동에 조심성이 많은 경우)
>
> ・はにかんでうつむく。 부끄러워 고개를 숙이다.

236 尊ぶ・貴ぶ 공경하다, 존경하다

・親を尊ぶ気持ちを忘れてはいけない。
부모를 공경하는 마음을 잊어서는 안 된다.

237 遠ざかる 멀어지다, 사라지다

・車がだんだん遠ざかっていく。 차가 점점 멀어져 가다.

238 とがめる 나무라다, 책망하다

・人の過ちをとがめる。 남의 잘못을 책망하다.

239 とぎれる 중단되다, 왕래가 끊기다

・人の往来がとぎれる。 사람의 왕래가 끊기다.

240 溶け込む 녹다, 녹아들다, 동화되다

・新しい環境に溶け込む。 새로운 환경에 동화되다.
・砂糖が紅茶に溶け込むようにスプーンでよくかきまわす。
설탕이 홍차에 녹도록 스푼으로 잘 휘젓다.

동사

동사

241 退(ど)ける (주로 물건을 공간적으로 움직임, 속어적 표현) 다른 장소로 옮기다, 치우다

・駅前(えきまえ)に乗(の)りすててある自転車(じてんしゃ)をどける。
역 앞에 버려져 있는 자전거를 치우다.

> ● 유사 표현
>
> ① のける (논리적으로 어느 범주 내에 넣지 않을 때) 빼다, 제외하다
> *사물의 구체적인 공간에도 사용하나, 「どける」에 비해 품위 있는 말임
> ・彼(かれ)をのけて10人(にんさんか)参加した。
> 그를 빼고 10명 참가했다.

242 閉(と)じこもる 틀어박히다

・試験(しけん)が近(ちか)いので部屋(へや)に閉(と)じこもって勉強(べんきょう)する。
시험이 가까워서 방에 틀어박혀 공부하다.

243 嫁(とつ)ぐ 시집가다 = 嫁入(よめい)り 시집을 감

・姉(あね)はもうじきとなり町(まち)に嫁(とつ)いで行(い)く。
언니는 이제 곧 옆 마을로 시집간다.

244 滞(とどこお)る 정체하다, 막히다

・富士商会(ふじしょうかい)からの支払(しはら)いが滞(とどこお)っている。
후지 상회로부터의 지불이 밀려 있다.

・交渉(こうしょう)が滞(とどこお)ってなかなか進(すす)まない。
교섭이 정체되어 좀처럼 진척이 없다.

・悪天候(あくてんこう)のため工事(こうじ)が滞(とどこお)る。
악천후 때문에 공사가 지체되다.

・車(くるま)の流(なが)れが滞(とどこお)る。
차의 흐름이 막히다.

245 留(とど)まる 머무르다, 어떤 범위나 한도를 넘지 않다
▶ 留(とど)める 멈추다, 만류하다

・10日(とおか)に開(ひら)かれた日米貿易委員会(にちべいぼうえきいいんかい)では、米国側(べいこくがわ)の鋭(すど)い質問(しつもん)に対(たい)し日本側(ほんがわ)はお茶(ちゃ)をにごした程度(ていど)の返答(へんとう)にとどまった。
10일에 열린 일미무역위원회에서는 미국 측의 날카로운 질문에 대해 일본 측은 적당히 얼버무린 정도의 답변에 머물렀다.

246 怒鳴る　(대단히 큰소리로 특정한 상대를) 꾸짖다, 외치다, 고함치다

- そんなに怒鳴らなくても聞こえるよ。
  그렇게 소리 지르지 않아도 들려요.
- 私の顔を見るやいなや、課長は怒鳴り出したよ。
  내 얼굴을 보자마자 과장은 소리를 질렀어.

247 惚ける　멍청해지다, 시치미를 떼다

- 証拠があるのに、まだとぼけている。
  증거가 있는데 아직도 시치미를 떼고 있다.

248 戸惑う　어리둥절하다, 허둥대다

- 転校したばかりのころは、前の学校と習慣がちがい戸惑うことが多かった。
  전학 온 지 얼마 안 되었을 때는 이전 학교와 습관이 달라 어리둥절할 때가 많았다.

249 弔う　① 죽음을 슬퍼하다, 문상하다 ② 명복을 빌다

- 友だちのおとうさんの死を弔う。
  친구 아버지의 죽음을 슬퍼하다.

  > 관련 표현
  >
  > ① **愁傷**　몹시 근심하고 슬퍼함, 몹시 딱함, 죽음을 애통해 함
  > - ご愁傷様です。
  >   얼마나 애통하십니까?
  > ② **お悔やみを言う**　조상하는 말(위로의 말)을 하다
  > ③ **お悔やみ申しあげます**　애도의 말씀을 드립니다

250 燈す・点す　불을 켜다

- 暗くなったので部屋にあかりを燈す。
  어두워져서 방에 등불을 켜다.

251 吃る　더듬거리다

- ぼくは緊張するとどもることがある。
  나는 긴장하면 더듬거릴 때가 있다.

동사

252 捕（とら）える　붙잡다, 포착하다　㉔ 捕（とら）われる 사로잡히다, 얽매이다

- 弟（おとうと）は外出（がいしゅつ）しようとする母（はは）の袖（そで）を捕（とら）えてはなさない。
  동생은 외출하려는 엄마의 소매를 붙잡고 놓지 않는다.
- 戦（たたか）いに負（ま）けて敵（てき）に捕（とら）われる。
  싸움에 패배하여 적에게 붙잡히다.

253 執（と）り行（おこな）う　행하다, 거행하다, 집행하다

- 結婚式（けっこんしき）は盛大（せいだい）に執（と）り行（おこな）われるでしょうね。
  결혼식은 성대하게 거행되겠지요.

254 取（と）り返（かえ）す　되찾다

- 盗（ぬす）まれた品（しな）を取（と）り返（かえ）す。
  도둑맞은 물건을 되찾다.

255 取（と）り掛（か）かる　(의식적인 동작 중에서 특히 일에만 국한하여) 시작하다, 착수하다

- 勉強（べんきょう）に取（と）り掛（か）かる。 공부를 시작하다.

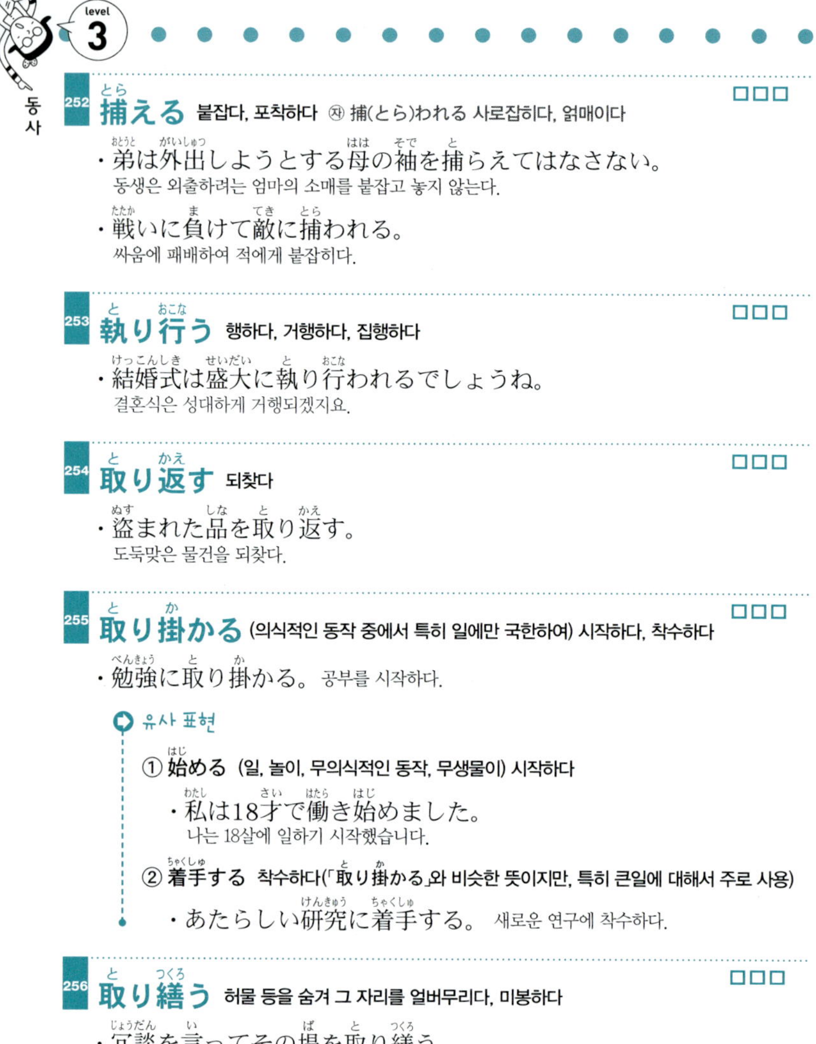

  🡆 유사 표현

  ① 始（はじ）める　(일, 놀이, 무의식적인 동작, 무생물이) 시작하다
  - 私（わたし）は18才（さい）で働（はたら）き始（はじ）めました。
    나는 18살에 일하기 시작했습니다.

  ② 着手（ちゃくしゅ）する　착수하다(「取（と）り掛（か）かる」와 비슷한 뜻이지만, 특히 큰일에 대해서 주로 사용)
  - あたらしい研究（けんきゅう）に着手（ちゃくしゅ）する。　새로운 연구에 착수하다.

256 取（と）り繕（つくろ）う　허물 등을 숨겨 그 자리를 얼버무리다, 미봉하다

- 冗談（じょうだん）を言（い）ってその場（ば）を取（と）り繕（つくろ）う。
  농담을 해서 그 자리를 얼버무리다.

  🡆 관련 표현

  ① 当座凌（とうざしの）ぎ　임시변통
  - 当座凌（とうざしの）ぎのうそをいう。
    임시변통의 거짓말을 하다.

② その場逃れ　나중 일은 생각하지 않고 그 자리만을 모면하려는 태도, 임시변통

- その場逃れの嘘をつく。
  임시변통으로 거짓말을 하다.

③ その場しのぎ　임시 변통, 임시방편

- その場しのぎの対策では困る。
  임시방편의 대책으로는 곤란하다.

④ 一時しのぎ　임시 모면, 임시변통

- 空腹の一時しのぎにお茶を飲む。
  공복을 임시 모면하기 위해 차를 마신다.

- 一時しのぎの対策では問題は解決しない。
  임시 모면의 대책으로는 문제는 해결되지 않는다.

⑤ 一時逃れ　일시 모면, 일시 도피 ＝ 一寸(いっすん)逃(のが)れ 임시 모면, 당장의 모면

- 一時逃れの言訳は通用しない。
  일시 모면의 변명은 통용되지 않는다.

⑥ お座なり　성의・책임감이 없는 임시변통, 건성임

- お座なりに報告して済ます。
  건성으로 보고하고 끝내다.

---

257 取り付ける　은행 예금 등을 찾아서 수중에 확보하다, 약속 따위를 성립시키다, 부착하다

- 了解を取り付ける。
  양해를 성립시키다.

- 壁に防犯カメラを取り付ける。
  벽에 방범 카메라를 부착하다.

---

258 取り除く　제거하다, 떼어버리다

- 米をといでごみを取り除く。
  쌀을 씻어서 먼지를 제거하다.

---

259 取り外す　붙였던 것을 떼다

- 窓のカーテンを取り外す。
  창문 커튼을 떼어 내다.

동사

동사

260 取りまく 둘러싸다 □□□

・バブル後、日本経済を取りまく状況はめまぐるしく変化している。
거품경제 후, 일본 경제를 둘러싼 상황은 어지럽게 변화하고 있다.

261 取り寄せる 주문을 해서 가져오게 하다 □□□

・産地から直接品物を取り寄せる。
산지에서 직접 물건을 가져오게 하다.

262 なぎ倒す 옆으로 후려쳐서 베어 넘기다 □□□

・雑草をなぎたおす。 잡초를 베어넘기다.

263 泣き付く 울며 매달리다, 울며 애원하다 □□□

・交通事故や借金の返済など緊急にお金が必要だと泣き付き、指定した
口座に金を振り込ませると言うものだ。
교통사고나 빚 변제 등 긴급하게 돈이 필요하다고 울며 애원해, 지정된 구좌에 돈을 불입하게 한다
고 한다.

264 成し遂げる 성취하다, 이룩하다 □□□

・長年の研究をようやく成し遂げた。 오랫동안의 연구를 마침내 완성했다.

265 なぞらえる 비교하다, 견주다 □□□

・人生を旅になぞらえる。 인생을 여행에 견주다.

266 撫でる 어루만지다 □□□

・母親は病気で寝ている子供の頭を優しくなでてやりました。
어머니는 병으로 누워 있는 자식의 머리를 부드럽게 어루만져 주었습니다.

267 なびく (여자가 남자에게) 마음이 쏠리다, 굴복하다 □□□

・伝統的な男性上位の構造を嫌って有能な女性が外資系企業になびけ
ば、日本企業は深刻な人材難に直面しかねない。
전통적인 남성 상위 구조를 싫어하여 유능한 여성이 외국 자본 계열 기업으로 마음이 쏠리면, 일본
기업은 심각한 인재난에 직면할 수 있다.

268 **嘗める・舐める** ① 우습게 보다, 깔보다 = 甘(あま)くみる
② 혀로 핥다, 빨다

- 始めからなめてかかる。
  처음부터 얕보고 덤벼들다.

269 **成り済ます** ～이 된 것 같이 행세하다, ～인 체하다

- 子や孫に成り済まして、急なお金が必要だと言ってだます。
  자식이나 손자인 듯 행세해, 급한 돈이 필요하다고 말해 속인다.

270 **濁す** 흐리게 하다, 탁하게 하다

- 煤煙が空気を濁す。
  매연이 공기를 탁하게 하다.

🔿 시험에 잘 나오는 관련 표현

① **お茶をにごす** 적당히 그 자리를 얼버무리다

- 今年で11回目の防衛白書が発表された。それを読むと、国民の知りたい重要な日米共同の防衛作戦については、お茶を濁している。
  올해로 11회째의 방위백서가 발표되었다. 그것을 읽으면 국민이 알고 싶은 중요한 일미 공동 방위 작전에 관해서는 적당히 얼버무리고 있다.

271 **煮詰まる** 의견을 충분히 말하거나 충분히 논의하여 어떤 일정 수준까지 결론이 도달하여 문제 해결에 이름을 말함, 원래 뜻은 국물 따위가 바짝 졸아들다
  ▶ 煮詰(につ)める 결론이나 해결에 가까워지게 하다

- 論議もだいぶ煮詰まってきたようだ。
  논의도 어지간히 결론에 가까워진 것 같다.
- 経済開発5か年計画もいよいよ煮詰まってきた。
  경제 개발 5개년 계획도 드디어 최종 단계에 접어들었다.

272 **担う** 맡다, 짊어지다

- 父は会社で重要な任務を担って働いている。
  아버지는 회사에서 중요한 임무를 맡아 일하고 있다.

동사

동사

273 抜かす（ぬかす） 누락시키다, 빠뜨리다 ▶ 抜(ぬ)く 빼다, 뽑다

・一行抜かして、かきうつしてしまった。（いちぎょう ぬ）
한 행을 빠뜨리고 옮겨 써 버렸다.

🔵 관련 표현

① 腰を抜かす（こし ぬ） 기겁을 하다, 깜짝 놀라다
・初めて地震を経験し、腰を抜かしてしまった。（はじ じしん けいけん こし ぬ）
처음 지진을 경험하고, 기겁을 하고 말았다.

274 拭う（ぬぐう） 닦다

・汗をハンカチで拭う。（あせ ぬぐ）
땀을 손수건으로 닦다.

275 抜け出す（ぬ だ） 빠져나가다, 도망치다 ＝ 逃(に)げ出(だ)す

・会議をこっそり抜け出した。（かいぎ ぬ だ）
회의를 몰래 빠져나갔다.

・彼は泡を食って逃げ出した。（かれ あわ く に だ）
그는 당황하여 허겁지겁 도망쳤다.

276 塗り替える（ぬ か） 다시 칠하다, (전하여) 전면 재검토하다

・看板を塗り替える。（かんばん ぬ か）
간판을 다시 칠하다.

・樹立された計画案を塗り替えなければならない。（じゅりつ けいかくあん ぬ か）
수립된 계획안을 전면 재검토하지 않으면 안 된다.

277 寝込む（ね こ） (깊은 잠 속에 빠진 경우에만 사용) 깊이 잠들다, 푹 잠이 들다 ＝ 寝入(ねい)る

・ぐっすり寝込んでいるところを起された。（ね こ おこ）
푹 잠들어 있는데 억지로 깨워서 일어났다.

🔵 유사 표현

① 寝付く（ね つ） (막 잠이 든 경우, 특히 어린이가 잠든 경우에) 잠들다
・赤ちゃんがやっと寝付く。（あか ね つ）
갓난아이가 겨우 잠들다.

278 **ねたむ** 샘을 내다, 질투하다 ＝ 嫉(そね)む

- 他人の幸せをねたむような心のせまい人間にはなるな。
타인의 행복을 시샘하는 정도의 마음 좁은 인간은 되지 마라.

> 유사 표현
>
> ① **嫉妬する** 질투하다
>
> - いつもほめられている兄に嫉妬する。
> 항상 칭찬 받고 있는 형에게 질투하다.

279 **ねだる** 조르다, 보채다

- 子供がおもちゃをねだる。
아이가 장난감을 사 달라고 조르다.

280 **粘る** (끈기 있게) 버티다

- 商談を成功させようと10時まで粘ったがダメだった。
교섭을 성공시키려고 10시까지 버티었지만 소용없었다.

281 **練る** 짜다, 궁리하다, 문장을 다듬다

- 一晩かかって企画を練ったが、採用されなかった。
하룻밤 걸려 기획을 짰지만 채용되지 않았다.

282 **逃れる** 회피하다

- あの人はいつも責任を逃れようとする。
그 사람은 항상 책임을 회피하려고 한다.

283 **臨む** 면하다, 향하다

- 川に臨んで建っている旅館。 강을 향해 서 있는 여관.

284 **乗っ取る** 빼앗아 자기 것으로 하다, 탈취하다
▶ 拉致(らち) 납치　ハイジャック 하이잭, 비행기나 배의 납치

- 旅客機を乗っ取る。 여객기를 납치하다.
- 競争相手会社を乗っ取る。
경쟁 상대 회사를 빼앗다.

동사

285 ののしる 큰소리로 떠들다, 욕을 퍼붓다

・酔っぱらいが道の真ん中でののしっている。
주정뱅이가 길 한가운데에서 큰소리로 떠들고 있다.

286 伸び悩む 생각한 것보다 진보・발달하지 못하다, 침체 상태에 빠지다

・このところ業績が伸び悩んでいる。
최근 업무 실적이 오르지 않고 있다.

287 乗り合わせる (우연히 함께 탄 경우에만 사용) 함께 타다

・毎日彼と電車に乗り合わせるが、彼がだれだか知らない。
매일 그와 우연히 전철을 같이 타지만, 그가 누구인지 모른다.

🔵 유사 표현

① 同乗する 동승하다(의도적이든 우연이든 상관없이 '함께 타다'에 비중을 둠)
・彼と同乗して東京に行った。
그와 동승하여 도쿄에 갔다.

288 乗り出す ① 착수하다, 임하다 ② 상체를 앞으로 쑥 내밀다

・本格的な調査に乗り出す。
본격적인 조사에 착수하다.

・男の人は片足を出して身を乗り出している。
남자는 한 발을 내놓고 몸을 앞으로 내밀고 있다.

289 乗り回す 탈것을 타고 여기저기 돌아다니다
▶ 乗(の)り越(こ)す 타고 가다 (목적지를) 지나치다

・兄はオートバイを乗り回している。
형은 오토바이를 타고 여기저기 돌아다니고 있다.

290 のろう 저주하다

・不吉なことばかり起こるのは、だれかにのろわれているからだろう。
불길한 일만 일어나는 것은 누군가에게 저주를 받고 있기 때문이겠지.

291 はう 기다, 기어가다

・赤ちゃんが部屋の中をはう。 아기가 방안을 기다.

292 **映える・栄える** ① 빛을 받아 빛나다 ② 어울리다, 돋보이다

・木の葉のしずくが朝日に映える。
나뭇잎의 물방울이 아침해에 빛나다.

・服装によく映えるアクセサリー。
복장에 잘 어울리는 액세서리.

293 **はがす** 벗기다, 떼다

・商品のラベルをはがす。
상품의 라벨을 떼어내다.

294 **はかどる** 일 따위가 순조롭게 되어 가다

・計画通りにはかどっている。
계획대로 진척되고 있다.

295 **育む** 기르다, 양육하다 ▶ 育(そだ)てる 기르다

・二人は静かに愛を育んでいる。
두 사람은 조용히 사랑을 키우고 있다.

296 **はぐらかす** 따돌리다 ㉑ はぐれる 일행을 놓치다, 뒤에 처지다

・友だちをはぐらかして、一人で帰る。 친구를 따돌리고 혼자 돌아오다.

・遊園地で弟とはぐれる。 유원지에서 동생과 떨어져 놓치다.

・母親とはぐれておろおろしている子。 엄마를 놓쳐서 당황하고 있는 아이.

🔊 유사 표현

① **除け者にされる** 따돌림 당하다
・家族から除け者にされる。
가족으로부터 따돌림 당하다.

② **村八分にされる** 따돌림 받다
・隣り近所から村八分にされる。
이웃으로부터 따돌림 받다.

③ **爪弾きされる** 배척당하다, 따돌림 당하다
・いつも遅刻すると同僚から爪弾きされる。
항상 지각을 하면 동료로부터 따돌림을 당한다.

동사

④ 置いてきぼりにされる ▶ おいてきぼり 따돌림

・仲間から置いてきぼりにされる。
동료로부터 따돌림 당하다.

⑤ つんぼさじきに置かれる　소외 당하다

・国民は政治からつんぼさじきに置かれている。
국민은 정치로부터 소외당하고 있다.

⑥ 仲間外れ　따돌림, 외톨이

・日本社会は集団主義的であり、仲間外れにされることを
極端に恐れる。
일본 사회는 집단주의적이며, 따돌림 당하는 것을 아주 두려워한다.

297 励ます　격려하다, 복돋우다 ㉙ 励(はげ)む 힘쓰다, 노력하다
= 慰(なぐさ)める 위로하다

□□□

・心がくじけそうなとき、励ましてくれる友達がいるのは有り難い。
마음이 약해지려고 할 때 격려해 주는 친구가 있는 것은 다행이다.

・がっかりしている友だちを励ましてやる。
낙심하고 있는 친구를 격려해 준다.

◯ 관련 표현

① 尻を叩く　격려하다, 재촉하다

・うちの子はお尻を叩かないと、なかなか勉強しようとしな
いんですよ。
우리 아이는 야단을 치지 않으면 좀처럼 공부하려고 하지를 않아요.

298 禿げる　대머리가 되다 ▶ 禿(は)げ 대머리

□□□

・ぼくの頭には小さく禿げたところがある。
내 머리에는 작게 벗겨진 곳이 있다.

299 化ける　둔갑하다 ▶ 御化け(おばけ) 도깨비, 요괴 = 化(ば)け物(もの)

□□□

・昔の人は、きつねやたぬきは化けると考えた。
옛날 사람은 여우와 너구리는 둔갑한다고 생각했다.

・お化け屋敷　도깨비집

300 弾ける (はじ)　터지다
- バブルがはじける前(まえ)は高(たか)いものほどよく売(う)れた。
  거품이 꺼지기 전에는 비싼 것일수록 잘 팔렸다.

301 燥ぐ (はしゃ)　들뜨다, 흥겨워 떠들다
- 家族(かぞく)そろってハイキングに行(い)くというので、妹(いもうと)は朝(あさ)はやくから起(お)きてはしゃいでいる。
  가족 모두 하이킹 간다고 하여, 여동생은 아침 일찍부터 일어나 들떠 있다.

302 恥じる (は)　부끄럽게 생각하다
- 自分(じぶん)がいかに世間知(せけんし)らずであったかをつくづく恥(は)じる。
  자신이 얼마나 세상 물정을 모르고 있었는지 가슴 깊이 부끄럽게 여기다.

303 発する (はっ)　발하다 ▶ 声(こえ)を発(はっ)する 소리를 내다
- 強烈(きょうれつ)な光線(こうせん)を発(はっ)する。　강렬한 광선을 발하다.

304 ばてる　지치다, 녹초가 되다 ▶ 夏(なつ)ばて 여름을 탐, 더위에 지침
- 強行軍(きょうこうぐん)でばてる。　강행군으로 녹초가 되다.
- 夏(なつ)バテで食(た)べられないんです。　더위에 지쳐서 먹지 못합니다.

305 放つ (はな)　풀어놓다　㉭ 放(はな)れる 풀려 나가다, 벗어나다, 자유롭게 되다
　　　　▶ 放(はな)す 놓아주다
- 罪人(ざいにん)を監獄(かんごく)から放(はな)つ。
  죄인을 감옥에서 풀어놓다.
- 彼(かれ)が第一声(だいいっせい)を放(はな)った。
  그가 첫 연설을 했다.

306 阻む (はば)　방해하다, 저지하다
- 登山隊(とざんたい)の行(ゆ)く手(て)を川(かわ)が阻(はば)む。
  등산대의 앞길을 강이 방해하다.

동사

동사

307 はびこる 만연하다, 악한 것이 횡행하다, 판치다

・軽薄な風潮がはびこる。
경박한 풍조가 만연하다.

🔹 관련 표현

① **のさばる** 제멋대로 날뛰다, 함부로 설치다
・悪がのさばる世の中にしてはいけない。
악이 날뛰는 세상으로 만들어서는 안 된다.

② **横行する** (나쁜 것이) 활개치다, 멋대로 설치다
・いじめが横行する。
따돌림이 횡행하다.

③ **暴れる** 날뛰다, 난폭하게 굴다
・小さい子が注射をいやがって暴れている。
어린 아이가 주사를 싫어해서 날뛰고 있다.

④ **荒れる** 사나워지다, 날뛰다
・彼はそうとう荒れているけれど、けんかでもしたのかい。
그는 상당히 난폭해져 있는데 싸움이라도 했는가?

⑤ **一人相撲** 독무대, 상대가 없거나 또는 다른 사람에게는 열의가 없는데 혼자 설치는 일
・一人相撲を取る。
혼자 씨름하다. 혼자 우쭐대다.
・だれも相手にしないので一人相撲に終わる。
아무도 상대해 주지 않아서 혼자 설치다 말다.

308 食み出す 비어져 나오다, 초과하다 = 食(は)み出(で)る

・まんじゅうのあんが外に食み出す。
만주의 팥이 바깥으로 비어져 나오다.

309 歯向う 대항하다, 덤벼들다, 거역하다

・親に歯向う。 부모를 거스르다.

310 ばれる 비밀이 탄로나다

・ばれないうちに言ったほうがいいですよ。
탄로 나기 전에 말하는 편이 좋겠어요.

311 僻む 비뚤어지다, 옹졸한 생각을 하다, 삐치다

- 弟が「お兄さんよりおこづかいがすくない」と言ってひがむ。
  동생이 '형보다 용돈이 적다'고 말하며 삐치다.

312 率いる 인솔하다 ▶ 引率(いんそつ) 인솔

- 先生に率いられてプラネタリウムを見に行く。
  선생님에게 인솔되어 플라네타륨(천체투영실)을 보러 가다.

313 引き起こす ① 일으켜 세우다 ② 야기하다, 발생시키다

- 倒れている人の腕をつかんで引き起こす。
  넘어져 있는 사람의 팔을 잡아 일으켜 세우다.
- 彼の話は社会に大きな問題を引き起こした。
  그의 이야기는 사회에 커다란 문제를 야기했다.

314 引き替える ① 바꾸다, 교환하다
② (「～に引き替え(て)」의 꼴로) ～와는 반대로, ～에 비하여

- 去年に引き替え、今年はたいへん好調だ。
  작년과는 달리 금년은 대단히 호조이다.
- 兄が社交的なのに引き替え、弟はとても内向的だ。
  형이 사교적인데 비해 동생은 매우 내성적이다.

315 引き裂く 잡아 찢다, 가르다

- あたりの静けさを引き裂いて、悲鳴が聞こえた。
  주변의 조용함을 가르며 비명이 들렸다.

> 🔖 관련 표현
>
> ① つねる 꼬집다
>
> - お前がマラソンで優勝したと聞いて、嬉しくてほっぺたをつねってみたよ。
>   네가 마라톤에서 우승했다는 걸 듣고, 기뻐서 볼을 다 꼬집어 봤단다.

316 引き下げる 싸게 하다, 인하하다

- 日本銀行は公定歩合を0.3%引き下げた。
  일본 은행은 공정 비율을 0.3% 인하했다.

동사

317 引き締まる 바싹 죄이다, 긴장하다

・体操の選手は引き締まったからだつきをしている。
체조 선수는 단단한 몸매를 하고 있다.

318 引き締める ① 단단히 죄다, 마음을 다잡다
② 낭비를 없애다, 절약하다, 긴축하다

・気持を引き締めて勉強にはげむ。 마음을 단단히 다잡아 공부에 힘쓰다.
・財政を引き締める。 재정을 긴축하다.
・家計を引き締める。 가계를 절약하다.

319 引き継ぐ 계승하다

・父は祖父の会社を引き継いだ。
아버지는 할아버지 회사를 계승했다.

320 引き付ける 가까이 끌어당기다, 매료하다

・友だちの人がらに引き付けられる。 친구의 성품에 매료되다.

321 引き抜く 빼돌리다, 스카웃하다

・優秀な人材を引き抜く。
우수한 인재를 스카웃하다.
・彼女は社長に編集者としてのセンスを買われて引き抜かれた。
그녀는 사장에게 편집자로서의 센스를 인정받아 스카웃되었다.

322 引き離す 떼어놓다, 벌리다

・相手チームを７対２と大きく引き離して勝った。
상대 팀을 7대 2로 크게 벌리며 이겼다.

323 引ける 일이 끝나고 파하다, 기가 죽다, 소극적이 되다

・会社は５時に引ける。
회사는 5시에 파한다.
・どうも気が引ける。
어쩐지 마음이 내키지 않는다.

494

324 **ひざまずく**　무릎꿇다

・友だちの前にひざまずいて、自分が悪かったことをわびる。
친구 앞에 무릎꿇고, 자신이 잘못한 것을 사과하다.

325 **浸す**　담그다, 적시다　㉚ 浸(ひた)る 침수하다, 빠져들다

・手ぬぐいを水に浸す。
수건을 물에 적시다.

・洪水で家が床まで水に浸る。
홍수로 집이 마루까지 물에 잠기다.

326 **引っ括める**　(이것저것 모두 묶다) 일괄하다, 통틀다, 뭉뚱그리다

・交通費、宿泊費など全部ひっくるめて2万7千円かかる。
교통비, 숙박비 등 전부 통틀어서 2만 7천엔 든다.

327 **ひったくる**　잡아채다, 낚아채다

・金をひったくる。　돈을 잡아채다.

328 **ひらめく**　번쩍이다

・急にアイデアがひらめいた。
갑자기 아이디어가 번쩍였다.

329 **翻す**　나부끼게 하다, 뒤집다, 바꾸다　▶ 翻(ひるがえ)る 뒤집히다, 반대가 된다

・手に手に旗を翻しながら入場行進をする。
손에 손에 깃발을 휘날리며 입장 행진을 하다.

330 **ふかす**　찌다

・さつまいもをふかす。　고구마를 찌다.

331 **吹き込む**　① 좋지 않은 일을 가르치다, 꼬드기다　② 녹음하다, 취입하다

・友だちにまちがった考えを吹き込む。
친구에게 잘못된 생각을 불어넣다.

・CDに新曲を吹き込む。　CD에 신곡을 취입하다.

동사

332 噴き出す 참다못해 웃음을 터뜨리다

・話がおもしろいので、思わず噴き出した。
이야기가 재미있어서 나도 모르게 웃음을 터뜨렸다.

333 更ける (밤, 계절 등이) 깊어지다, 한창이다

・夜が更けて雪がしんしんと降っている。
밤이 깊어서 눈이 보슬보슬 내리고 있다.

334 老ける 늙다, 노인같이 되다 ↔ 若(わか)い 젊다

・ぼくは24歳にしては老けて見えるって言われるんです。
나는 24살치고는 나이 들어 보인다고들 합니다.

335 ふける 지나치게 열중하다, 잠기다

・空想にふける。 공상에 잠기다.
・将来の思いにふける。 장래에 대한 생각에 잠기다.

336 踏み切る 결단을 내리다, 단행하다

・開催に踏み切る。
개최하기로 결단을 내리다.

・クルジアはロシアと軍事協力条項を含む友好協力条約の締結に踏み切った。
크루지아는 러시아와 군사협력조항을 포함한 우호협력조약의 체결을 단행했다.

337 ふられる (상대에게) 차이다, 버림받다

・入試に失敗したうえに、ガールフレンドにふられたんだ。
입시에 실패한 데다가 여자 친구에게 차였어.

338 ぶりかえす 나아가던 병이 도지다, 일단 끝난 일이 다시 문제가 되다

・無理をして病気がぶりかえした。
무리를 해서 병이 도졌다.

・週明けの東京外国為替市場で、円高ドル安相場がぶりかえした。
월요일 도쿄 외환 시장에서 엔고, 달러 하락 시세가 재연되었다.

① 再発(さいはつ) (목숨이 달린 중한 병·전쟁·범죄 등이) 재발

・ハイジャックの再発(さいはつ)を防(ふせ)ぐ。
공중납치의 재발을 막다.

② 再燃(さいねん) (완전하게 해결되지 않은 상태였던 문제가 다시 표면화되는 것) 재연

・中東問題(ちゅうとうもんだい)が再燃(さいねん)する。
중동 문제가 재연되다.

---

339 奮(ふる)う 용기를 내다, 일으키다, 격려하다

・てごわい相手(あいて)だけれど、勇気(ゆうき)を奮(ふる)って立(た)ち向(む)かう。
힘겨운 상대이지만 용기를 내어 맞서다.

---

340 振(ふ)るう 번창해지다, 활기를 띠다

・2009年(ねん)6、7月(がつ)はともに振(ふ)るわなかった。
2009년 6, 7월은 모두 부진했다.

---

341 振(ふ)る舞(ま)う ① 행동하다, 처신하다 ② 접대하다, 대접하다, 한 턱 내다
= おごる, もてなす, ごちそうする 대접하다

・わがままな弟(おとうと)も、知(し)らない人(ひと)の前(まえ)では気(き)を使(つか)って振(ふ)る舞(ま)っている。
제멋대로인 남동생도, 모르는 사람 앞에서는 신경을 써서 처신하고 있다.

---

342 触(ふ)れ合(あ)う 서로 스치다, 접촉하다

・電車(でんしゃ)が込(こ)んで、体(からだ)が他(ほか)の人(ひと)と触(ふ)れ合(あ)う。
전철이 붐벼서, 몸이 다른 사람과 서로 부대낀다.

---

343 踏(ふ)ん張(ば)る ① 양 다리를 벌리고 버티다
② 지지 않으려고 완강히 뻗대다, 기를 쓰다

・電車(でんしゃ)が急(きゅう)ブレーキをかけたので、倒(たお)れないように踏(ふ)ん張(ば)った。
전철이 급브레이크를 밟았기 때문에 쓰러지지 않도록 버텼다.

---

344 へこむ 쑥 들어가다, 움푹 패다

・運動(うんどう)したら、少(すこ)しおなかがへこんできた。
운동을 했더니, 배가 조금 들어갔다.

동사

동사

345 へだ
隔てる 사이를 두다, 거리를 두다

□□□

・川を隔てて向かい合う。
강을 사이에 두고 마주 보다.

346 ほうむ
葬る 매장하다, 장사 지내다

□□□

・ピラミッドには、古代エジプトの王が葬られている。
피라미드에는 고대 이집트 왕이 묻혀 있다.

347 ほぐ
解す (얽히거나 굳어진 것, 맺힌 감정을) 풀다

□□□

・糸を解す。
실을 풀다.

・感情のもつれを解す。 감정의 갈등을 풀다.

○ 관련 표현

① 解く (묶인 것을) 풀다, (제한 등을) 풀다
・包みを解く。 꾸러미를 풀다.
・契約を解く。 계약을 해제하다.

② 取り除く 없애다, 제거하다
・心の不安を取り除く。
마음의 불안을 없애다.
・濾過して不純物を取り除く。
여과해서 불순물을 제거하다.

③ 解除する 해제하다
・大雨注意報を解除する。
홍수 주의보를 해제하다.

④ 解く 묶인 것을 풀다
・からんだ釣り糸を解く。
엉킨 낚싯줄을 풀다.
・着物を解いて縫い直す。
옷을 풀어서 다시 꿰매다.

⑤ さばく 정리하다, 처분하다
・車の流れをうまくさばく。
차의 흐름을 잘 정리하다.

348 ほころびる
① 실밥이 풀리다, 꿰맨 자리가 터지다
② 꽃망울이 조금 벌어지다, 피어나다

• セーターの袖がほころびる。
스웨터 소매가 실밥이 풀리다.

• 桜のつぼみがほころび始めた。
벚꽃의 봉오리가 피기 시작했다.

↪ 유사 표현

① ほどける (묶은 것이 저절로) 풀어지다

• 途中でほどけないように小包の紐をきつく結んでください。
도중에 풀어지지 않도록 소포의 끈을 꽉 묶어 주십시오.

349 施す
(은혜를) 베풀다, (영향·효과가 나타나도록) 시행하다

• 恵みを施す。 은혜를 베풀다.

• まずしい人にお金を施す。 가난한 사람에게 돈을 적선하다.

• 細工をほどこす。 세공을 하다.

350 仄めかす
넌지시 비추다, 암시하다, 넌지시 말하다
㊝ それとなく暗示(あんじ)する 넌지시 암시하다

• 今年いっぱいで野球部をやめることをほのめかす。
금년 말로 야구부를 그만둘 것을 넌지시 비추다.

• 内容を仄めかす。
내용을 넌지시 말하다.

• 参加の意向を仄めかしていた。
참가할 뜻을 은근히 비추고 있었다.

• 貿易産業相は対談の中で、日本が今まで通りの態勢をとり続けれ
ば、当方にも考えがあると対日制裁措置を仄めかした。
무역산업장관은 대담 중에서 일본이 지금까지와 같은 태도를 계속 취한다면, 이쪽에도 생각이 있
다며 대일 제재조치를 암시했다.

↪ 관련 표현

① 匂わせる 은근히 비추다

• 反対の意向を匂わせる。
반대의 뜻을 은근히 비추다.

동사

351 ほれる　이성에게 반하다, 무척 마음에 들다

・人物にほれて採用した。
인물이 썩 마음에 들어서 채용했다.

352 参る　질리다, 당해내지 못하다 ▶ 困惑(こんわく) 곤혹, 난처함 負(ま)ける 지다

・彼の強引さにはまいるね。
그의 어거지에는 정말 질렸어.

353 賄う　마련해서 공급하다, 조달하다

・だいたいの食料品はこの店で賄っています。
대개의 식료품은 이 가게에서 마련하고 있습니다.

354 まかり通る　버젓이 통용하다

・不正がまかり通る世の中。 비리가 통용되는 세상.

355 巻き込む　휩쓸리게 하다, 연루되게 하다

・通りがかりの人が事件に巻き込まれてけがをする。
마침 지나가던 사람이 사건에 휘말려 부상을 당하다.

356 紛らす　얼버무리다 ㉮ 紛(まぎ)れる 헷갈리다, 혼동되다

・恥かしさを冗談で紛らす。 부끄러움을 농담으로 얼버무리다.
・人ごみに紛れて逃げる。 붐비는 인파에 뒤섞여 도망치다.

357 紛れる　분간 못하게 되다, 혼동되다, 헷갈리다

・話が騒音に紛れて聞き取れなかった。
이야기가 소음과 뒤섞여 알아들을 수 없었다.
・やみに紛れて逃げてしまった。
어둠을 틈타 도망쳐 버렸다.

358 まごつく　당황하다, 망설이다, 갈피를 못잡다, 갈팡질팡하다

・上野駅は広くて複雑なので、いつもまごついてしまう。
우에노 역은 넓고 복잡해서, 언제나 헤매고 만다.

359 勝る　우수하다　▶ 勝(まさ)るとも劣(おと)らない 나으면 낫지 못하지 않다

・日本のカメラはアメリカ製に勝っている。
일본 카메라는 미국 제품보다 우수하다.

360 またがる　양쪽에 걸치다

・公害はすべての大都市にまたがる問題だ。
공해는 모든 대도시에 걸친 문제이다.

361 瞬く　눈을 깜박이다

・赤ちゃんはまぶしがってしきりに瞬く。
갓난아이는 눈이 부셔서 계속 눈을 깜박인다.

362 待ち兼ねる　애타게 기다리다, 이제나 저제나 하고 학수고대하다

・料理ができるのを待ちかねる。
요리가 다 되는 것을 애타게 기다리다.

・医者が来るのを待ちかねている。
의사가 오기를 학수고대하고 있다.

363 全うする　완수하다, 관철하다

・初志を全うする。
초지를 관철하다.

・任務を全うする。
임무를 완수하다.

🔷 관련 표현

① 完遂する　완수하다

・五ヶ年計画の完遂を内外に宣言する。
5개년 계획의 완수를 내외에 선언하다.

・所期の目的を完遂する。
소기의 목적을 완수하다.

② 成し遂げる　완수하다, 이룩하다, 해내다, 성취하다

③ やり遂げる　끝까지 해내다, 완수하다

④ やり抜く　기어이 해내다

동사

364 惑わす 혼란시키다, 그릇된 길로 유혹하다

・国民を惑わすような情報が多い。
국민을 그릇된 길로 유혹할 만한 정보가 많다.

365 見いだす 찾아내다, 발견하다

・仕事に生きがいを見いだす。 일에 보람을 찾아내다.

・記者会見で大統領は、「我々は大きな仕事を成し遂げた。軍縮問題では大きな不一致点がある。しかし解決策を見いだす作業は今後粘り強く続けるという点で一致した」と述べた。
기자회견에서 대통령은 "우리들은 큰일을 이루었다. 군축문제에서는 커다란 불일치점이 있다. 그러나 해결책을 찾아내는 작업은 앞으로 끈질기게 계속할 것이라는 점에서 일치했다"고 말했다.

366 見入る (몰두하여) 들여다보다

・二人とも画面に見入っている。
둘 다 화면을 열심히 들여다보고 있다.

367 見送る (다음 기회까지) 미루다, 보류하다

・新規採用を見送ることにする。
신규 채용을 보류하기로 하다.

🔵 유사 표현

① **先送りにする** 뒤로 미루다, 보류하다
・税制改革法案は今度の臨時国会でも審議されず先送りされた。
세제 개혁 법안은 이번 임시국회에서도 심의되지 못하고 보류되었다.

② **見合わせる** 보류하다
・雲行きを見て、登山を見合わせることにした。
구름 상태를 보고, 등산을 보류하기로 했다.

③ **持ち越す** 미루다, 넘기다
・結論は次回に持ち越された。
결론은 다음 번으로 미루어졌다. (어쩔 수 없는 상황에서의 연기)

④ **繰り延べる** 연기하다
・雨でハイキングを来週に繰り延べる。
비가 와서 하이킹을 다음 주로 연기하다. (의도적인 면이 강한 연기)

⑤ 後回しにする　뒤로 미루다

・いやな仕事は後回しにされがちだ。　싫은 일은 뒤로 미루어지기 쉽다.

⑥ 棚上げにする　보류하다

・この問題は一時棚上げにする。　이 문제는 잠시 보류한다.

---

368 **見かける**　(사람을) 가끔 보다, 만나다, 눈에 띄다

・このごろ藤田さんを見かけないんですが、どうしたんでしょうか。
요즘 후지타 씨를 통 볼 수 없는데, 어떻게 된 걸까요?

---

369 **見極める**　확인하다, 최후까지 지켜보다

・実験の結果を見極める。
실험 결과를 확인하다.

---

370 **見越す**　(일이 되어가는 형세를 보고) 미루어 짐작하다, 예측하다, 예상하다

・値上がりを見越して買い占める。
가격 인상을 내다 보고 전부 사들이다.

---

371 **水際立つ**　눈에 띄게 빼어나다, 무엇을 하는 것이 뛰어나다, 돋보이게 훌륭하다

・外交に水際立った手腕を発揮する。
외교에 뛰어난 수완을 발휘하다.

🔵 관련 표현

① 際立つ　다른 것과 구별이 분명하게 될 정도로 눈에 띄다, 두드러지다, 특별하다

・際立って美しい花。
눈에 띄게 아름다운 꽃.

・赤を際立たせたデザイン。
빨강을 두드러지게 한 디자인.

② 目立つ　눈에 띄다, 두드러지다

・ひときわ目立つ。
유달리 눈에 띄다.

・白いシャツは汚れが目立つ。
흰 셔츠는 더러운 부분이 눈에 띈다.

・この作品には気負いばかりが目立つ。
이 작품에는 오기만이 눈에 띈다.

③ 目を引く 눈을 끌다

・派手な衣装が通行人の目を引く。
화려한 의상이 통행인의 눈을 끌다.

④ 人目につく 남의 눈에 띄다

⑤ 人目に立つ 남의 눈에 띄다

---

372 見過ごす 간과하다, 못 본 체하다

・ぼくはこんなひどいいたずらを見過ごすことはできない。
나는 이런 심한 장난을 간과할 수는 없다.

---

373 見捨てる 방치하다, 버려 두다

・困っている友だちを見捨てて逃げることはできない。
곤경에 처해 있는 친구를 버려 두고 도망칠 수는 없다.

---

374 見せつける 여봐란 듯이 보이다, 과시하다

・仲のいい所を見せつける。
사이좋은 것을 과시하다.

・わが国がより強力な軍事力を見せつける必要がある。
우리나라가 보다 강력한 군사력을 과시해 보일 필요가 있다.

○ 관련 표현

① これ見よがし 여봐란 듯이

・これ見よがしに高級車を乗り回す。
여봐란 듯이 고급차를 타고 돌아다니다.

② 当てつける ㉠ 과시하다, 뽐내다 ㉡ 일부러 보이거나 들려주어 상대를 비난하다, 빗대어 욕하다, 나무라다

・子供の不行儀を親に当てつける。
아이의 버릇없음을 부모에게 보란 듯이 나무라다.

---

375 見損なう 잘못 보다, 잘못 구별하다

・そんな卑怯なことをするなんて、君を見損なったな。
그런 비겁한 짓을 하다니, 자네를 잘못 봤군.

| 376 | **見て取る** 간파하다, 알아차리다 | □□□ |

・相手の真意を見て取る。
상대의 진의를 알아차리다.

・二人が仲直りするのは不可能だと見て取ったな。
두 사람이 화해하는 것은 불가능하다고 간파했다.

> **관련 표현**
>
> ① **見抜く** 간파하다, 투시하다
>
> ・人の心底を見抜く。　남의 마음 속을 꿰뚫어 보다.
> ・一目で正体を見抜く。　한눈에 정체를 알아차리다.
> ・天賦の才能を見抜く。　천부적인 재능을 발견하다.

| 377 | **見届ける** 끝까지 지켜보다 | □□□ |

・この子の将来を見届けたい。
이 아이의 장래를 끝까지 지켜보고 싶다.

| 378 | **見惚れる** 넋을 잃고 보다 = 見(み)ほれる | □□□ |

・あまりの美しさにじっと見惚れる。
너무나도 아름다워 넋을 잃고 보다.

| 379 | **見なす** 간주하다 | □□□ |

・約束の時間になっても来ないので、参加しないものと見なして出発
することにした。
약속 시간이 되어도 오지 않아서, 참가하지 않는 것으로 간주하고 출발하기로 했다.

| 380 | **見逃す** 못 본 체하다, (기회를) 놓치다 | □□□ |

・我々は、彼のした無責任な行動を見逃すわけにはいかないのである。
우리들은 그가 한 무책임한 행동을 못 본 체할 수는 없는 것이다.

| 381 | **見放す** 포기하다, 단념하다 | □□□ |

・そんなになまけてばかりいると、先生に見放されるぞ。
그렇게 게으름만 피우고 있으면 선생님에게 버림받을 거야.

동사

동사

382 見晴(みは)らす 조망하다 ▶見晴(みは)らしがいい 전망이 좋다

・山(やま)にのぼって町全体(まちぜんたい)を見晴(みは)らす。
산에 올라 마을 전체를 조망하다.

383 見張(みは)る 망보다, 감시하다
▶目(め)を見張(みは)る (감탄하여) 눈이 휘둥그레져 놀라다

・犯人(はんにん)を見張(みは)る。
범인을 감시하다.

・あまりの美(うつく)しさに目(め)を見張(みは)る。
너무나 아름다워서 눈이 휘둥그레지다.

384 報(むく)いる 보답하다

・先生(せんせい)のご恩(おん)に報(むく)いる。
선생님의 은혜에 보답하다.

🡒 관련 표현

① 一矢(いっし)を報(むく)いる (적에게 화살을 되쏘다) 도전이나 비난 따위에 대해 반격을 하다, 화살을 되쏘다
・敵(かたき)に先制点(せんせいてん)をとられるとすぐ、ホームランで一矢(いっし)を報(むく)いた。
적에게 선제점을 빼앗기자마자 홈런으로 반격했다.

385 貪(むさぼ)る 탐하다

・貪(むさぼ)るように本(ほん)を読(よ)む。 탐하듯이 책을 읽다.

386 蝕(むしば)む 벌레 먹다, 좀 먹다

・からだが病気(びょうき)に蝕(むしば)まれる。 몸이 병에 좀 먹히다.

387 蒸(む)す 무덥다, 찌다

・夕方(ゆうがた)になって蒸(む)してきた。 저녁이 되어 무더워졌다.

388 群(む)れる 한 곳에 모이다, 떼를 짓다

・めだかが群(む)れる。 송사리가 떼를 짓다.

389 命ずる・命じる 명령하다

・いたずらをした罰に教室の掃除当番を命じる。
장난을 친 벌로 교실 청소 당번을 명령하다.

390 恵む 인정, 자비를 베풀다

・才能に恵まれる。 재능을 타고나다.

391 巡り会う 우연히 만나다

・やっとすてきな人に巡り会った。
간신히 멋진 사람을 만났다.

392 目覚める 잠이 깨다

・屋根を打つはげしい雨の音で目覚める。
지붕을 때리는 격렬한 빗소리에 잠을 깨다.

393 持ち帰る 가지고 돌아가다

・君、会社の備品を持ち帰ったら困るじゃないか。
자네, 회사의 비품을 가져가면 곤란하잖아.

394 持ち出す ① 들어 내다, 운반해 내다, 반출하다
② 비용을 부담하다, 제기하다, 제소하다, 꺼내다

・「禁帯出」とは、外に持ち出してはならないという意味である。
'반출금지'란, 밖에 가지고 나가서는 안 된다는 의미이다.
・別れの話を持ち出す。 이혼 이야기를 꺼내다.
・財産争いを裁判に持ち出す。 재산 싸움을 재판에 걸다.
・この計画に200万円も自分の金を持ち出すことになった。
이 계획에 200만 엔이나 자기 돈을 부담하게 되었다.

395 もつれる (혀나 발 따위가) 마음대로 안 움직이게 되다, 꼬이다, 뒤틀리다

・足がもつれて転びそうになった。 다리가 꼬여서 넘어질 뻔했다.
・遺産の話がもつれてどうにもならない。
유산에 관한 이야기가 복잡해져서 어떻게 해볼 수가 없다.

동사

동사

396 持て余す 처치 곤란하다, 어찌 해야 할지 몰라 난처해하다

・暇を持てあましている。
여가를 주체 못하고 있다.

397 物語る 어떤 일에 대하여 이야기하다 ▶ 物語(ものがたり) 이야기

・今までの体験を物語るような深いしわ。
이제까지의 체험을 이야기하는 듯한 깊은 주름.

398 もめる 분쟁이 일어나다 ▶ 揉(も)め事(ごと) 분쟁, 다툼

・遺産の問題でだいぶもめている。
유산 문제로 꽤나 분쟁이 일고 있다.

399 盛り込む 포함시키다, 담다

・画期的な内容を盛り込んでいる。
획기적인 내용을 담고 있다.

400 やつれる 여위다, 수척해지다 ▶ やつす 초췌해질 정도로 번민하다, 괴로워하다

・病気でやつれる。
병으로 수척해지다.

🔁 관련 표현

① 身をやつす 수척해지다, ~으로 애태우다, ~에 골몰하다

・お化粧に身をやつす。
화장하는 일에 골몰하다.

401 病む 앓다, 병들다

・病んでいる父の看病をする。
병든 아버지의 간호를 하다.

402 止む 그치다, 중단되다

・雨がぴたりとやんだ。 비가 딱 그쳤다.

508

① ～てやまない　～하여 마지 않다

・出世を期待してやまない。
출세를 기대해 마지 않는다.

・諸君の成功をひたすら願ってやまない次第であります。
제군의 성공을 오로지 바라 마지 않는 바입니다.

---

403 やり遂げる 끝까지 해내다, 완수하다

・最後までやり遂げる。 끝까지 해내다.

---

404 結う 매다, 묶다 ▶ 結(ゆ)い上(あ)げる 머리를 땋아 위로 올리다

・日本髪に結う。 일본식 머리로 묶다.

---

405 歪む 모양이 비뚤어지다, 일그러지다
▶ 心(こころ)が歪(ゆが)む 마음이 비뚤어지다

・このテレビは物が歪んで映る。 이 텔레비전은 영상이 일그러져 보인다.

---

406 委ねる 맡기다, 위임하다

・判断を読者に委ねる。 판단을 독자에게 맡기다.

---

407 揺るがす 뒤흔들다 재 揺(ゆ)らぐ 흔들리다, 요동하다

・世界を揺るがす大事件。
세계를 뒤흔드는 대사건.

---

408 横たわる 옆으로 길게 눕다 ▶ 横(よこ)になる 눕다, 寝(ね)る 눕다

・原っぱに横たわって空を見上げる。
빈터에 누워 하늘을 올려다본다.

---

409 よじ登る 기어오르다, 등반하다

・大きな木によじ登った。
큰 나무에 기어올랐다.

동사

동사

410 **寄せ付ける** (부정형으로 쓰이는 경우가 많음) 다가오게 하다, 접근시키다

· 人をそばに寄せ付けない。 사람을 곁에 얼씬 못하게 하다.

411 **装う** 꾸미다, 치장하다

· うつくしく装ってパーティーに出かける。
아름답게 꾸미고 파티에 나가다.

412 **蘇る** 되살아나다, 소생하다 ▶ 復活(ふっかつ)する 부활하다

· 死者がよみがえるなどという奇跡は起るはずがない。
죽은 사람이 되살아난다는 따위의 기적은 일어날 리가 없다.

413 **よろめく** 비틀거리다

· バスがゆれて、思わず、よろめいた。
버스가 흔들려, 나도 모르게 비틀거렸다.

414 **わきまえる** 분간하다, 분별하다

· 場所がらもわきまえないで騒ぐ。
장소의 성격도 분별 못하고 떠들다.

415 **煩う** 고민하다, 괴로워하다 ▶ 患(わずら)う 병을 앓다, 병이 나다

· 子供ならいざ知らず、そんなくだらないことでわずらわせないで
もらいたい。
어린애라면 몰라도 그런 하찮은 일로 걱정을 끼치지 말았으면 좋겠다.
· 長く病を患っているため、発作を和らげる薬を常に持ち歩いている。
오래 병을 앓고 있기 때문에, 발작을 완화시키는 약을 항상 가지고 다닌다.

416 **割り切る** 딱 잘라 결론짓다, 깨끗이 나누다, 집착을 버리다

· 商売と友情は別だと割りきる。
장사와 우정은 별개의 것이라고 딱 잘라 구별하다.
· 生活のためと割りきって、仕事をする。
생활을 위해 할 수 없이 일을 하다.

417 割り切れる　석연해지다, 분명해지다

□□□

・説明を聞いてもいまひとつ割り切れない。
　설명을 들어도 좀 석연치 않다.

418 割り出す　계산해 내다, 산출하다

□□□ level 3

・原価と生産価を割り出す。
　원가와 생산가를 산출하다.

일본어 달인이 되는 어휘

PART
3

い형용사

001 青い 파랗다 □□□

・この青いシャツを買いませんか。
이 파란 셔츠를 사지 않겠습니까?

---

002 浅い 얕다, 깊지 않다 ↔ 深(ふか)い 깊다 □□□

・こっちのプールのほうが浅い。
이 풀장이 더 얕다.

・考えが深い。 생각이 깊다.

---

003 暖かい・温かい (기온이나 마음이) 따뜻하다 □□□

・日本とハワイとどちらが暖かいですか。
일본과 하와이 중에서 어디가 따뜻합니까?

・温かいスープ 따뜻한 수프

---

004 新しい (구체적·추상적인 경우에 사용) 새롭다 □□□
　　　↔ 古(ふる)い 구식이다, 낡다, 오래되다

・新しいスーパーができたので、さっそく行ってみた。
새로운 슈퍼가 생겨서 당장 가 봤다.

・うちの社長、考えが古いんだ。
우리 사장, 생각이 구식이야.

　🔵 유사 표현

　① 真新しい (구체적인 물건에만 사용) 아주 새롭다, 새것이다

　・真新しいワイシャツ。
　방금 산 새 와이셔츠.

---

005 厚い 두껍다 ↔ 薄(うす)い 얇다 □□□

・肉はもう少し厚い方がいいと思います。
고기는 조금 더 두꺼운 편이 좋다고 생각합니다.

006 熱い 뜨겁다 ↔ 冷(つめ)たい 차다, 시원하다 ▶ 温(ぬる)い 미지근하다

- さっきはずいぶん熱かったけど、今はぬるい。
  아까는 몹시 뜨거웠는데, 지금은 미근하다.
- なにか冷たいものでも飲みましょうか。
  뭐 시원한 거라도 마실까요?
- お茶が温い。 차가 미지근하다.

007 暑い 덥다 ↔ 寒(さむ)い 춥다

- 夏は暑いし、冬は寒い。 여름은 덥고 겨울은 춥다.

  ➡ 주의할 날씨 표현
  우리말의 '날씨가 ~하다'를 직역하여 '天気が ~'라고 해서는 안 된다. 즉 '天気'를 빼고 '寒い 춥다, 暑い 덥다, 晴れている 맑다, 曇っている 흐리다'라고 하면 된다.

  ➡ 관련 표현
  ① 暑さ寒さも彼岸まで 춘분·추분쯤 추위·더위가 고비를 넘어 알맞은 날씨가 된다는 말

008 甘い ① 달다 ② 안이하다, 어수룩하다

- この料理は甘すぎて食べられません。
  이 요리는 너무 달아서 먹을 수 없습니다.

  ➡ 관련 표현
  ① 甘い汁を吸う 자신은 아무것도 하지 않고 남을 잘 이용해서 이익만을 취하다
    - 名前だけ貸してただ甘い汁をすおうとしたって、そうはさせないぞ。
      이름만 빌려주고 단지 불로소득을 취하려고 해도 그렇게는 안 될 것이다.
  ② 甘く見る 대수롭지 않다고 매사를 안이하게 생각하다
    - 簡単に勝てると甘くみていたが、意外に苦戦をした。
      간단히 이길 수 있다고 쉽게 생각하고 있었는데 의외로 고전을 했다.

009 危ない 위험하다 = 危(あや)うい 위태롭다, 위험하다

- 夜おそくひとりで道を歩くのは危ないです。
  밤 늦게 혼자서 길을 걷는 것은 위험합니다.

イ형용사

010 **いい・良い** 좋다 ▶ いい子(こ)になる 자신만이 남에게 좋게 생각되도록 뽐내다, 제 공으로 돌리다, 혼자 칭찬을 받으려고 하다

・自分一人がいい子になろうとするから、彼はみんなに嫌われるんだ。
자기 혼자만 칭찬받으려고 하기 때문에, 그는 모두가 싫어하는 것이다.

011 **忙しい** 바쁘다 ↔ 暇(ひま) 한가함

・忙しければ来なくてもいいです。 바쁘면 안 와도 됩니다.

・いつも目が回るほど忙しいです。 매일 정신없이 바쁩니다.

🔵 유사 표현

① 猫の手も借りたい　무척 바쁘다
・店は大入り満員で猫の手も借りたいくらいだ。
가게는 대만원이어서 고양이 손이라도 빌리고 싶을 정도이다.

② 手が離せない　(지금 하고 있는 일이 있어) 다른 일을 할 수 없다
・今、料理をしていて手が離せないので、またあとで電話します。
지금 요리를 하고 있어 바쁘니까 나중에 다시 전화하겠습니다.

③ 手が回らない　신경 쓸 겨를이 없다
・妹の世話で手一杯で、自分のことまで手が回らない。
여동생을 돌보느라 빠듯해서 자신의 일까지 신경 쓸 겨를이 없다.

④ 席の暖まる暇もない　너무 바빠 자리에 붙어 있을 틈도 없다

⑤ ばたばた(と)　(분주히 뛰어다니거나 또 바쁜 모양) 허둥지둥
・仕事をばたばたと片付けます。
일을 분주하게 처리합니다.
・急な来客でばたばたした。
갑작스런 내방객으로 허둥댔다.

⑥ どたばた(と)　(소란을 피우거나 발소리를 크게 내는 모양) 소란을 피움, 법석을 떪, 우당탕
・会議の準備でどたばたしています。
회의 준비로 왔다갔다 소란스럽습니다.
・急な引っ越しでどたばたした。
갑작스런 이사로 소란스러웠다.

012 **痛い** 아프다

・頭が痛いのは空気が悪いためです。
머리가 아픈 것은 공기가 나쁘기 때문입니다.

□□□

013
薄<うす>い ① (두께가) 얇다 ② (색깔·빛·맛 등이) 약하다 ③ (농도·밀도가) 적다
▶ 影(かげ)が薄(うす)い ① 존재가 희미하다 ② 어쩐지 생기가 없어 보이다

・野球<やきゅう>、サッカー、テニスに比<くら>べると、卓球<たっきゅう>は影<かげ>が薄<うす>いと言<い>える。
야구, 축구, 테니스와 비교하면 탁구는 존재가 희미하다고 할 수 있다.

□□□

014
美<うつく>しい 아름답다

・まるで絵<え>のように美<うつく>しい景色<けしき>です。
마치 그림처럼 아름다운 경치입니다.

□□□

015
うまい (맛의 깊이, 감칠맛) 맛있다 ＝ おいしい

・ここの料理<りょうり>はうまいと評判<ひょうばん>です。ことにこれは絶品<ぜっぴん>です。
여기 요리는 맛있다는 평판입니다. 특히 이것은 일품입니다.

> 💡 **보충 표현**
>
> ① 좋다, 훌륭하다 ＝ よい, りっぱだ
> ・それはうまい考<かんが>えだ。그것 참 좋은 생각이다.
>
> ② 잘하다 ＝ 上手<じょうず>だ
> ・彼<かれ>はテニスがうまい。그는 테니스를 잘한다.
>
> ③ 고생을 하지 않고 자신만 좋은 모양, 어쨌든 손해가 안 되는 모양
> ・うまい金<かね>もうけの話<はなし>がある。좋은 돈벌이 되는 이야기가 있다.
>
> ④ 잘 되다 ＝ 順調<じゅんちょう>に(物事<ものごと>が)進<すす>む
> ・お仕事<しごと>はうまく行<い>っていますか。일은 잘 되어 가고 있습니까?

□□□

016
うるさい 잔소리가 심하다

・高橋課長<たかはしかちょう>は細<こま>かいことにうるさい人<ひと>だ。
다카하시 과장은 자잘한 일에 잔소리가 많은 사람이다.

□□□

017
嬉<うれ>しい (상황 변화에 따른 유쾌한 기분) 기쁘다, 고맙다 ↔ 悲<かな>しい 슬프다

・あまりにうれしかったので、なみだが出<で>てしまいました。
너무 기뻐서 눈물이 나와 버렸습니다.

・何<なん>か悲<かな>しいことがありましたか。
뭔가 슬픈 일이 있었습니까?

관련 표현

① **喜(よろこ)ぶ** 기뻐하다, 좋아하다 ㊵ 喜(よろこ)ばす 기쁘게 하다

・子供(こども)はおもちゃをもらうととても喜(よろこ)ぶ。
아이는 장난감을 받으면 아주 좋아한다.

018 偉(えら)い 훌륭하다 □□□

・偉(えら)い人(ひと)は子供(こども)のときから、どこかちがうところがある。
훌륭한 사람은 어릴 때부터 어딘가 다른 부분이 있다.

019 おいしい (혀로 맛 본 감각이 좋다) 맛있다 = うまい ↔ まずい 맛이 없다 □□□

・パスタよりピザのほうがおいしいです。
파스타보다 피자가 맛있습니다.

・あんなに高(たか)くてまずいレストランには二度(にど)と行(い)くまい。
그렇게 비싸고 맛없는 레스토랑에는 두 번 다시 가지 않겠다.

관련 표현

① **あごが落(お)ちる** 너무 맛있다 = ほっぺたが落(お)ちる

② **舌鼓(したつづみ)を打(う)つ** 입맛을 쩍쩍 다시다 (맛있는 음식을 먹는다는 비유)

③ **のどが鳴(な)る** 맛있는 음식을 보고 식욕이 일다, 먹고 싶어서 군침이 돌다

020 多(おお)い 많다 ↔ 少(すく)ない 적다 ▶ 명사 수식꼴 多(おお)く 많음 □□□

・食糧不足(しょくりょうぶそく)になやむ国(くに)が多(おお)い。
식량부족으로 고통받고 있는 나라가 많다.

・最近(さいきん)は鳥(とり)が少(すく)なくなった。 최근에는 새가 적어졌다.

・運動場(うんどうじょう)に多(おお)くの人(ひと)が集(あつ)まっている。
운동장에 많은 사람이 모여 있다.

021 大(おお)きい 크다 ↔ 小(ちい)さい 작다, 어리다 □□□

・いろいろな学校(がっこう)もあるし、大(おお)きい本屋(ほんや)も多(おお)いし、とても便利(べんり)です。
여러 학교도 있고 큰 서점도 많고 매우 편리합니다.

・まだ小(ちい)さい子供(こども)なので何(なに)もわかりません。
아직 작은 어린아이라서 아무것도 알 수 없어요.

・体(からだ)は小(ちい)さいながらも力(ちから)は強(つよ)い。 몸은 작지만 힘은 세다.

022 おかしい (의심스럽다는 뜻 외에 모습이 이상하다는 뜻이 강한 말)
이상하다, 우습다

- やっぱりおかしいと思います。
역시 이상하다고 생각합니다.

- おかしい話で笑わせる。
우스운 이야기로 웃기다.

🔷 유사 표현

① 怪しい 수상하다

- そんな怪しい所へ子供を行かせるわけにはいかない。
그런 수상한 곳에 아이를 가게 할 수 없다.

023 遅い (시기·시각·속도 등이) 느리다 ↔ 速(はや)い (속도가) 빠르다
早(はや)い (시기가) 이르다

- 今からでも遅くはありません。
지금부터라도 늦지는 않습니다.

🔷 유사 표현

① 鈍い ㉠ (속도에 한해서만 사용) 느리다 ㉡ 바람직하지 못하다 = にぶい

- 走るのが鈍い。 달리는 것이 느리다.

024 恐ろしい 무섭다

- 聞けば聞くほど恐ろしい話だ。
들으면 들을수록 무서운 이야기다.

025 大人しい 얌전하다

- 彼は一見おとなしそうだが実によくしゃべる。
그는 언뜻 보기에 얌전한 것 같지만 몹시 수다스럽다.

026 重い 무겁다 ↔ 軽(かる)い 가볍다, 쉽다

- 重い荷物は持ちたくない。
무거운 짐은 들고 싶지 않다.

- 身も軽く、心も軽い。
몸도 가볍고 마음도 개운하다.

형용사

level 1

⮕ 다른 표현

① **重み** (남을 위압하는 힘) 무게, 중량, 침착함, 무게·비중 있는 사람

・重みのある行動だ。
무게 있는 행동이다.

・あの人は日本では重みのある政治家だそうです。
저 사람은 일본에서는 비중 있는 정치가라고 합니다.

---

027 固い・堅い・硬い 딱딱하다, 단단하다

↔ 柔(やわ)らかい・軟(やわ)らかい 부드럽다, 연하다

・ひもを堅く結ぶ。
끈을 단단히 매다.

・焼きたての柔らかいパンです。
갓 구워낸 부드러운 빵입니다.

⮕ 다른 표현

① **〜に難くない** 〜하기에 어렵지 않다 ＊앞서 제시한 내용의 추정이 가능함을 강조하는 말이다.

・この取引が成立すれば、100万円の利益を得るにかたくない。
이 거래가 성립되면 100만 엔의 이익을 얻을 수 있다.

---

028 痒い 가렵다

・痒いところに手がとどく。
가려운 데에 손이 닿다(그렇게 해 주기를 바라는 일이 충족되다).

---

029 かわいい 귀엽다

・あの女の子は人形のようにかわいい。
저 여자아이는 인형처럼 귀엽다.

---

030 黄色い 노랗다

・くちばしが黄色い。
부리가 노랗다 / 미숙하다.

031 汚(きたな)い 더럽다, 불결하다 □□□

・彼(かれ)の部屋(へや)は汚(きたな)いと聞(き)いていましたが、あまりのひどさに驚(おどろ)いてしまいました。
그의 방은 더럽다고 들었지만 너무 심해서 깜짝 놀라고 말았습니다.

032 きつい 꼭 끼다, 엄하다, 정도가 심하다 □□□

・このサイズは私(わたし)にはきつい。
이 사이즈는 나한테는 꼭 낀다.

033 厳(きび)しい 엄하다, 혹독하다 ↔ 優(やさ)しい 상냥하다, 친절하다

甘(あま)い 태도가 너그럽다, 무르다 □□□

・しつけが厳(きび)しい。
예의 범절의 가르침이 엄하다.

・日本語(にほんご)の先生(せんせい)はとてもやさしかった。
일본어 선생님은 아주 상냥했다.

034 臭(くさ)い 냄새나다 □□□

・窓(まど)を開(あ)けておいたのにまだ臭(くさ)いですね。
창문을 열어 놓았는데도 아직도 냄새가 나는군요.

035 暗(くら)い 어둡다 ▶ 真(ま)っ暗(くら) 아주 캄캄함, 암흑

↔ 明(あか)るい 명랑하다, (전망이) 밝다 □□□

・猫(ねこ)は暗(くら)い所(ところ)でも目(め)が見(み)えます。
고양이는 어두운 곳에서도 눈이 보입니다.

・冬(ふゆ)の午後六時(ごごろくじ)といえば外(そと)はもう真(ま)っ暗(くら)だ。
겨울 오후 6시라면 바깥은 벌써 깜깜하다.

・明(あか)るい音楽(おんがく)が聞(き)きたいです。
밝은 음악을 듣고 싶습니다.

036 苦(くる)しい 괴롭다, 힘들다 ↔ 楽(たの)しい 즐겁다 □□□

・苦(くる)しくても子供(こども)を三人(さんにん)まで大学(だいがく)にやった。
힘들어도 아이를 셋이나 대학에 보냈다.

037 黒い（くろ） 검다 ↔ 白（しろ）い 희다 ▶ 黒（くろ）っぽい 거무스름하다, 거뭇하다

・名前は黒いボールペンで書いてください。
이름은 검은 볼펜으로 써 주세요.

🔵 **관련 표현**

① 腹が黒い（はら・くろ） 속이 검다

・調子のいいことを言っている人こそ腹が黒い人が多い。
그럴 듯한 말을 하는 사람일수록 속이 검은 사람이 많다.

038 詳しい（くわ） 상세하다

・詳しいことはあとで話します。
상세한 것은 나중에 이야기하겠습니다.

039 濃い（こ） 진하다 ↔ 薄（うす）い (정도가) 적다, 희박하다

・密度の濃い論文です。
내용이 충실한 논문입니다.

・山の頂上に近づくにつれて、空気が薄くなってきた。
산 정상에 가까워짐에 따라 공기가 점점 모자랐다.

・年を取ると髪の毛が薄くなる。
나이를 먹으면 머리숱이 적어진다.

040 細かい（こま） 세세하다, 자잘하다 ↔ 粗（あら）い 거칠다, 조잡하다

・細かいことにこだわっていては進歩はない。
세세한 일에 얽매여서는 진보는 없다.

041 怖い（こわ） 무섭다

・怖くて大声をあげた。
무서워서 큰 소리를 질렀다.

042 寂しい（さび） 허전하다, 외롭다 ▶ 口（くち）寂（さび）しい 입이 허전하다

・自分ひとり恋人がいなくて寂しい。
나 혼자만 애인이 없어서 외롭다.

□□□

043 親^{した}しい 친하다

・長^{なが}くつきあえば、しだいに親^{した}しくなります。
오래 사귀면 점점 친해집니다.

□□□

044 すごい 굉장하다, 무섭다

・すごく険^{けわ}しい山道^{やまみち}だった。
굉장히 험한 산길이었다.

□□□

045 涼^{すず}しい 서늘하다 ↔ 暖(あたた)かい 따뜻하다

・涼^{すず}しくなったら始^{はじ}めましょう。
서늘해지면 시작합시다.

□□□

046 酸^すっぱい 시다 ▶ 辛(から)い 가혹하다, 짜다 ▶ 塩辛(しおから)い 짜다
▶ 口(くち)が酸(す)っぱい 입에 신물이 나다

・レモンはそのまま食^たべたら酸^すっぱい。
레몬은 그대로 먹으면 시다.

・塩辛^{しおから}く煮^にる。
짜게 끓인다.

・辛^{から}い料理^{りょうり}が食^たべられますか。
매운 요리를 먹을 수 있습니까?

・山本先生^{やまもとせんせい}は点^{てん}が辛^{から}い。
야마모토 선생님은 점수가 짜다.

□□□

047 素晴^{すば}らしい (내용이나 질적인 면의 분석적 판단에 의거하여) 훌륭하다

・あの山^{やま}からの景色^{けしき}はとてもすばらしいそうです。
저 산에서 본 경치는 아주 아름답다고 합니다.

🔵 유사 표현

① 素敵^{すてき} (내용이나 질의 분석과는 관계없이 외견상) 대단히 훌륭함, 아주 멋짐

・みどりさんは笑顔^{えがお}の素敵^{すてき}な人^{ひと}です。
미도리 씨는 웃는 얼굴이 멋진 사람입니다.

形容詞 1

イ形容詞

048 狭い(せま) 좁다 ↔ 広(ひろ)い 넓다 □□□

・世(よ)の中(なか)も狭(せま)くなったね。飛行機(ひこうき)なら一週間(いっしゅうかん)もかからないで世界一(せ かいいっ)周(しゅう)ができるからね。
세상도 좁아졌군요. 비행기라면 일주일도 걸리지 않고 세계일주가 가능하니까요.

・線路(せんろ)に沿(そ)って、広(ひろ)い道(みち)があります。
선로를 따라 넓은 길이 있습니다.

🔵 **관련 표현**

① 肩身(かたみ)が狭(せま)い 주눅들다, 위축되다, 기가 죽다

・お金(かね)がないからといって、肩身(かたみ)が狭(せま)いと思(おも)うことはない。
돈이 없다고 해서 주눅이 들 것은 없다.

＊ '마음이 넓다'는「心(こころ)が広(ひろ)い」라고 한다.

049 高い(たか) 비싸다, 높다 ↔「安(やす)い」(값이) 싸다,「低(ひく)い」낮다 ▶ 高(たか)さ 높이 □□□

・海外出張(かいがいしゅっちょう)はコストが高(たか)い。
해외 출장은 비용이 비싸다.

・値段(ねだん)は高(たか)いけれども、品(しな)はわるい。
가격은 비싼데 물건은 나쁘다.

・低(ひく)い声(こえ)で話(はな)します。
낮은 소리로 이야기합니다.

・あの店(みせ)の方(ほう)が、もっと安(やす)いかもしれません。
저 가게가 더 쌀지도 모릅니다.

・あの山(やま)の高(たか)さはどのくらいですか。
저 산의 높이는 어느 정도 됩니까?

🔵 **관련 표현**

① 腰(こし)が高(たか)い 고자세이다

・あんなにいつも腰(こし)が高(たか)い人(ひと)は、どこへ行(い)っても歓迎(かんげい)されないだろう。
저렇게 항상 고자세인 사람은 어디를 가도 환영받지 못할 거야.

050 楽しい （자신의 행동을 통한 쾌감으로서) 즐겁다 ↔ 苦(くる)しい, 辛(つら)い

・楽しくてまるで夢のようだ。
즐거워서 마치 꿈만 같다.

・楽しそうにおしゃべりをしている。
즐거운 듯이 얘기하고 있다.

➡ 喜ばしい 기쁘다, 즐겁다, 경사스럽다 (대개 타인의 상황 변화에 사용)

051 近い 가깝다 ↔ 遠(とお)い 멀다

・完成が近い。
완성이 가깝다.

・遠くて近いのは男女の仲。
멀고도 가까운 것은 남녀 사이.

052 つまらない 하찮다, 시시하다 「ほんの(아주, 그저 명색뿐인)」 같은 말과
잘 어울림 ↔ 面白(おもしろ)い 재미있다

・これはほんのつまらない物ですが。
이것은 아주 하찮은 물건입니다만.

＊「つまらない物」는 '하찮은 물건'이란 뜻으로, 자신이 가져온 물건을 겸손하게 표현한 말

053 冷たい ① (온도가) 차다, 차갑다 ② 냉정하다, 냉담하다, 냉혹하다
↔ 熱(あつ)い 뜨겁다, 温(あたた)かい 따뜻하다

・冷たく冷えたジュースが飲みたい。
차갑게 된 주스를 마시고 싶다.

・凍えて手が冷たいです。
얼어서 손이 차갑습니다.

・彼の態度が急に冷たくなった。
그의 태도가 갑자기 차가워졌다.

054 強い 강하다, 세다 ↔ 弱(よわ)い 약하다

・風が強いうえに雨も降りはじめた。
바람이 강한 데다가 비마저 내리기 시작했다.

・体が弱い、弱いと言うものの、まだ病気で学校を休んだことはない。
몸이 약하다 약하다 하지만 아직 병으로 학교를 결석한 적은 없다.

055 手痛い（ていたい）　혹심하다, 호되다, 뼈아프다　□□□

・最近、株価が暴落して、手痛い損害を受けてしまったんです。
（さいきん、かぶか、ぼうらく、ていたい、そんがい、う）
최근 주가가 폭락해서 뼈아픈 손해를 입고 말았습니다.

056 無い（な）　없다 ↔ 有(あ)る 있다 ▶ 仕方(しかた)がない 할 수 없다　□□□

・冷蔵庫には何もない。
（れいぞうこ、なに）
냉장고에는 아무것도 없다.

・味もそっけもない。
（あじ）
무미건조하다/멋대가리 없다.

057 長い（なが）　길다 ↔ 短(みじか)い 짧다　□□□

・長い苦労のあげくとうとう死んでしまった。
（なが、くろう）
오랜 고생 끝에 결국 죽고 말았다.

・さくらの花は「ぱっと散る」とか「命が短い」とか言われます。
（はな、ち、いのち、みじか、い）
벚꽃은 '일제히 확 진다'든가 '생명이 짧다'고들 합니다.

🔵 관련 표현

① 息が長い（いき、なが）　(어떤 상황·영향이) 오래가다, 생명력이 길다
・息が長い歌手になるのは、なかなか難しい。
（いき、なが、かしゅ、むずか）
생명이 긴 가수가 되는 것은 무척 어렵다.

058 苦い（にが）　쓰다 ↔ 甘(あま)い 달다　□□□

・こいコーヒーは苦い。
（にが）
진한 커피는 쓰다.

・良薬口に苦し。
（りょうやくくち、にが）
좋은 약은 입에 쓰다.

・妹はあまいものに目がない。
（いもうと、め）
여동생은 단것이라면 사족을 못 쓴다.

🔵 관련 표현

① 甘く見る（あま、み）　만만하게 보다　＊이 경우 「甘(あま)い」는 '안이하다, 어수룩하다'로 대단한 일은 없다고 매사를 안이하게[낙관적으로] 생각하는 것을 말함
・簡単に勝てると甘く見ていたが、意外に苦戦した。
（かんたん、か、あま、み、いがい、くせん）
간단히 이길 수 있다고 쉽게 생각하고 있었는데 의외로 고전을 했다.

059 温い（ぬるい）　미지근하다, 미적지근하다

- ちょっと温い（ぬる）ので、沸（わ）かしてください。
  조금 미지근한데, 데워 주세요.

060 眠い（ねむい）　졸립다

- 眠（ねむ）いので、寝（ね）ないように顔（かお）を洗（あら）いました。
  졸려서 잠들지 않도록 세수를 했습니다.

061 激しい（はげしい）　격심하다

- 朝晩（あさばん）の気温（きおん）の差（さ）が激（はげ）しい。
  아침과 밤의 기온 차가 심하다.

062 恥ずかしい（はずかしい）　부끄럽다, 수줍다, 창피하다　▶ 恥(は)ずかしがる 쑥스러워하다

- その時（とき）の恥（は）ずかしさといったら、顔（かお）から火（ひ）が出（で）るほどだった。
  그 때의 창피함이란 얼굴이 화끈해질 정도였다.
- 日本語（にほんご）で話（はな）すのを恥（は）ずかしがっては上手（じょうず）になれません。
  일본어로 말하는 것을 부끄러워하면 능숙해지지 않습니다.

063 早い（はやい）　이르다

- 時期（じき）が早（はや）い。 시기가 빠르다.
- 暗（くら）くならないうちに早（はや）く帰（かえ）りましょう。
  어두워지기 전에 빨리 돌아갑시다.

🔵 시험에 잘 나오는 관련 표현

① 〜が早（はや）いか　〜하자마자
  - 立（た）ち上（あ）がるが早（はや）いか、声（こえ）を張（は）り上（あ）げた。
    일어서자마자 소리를 질렀다.

064 速い（はやい）　빠르다　▶ 速(はや)さ 빠르기, 속도

- 飛行機（ひこうき）と新幹線（しんかんせん）とどっちのほうが速（はや）いですか。
  비행기와 신칸센은 어느 쪽이 빠릅니까?
- 光（ひかり）の速（はや）さは、一秒間（いちびょうかん）におよそ三十万（さんじゅうまん）キロメートルだ。
  빛의 빠르기는 1초에 약 30만 킬로미터다.

065 **ひどい** 심하다, 지독하다, 엄청나다 = はなはだしい

・ひどい渋滞ですね。
정체가 심하군요.

・女子大生の就職難はあまりにもひどい。
여대생의 취직난은 너무나도 심하다.

➡ 다른 표현

① 強度 (몸·마음의 상태가) 심하게 나쁜 정도

・強度の神経衰弱。
심한 신경쇠약.

066 **太い** 굵다 ↔ 細(ほそ)い 가늘다

・このボールペンは太い字を書くのに使います。
이 볼펜은 굵은 글씨를 쓰는 데 사용합니다.

・目を細くして、わが子を見る。
눈을 가늘게 뜨고 우리 아이를 보다.

067 **古い** ① 오래되다 ② 낡다, 고루하다, 진부하다

・いまだにそんな古いパソコンを使っているなんて、不便じゃない
ですか。
아직 그런 오래된 컴퓨터를 사용하고 있다니 불편하지 않습니까?

068 **欲しい** 갖고 싶다, 원하다 ▶ 欲(ほ)しがる (제삼자가) 갖고 싶어하다

・それを見るなり、欲しいという。
그것을 보자마자 갖고 싶다고 한다.

➡ 관련 표현

① のどから手が出る 몹시 갖고 싶다, 갖고 싶어 못 견디다

・あのバッグ、のどから手が出るほどほしいな。
저 가방 몹시 갖고 싶다.

069 **丸い・円い** ① 둥글다 ② 포동포동하다 ▶ 丸(まる)くなる 빙 둘러서다
四角(しかく)い 네모지다

・丸く輪になって歌っています。
빙 둘러서서 노래하고 있습니다.

- 何もしないで昼寝ばかりしていたら顔が丸くなった。
  아무것도 하지 않고 낮잠만 잤더니 얼굴이 둥그레졌다.
- 彼は四角い顔だ。
  그는 네모진 얼굴이다.

  * '성격이 원만하다'는 「性格がまるい」라고 한다

070 難しい 어렵다 ↔ 易(やさ)しい 쉽다

- 漢字はひらがなやカタカナより難しいです。
  한자는 히라가나나 가타카나보다 어렵습니다.
- 日本語は英語より易しいと思います。
  일본어는 영어보다 쉽다고 생각합니다.

071 珍しい ① 새롭다, 참신하다 ② 드물다, 진귀하다, 이상하다
    ↔ ありふれる 흔하다, 어디에나 있다

- 彼が遅れるのは珍しくない。
  그가 늦는 것은 드문 일이 아니다.

072 優しい 친절하다 = 親切(しんせつ)だ

- 彼女のお母さんは優しそうだし、とてもきれいだ。そこへいくと
  うちの母はすぐ怒るし、オシャレに関心もない。
  그녀의 어머니는 상냥한 것 같고 매우 예쁘다. 그에 반해 우리 엄마는 금방 화내고 멋에도 관심이 없다.
- いまとなっては遅いけど、もっと彼に親切にしておけばよかった。
  이제는 늦었지만 더 그에게 친절하게 대했으면 좋았을 것을.

073 安い 값싸다, 저렴하다

- 町には安い店もあれば、高い店もあります。
  동네에는 싼 가게도 있고 비싼 가게도 있습니다.

074 易い ～하기 쉽다, ～하기 편하다 ↔ ～にくい ～하기 어렵다[힘들다]

- この部屋も朝涼しいうちは、過ごしやすい。
  이 방도 아침에 서늘한 동안에는 지내기 좋다.

---

075 緩い〔ゆる〕 느슨하다 ↔ きつい 꼭 끼다

・くつが緩くて脱げやすい。
구두가 헐렁해서 벗겨지기 쉽다.

---

076 弱い〔よわ〕 ① 힘이나 기세가 약하다 ② 취약하다 ③ 능력이 모자라다, 잘 못하다

・横文字に弱くて英語もおろかローマ字も読めません。
가로로 읽는 것은 약해서 영어는커녕 로마자도 못 읽습니다.

---

077 若い〔わか〕 젊다

・とかく若いうちは、なんでもできると思いがちである。
자칫하면 젊었을 때는 무엇이든 할 수 있다고 생각하기 쉽다.

・彼女は若いながらとてもよく気の利く人だ。
그녀는 젊으면서도 아주 눈치가 빠른 사람이다.

---

078 悪い〔わる〕 나쁘다, 실례가 되다, 미안하다 ↔ よい・いい・よろしい 좋다, 괜찮다

・評判が悪い。
평판이 나쁘다.

・無理を言って悪いね。
억지를 써서 미안해.

・中井君は気のいい人です。
나카이 군은 마음씨 좋은 사람입니다.

・よろしければいっしょにいらっしゃいませんか。
괜찮으시면 함께 가시지 않겠습니까?

● 관련 표현

① 聞き分けが悪い 말귀를 잘 못 알아듣다
② 後味が悪い 뒷맛이 개운치 않다, 끝난 후에도 뭔가 응어리가 남다

イ형용사

001 青白い 파르스름하다, 푸른 빛을 띠고 있다

・冬の夜空に、青白い星が光る。
겨울 밤하늘에 별이 푸른 빛을 띠고 빛난다.

002 あくどい 칙칙하다, 야하다, 악랄하다, 악질적이다

・あくどい化粧
야한 화장

・あくどい商売
악랄한 상술

003 荒い ① (타고난 성질·기질이) 난폭하다, 사납다 ② 헤프다, 거칠고 절도가 없다
▶ 粗(あら)い 조잡하다

・気性が荒い。
성질이 난폭하다.

・金遣いが荒い。
돈의 씀씀이가 헤프다.

004 ありがたい 감사하다, 고맙다

・お手紙ありがたく拝見しました。
편지, 감사하게 받아 보았습니다.

005 慌ただしい 부산하다, 바쁘고 어수선하다

・年の暮れはなんとなく慌ただしい。
연말은 어쩐지 바쁘고 어수선하다.

006 息苦しい 숨막히다, 답답하다 ↔ 快適(かいてき) 쾌적

・狭い部屋にいると、息苦しくなる。
좁은 방에 있으면 숨이 막혀 온다.

♦ 유사 표현

① **窮屈**（きゅうくつ） 비좁음, 답답함
- 三人（さんにん）がけのいすに四人（よにん）すわると、とても窮屈（きゅうくつ）だ。
  세 명 앉을 의자에 네 명이 앉으면 매우 비좁다.

---

007 **いけない** (본래 동사 いける의 부정) ① ~해서는 안 된다
② (성질·품질·상태가) 나쁘다, 좋지 않다, 가망 없다, 틀렸다

- 知（し）ってはいけないことを知（し）ってしまった。
  알아서는 안 되는 일을 알아 버렸다.

- 風邪（かぜ）ですか。それはいけないですね。
  감기입니까? 그것 안됐군요.

---

008 **著（いちじる）しい** 뚜렷하다, 현저하다

- 著（いちじる）しい進歩（しんぼ）を見（み）せている。
  두드러진 진보를 보이고 있다.

---

009 **卑（いや）しい** 탐욕스럽다, 천하다, 초라하다

- 食（た）べ物（もの）に卑（いや）しい。
  음식을 탐하다.

- 身分（みぶん）が卑（いや）しい。
  신분이 천하다.

---

010 **嫌（いや）らしい** 추잡하다, 지저분하다

- 下品（げひん）で嫌（いや）らしいことを言（い）う。
  품위없고 추잡한 소리를 한다.

---

011 **薄暗（うすぐら）い** 조금 어둡다, 어둑어둑하다

- まだ薄暗（うすぐら）いうちに始発電車（しはつでんしゃ）にのった。
  아직 어둑어둑할 때에 첫 전철을 탔다.

---

012 **疑（うたが）わしい** 의심스럽다, 수상하다

- 彼（かれ）の言（い）っていることはどうも疑（うたが）わしい。
  그가 말하고 있는 것은 아무래도 미심쩍다.

① いぶかしい (원인을 규명하고자 하는 주관적인 기분이 많이 드러난 표현)
의심스럽다, 수상쩍다 ▶ 不審(ふしん)だ 의심스럽다

・彼の言動にはいぶかしい点がある。
그의 언동에는 의심스러운 점이 있다.

---

013 羨ましい 부럽다 (본받고 싶다는 선의의 감정)

・ぼくは彼のことがうらやましくてしかたがないんですよ。
나는 그가 부러워서 견딜 수가 없어요.

ねたましい 질투심이 나다, 은근히 샘이 나다 (악의의 감정으로 매우 부럽다.)

---

014 うるさい ① 번거롭다, 귀찮다 ② 시끄럽다 ③ 까다롭다, 잔소리가 많다

▶ 口(くち)うるさい 잔소리가 심해 성가시다

・手続きがうるさい。
절차가 번거롭다.

・工場の騒音がうるさい。
공장의 소음이 시끄럽다.

・彼の母はうるさい。
그의 어머니는 잔소리가 심하다.

---

015 幼い 어리다

・社会は幼い子供を守る義務がある。
사회는 어린이를 보호할 의무가 있다.

---

016 惜しい 아깝다

・彼の死はまことに惜しい。
그의 죽음은 참으로 애석하다.

---

017 思いがけない 생각지도 않다, 뜻밖이다

・あまり思いがけない出来事だったので、みんな驚いてしまった。
너무 뜻밖의 사건이었기 때문에 모두 놀라고 말았다.

018 おもくる **重苦しい** 답답하다 □□□

· 今日もどんよりとした天気で重苦しいですね。
오늘도 잔뜩 흐린 날씨여서 답답하군요.

019 おも **重たい** 무겁다, 개운치 않다 □□□

· おそくまで起きていたので頭が重たい。
밤 늦게까지 자지 않고 있었기 때문에 머리가 무겁다.

020 かしこ **賢い** 현명하다, 약삭빠르다 □□□

· あの人はいつも賢く立ち回って決して損をしない。
저 사람은 언제나 약게 처신해서 결코 손해를 보지 않는다.

021 から **辛い** ① (엄격하여) 짜다, 가혹하다, 박하다 ② 맵다 ▶ ぴりぴり (매운 맛에) 얼얼 □□□

· 君たちが二度と失敗しないように、わざと辛い点をつけておいた。
너희들이 두 번 다시 실수하지 않도록 일부러 박하게 점수를 매긴 거야.
· 日本人のわりに吉田さんは辛い物をよく食べます。
일본인치고 요시다 씨는 매운 것을 잘 먹습니다.

022 **かわいらしい** 귀엽다, 사랑스럽다 □□□

· かわいらしい家が並んでいる。
예쁘장한 집이 늘어서 있다.

023 **きつい** ① 꼭 끼다, 답답하다 ② 심하다, 고되다 ↔ ゆるい 느슨하다 □□□

· 靴がきつい。
구두가 꼭 끼다.
· きついことを言うようだが、規則には従わなければならない。
좀 심한 말일지 모르나 규칙에는 따라야만 한다.

024 **くすぐったい** 간지럽다, 근질근질하다 ↔ くすぐる 간질이다 □□□

· 足の裏がくすぐったい。
발바닥이 근질거린다.

025 くだらない 변변치 않다, 하찮다

☐☐☐

・そんなくだらないことに気を使う必要はない。
그런 쓸데없는 일에 신경 쓸 필요가 없다.

026 悔しい 분하다

☐☐☐

・悔しいことにまた負けてしまった。
분하게도 또 지고 말았다.

027 険しい (경사가) 가파르다, 험하다

☐☐☐

・あの山は険しくて一人でのぼるのは無理です。
저 산은 험해서 혼자서 오르는 것은 무리입니다.

028 心細い (어쩐지) 불안하다, 미덥지 않다

☐☐☐

↔ 心強(こころづよ)い 마음 든든하다, 믿음직스럽다

・一人では心細い。
혼자서는 불안하다.

029 快い 기분이 좋다, 상쾌하다

☐☐☐

・快く引き受ける。
기분 좋게 떠맡다.

030 騒がしい 시끄럽다, 소란하다

☐☐☐

・日曜日はいつも騒がしいです。
일요일은 항상 소란합니다.

031 しつこい 끈덕지다, 집요하다, (색깔·맛이) 산뜻하지 않다

☐☐☐

・しつこくねだる。
끈질기게 조르다.

・中華料理は日本の食べ物に比べて味がしつこい。
중국요리는 일본 음식에 비해 맛이 느끼하다.

032 **渋い**(しぶい) 떫다, (표정이) 떨떠름하다

· **渋い柿なので食べられません。**(しぶいかきなのでたべられません)
감이 떫어서 먹을 수 없습니다.

· **渋い顔をしている。**(しぶいかおをしている)
떨떠름한 표정을 짓고 있다.

🔵 **다른 표현**

① **濃い**(こい) (색·맛이) 짙다, 진하다
② **薄い**(うすい) ㉠ (색·맛이) 산뜻하다, 옅다 ↔ 濃(こ)い ㉡ 얇다 ↔ 厚(あつ)い
③ **苦い**(にがい) 쓰다
④ **塩辛い**(しおからい) 짜다
⑤ **油っこい**(あぶらっこい) 느끼하다
⑥ **酸っぱい**(すっぱい) 시다 ▶ 口を酸っぱくする(くちをすっぱくする) 입이 아프도록 같은 말을 되풀이해서 타이르다

033 **ずうずうしい** 뻔뻔스럽다

· **ずうずうしい態度をとる。**(ずうずうしいたいどをとる)
뻔뻔스러운 태도를 취하다.

034 **素早い**(すばやい) 아주 빠르다, 재빠르다

· **素早く行動してください。**(すばやくこうどうしてください)
재빠르게 행동해 주세요.

035 **ずるい** 교활하다, 꾀를 부리다

· **あの人はずるいので、みんなから嫌われている。**(あのひとはずるいので、みんなからきらわれている)
저 사람은 교활해서 모두가 싫어한다.

036 **鋭い**(するどい) (감각·판단력이) 뛰어나다, 예리하다
　　↔ 鈍(にぶ)い (감각·반응이) 더디다, 굼뜨다

· **あの人は知覚が鋭い。**(あのひとはちかくがするどい)
저 사람은 지각이 날카롭다.

· **頭の動きが鈍い。**(あたまのはたらきがにぶい)
두뇌의 작용이 더디다.

037
騒々しい (そうぞう)　시끄럽다, 떠들썩하다
□□□

- 騒々しい都会を離れて田舎に引っ越す。
（そうぞう）（と かい）（はな）（いなか）（ひ）（こ）
  소란스러운 도시를 떠나 시골로 이사한다.

038
頼もしい (たの)　믿음직하다, 장래성이 있다
□□□

- 彼は責任感が強く頼もしい青年です。
（かれ）（せきにんかん）（つよ）（たの）（せいねん）
  그는 책임감이 강한 믿음직한 청년입니다.

039
堪らない (たま)　참을 수 없다, 견딜 수 없다
□□□

- 結婚が決って彼女はうれしくてたまらないらしく、みんなに話し
たがっている。
（けっこん）（きま）（かのじょ）（はな）
  결혼이 결정되고 그녀는 기뻐서 견딜 수 없다는 듯이 모두에게 말하고 싶어 한다.

040
だらしない　주책이 없다, 칠칠치 못하다
□□□

- だらしない服装で歩くのはやめなさい。
（ふくそう）（ある）
  칠칠치 못한 복장으로 다니는 것은 그만두세요.

041
だるい　몸이 나른하다
□□□

- 風邪のせいか、体がだるい。
（か ぜ）（からだ）
  감기 탓인지 몸이 나른하다.

042
力強い (ちからづよ)　힘차다
□□□

- 力強い足どりで行進する。
（ちからづよ）（あし）（こうしん）
  힘찬 발걸음으로 행진하다.

043
注意深い (ちゅう い ぶか)　주의 깊다
□□□

- 昆虫のからだのつくりをルーペで注意深く観察する。
（こんちゅう）（ちゅう い ぶか）（かんさつ）
  곤충 몸체의 구조를 확대경으로 주의 깊게 관찰하다.

イ形容사

044 辛い (つらい) 괴롭다, 고통스럽다

・仕事が辛い。 일이 고되다.
・家族と離れるのは辛い。
가족과 떨어지는 것은 괴롭다.

045 貴い・尊い (とうと・とうと) 존귀하다, 소중하다

・生命ほど尊いものはない。
생명만큼 소중한 것은 없다.

046 乏しい (とぼしい) 모자라다, 부족하다

・乏しい税収をどのように配分するかが問題だ。
부족한 세수를 어떻게 배분하는가가 문제이다.

047 とんでもない 뜻하지 않다, 뜻밖이다, 터무니없다

・ちいさなミスからとんでもない事故が起こる。
작은 실수에서 뜻하지 않은 사고가 생긴다.

048 情けない (なさけない) (기대 밖이어서) 한심하다, 비참하다

・何という情けないことだろう。
이 무슨 한심스러운 짓인가.
・最下位とは情けない。
최하위라니 한심하다.
・情けない成績 한심한 성적

🔵 유사 표현

① 嘆かわしい (なげかわしい) 한심하다, 서글프다
・嘆かわしい事件が続発する。
한심한 사건이 속출하다.

② みすぼらしい 초라하다, 볼품없다
・みすぼらしい姿で現われる。
초라한 모습으로 나타나다.
・外見はみすぼらしくても、中身は立派だ。
겉은 볼품없지만 내용은 훌륭하다.

538

③ 薄い　약하다, 모자라다, 부족하다
・中身の薄い話だ。
내용이 빈약한 이야기다.

④ 貧弱だ　빈약하다, 왜소하다, 초라하다, 허약하다
・この家は玄関が貧弱だ。
이 집은 현관이 초라하다.

⑤ 貧相だ　(용모・옷차림이) 궁상맞다, 초라하다
・この服では貧相に見える。
이 옷으로는 초라하게 보인다.

⑥ みっともない　꼴사납다, 꼴불견이다, 보기 흉하다
・みっともない姿で外出するな。
보기 흉한 모습으로 외출하지 말아라.

⑦ 体裁が悪い　볼품이 없다, 외관이 흉하다
・体裁の悪い服装をしている。
볼품이 없는 옷을 입고 있다.

---

049 懐かしい　그립다, 반갑다
・中学時代が懐かしく思い出される。
중학 시절이 그리워진다.

050 生臭い　(생선이나 고기 따위의) 비린내가 나다
・ぼくは魚の生臭いにおいが苦手です。
나는 생선 비린내를 싫어합니다.

051 憎い　얄밉다
・殺してやりたいほど憎い。
죽이고 싶도록 밉다.

052 憎らしい　밉살스럽다, 얄밉다 = 憎(にく)たらしい
・人のいやがることばかりする憎らしい子だね。
다른 사람이 싫어하는 일만 하는 밉살스러운 아이구나.

형용사

イ형용사

053 眠（ねむ）たい　졸리다 = 眠（ねむ）い

・眠（ねむ）たい目（め）をこする。
졸리는 눈을 비비다.

054 望（のぞ）ましい　바람직하다

・皆（みんな）の協力（きょうりょく）が望（のぞ）ましい。
모두의 협력이 바람직하다.

055 ばかばかしい　매우 어리석다, 어이없다, 우습다

・そんなことで夫婦（ふうふ）げんかをするなんてばかばかしい。
그런 일로 부부 싸움을 하다니 웃기는군.

056 幅広（はばひろ）い　폭넓다, 광범위하다

・幅広（はばひろ）く活動（かつどう）する。
광범위하게 활동하다.

057 等（ひと）しい　같다, (성질·수량·정도·형상이) 동일하다

・二本（にほん）の鉛筆（えんぴつ）の長（なが）さが等（ひと）しい。
두 자루의 연필은 길이가 같다.

058 平（ひら）たい　평평하다, 평탄하다

・あの山（やま）はとても平（ひら）たい。
저 산은 꽤 평탄하다.

059 相応（ふさわ）しい　(가치적·질적으로 적합한 상태, 가치 평가에 중점을 둔 표현)
어울리다, 걸맞다

・その場（ば）に相応（ふさわ）しい服装（ふくそう）をしている。
그 장소에 어울리는 복장을 하고 있다.

◆ 유사 표현

① 似合（にあ）う　(단순히 객관적으로 외면적 조화가 이루어짐) 잘 맞다, 어울리다

・たいへんよくお似合（にあ）いですよ。
너무 잘 어울려요.

・この女性は白い服がよく似合う。
그 여성은 하얀 옷이 잘 어울린다.
・新しいズボンがよく似合う。
새로 산 바지가 잘 어울린다.

060 細長い 가늘고 길다

・細長いテーブル　가늘고 긴 테이블

061 貧しい 가난하다 ↔ 豊(ゆた)かだ 풍요롭다

・貧しい家に生まれる。
가난한 집에 태어나다.

062 待ち遠しい 몹시 기다려지다

・遠足の日が待ち遠しい。
소풍 가는 날이 몹시 기다려진다.

063 まぶしい 눈부시다, 눈이 부시도록 아름답다 = まばゆい

・まぶしいほど美しい女の人です。
눈부시게 아름다운 여자입니다.

064 醜い (마음·행위 등이) 추하다, 추악하다 ↔ きれいだ 아름답다

・人間の醜い一面を描く。
인간의 추한 일면을 그리다.

065 蒸し暑い 무덥다

・雨がやんで急に蒸し暑くなった。
비가 그치고 갑자기 무더워졌다.

066 むなしい 헛되다, 보람 없다, 허무하다

・善戦もむなしく敗れる。　선전도 보람 없이 패했다.
・むなしい夢を追う。　공허한 꿈을 좇다.

イ
형용사

---

067 目覚ましい 눈부시다

・運動会で吉田君は目覚ましい活躍をした。
운동회에서 요시다 군은 눈부신 활약을 했다.

・学力の向上がめざましい。
학력 향상이 눈부시다.

---

068 めでたい 경사스럽다, 축하할 만하다

・合格して何よりもめでたい。
합격해서 무엇보다 경사스럽다.

---

069 面倒臭い 매우 귀찮다, 매우 성가시다

・このゲームはルールが面倒臭い。
이 게임은 룰이 번거롭다.

---

070 もったいない 아깝다, (사용할 수 있는 것을 충분히 활용 못해) 과분하다

・まだ使えるものを捨てるなんてもったいない。
아직 사용할 수 있는 것을 버리다니 아깝다.

・彼女は美人すぎて彼の奥さんになるにはもったいない。
그녀는 너무 미인이라서 그의 부인이 되기에는 아깝다.

> ♀ 다른 표현
>
> ① 惜しい 아깝다, 섭섭하다
>
> ・その靴は捨てるには惜しい。
> 그 구두는 버리기에는 아깝다.

---

071 ものすごい 굉장하다, 대단하다

・今年の暑さはものすごい。
금년 더위는 굉장하다.

---

072 もろい 약하다, 무르다

・体格はりっぱながらどこかもろいところがある。
체격은 좋으나 어딘가 무른 데가 있다.

・涙もろい人
눈물이 많은 사람 / 정에 약한 사람

073
喧しい （やかま）　까다롭다　☐☐☐

- 彼女は色の好みにやかましい。
  그녀는 색에 대한 취향이 까다롭다.

074
安っぽい （やす）　싸구려 같다, 싸구려로 보이다　▶ 二束三文(にそくさんもん) 싸구려　☐☐☐

- 叔父は社長なのに安っぽい洋服を着ている。
  숙부는 사장인데도 싸구려 양복을 입고 있다.
- 二束三文で売りとばす。
  싸구려로 팔아넘기다.

075
やわらかい　유연하다, 부드럽다, 융통성이 있다　☐☐☐

- やわらかいパン
  부드러운 빵
- 頭がやわらかい。
  머리가 융통성이 있다.

076
若々しい （わかわか）　젊고 싱싱하다　☐☐☐

- 年に似合わず若々しい。
  나이에 어울리지 않게 젊고 발랄하다.

077
悪賢い （わるがしこ）　교활하다, 간사하다　☐☐☐

- 悪賢い人は好かれない。
  교활한 사람은 인심을 얻지 못한다.

イ형용사

001 相容れない 용납할 수 없다, 서로 맞지 않다

・私は彼と思想上相容れないところがある。
나는 그와 사상적으로 맞지 않는 부분이 있다.

・そういう行動はぜったい相容れない。
그러한 행동은 절대 용납할 수 없다.

002 味気無い・味気ない 맛이 없다, 싱겁다, 재미없다

・旅行の楽しみ方は人によって様々である。いまや無数にある旅行会社のパックツアーは安全で便利だがあまりにも味気ない。
여행을 즐기는 방법은 사람에 따라 다양하다. 현재 수없이 많은 여행사의 단체여행은 안전하고 편리하지만 너무나도 재미가 없다.

003 厚かましい 뻔뻔스럽다, 철면피다

・厚かましいお願いで恐縮ですが…。
염치없는 부탁이라서 죄송합니다만….

004 危うい 위태롭다, 위험하다, 아슬아슬하다

・危ういところで助かる。
아슬아슬하게 살아나다.

005 荒々しい 난폭하다, 거칠다

・荒々しく窓を閉める。
거칠게 창문을 닫다.

006 粗い 거칠다, 성기다

・キャベツを粗く切る。
양배추를 듬성듬성 썰다.

007 **荒っぽい** 난폭하다

・道具のあつかいが荒っぽい。
도구 다루는 것이 거칠다.

008 **潔い** 미련없이 깨끗하다, 떳떳하다

・自分のあやまりを潔く認める。
자기의 잘못을 깨끗이 시인하다.

> **시험에 잘 나오는 다른 표현**
>
> ① **潔く** 깨끗이, 떳떳하게
> ・潔くあきらめる。
> 깨끗이 체념하다.
>
> ② **潔しとしない** (자신의 신념에 비추어서 그런 일을 해서는 안 된다고 생각하는 모습) 떳떳하게 여기지 않다
> ・人の援助を受けるのを潔しとせず、自分でがんばっている。
> 남의 원조를 받는 것을 떳떳하게 여기지 않고 스스로 버티고 있다.

009 **勇ましい** 용감하다, 활발하다

・勇ましく戦う。
용감하게 싸우다.

010 **うしろめたい** 떳떳치 못하다, 뒤가 켕기다

・友人を裏切ってうしろめたい。
친구를 배반하여 뒤가 켕기다.

011 **うっとうしい** 개운치 않다, 음울하다, 울적하다, 후텁지근하다, 귀찮다, 거추장스럽다

・顔に腫れ物ができて気分がうっとうしい。
얼굴에 종기가 나서 갑갑하다.

・うっとうしい天気がつづく。
음침한 날씨가 계속되다.

イ 형 용 사

012 **おびただしい** 굉장히 많다 □□□

・車がおびただしく行き来する。
자동차가 엄청나게 많이 왕래하다.

013 **思わしい** 탐탁하다, 바람직하다, 마땅하다 □□□

・経過が思わしくない。
경과가 바람직하지 못하다.

・景気が思わしくない。
경기가 좋지 못하다.

・思わしい返事をしてくれない。
바람직한 대답을 해 주지 않다.

　🔹 유사 표현

　① **好ましい** 바람직하다, 탐탁하다
　・好ましい結果が出た。
　만족할 만한 결과가 나왔다.

　② **望ましい** 바람직하다, 바람직스럽다, 옳다
　・この程度の大きさが望ましい。
　이 정도의 크기가 적당하다.

014 **折り目正しい** 예의 바르다 □□□

・中川君は折り目正しい好青年だ。
나카가와 군은 예의바른 좋은 청년이다.

015 **輝かしい** 빛나다, 훌륭하다, 눈부시다 □□□

・輝かしい業績を残す。
훌륭한 업적을 남기다.

016 **堅苦しい** 너무 엄격하다, 딱딱하다 □□□

・堅苦しいあいさつは抜きにしよう。
딱딱한 인사는 생략하기로 하자.

546

017 **か弱い** （よわ）（외관·모습에 중점）가냘프다, 연약하다

・**か弱い女性**（よわ）（じょせい）
연약한 여성

・**か弱い体でよくここまでがんばったものだ。**（よわ）（からだ）
연약한 몸으로 여기까지 잘 버텨왔군.

> 🔁 유사 표현
>
> ① **よわよわしい** 아주 약해 보이다, 약하디 약하다
>
> ② **ひよわい** 가냘프다, 허약하다

018 **ぎこちない** 어색하다, 딱딱하다

・**緊張すると動作がぎこちなくなる。**（きんちょう）（どうさ）
긴장하면 동작이 어색해진다.

019 **きまり悪い**（わる）（자신의 실패 또는 꺼림칙한 부분이 남에게 보여질 때의
감정 / 굴욕감·열등감이 동반）어쩐지 창피하다, 쑥스럽다

・**みんなが見ている前で転んで、きまり悪かった。**（み）（まえ）（ころ）（わる）
모두가 보고 있는 데서 넘어져서 창피했다.

> 🔁 유사 표현
>
> ① **恥ずかしい**（は）（능력·기술의 부족에 따른 열등감, 타인에 대한 죄의식으로）부끄럽다, 겸연쩍다
>
> ・**専門家が作ったビデオじゃないので、あまりうまくできなかったことが恥ずかしい。**（せんもんか）（つく）（は）
> 전문가가 만든 비디오가 아니기 때문에 그다지 잘 만들지 못한 것이 부끄럽다.
>
> ② **照れくさい**（て）（선악과 관계없이 주목받는 그 자체가）멋쩍다, 겸연쩍다, 쑥스럽다
>
> ・**ほめられて照れくさい。**（て）
> 칭찬을 받아 쑥스럽다.

020 **気難しい**（き）（むずか）성미가 까다롭다, 신경질적이다

・**母は気難しい父に神経を使う。**（はは）（き）（むずか）（ちち）（しんけい）（つか）
어머니는 성미가 까다로운 아버지에게 신경을 쓰신다.

イ形容사

021 清い 깨끗하다, 맑다

・清い交際を続ける。
깨끗한[바람직한] 교제를 계속하다.

022 くどい 지루할 정도로 장황하다, 귀찮고 번거롭다

・笹村さんは酒を飲むと話がくどくなるので、一緒に飲みに行くのは好きじゃない。
사사무라 씨는 술을 마시면 이야기를 지겹게 되풀이하기 때문에 함께 술 마시러 가는 것을 좋아하지 않는다.

023 煙たい ① 맵다 ② (같이 있기가) 거북하다, 답답하다 = 煙(けむ)い

・部屋の中が煙たい。
방안이 맵다.

・岡田課長は部下に煙たがられている。
오카다 과장은 부하들이 어려워한다.

024 恋しい 그립다

・離れて暮らしている恋人のことを思うと、恋しくてならない。
떨어져 지내고 있는 애인을 생각하면 그리워서 견딜 수 없다.

025 香ばしい (냄새가) 고소하다, 구수하다

・どこからかせんべいの焼けるような香ばしいにおいがした。
어디선가 전병이 구워지는 듯한 고소한 냄새가 났다.

026 快い 상쾌하다

・涼しい風が吹いていて、ほんとうに快い朝でした。
시원한 바람이 불어 참으로 상쾌한 아침이었습니다.

027 好ましい 바람직하다

・これは子どもにとって好ましい本だ。
이것은 어린이에게 바람직한 책이다.

028 すがすがしい 상쾌하다, 시원하다

- すがすがしい山の朝
  상쾌한 산 속의 아침

029 すさまじい 몹시 격렬하다, 대단하다, 굉장하다

- すさまじい勢いで飛びかかる。
  대단한 기세로 덤벼들다.

030 図太い 뻔뻔스럽다, 유들유들하다

- 彼女は図太い神経の持ち主だ。
  그녀는 유들유들한 신경의 소유자다.

031 切ない 애달프다, (사랑 따위로) 마음이 안타깝고 처량하다

- 切ない思いをうちあける。
  애달픈 심정을 털어놓다.

032 そそっかしい 경솔하다, 덜렁덜렁하다 ▶ あわて者(もの) 덜렁이

- そそっかしくて失敗が多い。
  덤벙대서 실수가 많다.

> **다른 표현**
>
> ① ざっくばらん 개방적인 성격
>
> ② おっとり (대범하고 까다롭지 않은 모양. 선비기질·양반기질) = おとなしい

033 たくましい 몸이 억세다, 늠름하다

- 健康でたくましい体をつくりあげる。
  건강하고 늠름한 몸을 만들다.

034 たやすい 쉽다, 용이하다

- そんなことはたやすいご用です。
  그런 일은 쉬운 일입니다.
- 批判はたやすいが実行は難しい。
  비판은 쉽지만 실행은 어렵다.

◆다른 표현

① **容易** 용이함, 손쉬움
- **容易に変更できます。**
  손쉽게 변경할 수 있습니다.
- **容易ならぬ事態だった。**
  간단하게 끝날 것 같지 않은 사태였다.

② **朝飯前** 누워서 떡 먹기
- **こんな問題は朝飯前だ。**
  이런 문제는 아주 쉬운 일이다.

③ **お茶の子さいさい** 누워서 떡 먹기
- **こんなことはお茶の子さいさいだ。**
  이런 일은 누워서 떡 먹기다.

④ **赤子の手をねじるよう** 누워서 떡 먹기
- **彼をだましてお金を出させるのは赤子の手をねじるようなものだ。**
  그를 속여서 돈을 내놓게 하는 것은 아주 손쉬운 일이다.

⑤ **おやすいご用だ** 손쉬운 일이다

---

035 頼りない 믿음직스럽지 못하다, 믿을 수 없다
- **彼の道案内はまったく頼りなかった。**
  그의 길 안내는 전혀 믿을 수 없었다.

---

036 でかい 아주 크다 = でっかい(힘줌말) ▶ 大(おお)きい 크다
- **馬鹿にでかい帽子だ。**
  엄청나게 큰 모자다.

---

037 名残惜しい 헤어지기가 섭섭하다[아쉽다]
- **これでお別れとはお名残惜しいことです。**
  이렇게 헤어지다니 섭섭합니다.

---

038 名高い 유명하다
- **声楽家として名高い。**
  성악가로서 유명하다.

039 生ぬるい 미지근하다, 미온적이다 □□□

- そんなやり方じゃ生ぬるい。
  그런 방법으로는 좀 미온적이다.

040 なれなれしい 친해져서 버릇없다 □□□

- 先生になれなれしい口をきくなんて失礼じゃないか。
  선생님에게 버릇없이 말을 하다니 실례 아니냐.

041 似つかわしい 적합하다, 꼭 알맞다, 걸맞다 □□□

- 住民の意見を無視して町に似つかわしくないマンションが建設された。
  주민의 의견을 무시하고 마을에 어울리지 않는 맨션이 건설되었다.

042 根強い 뿌리 깊다, 쉽사리 바뀌지 않다 □□□

- 彼らの偏見はなかなか根強い。
  그들의 편견은 매우 뿌리 깊다.

043 粘り強い 끈기 있다, 끈질기다, 끈덕지다 □□□

- 高橋さんはねばり強い人だ。
  다카하시 씨는 끈질긴 사람이다.
- 粘り強く研究を続ける。
  끈기있게 연구를 계속하다.

🔵 관련 표현

① 我慢する 참다, 견디다, 인내하다
- 寒いのを我慢して薄着でいる。
  추운 것을 참고 옷을 얇게 입고 있다.

② 辛抱する 참다, 인내하다
- 家族に会えなくても辛抱しなければならない。
  가족을 만날 수 없어도 참지 않으면 안 된다.
- 暑い日も寒い日も辛抱して練習を続けた。
  더운 날이나 추운 날도 인내하며 연습을 계속했다.

③ 堪える 참다, 견디다
- 傷の痛みに堪える。 상처의 아픔을 참다.

イ形容詞

④ こらえる　참다, 견디다
・転んだが痛さをこらえる。
　넘어졌으나 아픔을 참다.

⑤ 忍ぶ　참다, 견디다　＝堪(た)え忍(しの)ぶ　꾹 참다
・恥を忍んで告白したいことがある。
　부끄러움을 참고 고백하고 싶은 일이 있다.
・屈辱を堪え忍んで借金を申し出た。
　굴욕을 꾹 참고 빚을 신청했다.

⑥ 辛抱強い　인내심이 강하다, 잘 참다
・逆境を乗り越えて辛抱強く続けた。
　역경을 극복하고 강한 인내심을 가지고 계속했다.

⑦ 忍耐する　인내하다
・忍耐するにも限度がある。
　인내하는 데도 한도가 있다.

⑧ 堪忍する　인내하다, 참다
・苦しいでしょうが堪忍してください。
　괴롭겠지만 참아 주세요.

⑨ 根気強く　끈기 있게
・根気づよく続ける。　끈기 있게 계속하다.

⑩ 石の上にも３年　고생 끝에 낙이 있다

⑪ 堪忍袋の緒が切れる　더 이상 못 참다

044　はかない　덧없다, 허무하다

・うつくしい花もはかなく散っていく。
　아름다운 꽃도 덧없이 떨어진다.

045　歯がゆい　성에 차지 않다, 속이 타다, 안타깝다

・どうも歯がゆくて見ていられない。
　도대체가 답답해서 보고 있을 수가 없다.

046　はしたない　조심성이 없다, 상스럽다, 버릇없다

・つい、はしたない言葉を使ってしまって、ごめんなさい。
　저도 모르게 그만 버릇없는 말을 해서 미안합니다.

047 甚だしい (정도가) 지나치다, 심하다 ☐☐☐

- 君の勘違いも甚だしい。
  자네의 오해도 이만저만이 아니다.

048 華々しい 훌륭하다, 매우 화려하다 ☐☐☐

- 華々しい最期を遂げる。
  훌륭한 최후를 마치다.

049 久しい 오래되다, 오래간만이다 ☐☐☐

- 田舎の叔母とは久しく会っていない。
  시골 숙모와는 오랫동안 만나지 못하고 있다.

050 福々しい 복스럽다, 토실토실하다 ☐☐☐

- あの人の福々しい顔を見ていると、気持ちが和む。
  저 사람의 온화한 얼굴을 보고 있으면 기분이 누그러진다.

○ 유사 표현

① ふっくらと 부드럽게 부푼 모양
  - 彼女はふっくらと肥えていた。
    그녀는 통통하게 살쪄 있었다.

051 紛らわしい 혼동하기 쉽다, 비슷해서 틀리기 쉽다 ☐☐☐

- この二つはどうも紛らわしい。
  이 둘은 아무래도 혼동하기 쉽다.

052 回りくどい (말 따위를) 빙 둘러서 하다 ☐☐☐

- 回りくどい言い方はやめてもらいたい。
  빙 둘러서 말하는 것은 그만두기 바란다.

053 見苦しい 보기 흉하다, 볼꼴 사납다 ☐☐☐

- 男が泣くのは見苦しい。
  남자가 우는 것은 보기 흉하다.

① 형용사

イ形容詞

054 水臭い (みずくさい)　가까운 사이인데도 남처럼 서먹서먹하게 대하다, 정다운 맛이 없다

・ぼくに内緒(ないしょ)だなんて、ずいぶん水臭い(みずくさ)じゃないか。
나에게 비밀로 하다니 굉장히 서운한걸.

055 みすぼらしい　초라하다, 볼품이 없다

・みすぼらしい服装(ふくそう)をしている。
초라한 복장을 하고 있다.

056 みずみずしい　윤이 흐르고 싱싱하다, 싱그럽고 아름답다

・みずみずしい野菜(やさい)　싱싱한 야채

057 みっともない　보기 흉하다, 남부끄럽다

・人前(ひとまえ)で泣(な)くのはみっともない。
다른 사람 앞에서 우는 것은 남부끄럽다.

058 めっそうもない　당치도 않다, 얼토당토 않다

・そんな、めっそうもありません。
천만에요, 당치도 않습니다.

059 もっともらしい　그럴 듯하다, 자못 진실한 것처럼 보이다

・急(きゅう)にもっともらしい顔(かお)をしてあいさつをした。
갑자기 자못 진지한 표정으로 인사했다.

・彼女(かのじょ)はもっともらしい顔(かお)をして嘘(うそ)をつく。
그녀는 그럴 듯한 표정을 지으며 거짓말을 한다.

060 物足りない (もの た)　(중요한 것이 빠져 있는 것 같아서) 어딘지 부족하다

・夕食(ゆうしょく)がご飯(はん)いっぱいでは物足(もの た)りない。
저녁 식사가 밥 한공기라니, 어딘지 좀 부족하다.

061 ややこしい　복잡하다, 까다롭다

・田舎(いなか)の親類関係(しんるいかんけい)はややこしくて、わかりにくい。
시골의 친족 관계는 복잡해서 알기 어렵다.

062 やりきれない 다 해낼 수 없다, 못 견디겠다

・今日中には、宿題はやりきれない。
오늘 중으로는 숙제는 도저히 다 할 수 없다.

・父の最期に会えなかったことがやりきれない。
아버지 임종에 뵐 수 없었던 것이 견딜 수 없다.

063 遣る瀬無い 마음을 달랠 길이 없다, 안타깝다, 애절하다, 쓸쓸하다

・やるせない思いで身もやせる。 괴로움을 달랠 길 없어 몸마저 여위다.

○ 유사 표현

① 切ない (슬픔・외로움 등으로) 안타깝다, 애절하다
・人との別れが切ない。 사람들과의 헤어짐이 안타깝다.

064 用心深い 주의 깊다, 신중하다

・用心深く構える。 신중하게 대비하다.

065 余儀ない 어쩔 수 없다, 하는 수 없다, 부득이하다
= やむを得(え)ない, 仕方(しかた)ない

・余儀ない事情で欠席した。 어쩔 수 없는 사정으로 결석했다.
・辞任を余儀なくされた。 사임이 불가피해졌다.

066 喜ばしい 기쁘다, 즐겁다, 다행이다

・祖父も白寿を迎え、喜ばしいかぎりだ。
할아버지도 99세를 맞이하여 한없이 기쁘다.

067 忘れっぽい 잘 잊어버리다, 건망증이 있다

・あの人は忘れっぽい人だから、また約束を忘れているかもしれない。
그 사람은 깜빡깜빡하는 사람이니까 또 약속을 잊고 있을지도 모른다.

068 煩わしい 번거롭다, 성가시다, 귀찮다 = めんどうくさい

・煩わしい事は御免だ。 성가신 일은 질색이다.
・わずらわしい人間関係 껄끄러운 인간관계

PART 4

ナ형용사

ナ형용사

001 嫌（いや） 싫음, 불쾌함　▶嫌（いや）がる, 嫌（きら）う 동 싫어하다

・鈴木（すずき）さんにコピーを頼（たの）んだら嫌（いや）な顔（かお）をされた。
스즈키 씨에게 복사를 부탁했더니 불쾌한 표정을 지었다.

002 お洒落（しゃれ） 멋을 부림

・彼女（かのじょ）はお洒落（しゃれ）なわりには、部屋（へや）はきたない。
그녀는 멋을 부리는데 비해서 방은 지저분하다.

003 同（おな）じ 같음　▶おない年（ど）し 동갑, 같은 나이 (おなじどしの 음편)

・大石（おおいし）さんと右川（いしかわ）さんは同（おな）い年（どし）です。
오이시 씨와 이시카와 씨는 동갑입니다.

004 活発（かっぱつ） 활발 ＝ 盛（さか）んだ 활발하다

・火山活動（かざんかつどう）が活発（かっぱつ）になった。
화산 활동이 활발해졌다.
・活発（かっぱつ）な議論（ぎろん）が行（おこな）われた。
활발한 논의가 이루어졌다.

005 簡単（かんたん） 간단 ＝ やさしい 간단하다

・朝食（ちょうしょく）を簡単（かんたん）にすませる。
아침 식사를 간단하게 끝내다.

006 危険（きけん） 위험

・そんな危険（きけん）な所（ところ）へ子供（こども）を行（い）かせるわけにはいかない。
그런 위험한 곳에 아이를 가게 할 수 없다.

007 急（きゅう） 급함 *일이 갑작스럽게 발생하는 모습

・急（きゅう）な用事（ようじ）で会議（かいぎ）に出（で）られない。
급한 용무 때문에 회의에 참석할 수 없다.

008 ぎりぎり 수량, 시간, 정도 따위가 허용된 한계점에 다다른 모양 □□□

・これがゆずれるぎりぎりの線です。
이것이 양보할 수 있는 최대한의 선입니다.

・あさってが返済ぎりぎりの期限です。
모레가 변제 최종기한입니다.

・締め切りはぎりぎりで、見通しが立たないので、彼は気が立っている
んだ。
마감(일)은 빠듯하고 전망은 서지 않아서, 그는 신경이 곤두서 있는 것이다.

・二千円がぎりぎりの線だ。
2,000엔이 최대한의 한계선이다.

009 きれい ① 예쁨, 아름다움 ② 깨끗함 ↔ 汚(きたな)い 더럽다, 지저분하다 □□□

・この花はきれいですが、なんという名前でしょうか。
이 꽃은 예쁜데, 이름이 뭔가요?

・汚なく使わないでください。
더럽게 쓰지 말아 주십시오.

010 結構 훌륭함, 좋음 □□□

・結構なプレゼントをありがとう。
좋은 선물을 주셔서 감사합니다.

011 元気 건강(함) □□□

・ご両親はお元気でいらっしゃいますか。
부모님은 안녕하십니까?

012 健康 건강 □□□

・健康で風邪を引いたこともない。
건강해서 감기에 걸린 적도 없다.

013 濃やか 면밀함, 자상함 □□□

・あの人は気持ちがとても濃やかだ。
저 사람은 정이 매우 두텁다.

ナ형용사

014 残念(ざんねん) 유감, 안타까움
・残念(ざんねん)ながら出席(しゅっせき)できない。
유감스럽게도 출석할 수 없다.

015 幸せ(しあわ) 행복
・よい友(とも)だちがたくさんいるぼくは幸(しあわ)せだ。
좋은 친구가 많이 있는 나는 행복하다.

016 四角(し かく) 사각, 네모
・おもちを四角(し かく)に切(き)る。 떡을 네모지게 자르다.

017 静か(しず) 조용함 ▶ 静(しず)かに 조용히, 고요하게, 차분하게
・公園(こうえん)は静(しず)かだった。
공원은 조용했다.
・静(しず)かに話(はなし)をする。
조용히 이야기를 하다.

018 失礼(しつれい) 실례
・そんな言(い)い方(かた)は失礼(しつれい)よ。
그런 말투는 실례예요.

019 邪魔(じゃ ま) 방해
・邪魔(じゃ ま)だから、ちょっとそこをどいて。
방해가 되니까 거기 좀 비켜 줘.

020 自由(じ ゆう) 자유
・どうぞご自由(じ ゆう)にお持(も)ちください。
자 마음껏 가지십시오.

021 正直(しょうじき) 정직
・彼(かれ)は正直(しょうじき)な人(ひと)だ。
그는 정직한 사람이다.

022
上手 [じょうず]
능숙함, 잘함 = 達者(たっしゃ) 능숙함, 능통함
↔ 下手(へた) 서투름, 잘 못함

☐☐☐

· 昔は日本語が上手だったが、今は下手になった。
예전엔 일본어를 잘했었는데 지금은 서툴어졌다.

023
丈夫 [じょうぶ]
(저항력이 강하다는 의미, 물건이 단단하여 부서지지 않음)
건강함, 튼튼함

☐☐☐

· 弟はとても丈夫だ。
남동생은 아주 튼튼하다.

· このくつは丈夫で長持ちします。
이 구두는 튼튼해서 오래 신을 수 있습니다.

· このがばんは丈夫でやすいです。
이 가방은 튼튼하고 쌉니다.

◑ 유사 표현

① 健康 [けんこう] 건강 (아프지 않다는 뜻의 가장 직접적 표현, 정신 상태의 가치 판단)

· 健康にはいくら注意してもしすぎることはない。
건강에 대해서는 아무리 주의해도 지나칠 게 없다.

② 達者 [たっしゃ] 건강함, 튼튼함 (특히 걸음이 빠르다는 뜻으로도 사용하며 어린이에 대해서 사용할 수 없음)

· 年をとっても足は達者だ。
나이를 먹어도 다리는 튼튼하다.

③ 健やか [すこ] 건강함, 건장함, 튼튼함

· 子供が健やかに育つ。
아이가 튼튼하게 자라다.

④ 元気 [げんき] 건강함

· お元気ですか。
건강하십니까?

⑤ がっしり・がっちり 튼튼함, 탄탄함, 건강함

024
親切 [しんせつ]
친절 = 優(やさ)しい 친절하다 ↔ 不親切(ふしんせつ) 불친절

☐☐☐

· お客様への親切なサービスにつとめる。
손님에 대한 친절한 서비스에 힘쓰다.

· あそこの店の店員はとても親切です。
저 가게 점원은 매우 친절합니다.

(ナ 형용사)

025 しんぱい
心配 걱정, 염려
□□□

- 心配(しんぱい)そうな顔(かお)をしています。
  걱정스러운 표정을 짓고 있습니다.

026 す
好き 좋아함
□□□

- ぼくはビールよりウイスキーのほうが好(す)きだ。
  나는 맥주보다 위스키를 좋아한다.
- 好(す)きなだけとってください。
  원하는 만큼 얼마든지 가져가세요.

관련 표현

① 嫌(きら)い 싫어함

- あえて言(い)えばあの人(ひと)は嫌(きら)いです。
  굳이 말하자면 그 사람은 싫습니다.

② ～きらいがある ～하는 경향이 있다, ～한 것이 흠이다

- 彼(かれ)は人(ひと)を見(み)かけだけで判断(はんだん)するきらいがある。
  그는 사람을 겉모습만으로 판단하는 경향이 있다.
- 若者(わかもの)は極端(きょくたん)に走(はし)るきらいがある。
  젊은이는 극단으로 치닫는 게 흠이다.

027 だいじ
大事 중요함
□□□

- 何(なに)よりも今(いま)は勉強(べんきょう)が大事(だいじ)だ。
  무엇보다도 지금은 공부가 중요하다.

028 だいじょうぶ
大丈夫 문제 없음, 염려 없음, 확실함
□□□

- まだ大丈夫(だいじょうぶ)だとは言(い)えない。
  아직 괜찮다고는 말할 수 없다.
- 火事(かじ)にあっても大丈夫(だいじょうぶ)な建物(たてもの)
  화재에도 안전한 건물
- 今週(こんしゅう)は忙(いそが)しいですが、来週(らいしゅう)なら大丈夫(だいじょうぶ)です。
  이번 주는 바쁘지만, 다음 주라면 괜찮습니다.

029
大好き ア주 좋아함 ↔ だいきらい 아주 싫어함

・わたしはしゃぶしゃぶが大好きです。
나는 샤브샤브를 아주 좋아합니다.

  * 大好物 매우 좋아함 (음식물에만 쓴다)

030
大切 소중함, 중요함

・何よりも健康が大切です。
무엇보다도 건강이 중요합니다.

・物を大切にする。
만물을 소중히 하다.

・大切な本を長い間ありがとうございました。
소중한 책을 오랫동안 (빌려 주셔서) 고마웠습니다.

031
大変 대단함, 힘듦

・課長がたいへんな剣幕で怒っている。
과장이 대단히 무서운 얼굴로 화를 내고 있다.

・正座はたいへんそうです。
정좌는 힘들 것 같습니다.

032
確か 틀림없음, 분명함

・契約書は昨日確かに受け取りました。
계약서는 어제 분명히 받았습니다.

033
駄目 소용없음, 무익

・吉田さんに教えられた通りにやったが、だめだった。
요시다 씨에게 배운 대로 했지만 소용없었다.

034
丁寧 정중함, 공손함

・日本では、丁寧に頭を下げてお辞儀をします。
일본에서는 공손히 머리를 숙여 인사를 합니다.

ナ
형용사

ナ형용사

🔵 관련 표현

① 腰が低い（こしがひくい）　저자세이다, 겸손하다, 공손하다
・中山さんは地位が高いわりに腰が低い。（なかやまさんはちいがたかいわりにこしがひくい）
　나카야마 씨는 지위가 높은 데 비해 겸손하다.

---

035 得（とく） 유리함, 형편이 좋음

・そっちを買った方が得だ。（そっちをかったほうがとくだ）
　그 쪽을 사는 편이 유리하다.

---

036 得意（とくい） 잘함, 가장 자신 있어 함
　＝ 十八番（おはこ・じゅうはちばん） 장기, 특기, 십팔번
　▶ '上手（じょうず） 잘함, 능숙함'는 다른 것과 비교하여 평가하는 경우에 쓰인다

・田中さんは何が得意ですか。（たなかさんはなにがとくいですか）
　다나카 씨는 무엇을 잘하십니까?

・私は歌が得意です。（わたしはうたがとくいです）
　나는 노래를 잘합니다.

・ああいうタイプの人はどうも苦手だ。（ああいうタイプのひとはどうもにがてだ）
　저런 타입의 사람은 아무래도 대하기가 거북하다[싫다].

🔵 다른 표현

① 苦手・不得手（にがて・ふえて）　서투름, 잘하지 못함
・私は写真を撮ったり、撮られたりするのが苦手です。（わたしはしゃしんをとったり、とられたりするのがにがてです）
　나는 사진을 찍거나 찍히는 것이 서투릅니다.

---

037 にぎやか 활기참, 번화함

・いつも大勢の人が来ていてにぎやかなところです。（いつもおおぜいのひとがきていてにぎやかなところです）
　언제나 많은 사람이 와서 활기찬 곳입니다.

---

038 馬鹿（ばか） 못씀, 쓸모 없음

・ねじが馬鹿になる。（ねじがばかになる）
　나사가 못쓰게 되다.

---

039 ひさしぶり 오랜만임, 오래간만임

・ずいぶんひさしぶりだね。 퍽 오래간만이네.

040 必要 ひつよう
필요 ＝ 要(い)る 필요하다 □□□

・ここに入るには許可証が必要です。
はい / きょ か しょう / ひつよう
여기에 출입하기 위해서는 허가증이 필요합니다.

041 暇 ひま
① 시간 ② 여가, 한가함, 틈 □□□

・忙しいときもあれば、暇なときもある。
いそが / ひま
바쁠 때도 있는가 하면 한가할 때도 있다.

042 貧乏 びんぼう
가난함 ＝ 貧(まず)しい 가난하다 □□□

・発明王エジソンは貧乏な家に生まれた。
はつめいおう / びんぼう / いえ / う
발명왕 에디슨은 가난한 집에서 태어났다.

043 不完全 ふかんぜん
불완전 □□□

・準備はまだ不完全だ。
じゅん び / ふ かんぜん
준비는 아직 불완전하다.

044 複雑 ふくざつ
복잡 □□□

・テレビの中の配線は複雑だ。
なか / はいせん / ふくざつ
텔레비전 속의 배선은 복잡하다.

045 不幸 ふ こう
불행 □□□

・そんなことをしたら、あの人をより不幸にさせることになります。
ひと / ふ こう
그런 일을 하면 그 사람을 보다 더 불행하게 만드는 것입니다.

046 不自由 ふ じ ゆう
불편함, 부자유스러움 (보통 장애를 가진 사람을 비장애인과 구별하여
～の不自由(ふじゆう)な人(ひと)라고 표현한다)

・足の不自由な人のようです。
あし / ふ じ ゆう / ひと
다리가 불편한 사람인 것 같습니다.

047 変 へん
이상함, 수상함 □□□

・台所で変な音がします。
だいどころ / へん / おと
부엌에서 이상한 소리가 납니다.

ナ
형용사

ナ形容詞

048 **便利** べんり 편리 ↔ 不便(ふべん) 불편

・ 電車の方が便利かもしれません。 でんしゃ ほう べんり
전철이 편리할지도 모릅니다.

049 **本当** ほんとう ① 정말임, 사실임 ② 원래, 본래 ③ 정확함

・ 本当の気持ちを教えてほしいんです。 ほんとう きも おし
진짜 기분을 알고 싶습니다.

050 **真面目** まじめ 진지함, 착실함 = 真剣(しんけん) 진지함 ↔ 不真面目(ふまじめ) 불성실함

・ 真面目に働いて部長に昇進した。 まじめ はたら ぶちょう しょうしん
성실히 일해서 부장으로 승진하였다.

・ どこまでが真面目なんだかわからない。 まじめ
어디까지가 진심인지 알 수가 없다.

・ 真面目な人だけが信用される。 まじめ ひと しんよう
성실한 사람만이 신용을 얻을 수 있다.

・ 彼はまじめで、冗談も言わない。 かれ じょうだん い
그 사람은 고지식해서 농담도 하지 않는다.

*真面目(まじめ)だ는 부정의 뜻으로 쓰일 때도 있다.

・ お酒を飲んでも、真面目な話しかしない。 さけ の まじめ はなし
술을 먹어도 딱딱한 이야기밖에 안 한다.

・ あんな真面目な人間、大嫌い！ まじめ にんげん だいきら
저런 재미없는 사람, 정말 싫어!

・ 就職しない若者が一概に不真面目だとは言えない。 しゅうしょく わかもの いちがい ふまじめ い
취직하지 않는 젊은이가 다 불성실하다고는 할 수 없다.

🔷 다른 표현

① こまめ 아주 바지런한 모양, 근실한 모양

・ こまめに働く。 はたら
근실하게 일하다.

051 **無理** むり 무리

・ 無理がきく。 むり
억지가 통하다.

・無理がたたる。
무리가 탈이 되다.

・飲めないのに無理に酒を飲まされて頭痛がする。
마시지 못하는데 억지로 술을 마시게 해서 머리가 아프다.

052 **迷惑** 성가심, 폐

・人に迷惑をかけるようなおこないはつつしもう。
남에게 폐를 끼치는 행위는 자제하자.

053 **柔らか・軟らか** 부드러움. 유연함

・スポーツを始めたら体が柔らかくなった。
운동을 하기 시작하자 몸이 유연해졌다.

054 **有名** 유명 ↔ 無名(むめい) 무명

・これは有名な絵なんですよ。
이것은 유명한 그림이에요.

055 **立派** 훌륭함

・A：中山さんって立派な人ですね。
나카야마 씨는 훌륭한 사람이군요.

B：はい、わたしもあんな人になりたいです。
네, 저도 그런 사람이 되고 싶어요.

ナ형용사

001 あいにく 공교로움, 재수 없음

・あいにくなことに運動会は中止になった。
공교롭게도 운동회는 중지되었다.

002 あいまい 애매함

・あいまいな返事をする。 애매한 대답을 하다.

003 明らか 분명함, 명백함

・このカリキュラムに無理があることはアンケートをとれば明らかだ。
이 커리큘럼에 무리가 있다는 것은 앙케트를 하면 분명해진다.

● 관련 표현

① ～が～で明らかになる　～이 ～로 밝혀지다
・自然海岸は埋め立てや湾岸工事で、この6年間に565キロも
姿を消したことが環境庁の調査で明らかになった。
자연 해안은 매립 및 만의 해안 공사로 최근 6년간 565킬로미터나 모습을 감춘 사실이
환경청의 조사로 밝혀졌다.

004 悪質 품질이 나쁨
・悪質な紙
품질이 나쁜 종이

005 鮮やか 또렷하고 아름다움, 선명함

・買ったときは鮮やかなブルーのシャツだったのに、洗濯したら白
っぽくなってしまった。
샀을 때는 선명한 청색 셔츠였는데 세탁했더니 새하얗게 되어 버렸다.

006 当たり前 당연함

・わたしはただ当たり前なことをしたにすぎません。
저는 단지 당연한 일을 했을 뿐입니다.

007 新た (새로 시작하는 모양) 새로움

- 退職の件、新たに考え直してみてくれないかなあ。
  퇴직 건 말이야, 새로 다시 한 번 생각해 보지 않겠나.

008 ありのまま 있는 그대로, 사실 그대로

- 父のありのままの姿を作文に書く。
  아버지의 있는 그대로의 모습을 작문에 쓰다.

009 あんまり 너무함, 지나침

- ビールいっぱいで千円とはあんまりだ。
  맥주 한 잔에 천 엔이라니 너무하다.

010 いい加減 ① 엉터리임 ② 엉성함, 무책임함

- あの人はいい加減なところがある。
  그 사람은 얼렁뚱땅한 면이 있다.
- いいかげんな男
  무책임한 남자
- 仕事をいいかげんにやる。
  일을 엉성하게 하다.

011 異常 이상, 정상이 아님

- 今年の夏は異常に暑かった。
  금년 여름은 이상하게 더웠다.

012 意地悪 심술궂음, 짓궂은 사람

- 彼は意地悪だから、みんなに嫌われている。
  그는 심술궂어서 모두에게 미움을 받고 있다.

013 偉大 위대, 뛰어나게 훌륭함

- ピカソは偉大な画家だった。
  피카소는 위대한 화가였다.

ナ형용사

ナ形容詞

014 一途(いち ず)　외곬, 순진하고 한결같은 모양 ＝ ひたむき, 一筋(ひとすじ)

・研究一途(けんきゅういち ず)の生活(せいかつ)。
오로지 연구로 일관된 생활.

・一途(いち ず)に思(おも)い詰(つ)めるのは望(のぞ)ましくない。
외곬으로만 깊이 생각하는 것은 바람직하지 않다.

015 大がかり(おお)　대규모임, 대대적임

・市場開拓(し じょうかいたく)のために大(おお)がかりなマーケティングリサーチをする。
시장 개척을 위해서 대대적인 시장 조사를 한다.

016 大げさ(おお)　과장됨, 허풍을 떪

・山田(やま だ)さんは大(おお)げさな身(み)ぶりでみんなを笑(わら)わせる。
야마다 씨는 과장된 몸짓으로 모두를 웃긴다.

017 大幅(おおはば)　변동 폭이 큼, 대폭 ↔ 小幅(こはば) 소폭

・物価(ぶっ か)が大幅(おおはば)にあがる。
물가가 대폭 오르다.

・今度(こん ど)、大幅(おおはば)な人事異動(じんじ いどう)があるそうですね。
이번에 대폭적인 인사이동이 있다면서요.

018 臆病(おくびょう)　겁이 많음

・弟(おとうと)は臆病(おくびょう)で、夜中(よ なか)にひとりでトイレに行(い)けない。
남동생은 겁이 많아서 밤에 혼자서 화장실에 못 간다.

019 穏やか(おだ)　온화함, 차분하고 조용함

・今年(ことし)は大(おお)きな事件(じ けん)もなく、穏(おだ)やかな年(とし)だった。
금년은 큰 사건도 없는 조용한 한 해였다.

🔹 유사 표현

① 和(なご)やか　(마음・분위기가) 부드러움, 온화함, 화기애애함
・家族(か ぞく)そろって和(なご)やかに過(す)ごす。
온 가족이 모여서 화기애애하게 지내다.

② 和気あいあい　화기애애
・和気あいあいな会合
　화기애애한 회합

020 おっくう　마음이 내키지 않고 귀찮음

・疲れて何をするのもおっくうだ。
　피곤해서 무엇을 하는 것도 귀찮다.

021 かすか　희미함, 어렴풋함

・モーターの音がかすかに聞こえる。
　모터 소리가 희미하게 들린다.

022 勝手　제멋대로 굶, 허락을 받지 않음

・どこへ行こうと、ぼくの勝手だろう。
　어디에 가든 내 마음이지.
・あの人はいつも自分勝手です。
　저 사람은 항상 제멋대로입니다.

023 頑固　완고

・うちのおじいさんは頑固で、ぜったい外国製品は使わない。
　우리 할아버지는 완고해서 절대로 외국 제품은 쓰지 않는다.

024 頑丈　튼튼함, 단단함

・この机といすは頑丈だ。
　이 책상과 의자는 튼튼하다.

025 感心　감탄

・りっぱな態度に感心する。
　훌륭한 태도라고 감탄하다.

026 肝心　가장 중요함, 요긴함

・肝心なことを言いわすれた。
　가장 중요한 것을 말하는 것을 잊었다.

027 **気軽** (너무 어렵게 생각하지 않고 선뜻선뜻 처신하는 모양) 시원시원함

・何でも気軽に引き受ける。
무슨 일이나 선뜻선뜻 떠맡다.

028 **貴重** 귀중

・今年の夏のキャンプは、ぼくたちにとって貴重な体験だった。
금년 여름 캠프는 나에게 있어 귀중한 체험이었다.

029 **気の毒** (자신과 대등한 또는 그 이상의 대상에 대해) 가엾음, 불쌍함, 딱함

・火事で家をなくすなんてお気の毒に。
화재로 집을 잃다니 딱하기도 하지.

🔵 유사 표현

① **可哀相** (자기보다 약한 것, 보호받아야 할 대상) 불쌍함, 가엾음

・いかにも可哀相に見える。
참으로 가엾어 보인다.

・可哀相な孤児
불쌍한 고아

・あの子はみんなにいじめられて可哀相だ。
저 아이는 모두가 못살게 굴어서 불쌍하다.

② **痛ましい** (모습이나 상황이) 애처롭다, 슬프다, 비참하다

・見るも痛ましい交通事故
보기에도 처참한 교통사고

③ **哀れ** (어감 자체는 다소 비하적인 표현) 불쌍함, 가련함

・世の中に哀れな人は多い。
이 세상에 불쌍한 사람들은 많다.

030 **急激** 급격

・ご使用中及びご使用後に濡れたふきんの上に置いたり、水につけるなど急激な温度変化を与えないでください。
사용 중 및 사용 후에 젖은 행주 위에 놓거나 물에 담그는 등 급격한 온도 변화를 주지 않도록 하십시오.

572

031
急速 급속

・黒字は最近急速に減りつつある。
흑자는 최근 급속하게 계속 감소하고 있다.

・ドルに対して円が急速に高くなった。
달러에 대해서 엔이 급속히 비싸졌다.

032
器用 손재주가 있음, 요령이 좋음, 능숙함, 재치 있게[약삭빠르게] 처신함

・手先が器用な人は得ですね。
손재주가 있는 사람은 이득이군요.

・器用に立ち回る。
약삭빠르게 굴다.

・世の中を器用にわたる。
세상을 요령 있게 살아가다.

033
共通 공통

・万人に共通する。
만인에게 공통이다.

034
極端 (한쪽으로 심하게 치우친 상태) 극단
▶우리말의 '극단적인'을 일본어로 표현하면 '極端な'라고 한다. 極端的な(×)
▶両極端(りょうきょくたん) 양극단

・極端な意見を言っても理解してもらえないよ。
극단적인 의견을 말해도 이해해 주지 않아요.

035
気楽 편안하고 홀가분한 모습

・気楽に暮す。
마음 편하게 지내다.

036
緊急 긴급

・緊急時に備える。
긴급 시에 대비하다.

ナ 형용사

ナ形容詞

037 ぐうぜん
偶然 우연, 뜻밖의 일

・ 偶然に出会った。
우연히 만났다.

038 けいかい
軽快 경쾌

・ 軽快なリズムに合わせて踊る。
경쾌한 리듬에 맞춰 춤추다.

039 けいそつ
軽率 경솔, 경망 = 軽(かる)はずみ 경솔, 경박

・ 軽率な行動をとらないようにする。
경솔한 행동을 취하지 않도록 하다.

040 **けち** ① 인색함, 쩨쩨함, 구두쇠 ② 초라함, 보잘 것 없음 ③ 비열함
▶ けちんぼう 구두쇠
▶ つめに火(ひ)をともす 손톱에 불을 켤 정도로 지독하게 인색하다는 비유

・ けちな人とは飲みたくないです。
인색한 사람과는 마시고 싶지 않습니다.

・ けちをする。
인색하게 굴다.

・ けちな人だから、寄付はしてくれないだろう。
인색한 사람이기 때문에 기부는 안 해 줄 것이다.

・ けちな服を着ています。
초라한 옷을 입고 있습니다.

・ 数をごまかそうなどというけちな考えは持っていない。
수를 속이려고 한다든지 하는 비열한 생각은 갖고 있지 않다.

041 げんじゅう
厳重 엄중, 엄격하고 정중함

・ 厳重な取り調べをする。
엄중한 조사를 하다.

042 けんぜん
健全 건전

・ 健全なる精神は健全なる身体に宿る。
건전한 정신은 건전한 신체에 깃든다.

➔ 健 : 健在 건재 健児 건아 頑健 강건

043 強引（ごういん） (구어체로) 상대의 반대나 장애를 무릅쓰고 억지로 하는 모양

- 強引に口説き落とす。
  억지로 설득하다.

- 強引にひきずりこむ。
  억지로 끌어들이다.

유사 표현

① **無理やり**（むり） 무리인 줄은 알면서, 억지로 *無理(むり)를 강조한 표현
  - 無理やりに連れていく。
    억지로 데리고 가다.

044 幸運（こううん） 행운

- 幸運にも優勝できた。
  운 좋게도 우승할 수 있었다.

045 高価（こうか） 값비쌈 ↔ 安価(あんか) 싼 값, 염가

- 高価なシャープペンシルをなくした。
  값비싼 샤프 펜슬을 분실했다.

046 好調（こうちょう） 형편이나 경기가 좋음

- あのチームは好調だ。
  저 팀은 호조이다.

047 幸福（こうふく） 행복 = 幸(しあわ)せ

- 人はだれでも幸福をのぞむものだ。
  인간은 누구나 행복을 바라는 것이다.

048 公平（こうへい） 공평

- 公平に評価する。
  공평하게 평가하다.

ナ形容사

049 孤独（こどく） 고독, 외로움
- 入院（にゅういん）しているときは孤独（こどく）だった。
  입원해 있을 때는 고독했다.

050 困難（こんなん） 곤란, 어려움
- 困難（こんなん）に打（う）ち勝（か）つ。
  어려움을 극복하다.
- 勝利（しょうり）するには困難（こんなん）な状況（じょうきょう）だ。
  승리하기에는 어려운 상황이다.

051 最悪（さいあく） 최악
- 最悪（さいあく）の場合（ばあい）に備（そな）える。
  최악의 경우에 대비하다.

052 最適（さいてき） 최적
- 議長（ぎちょう）に最適（さいてき）な人物（じんぶつ）を選（えら）ぶ。
  의장에 가장 적합한 인물을 고르다.

053 幸（さいわ）い 다행, 행복
- お役（やく）に立（た）てれば幸（さいわ）いです。
  도움이 된다면 다행이겠습니다.
- 不幸中（ふこうちゅう）の幸（さいわ）い
  불행 중 다행

054 逆（さか）さま 거꾸로
- 逆（さか）さまになる。
  거꾸로 되다.

055 盛（さか）ん 기세가 강한 모양, 번창하는 모양
- わが国（くに）は漁業（ぎょぎょう）が盛（さか）んだ。
  우리나라는 어업이 활발하다.

056 **様々** (さまざま) 여러 가지
□□□

・秋には様々な果物が出回る。
가을에는 여러 가지 과일이 나온다.

057 **爽やか** (さわ) 상쾌함, 산뜻함
□□□

・山の朝の空気はとても爽やかだ。
산의 아침 공기는 정말 상쾌하다.

058 **自然** (しぜん) 자연, 사물 그대로의 상태
□□□

・肩の力をぬいて、自然にバットをふれ。
어깨의 힘을 빼고 자연스럽게 방망이를 휘둘러라.

059 **重大** (じゅうだい) 중대
□□□

・重大な役割を果たす。
중대한 역할을 하다.

060 **柔軟** (じゅうなん) 유연, 부드러움
□□□

・健康で柔軟な体を作ろう。
건강하고 유연한 몸을 만들자.

061 **十分** (じゅうぶん) 충분함, 부족함이 없음 ↔ 不十分(ふじゅうぶん) 불충분함, 부족함,
□□□
▶ 十分(じゅうぶん)ではない 충분하지 않다,
満足(まんぞく)すべきではない 만족할 만하지 않다

・彼はやる気十分だ。
그는 하고자 하는 맘으로 가득 차 있다.
・不十分な資料
불충분한 자료
・証拠不十分
증거 불충분

062 **重要** (じゅうよう) 중요
□□□

・あの会社は女性にあまり重要な仕事をさせません。
저 회사는 여성에게 그다지 중요한 일을 시키지 않습니다.

ナ 형용사

063 純粋 (じゅんすい) 순수함 ↔ 不純(ふじゅん) 불순함

・少女の純粋な心 (しょうじょ・じゅんすい・こころ)
소녀의 순수한 마음

064 順調 (じゅんちょう) 순조로움

・工事が順調に進む。 (こうじ・じゅんちょう・すす)
공사가 순조롭게 진행되다.

◆ 유사 표현

① スムーズ 원활함, 순조로움

・会議はスムーズに進行した。 (かいぎ・しんこう)
회의는 순조롭게 진행되었다.

065 消極的 (しょうきょくてき) 소극적 ↔ 積極的(せっきょくてき)・前向(まえむ)き 적극적

・消極的な態度をとる。 (しょうきょくてき・たいど)
소극적인 태도를 취하다.

066 詳細 (しょうさい) 상세, 자세함

・詳細に説明する。 (しょうさい・せつめい)
상세하게 설명하다.

067 上等 (じょうとう) 훌륭함, 괜찮음

・これだけ出来れば上等だ。 (でき・じょうとう)
이만큼 할 수 있다면 훌륭하다.

068 上品 (じょうひん) 품위 있음, 우아함, 고상함 ↔ 下品(げひん) 품위가 없음

・上品な言葉 (じょうひん・ことば) 고상한 말씨

・あの奥さんはいつ見ても上品だ。 (おく・み・じょうひん)
저 부인은 언제 봐도 품위 있다.

◆ 반대어

① 下品 (げひん) 천함, 품위가 없음

・口の中に食べ物を入れたまま話すのは下品だ。 (くち・なか・た・もの・い・はな・げひん)
입 안에 음식을 넣고 이야기하는 것은 품위가 없는 짓이다.

069 神経質　신경이 예민함, 신경이 과민하고 불안정한 성격

- 彼女は神経質です。
  그녀는 신경이 과민하다.
- あの人は神経質だから一日に何回も掃除をする。
  저 사람은 예민해서 하루에 몇 번이고 청소를 한다.

070 真剣　진실한 모습, 전력을 다함, 진지함

- 真剣になって働く。
  진지하게 일하다.
- 人生の問題は真剣に考えなさい。
  인생의 문제는 진지하게 생각하시오.
- 真剣さが足りない。
  진지함이 부족하다.

🔵 관련 표현

① 真剣勝負　목숨을 건 승부, 진지한 승부
- 真剣勝負をする。　목숨을 건 승부를 하다.

071 深刻　심각

- 石炭を使うと大気汚染が深刻になる。
  석탄을 사용하면 대기오염이 심각해진다.

072 新鮮　(공기·과일 등의 사물이) 신선

- 新鮮な野菜ではなかった。
  신선한 야채는 아니었다.

🔵 유사 표현

① フレッシュ　(느낌이나 아이디어 등에 사용함) 신선함
- フレッシュな感覚
  신선한 감각

073 慎重　신중

- 結婚する相手は慎重に選ばなくちゃだめだよ。
  결혼할 상대는 신중하게 고르지 않으면 안 되지.

ナ형용사

ナ 형용사

074 素直　순진함, 순수함, 고분고분함 □□□

・素直に言えばわたしの誤りだ。
솔직히 말하면 나의 실수이다.

・まだ素直な中学生には先生のお説教がよくきく。
아직 순진한 중학생에게는 선생님의 설교가 효과가 있다.

075 贅沢　사치, 사치스러움 □□□

・今の子供は昔より贅沢になりました。
지금의 애들은 옛날보다 사치스러워졌습니다.

076 正当　정당함 □□□

・彼が求めているのは正当な評価であってお金ではない。
그가 요구한 것은 정당한 평가이지 돈이 아니다.

077 せっかち　성급함, 안달함 □□□

・せっかちに結論をだす。
성급하게 결론을 내다.

🔵 유사 표현

① 短気　조급함, 성미가 급함

・ちょっと注意をされたら、短気を起こして帰ってしまった。
약간 주의를 받더니 불끈하여 돌아가 버렸다.

② 気が短い　성미가 급하다 ↔ 気(き)が長(なが)い　성미가 느긋하다

078 相当　상당히, 꽤 □□□

・課長は相当な愛妻家らしい。
과장은 상당한 애처가인 것 같다.

079 そっくり　꼭 닮은 모양 □□□

・お父さんにそっくりですね。
아버지를 쏙 빼닮았군요.

・横顔は父親にそっくりだ。
옆 얼굴은 아버지를 쏙 빼닮았다.

080
率直 <ruby>率直<rt>そっちょく</rt></ruby> 솔직

・<ruby>率直<rt>そっちょく</rt></ruby>な<ruby>意見<rt>いけん</rt></ruby>を<ruby>聞<rt>き</rt></ruby>かせてください。
솔직한 의견을 들려주십시오.

081
粗末 <ruby>粗末<rt>そまつ</rt></ruby> 허름함, 변변하지 못함

　　＝ つまらない ① 재미가 없다 ② 하찮다, 보잘 것 없다

・<ruby>粗末<rt>そまつ</rt></ruby>な<ruby>家<rt>いえ</rt></ruby>に<ruby>住<rt>す</rt></ruby>んでいます。
허름한 집에 살고 있습니다.

082
ぞんざい 일을 소홀히 함, 난폭함

・ぞんざいな<ruby>字<rt>じ</rt></ruby>で<ruby>書<rt>か</rt></ruby>いた<ruby>作文<rt>さくぶん</rt></ruby>は<ruby>読<rt>よ</rt></ruby>む<ruby>気<rt>き</rt></ruby>がしない。
글씨를 휘갈겨 쓴 작문은 읽고 싶은 마음이 나지 않는다.

・<ruby>子供<rt>こども</rt></ruby>の<ruby>前<rt>まえ</rt></ruby>でぞんざいな<ruby>言葉<rt>ことば</rt></ruby>づかいをするのはよくない。
어린 아이 앞에서 거친 말투를 쓰는 것은 좋지 않다.

◐ 유사 표현

① <ruby>荒<rt>あら</rt></ruby>っぽい 거칠다, 난폭하다
・<ruby>金遣<rt>かねづか</rt></ruby>いが<ruby>荒<rt>あら</rt></ruby>っぽい。
돈의 씀씀이가 헤프다.

・<ruby>荒<rt>あら</rt></ruby>っぽくドアを<ruby>開<rt>あ</rt></ruby>けた。
거칠게 문을 열었다.

② <ruby>荒々<rt>あらあら</rt></ruby>しい 언동이 거칠다, 난폭하다
・<ruby>荒々<rt>あらあら</rt></ruby>しく<ruby>戸<rt>と</rt></ruby>を<ruby>叩<rt>たた</rt></ruby>いた。
거칠게 문을 두드렸다.

③ <ruby>乱暴<rt>らんぼう</rt></ruby>だ 난폭하다, 거칠다
・<ruby>字<rt>じ</rt></ruby>を<ruby>乱暴<rt>らんぼう</rt></ruby>に<ruby>書<rt>か</rt></ruby>く。
글씨를 휘갈겨 쓰다.

083
退屈 <ruby>退屈<rt>たいくつ</rt></ruby> 따분함, 지루함

・<ruby>雨<rt>あめ</rt></ruby>の<ruby>日<rt>ひ</rt></ruby>、<ruby>家<rt>いえ</rt></ruby>の<ruby>中<rt>なか</rt></ruby>にじっとしていると<ruby>退屈<rt>たいくつ</rt></ruby>してしまう。
비 오는 날에 집 안에서 가만히 있으려니 지루해진다.

ナ形容詞

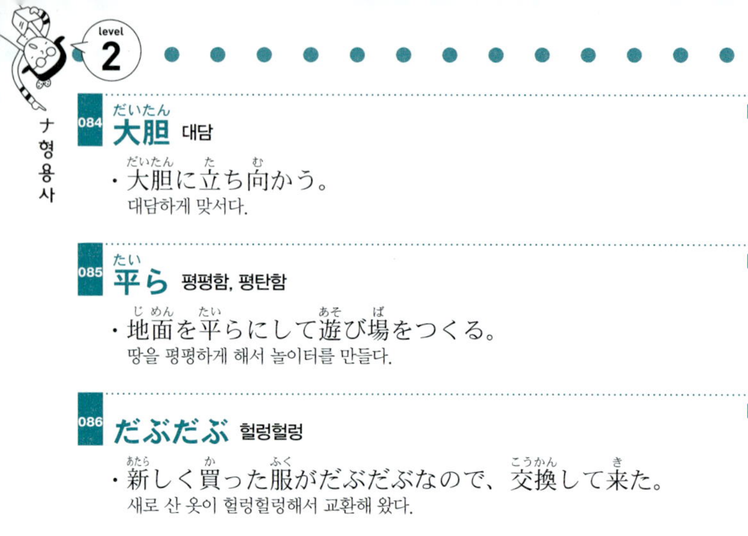

ナ형용사

084 大胆 (だいたん) 대담
・大胆に立ち向かう。
대담하게 맞서다.

085 平ら (たい) 평평함, 평탄함
・地面を平らにして遊び場をつくる。
땅을 평평하게 해서 놀이터를 만들다.

086 だぶだぶ 헐렁헐렁
・新しく買った服がだぶだぶなので、交換して来た。
새로 산 옷이 헐렁헐렁해서 교환해 왔다.

087 楽しみ (たの) 기다려짐, 기대가 됨
・彼は将来が楽しみな新人だ。
그는 장래가 촉망되는 신인이다.

088 多忙 (たぼう) 다망, 매우 바쁨
・多忙な日々を送る。
다망한 하루 하루를 보내다.

089 強気 (つよき) ① 의지가 강함, 강경함 ② 강세, 오름세 = 弱気(よわき) 약세
・強気な発言を繰り返した。
강경한 발언을 반복했다.
・市況が強気に転じた。
시황이 강세로 바뀌었다.

090 手軽 (てがる) 손쉬운 모양, 간단함
・手軽に出来る。 손쉽게 할 수 있다.

091 貪欲 (どんよく) 탐욕, 탐욕스러움
・あいつは貪欲な男だ。
저 사람은 탐욕스러운 남자다.

092 斜め（なな） 경사짐, 비스듬함, 기분이 언짢음
▶ ご気嫌斜（きげんなな）め 기분이 언짢음, 불쾌함

· ポスターが少し（すこ）ななめにはってある。
포스터가 조금 비스듬히 붙여져 있다.

093 生意気（なまいき） 건방짐

· 彼（かれ）は経験（けいけん）もないくせに生意気（なまいき）なことばかり言（い）う。
그는 경험도 없는 주제에 건방진 소리만 한다.

🔊 다른 표현

① 口幅（くちはば）ったい 분수도 모르고 건방진 소리를 하다, 입찬소리를 하다
· 口幅（くちはば）ったいことを言（い）うようですが。
건방진 소리를 하는 것 같습니다만.

② 大袈裟（おおげさ） 과대함, 과장함
· 大袈裟（おおげさ）にものを言（い）う。 허풍을 떨다.

③ 誇大（こだい） 과대함, 과장함
· 誇大（こだい）に言（い）う。 과장하여 말하다.

④ 輪（わ）をかける 과장하다, 한층 심하게 하다, 배가하다

⑤ 大（おお）きな口（くち）を言（い）う 큰소리를 치다

⑥ 大（おお）きな口（くち）をたたく 큰소리를 치다

⑦ 大（おお）きな身（み）ぶりで話（はな）す 과장된 몸짓으로 이야기하다

⑧ 大口（おおぐち）をたたく 큰소리를 치다

⑨ ほらを吹（ふ）く 허풍을 떨다

⑩ 大（おお）ぶろしき 허풍
· 大（おお）ぶろしきを広（ひろ）げる。
허풍을 떨다.
· 彼（かれ）の話（はなし）は大（おお）ぶろしきばかりだ。
그의 이야기는 허황한 이야기뿐이다.

⑪ 大言壮語（たいげんそうご） 호언장담
· 大言壮語（たいげんそうご）のくせがある。
호언장담하는 버릇이 있다.

⑫ 大言壮言（たいげんそうご）を吐（は）く (실력도 없는데 잘난 척하며) 호언장담하다

⑬ 大言（たいげん）を吐（は）く 큰소리를 치다

ナ형용사

094 生半可 (なまはんか) 충분치 않음, 어중간함
- 生半可(なまはんか)な知識(ちしき)ではこの研究(けんきゅう)はできない。
  불충분한 지식으로는 이 연구는 할 수 없다.

095 滑らか (なめらか) 막히지 않는 모양, 순조로운 모양 ▶ 順調(じゅんちょう) 순조로움
- 話(はな)し合(あ)いが滑(なめ)らかに進(すす)む。
  회담이 원활하게 진행되다.

096 にこやか 생글생글하고 부드러운 모양, 상냥함
- 彼女(かのじょ)はにこやかな表情(ひょうじょう)で座(すわ)っている。
  그녀는 상냥한 표정으로 앉아 있다.

097 熱心 (ねっしん) 열심
- 何(なに)をさせても熱心(ねっしん)にします。
  무엇을 시켜도 열심히 합니다.

098 のどか 마음이 느긋하고 한가로운 모양
- のどかな牛(うし)の鳴(な)き声(ごえ)が聞(き)こえる田園生活(でんえんせいかつ)を楽(たの)しむ。
  한가로운 소의 울음소리가 들리는 전원생활을 즐기다.

099 のんき 마음 편함, 편안함
- うちの母(はは)はとてものんきです。
  우리 어머니는 대단히 느긋합니다.

100 派手 (はで) 화려함, 야단스러움
- 派手(はで)なドレスを着(き)る。
  화려한 드레스를 입다.
- 会場(かいじょう)は派手(はで)な飾(かざ)りつけがしてあった。
  회의장은 화려하게 장식되어 있었다.
- あの社長(しゃちょう)は派手(はで)にお金(かね)を使(つか)う。
  저 사장은 돈을 막 쓴다.

① 地味 수수함, 검소함, 화려하지 않음

・地味な服装をしている。
수수한 복장을 하고 있다.

101 華やか 아름답고 눈부신 모양, 화려함 (분위기나 모습을 나타내는 말)

・スターたちが華やかに舞台を飾る。
스타들이 화려하게 무대를 장식하다.

・若者が華やかな都会に憧れるのは無理のないことかもしれない。
젊은이가 화려한 도시를 동경하는 것은 당연한 것인지도 모른다.

102 はるか 아득히, 훨씬

・アメリカは日本よりもはるかに広い。
미국은 일본보다도 훨씬 넓다.

103 卑怯 비겁

・かげにまわって悪口を言うなんて卑怯なやつだ。
뒤에 숨어서 욕을 하다니 비겁한 놈이다.

104 非常識 비상식, 몰상식

・裸で外へ飛び出すなんて、まったく非常識だ。
맨몸으로 밖으로 뛰어나가다니, 정말이지 몰상식하다.

105 ひそか (남 모르게 하는 모양) 몰래

・ひそかに相手の行動をさぐる。
몰래 상대의 행동을 살피다.

106 必至 (문어체적 표현으로) ① 반드시 그렇게 됨, 필연 ② 불가피함, 필연적임

・このままでは石油不足になるのは必至だ。
이대로 가면 석유 부족 사태가 오는 것은 필연적이다.

・会社の破産は必至の状況だ。
회사의 파산은 불가피한 상황이다.

ナ
형용사

・そうなることは必至の結果である。
그렇게 될 것은 필연적 결과이다.

107 必死 필사, 죽기를 각오함, 전력을 다함

・希望の大学に入学したいなら、必死に勉強しなければならないことは言うまでもない。
희망 대학에 진학하고 싶으면 필사적으로 공부해야만 하는 것은 말할 필요도 없다.

108 皮肉 풍자, 싫은 소리, 빈정거림, 비꼼

・皮肉を言う。
빈정거리다.

・だれでも皮肉を言われたくない。
누구든지 싫은 소리를 듣고 싶지 않다.

・僕のきたない字を、友達は皮肉たっぷりに個性的な字だという。
나의 지저분한 글씨를 친구는 아주 빈정거리는 투로 개성 있는 글씨라고 말한다.

109 微妙 미묘함

・料理の味は調味料の加え方で微妙に変化する。
요리의 맛은 조미료를 넣는 방법에 따라 미묘하게 변화한다.

110 平等 평등

・兄弟でケーキを平等に分ける。
형제끼리 케이크를 평등하게 나누다.

111 敏感 민감

・へびはわずかな温度に敏感に反応する。
뱀은 약간의 온도에 민감하게 반응한다.

112 不安 불안

・不安で居ても立ってもいられなくなった。
불안해서 안절부절못했다.

113 **不器用**（ぶきよう） 손재주가 없음, 서투름 ☐☐☐

・ぼくは不器用（ぶきよう）だから、ナイフでりんごの皮（かわ）がむけない。
나는 손재주가 없어 칼로 사과 껍질을 못 벗긴다.

114 **無事**（ぶじ） 무사 ☐☐☐

・無事（ぶじ）にくらしております。
무사히 지내고 있습니다.

115 **不幸せ**（ふしあわ） 불행함 ＝ 不幸（ふこう）불행 ☐☐☐

・交通事故（こうつうじこ）で一度（いちど）に両親（りょうしん）を失（うしな）うなんて、あまりにも不幸せ（ふしあわ）だ。
교통사고로 한번에 부모를 잃다니 너무나도 불행하다.

116 **不思議**（ふしぎ） 이상함 ☐☐☐

・不思議（ふしぎ）なことに、会社（かいしゃ）をやめたらよく眠（ねむ）れるようになった。
이상하게도 회사를 그만두니 잠을 푹 잘 수 있게 되었다.

117 **不平**（ふへい） 불평 ☐☐☐

・妹（いもうと）は買（か）ってもらった靴（くつ）が気（き）にいらないようで、不平（ふへい）を言（い）っている。
여동생은 사 준 구두가 마음에 들지 않는지 불평을 하고 있다.

118 **不満**（ふまん） 불만 ☐☐☐

・政府（せいふ）の政策（せいさく）に対（たい）する不満（ふまん）の声（こえ）があがる。
정부 정책에 대한 불만의 소리가 높다.

119 **不要**（ふよう） 불필요 ☐☐☐

・不要（ふよう）なおしゃべりはしないでください。
불필요한 잡담은 하지 마세요.

120 **不利**（ふり） 불리 ☐☐☐

・形勢（けいせい）が味方（みかた）に不利（ふり）になった。
형세가 아군에게 불리해졌다.

121 不良 불량 (상태나 질이 좋지 않음)

・天候が不良で作物のできが悪い。
날씨가 좋지 않아서 농작물의 상태가 나쁘다.

122 文化的 문화적

・東洋と西洋では文化的に大きなちがいがある。
동양과 서양은 문화적으로 큰 차이가 있다.

123 平気 개의치 않음, 태연함

・どんなに怒られても平気な人もいる。
아무리 야단 맞아도 태연한 사람도 있다.

・火事になったのに彼一人は平気だ。
화재가 났는데도 그 혼자만은 태연하다.

・怪我をして痛いはずなのに平気な顔をしている。
다쳐서 아플 텐데 아무렇지도 않은 얼굴을 하고 있다.

124 平凡 평범함 ↔ 非凡(ひぼん) 비범

・今回の応募作品はどれも平凡だ。
이번 응모 작품은 모두 평범하다.

125 豊富 풍부

・豊富な資源のおかげで国が豊かだ。
풍부한 자원 덕분에 나라가 풍요롭다.

126 朗らか (쾌활한 모양) 명랑함

・笑い声が絶えない朗らかな家庭だ。
웃음 소리가 끊이지 않는 명랑한 가정이다.

127 本気 본심, 진지한 마음

・本気で勉強に取り組む。
본격적으로 공부에 매달리다.

128 **前向き** 적극적임, 전향적임

・問題に前向きに取り組む。
문제에 적극적으로 임하다.

129 **真っ青** 새파람, 창백함

・まっさおな顔をして、どうしたのですか。
창백한 얼굴을 하고 어찌된 일입니까?

130 **稀** 드묾, 희소함

・父が八時前に帰宅するのはまれだ。
아버지가 8시 전에 귀가하는 것은 드문 일이다.

131 **見事** 멋짐, 뛰어남, (반어적으로) 보기 좋음, 완전함

・見事な演技を見せる。
멋진 연기를 보여주다.

・見事にやられた。
여지없이 당했다.

> ● 보충 설명
>
> 우리말로 유사하게 번역되는 「すばらしい」는 외적으로 느끼는 감동을 나타내는 말이며, 「すてき」는 감각적으로 느끼는 감정을 나타낸 말로 자기만 좋으면 객관적 가치가 없어도 사용할 수 있는 말이다.
> 「見事(みごと)」는 볼 만한 가치가 있는 것을 멋지게 소화해 내는 경우를 의미한다. 즉 완벽한 모습이나 기량을 의미한다.

132 **惨め** 비참함

・練習不足で惨めな負け方をした。
연습 부족으로 비참한 패배를 했다.

133 **身近** ① 자기 몸에 가까운 곳, 신변 ② 자신과 관계가 있음

・身近に危険を感じる。
신변에 위험을 느끼다.

・身近な問題
자신과 밀접한 관계가 있는 문제

ナ 형용사

---

134 無口（むくち）　말수가 적음 = 口(くち)가 重(おも)い 말수가 적다 □□□

・彼（かれ）は無口（むくち）だったが最近（さいきん）はよくしゃべるようになった。
그는 말수가 없었으나 최근에는 수다스러워졌다.

---

135 無邪気（むじゃき）　천진난만, 순진하고 귀여움 □□□

・赤（あか）ちゃんの無邪気（むじゃき）な寝顔（ねがお）
아기의 천진난만한 자는 얼굴

---

136 無駄（むだ）　쓸데없음 □□□

・これ以上（いじょう）の交渉（こうしょう）は無駄（むだ）だと思（おも）いますが。
이 이상의 교섭은 쓸데없다고 생각하는데요.

🔵 명사로서의 無駄（むだ） 낭비 = 無駄使（むだづか）い

・父（ちち）から送金（そうきん）してもらったお金（かね）は、1円（えん）たりとも無駄（むだ）にはできない。
아버지가 송금해 준 돈은 비록 1엔이라도 낭비할 수 없다.

---

137 無茶（むちゃ）　터무니 없음, 사리에 닿지 않음, 정도가 지나침, 형편없음 □□□

・無茶（むちゃ）な行動（こうどう）をとる。
사리에 맞지 않는 행동을 취하다.

🔵 관련 표현

① 無茶苦茶（むちゃくちゃ）　마구, 엉망진창(강조된 표현)

・無茶苦茶（むちゃくちゃ）に勉強（べんきょう）する。
무턱대고 공부하다.

---

138 夢中（むちゅう）　열중함, 몰두함 □□□

・会社（かいしゃ）の仕事（しごと）に夢中（むちゅう）で家族（かぞく）の気持（きも）ちにまで思（おも）いが至（いた）らなかった。
회사일에 정신이 팔려서 가족들의 기분에까지 생각이 미치지 못했다.

🔵 유사 표현

① ～に目（め）がない　～라면 사족을 못 쓴다

A : 甘（あま）い物（もの）に目（め）がないそうですね。
단것이면 사족을 못 쓴다면서요.

B : ええ、いくらでも食（た）べられます。
네, 얼마든지 먹을 수 있습니다.

139 **面倒** (めんどう) 귀찮음, 성가심

・雨が降っているので出かけるのが面倒だ。
비가 내리고 있어 나가는 것이 귀찮다.

140 **もっとも** 사리에 맞음, 지당함

・君が怒るのももっともだ。
자네가 화내는 것도 당연하다.

141 **優秀** (ゆうしゅう) 우수

・兄は優秀な技術者として名が高い。
형은 우수한 기술자로 유명하다.

142 **有能** (ゆうのう) 유능 ↔ 無能(むのう) 무능함

・まじめな人だから有能というものでもない。
성실한 사람이라고 유능한 것은 아니다.

143 **豊か** (ゆたか) 풍부함, 풍요로움

・物が豊かになるにつれてゴミの量が増えていきます。
물자가 풍부해짐에 따라 쓰레기 양이 늘어갑니다.

144 **緩やか** (ゆるやか) 완만함, 느릿한 모양
＝なだらかだ 완만하다, 원활하다

・川の水が緩やかに流れる。
강물이 완만하게 흐르다.

・ゆるやかなカーブ。
완만한 커브

145 **余計** (よけい) 쓸데없음, 부질없음
▶ 余計(よけい)な取越苦労(とりこしぐろう) 쓸데없는 걱정＝杞憂 기우

・余計なことを言うな。
쓸데없는 소리 하지 마라.

ナ형용사

146 楽 (らく) 편안함, 즐거움

・どうぞ、楽(らく)にしてください。
모쪼록 편히 지내십시오. (손님에게 편히 쉬시라는 의미로 건네는 말)

・楽(らく)にダイエットできる薬(くすり)があったら、女性(じょせい)はみんな欲(ほ)しがるに決(き)まっています。
편히 다이어트를 할 수 있는 약이 있다면, 여성은 모두 갖고 싶어할 것이 틀림없습니다.

147 乱暴 (らんぼう) 난폭

・こんなに乱暴(らんぼう)な人(ひと)だとは思(おも)わなかった。
이렇게 난폭한 사람일 줄은 생각하지 못했다.

・乱暴(らんぼう)をはたらく。
난폭한 짓을 하다.

148 利口 (りこう) 영리함, 똑똑함

・この犬(いぬ)はとても利口(りこう)だ。 이 개는 매우 영리하다.

149 わがまま 제멋대로 굶, 버릇없음

・わがままを言(い)って人(ひと)を困(こま)らせる。
제멋대로의 말을 해서 다른 사람을 난처하게 만들다.

🡒 유사 표현

① 気(き)まま 제멋대로 굶, 방자함
・勝手気(かってき)ままな事(こと)をするな。
제멋대로 방자한 짓을 하지 마라.

② 自分勝手(じぶんかって) 제멋대로임, 마음대로임 *じぶんがって 라고도 한다

150 わずか 조금, 약간, 근소

・夏休(なつやす)みも残(のこ)りわずかとなる。
여름방학도 불과 얼마 안 남았다.

◎ P4-L3-01

001 浅はか 〔あさ〕 소견이 얕음, 천박함, 어리석음

・浅はかにもあまい言葉に誘われて、だまされてしまった。
어리석게도 달콤한 말에 넘어가 속고 말았다.

002 あべこべ 거꾸로임, 뒤바뀜, 반대임, 뒤죽박죽임
＝逆(ぎゃく)だ 거꾸로다, 逆(さか)さまだ 뒤집혀 있다

・セーターの後と前があべこべだ。
스웨터의 앞과 뒤가 뒤바뀌었다.

・歯を磨いた後に、お菓子を食べるなんて、順序があべこべだ。
이를 닦은 뒤에 과자를 먹다니 순서가 거꾸로다.

003 哀れ 〔あわ〕 불쌍함, 가련함

・幼い時は哀れな孤児だった。
어렸을 때는 불쌍한 고아였다.

004 安易 〔あんい〕 안이함

・問題を安易に考えている。
문제를 안이하게 생각하고 있다.

005 案外 〔あんがい〕 예상외로 ↔ 案(あん)の定(じょう) 예상대로

・このゲーム案外おもしろいね。
이 게임 예상외로 재미있네.

006 粋 〔いき〕 때 벗음, 세련되고 운치 있음

・粋な縞柄の着物 세련된 줄무늬의 기모노

007 一様 〔いちよう〕 한결같음, 그냥 보통임

・だれもが一様に同じ考え方をするとは限らない。
누구나 한결같이 같은 생각을 한다고는 할 수 없다.

ナ形容詞

008 異様(いよう) 색다른 모양, 이상한 모양 □□□

・異様(いよう)な雰囲気(ふんいき)だ。
이상한 분위기다.

・かれの目(め)が異様(いよう)に輝(かがや)いた。
그의 눈이 이상하게 빛났다.

009 陰気(いんき) 음기, 음침한 기운 □□□

・お化(ば)けが出(で)そうな陰気(いんき)な場所(ばしょ)だ。
도깨비가 나올 것 같은 음침한 장소다.

010 内気(うちき) 내성적 □□□

・弟(おとうと)は内気(うちき)なので、父(ちち)は心配(しんぱい)しています。
남동생은 내성적이어서 아버지는 걱정하고 있습니다.

011 有頂天(うちょうてん) 기뻐 어찌할 바를 모름 □□□

・実験(じっけん)に成功(せいこう)して有頂天(うちょうてん)になる。
실험에 성공하여 기뻐 어찌할 바를 모른다.

● 반대어

地団駄(じだんだ)を踏(ふ)む 몹시 분해하며 세게 땅을 구르다

012 うやむや 흐지부지함 □□□

・結論(けつろん)は出(で)ず、うやむやのうちに話(はな)し合(あ)いは終(お)わった。
결론은 나지 않고 흐지부지하는 사이에 교섭은 끝났다.

013 うんざり 몹시 싫증남, 지긋지긋함 □□□

・毎日雨(まいにちあめ)が降(ふ)るので、うんざりする。
매일 비가 내려서 지긋지긋하다.

014 円滑(えんかつ) 원활함 □□□

・工事(こうじ)はとどこおりなく円滑(えんかつ)に進(すす)んでいる。
공사는 순조롭게 원활히 진행되고 있다.

015
婉曲 _{えんきょく} 완곡

□□□

・依頼を婉曲に断った。
의뢰를 완곡하게 거절했다.

016
円満 _{えんまん} 원만

□□□

・言いたいことがあってもぐっとがまんして円満に解決した。
말하고 싶은 것이 있어도 꾹 참고 원만하게 해결했다.

017
大ざっぱ _{おお} 조잡함, 대충

□□□

・いくらかかるか、おおざっぱに見積もりを立てる。
얼마 걸릴지 대충 견적을 세우다[내다].

018
おおっぴら 터놓고 공공연히 하는 모양

□□□

・人の秘密をおおっぴらに話す。
남의 비밀을 공공연히 말하다.

019
大まか _{おお} 후함, 대범함

□□□

・父には大まかなところがあって、口うるさく小言を言ったりしない。
아버지에게는 대범함이 있으셔서 귀찮게 잔소리를 하거나 하지 않는다.

・この作文を大まかにチェックしておきました。
이 작문을 대충 체크해 두었습니다.

020
おおらか 대범하여 곰상스럽지 않은 모양

□□□

・私はおおらかな気持ちをもって人に接しています。
저는 느긋한 마음으로 사람들을 대하고 있습니다.

021
厳か _{おごそ} 엄숙함

□□□

・式は厳かに行われた。
식은 엄숙하게 거행되었다.

ナ形容詞

022
おやこうこう
親孝行 효도함, 효자 ↔ 親不孝(おやふこう) 불효함, 불효자

・ほんとうに親孝行な人だね。
정말 효심있는 사람이네.

＊ 일본어에서는 「孝道」라는 말을 쓰지 않는다.

023
おろそか 소홀히 함, 등한시함

・練習をおろそかにしては、いい選手にはなれない。
연습을 소홀히 해서는 좋은 선수는 될 수 없다.

024
おんけん
穏健 온건함

・一方にかたよらない穏健な考えだ。
한쪽으로 치우치지 않는 온건한 생각이다.

025
おん わ
穏和 온화함, 조용하고 부드러움

・穏和な気候だ。
온화한 기후다.

026
かっ き てき
画期的 획기적

・電気は人類にとって画期的な発明だ。
전기는 인류에게 있어서 획기적인 발명이다.

027
かっこう
格好 적당함, 알맞음 ▶ てごろ 알맞음, 적당함

・昼寝をするのに格好な場所だ。
낮잠 자기에 적당한 장소다.

028
かっぱつ
活発 활발함 = 朗(ほが)らかだ 명랑하다

・活発な動作
활발한 동작

・鈴木さんのお嬢さんはスポーツの好きな朗らかな人です。
스즈키 씨의 따님은 스포츠를 좋아하는 쾌활한 사람입니다.

029
軽はずみ　경망함, 경솔함

・軽はずみな事をするな。
경솔한 짓을 하지 말아라.

030
華麗　화려

・華麗な装いだ。
화려한 차림이다.

031
寛大　관대

・寛大な処置
관대한 조치

032
完璧　완벽

・与えられた仕事を完璧にこなした。
주어진 일을 완벽하게 이루었다.

033
気掛かり　마음에 걸림, 근심

・母は気掛かりなことがあるらしく、暗い顔をしている。
어머니는 근심스러운 일이 있는 듯 어두운 표정을 짓고 있다.

034
気障　(복장이나 거동이 눈에 거슬리는 모양) 아니꼬움, 거슬림

・流行の服を着て、知ったかぶりをするきざな人だ。
유행하는 옷을 입고 아는 체를 하는 아니꼬운 사람이다.

035
気さく　까다롭지 않고 싹싹함, 거드름 부리지 않고 소탈함
= さっぱりした人(ひと) (성격이) 뒤가 없는 사람

・気さくな人のようです。
소탈하고 싹싹한 사람 같습니다.

・あの人はとても気さくな人です。
저 사람은 매우 소탈한 사람이다.

ナ
형용사

ナ形容詞

036 き ちょうめん
几帳面 꼼꼼한 모양, 고지식함, 차근차근함

・彼女は何をするにも几帳面だ。
그녀는 무엇을 하건 차근차근하다.

・几帳面な人　꼼꼼한 사람

・時間に几帳面な人だ。
시간에 철저한 사람이다.

037 き びん
機敏 기민 ＝ 敏捷(びんしょう) 민첩

・しかは機敏な動物です。
사슴은 기민한 동물입니다.

・動作が機敏だった。
동작이 기민했다.

・機敏に対処した。
기민하게 대처했다.

・機敏な対応で難局を切り抜けた。
기민한 대응으로 난국을 타개하였다.

038 き
気まぐれ 변덕스러움, 변덕쟁이

・彼女は気まぐれだから、約束どおり来るかどうかわからない。
그녀는 변덕스러워서 약속대로 올지 어떨지 모르겠다.

039 き みじか
気短 조급함, 성마름, 성급함 ＝ 気(き)が短(みじか)い 성급하다
↔ 気(き)が長(なが)い 느긋하다

・気短でやいのやいのと催促する。
성급하여 집요하게 재촉한다.

040 き みょう
奇妙 기묘함

・ぼくときみの考えは奇妙に一致する。
나와 너의 생각은 기묘하게 일치한다.

041 きゅうくつ
窮屈 갑갑함, 옹색함, 비좁음 ＝ 息苦(いきぐる)しい

・どうも窮屈な服装は苦手でね。
아무래도 갑갑한 복장은 좋아하지 않는 편이라서 말이야.

042 きょうしゅく
恐縮 죄송스러움, 황송함

・お手数をかけまして、恐縮です。
（て すう / きょうしゅく）
폐를 끼쳐서 죄송합니다.

043 きよ
清らか 맑고 청아함, 깨끗함

・清らかな心の持ち主だ。
（きよ / こころ / も / ぬし）
깨끗한 마음의 소유자이다.

044
きらびやか 눈부시게 아름다움, 화려함

・きらびやかな舞台衣裳です。
（ぶ たい い しょう）
화려한 무대의상입니다.

045 くうきょ
空虚 공허

・空虚な話だ。 공허한 이야기다.
（くうきょ / はなし）

046 けいはく
軽薄 경박함

・ふかく考えないで行動する軽薄な人だ。
（かんが / こうどう / けいはく / ひと）
깊게 생각하지 않고 행동하는 경박한 사람이다.

🔵 관련 표현

① 尻が軽い 촐랑거리다, 경망스럽다
（しり / かる）

・よく考えてもみないで、無條件に引き受けるなんてちょっと
と尻が軽すぎるよ。
（かんが / む じょうけん / ひ う / しり / かる）
잘 생각해 보지도 않고 무조건 떠맡는다니 너무 생각이 가벼워요.

047 げきてき
劇的 극적

・逆転満塁ホームランで劇的な勝利をおさめる。
（ぎゃくてんまんるい / げきてき / しょう り）
역전 만루 홈런으로 극적인 승리를 거두다.

048 けんあく
険悪 험악

・意見が分かれて会議の雰囲気が険悪になった。
（い けん / わ / かい ぎ / ふん い き / けんあく）
의견이 갈라져서 회의 분위기가 험악해졌다.

ナ
형용사

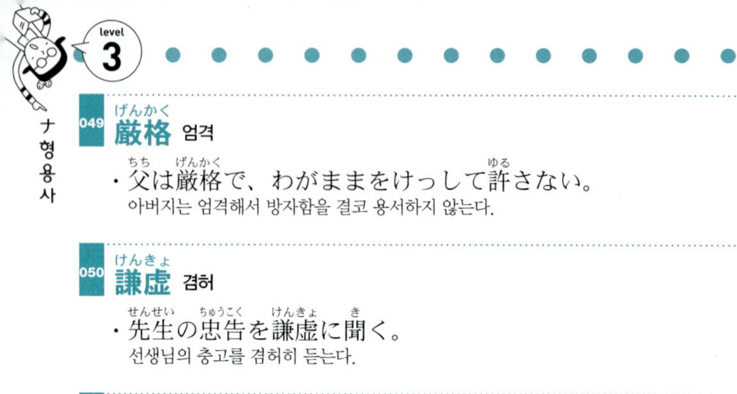

049
厳格 엄격

・父は厳格で、わがままをけっして許さない。
아버지는 엄격해서 방자함을 결코 용서하지 않는다.

050
謙虚 겸허

・先生の忠告を謙虚に聞く。
선생님의 충고를 겸허히 듣는다.

051
厳密 엄밀

・厳密に言うと、この答えは正しくない。
엄밀히 말하면 이 답은 바르지 않다.

052
豪華 호화

・豪華な邸宅だ。
호화로운 저택이다.

053
強情 고집이 셈

・彼は強情で、一度言いだしたらだれの言うことも聞かない。
그는 고집이 세어서 한번 말을 꺼내면 누구의 말도 듣지 않는다.

🔷 유사 표현

① **意地っ張り** 고집스러움, 억지, 고집통이

054
公正 공정

・公正な処置だ。
공정한 조치다.

055
広大 광대

・広大な牧場だ。 광대한 목장이다.

056
好都合 안성맞춤 = もってこい

・父が途中まで車にのせていってくれるとは好都合だ。
아버지가 도중까지 차를 태워다 주시겠다니 마침 잘 되었다.

057
こうてんてき
後天的 후천적

・後天的な欠点は注意すればなおる。
후천적인 결점은 주의하면 고쳐진다.

058
こうみょう
巧妙 교묘

・手品師の巧妙な手さばき
마술사의 교묘한 솜씨

059
こうめい
高名 고명함, 유명함

・高名な学者
고명한 학자

060
こうめい
公明 공명

・公明な方法で代表者を選んだ。
공명한 방법으로 대표자를 선출했다.

061
こぎれい
小奇麗 깔끔함, 조촐함

・こぎれいに暮らす。 조촐하게 살다.

・こぎれいな部屋 깔끔한 방

062
こくめい
克明 극명, 정확, 세밀함

・理科の実験のようすを克明に記録する。
이과의 실험 모습을 세밀하게 기록한다.

063
こっけい
滑稽 익살맞음, 해학

・チンパンジーの滑稽な動作
침팬지의 우스꽝스러운 동작

064
ささ
細やか 아담함, 사소함

・都会の片隅で細やかに暮している。
도회지의 한편에서 조촐하게 살고 있다.

ナ形容詞

065
早急 さっきゅう　몹시 급함, 지급 ▶早急(そうきゅう) 라고도 읽음
・この問題について早急に対策を講ずる必要がある。
이 문제에 대하여 시급히 대책을 강구할 필요가 있다.

066
残酷 ざんこく　잔인함, 잔혹
・子猫を捨てるなんて残酷な人だ。
새끼 고양이를 버리다니 잔인한 사람이다.

067
散々 さんざん　몹시 심한 모양, 호된 모양
・財布はなくすし、課長には怒られるし、今日は散々だよ。
지갑은 잃어버렸지, 과장한테는 혼났지, 오늘은 지독한 날이야.

068
失敬 しっけい　버릇없음, 무례함
・席をゆずってもらったのにお礼を言わないなんて失敬だ。
자리를 양보해 주었는데 감사의 말을 하지 않다니 무례하다.

069
質素 しっそ　검소함, 검약하는 일
・質素に暮す。
검소하게 생활하다.

🔁 반대어

① **贅沢** ぜいたく　사치, 사치스러움
・贅沢しすぎてなかなか貯金ができない。
너무 사치를 해서 좀처럼 저금할 수가 없다.

070
淑やか しとやか　정숙함, 단아함
・淑やかな女の人だ。
정숙한 여자다.

071
しなやか　유연함, 나긋나긋함
・しなやかに舞を舞う。
나긋나긋하게 춤을 추다.

072 社交的 （しゃこうてき） 사교적 □□□

・ほがらかで社交的な性格だ。（しゃこうてき　せいかく）
명랑하고 사교적인 성격이다.

073 種々 （しゅじゅ） 갖가지 □□□

・春には野原に種々の草花が咲く。（はる　の はら　しゅじゅ　くさばな　さ）
봄에는 들판에 온갖 화초가 핀다.

074 真実 （しんじつ） 진실 □□□

・証人は、真実だけを話す義務がある。（しょうにん　しんじつ　はな　ぎ む）
증인은 진실만을 말할 의무가 있다.

075 人道的 （じんどうてき） 인도적 □□□

・捕虜を人道的にとりあつかう。（ほ りょ　じんどうてき）
포로를 인도적으로 다룬다.

076 親密 （しんみつ） 친밀 □□□

・あのふたりは親密な間柄で、何をするのもいっしょだ。（しんみつ　あいだがら　なに）
저 두 사람은 친밀한 사이여서 무엇을 하든 함께다.

077 健やか （すこ） 튼튼함, 건강함 □□□

・赤ちゃんが健やかに育つ。（あか　すこ　そだ）
아기가 건강하게 자라다.

078 ずさん 날림, 엉성함 □□□

・この計画はずさんだ。（けいかく）
이 계획은 엉성하다.

・ずさんな工事（こう じ）
날림 공사

・ずさんな経営（けいえい）
엉터리 경영

・設計図からしてずさんなんだ。（せっけい ず）
설계도부터가 엉터리다.

ナ 形容詞（형용사）

079 ずぼら 게으름을 피움, 칠칠치 못함
・彼はずぼらであてにならない。
그는 흐리멍텅해서 믿을 수가 없다.

080 速やか 신속함, 재빠름
・手紙がついたら、速やかに返事をしてください。
편지가 도착하면 신속하게 답장을 해 주세요.

081 性急 성급함
・性急に決めないで、じっくり考えてから結論を出そう。
성급하게 결정하지 말고 곰곰이 생각하고 나서 결론을 내자.

082 静寂 정적, 고요함
・物音一つしない静寂な冬の夜
소리 하나 없는 고요한 겨울 밤

083 成熟 성숙
・成熟してりっぱな大人になった。
성숙하여 훌륭한 어른이 되었다.

084 盛大 성대
・歓迎会が盛大に行われた。
환영회가 성대하게 행해졌다.

085 精密 정밀
・異常がないか精密に調べる。
이상이 없는지 정밀하게 조사하다.

086 切実 절실
・漢字をきちんと覚えておく必要を切実に感じる。
한자를 확실하게 외워 둘 필요를 절실하게 느낀다.

087
繊細 せんさい 섬세, 예민함

・彼女は繊細な人だから、ちょっとしたことで傷つきやすい。
그녀는 예민한 사람이어서 사소한 일로 상처 입기 쉽다.

088
先天的 せんてんてき 선천적 = 生(う)まれつき 천성, 본성

・山田君は先天的に数字に強い。
야마다 군은 선천적으로 숫자에 강하다.

089
相応 そうおう 상응, 걸맞음 ▶ ふさわしい (가치 측면에서) 어울리다, 걸맞다

・身分相応の付き合いをする。
신분에 걸맞는 교제를 하다.

090
早熟 そうじゅく 조숙

・女の子のほうが男の子より早熟だ。
여자아이가 남자아이보다 조숙하다.

091
相対的 そうたいてき 상대적

・このクラスの生徒は相対的にみておとなしい。
이 학급의 학생은 상대적으로 보아 얌전하다.

092
疎遠 そえん 소원, 멀어짐 ▶ 遠(とお)のく 멀어지다, 소원해지다

・彼との間が疎遠になる。
그와의 사이가 소원해지다.

093
素朴 そぼく 소박함

・山奥の旅館で素朴なもてなしをうけた。
깊은 산 속 여관에서 소박한 대접을 받았다.
・素朴な人が好きだ。
소박한 사람을 좋아한다.

094
粗末 そまつ 허술함, 조잡함, 변변치 않음 = つまらない

・粗末なものですが、どうぞ、召し上がってください。
변변하지 못한 것입니다만, 부디 많이 드십시오.

ナ形容詞

ナ形容詞

・Ａ：ごちそうさまでした。
　잘 먹었습니다.

・Ｂ：いいえ、お粗末さまでした。
　아니요, 변변치 못했습니다.

・有名な画家にしてはおそまつな絵ですね。
　유명한 화가치고는 서투른 그림이군요.

095 存分 마음껏, 실컷

・思う存分遊んだ。
　실컷 놀았다.

・存分にこらしめてやった。
　실컷 혼내 주었다.

096 大層 굉장한, 어마어마한, 거창한

・あの人は大層な人気だ。
　저 사람은 굉장한 인기다.

097 怠惰 태만, 게으름 ▶ 怠(なま)ける, 怠(おこた)る 게으름 피우다

・怠惰になる。
　나태해지다.

098 台無し 못쓰게 됨

・レンズを割り、双眼鏡を台無しにしてしまった。
　렌즈를 깨뜨려 쌍안경을 못쓰게 만들어 버렸다.

099 退廃的 퇴폐적

・退廃的な音楽
　퇴폐적인 음악

100 怠慢 태만

・その学生の態度は怠慢でした。
　그 학생의 태도는 태만했습니다.

101 **巧み** 능숙함, 정교함

・むずかしいピアノ曲を巧みに弾きこなす。
어려운 피아노 곡을 능숙하게 연주해내다.

102 **打算的** 타산적

・打算的でがめつい人だ。
타산적이고 악착스러운 사람이다.

유사 표현

① **算盤ずく** 타산적인 태도

・算盤ずくではできない仕事
이해 득실을 따지면 할 수 없는 일

103 **多大** 다대, 매우 큼, 매우 많음 ＝たくさん

・国民全体に多大の利益をもたらした。
국민 전체에 다대한 이익을 가져다 주었다.

104 **妥当** 타당

・妥当な処置をとる。
타당한 조치를 취하다.

105 **端整** (자세·동작 등이) 흐트러짐 없이 단정하다, 단아하다, 깔끔하다

・身のこなしが端整だった。
몸가짐이 단정하였다.

유사 표현

① **整う** 단정하다, 깔끔하다

・整った顔でも締りのない表情をすると、別人のようになる。
단정한 얼굴이라도 야무지지 못한 표정을 짓고 있으면 다른 사람처럼 된다.

② **器量** (여성에 대해 미인 여부를 판정하는 말로) 얼굴 모습, 용모

・器量のよい娘さんだ。
얼굴이 예쁜[잘생긴] 아가씨이다.

・器量はまあまあだ。
생긴 것은 그저 그렇다.

ナ형용사

③ 顔立ち　생김새, 생김생김, 용모
- 第一印象は整った顔立ちだったと思います。
  첫인상은 단정한 용모였다고 생각합니다.

④ 顔つき　㉠ 생김새, 용모, 얼굴　㉡ (감정·성격 등이 드러난) 얼굴, 표정
- 話を聞いて険しい顔つきに変わった。
  이야기를 듣고 험악한 표정으로 변했다.

106　端的　간단하고 분명함, 단적

- そこに端的に現れている。
  거기에 단적으로 나타나 있다.

107　致命的　치명적

- 致命的な失敗だ。
  치명적인 실패다.

🔵 유사 표현

① 命取り　목숨을 앗아갈 위험이 있는 것, 치명적인 것
- 小さな癌が命取りになる。
  작은 암이 치명적인 것이 되다.

108　中途半端　흐지부지함, 엉거주춤함

- 中途半端な態度
  엉거주춤한 태도
- 彼は何をやらせても中途半端だ。
  그는 무슨 일을 시켜도 흐지부지한다.

109　重宝　쓸모가 있어 편리함, 소중히 여김, 애용함

- この辞書は使いやすいので重宝している。
  이 사전은 사용하기 쉬워서 애용하고 있다.

110　ちんぷんかんぷん　횡설수설

- あの人の話しはちんぷんかんぷんでまったくわからない。
  저 사람의 말은 횡설수설이어서 전혀 모르겠다.

111 月並み _{つきなみ} 평범함, 진부함

- 月並みなことを言う。
  진부한 말을 하다.

112 手頃 _{てごろ} 다루기에 알맞음, 적당함

- 五人が住むのに手頃な家だ。
  다섯이 살기에 적당한 집이다.
- 手頃な値段
  적당한 가격
- この店は値段も手頃だし、また雰囲気もいい。
  이 가게는 가격도 적당하고, 또 분위기도 좋다.

113 でたらめ 엉터리, 되는 대로 함

- 言うことがまるででたらめだ。
  말하는 것이 마치 엉터리 같다.

114 特異 _{とくい} 특이

- あの子は特異な体質だ。
  저 아이는 특이한 체질이다.

115 得意 _{とくい} 가장 자신 있음 ▶ 特技(とくぎ) 특기 ↔ 苦手(にがて)
▶ 得手(えて) 장기, 특기 ↔ 不得意(ふとくい), 苦手(にがて) 잘못함, 서투름

- わたしが得意なのは体操の鉄棒です。
  내가 가장 잘하는 것은 체조의 철봉입니다.
- ぼくの特技は逆立だ。
  나의 특기는 물구나무서기이다.
- 彼の得手はなんですか。
  그의 장기는 무엇입니까?

116 とっぴ 엉뚱함, 별남

- そんなとっぴな考えにはとてもついていけない。
  그런 엉뚱한 생각에는 도저히 따라갈 수가 없다.

ナ
형용사

ナ形容詞

117 トントン拍子（びょうし） 일이 순조롭게 척척 진행되는 모양

・トントン拍子に昇進する。
척척 순조롭게 승진하다.

118 内向的（ないこうてき） 内向的 ＝ 内気(うちき) ↔ 外向的(がいこうてき) 외향적

・妹は無口で内向的な性格です。
여동생은 말이 없고 내향적인 성격입니다.

119 内密（ないみつ） 内密 ＝ 秘密(ひみつ), 内緒(ないしょ) 비밀, 은밀

・まだはっきり決まったわけじゃないので、このことは内密にお願いします。
아직 확실히 결정된 것은 아니므로 이 일은 비밀리에 부탁합니다.

120 なおざり 소홀함, 등한히 함

・なおざりな返事をして父に叱られた。
소홀한 대답을 해서 아버지에게 혼났다.

121 入念（にゅうねん） 공을 들임, 꼼꼼히 함

・あの大工さんの仕事は入念だと評判がいい。
저 목수의 일은 꼼꼼하다고 평판이 좋다.

122 俄か（にわ） 돌연, 갑작스러움

・晴れていた空が俄かにくもってかみなりが鳴り出した。
맑았던 하늘이 갑자기 흐려져 천둥번개가 치기 시작했다.

123 念入り（ねんいり） 매우 조심함, 정성들임, 공들임

・念入りに仕上げる。
정성스럽게 마무리하다.

・入試担当の事務職員が受験番号に間違いがないかどうか、念入りにチェックした。
입시 담당 사무 직원이 수험 번호에 실수가 있는지 여부를 일일이 체크했다.

124 乗り気 （のりき） 마음이 내킴, 내키는 마음

・新しい仕事に、みんな乗り気になっている。
새로운 일에 모두 흥미를 갖고 있다.

125 のろま 아둔함, 멍청함

・わたしはのろまなので、いつも失敗ばかりしています。
나는 아둔하기 때문에 항상 실패만 하고 있습니다.

126 のんき 마음 편함, 편안함, 성격이 낙천적임, 태평스러움

・あの人はのんきな質だから、その事は心配していないだろう。
저 사람은 낙천적인 성품이라서 그 일은 걱정하고 있지 않겠지.

127 薄弱 （はくじゃく） 박약함

・意志が薄弱な人　의지가 박약한 사람

128 莫大 （ばくだい） 막대

・太陽のエネルギーは莫大である。　태양 에너지는 막대하다.

129 恥さらし （はじさらし） 수치, 창피

・盗みをはたらくとは、まったく恥さらしなやつだ。
도둑질을 하다니 정말 수치스런 녀석이다.

130 恥知らず （はじしらず） 철면피

・恥知らずなふるまいだ。　철면피한 행동이다.

131 場違い （ばちがい） 그 자리에 어울리지 않음

・場違いな発言をして笑いものになった。
엉뚱한 발언을 해서 웃음거리가 되었다.

132 抜群 （ばつぐん） 발군, 뛰어남

・彼のセンスは抜群だ。　그의 센스는 뛰어나다.

ナ形容詞

ナ形容詞

133
ばんのう
万能 만능
・うちの息子はスポーツ万能だ。
　　むす こ　　　　　　　　　　ばんのう
우리 아이는 스포츠 만능이다.

134
はん ば
半端 불완전함, 어중간함
・半端な時間をもてあます。
　はん ば　　じ かん
어중간한 시간을 주체하지 못하다.

135
ひ かんてき
悲観的 비관적
・彼は悲観的すぎる。
　かれ　　　ひ かんてき
그는 너무 비관적이다.

136
ひ さん
悲惨 비참
・悲惨な戦争を二度と繰り返してはならない。
　ひ さん　せんそう　に ど　く　かえ
비참한 전쟁을 두 번 다시 되풀이해서는 안 된다.

137
ひつぜん
必然 필연
・罪を犯したのだから、罰せられるのは必然だ。
　つみ　おか　　　　　　　　　　ばっ　　　　　　　　ひつぜん
죄를 범했기 때문에 벌받는 것은 필연이다.

138
ひと な
人並み 보통 상태
・人並みに苦労して成長した。
　ひと な　　く ろう　　せいちょう
남들만큼 고생해서 성장했다.

139
ひ
冷ややか 차가움, 쌀쌀함
・冷ややかな態度をとる。
　ひ　　　　　　　たい ど
냉정한 태도를 취하다.

140
ひ れつ
卑劣 비열
・卑劣なやり方で相手をおとしいれる。
　ひ れつ　　　かた　あい て
비열한 방법으로 상대를 함정에 빠뜨리다.

141
貧弱 빈약

・彼は<ruby>貧弱<rt>ひんじゃく</rt></ruby>な<ruby>体<rt>からだ</rt></ruby>つきをしているけど、ファイトは<ruby>人一倍<rt>ひといちばい</rt></ruby>だ。
그는 빈약한 체격을 갖고 있지만 투지는 남보다 배나 더하다.

142
頻繁 빈번함

・<ruby>父<rt>ちち</rt></ruby>は<ruby>頻繁<rt>ひんぱん</rt></ruby>に<ruby>海外出張<rt>かいがいしゅっちょう</rt></ruby>をしている。
아버지는 빈번하게 해외로 출장을 간다.

143
無愛想 무뚝뚝함, 상냥하지 못함

・<ruby>無愛想<rt>ぶあいそう</rt></ruby>な<ruby>返事<rt>へんじ</rt></ruby>をする。
무뚝뚝한 대답을 하다.

🔵 관련 표현

① <ruby>愛想<rt>あいそ</rt></ruby>を<ruby>尽<rt>つ</rt></ruby>かす 상대방이 싫어지다, 정나미가 떨어지다

・いっこうになまけぐせが<ruby>直<rt>なお</rt></ruby>らないので、<ruby>家族<rt>かぞく</rt></ruby>は<ruby>愛想<rt>あいそ</rt></ruby>を<ruby>尽<rt>つ</rt></ruby>かす。
도무지 게으른 버릇이 고쳐지지 않아서 가족은 싫어한다.

② <ruby>愛想<rt>あいそ</rt></ruby>が<ruby>尽<rt>つ</rt></ruby>きる 정나미 떨어지다

③ <ruby>無頓着<rt>むとんちゃく</rt></ruby> 무관심함, 무심함

・<ruby>彼女<rt>かのじょ</rt></ruby>は<ruby>服装<rt>ふくそう</rt></ruby>には<ruby>無頓着<rt>むとんちゃく</rt></ruby>だ。
그녀는 복장에는 무관심하다.

144
不快 불쾌 ↔ 愉快(ゆかい) 유쾌

・<ruby>弟<rt>おとうと</rt></ruby>があまりにぐずるので、わたしまで<ruby>不快<rt>ふかい</rt></ruby>になった。
남동생이 너무 떼를 써서 나까지 불쾌해졌다.

145
不可欠 불가결, 없어서는 안 됨

・<ruby>現代<rt>げんだい</rt></ruby>の<ruby>生活<rt>せいかつ</rt></ruby>に<ruby>電気<rt>でんき</rt></ruby>は<ruby>不可欠<rt>ふかけつ</rt></ruby>である。
현대 생활에 전기는 없어서는 안 된다.

146
不気味 어쩐지 기분 나쁨, 무서움, 으스스함

・<ruby>暗<rt>くら</rt></ruby>い<ruby>夜道<rt>よみち</rt></ruby>をひとりで<ruby>歩<rt>ある</rt></ruby>くのは<ruby>不気味<rt>ぶきみ</rt></ruby>だ。
어두운 밤길을 혼자서 걷는 것은 어쩐지 무섭다.

ナ形容사

ナ形容詞

147 **不始末** 뒤처리를 잘 못함, 부주의

・わたしの不始末で、とんだご迷惑をおかけしました。
저의 부주의로 뜻하지 않은 폐를 끼쳐 드렸습니다.

148 **不自由** 부자유, 자유롭지 못함, 마음대로 안 됨

・乗り物の中で老人や体の不自由な人に席を譲りましょう。
버스나 전철 안에서 노약자에게 자리를 양보합시다.

＊ **体の不自由な人** 몸이 불편한 사람 (장애인보다 완곡한 표현)

149 **不純** 불순

・この水の中にはいろいろ不純な成分がふくまれている。
이 물 속에는 여러 가지 불순한 성분이 포함되어 있다.

150 **ぶっきらぼう** 퉁명스러움

・村上君はときどきぶっきらぼうな態度をとる。
무라카미 군은 가끔 퉁명스러운 태도를 취한다.

151 **不都合** 형편이 좋지 못함

・急に不都合なことができたので、出席できません。
갑자기 사정이 생겨서 출석할 수 없습니다.

152 **物騒** 위험한 상태, 뒤숭숭함

・この辺りも近頃は物騒になってきた。
이 주변도 요사이 위험해졌다.

153 **不透明** 불투명

・池の水がにごって、不透明になった。
연못 물이 흐려져서 불투명해졌다.

154 **不慣れ** 익숙하지 않음

・不慣れな仕事なので、うまくいかない。
익숙하지 않은 일이어서 잘 안 된다.

155 無難 무난

・毎日を無難に送っている。
매일을 무난하게 보내고 있다.

156 無礼 무례

・目上の人に無礼なふるまいをする。
윗사람에게 무례한 행동을 하다.

157 平気 ① 태연함, 침착함 ② 아무렇지도 않음, 개의치 않음

・どんなに怒られても平気でいる。
아무리 화나게 해도 태연하다.
・彼は何を言われても平気な顔をしていた。
그는 무슨 말을 들어도 태연한 표정을 하고 있었다.

158 閉口 질림, 항복함

・彼のおしゃべりには閉口した。 그의 수다에는 질렸다.

159 ぺしゃんこ 눌려서 납작해진 모양 ＝ぺちゃんこ

・事故で車がぺしゃんこにつぶれました。
사고로 차가 납작하게 찌부러졌습니다.

160 膨大 팽대

・東京の人口が膨大になる。
도쿄 인구가 팽대해지다.

161 仄か 아련함, 은은함

・梅のかおりがほのかに漂う。
매화 향기가 은은하게 감돌다.

162 増し 더 나음, 그 편이 더 좋음

・無いよりはましだ。 없는 것보다는 낫다.

・あんなつまらないのは見<ruby>み</ruby>なかったほうがましだ。
저런 시시한 것은 안 보는 것이 낫다.

🔵 관련 표현

① 何<ruby>なに</ruby>よりだ 무엇보다도 좋다, 가장 좋다

・たいした怪我<ruby>け が</ruby>でなくて何<ruby>なに</ruby>よりでした。
그리 큰 부상이 아니어서 다행이었습니다.

---

163 間抜け<ruby>ま ぬ</ruby> 얼간이 짓, 멍청이 □□□

・そんな間抜け<ruby>ま ぬ</ruby>な話<ruby>はなし</ruby>があるものか。
그런 바보 같은 이야기가 어디 있어?

---

164 疎ら<ruby>まば</ruby> 새가 뜸, 드문드문함 □□□

・開店<ruby>かいてん</ruby>したばかりの店内<ruby>てんない</ruby>は、まだお客<ruby>きゃく</ruby>もまばらだった。
개점한 지 얼마 안 된 가게 안은 아직 손님이 드물었다.

---

165 身軽<ruby>み がる</ruby> 경쾌함, 간단함 □□□

・弟<ruby>おとうと</ruby>は身軽<ruby>み がる</ruby>にするすると木<ruby>き</ruby>にのぼった。
남동생은 경쾌하게 스르르 나무에 올랐다.

---

166 未熟<ruby>み じゅく</ruby> 미숙함 □□□

・彼<ruby>かれ</ruby>のピアニストとしてのうではまだ未熟<ruby>み じゅく</ruby>だ。
그의 피아니스트로서의 솜씨는 아직 미숙하다.

---

167 耳障り<ruby>みみざわ</ruby> 귀에 거슬림 □□□

・オートバイの音<ruby>おと</ruby>が耳障り<ruby>みみざわ</ruby>で眠れ<ruby>ねむ</ruby>ない。
오토바이 소리가 귀에 거슬려 잠을 잘 수 없다.

---

168 耳寄り<ruby>みみ よ</ruby> 솔깃함 □□□

・耳寄り<ruby>みみ よ</ruby>な話<ruby>はなし</ruby>があるんだ。
솔깃한 이야기가 있다.

169 <ruby>無益<rt>むえき</rt></ruby>　무익 ↔ 有益(ゆうえき) 유익　□□□

・<ruby>無益<rt>むえき</rt></ruby>な<ruby>言<rt>い</rt></ruby>い<ruby>争<rt>あらそ</rt></ruby>いは<ruby>止<rt>よ</rt></ruby>そう。
무익한 언쟁은 그만두자.

170 <ruby>無惨<rt>むざん</rt></ruby>　무참, 끔찍함, 잔혹　□□□

・<ruby>無惨<rt>むざん</rt></ruby>な<ruby>殺人<rt>さつじん</rt></ruby>を<ruby>犯<rt>おか</rt></ruby>すドラマだ。
잔혹한 살인을 저지르는 드라마다.

171 <ruby>無造作<rt>むぞうさ</rt></ruby>　대수롭지 않음　□□□

・<ruby>核廃棄物<rt>かくはいきぶつ</rt></ruby>の<ruby>無造作<rt>むぞうさ</rt></ruby>な<ruby>扱<rt>あつか</rt></ruby>いは<ruby>決<rt>けっ</rt></ruby>して<ruby>許<rt>ゆる</rt></ruby>されない。
핵폐기물의 허술한 취급은 결코 용납될 수 없다.

172 <ruby>無謀<rt>むぼう</rt></ruby>　무모함　□□□

・<ruby>台風<rt>たいふう</rt></ruby>が<ruby>来<rt>く</rt></ruby>るというのに、<ruby>登山<rt>とざん</rt></ruby>をするなんて<ruby>無謀<rt>むぼう</rt></ruby>だ。
태풍이 온다는데 등산을 하다니 무모하다.

173 <ruby>明細<rt>めいさい</rt></ruby>　아주 상세하고 명확함　□□□

・<ruby>母<rt>はは</rt></ruby>は<ruby>毎日<rt>まいにち</rt></ruby>の<ruby>出費<rt>しゅっぴ</rt></ruby>を<ruby>明細<rt>めいさい</rt></ruby>に<ruby>家計簿<rt>かけいぼ</rt></ruby>につけている。
엄마는 매일의 지출을 자세하게 가계부에 기록하고 있다.

174 <ruby>目茶目茶<rt>めちゃめちゃ</rt></ruby>　뒤죽박죽　□□□

・これで<ruby>何<rt>なに</rt></ruby>もかも<ruby>目茶目茶<rt>めちゃめちゃ</rt></ruby>だ。
이것으로 모든 것이 엉망이다.

175 <ruby>綿密<rt>めんみつ</rt></ruby>　면밀 = 念入(ねんい)り 정성들임, 공들임　□□□

・<ruby>冬山<rt>ふゆやま</rt></ruby>に<ruby>登<rt>のぼ</rt></ruby>る<ruby>時<rt>とき</rt></ruby>は<ruby>綿密<rt>めんみつ</rt></ruby>な<ruby>計画<rt>けいかく</rt></ruby>を<ruby>立<rt>た</rt></ruby>てなければならない。
겨울 산에 오를 때에는 면밀한 계획을 세워야만 한다.

176 <ruby>物好<rt>ものず</rt></ruby>き　호기심, 유별난 것을 좋아함　□□□

・この<ruby>雨<rt>あめ</rt></ruby>に<ruby>出<rt>で</rt></ruby>かけるとはものずきだ。
이 비에 외출하다니 괴짜군.

ナ形容詞

177 厄介 (やっかい) 귀찮음, 성가심
・厄介(やっかい)なことを友達(ともだち)から頼(たの)まれた。
성가신 일을 친구에게 부탁 받았다.

178 野暮 (やぼ) 촌스러움
・野暮(やぼ)なことを言(い)わないでください。
촌스러운 말 하지 마세요.

179 有意義 (ゆういぎ) 값어치가 있음, 의미 있음
・有意義(ゆういぎ)な話(はな)し合(あ)いだった。
의미 있는 대화였다.

180 憂鬱 (ゆううつ) 우울
・田中(たなか)さんはこれからのことを考(かんが)えると憂鬱(ゆううつ)な気分(きぶん)になります。
다나카 씨는 앞으로의 일을 생각하면 기분이 우울해집니다.

181 優勢 (ゆうせい) 우세
・いまのところ、わがチームのほうが優勢(ゆうせい)だ。
지금으로서는 우리 팀이 우세하다.

182 欲深 (よくふか) 욕심이 많음
・欲深(よくふか)な商人(しょうにん)だ。
욕심 많은 상인이다.

183 楽天的 (らくてんてき) 낙천적
・楽天的(らくてんてき)な考(かんが)え方(かた)
낙천적인 사고방식

184 乱雑 (らんざつ) 난잡함, 무질서함
・部屋(へや)の中(なか)が乱雑(らんざつ)になっている。
방 안이 무질서하게 되어 있다.

185 冷酷 냉혹

・冷酷な仕打ちを受ける。
냉혹한 처사를 받다.

186 露骨 노골적임

・露骨にいやな顔をする。
노골적으로 불쾌한 얼굴을 하다.

> ● 보충 표현
>
> 露骨는 우리말과는 달리 的(てき)를 붙이지 않는 말인데 的(てき)을 넣지 않는 표현으로 그 밖에도 '不法(ふほう) 불법, 도덕에서 벗어남', '非常識(ひじょうしき) 비상식, 몰상식' 등이 있다
>
> ① **不法** 무리
> ・不法な要求です。
> 무리한 요구입니다.
>
> ② **非常識** 몰상식
> ・非常識な行動です。
> 몰상식한 행동입니다.

187 腕白 개구쟁이, 선머슴

・この子は腕白で困ります。
이 아이는 개구쟁이라 골치예요.

ナ형용사

PART 5

접속사·연어·연체사

접속사 · 연어 · 연체사

P5-L1-01

001 が 그러나, 하지만

・あの人は頭はいいが利己的な人だ。
저 사람은 머리는 좋지만 이기적인 사람이다.

002 けれども 하지만, 그러나 = けれど

・彼と約束をした。けれども行けなかった。
그와 약속했다. 그러나 가지 못했다.

003 しかし 그러나

・おなかが空いた。しかしお金がない。
배가 고프다. 그러나 돈이 없다.

004 すると 그러자

・上の子が泣きました。すると下の子も泣き出しました。
큰 아이가 울었습니다. 그러자 작은 아이도 울기 시작했습니다.

005 そこで 그래서

*앞 문장에 이어지는 자연스러운 흐름을 받는 말로 그에 상응하는 행동을 기대할 때 쓰는 말이다.

・バスがない。そこで歩いて行くことにした。
버스가 없다. 그래서 걸어가기로 했다.

006 そして 그리고 = また, かつ

・日本語に英語、そして韓国語まで読める。
일본어에 영어, 그리고 한국어까지 읽을 수 있다.

🔵 **관련 표현**

① **かつ** (어떤 사항에 다른 사항을 덧붙이는 말) 또, 게다가, 그 위에 = さらに, その上(うえ)

・彼は政治家であり、かつ作家でもあります。
그는 정치가이고 또한 작가이기도 합니다.

・教育改革は緊急かつ重要な問題である。
교육 개혁은 긴급하고 또 중요한 문제이다.

・このマンションは便利でかつ静かな所にあるので、人気が
高いです。
이 맨션은 편리하고 또한 조용한 곳에 있어 인기가 많습니다.

007 それから 그리고 나서

・デパートで買い物をし、それから映画を見て家へ帰った。
백화점에서 쇼핑하고, 그리고 나서 영화를 보고 집에 돌아갔다.

008 それで 그래서

*앞말의 원인을 나타내는 내용에 이어 뒷말의 내용이 순리적으로 이어지게 한다.

・お金がない。それで旅行に行けない。
돈이 없다. 그래서 여행을 갈 수 없다.

・問題はたいへん易しかった。それで、全部解けた。
문제는 매우 쉬웠다. 그래서 전부 풀 수 있었다.

009 それでは 그러면 = それじゃ(줄임말)

・それではビンデトクを食べましょうか。
그러면 빈대떡을 먹을까요?

010 それとも 그렇지 않으면

・手紙で連絡しましょうか。それとも電報の方がいいでしょうか。
편지로 연락할까요? 그렇지 않으면 전보가 좋을까요?

011 それに 게다가

・頭も痛いし、熱もあるし、それにかぜ気味だ。
머리도 아프고 열도 있고 게다가 감기 기운도 있다.

012 だから 따라서, 그러니까

・頭がいたい。だから欠席する。
머리가 아프다. 그래서 결석한다.

013 **では** 그럼 = じゃ

・では、始めましょう。
그럼 시작합시다.

014 **でも** 하지만

・あの人に何度も手紙を出した。でも一度も返事はなかった。
그 사람에게 몇 번인가 편지를 보냈다. 그렇지만 한 번도 답장은 없었다.

015 **ところが** 그러나

・きのうデパートへ行きました。ところが、休みでした。
어제 백화점에 갔습니다. 그러나 휴일이었습니다.

016 **ところで** 그런데, 그건 그렇고

・ところで、お父さんはお元気ですか。
그런데 아버님은 건강하세요?

・ところでこの間はお国のめずらしいお土産をわざわざ持ってきて
くださってありがとうございました。
그건 그렇고 요전에 고향의 귀한 특산물을 일부러 가져와 주셔서 감사했습니다.

017 **また** 또, 게다가

・今日は休みだし、また天気もよい。
오늘은 휴일이고, 또 날씨도 좋다.

018 **または** 또는, 혹은

・黒または青色のインクで書いてください。
검정 또는 파란 잉크로 쓰십시오.

접속사 · 연어 · 연체사

P5-L2-01

001 あるいは 또는, 혹은

• 金さんあるいは徐さんが行くことになるでしょう。
김 씨나 혹은 서 씨가 가게 되겠지요.

002 おかげさまで 덕분에, 덕택에

• おかげさまで、弊社も15周年を迎えることができました。
덕분에 폐사도 무사히 15주년을 맞이할 수 있었습니다.

003 思いきった 과감한

• 政府の思いきった政策が好景気をもたらした。
정부의 과감한 정책이 호경기를 가져왔다.

004 及び 및, 그리고

• 自転車および自動車の通行を禁止します。
자전거 및 자동차의 통행을 금지합니다.

005 さて (다른 화제로 옮길 때 쓰는 말) 그리고, 그런데
▶ ところで 그런데, 그건 그렇고

• さて、今日は何を話しましょうか。
자, 오늘은 무엇을 이야기할까요?

006 しかも 게다가, 그 위에 ＝ だけではなく, そのうえ

• 彼は金持ちだ。しかも家柄もいい。
그는 부자다. 게다가 가문도 좋다.

• 雨が降り、しかも雷も鳴りはじめた。
비가 오고 게다가 천둥까지 치기 시작했다.

007 従って 따라서, 그러므로

• これはいい品物だ。したがって高い。
이것은 좋은 물건이다. 따라서 비싸다.

접속사 외

level 2

008 すなわち 바꿔 말하면, 즉

・首相、すなわち総理大臣は日本の政府を代表する。
수상, 즉 총리대신은 일본 정부를 대표한다.

009 その上 게다가

・あの人は頭もいいし、親切だ。その上、顔も美しい。
그 사람은 머리도 좋고 친절하다. 게다가 얼굴도 아름답다.

010 それでも 그래도, 그런데도

・みんなよく頑張ったが、それでも勝てなかった。
모두들 열심히 싸웠지만, 그런데도 이기지 못했다.

011 それなのに 그런데도

・チョンさんは3年も日本に住んでいます。それなのに日本語がほとんど話せません。
정 씨는 3년이나 일본에 살고 있습니다. 그런데도 일본어를 거의 못합니다.

012 だが 그러나, 그렇지만

・品物はいい。だが、値段が高すぎる。
물건은 좋다. 그러나 값이 너무 비싸다.

013 ～だけに ～인 만큼 = ～だけあって ～한 만큼

・あの人は中国人だけに漢字をよく知っている。
저 사람은 중국인인 만큼 한자를 잘 알고 있다.

・あまり期待していなかっただけに、入賞は本当に嬉しいです。
그다지 기대하지 않았던 만큼 입상한 것은 정말로 기쁩니다.

・充分に試験を準備しただけあってできがよかった。
충분히 시험을 준비했던 만큼 성적이 좋았다.

・何回も見直しただけあって、このレポートには間違いが全然ない。
몇 번이나 다시 본 만큼, 이 리포트에는 실수가 전혀 없다.

014 ただし・ただ 다만, 단지　□□□

・音楽はいろいろなジャンルのものを聞きます。ただあまりうるさいのは苦手です。
음악은 여러 장르의 것을 듣습니다. 단지 너무 시끄러운 것은 거북스럽습니다.

015 だって 하지만, 왜냐하면, 그럴 것이　□□□

・あやまる必要はないよ。だって君のせいじゃないんだから。
사과할 필요는 없어. 왜냐하면 너의 탓이 아니니까.

016 ～てからというもの ～하고 나서 (～てから를 강조한 형태)　□□□

・試験に落ちてからというもの、ずっと元気がないんです。
시험에 떨어진 뒤로는 내내 기운이 없습니다.

017 ～ときたら ～은　□□□

*구어체에서 사용되며 무언가를 특별히 내세워 그에 대한 불만·비난·자조의 느낌을 말하는 경우에 쓴다. 주로 후반부에 마이너스적 평가가 온다.

・最近の若者ときたら何を考えているのか、さっぱりわからない。
최근 젊은 사람들은 무슨 생각을 하는지 도무지 모르겠다.

018 なお 더욱이, 또한　□□□

・会場は講堂です。なお開会は10時です。
회의장은 강당입니다. 또한 개회는 10시입니다.

019 何故なら 왜냐하면, 왜 그러냐 하면 = 何故(なぜ)ならば　□□□

・かさを持って行くべきだ。なぜならきっと雨が降るから。
우산을 갖고 가야만 한다. 왜냐하면 틀림없이 비가 올 테니까.

020 ～に堪えない ～(에) 참을 수 없다, 견딜 수 없다　□□□

・遺憾に堪えない。
유감스럽기 짝이 없다.

・この雑誌の記事はとても読むに堪えない。
이 잡지의 기사는 도저히 읽을 수 없을 정도이다.

---

021 にもかかわらず 그럼에도 불구하고

・彼は努力した。にもかかわらず失敗した。
그는 노력했다. 한데도 실패했다.

---

022 ほかならない 다른 것이 아닌 바로 그것이다 = 마사시쿠 ～である
▶ ～にほかならない (문말에 사용) ～에 다름 아니다, 바로 ～이다
= ～に間違(まちが)いない ～에 틀림이 없다

・あいつの仕業にほかならない。
바로 그녀석의 소행임에 틀림없다.

・今回の優秀は努力の結果にほかならない。
이번 우승은 그야말로 노력의 결과이다.

---

023 ほかならぬ (명사를 수식) 다름 아닌

・ほかならぬ君の頼みでは断れない。
다른 사람도 아닌 너의 부탁이므로 거절할 수 없다.

---

024 もしくは 혹은, 아니면, (부사로 사용될 때는) 어쩌면, 혹시 = もしかすると

・月曜日、もしくは火曜日にそちらにうかがうと思います。
월요일, 혹은 화요일에 그곳에 가려고 합니다.

---

025 もっとも 그렇다고는 하나, 하기는, 다만
*앞 내용을 긍정한 다음에 조건이나 주석을 덧붙이는 것으로 이견이 있다는 뜻을
나타낸다

・夏は暑いものだ。もっとも冷夏ということもあるが。
여름은 더운 법이다. 하기는 냉하라는 것도 있지만.

・彼の意見は正しい。もっとも彼の立場に立てばの話だがね。
그의 의견은 맞다. 다만 그의 입장에 서서의 이야기이지만 말이다.

접속사 · 연어 · 연체사

P5-L3-01

001 相（あい）まって 서로 어울려서, ~와 더불어[함께]

・努力（どりょく）と才能（さいのう）が相（あい）まって今日（きょう）の成功（せいこう）を見（み）た。
노력과 재능이 서로 어울려 오늘의 성공을 보았다.

・監督（かんとく）と俳優（はいゆう）の才能（さいのう）が相（あい）まって楽（たの）しい作品（さくひん）になった。
감독과 배우의 재능이 서로 어울려서 즐거운 작품이 되었다.

002 悪（あ）しからず (상대의 마음을 헤아리지 못하고 어떤 일을 한 경우에 본의가 아니므로 '나쁘게 생각하지 말아 달라'는 의미로) 잘 부탁드립니다

・欠席（けっせき）しますが、どうぞ悪（あ）しからず。
결석합니다만, 잘 부탁드립니다.

003 ありふれた 흔한, 보통의, 평범한

・ありふれた品（しな）で珍（めずら）しくない。 흔한 물건이라 신기하지 않다.

004 あるまじき 있어서는 안 될 = あるべきではない, あってはならない

・政治家（せいじか）にあるまじき行為（こうい）だ。
정치가에게 있어서는 안 될 행위이다.

005 いえども ~라 하더라도, (비록) ~라 할지라도

・図書館（としょかん）といえども、すべての本（ほん）を揃（そろ）えることはできない。
도서관이라 해도 모든 책을 갖춰 놓을 수는 없다.

006 おまけに 게다가

・途中（とちゅう）でガソリンがきれた。おまけに雪（ゆき）まで降（ふ）ってきた。
도중에 휘발유가 떨어졌다. 게다가 눈까지 오기 시작했다.

007 思（おも）いきや ~라고 생각했는데 (결과는 ~다)

＊기대했던 것과는 다른 결과가 나왔을 때 사용하는 말.

・どうせ来（こ）ないと思（おも）いきや、30分（ぶん）も前（まえ）にやってきた。
어차피 안 올 거라고 생각했는데 30분이나 전에 왔다.

접속사 외

008 来る　다가오는, 오는　↔ 去(さ)る 지난

・さて、このたび当事務所が手狭になりましたので、来る6月1日より下記に移転することになりました。
그런데 이번에 당사무소가 협소해져서 오는 6월 1일부터 아래에 쓴 곳으로 이전하게 되었습니다.

009 そこへいくと　그에 비하면

・株式投資は危険をともなう。そこへいくと銀行預金は安全だ。
주식 투자는 위험을 동반한다. 그것에 비하면 은행 예금은 안전하다.

・彼女は真面目すぎておもしろくない。そこへいくと彼女の妹はダンスもうまいし、話もおもしろい。
그녀는 너무 진지해서 재미가 없다. 그에 비하면 그녀의 여동생은 춤도 잘 추고 이야기도 재미있다.

010 そもそも　도대체, 대저, 원래, 무릇

・そもそも学問というのは。
대저 학문이란 것은.

・そもそも大学は勉強するところであるが、勉強が目的で大学に行く人はあまりいない。
무릇 대학은 공부를 하는 곳이지만 공부를 목적으로 대학에 가는 사람은 별로 없다.

011 それというのも　그 이유는 다른 게 아니라

・彼女はついにアルコール中毒から立ち直った。それというのも彼女には優しい夫がいたからだ。
그녀는 마침내 알콜중독에서 헤어났다. 그것은 바로 그녀에게는 포용력이 있는 남편이 있었기 때문이다.

012 それどころか　그러기는커녕

・わたしはアフリカへ行ったことがない。それどころか海外に行ったことさえない。
나는 아프리카에 간 적이 없다. 그러기는커녕 해외에 간 적조차 없다.

013 だからこそ 그래서, 그러므로

*앞 문장에 따른 당연한 결과를 열거할 때 쓰는 말. 가장 두드러진 구별 방법은 문장 뒤에 상대에게 무언가를 부탁하거나 바라는 내용이 온다는 점이다.

- 君は有能で経験豊かだ。その上やる気も十分だ。それでこそ、この大事な仕事は君に任せたい。

자네는 유능하고 경험이 풍부하다. 게다가 의욕도 충분하다. 그래서 이 중요한 일은 자네에게 맡기고 싶다.

014 たる 적어도 ~(로서)의 자격을 갖추고 있는, ~인, ~된

▶ ~にたる, ~にたりる ~할 만한 가치가 있다

- 彼は、この仕事を任せるにたる人物だ。

그는 이 일을 맡길 만한 인물이다.

- かりにも先生たる者のなすべきことではない。

적어도 선생된 자로서 할 일은 아니다.

015 因みに 덧붙여서 말하면, 그와 관련하여 = ついでに言(い)えば

- 因みに、二人は高校の同級生だった。

덧붙여서 말하면 두 사람은 고등학교 동급생이었다.

016 つきましては 그런고로

- つきましては、お言葉に甘え、ぜひ貴社へのご紹介をお願いさせてください。

그런고로 염치불구하고 꼭 귀사에 소개를 부탁드리겠습니다.

017 ないし 내지, 혹은 (둘 중 하나를 선택하는 경우) = もしくは, または, あるいは

- 両親ないし保証人の許可が必要です。

부모 내지 보증인의 허락이 필요합니다.

- 荷物を受け取る際には、身分証明書ないし健康保険証をご持参ください。

짐을 찾을 때는 신분증명서 혹은 건강보험증을 지참하십시오.

018 なきにしもあらず 없는 것도 아니다, 없지도 않다

- 成功の望みは無きにしもあらずだ。

성공 가망성이 없는 것도 아니다.

level 3

☐☐☐

019 ならびに 및

・名前、職業、ならびに生年月日を書きなさい。
이름, 직업 및 생년월일을 쓰시오.

☐☐☐

020 ～につき ① (동작이나 사고의 대상을 한정적으로 나타냄) ～에 대하여, ～에 관하여
② (이유를 나타냄) ～이므로 ③(수사에 붙어 비율을 나타냄) ～당 = あたり

・ご質問につきましてお答えします。
질문에 대해 답변 드리겠습니다.

・本日は祭日につき、休業いたします。
오늘은 공휴일이므로 휴업하겠습니다.

・お一人様につき五百円申し受けます。
한 분당 오백 엔을 받습니다.

 **관련 표현**

① ～につけ ～할 때나 ～할 때나 (어떤 경우에도) = ～に関連(かんれん)して, ～に伴(ともな)って, ～に応(おう)じて

・彼女は何かにつけ文句を言う人です。
그녀는 무엇을 할 때마다 불평을 하는 사람입니다.

☐☐☐

021 びくともしない 눈도 깜짝 안 하다, 꿈쩍도 않다, 꼼짝달싹 않다

・それくらいのことではびくともしない。
그 정도의 일로는 꿈쩍도 않는다.

☐☐☐

022 ほんの 불과, 고작, 정말 그 정도밖에 못 되는

・ほんの20年ほど前は、給料を引き出しに大切にしまい、その中から
毎日必要なお金を出して使っていた。
불과 20년쯤 전에는 급료를 서랍에 소중하게 넣어두고, 그 안에서 매일 필요한 돈을 꺼내서 사용
했었다.

☐☐☐

023 まして (～은 물론이지만) ～보다도 더욱

・日本の夏は暑い。暑さにもまして耐えがたいのは湿度の高さだ。
일본의 여름은 덥다. 더위보다 더욱 견디기 힘든 것은 습도가 높은 것이다.

024 無理からぬ 무리가 아닌, 일리 있는 □□□

・彼らの要求にも無理からぬ点がある。
그들의 요구에도 일리가 있다.

025 故に 그러므로, 그런고로 □□□

・夏は暑い。故に汗が出る。
여름은 덥다. 그러므로 땀이 난다.

026 行きつ戻りつ 몇 번이나 왔다갔다 함 = 行(い)きつ戻(もど)りつ □□□

・入るのを躊躇って店の前を行きつ戻りつした。
들어가는 것을 주저하여 가게 앞을 몇 번이나 왔다갔다 했다.

027 選りに選って (좀 더 다른 선택이 있음에도 불구하고) 하필이면 □□□
*상대의 선택이 서툴렀음을 비난하는 말투

・選りに選ってこんな物を買ってくるなんて。
하필이면 이런 물건을 사오다니.

PART 6

부사

부사

 P6-L1-01

001 ああ (대화 쌍방이 서로 알고 있는 어떤 상태나 장면을 가리켜 하는 말) 그렇게, 그런
= あのように, あんなに, あれほど
▶ ああ言(い)えばこう言(い)う 저리 말하면 이리 말하다, 요리조리 발뺌하다

- ああでもしなければ仕方がなかった。
  그렇게라도 하지 않으면 방법이 없었다.

- ああ強くては歯が立たない。
  그렇게 강하면 상대를 할 수 없다.

- ああまで言わなくてもいいだろう。
  그렇게까지 말하지 않아도 좋을 텐데.

- 彼女はいつもああ言えばこう言う。
  그녀는 언제나 요리조리 발뺌한다.

002 相変わらす 변함없이, 여전히, 전과 다름없이

- 今日も相変わらず蒸し暑いですね。
  오늘도 여전히 무덥군요.

003 あと (부사적으로 사용하여) 앞으로 ▶ あとは (명사적 용법) 나머지는

- あともう少しで今日の仕事が終わりますから待っていてください。
  앞으로 조금 뒤에 오늘 일이 끝나니까 기다려 주세요.

- 宿題も終わったし、あとは目覚ましをかけて寝るだけです。
  숙제도 끝났고, 이젠 시계를 맞춰 놓고 자기만 하면 된다.

  🔾 **관련 표현**
  ① 後の祭 시기가 지나 소용이 없는 것
  - 今言ったところで後の祭だ。
    지금 말해 봤자 소 잃고 외양간 고치기다.

004 あまり (~ない와 같은 부정어를 수반하여) 그다지, 별로

- 彼はきょうはあまり元気がないようです。
  그는 오늘은 별로 기운이 없는 것 같습니다.

- わたしはお酒はあまり好きではありません。
  저는 술은 별로 좋아하지 않습니다.

005 **いくら** 아무리 ▶ いくら ～ても[でも] 아무리 ~해도, ~에도 불구하고

・いくら家賃が安くても、古いアパートはいやです。
아무리 집세가 싸도 낡은 아파트는 싫습니다.

006 **一番**(いちばん) 가장 ＊명사로 쓰일 때는 '제일 첫째, 일등, 으뜸'

・一番有名な地震は関東大震災です。
가장 유명한 지진은 관동 대지진입니다.

007 **いつか** 언젠가, 조만간에

・いつかは自分の会社を持ちたいと思って、毎日頑張っている。
언젠가는 자신의 회사를 가지고 싶다고 생각해서 매일 열심히 하고 있다.

008 **一生懸命**(いっしょうけんめい) 열심히

・試験に向けて一生懸命勉強しただけに、不合格のショックは大きかった。
시험을 향해 열심히 공부한 만큼 불합격의 충격은 컸다.

009 **一緒に**(いっしょに) 함께

・二人で一緒に観覧車に乗りませんか。
둘이서 함께 관람차를 타지 않겠습니까?

010 **いっぱい** 가득, 차고 넘침

・胸がいっぱいになる。
가슴이 벅차다 / 기쁨이나 슬픔 등을 누를 수 없다.

・ピアノコンクールで優勝が決まった時、嬉しさで胸がいっぱいになった。
피아노 콩쿨에서 우승이 결정되었을 때 기쁨으로 가슴이 벅찼다.

011 **いつも** 언제나, 늘, 평소

・いつも勉強ばかりしている。
언제나 공부만 하고 있다.

부사

부사

012 今一 어딘지 약간 부족한 상태임,
(현재의 상태에서 조금만 덧붙이기를 원하는 상태) 조금만 더 = 今一(いまひと)つ

・今一不満が残る。 뭔가 불만이 남다.
・成績は今一だ。
성적은 약간 떨어지는 편이다.

013 今まで 지금까지

・今までいったいどこにいたのだ。
지금까지 도대체 어디에 있었는가?

014 色々 여러 가지, 가지각색

・庭にいろいろな花が咲き乱れている。
마당에 갖가지 꽃이 어우러져 피어 있다.

015 かならず 반드시 *필연성을 나타내는 가장 강한 표현으로 뒤에 어떤 결과가
확실하게 얻어진다고 생각할 때나 판단에 의한 요구나 약속 등이 온다.

・この薬を飲めばかならず治ります。
이 약을 먹으면 반드시 낫습니다. (전제조건에 대한 확신)

🔵 관련 표현

위 세 개의 부사는 모두 우리말의 '꼭, 반드시'라는 뜻이지만 공통적으로 쓰이는 부분과 독자적
으로 쓰이는 고유한 용법이 있으므로 구별해서 사용하도록 해야 한다.

① きっと 꼭, 틀림없이

*「かならず」보다는 신뢰도가 떨어지며, 판단 내용이 동작을 수반하지 않는 단순 사실에
근거한 추측이나 추정 표현이 뒤에 오며, 「かならず」와는 달리 부정 표현이 뒤에 올 수
있다.

・彼ならコンピューターに強いから、きっとわかります。
그라면 컴퓨터를 잘하니까 분명히 알 것입니다.

② 是非 꼭

*「かならず」가 상대방의 의사를 무시한 일방적인 희망을 표현한다면 「ぜひ」는 말하
는 사람의 간절한 희망이나 의뢰 등을 나타내는 표현이다.

・この仕事を是非私にさせていただきたいんです。
이 일을 꼭 제가 하고 싶습니다.

016 かなり 꽤, 상당히

・かなりの人が今日の会にあつまった。
상당수의 사람이 오늘 모임에 모였다.

017 さっき 조금 전, 아까

・さっき人の声が聞こえました。
아까 사람 소리가 들렸습니다.

➡ **さきほど** 조금 전, 아까 (さっき보다 공손한 말)

018 じっと 가만히, 꾹 참고 가만히 있는 모양

・茶席での正座は辛かったが、じっと我慢した。
다실에서 한 정좌는 힘들었지만 꾹 참았다.

019 しばらく 잠시 ▶ 少々(しょうしょう) 약간, 잠시

・しばらく待っていますので、どうぞおかまいなく。
잠시 기다리고 있을 테니까 (부디) 신경 쓰시지 마세요.

・少々お待ちください。 잠시 기다려 주세요.

020 ずいぶん 꽤, 상당히

・今日は魚がずいぶんとれた。
오늘은 고기가 상당히 잡혔다.

021 すぐ 곧, 바로

・すぐ行きますから、駅前の喫茶店で待っていてください。
곧 갈 테니까, 역 앞 커피숍에서 기다리십시오.

022 少し 약간, 조금

・少しつかれたがほんとうに楽しい一日だった。
조금 피곤했지만 정말 즐거운 하루였다.

♀ 다른 표현

① **少しも** 조금도, 전혀
・そんな事は少しも気にならない。 그런 일은 조금도 걱정되지 않는다.

부사

부사

023 **すっかり** 완전히, 까맣게

・7時に電話すると約束したのに、すっかり忘れてしまった。
7시에 전화하기로 약속했는데 까맣게 잊고 말았다.

024 **ずっと** ① 훨씬, 매우, 아주 ② 쭉, 계속

・このごろずっと雨だったが、今日はいい天気だった。
요즘 계속 비가 왔었는데 오늘은 좋은 날씨였다.

・日本は韓国よりずっと物価が高いです。
일본은 한국보다 훨씬 물가가 비쌉니다.

・ずっと南の方を旅行したいのです。
아주 남쪽을 여행하고 싶은 것입니다.

・はじめからずっと見ていた。
처음부터 쭉 보고 있었다.

025 **絶対に** 절대로

・久保田さんは絶対に遅刻しない人なのに今日は珍しいですね。
구보타 씨는 절대로 지각하지 않는 사람인데 오늘은 이상하군요.

026 **全然** 전혀

・そんな説明では全然納得できませんよ。
그런 설명으로는 전혀 납득이 안 됩니다.

027 **それほど** 그렇게, 그다지 = そんなに, さほど

・それほど費用もかからない。
그다지 비용도 들지 않는다.

028 **大体** 대체로, 대부분 = 大部分(だいぶぶん)

・報告書はだいたい終わりました。
보고서는 대부분 끝났습니다.

029 **大抵** 대개, 대강, 대부분

・彼のことなら大抵知っている。5年前からの知り合いだから。
그에 관한 거라면 대강 알고 있다. 5년 전부터 알고 지내는 사이이니까.

030 大分 (だいぶ) 꽤, 상당히, 제법

・髪の毛がだいぶ長くなってきました。
머리가 많이 길었습니다.

031 大変 (たいへん) 매우, 대단히

・今日はたいへん寒いですね。 오늘은 매우 춥군요.

032 たくさん 많이, 많은

・彼女の料理はおいしいのでついたくさん食べてしまう。
그녀의 요리는 맛있어서 그만 많이 먹어 버린다.

033 たしか 기억에 의하면, 아마, 분명히 ▶ 確(たし)かに 틀림없이, 분명히
＊「たしか」와「たしかに」의 미묘한 차이가 포인트.「たしか」는 약간은 불안하지만 일
단은 그렇다고 생각한다는 뜻이고,「たしかに」는 확실하고 틀림없는 경우에 쓰인다.

・たしか、あしたは佐藤さんの誕生日だったはずだ。
아마 내일은 사토 씨의 생일일 거야.

・あす、たしかに提出します。
내일 틀림없이 제출하겠습니다.

・企画書は昨日確かに受け取りました。
기획서는 어제 분명히 받았습니다.

034 ちゃんと ① 바로, 깨끗하게 ② 확실히, 틀림없이, 완벽하게

・日本語の先生はいつもちゃんとネクタイをしめています。
일본어 선생님은 언제나 제대로 넥타이를 매고 있습니다.

・出発の用意はちゃんとできています。
출발 준비는 완벽하게 되어 있습니다.

035 ちょうど ① (수량・시각 등이) 정확히, 꼭 ② 마치 ③ 마침

・今、ちょうど4時です。
지금은 정각 4시입니다.

・かれの顔は赤くてちょうど猿のようだ。
그의 얼굴은 빨개서 마치 원숭이 같다.

・今ちょうど会社を出たばかりなんです。
지금 마침 회사를 막 나왔습니다.

부사

부
사

・ちょうど電気がついた。
마침 전기가 들어왔다.

---

036 ちょっと 잠깐, 약간, 조금

・ちょっと値段が高い。
약간 가격이 비싸다.

・ちょっと待ってください。
잠깐만 기다려 주세요.

● 시험에 잘 나오는 관련 표현

① **ちょっとした** 괜찮은, 상당한

ちょっと(약간, 조금)의 본래의 뜻과는 달리 ちょっとした는 명사 수식 형태로 '괜찮은, 상당한'이라는 역설적인 의미를 나타낸다.

・このティーカップは100年前にフランスで作られたちょっとした物です。
이 찻잔은 100년 전에 프랑스에서 만들어진 꽤 괜찮은 물건입니다.

② **ちょっとやそっと** (부정의 말을 수반하여) 여간하다

・ちょっとやそっとでは作れない。
여간해서는 만들 수 없다.

---

037 どうして 왜, 무슨 이유로, 어찌하여 = なぜ

・どうして行かないんですか。
왜 가지 않습니까?

---

038 どうぞ (대상이 대개는 사람으로 정중히 요청하는 경우) 부디, 잘

・はじめまして。山田です。どうぞよろしく。
처음 뵙겠습니다. 야마다입니다. 잘 부탁합니다

● 유사 표현

① **どうか** 부디, 모쪼록 (대상이 특정 인물이 아닌 상대를 의식하지 않고 희망을 표현할 때)

・どうかよろしくお願いいたします。
부디 잘 부탁드리겠습니다.

② **何卒** 아무쪼록 (지극히 정중한 표현으로 예의를 갖춘 인사말에 적합)

・なにとぞよろしくお願いします。
아무쪼록 잘 부탁드립니다.

039 **時々**(ときどき) 가끔, 때때로

- 時々(ときどき)けんかをしてもっと親(した)しくなった。
  때때로 싸움을 해서 더욱 친해졌다.
- 昨年(さくねん)は時々(ときどき)顔(かお)を合(あ)わせたが、今年(ことし)は一向(いっこう)に合(あ)えないね。
  작년은 가끔 만났는데, 올해는 전혀 기회가 없네.

040 **とても** ① 매우 ② 도저히 (부정 추측 표현이 뒤에 옴)

- あの映画(えいが)は評判通(ひょうばんどお)り、とてもおもしろかった。
  저 영화는 소문대로 매우 재미있었다.
- とても不可能(ふかのう)なことでしょう。 도저히 불가능한 일이겠지요.

041 **初めて**(はじめて) (경험상 하는) 처음, 처음으로

- 中井君(なかいくん)はカラオケで歌(うた)うの初(はじ)めてなんだって。
  나카이 군은 가라오케에서 노래하는 게 처음이래.

042 **はっきり** 똑똑히, 분명히

- みんなに聞(き)こえるように、はっきり言(い)ってください。
  모두에게 들리도록 분명히 말해 주세요.

> 시험에서 「はっきりしない天気(てんき)」라는 말은 잔뜩 흐린 날씨로 비나 눈이 올 듯하면서도 오지 않는 날씨를 의미한다.

043 **早く・速く**(はやく・はやく) 빨리

- 早(はや)くしないと学校(がっこう)におくれそうです。
  일찍 서두르지 않으면 학교에 늦을 것 같습니다.

044 **非常に**(ひじょうに) 몹시, 매우, 대단히 *非常に 뒤에는 절대로 부정어 ～ない가 올 수 없다.

- 今日(きょう)は非常(ひじょう)にあたたかかった。
  오늘은 매우 따뜻했다.

045 **ほどほど** 정도껏

- 働(はたら)くのもほどほどにしないと体(からだ)をこわしますよ。
  일하는 것도 적당히 하지 않으면 건강을 해쳐요.

부사

046 **ほとんど** 거의, 하마터면 □□□

- 宿題はほとんどやり終わった。
  숙제는 거의 해 놓았다.

- 普通、会社で日本語を使うことはほとんどありませんね。
  평소 회사에서 일본어를 쓸 일은 거의 없어요.

047 **本当に** 정말로 □□□

- 本当に嫌なことははっきり嫌だと言うべきです。
  정말 싫은 것은 확실히 싫다고 해야 합니다.

048 **まず** 우선, 먼저 □□□

- まず、部屋の掃除から始めましょう。それから洗濯です。
  우선 방 청소부터 시작합시다. 그리고 세탁입니다.

  ● 관련 표현

  ① **まずまず** 우선, 그런 대로, 그저 = まあまあ
  - まずまずこれでひと安心だ。 우선은 이것으로 한시름 놓는다.

049 **また** 또, 다시 ▶ まだ 아직 *발음에 주의할 것! □□□

- では、いずれまた。 그럼, 일간 또.
- 雨はまだ降っています。 비는 여전히 내리고 있습니다.
- 私はまだ大阪へ行ったことがない。
  나는 아직 오사카에 가 본 적이 없다.

050 **まだ** 아직 □□□

  *할 생각이 있으나, 동작이 완료되지 않은 지금까지 계속되는 상태를 말한다. 부정 표현의 경우에는 「まだ~ていません(아직 ~하지 않았습니다)」이라고 해야 한다. 「まだ」의 의미를 무시하고 「まだ~ませんでした」처럼 직역을 하는 일이 없도록 하자.

- 書類はまだ読んでいません。
  아뇨, 서류는 아직 읽지 않았습니다.
- まだ宿題が半分以上残っている。
  아직 숙제가 반 이상 남아 있다.

051 **まっすぐ** 곧장, 똑바로

- そこをまっすぐ行ってください。
그곳으로 곧장 가십시오.

052 **全く** (상태 변화 중 단순히 상태를 나타내는 경우에만 사용) 전혀

- そんなことはまったく考えていなかった。
그런 일은 전혀 생각하지 않았다.

🔵 유사 표현

① **すっかり** (관계없이 동작이 끝까지 행하여진 것을 표현) 죄다, 몽땅, 완전히

- すっかり忘れていた。 완전히 잊고 있었다.

053 **めきめき** 눈에 띄게, 무럭무럭, 부쩍

- 彼の英語の実力は最近めきめき上達した。
그의 영어 실력은 최근 눈에 띄게 향상되었다.

054 **滅多に** 거의, 좀처럼 ＝ ほとんど

- 山本部長はめったにおこらない。
야마모토 부장은 좀처럼 화내지 않는다.

- このような事故は滅多にありません。
이와 같은 사고는 극히 드뭅니다.

055 **もう** ① 이미, 이제, 벌써 ② 더, 그 위에 또 (추가) ③ 곧, 머지않아, 이제

- 東京に来てからもう5年になりました。
도쿄에 온 후 이제 5년이 되었습니다.

- もう帰るんですか、もっとゆっくりしていてください。
벌써 돌아가십니까? 좀 더 쉬었다 가십시오.

- もうちょっと待ってください。
조금만 더 기다려 주십시오.

- もう一度行かなければいけません。
한 번 더 가야만 합니다.

- 切符をもう2枚ください。 표를 2장 더 주십시오.

- もうすぐ夏休みです。 이제 곧 여름방학입니다.

부사

부사

056 **もし** 만일, 만약

・もし来られなかったら電話してください。
만일 올 수 없으면 전화하십시오.

057 **もちろん** 물론 ▶ ～はもちろん, ～はもとより ～은 물론, ～은 말할 것도 없고

・もちろん明日パーティーに出られます。
물론 내일 파티에 갈 수 있습니다.

・土曜、日曜日はもちろん祝日も出社しなければならない。
토요일, 일요일은 물론이고 공휴일도 출근해야 한다.

058 **もっと** 더, 좀 더, 한층

・韓国の大学生は、もっと勉強するべきだと思います。
한국 대학생은 좀 더 공부를 해야 한다고 생각합니다.

059 **やっと** 간신히, 겨우 = 辛(かろ)うじて 억지로, 가까스로

・赤ん坊がやっと寝たと思ったら、車の音がして起きてしまった。
갓난아이가 간신히 잠들었나 싶었는데, 차 소리가 나서 깨어 버렸다.

・辛うじて最終便に間に合った。
가까스로 마지막 비행기를 탈 수 있었다.

・辛うじて食えるくらいの収入はあります。
간신히 먹고살 수 있을 정도의 수입은 있습니다.

060 **やっぱり** 역시 ▶ やはり 역시

・課長になったのはやっぱり吉田さんだった。
과장이 된 것은 역시 요시다 씨였다.

・がんばりがきかなくなったのは、やはり、年かなあ。
인내력이 없어진 건 역시 나이 탓인가!

061 **ゆっくり** 천천히, 느긋하게

・ゆっくり話してください。
천천히 말해 주세요.

・週末はどこへも行かないで家でゆっくり休みたいです。
주말은 아무데도 가지 않고 집에서 느긋하게 쉬고 싶습니다.

062 **ゆったり** 느긋하게

☐☐☐

・ゆったりした気分
　느긋한 기분

・ゆったりした午後ですね。
　느긋한 오후이군요.

063 **よく** 자주 = しばしば

☐☐☐

・彼はよく散歩に出かけた。
　그는 자주 산책하러 나갔다.

부사

001
相変わらず (あいか)　평소와 마찬가지로, 여전히, 변함없이

- 店は相変わらず繁盛している。
  가게는 여전히 번창하고 있다.
- 彼女は相変わらずきれいだった。
  그녀는 여전히 예뻤다.

002
あいにく　공교롭게도, 마침

- あいにく課長は席をはずしております。
  마침 과장은 자리를 비웠습니다.
- 木村さんに会うために来たのにあいにく、彼は外出中でした。
  기무라 씨를 만나기 위해 왔는데 공교롭게도 그는 외출 중이었습니다.

003
敢えて (あ)　(문장체적인 표현으로) 감히, 굳이, 억지로

- そこを敢えてお願いします。
  감히 부탁드립니다.
- 敢えて危険をおかす。
  굳이 위험을 무릅쓰다.

  ＊ 強いて (상대의 의견에 반하여 억지로) 굳이

004
あっさり　깨끗이, 간단히 ＝ てがるに

- あっさり白状した。
  깨끗이 자백했다.
- とてもいい条件なのに、あっさりことわってしまった。
  매우 좋은 조건인데도 간단히 거절하고 말았다.

005
あらかじめ (어떤 일이 일어날 것에 대비하여 미리 대처하는 경우)
미리 ＝ 前(まえ)もって

- ご欠席の場合はあらかじめお知らせください。
  결석할 경우는 미리 알려 주십시오.

648

① 予て・かねがね (현재보다는 과거 어느 시기의 사항을 대상으로 함) 미리, 일찍이

・おうわさはかねてからお聞きしておりました。
소문은 일찍부터 듣고 있었습니다.

006 案外 의외로 ↔ 案(あん)の定(じょう) 예상대로, 아니나 다를까

・試験は難しいと聞いてたのに、案外易しかった。
시험은 어렵다고 들었는데, 의외로 수월했다.

・危ないなと思ったら、案の定その会社は倒産してしまった。
위험하다고 생각했더니, 아니나다를까 그 회사는 도산하고 말았다.

007 いい加減 ① 적당함, 적당히 = ほどほどにする 정도껏 하다 ② 무책임함

・いい加減に仲直りしたらどうだ。
적당히 화해하는 게 어때?

・ふざけるのもいい加減にしろ。
실없는 소리 작작해라.

・いい加減返事はしないでくれ。
무책임한 대답은 하지 말아 주게.

008 いかに (보통 의문의 표현이 뒤따르며, どう, どんなに의 의미를 포함한다)
어떻게, 어떤 방법으로, 어찌 = どのように

・いかにすればいいか。
어찌 하면 좋을까.

① どう (수단과 가정의 의미) 어떠함

・これから食事に行きますが、金さんも一緒にどうですか。
지금 식사하러 갑니다만, 김 씨도 함께 어때요?

② どんなに (정도의 의미) 아무리

・どんなに遠くても歩いて行きます。
아무리 멀어도 걸어서 가겠습니다.

부사

부사

009 如何にも ① 과연, 확실히 ② 정말, 아주
▶ いかにも〜らしい 아주 〜답다 ＝ 本当(ほんとう)に〜らしい

- 如何にもそうだ。
  과연 그렇다.

- あなたのかばんはポケットがたくさん付いていていかにも便利そうですね。
  당신의 가방은 주머니가 많이 달려 있어서 정말 편리할 것 같군요.

- 今日はいかにも秋らしい天気だ。
  오늘은 정말 가을 같은 날씨다.

010 生き生きと 활기(생기)가 넘치는 모양

- 教室には子どもたちの生き生きとした顔が並んでいる。
  교실에는 아이들의 생기 넘치는 얼굴들이 나란히 줄지어 있다.

011 いきなり (약간 침착치 못함) 갑자기, 느닷없이, 돌연

- ノックもしないでいきなり人の部屋に入ってはいけません。
  노크도 하지 않고 불쑥 남의 방에 들어와서는 안 됩니다.

  🔿 유사 표현

  ① 急に (짧은 시간에) 갑자기
    - 雨がやんで急に暖かくなった。
      비가 그치고 갑자기 따뜻해졌다.

  ② にわかに (즉시 당면하여) 갑작스럽게, 돌연히, 졸지에
    - ひとりになったとたん、にわかに心細くなってきた。
      홀로 된 순간, 갑자기 불안해졌다.

  ③ ただちに 즉시, 곧 *「すぐ・さっそく」와 동의어로 행위와 행위 사이의 시간적 틈을
      두지 않고 어떤 일을 하는 것을 의미
    - ただちに集合せよ。
      즉시 집합해라.

  ④ いきなり 갑자기, 돌연 *「急に・突然」과 동의어로 사전 예고나 전 단계에서의 수속
      이나 절차가 없이 갑자기 어떤 일이 일어나거나, 일이 개시되자마자 바로 어떤
      일이 발생하는 경우에 사용
    - ストレッチをしないでいきなり泳ぐと危険なので必ず準備
      運動をしてから水に入りましょう。
      스트레칭을 하지 않고 갑자기 헤엄치면 위험하므로 반드시 준비운동을 하고 나서 물에
      들어갑시다.

012 いずれ 근간, 머지 않아

・いずれお礼にうかがいます。
일간 사례차 찾아뵙겠습니다.

013 一々（いちいち） 일일이, 하나하나, 빠짐없이

・一々説明する。
일일이 설명하다.

014 一応（いちおう） 일단, 우선 ▶ まあまあ 그저 그런 정도임

・一応頼んでみますが、承知するかどうかわかりません。
일단 부탁해 보겠습니다만, 승낙할지 어떨지 모르겠습니다.

015 一段と（いちだん） 더욱, 한층 더

・寒さが一段と厳しくなった。
추위가 한층 더 매서워졌다.

016 一度に（いちど） 일시에, 단번에, 한꺼번에

・二人前の料理を一度に平らげた。
2인분의 요리를 단번에 먹어 치웠다.

🔵 **관련 표현**

① **一気に（いっき）** 단숨에, 단번에
・一気に飲み干した。 단번에 마셔 버렸다.

017 一見（いっけん） 언뜻 보기에

・一見賢そうに見える。
언뜻 보기에 영리해 보인다.

018 一向（いっこう） (뒤에 부정어를 수반하여) 전혀, 조금도

・いくら注意しても一向に効き目がない。
아무리 주의해도 전혀 효험이 없다.

・なんと言われても、一向に平気な顔をしている。
무슨 말을 들어도 전혀 태연한 얼굴을 하고 있다.

부사

019
一切 일절, 전혀

・お酒は一切飲みません。
술은 전혀 마시지 않습니다.

020
一斉に 일제히

・雨がやんで子どもたちは一斉に外へ飛び出した。
비가 멈추자 아이들은 일제히 밖으로 뛰어나갔다.

021
一層 한층, 더욱

・大学に入ってから一層勉強するようになった。
대학 입학 후 더욱 공부하게 되었다.

・結婚していっそう美しくなった。
결혼한 후 더욱 아름다워졌다.

○ 다른 표현

① 階層 계층

② 上流層 상류층

＊건물의 층을 말할 때에는 「1階(いっかい) 1층」이라고 해야 한다.

022
一体 도대체, 대관절

・これは一体なんだろう。
이것은 대관절 무엇일까?

・いったいあの人は誰ですか。
도대체 저 사람은 누구입니까?

023
一旦 일단 ＊① 조건을 나타내는 종속절 등에서 사용되며, 의미는 중요한
결과를 가져오는 행위를 실행하는 모습을 나타냄 ＝ ひとたび, 一度(いちど), ひとまず
② 사물의 진행이나 행위를 일시적으로 중단하는 경우에 사용한다.
보통 재개한다는 의미를 포함한 경우에 하는 말이다.

・いったん引き受けたからには、責任をもってやります。
일단 맡은 이상 책임을 지고 하겠습니다.

・道に迷ったら一旦大通りに出るとよい。
길을 잃게 되면 일단 큰길로 나오는 게 좋다.

024 **いつのまにか** 어느새

・雨はいつのまにか止んでいた。
비는 어느새 그쳐 있었다.

025 **一編に** 일시에, 한꺼번에

・彼は一編に酔いが冷めた。
그는 단번에 술이 깼다.

026 **いつまでも** 언제까지나, 지금까지도

・何がなんだかいつまでもさっぱりわからない。
뭐가 뭔지 지금까지도 전혀 모르겠다.

027 **今更** 새삼스럽게, 이제 와서

・今更後悔してもはじまらない。
이제 와서 후회해도 소용없다.

028 **未だに** 아직도, 여태껏 = まだ

・祖父は95歳になりますが、未だに元気に畑仕事をしています。
할아버지는 95세가 되었지만 아직 건강하게 밭일을 하고 있습니다.

029 **今に** 곧, 머지않아

・今にわかる。
곧 알게 된다.

・今に見ろ。
이제 두고 봐라.

030 **今にも** 이제 곧, 당장이라도

・今にも雨が降り出しそうだ。
당장에라도 비가 올 것 같다.

・今にも泣き出しそうな顔で私を見ていた。
당장에라도 울 것 같은 얼굴로 나를 보고 있었다.

부사

031 **いよいよ** 점점, 더욱더, 드디어, 마침내

*시간이 경과한 다음의 상황을 의미하는 점에서는 「ようやく」와 비슷하지만 정도가 높은 최종적인 단계를 맞이한다는 의미, 또는 마침내 중대한 국면을 맞이하게 된다는 미래 지향적인 기대감을 표현하는 점에서 차이가 있다.

- 台風が近づくにつれていよいよ風は強くなった。
  태풍이 다가옴에 따라 드디어 바람이 점점 거세어졌다.
- 待ちに待った夏休みがいよいよ始まる。
  기다리고 기다리던 여름 방학이 드디어 시작된다.

032 **大いに** 실컷, 많이 = 思(おも)う存分(ぞんぶん)

- あしたは忘年会、すべてを忘れて大いに飲もう。
  내일은 망년회, 모든 일을 잊어버리고 실컷 마시자.
- 大いに食い、かつ飲む。
  많이 먹고, 또한 많이 마시다.

033 **多く** 많은

- 国へ帰ると多くの人々が歓迎してくれた。
  고향으로 돌아오니 많은 사람들이 환영해 주었다.

034 **恐らく** 아마

- おそらく雪が降るだろう。
  아마 눈이 내릴 것이다.

035 **思い切って** 과감하게 ▶ 思(おも)い切(き)る ① 결심하다 ② 단념하다
　　　　　　　　　　　　 ▶ 思(おも)いきった 과감한, 대담한

- やる前からあっさり諦めないで思い切ってやってみよう。
  하기 전부터 쉽게 포기하지 말고 과감하게 해 보자.
- 政府の思いきった政策が好景気をもたらした。
  정부의 과감한 정책이 호경기를 가져왔다.

036 **主に** 주로

- この本の読者は主に学生だ。
  이 책의 독자는 주로 학생들이다.

037 思わず 엉겁결에, 저도 모르게

- 思わず口を滑らしてしまった。
  무의식중에 입 밖에 내고 말았다.

038 およそ 대강, 대략, 대체로 ▶ 부정의 말이 뒤에 오면 '전연, 도대체'

- 駅からおよそ500メートルのところにある。
  역에서 대략 500미터 되는 곳에 있다.
- 残り時間はおよそ6分です。
  남은 시간은 대략 6분입니다.
- 監督の新作はおよそつまらないものとなった。
  감독의 신작은 전혀 재미없는 것이 되었다.

039 かえって (좋은 결과에 반(反)하는 부작용의 의미) 도리어, 오히려, 반대로

- あまりひどくしかるとかえって子供によくない。
  너무 심하게 야단치면 오히려 아이에게 좋지 않다.
- この薬を飲んだらかえって病気が悪くなった。
  이 약을 먹었더니 도리어 병이 나빠졌다.

🔍 유사 표현

① むしろ (선택적 의미) 오히려
- あの人は先生というよりむしろ学者といったほうがいい。
  그는 선생님이라기보다 오히려 학자라고 하는 편이 낫겠다.

040 がっかり 낙담함, 실망함, 맥이 빠짐

- 人生には楽しいこともあれば、苦しいこともあります。だからあんまりがっかりしないで、がんばってください。
  인생에는 즐거운 일도 있고 괴로운 일도 있습니다. 그러니깐 너무 실망하지 말고 힘내세요.

041 かつて 일찍이, 이전에

- かつて米国に留学した折の知り合いです。
  일찍이 미국에 유학했던 시절의 지인입니다.

042 必ずしも (부정어를 수반하여) 반드시

- かならずしも成功するとはかぎらない。 반드시 성공한다고는 할 수 없다.

부사

043 **がみがみ** (시끄럽게 꾸짖거나 잔소리를 심하게 하는 모양) 앙알앙알, 쨍쨍, 딱딱
▶ 小言(こごと)を言(い)う 잔소리를 하다

- がみがみ言う。
  딱딱거리다.

044 **仮<ruby>かり</ruby>に** 만일, 만약

- かりにぼくが君だったらそんな事はしない。
  만일 내가 너였더라면 그런 일은 하지 않는다.

045 **仮<ruby>かり</ruby>にも** (뒤에 부정·금지를 나타내는 말이 와서) 장난으로라도, 절대로, 결코

- 借りたものを返さないなんて、仮にも社会人のすることじゃない。
  빌린 것을 돌려주지 않다니 결코 사회인이 해서는 안 되는 일이다.

046 **代<ruby>か</ruby>わる代<ruby>が</ruby>わる** 교대로, 번갈아 가며

- 左右の手を代わる代わる動かす。
  좌우 손을 교대로 움직이다.

047 **元来<ruby>がんらい</ruby>** 원래, 처음부터

- あの金は元来父のものです。
  그 돈은 원래는 아버지의 것입니다.

048 **きちんと** 잘 정리된 모양, 정확히, 깔끔히

- 海外出張はコストが高いのできちんとした報告書が求められる。
  해외 출장은 비용이 비싸서 잘 정리된 보고서가 필요하다.

049 **きっぱり** 딱 잘라, 단호히
  *「断(こと)わる 거절하다, 거부하다」와 잘 어울려 사용된다

- 腑に落ちない事なのできっぱりと断わった。
  납득이 안 가는 일이어서 딱 잘라 거절했다.

050 **ぎりぎり** 수량, 시간, 정도 따위가 허용된 한계점에 다다른 모양

- これがゆずれるぎりぎりの線です。
  이것이 양보할 수 있는 최대한의 선입니다.

656

• あさってが返済ぎりぎりの期限です。
모레가 변제 최종 기한입니다.

---

051 偶然 우연히, 때마침

• 偶然出会った。
우연히 만났다.

---

052 くっきり 뚜렷하게, 선명히

• くっきりと山の頂上が浮かんで見える。
또렷이 산 정상이 나타나 보이다.

---

053 結局 결국

• 時間を間違えて田中さんには結局会えなかった。
시간을 잘못 알아 다나카 씨와는 결국 만나지 못했다.

🔵 유사 표현

① とどのつまり 결국

• すったもんだで、とどのつまりは離婚した。
옥신각신 끝에 결국은 이혼했다.

---

054 けっこう (생각보다도) 충분히, 상당히, 제법

• この道具はくだらないようですが、けっこう役に立つ。
이 도구는 쓸모 없는 것 같지만 제법 도움이 된다.

＊ けっこうの 다른 뜻 (な형용사)
① 훌륭함, 좋음 ② 괜찮음, 필요 없음 (정중한 사양을 나타내는 표현)

---

055 決して (부정어를 수반하여) 결코

• もう決してそんなことはしません。
이제 결코 그런 일은 하지 않겠습니다.

---

056 こっそり ① 살짝, 슬쩍 ② 살며시, 남몰래 ＝ そっと, ひそかに

• 盗んだ品物をこっそりもとに戻しておいた。
훔친 물건을 살짝 제자리에 갖다 놓았다.

부사

- こっそりとお金を渡した。
  슬쩍 돈을 건넸다.

- こっそりと部屋を出る。
  살며시 방을 나가다.

057 殊に　특별히, 각별히

- ふだんと殊に変わったところはない。
  평소와 특별히 다른 점은 없다.

058 このところ　요즘, 최근　*〜つつある, 〜ている와 어울려 쓰인다

- このところIT分野ではユニークな研究者が次々と生れつつある。
  최근 IT분야에서는 독특한 연구자가 계속해서 탄생하고 있다.

059 先に　이전에, 먼저, 전에

- うちでは父がいちばん先に起きます。私はいつもその次です。
  우리 집에서는 아버지가 가장 먼저 일어납니다. 나는 항상 그 다음입니다.

060 さぞ　(추측의 말을 수반하여) 아마, 필시

- さぞ寂しくなるでしょう。
  필시 쓸쓸해질 것이다.

061 早速　조속히, 곧, 즉시

- 新しいスーパーができたのでさっそく行ってみた。
  새로운 슈퍼가 생겨서 당장 가 봤다.

- ご注文の品はさっそくお届けいたします。
  주문하신 물건은 곧 보내드리겠습니다.

062 さっぱり　① 후련하고 산뜻한 모양, 깨끗한 모양
② (뒤에 부정이 와서) 전혀, 조금도　③ (맛 등이) 담박한 모양

- 試験のことはさっぱり忘れてしまった。
  시험은 몽땅 잊어버리고 말았다.

- 何がなんだかさっぱりわからない。
  뭐가 뭔지 전혀 모르겠다.

- 髭を剃って、風呂に入ったらさっぱりした。
  수염을 깎고 목욕을 했더니 상쾌해졌다.
- 吉野さんって、意外とさっぱりした性格ですね。
  요시노 씨는 의외로 담백한 성격이군요.
- 食べ物はさっぱりした味が好きです。
  음식은 담백한 맛을 좋아합니다.

  *な형용사 용법은 완전히 부정적인 상태임을 나타낸다. 전혀 안 된다, 아주 말이 아니다, 형편없다

- 商売のほうはさっぱりです。
  장사는 아주 말이 아닙니다.

---

063 更に 게다가, 그 위에

- 台風の勢力は強くなる一方で、午後に風は更にひどくなるでしょう。
  태풍의 세력은 계속 강해지기만 하고, 오후에 들어서 바람은 더욱 심해지겠습니다.

---

064 頻りに ① (의지를 나타내는 동사하고만 어울린다) 자꾸만, 자주
② 끊임없이, 계속해서

- しきりに電話のベルが鳴る。
  계속해서 전화벨이 울리다.
- しきりに故郷を恋しがる。
  자주 고향을 그리워한다.
- 彼はこのごろしきりに顔を見せる。
  그는 요즘 자주 얼굴을 보인다.

---

065 しじゅう 언제나, 늘

- 健康にしじゅう注意している。
  항상 건강에 주의하고 있다.

---

066 しぜん 자연히, 저절로

- 大人の世界がしぜんとわかってくる。
  어른의 세계를 자연히 알게 된다.

---

067 次第に 차차, 점점

- 空がしだいに暗くなってきた。
  하늘이 점점 어두워진다.

부사

level 2 **659**

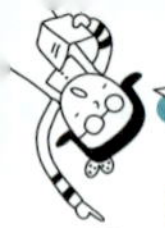

068 **実に**(じつ) 실로, 참으로 □□□

・実に10年ぶりの帰郷だ。
실로 10년만의 귀향이다.

069 **実は**(じつ) 실은, 사실은 □□□

・実は嘘だったんです。
실은 거짓말이었습니다.

070 **しばしば** 종종 □□□

・しばしばここをたずねた。
종종 이 곳을 방문했다.

071 **十分**(じゅうぶん) 충분히 □□□

・これからでも十分間に合う。
이제부터라도 충분히 시간에 댈 수 있다.

072 **しょっちゅう** 항상, 늘, 언제나 □□□

・兄は医者のくせにしょっちゅう風邪をひいている。
형은 의사이면서도 늘 감기를 달고 산다.

073 **知らず知らず**(し/し) 저도 모르게, 부지중에 □□□

・日本へ行けば最初は大変でも知らず知らずのうちに日本語を覚えるものです。
일본에 가면 처음에는 힘들지만 저도 모르는 사이에 일본어를 익히게 됩니다.

074 **少なくとも**(すく) 적어도 □□□

・少なくとも基本的な知識は身につけていないと困る。
최소한 기본적인 상식은 갖고 있지 않으면 곤란하다.

075 **すっきり** 개운하고 후련한 모양 □□□

・寝不足で気分がすっきりしない。
수면 부족으로 기분이 상쾌하지 않다.

① 胸が透く 가슴이 후련해지다, 가슴속의 답답함이 없어지다, 기분이 상쾌하다
・カーン! 胸が透くようなホームランです。
딱! 가슴이 다 후련해지는 홈런입니다.

□□□
076 すでに 이미

・わたしが病院に着いた時は、すでに祖母は亡くなっていた。
내가 병원에 도착했을 때는 이미 할머니는 돌아가셨다.

□□□
077 全て 모두

・出された案のすべてがよいわけではない。
나온 안이 모두 좋은 안은 아니다.

□□□
078 精々 기껏, 고작

・ここから駅まではせいぜい10分ぐらいだろう。
여기에서 역까지는 고작 10분 정도일 것이다.

□□□
079 せっかく 모처럼, 애써, 일부러 (무의지적인 행위가 뒤에 온다)

・せっかくいらしたのに、留守にしてすみません。
모처럼 오셨는데 집을 비워 죄송합니다.
・せっかくの連休だが、家賃さえ払えないのだから、旅行に行くどころではないよ。
모처럼의 연휴지만 집세조차 낼 수 없기 때문에 여행갈 처지가 아니야.

□□□
080 絶対 절대로

・絶対に負けないぞ。
절대로 지지 않겠다.

□□□
081 せめて 하다못해, 적으나마, (충분하다고는 할 수 없으나) 그런 대로, 적어도
= 少(すく)なくとも

・コンサートは高くて行くのは無理でも、せめてCDで聞きたいものだ。
콘서트는 비싸서 가는 것은 무리라도 하다 못해 CD로라도 듣고 싶다.
・せめて一日だけでも会いたい。 적어도 하루만이라도 만나고 싶다.

부사

082 相当 (そうとう) 상당히, 꽤, 제법

・田中(たなか)さんは相当頭(そうとうあたま)にきていたようだった。
다나카 씨는 상당히 화가 났던 모양이었다.

083 そっと 살짝, 조용히, 살며시

・しばらくそっとしておいた方(ほう)がいい。
잠시 내버려두는 편이 좋다.

・そっと病室(びょうしつ)に入(はい)る。
조용히 병실에 들어가다.

084 その内(うち) 조만간

・ひっこしたらその内遊(うちあそ)びに来(き)てください。
이사하면 조만간 놀러 오십시오.

085 それぞれ 각각, 저마다 = めいめい
*복수(複数)의 사람이나 물건을 나타내는 말

・この討論会(とうろんかい)では遠慮(えんりょ)せずにそれぞれの意見(いけん)を述(の)べてください。
이번 토론회에서는 사양하지 마시고 각각의 의견을 말해 주십시오.

・好(この)みは人(ひと)それぞれ違(ちが)う。
취향은 사람마다 각각 다르다.

086 たいがい 대부분, 거의, 모두

・そのことならたいがい知(し)っている。
그 일이라면 거의 모두 알고 있다.

087 大(たい)して (뒤에 부정의 말을 수반하여) 그다지, 별로

・山田君(やまだくん)はテニスは上手(じょうず)だが、ゴルフは大(たい)してうまくない。
야마다 군은 테니스는 잘하지만 골프는 그다지 잘하지 못한다.

088 だいたい ① 대부분 ② 일반적으로, 대체로 ③ 본시, 대관절, 도대체

・報告書(ほうこくしょ)はだいたい終(お)わりました。
보고서는 대부분 끝났습니다.

・発展途上国は大体貧富の差が大きい社会といえる。
개발 도상국은 대체로 빈부의 차이가 큰 사회라고 할 수 있다.

・だいたい何を考えているんですか。
도대체 무슨 생각을 하고 있는 겁니까?

089 絶えず 끊임없이 = 絶(た)え間(ま)なく
・火山は絶えず噴火している。
화산은 끊임없이 분화하고 있다.

090 直ちに 즉시, 곧
・結果がわかり次第、ただちに通知します。
결과를 아는 대로 곧 통지하겠습니다.

091 たちまち 순식간에, 막 = 瞬(またた)く間(あいだ)に 눈 깜짝할 사이에
・記念切手は売り出されると、たちまち売り切れになった。
기념우표는 발매되자마자 순식간에 매진되어 버렸다.
・商品はたちまち売り切れる。
상품은 순식간에 팔려 나가다.

092 たっぷり 충분히, 넉넉히
・家から駅までたっぷり20分はかかる。
집에서 역까지 넉넉히 20분은 걸린다.

093 たとえ 비록, 가령
・たとえ雨が降っても行きます。
비록 비가 오더라도 가겠습니다.
・たとえみんなが反対しても、わたしは彼と結婚する。
비록 모두가 반대해도 나는 그와 결혼하겠다.

094 たびたび 자주, 빈번하게
・今年はたびたび地震があった。
금년은 자주 지진이 있었다.

부사

095 たまたま 때마침

・たまたま今日（きょう）はかさを2本（ほん）持（も）っていたので、一本（いっぽん）を友（とも）だちに貸（か）してあげた。
때마침 오늘은 우산을 두 개 가지고 있어서 하나를 친구에게 빌려주었다.

096 ちっとも (보통 ～ない를 수반하여) 조금도 ～않다

・ちっとも食（しょく）が進（すす）みませんね。具合（ぐあ）いでも悪（わる）いんですか。
전혀 안 드시는군요. 몸이라도 안 좋으십니까?

・ちっとも知（し）らなかった。 전혀 몰랐다.

097 ちりぢり 뿔뿔이, 산산이 ＝ばらばら 뿔뿔이

・親子兄弟（おやこきょうだい）がちりぢりになる。
부모 형제가 뿔뿔이 흩어지다.

098 つい (시간적, 거리적으로) 조금, 바로 무심코, 무의식중에 그만

＊주로 후회의 감정을 나타내는 「～てしまう ～해 버리다」가 문장 끝에 온다. 중요한 것은 '약간의 의식을 하면서도 본능에 의해 어떤 일을 했다'는 뜻

・つい最近彼（さいきんかれ）と別（わか）れた。
아주 최근에 그와 헤어졌다.

・青木（あおき）さんは酒（さけ）には目（め）がないから、つい飲（の）みすぎてしまうんです。
아오키 씨는 술이라면 사족을 못 쓰기 때문에 그만 과음을 하고 맙니다.

🔹 시험에 잘 나오는 관련 표현

① うっかり 무심코, 깜박

＊「つい」와 다른 점은 '완전히 무의식적 행위의 결과'를 나타내는 말이라는 점이다.

・うっかりして電車（でんしゃ）の中（なか）に会社（かいしゃ）の書類（しょるい）を置（お）き忘（わす）れてしまった。
깜박해서 전철 안에 회사 서류를 두고 내려 버렸다.

② ぼんやり (얼빠진 모습) 멍청하게, 멍하니

・ぼんやりと考（かんが）え込（こ）む。 멍하니 생각에 잠기다.

③ 思（おも）わず 뜻밖에, 무의식중에

・思（おも）わず口（くち）をすべらしてしまった。
무의식중에 입밖에 내고 말았다.

④ 無意識（むいしき） (본능적, 습관적이며 의도하지 않은 상태) 무의식

・無意識（むいしき）に頭（あたま）をかく。 무의식적으로 머리를 긁다.

099 遂に（つい）に　드디어
・橋（はし）はついに完成（かんせい）した。
다리는 드디어 완성되었다.

100 常に（つね）に　언제나, 늘, 항상
・常（つね）に努力（どりょく）している人（ひと）は、必（かなら）ずむくわれる。
항상 노력하는 사람은 꼭 그 보답을 받는다.

P6-L2-02

101 つまり　즉, 다시 말해
・今月（こんげつ）は30日中（にちちゅう）15日（にち）が雨（あめ）でした。つまり晴（は）れた日（ひ）は15日（にち）しかなかったわけです。
이달은 30일 중 15일이 비가 왔습니다. 결국 맑은 날은 15일밖에 없었던 셈입니다.

102 どうか　부디, 아무쪼록, 제발 ＝ どうぞ, ぜひ, 何（なに）とぞ
・どうかよろしくお願（ねが）いいたします。
부디 잘 부탁드리겠습니다.
・何（なに）とぞよろしくお願（ねが）いします。
아무쪼록 잘 부탁드립니다.

103 どうしても　도저히
・部長（ぶちょう）の意見（いけん）にはどうしても賛成（さんせい）できない。
부장님의 의견에는 도저히 찬성할 수 없다.

104 どうせ　어차피
・どうせ行（い）くなら、もう少（すこ）し遠（とお）くへ足（あし）をのばしたいね。
어차피 갈 것 같으면 좀 더 멀리 가고 싶군.

105 とうてい　도저히
・私（わたし）にはとうてい無理（むり）です。　저에게는 도저히 무리입니다.

🔎 관련 표현

① どうでも　아무렇든
② どうでもいい事（こと）　어떻든 상관없는 일

부사

부사

106 とうとう 결국, 드디어

・苦労（く ろう）したあげくとうとう死（し）んでしまった。
고생한 끝에 결국 죽고 말았다.

107 どうにも (부정하는 말을 수반하여 수단을 다해도 실현되기 어려운 모양)
아무리 해도, 어떻게 해도, 갖은 방법을 다해도 ＝ どうしても, 全（まった）く

・どうにもならないことをくよくよ悩（なや）んでもしかたがない。
아무리 해도 되지 않는 일을 끙끙 고민해 봤자 소용없다.

・そんなことおっしゃられても、今（いま）はどうにもならないんです。
그런 말씀을 하셔도 지금은 어쩔 도리가 없습니다.

108 当分（とうぶん） 당분간, 얼마 동안

・当分（とうぶん）の間（あいだ）秘密（ひ みつ）にする。
당분간 비밀로 하다.

109 どうも 아무래도, 어쩐지

・ひどい渋滞（じゅうたい）だ。どうも事故（じ こ）のようだ。
굉장히 밀리네. 아무래도 사고인 것 같다.

110 どうやって 어떻게 ＊방법을 묻는다

・どうやって帰（かえ）って来（き）たのか聞（き）いても話（はな）してくれません。
어떻게 돌아왔는지 물어도 이야기해 주지 않습니다.

・どうやって皮（かわ）をむくんですか。
어떻게 껍질을 벗깁니까?

111 どうりで 그러면 그렇지, 과연, 어쩐지

・イギリスで育（そだ）ったのか。どうりで英語（えい ご）がうまいはずだ。
영국에서 자랐다구? 그러면 그렇지 영어를 잘 할 수밖에.

112 とっくに 훨씬, 이전에, 벌써

・父（ちち）はもうとっくに着（つ）いているはずです。
아버지는 이미 훨씬 전에 도착했을 것입니다.

113 とっさに 극히 짧은 시간, 순간

- とっさにうそをついてしまった。
  순간 거짓말을 해 버렸다.

114 突然(とつぜん) 돌연, 갑자기

- 突然銃声が聞こえた。(とつぜんじゅうせい が き)
  갑자기 총성이 들렸다.

115 とにかく 좌우간

- 留守かもしれないが、とにかく電話をしてみよう。(るす / でんわ)
  집에 없을지도 모르지만, 여하튼 전화나 해 보자.

116 ともかく 어쨌든, 하여간, 여하튼
　*～は[なら]ともかく　～은 그렇다 치고 ＝ ～はともかくとして
　*앞의 내용을 가볍게 무시하고 뒤에 그것과 관련된 다른 사항을 끄집어내는 말
　＝ ～はさておき, ～ならいざ知(し)らず

- 雨なので運動会があるかどうか分からないが、ともかく行ってみよう。(あめ / うんどうかい / わ / い)
  비 때문에 운동회를 할지 어떨지 모르지만 하여간 가 보자.
- 国語はともかく英語の成績はよくない。(こくご / えいご / せいせき)
  국어는 그렇다 치고 영어 성적은 좋지 않다.
- 見かけはともかく味はよい。(み / あじ)
  겉모양은 어찌 되었든 맛은 좋다.
- 勝敗はともかく、悔いのない試合をしました。(しょうはい / く / しあい)
  승패는 어찌되었든 후회 없는 시합을 했습니다.

🔵 관련 표현

① ～(は)とにかく・ともかく　～(은) 별도로 하고, ～(은) 그만두고라도
- 人のことはとにかく、自分はどうなんだね。(ひと / じぶん)
  남은 차치하고 자신은 어떤가?
- 成績はともかく、人柄がいい。(せいせき / ひとがら)
  성적은 차치하고 인품은 좋다.

부사

117 **とりあえず** 우선, 먼저

・道に迷ったぼくはとりあえず寝る場所を探すことにした。
길을 잃은 나는 우선 잠자리부터 찾기로 했다.

＊取り急ぎ 우선 급한 대로, 급히
　　　(실례를 무릅, 쓰고 급히 말씀드린다는 뜻으로 서간문에 쓰는 인사말)

118 **どんどん** 점점

・毎日練習していれば、どんどん上手になりますよ。
매일 연습하면 점점 능숙해집니다.

119 **なお** ① 아직, 더욱 ② 역시, 여전히 ③ 더구나, 오히려

・結婚式までなお2週間ある。
결혼식까지 아직 2주 있다.

・雨はなお降っています。
비는 여전히 내리고 있습니다.

・この方がなおよい。
이쪽이 더욱 좋다.

120 **なかなか** ① 꽤. 상당히 ＝ かなり, 相当(そうとう)に
② 좀처럼, 도저히(문장 뒤에 부정의 말 수반함)

・この本はなかなかおもしろいです。
이 책은 상당히 재미있습니다.

・いそがしくてなかなか本が読めません。
바빠서 좀처럼 책을 읽을 수 없습니다.

121 **何故か** 웬일인지, 어쩐지, 왜 그런지

・なぜか悲しくなってしまった。
어쩐지 슬퍼졌다.

122 **何しろ** 어쨌든, 여하튼

・何しろ用心するに越したことはない。
여하튼 조심하는 것이 최상이다.

123 **何**（なに）**より**　무엇보다도 가장 좋은, 더할 나위 없이

- たいした怪我（けが）でなくて何（なに）よりです。
  그리 큰 부상이 아니어서 다행입니다.

124 **なるべく**　되도록, 가능한 한, 될 수 있는 대로, 가급적

- なるべく早（はや）く帰（かえ）ります。
  가능한 한 빨리 돌아오겠습니다.
- なるべく大勢（おおぜい）の人（ひと）に来（き）てもらいたいと思（おも）っています。
  가급적 많은 사람들이 와 주었으면 좋겠습니다.

125 **なるほど**　정말, 과연, 역시

- なるほど本（ほん）に書（か）いてあったとおりだ。
  과연 책에 쓰여 있었던 대로다.

126 **何**（なん）**だか**　무엇인지, 어쩐지, 웬일인지

- なにがなんだかわからない。
  뭐가 뭔지 모르겠다.
- 何（なん）だか気（き）にかかるね。
  어쩐지 마음에 걸리는군.

🔵 유사 표현

① どうやら　(대략적인 판단을 나타냄) 어쩐지, 어딘지, 아무래도
- どうやら雨（あめ）が上（あ）がりそうだ。
  아무래도 비가 그칠 것 같다.

127 **何**（なん）**で**　어째서, 왜 ▶ どうして / なぜ 어째서, 왜

- 何（なん）でそんなことをするか。
  어째서 그런 짓을 하느냐?

128 **何**（なん）**と**　(의문을 나타내는 말) 어떻게, 뭐라고

- 何（なん）とおわびしていいかわからない。
  뭐라고 사과를 드려야 좋을지 모르겠다.

129 なんとか ① 어떻게든, 여러모로 ② 어떻게든, 간신히 ＝ どうにか

- そこをなんとか…。
그걸 어떻게 좀…. (정황은 충분히 알겠지만 그래도 어떻게 할 수 없냐는 정도의 말로 간청하는 의미가 강하다)

- 時間がないんですが、なんとかなりませんか。
시간이 없는데요. 어떻게 안 될까요?

130 二度と 두 번 다시

- あの人の顔は二度と見たくありません。
그 사람의 얼굴은 두 번 다시 보고 싶지 않습니다.

○ 보충 설명

二度と見たくない 두 번 다시 보고 싶지 않다는 강한 거부의 말. 이 경우 「見る」는 한국말과 같이 「会う(만나다)」의 의미

131 残らず 남김없이

- 小づかいを残らず使ってしまった。
용돈을 남김없이 써 버렸다.

132 のんびり 한가롭고 편안한 모양, 한가로이, 태평스럽게

- みんな仕事をしているのに、どうして君だけのんびりしているのか。
모두 일을 하고 있는데 왜 너만 한가롭게 쉬는 거냐?

- そんなに急がないでのんびり登ろう。
그렇게 서두르지 말고 여유있게 오르자.

133 ぱっと 눈에 번쩍 띄거나 두드러진 모양 ＊ぱっとしない 신통치 않다

- 営業成績は去年に比べてあまりぱっとしない。
영업 실적은 작년에 비해 별로 신통치 않다.

134 はらはら ① 아슬아슬, 조마조마 ② 팔랑팔랑, 뚝뚝

- 風が吹くたびに桜の花びらがはらはら落ちる。
바람이 불 적마다 벚꽃잎이 뚝뚝 지다.

135 ひっそりと (죽은 듯이 쓸쓸하고 조용한 모양) 적막함, 고요함, 호젓함

・ひっそりと静かな風景です。
쥐 죽은 듯이 조용한 풍경입니다.

136 一先ず 일단, 우선 (나중 일은 별도로 하고 일단 거기서 매듭을 짓는 모습)

・課長に報告するので一先ず会社に帰ることにする。
과장님께 보고해야 하기 때문에 우선 회사로 돌아가기로 한다.

・これで一先ず安心だ。
이것으로 일단 안심이다.

🔷 유사 표현

① 一旦 일단 ＊일시적으로 중단하는 모습. 보통 재개를 염두에 두고 있다.
・道に迷ったら一旦大通りに出るとよい。
길을 잃게 되면 일단 큰 길로 나가면 좋다.

② とりあえず 일단, 우선 ＊본격적인 대응은 나중에 하고, 또는 부족하나마 지금 할 수 있
는 긴급한 일을 최우선적으로 하는 모습 ＝ ほかはさしおいて, まず第一
(だいいち)に, なにはさておき

・まずは、とりあえず親に連絡することだ。
우선은 일단 부모님에게 연락을 해야 한다.

137 ひとりでに 저절로, 자연히

・傷はひとりでに治った。
상처는 저절로 나았다.

138 ひょっとしたら 어쩌면

・ひょっとしたらもう駄目かも知れない。
어쩌면 이미 틀렸을지도 모른다.

139 再び 두 번, 재차, 거듭

・ふたたびこんなことがおこってほしくない。
거듭 이런 일이 발생하지 않았으면 한다.

부사

140 ふと 문득, 돌연
☐☐☐

・ふと面白い考えが浮かんだ。
갑자기 재미있는 생각이 떠올랐다.

141 ほぼ 대략, 대강
☐☐☐

・あなたが言いたいことはほぼ見当がつく。
당신이 하고 싶은 말은 대강 짐작이 간다.

142 前もって 미리 = 予め 미리, 사전에
☐☐☐

・慶州を訪ねるときは前もって歴史を勉強しておくとよい。
경주를 방문할 때는 미리 역사를 공부해 두면 좋다.

143 誠に 참으로, 정말
☐☐☐

・誠にありがとうございました。
정말 감사합니다.

144 まさか 설마 (부정 추측이 뒤에 옴)
☐☐☐

・その報告はまさかうそではないだろう。
그 보고는 설마 거짓은 아닐 것이다.

145 正に 바로, 확실히
☐☐☐

・正に君の言う通りだ。
바로 자네가 말하는 대로다.

146 まして 더구나, 하물며
☐☐☐

・大人でもわからないのに、まして小さい子供にわかるはずがない。
어른도 모르는데, 하물며 조그만 아이가 알 턱이 없다.

147 ますます 점점, 더욱더
☐☐☐

・夜になると風はますます激しくなった。
밤이 되자 바람은 더욱더 거세졌다.

148 まもなく 이윽고, 머지않아, 곧

・まもなく<ruby>次<rt>つぎ</rt></ruby>の<ruby>電車<rt>でんしゃ</rt></ruby>が<ruby>参<rt>まい</rt></ruby>ります。 곧 다음 전철이 옵니다.

149 まるで 마치

・まるで<ruby>絵<rt>え</rt></ruby>のように<ruby>美<rt>うつく</rt></ruby>しい<ruby>景色<rt>け しき</rt></ruby>です。
마치 그림과 같이 아름다운 경치입니다.

・それはまるで<ruby>夢<rt>ゆめ</rt></ruby>のような<ruby>話<rt>はなし</rt></ruby>です。
그것은 마치 꿈 같은 이야기입니다.

150 <ruby>万一<rt>まんいち</rt></ruby> 만일 = 万(まん)が一(いち) 만의 하나, 만약

・<ruby>万一失敗<rt>まんいちしっぱい</rt></ruby>したらどうしよう。
만일 실패하면 어떻게 하지.

151 <ruby>自<rt>みずか</rt></ruby>ら 스스로

・それは<ruby>彼<rt>かれ</rt></ruby>が<ruby>自<rt>みずか</rt></ruby>ら<ruby>招<rt>まね</rt></ruby>いた<ruby>災<rt>わざわ</rt></ruby>いだ。
그것은 그가 스스로 초래한 재앙이다.

152 むしろ 오히려, 차라리 (선택적 뉘앙스가 강한 표현이다)

・<ruby>日本橋<rt>に ほんばし</rt></ruby>から<ruby>横浜<rt>よこはま</rt></ruby>へ<ruby>行<rt>い</rt></ruby>くには、<ruby>車<rt>くるま</rt></ruby>よりむしろ<ruby>電車<rt>でんしゃ</rt></ruby>の<ruby>方<rt>ほう</rt></ruby>が<ruby>便利<rt>べん り</rt></ruby>だ。
니혼바시에서 요코하마로 가려면 자동차보다 오히려 전철이 편리하다.

153 <ruby>最<rt>もっと</rt></ruby>も 가장 ＊尤(もっと)もだ는 な형용사로 지당하다, 당연하다

・<ruby>販売台数<rt>はんばいだいすう</rt></ruby>が<ruby>最<rt>もっと</rt></ruby>も<ruby>少<rt>すく</rt></ruby>なかったのは2003<ruby>年<rt>ねん</rt></ruby>8<ruby>月<rt>がつ</rt></ruby>だ。
판매 대수가 가장 적은 것은 2003년 8월이다.

・<ruby>君<rt>きみ</rt></ruby>が<ruby>怒<rt>おこ</rt></ruby>るのももっともだ。
자네가 화내는 것도 당연하다.

＊ もっとも・ずっと 두 가지를 비교할 때는 「ずっと」나 「かなり」를 쓰며, 세 가지 이상의 경우에는 「もっとも」를 쓴다

154 やがて 이윽고, 곧이어

・やがてあたたかい<ruby>春<rt>はる</rt></ruby>が<ruby>来<rt>き</rt></ruby>ます。
곧이어 따뜻한 봄이 옵니다.

부사

부사

155 やたらに 함부로, 멋대로 ☐☐☐

・やたらに走り回ると危ない。
마구 뛰어다니면 위험하다.

156 ようやく 겨우, 가까스로 ☐☐☐

・長い間待っていた荷物がようやく届きました。
오랫 동안 기다리던 짐이 가까스로 도착했습니다.

157 よけい 더욱, 한층 더 ☐☐☐

・見るなと言われるとよけい見たくなるものです。
보지 말라고 하면 더욱 보고 싶어지는 법입니다.

158 余っ程 상당히, 꽤, 어지간히 ☐☐☐

・そんなこと言うなんてよっぽどどうかしてたんだろう。
그런 말을 하다니 어지간히 제정신이 아니었던 모양이군.

159 ろくに (부정하는 말을 수반하여) 변변히, 제대로 ☐☐☐

・喧嘩をしてから、妻はろくに口もきいてくれない。
싸움을 하고 나서 아내는 변변히 말도 걸지 않는다.

160 わざわざ 일부러 ☐☐☐

・わざわざ駅まで迎えに行ったのに、彼は約束の時間に来なかった。
일부러 역까지 마중하러 갔는데 그는 약속한 시간에 오지 않았다.

◆ 유사 표현

① わざわざ

그렇게 안 해도 되는데 특별히 한다는 의미가 강하게 포함되어 있는 경우가 많다. 비슷한 의미인 せっかく는 무의지적인 행위가 뒤에 연결되는 데 비해, わざわざ는 의지적인 행위만이 연결될 수 있다.

・あなたは肉がきらいですから、あなたのためにわざわざ別の料理を作りました。
당신은 고기를 싫어하니까 당신을 위해 일부러 특별한 요리를 만들었습니다.

② わざと

わざわざと普通同じく解釈되나 '고의로'라는 뜻에 더 가깝다. わざわざ에 비해 악의(悪意)가 있거나 자신의 이익을 도모하는 경우가 많다.

・お金のためにわざと負けてやった。
돈 때문에 일부러 져 주었다.

161 わずか　불과, 고작 ▶ わずかに 겨우, 간신히, 어렴풋이

・興味深いことには、彼がそのソナタを作曲した時わずか7歳でした。
흥미로운 것은 그가 그 소나타를 작곡했을 때 불과 7살이었습니다.

・わずかに覚えている。
어렴풋이 기억하고 있다.

162 割合に　예상한 것보다, 생각보다, 비교적 ▶ 割合(わりあい) 비율, 꼴

・思ったより割合に丈夫だ。
생각보다 비교적 튼튼하다.

・わりあい早くできた。
비교적 빨리 되었다.

・割合が高いです。
비율이 높습니다.

・一日一万円割合の月給です。
하루에 1만 엔 꼴의 월급입니다.

163 割に　비교적 = 割合(わりあい)に, 割(わり)と

・この肉、値段の割にはおいしいね。
이 고기, 가격에 비해서는 맛있군요.

부사

001 あくまで 어디까지나, 끝까지

・彼はあくまで正しいと主張している。
그는 끝까지 옳다고 주장하고 있다.

・みんなで決めたことはあくまで守らなければだめだ。
모두가 결정한 것은 어디까지나 지키지 않으면 안 된다.

002 悪しからず 언짢게 생각하지 마시길, 양해해 주시기를

・いくら急いでもとうてい間に合いそうにないんです。悪しからず。
아무리 서둘러도 도저히 시간에 대지 못할 것 같습니다. 양해해 주시길.

003 あたかも 마치, 흡사

・日差しがあたたかくてあたかも春のようだ。
햇살이 따뜻하여 마치 봄 같다.

004 あながち (뒤에 부정의 말을 수반하여) 반드시, 꼭

・あながち悪いとは言えない。
반드시 나쁘다고는 할 수 없다.

005 危うく 하마터면, 자칫하면

・あやうく衝突するところだった。
하마터면 충돌할 뻔했다.

006 勢い 자연히, 당연한 결과로

・無駄使いをすれば勢いお金が足りなくなる。
낭비를 하면 자연히 돈이 부족하게 된다.

007 いくぶん 얼마간, 다소

・痛みがいくぶんやわらいだ。
통증이 좀 누그러졌다.

676

008 潔く 〔いさぎよ〕 깨끗이, 떳떳하게

- 潔く〔いさぎよ〕あきらめる。
  깨끗이 체념하다.

009 いささか 조금, 약간

- このことについてはわたしにいささか考え〔かんが〕がある。
  이 일에 관해서는 나에게 어떤 생각이 있다.

010 一概に 〔いちがい〕 일률적으로, 한마디로
  ▶ 一概(いちがい)に〜ない 일률적으로[한마디로] 〜않다

- どちらが正〔ただ〕しいか、一概〔いちがい〕には言〔い〕えない。
  어느 쪽이 옳은지 한마디로는 말할 수 없다.
- 一長一短〔いっちょういったん〕あって、どちらがいいか一概〔いちがい〕には言〔い〕えない。
  일장일단이 있어서 어느 쪽이 좋을지 일률적으로는 얘기할 수 없다.

011 一連の 〔いちれん〕 일련의

- 一連〔いちれん〕の反核運動〔はんかくうんどう〕が全国〔ぜんこく〕に広〔ひろ〕まった。
  일련의 반핵운동이 전국에 퍼져 갔다.

012 一気に 〔いっき〕 (쉬지 않고) 단숨에, 한숨에

- 一気〔いっき〕に飲〔の〕み干〔ほ〕す。
  단숨에 마셔 버리다.
- 一晩〔ひとばん〕で一気〔いっき〕に大作〔たいさく〕を書〔か〕きあげる。
  하룻밤새 단숨에 대작을 써내다.

013 一挙に 〔いっきょ〕 단숨에, 단번에

- 地価〔ちか〕は一挙〔いっきょ〕に下〔さ〕がった。
  땅값은 단번에 떨어졌다.

014 一種 〔いっしゅ〕 일종

- それは一種〔いっしゅ〕の机上〔きじょう〕の空論〔くうろん〕だ。
  그것은 일종의 탁상공론이다.

부사

015 いっそ 오히려, 차라리 ▶ いっそのこと ＝ かえって, むしろ

・料理をするのも面倒だし、いっそのこと外へ食べに行こうかなあ。
요리를 하는 것도 귀찮고 차라리 밖으로 먹으러 갈까?

016 いまだかつて (뒤에 부정하는 말을 수반하여) 일찍이

・このようなことはいまだかつてなかった。
이런 일은 일찍이 없었다.

017 いやしくも 적어도

・いやしくも大学生ならそれぐらいのことは分かるはずだ。
적어도 대학생이라면 그 정도의 것은 알 터이다.

018 いやに 무척, 매우

・辺りがいやに静かで気持ちが悪い。
주위가 이상하리만큼 조용해서 기분이 나쁘다.

019 言わば 말하자면, 이를테면

・自然は言わば人類の母だ。
자연은 이를테면 인류의 어머니다.

020 おおかた 대개, 대체로

・おおかたそんなことだと思った。
대충 그럴 것이라고 생각했다.

021 押しなべて 대체로

・押しなべて会社は経験者を優遇する。
대부분의 회사는 경험자를 우대한다.
・今年の稲作は押しなべて悪い。
올해의 벼농사는 대체로 흉작이다.

022 各々 각자, 각각

・人はおのおの考え方が違う。 사람은 각자 생각이 다르다.

023 自ずから _{おの} 저절로, 자연히 □□□

・弁解_{べんかい}しなくても自_{おの}ずから分_わかってもらえる時_{とき}が来_くるだろう。
변명하지 않더라도 자연히 알아줄 때가 올 것이다.

024 思う存分 _{おも} _{ぞんぶん} 마음껏, 실컷 □□□

・思_{おも}う存分_{ぞんぶん}暴_{あば}れてみたい。
마음껏 날뛰어 보고 싶다.

025 おろか (〜はおろかの 꼴로) 〜은 물론, 〜은커녕 □□□

・日曜日_{にちようび}はおろか祝日_{しゅくじつ}まで働_{はたら}いていて行_いこうにも行_いけない。
일요일은커녕 경축일도 일하고 있어서 가려고 해도 갈 수 없다.

026 格別 _{かくべつ} 또 몰라도, 예외로 함 □□□

・大雪_{おおゆき}の日_ひは格別_{かくべつ}、そのほかは毎日_{まいにち}行_{おこな}う。
눈이 많이 오는 날은 예외로 하고 그밖에는 매일 한다.

027 かつ 또한, 한편으로는 ＝一方(いっぽう)では □□□

・飲_のみ、かつ食_くう。(＝飲_のんだり食_たべたりする。먹고 마시고 한다.)
마시고, 또한 먹다.

・かつ学_{まな}びかつ遊_{あそ}んだ。
한편으로 배우고 한편으로는 놀았다.

028 かっちり (빈틈없이 들어맞는 모양, 튼튼한 모양) 꽉, 딱, 꼭 □□□

・男_{おとこ}の人_{ひと}はかっちりしたスーツを着込_{きこ}んでいる。
남자는 딱 맞는 양복을 입고 있다.

029 かねて 일찍부터 □□□

・お噂_{うわさ}はかねてからお聞_ききしておりました。
소문은 일찍부터 듣고 있었습니다.

030 きっかり 정확히, 정각에 □□□

・きっかり10時_じに終_おわった。 정확히 10시에 끝났다.

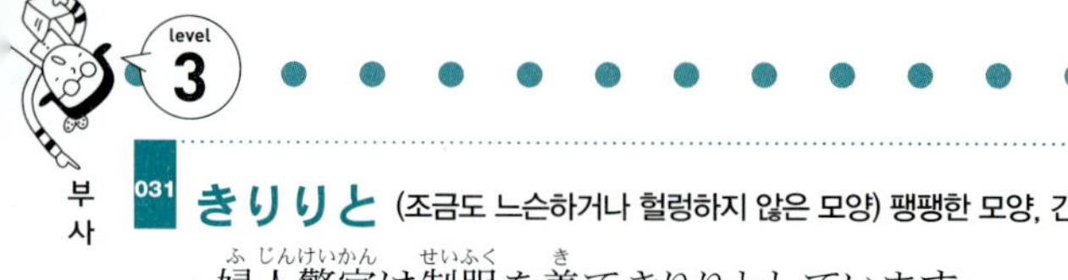

부사

031 きりりと (조금도 느슨하거나 헐렁하지 않은 모양) 팽팽한 모양, 긴장한 모양 □□□

- 婦人警官は制服を着てきりりとしています。
  여자 경찰관은 제복을 입고 야무진 모습입니다.

032 極めて 극히, 매우 □□□

- きわめて親切だった。
  매우 친절했다.

033 ぐっと ① (힘을 주어 단숨에) 꾹, 꽉 ② (그때까지와 비교하여) 한층, 훨씬 □□□
　　　　＝ずっと, 一段(いちだん)と

- 言いたいことがあってもぐっと我慢して円満に解決した。
  말하고 싶은 것이 있어도 꾹 참고 원만하게 해결했다.
- 訓練の効果が表れたのか、前よりもぐっとよくなった。
  훈련의 효과가 나타났던 것일까 전보다 훨씬 좋아졌다.

034 くまなく 구석구석까지, 샅샅이 □□□

- 部屋中くまなく探したが、書類は見つからなかった。
  방 전체를 샅샅이 뒤졌지만 서류는 나오지 않았다.

　🔁 관련 표현
　　① 目を皿にする (무언가를 열심히 찾는 모습) 눈에 불을 켜다
　　② うの目たかの目で探す 눈에 불을 켜고 찾다
　　　＊う(가마우지)나 たか(매)가 무엇을 노리는 눈초리를 말함.
　　③ 虱潰し 이 잡듯이 샅샅이 잡거나 뒤지는 행위

035 くれぐれも 몇 번이나, 거듭 되풀이해서, 부디, 아무쪼록 (희망 표현이 뒤따름) □□□

- くれぐれもお体にお気をつけて。
  아무쪼록 건강에 힘쓰시길.
- くれぐれもお大事に。
  부디 몸 건강하시길.

　🔁 편지글에 쓰는 표현
　　① 拝啓 근계 ＊격식 차린 편지 서두에 쓰는 말로 이렇게 시작한 편지 말미는 꼭 「敬具」, 「かしこ(여성의 경우)」로 끝나야 한다.

680

② 前略（ぜんりゃく） 전략 *인사를 생략하고 바로 용건에 들어갈 때 쓰는 말. 이 경우 말미는「草々（そうそう）」로 끝난다.

③ 取（と）り急（いそ）ぎ 우선 급한 대로

④ まずは心（こころ）からお願（ねが）いまで 우선은 진심으로 부탁의 말씀만 드립니다

---

036 げんなり 싫증이 나거나 물리는 모양

· 毎日毎日（まいにちまいにち）クレーム処理（しょり）でげんなりしている。
매일같이 클레임 처리뿐이라 할 맛이 안 난다.

---

037 現（げん）に 목전에, 눈앞에

· 不景気（ふけいき）で、現（げん）に倒産（とうさん）が相次（あいつ）いでいる。
불경기로 현재 도산이 잇따르고 있다.

---

038 極（ごく） 극히, 대단히

· 極親（ごくした）しい間柄（あいだがら）です。
지극히 친한 사이입니다.

---

039 刻一刻（こくいっこく）（と） 시시각각으로

· 刻一刻（こくいっこく）テストの時間（じかん）がせまってくる。
시시각각으로 시험 시간이 다가오다.

---

040 こじんまりした・こぢんまりした 조촐하고 아담한 모습

· 彼（かれ）に案内（あんない）されてこじんまりした部屋（へや）に入（はい）った。
그에게 안내를 받아 아담한 방에 들어갔다.

---

041 尽（ことごと）く 모조리, 남김없이

· ぼくが知（し）っていることは尽（ことごと）く先生（せんせい）に話（はな）した。
내가 알고 있는 것은 선생님께 모조리 이야기했다.

---

042 殊更（ことさら） ① 일부러, 고의로, 짐짓 = 故意（こい）に
② 특별히, 새삼스러이, 특히 = 特別（とくべつ）

· 殊更（ことさら）に明（あか）るく振（ふ）る舞（ま）って見（み）せた。
일부러 명랑하게 행동해 보였다.

（부사）

- 殊更難しい問題に取り組んだ。
  특별히 어려운 문제에 매달렸다.

043 差し当たり 당장은, 우선

- さしあたり君にやってもらいたい仕事はない。
  당장은 자네에게 부탁할 일감은 없다.

044 さすが 그렇기는 하지만, 역시, 과연

- この暑さにはさすがにまいった。
  이 더위에는 정말로 손들었다.

- さすがは君だ。よくやった。
  과연 자네다. 잘 했다.

🔵 관련 표현

① さすが〜だけあって 과연 〜했으니만큼
- さすが専門家だけあって、鳥のことは何でも知っている。
  과연 전문가인 만큼 새에 관한 것은 무엇이든 알고 있다.

② さすがの〜も 그토록 대단한 (내놓으라 하는, 자타가 공인할 정도의) 〜도
- さすがの先生も解けない問題がある。
  자타가 공인하는 선생님도 풀 수 없는 문제가 있다.

045 ざっと 대충, 대략

- オフィスの改造はざっと見積もって800万円はかかる。
  사무실 개조는 대충 견적을 내도 800만 엔은 든다.

046 さながら 마치 (비유의 표현이 뒤따름)

- さながら絵のようだ。 마치 그림 같다.

047 さも (문어적 표현으로) 참으로, 정말, 자못 = いかにも

- 食事が運ばれてくると、さもおいしそうに食べ始めた。
  식사가 오자, 자못 맛있는 듯이 먹기 시작했다.

048 さらさら (부정어를 수반하여) 조금도, 전혀

・進学する気なんてさらさらない。
진학할 마음 따위 전혀 없다.

049 散々（さんざん） 단단히, 실컷, 잔뜩

・散々めいわくをかけておいて、あやまりもしない。
실컷 폐를 끼쳐 놓고 사과도 하지 않는다.

050 強いて（し） (상대의 의견에 반하여 억지로) 굳이

・雨だから、強いて行く必要はない。
비가 오는데 굳이 갈 필요는 없다.

051 じっくり (차분하게 시간을 들여 하는 모양) 차분히, 곰곰이

・大事なことだからじっくり考えて決めます。
중요한 일이니까 곰곰이 생각하여 결정하겠습니다.

052 しみじみ 깊이, 절실히

・故郷のよさをしみじみと感じた。
고향의 좋음을 절실히 느꼈다.

053 若干（じゃっかん） 약간

・不審な点が若干ある。 미심쩍은 점이 약간 있다.

054 徐々に（じょじょ） 서서히, 천천히 = おもむろに 조용히, 천천히

・車は徐々に速度をあげた。
차는 서서히 속도를 올렸다.

055 所詮（しょせん） 결국, 필경, 어차피

*바람직하지는 않지만 결론은 최종적으로 그렇게 날 것이라는 식의 여러 생각 끝에 내린 부정적인 판단, 결론을 진술할 때 쓰는 말이다.

・所詮彼は負けるだろう。
결국 그는 질 것이다.

➡ 관련 표현

① とどのつまり 결국, 끝내 = 結局(けっきょく), あげくの果(は)て

・いろいろな意見が出たが、とどのつまり計画は中止になった。
여러 가지 의견이 나왔으나 결국 계획은 중지되었다.

---

056 少なからず 적잖이

・少なからず興味を持っている。
적잖이 흥미를 갖고 있다.

---

057 精一杯 (자신의 정력을 있는 한 모두 사용한다는 의미) 힘껏, 최대한

・今度のテストでは精一杯がんばってよい点を取ろう。
이번 테스트에서는 최대한 열심히 하여 좋은 점수를 따야겠다.

➡ 유사 표현

① 力一杯 (육체적인 힘을 나타내는 경우에만 사용) 힘껏

・力一杯働く。
힘껏 일하다.

---

058 是非とも 꼭, 반드시 (ぜひ의 힘줌말)
▶ 是(ぜ)が非(ひ)でも 무슨 일이 있어도 = どんなことがあっても

・一度でいいから是非ともヨーロッパへ行きたい。
한 번이라도 좋으니까 꼭 유럽에 가고 싶다.
・日本に来たら是非とも訪問してください。
일본에 오면 꼭 방문해 주십시오.
・是が非でも、この本は手に入れたい。
무슨 일이 있어도 이 책은 손에 넣고 싶다.

➡ 관련 표현

① 何が何でも 무슨 일이 있어도, 세상 없어도, 절대로

・何が何でもやり抜いて見せたい。
무슨 일이 있어도 끝까지 해내고 싶다.

---

059 先だって 앞서, 일전에

・先だっての夜はごちそうになりました。
지난번 밤에는 대접 잘 받았습니다.

060 そっくり 전부, 몽땅, 모조리

・引き出しの中の物はそっくり君にあげる。
서랍 속에 있는 것들은 몽땅 너에게 주겠다.

061 そもそも 애당초, 애초에 (설명 등을 시작할 때 사용하는 말)

・科学とはそもそも…。
과학이란 원래….

062 それとなく 슬며시, 넌지시

・石井君にどこの中学に行くのかそれとなく聞いてみた。
이시이 군에게 어느 중학교에 갈 것인지 넌지시 물어보았다.

063 存分 뜻대로, 마음대로, 충분히

・今日は思う存分飲んで遊ぼう。
오늘은 실컷 마시고 놀자.

064 第一 제일, 무엇보다도

・人間にとって何よりも健康が第一です。
인간에게 있어서 무엇보다도 건강이 제일입니다.

065 大層 대단히

・今日は大層暑い。
오늘은 대단히 덥다.

066 大分 상당히, 어지간히

・あたりが大分暗くなった。
주위가 상당히 어두워졌다.

067 絶え間なく 끊임없이

・雨が絶え間なく降りしきる。
비가 끊임없이 내리 퍼붓다.

부사

068 **互いに** 서로

• 互いに迷惑になる。
서로에게 피해가 되다.

069 **ただ** 다만, 단지

• ただ笑うばかりだった。
단지 웃을 뿐이었다.

• あの学生はいつも、ただいい点を取ることだけ考えている。
저 학생은 항상, 단지 좋은 점수를 얻는 것만 생각하고 있다.

🔷 **다른 표현**

① **たった** 겨우, 단지, 다만, 고작 = わずか, ほんの

• この部屋、本当に寒いです。たった10度しかないんですよ。
이 방, 정말 춥습니다. 겨우 10도밖에 안 돼요.

070 **ただ今** 지금

• ただいまの時刻は午前9時ちょうどです。
지금 시각은 오전 9시 정각입니다.

071 **断じて** 단연코, 결단코

• 友達との約束は断じて守る。
친구와의 약속은 결단코 지킨다.

072 **断然** 단호히, 딱

• 彼に断然有利な状況だ。　그에게 단연코 유리한 상황이다.

073 **着々(と)** 착착, 한 걸음씩

• 研究が着々と進められている。
연구가 착착 진행되고 있다.

074 **昼夜** 밤낮으로, 늘

• 昼夜の別なく痛みをうったえる病人。
밤낮 구별 없이 통증을 호소하는 환자.

075 ちょっぴり 조금, 약간

・ちょっぴり塩を入れてみたらどうですか。
약간의 소금을 넣어 보는 게 어떻습니까?

076 ついでに 다른 일을 하는 김에 함께

・じゃ、ついでにこれもお願いします。
그럼, 하는 김에 이것도 부탁합니다.

077 努めて 가능한 한, 애써

・くやしかったけど、努めて泣かないようにした。
억울했지만 애써 울지 않으려고 했다.

078 つべこべ 이러니저러니, 쫑알쫑알

・終わったことをいつまでもつべこべ言っていないで、頭を切り替えなさい。
끝난 일을 언제까지나 이러니저러니 말하지 말고 생각을 바꾸세요.

079 手際良く 솜씨 좋게

・手際よく仕事をかたづける。
솜씨 좋게 일을 정리하다.

080 てっきり 틀림없이, 꼭 ▶ てっきり〜だと思(おも)った
(틀림없이 〜라고 여겼으나 실제는 그렇지 않았을 경우에 사용하는 표현)

・後ろ姿でてっきり係長だと思ったのですが、人違いでした。
뒷모습으로 틀림없이 계장님인 줄 알았습니다만, 사람을 잘못 봤습니다.
・てっきり会社にいるとばかり思っていた父が家にいたので驚きました。
틀림없이 회사에 있을 것으로만 알았던 아버지가 집에 있어서 놀랐습니다.

081 堂々と 당당히

・堂々と自分の意見を述べる。
당당하게 자신의 의견을 말하다.

부사

082 とかく　자칫하면, 이럭저럭

・お腹がすくと、とかくおこりっぽくなる。
배가 고프면 자칫하면 화내기 쉬워진다.

083 時折（ときおり）　때때로, 이따금

・時折はげしい雨が降る。
이따금 폭우가 내린다.

084 所狭しと（ところせまと）　꽉 차게, 장소에 여유가 없이 빽빽하게

・本が所狭しと置いてあります。
책이 꽉 차게 놓여 있습니다.

085 土台（どだい）　원래, 애당초

・練習もろくにやらないで優勝をねらうなんて、土台むりな話だ。
연습도 제대로 하지 않고 우승을 노리다니 애당초 무리한 이야기다.

086 突如（とつじょ）　갑자기, 별안간

・突如として雨が降りはじめた。
별안간 비가 내리기 시작했다.

087 飛び切り（とびきり）　월등히

・妹はピアノを飛ひ切り上手に演奏した。
여동생은 피아노를 특출나게 잘 연주했다.

088 止めどなく（とめどなく）　한없이, 끝없이

・死んでしまった愛犬のことを思うと、とめどなく涙が流れる。
죽은 애견을 생각하면 한없이 눈물이 흐른다.

089 取り分け（とりわけ）　특히

・私は取り分け日本語が好きです。
저는 특히 일본어를 좋아합니다.

090 尚更（なおさら） 더 한층, 더욱이 ☐☐☐

・やめろと言（い）われると、なおさらやりたくなる。
그만두라는 말을 들으면 더더욱 하고 싶어진다.

091 何（なに）かと 여러 가지로, 이것저것 ☐☐☐

・何（なに）かと用事（ようじ）の多（おお）い年（とし）の暮（く）れ 여러 가지로 일이 많은 세모

092 何気無（なにげな）く 무심코, 아무렇지도 않게 ☐☐☐

・何気（なにげ）なく言（い）ったことばが人（ひと）をきずつけることもある。
무심코 한 말이 사람을 상처 입히는 경우도 있다.

093 何分（なにぶん） 부디, 다소간 ☐☐☐

・何分（なにぶん）よろしく頼（たの）みます。 부디 잘 부탁드립니다.
・何分（なにぶん）の寄付（きふ）をお願（ねが）いします。 다소간의 기부를 부탁합니다.

094 なにも 아무것도, 조금도 (반어의 표현이 뒤따름) ☐☐☐

・なにもそんな仕事（しごと）をしなくてもいいじゃないか。
뭐 그런 일을 하지 않아도 되잖아!

095 何（なん）でも 무엇이든지 ☐☐☐

・あの人（ひと）は何（なん）でも知（し）っているような顔（かお）をしているけど、実（じつ）はそうでも
ないんだ。
저 사람은 무엇이든지 알고 있는 듯한 얼굴을 하고 있지만 실은 그렇지도 않다.

096 願（ねが）わくは 원컨대, 바라건대 ☐☐☐

・願（ねが）わくは無事（ぶじ）であるように。
아무쪼록 무사하시길.

097 根掘（ねほ）り葉掘（はほ）り 꼬치꼬치, 미주알고주알 ☐☐☐

・根掘（ねほ）り葉掘（はほ）り聞（き）き出（だ）す。 꼬치꼬치 캐묻다.

부사

098 念のため (ねん) 더욱 확실히 다짐해 두기 위해, 만약을 위해

· 出席すると返事はしたものの、念のために言っておいた。
출석을 하겠다고 답변을 하기는 했으나 만약을 위해 말해 두었다.

099 軒並 (のきなみ) 이것저것 모두, 일제히

· 来月から公共料金が軒並値上げされる。
내달부터 공공요금이 일제히 인상된다.

100 甚だ (はなは) 매우, 대단히, 몹시

· わたしはこの決定には甚だ不満だ。
나는 이 결정엔 심히 불만이다.

101 引き続き (ひ つづ) 계속해서, 잇달아

· 引き続き小林様よりご祝辞がございます。
이어서 고바야시 님으로부터 축사가 있겠습니다.

102 ひそかに 몰래함, 은밀함, 은근함

· 心中ひそかに喜ぶ。
마음속으로 은근히 기뻐하다.

103 ひたすら 일념으로, 오직, 오로지

· ひたすら勉強に励む。
오로지 공부에만 힘쓰다.

104 一通り (ひととお) 대충

· 一通り仕事を終えました。
대충 일을 끝냈습니다.

· 一通り説明を聞く。
대충 설명을 듣다.

105 日増しに (ひ ま) 날이 갈수록, 날이 감에 따라

· 日増しに寒くなる。
날이 갈수록 추워진다.

106 程(ほど)なく　머지 않아, 얼마 안 지나서 ＝まもなく □□□

・程(ほど)なく到着(とうちゃく)します。
곧 도착합니다.

107 丸(まる)っきり　(부정하는 표현을 수반하여) 전혀, 전연, 전적으로 □□□

・丸(まる)っきり分(わ)からない。
전혀 모른다.

108 まんざら　(부정하는 말을 수반하여) 반드시, 순전히 □□□

・あの顔(かお)を見(み)ると、まんざら嫌(いや)でもないらしい。
저 표정을 보면 그다지 싫은 것도 아닌 것 같다.

109 みすみす　빤히 보면서, 눈뜨고 □□□

・みすみす損(そん)した。　눈뜨고 손해를 보았다.

110 みっちり　충실히, 충분히, 단단히 □□□

・ピアノをみっちりと練習(れんしゅう)する。
피아노를 충분히 연습하다.

111 見(み)る見(み)る　보고 있는 동안에, 순식간에 □□□

・見(み)る見(み)るあたりが暗(くら)くなってきた。
순식간에 주위가 어두워졌다.

112 むやみに　무턱대고, 함부로 □□□

・日本人(にほんじん)はむやみに名刺(めいし)を交換(こうかん)する傾向(けいこう)がある。
일본인은 무턱대고 명함을 교환하는 경향이 있다.

113 めっきり　두드러지게, 눈에 띄게 □□□

・お客(きゃく)さんがめっきりと少(すく)なくなった。
손님이 눈에 띄게 줄었다.

・めっきり涼(すず)しくなりましたね。
부쩍 선선해졌네요.

부사

level 3

114

毛頭 (もうとう) (항상 부정 표현을 수반하여) 털끝만큼도, 조금도, 전연

- 止(や)める気(き)は毛頭(もうとう)ない。
  그만둘 생각은 털끝만큼도 없다.

115

専(もっぱ)ら　오로지, 한결같이 = ひたすら, ひとえに

- 専(もっぱ)ら研究(けんきゅう)に打(う)ち込(こ)む。　오로지 연구에만 몰두하다.
- 最近(さいきん)は専(もっぱ)らクラシックを聴(き)いている。
  최근에는 오로지 클래식만을 듣고 있다.

116

もとより　원래, 본래 = 元々(もともと) 본디부터, 원래
*'もと'는 '본디, 본래'의 뜻으로 '현 상태의 이전'이라는 뜻이다.

- もとより妹(いもうと)は体(からだ)の強(つよ)い子(こ)ではなかった。
  원래 여동생은 몸이 튼튼한 아이는 아니었다.
- スターももとは田舎(いなか)の小娘(こむすめ)だった。
  스타도 이전에는 시골의 소녀였다.

117

ややもすると　자칫하면, 까딱하면

- 夏休(なつやす)みには、ややもすると生活(せいかつ)の調子(ちょうし)が狂(くる)う。
  여름 방학 때는 자칫하면 생활 리듬이 깨진다.

118

よくも　(해서는 안 되는데) 잘도, 용케도

- よくもだましたな。
  감쪽 같이 속였군.

119

我(われ)ながら　나로서도, 내가 한 일이지만

- 我(われ)ながらよくやったと思(おも)う。
  나 스스로도 잘했다고 생각한다.
- 我(われ)ながらそそっかしいのに呆(あき)れる。
  나로서도 덜렁대는 것에 질렸다.

PART 7

의성어·의태어

의성어 · 의태어

001 うきうき (신이 나서 마음이 들뜬 모양) 들썽들썽

・久しぶりの旅行だから、なんだかうきうきして眠れないんです。
오래간만의 여행이라 왠지 들떠서 잠이 안 옵니다.

002 うろうろ (목표가 없이 어물쩡거리는 경우) 허둥허둥, 우물쭈물, 우왕좌왕

・近所の火事にただうろうろするばかりだった。
이웃집 화재에 그저 허둥지둥할 뿐이었다.

・こんな所でうろうろしないで、さっさと行きなさい。
이런 곳에서 우왕좌왕하지 말고 빨랑빨랑 가세요.

> **유사 표현**
>
> ① **まごまご** (짧은 시간 동안에) 우물쭈물, 우왕좌왕
>
> ・もうすぐ試験だ。まごまごしてはいられない。
> 이제 곧 시험이다. 우물쭈물해서는 안 된다.

003 がっしり ① 튼튼히, 견고하게 ② 야무지게, 꽉

・体ががっしりしている。
몸이 탄탄하다.

004 がぶがぶ (액체를 기운차게 마시는 모양) 벌컥벌컥, 벌떡벌떡

・いくら喉が渇いたからって水をがぶがぶと飲んでは行けない。
아무리 목이 마르다고 해서 물을 벌컥벌컥 마셔서는 안 된다.

005 からから (바짝 마른 모양) 바삭바삭

▶ 渇(かわ)く・乾(かわ)く 목이 마르다, 건조하다

・喉がからからだ。
목이 칼칼하다.

・のどがからからに渇いた。
목이 바싹 말랐다.

・舌の根も乾かないうちに、そんな嘘をついていいの?
입에 침도 마르기도 전에 그런 거짓말을 해도 되니?

006 **がらがら** 텅 비어 있는 모양 ▶ 空(す)いている 안이 텅 비어 있다

- この店、いつもがらがらだね。
  이 가게, 언제나 텅텅 비어 있군.

007 **かんかん** (몹시 골내는 모양) 노발대발

- かんかんになって怒る。
  불같이 화를 내다.

008 **がんがん** (골치가 몹시 아픈 모양) 욱신욱신, 지끈지끈

- 風邪を引いて頭ががんがんする。
  감기에 걸려 머리가 지끈거리다.

009 **きちんと** (단정한 모양) 또박또박, 정확히

- 学校の規則はきちんと守りましょう。
  학교의 규칙은 올바로 지킵시다.

010 **ぎっしり** (많은 것이 빈틈없이 들어 있는 모양) 꽉, 가득

- エレベーターに人がぎっしり乗っている。
  엘리베이터에 사람이 가득 타고 있다.

011 **ぐうぐう** 드르렁드르렁, 쿨쿨

- ぐうぐうといびきをかく。
  드르렁드르렁 코를 골다.

012 **くたくた** (움직일 수 없을 정도로 매우 지쳐 있는 모양) 지침, 녹초가 됨

- 今日は一日中歩きっぱなしだったからくたくたです。
  오늘은 하루 종일 계속 걸었기 때문에 녹초입니다.

013 **ぐっすり** (깊은 잠을 자는 모양) 푹 *「眠(ねむ)る 자다」와 잘 어울린다

ぐっすりとねられた。 푹 잤다.

- ゆうべはぐっすりねむったので、疲れがとれた。
  어젯밤에는 푹 잤기 때문에 피곤이 풀렸다.

014 ぐらぐら 건들건들, (물이 끓는 모양) 부글부글

· 地震で家がぐらぐらとゆれる。
じしん　いえ
지진으로 집이 흔들흔들 흔들리다.

015 こつこつ 꾸준한 모습 = 真面目(まじめ), 一生懸命(いっしょうけんめい)

· こつこつと勉強する。
べんきょう
꾸준히 공부하다.

016 こっそり 살짝, 살그머니, 남몰래 = そっと, ひそかに

· 盗んだ品物をこっそりともとに戻しておいた。
ぬす　しなもの　　　　　　　　　もど
훔친 물건을 살짝 제자리에 갖다놓았다.

017 ごろごろ ① 데굴데굴 ② 우르르 (천둥소리) ③ 빈둥빈둥

· 毎日何もしないでごろごろしている。
まいにちなに
매일 아무 일도 안 하고 빈둥거리고 있다.

018 ざあざあ ① (비가) 좍좍, 쏴아쏴아
② 콸콸 ▶ 土砂(どしゃぶ)り 비가 억수같이 내림

· 雨がざあざあと降っています。
あめ　　　　　　　　ふ
비가 주룩주룩 내리고 있습니다.

· おふろの水がざあざああふれている。
みず
목욕물이 콸콸 넘치고 있다.

019 しとしと 부슬부슬 * '小雨(こさめ) 가랑비'가 내리는 모습

· 雨がしとしと(と)降っています。
あめ　　　　　　　　　ふ
비가 부슬부슬 오고 있습니다.

020 じゃあじゃあ (물이 강하게 나오는 소리) 콸콸

· 水をじゃあじゃあ流す音が聞こえる。
みず　　　　　　　　なが　おと　き
물이 콸콸 흐르는 소리가 들린다.

021 しんしん 보슬보슬 □□□

・夜が更けて雪がしんしんと降っている。
밤이 깊어 눈이 보슬보슬 내리고 있다.

022 すやすや (아이가 편히 잠자는 모양) 새근새근 □□□

・まるで赤ちゃんのようにすやすや眠っている。
마치 갓난아기처럼 새근새근 자고 있다.

023 ずるずる 질질, 줄줄 □□□

・出発が今までずるずる延びてしまった。
출발이 지금까지 질질 연기되어 버렸다.

024 そろそろ 슬슬 □□□

・そろそろ始めましょう。 슬슬 시작합시다.

025 だぶだぶ 헐렁헐렁 ＝ぶかぶか ↔ きつい 꼭 끼다 □□□

・最近やせて、シャツがだぶだぶですよ。
요즘 살이 빠져서 셔츠가 헐렁헐렁해요.

・このズボンは僕にはちょっときついです。
이 바지는 나에게는 조금 낍니다.

026 ちびちび 홀짝홀짝, 찔끔찔끔 □□□

・ウイスキーを一人でちびちび飲んだ。
위스키를 혼자서 홀짝홀짝 마셨다.

027 とぼとぼ 터벅터벅 □□□

・肩を落としてとぼとぼ歩いていく。
어깨를 떨어뜨리고 터벅터벅 걸어가다.

028 とんとん (가볍게 두드리는 소리) 똑똑, 툭툭 □□□

・肩をとんとんとたたく。
어깨를 툭툭 치다.

029 **どんどん** (북소리·포성이) 탕탕, 쾅쾅, 둥둥, (일의 속도가) 척척, 속속, 부쩍부쩍 □□□

- 太鼓をどんどん鳴らす。 큰북을 둥둥 울리다.
- 大雨で川の水がどんどんふえている。
  많은 비로 강물이 부쩍부쩍 늘고 있다.

030 **にこにこ** 생글생글 ▶ 微笑(ほほえ)む 미소짓다, 방긋 웃다 □□□
　　　　　　　　　 ▶ 微笑(ほほえ)み, 微笑(びしょう) 미소

- にこにこと笑う。
  빙그레 웃는다.
- 高橋君、にこにこしていましたよ。
  다카하시 군, 싱글벙글하고 있었어요.
- かすかに微笑みをうかべる。
  희미하게 미소를 띄우다.

　◐ 웃는 모습을 나타내는 표현

　　① にやにや (소리를 내지 않고 웃는 모양) 히쭉히쭉, 싱글벙글

　　　・にやにやしながら手紙を読んでいる。
　　　　히쭉히쭉 웃으면서 편지를 읽고 있다.

　　② げらげら (큰 입을 벌리고 웃는 모양) 껄껄

　　　・テレビを見ながら、大声を出してげらげらわらう。
　　　　텔레비전을 보면서 큰소리로 껄껄 웃는다.

　　③ くすくす 킥킥, 낄낄

　　　・くすくす笑う。
　　　　킥킥 웃다.

031 **のんびり** 유유히, 느긋하게, 한가롭게 □□□

- ここにいる間はのんびりしなさい。
  여기 있는 동안은 느긋하게 계세요.
- 試験が終わったので、しばらくのんびりできる。
  시험이 끝났기 때문에 한동안 느긋할 수 있다.

032 **ぱくぱく** (음식을 게걸스럽게 먹어치움) 덥석덥석 □□□

- あまりにもお腹がすいたので全部ぱくぱくと食べてしまった。
  너무 배가 고파서 전부 덥석덥석 먹어 버렸다.

033 びっしょり (흠뻑 젖은 모양) 흠뻑 = ぐっしょり

· びっしょりと汗をかいた。
흠뻑 땀을 흘렸다.

· 汗びっしょりになった。
땀에 흠뻑 젖었다.

034 ぶつぶつ 투덜투덜, 중얼중얼

· ぶつぶつ文句を言う。
투덜투덜 불평을 하다.

035 ぶらぶら (매달려서) 흔들흔들, 어슬렁어슬렁, 빈둥빈둥

· ぶらぶらしないで仕事をしなさい。
빈둥거리지 말고 일하세요.

◐ 유사 표현

① うろうろ (일정한 방향도 없이 왔다 갔다 하는 모양) 어정버정 ▶ うろつく 헤매다
· 変な男がうちのまわりをうろうろしている。
이상한 남자가 집 주위를 어슬렁대고 있다.

036 ぺこぺこ 배고픈 모양 ▶ 腹(はら)がへる 배가 고프다

· よく運動したので、おなかがペコペコだよ。
열심히 운동해서 배가 고파.

037 べたべた ① (물건이 들러붙어) 끈적끈적 ② 치덕치덕 붙임
*「貼(は)る 붙이다」와 잘 어울려 사용된다.

· ポスターをべたべたと貼り付ける。
포스터를 치덕치덕 붙이다.

038 ぺらぺら (외국어가 유창한 모양) 줄줄

· 富田さんは、英語がぺらぺらだと伺ったんですが。
도미타 씨는 영어가 능숙하다고 들었습니다만.

level 1

● 말하는 모습을 나타내는 표현

① **わいわい** 왁자지껄, 와글와글

・みんなでわいわい言ってはわかりませんから、一人ずつ話してください。
모두 왁자지껄 떠들어서는 잘 모르겠으니 한 사람씩 말해 주세요.

② **がみがみ** (시끄럽게 꾸짖거나 잔소리를 심하게 하는 모양) 앙알앙알, 쨍쨍, 딱딱

・小言をがみがみ言う。
잔소리를 늘어놓다/앙알거리다.

③ **がやがや** 왁자지껄

・がやがや騒ぐ。
왁자지껄 떠들다.

④ **ぶつぶつ** (불평이나 잔소리를 늘어놓는 모양) 투덜투덜, 중얼중얼

・ぶつぶつ文句を言う。
투털투덜 불평을 하다.

・ぶつぶつ言ってないで、はっきり言いたまえ。
투덜대지 말고 분명하게 얘기하게.

---

039 **ほっと** 한숨짓는 모양, 마음을 놓는 모양 ☐☐☐

・バスの中に忘れたかばんが見つかって、ほっとした。
버스 안에서 잃어 버린 가방을 찾아서 안도했다.

● 관련 표현

① **胸をなで下ろす** 가슴을 쓸어내리다, 한시름 놓다, 겨우 안도하다

・息子が乗っている飛行機が無事についたと聞いて胸をなで下ろした。
아들이 타고 있는 비행기가 무사히 도착했다고 하니 겨우 한시름 놓았다.

---

040 **よちよち** 아장아장 ☐☐☐

▶ 酒(さけ)に酔(よ)ってよろよろする 술에 취해 비틀비틀하다

・赤ん坊がよちよち歩く。
갓난애가 아장아장 걷다.

● 걷는 모습을 나타내는 표현

① **てくてく** 터벅터벅

② **ぱたぱた** 신발 따위가 가볍게 소리를 내는 모양

③ ふらふら 비트적비트적

④ ちょろちょろ <u>조르르</u>

⑤ とぼとぼ 터벅터벅

⑥ よぼよぼ 비칠비칠, 휘청휘청

⑦ せかせか 조급하게 걷는 모양, 성급하여 침착하지 못한 모양

041 わくわく (기대·기쁨으로) 울렁울렁, 두근두근

・胸がわくわくする。
가슴이 두근거리다.

・考えただけでわくわくしますね。
생각만 해도 설레는군요.

🔎 유사 표현

① うきうき 신이 나서 마음이 들뜬 모양
・鈴木さん、何だかうきうきしていますね。
스즈키 씨 왠지 들떠 있네요.
・久しぶりの旅行だから、なんだかうきうきして眠れないんです。
오래간만의 여행이라 왠지 들떠서 잠이 안 옵니다.

② どきどき (걱정·조바심으로 가슴이 두근거리는 모양) 두근두근
・彼女のことを考えるとどきどきする。
그녀를 생각하니 가슴이 두근거린다.

의성어 · 의태어

P7-L2-01

001 苛々 초조함, 조마조마 ☐☐☐

・まだ5時です。そんなに苛々することはありません。
아직 5시입니다. 그렇게 초조해 할 필요는 없습니다.

・バスがなかなか来ないので苛々した。
버스가 좀처럼 오지 않아서 초조했다.

002 うつらうつら 꾸벅꾸벅 ▶ 居眠り 앉아서 졺 ☐☐☐
                   ▶ うとうと 꾸벅꾸벅, こっくり 꾸벅

・うつらうつらする。
꾸벅꾸벅 졸다.

003 かさかさ・がさがさ 바삭바삭, 가칠가칠, 버석버석, 꺼칠꺼칠 ☐☐☐

・落ち葉がかさかさと音を立てている。
낙엽이 바삭바삭 소리를 내고 있다.

004 がたがた 덜커덩덜커덩, 덜덜, (엉성하여 부서져 가는 모양) 엉망 ☐☐☐

・がたがたするほど寒い。 덜덜 떨릴 정도로 춥다.

005 かちかち 째깍째깍, (굳어서) 딱딱, (긴장해서) 딱딱함 ☐☐☐

・このパンはかちかちで食べられない。
이 빵은 딱딱해서 먹지 못한다.

006 がっかり 실망해서 갑자기 맥이 풀리는 모양 ☐☐☐
          ▶ 失望(しつぼう)する 실망하다

・中村さんは相当がっかりしているようだった。
나카무라 씨는 상당히 실망하는 것 같았다.

🔹 시험에 잘 나오는 유사 표현

① 気を落とす 실망하다, 낙심하다
・次の機会もあるから、そんなに気を落とさないで。
다음 기회도 있으니까 그렇게 실망하지 마.

007 がらがら ① (물건이 무너지는 소리) 와르르 ② 텅텅 비어 있음

・地震で建物がらがらと崩れる。
지진으로 건물이 와르르 무너지다.

・がらがらの電車　텅빈 전철

008 がらり (문 여는 소리) 드르르, (변하는 모양) 싹

・態度ががらりと変わる。　태도가 싹 변하다.

009 ぎっしり (가득 찬 모양) 꽉, 잔뜩

・エレヘーターに人がぎっしり乗っている。
엘리베이터에 사람이 가득 타고 있다.

・弁当にご飯がぎっしり詰まっている。
도시락에 밥이 꽉 차 있다.

010 ぎゅうぎゅう 꽉꽉 (누름, 죔)

・シャツをかばんにぎゅうぎゅう詰める。
셔츠를 가방에 꽉꽉 집어넣다.

011 ぎりぎり 빠듯이, 한껏, 간신히

・時間ぎりぎりで間に合った。　간신히 시간에 대었다.

012 くしゃくしゃ 쭈글쭈글, 꼬깃꼬깃, 꾸깃꾸깃, 울적함, 답답함

・ポケットからくしゃくしゃになった千円札を取り出した。
주머니에서 꾸깃꾸깃한 천 엔짜리 지폐를 꺼냈다.

・彼はくしゃくしゃなハンカチで顔をふいた。
그는 꼬깃꼬깃한 손수건으로 얼굴을 닦았다.

013 ぐずぐず (느리고 굼뜬 모양) 꾸물꾸물, 우물우물

・何をぐずぐずしているのか。急いで支度しなさい。
뭘 꾸물거리고 있는 거냐. 빨리 준비해라.

・あと30分しかない。ぐずぐずしていると汽車が出てしまう。
앞으로 30분밖에 없다. 꾸물거리고 있으면 기차가 출발해 버린다.

014 くたくた (움직일 수 없을 정도로 매우 지쳐 있는 모양) 지침, 녹초가 됨

・今日は一日中歩きっぱなしだったからくたくたです。
오늘은 하루 종일 계속 걸었기 때문에 녹초입니다.

015 ぐったり 녹초가 됨, 축 늘어짐

・急いでのぼったので、山頂についたらぐったりした。
서둘러 올라왔기 때문에 산 정상에 도착하니 녹초가 되었다.

🔵 **관련 표현**

① つかれる 지치다, 피로해지다

② くたびれる 피로하다, (오래 써서) 낡다

③ へとへとになる 피곤해서 녹초가 되다

④ 足が棒になる 다리가 뻣뻣해지다 *특히 오래 걷거나 서 있어서 지친 모양

016 くるくる・ぐるぐる 뱅뱅, 둘둘, 바지런히

・風車がくるくる回る。
팔랑개비가 뱅뱅 돌다.

017 ごちゃごちゃ 너저분한 모양

・つくえの上はいろんなものでごちゃごちゃしている。
책상 위는 여러 가지 물건으로 너저분하다.

018 こっくり 꾸벅꾸벅 = うとうと, うつらうつら 깜빡깜빡, 끄덕끄덕

・こっくりと居眠りをする。
꾸벅꾸벅 졸다.

・こたつの中でつい、うとうとする。
고타쓰 안에서 그만 꾸벅 졸다.

・彼女の話にこっくりとうなずく。
그녀의 이야기에 끄덕하고 수긍하다.

019 ころころ ① 대굴대굴 ② (웃음소리) 깔깔 ▶ ごろごろ 빈둥빈둥, (천둥소리) 우르르

・みかんがころころ転がってつくえの上から落ちた。
귤이 대굴대굴 굴러 책상 위에서 떨어졌다.

・雷がごろごろと鳴る。
천둥번개가 우르르 치다.

・毎日何もしないでごろごろしている。
매일 아무 일도 안 하고 빈둥거리고 있다.

020 さっぱり 산뜻하고 깔끔한 모양 ☐☐☐

・吉野さんって、意外とさっぱりした性格ですね。
요시노 씨는 의외로 깔끔한 성격이군요.

021 じっと (움직이지 않고 있는 모양) 가만히, 꼭 ▶ じっとする 가만히 있다 ☐☐☐

・じっとしていられない気持ちだ。
가만히 있을 수 없는 기분이다.

・私はじっとしていられない性分なんです。
나는 가만히 있지 못하는 성격입니다.

・茶席での正座は辛かったが、じっと我慢した。
다도회에서의 정좌는 힘들었지만 꼭 참았다.

➡ **茶席** 차를 달이는 자리, 다도(茶道)를 하는 방

022 すやすや 새근새근 ☐☐☐

・赤ちゃんがベッドの中ですやすや眠っている。
아기가 침대 안에서 새근새근 자고 있다.

023 だぶだぶ 헐렁헐렁, 쿨렁쿨렁, 디룩디룩 ↔ きつい 꼭 끼다 ☐☐☐

・最近やせてシャツがだぶだぶですよ。
요즘 살이 빠져서 셔츠가 헐렁헐렁해요.

・去年買ったズボンがだぶだぶになった。
작년에 산 바지가 헐렁해졌다.

024 つるつる 주르륵, 미끈미끈, (얼음・유리・마룻바닥이) 매끈매끈, 반들반들 ☐☐☐

・道が凍ってつるつる滑る。
길이 얼어 주르륵 미끄러지다.

・雪道がつるつるするので、気をつけて。
눈길이 미끌미끌하니까 조심해요.

의성어
의태어

의 성 어 · 의 태 어

025 でこぼこ **凸凹** (높은 곳과 낮은 곳이 있어 평평하지 않은 모양) 울퉁불퉁 □□□

- 道がでこぼこしている。
  길이 울퉁불퉁하다.

- このグラウンドはでこぼこで、走りにくい。
  이 그라운드는 울퉁불퉁해서 달리기 힘들다.

026 **なみなみ** (액체가 철철 넘치도록 하나 가득 차 있는 모양) 차란차란, 찰랑찰랑 □□□

- 酒をなみなみと注ぐ。
  술을 가득 따르다.

027 **ぬるぬる** 미끈미끈, 번드르르 □□□

- 油がついてぬるぬるする。
  기름이 묻어 미끈미끈하다.

028 **のろのろ** (동작이 굼뜬 모양) 느릿느릿, 꾸물꾸물 □□□

- 渋滞でのろのろ運転をしています。
  정체로 인하여 느릿느릿 운전을 하고 있습니다.

029 **はっと** 뜻밖에 알게 되어 놀라는 모양 □□□

- はっと息をのむ。
  깜짝 놀라 긴장하다.

030 **ばらばら** 뿔뿔이, 불쑥불쑥, 후두둑 □□□

- 家族がばらばらになる。
  가족이 뿔뿔이 흩어지다.

031 **ぴかぴか** (광택이 있어 빛나는 모양) 반짝반짝, 번쩍번쩍 □□□

- くつを磨いてぴかぴかにした。
  구두를 닦아 반짝반짝 광이 나게 했다.

↪ 유사 표현

① **きらきら** 반짝반짝 ＊**ぎらぎら** 쨍쨍, 번들번들
- 星がきらきら輝く。 별이 반짝반짝 빛나다.

032 **びしょびしょ** (비가) 줄줄, (젖은 모양) 흠뻑 ＝びっしょり

・雨にふられて洋服がびしょびしょだ。
비를 맞아 양복이 흠뻑 젖다.

033 **ぴったり** 잘 맞는 모양, 꼭 들어맞는 모양

・このサイズなら私にちょうどぴったりだ。
이 사이즈라면 나한테 꼭 맞는다.

034 **ひらひら** (종이, 기, 꽃잎 따위가 바람에 나부끼는 모양) 팔랑팔랑, 펄럭펄럭
＝ひらりと

・花びらがひらひらと舞い落ちる。
꽃잎이 팔랑팔랑 떨어지다.

035 **ぶるぶる** (추위・두려움으로) 벌벌, 부들부들

・恐ろしくてぶるぶるとふるえる。
무서워서 벌벌 떨다.

036 **ふわふわ** (마음이 들뜬 모양) 둥실둥실, 푹신푹신

・風船がふわふわと飛ぶ。
풍선이 둥실둥실 날다.

037 **ぺこぺこ** 굽실굽실 ▶ へつらう 아부하다

・ぺこぺこ頭をさげる。
굽실굽실 머리를 숙이다.

038 **ぽかぽか** 따끈따끈, 후끈후끈 ▶ ほかほか 따끈따끈, 포근포근

・ぽかぽかと、まさに小春日和だ。
포근한 게 정말 봄날 같네.

・春になって、ぽかぽかした日が多くなった。
봄이 되어 따뜻한 날이 많아졌다.

의성어 · 의태어

039 **ぼんやり** (의식 상태가 흐린 모양) 어렴풋이, 멍하니
＝ぼうっとしている 멍하다

· ぼんやりしていて、降りる駅を過ぎてしまった。
명청히 있다가 내리는 역을 지나쳐 버렸다.

· 遠くに山がぼんやり(と)見える。
멀리 산이 어렴풋이 보인다.

040 **めちゃめちゃ** 뒤죽박죽, 뒤범벅

· あらしで花はめちゃめちゃだ。
비바람으로 꽃은 엉망이 되었다.

의성어 · 의태어

□□□

001 いそいそ (마음이 들떠 신명나는 모양) 신바람 나서

· 妹はいそいそと遠足に行く用意をしている。
누이동생은 신바람이 나서 소풍 갈 준비를 하고 있다.

□□□

002 うずうず (마음이 안정되지 않고 좀이 쑤시는 모양) 근질근질

· 遊びに出たくてうずうずしている。
놀러 나가고 싶어서 좀이 쑤시다.

· 怪我がなおったので、はやくゲームがしたくてうずうずする。
상처가 나았기 때문에 빨리 게임을 하고 싶어서 좀이 쑤신다.

□□□

003 うんざり 진절머리가 남, 지긋지긋함, 몹시 싫증남

· 毎日雨が降るので、うんざりする。
매일 비가 내려서 진저리가 난다.

□□□

004 うんと 많이, 아주

· 若いうちに、うんと苦労しよう。
젊었을 때 한껏 고생해 보세.

□□□

005 おどおど 주저주저, 벌벌, 흠칫흠칫

· 彼は何を聞かれてもおどおどするばかりで、答えられなかった。
그에게 무슨 질문을 해도 벌벌 떨기만 할 뿐 대답을 하지 못했다.

· 先生の前に出ると緊張しておどおどしてしまう。
선생님 앞에 나서면 긴장하여 주저주저하고 만다.

□□□

006 おろおろ (우는 소리) 엉엉, 흑흑, (슬픔·걱정으로 허둥대며 당황함) 허둥지둥

· 人ごみの中で、子どもがおろおろしながら親をさがしている。
인파 속에서 어린이가 엉엉 울면서 부모를 찾고 있다.

007 がたんと 덜컹, (값·성적 등이 떨어지는 모양) 뚝 ☐☐☐

・先月から、店の売り上げががたんと落ちた。
지난달부터 가게 매출이 뚝 떨어졌다.

008 がっしり 튼튼함, 탄탄함, 골격이 건장함 ＝ がっちり, 견고함, 아무지게, 꽉 ☐☐☐

・体ががっしりしている。
몸이 탄탄하다.

・このつくえは古いが、がっしりできている。
이 책상은 오래 됐지만 튼튼히 만들어져 있다.

009 がっちり 꼭 맞음, 튼튼한 체격 ☐☐☐

・上半身ががっちりしている。
상반신이 딱 벌어졌다.

010 からり (하늘이 밝게 갠 모습) 활짝 ☐☐☐

・空がからりと晴れてほんとうにいい天気だ。
하늘이 활짝 개어 정말로 좋은 날씨다.

011 がりがり (단단하거나 투박한 것에 닿거나 긁는 소리) 으드득으드득, 득득
(깡마른 모양) 빼빼, 어떤 강박관념이나 생각이 머릿속에 딱 들러붙어 있는 모습 ☐☐☐

・ねずみが板をがりがりとかじっている。
쥐가 판자를 으드득으드득 긁고 있다.

012 がんがん (종소리가) 땡땡, (불길이) 활활, (큰소리로 야단치는 모습) 호되게,
(골치가 몹시 아픈 모양) 욱신욱신, 지끈지끈 ☐☐☐

・風邪を引いて頭ががんがんする。
감기에 걸려 머리가 욱신욱신하다.

・二日酔いで頭ががんがんする。
숙취로 머리가 지끈지끈하다.

013 ぎくしゃく 말씨나 동작이 제대로 되지 않는 모양 ☐☐☐

・今日出会ったばかりの二人の会話はぎくしゃくしている。
오늘 막 만난 두 사람의 대화는 어색하다.

- ぎくしゃくした歩き方。
  부자연스러운 걸음걸이.

014 きっかり　정확한 시간이나 수량 등이 꼭 들어맞는 모양

- 彼は10時きっかりに来た。
  그는 정확하게 10시에 왔다.

015 きっぱり　딱 잘라, 단호히, 분명히

- 腑に落ちない事なのできっぱりと断わった。
  납득이 안 가는 일이어서 딱 잘라 거절했다.

016 くよくよ　(사소한 일을 가지고 계속 신경 쓰는 모양) 끙끙
  ▶ こだわる 구애되다

- あまりくよくよするな。
  너무 끙끙 앓지 말아라.
- 失敗したからといってくよくよするのはよくない。
  실패했다고 해서 끙끙 앓는 것은 좋지 않다.
- いまさらくよくよしても仕方がない。
  이제 와서 끙끙 앓아도 별 도리가 없다.

017 ぐらぐら　① 흔들흔들　② 부글부글　③ 갈팡질팡
  ▶ ぐらつく 동요하다, 흔들리다

- 地震で高層ビルがぐらぐら揺れた。
  지진으로 고층 빌딩이 흔들흔들 흔들렸다.
- 決心がぐらぐらする。
  결심이 흔들리다.

018 ごしごし　(무엇을 문지르거나 비비는 모양) 북북, 쓱쓱

- 鍋の底をごしごしこする。
  냄비 바닥을 북북 문지르다.

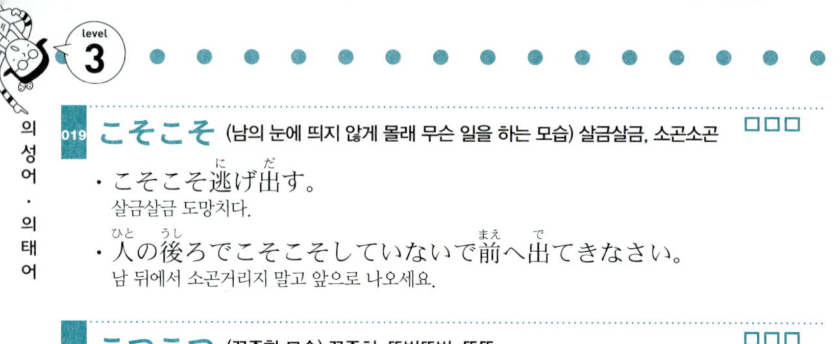

019 こそこそ (남의 눈에 띄지 않게 몰래 무슨 일을 하는 모습) 살금살금, 소곤소곤

- こそこそ逃げ出す。
  살금살금 도망치다.
- 人の後ろでこそこそしていないで前へ出てきなさい。
  남 뒤에서 소곤거리지 말고 앞으로 나오세요.

020 こつこつ (꾸준한 모습) 꾸준히, 뚜벅뚜벅, 똑똑

- こつこつと勉強する。
  꾸준히 공부하다.
- こつこつ努力する。
  꾸준히 노력하다.

021 さっさと 빨리빨리, 서둘러 ▶ 急(いそ)ぐ 서두르다

- さっさと家へ帰る。
  서둘러 집에 돌아가다.
- さっさと部屋をかたづけなさい。
  냉큼 방 치워요.
- こんな所でうろうろしないで、さっさと行きなさい。
  이런 곳에서 우왕좌왕하지 말고 빨리 가세요.

022 さらさら 술술, 졸졸, 옷감 등이 스칠 때 삭삭, 사각사각
＊さらさらした 바슬바슬한, 건조한

- 砂が指の間からさらさらとこぼれる。
  모래가 손가락 사이로 솔솔 흘러내린다.

023 ざわざわ (떠들썩한 소리가 나는 모양) 시끌시끌, 술렁술렁

- さきほどから外がざわざわしている。何かあったのだろうか。
  아까부터 밖이 시끌벅적하다. 무슨 일이 있었나?

024 しくしく (힘없이 우는 모양) 훌쩍훌쩍

- となりの女の人がしくしくと泣き始めた。
  옆집 여자가 훌쩍훌쩍 울기 시작했다.

025 じっくり (차분하게 시간을 들여 하는 모양) 차분히, 꼼꼼히

・じっくりと考える。
차분히 생각하다.

026 しみじみ 절실히

・ふるさとのよさをしみじみと感じた。
고향의 좋음을 절실히 느꼈다.

027 しょんぼり (기운 없이 풀이 죽은 모양) 풀이 죽어, 쓸쓸히
= 気落(きお)ちして元気(げんき)がない 낙심해서 기운이 없다, 가っかり
する 실망하다 ↔ しっかりする 야무지다

・彼はこのごろしょんぼりしている。
그는 요즈음 쓸쓸하다.

・田中さんはあまりにもしょんぼりしている。
다나카 씨는 너무나도 풀이 죽어 있다.

・落第してしょんぼりしている。
낙제해서 풀이 죽어 있다.

⊙ 관련 표현

① 肩を落す 어깨를 축 늘어뜨리다, 실망해서 기력을 잃다
・入試に失敗したら、だれだって肩を落としますよね。
입학시험에 실패하면 누구라도 기력을 잃지.

028 じろじろ (뚫어지게 바라보는 모습) 빤히, 유심히, 말똥말똥
▶ 穴(あな)の空(あ)くほど見(み)つめる 뚫어지게 쳐다보다

・じろじろと見る。
빤히[뚫어지게] 쳐다보다.

・葬式に赤い服を着て行ったらじろじろ見られた。
장례식에 빨간 옷을 입고 갔더니 빤히 쳐다보았다.

029 しんと・しーんと 고요한 모양

・しんとした夜の町
고요한 밤거리

🔹 **관련 표현**

① **静まり返る** 아주 조용해지다
・**開幕のベルが鳴ると、客席はしんと静まり返った。**
개막 벨이 올리자 객석은 아주 조용해졌다.

---

030 すいすい (일이 손쉽게 되어 가는 모양) 척척, 술술

・**仕事がすいすいとはかどる。**
일이 척척 진척되다.

---

031 ずきずき 상처나 종기 등이 쑤시고 욱신거리는 모양

・**傷口がずきずきと痛む。**
상처 부위가 욱신욱신 아프다.

---

032 すっと 기분이 상쾌함, 후련함

・**歯をみがいたあとで口がすっとする。**
이를 닦은 후에는 입이 개운하다.
・**犯人が捕まったと聞いて胸がすっとした。**
범인이 붙잡혔다는 말을 듣고 가슴이 후련했다.

---

033 すっぽり ① (몽땅 덮는 모양) 푹 ② 물건이 빠지거나 끼거나 하는 모양

・**防寒用の帽子をすっぽりと被っている。**
방한용 모자를 푹 뒤집어쓰고 있다.

---

034 ずるずる (일・시간 등을 오래 끄는 모습) 질질

・**ストがずるずると長びく。**
파업이 질질 오래가다.
・**出発が今までずるずる延びてしまった。**
출발이 지금까지 질질 연기되어 버렸다.

---

035 そわそわ 안절부절못하는 모양

・**そわそわした態度を見せる。**
안절부절못하는 모습을 보이다.

036 たらたら 장황하게, (달갑지 않은 말을 장황하게 늘어놓은 모양) 주절주절,
(액체가 방울져 떨어지는 모습) 뚝뚝 ▶ だらだら ① (액체가) 줄줄 ② 장황하게

- ひたいから汗がたらたら流れる。
  이마에서 땀이 줄줄 흐르다.
- 自分の会社のことをだらだらと人に話すものではない。
  자기 회사에 대해서 미주알고주알 남에게 얘기하는 게 아니다.
- 論文はだらだらと書かないで要点をしぼって書くものだ。
  논문은 장황하게 쓰지 말고 요점을 줄여서 쓰는 것이다.

037 ちくちく 뾰족한 것으로 콕콕 찌르는 모양, (콕콕 찌르듯이 아픈 모양) 따끔따끔

- ほこりが入って目がちくちくする。
  먼지가 들어가 눈이 따끔거린다.
- お腹がちくちく痛む。 배가 따끔따끔 아프다.

038 ちやほや 비위를 맞추거나 간살을 부리며 알랑거리는 모습

- ちやほやしてご機嫌を取る。
  추어올려 비위를 맞추다.

039 ちらちら 팔랑팔랑, (작은 빛이) 깜박깜박, (눈앞이) 가물가물, 어른어른

- 子供の顔が目の前をちらちらする。
  자식의 얼굴이 눈앞을 어른거리다.

040 てきぱき (일을 척척 잘 해내는 모양) 척척

- てきぱきとした動作 재빠른 동작

041 どっしり 묵직이, 의젓이

- どっしりした人である。 듬직한 사람이다.

042 とっぷり 완전히 해가 진 모습, 듬뿍, (액체 따위에 젖은 모양) 푹

- ふと窓の外を見ると、もう日がとっぷり暮れて、あたりは真っ暗だった。
  문득 창 밖을 보니 이미 해가 완전히 져서 주변은 깜깜했다.

043 どろどろ 질척질척, 걸쭉걸쭉, 우르르, 쿵쿵

- どろどろになるまで煮る。
  흐물흐물해질 때까지 삶다.
- 雷がどろどろと鳴り渡る。
  천둥소리가 우르르 울려퍼진다.

044 のびのび (구감살 없이) 무럭무럭, 느긋한 모습

- 試験が終わってのびのびする。
  시험이 끝나 느긋하다.

045 ぱちぱち 깜빡깜빡, 딱딱, 톡톡, 빠지직

- ぱちぱちと拍手がきこえる。
  짝짝 박수 소리가 들리다.

046 ばったり 어떤 일이 갑자기 멈춘 모양, 우연히 남과 마주치는 모습

- 道で小学校のときの友だちとばったり会った。
  길에서 초등학교 때 친구와 딱 만났다.

047 はらはら 아슬아슬, 조마조마, 팔랑팔랑, 뚝뚝

- 風が吹くたびに桜の花びらがはらはらと散る。
  바람이 불 적마다 벚꽃 잎이 우수수 떨어지다.
- 子供の発表会なので、はらはらして落ちつかない。
  아이의 발표회여서 조마조마하여 진정이 되지 않는다.

048 ばりばり 기운찬 모양, 정력적인 모양, 척척 해치우는 모양

- 彼は結婚してからばりばり働くようになった。
  그는 결혼하고 나서 열심히 일을 하게 되었다.

049 びくびく 흠칫흠칫, 조마조마, 바르르

- びくびくしながら犬のそばを通った。
  조마조마하며 개 옆을 지나갔다.

050 ひしひし(と) 바싹바싹, 오싹오싹, 삐걱삐걱

・寒さがひしひしと身にしみる。
추위가 오싹오싹 뼛속까지 스며들다.

051 ひそひそ 소곤소곤

・ひそひそと内緒話をする。
소곤소곤 비밀 이야기를 하다.

052 ひっそり 소리 없이 조용한 모습

・あたりはひっそりと静まりかえっている。
주변은 아주 조용하다.

053 ぴりぴり (매운 맛에) 얼얼, 따끔따끔, 신경이 예민해짐

・試験前でぴりぴりしている。 시험 전이라 신경과민이다.

054 ぴんぴん (원기 왕성한 모습) 팔팔, 펄떡펄떡

・年はとっても、まだぴんぴんしている。
나이는 들어도 아직 정정하다.

055 ふわり(と) (가볍게 뛰어오르거나 떨어지는 모습) 살짝, 둥실둥실

・ふわりと飛び越える。
살짝 뛰어넘다.

056 ぽっかり (가볍게 뜨는 모습) 두둥실, (갑자기 갈라지거나 벌어짐) 딱, 뻥, 뻐끔히

・青い空に白い雲がぽっかり浮かんでいる。
푸른 하늘에 하얀 구름이 둥실 떠 있다.

057 ぼつぼつ 조금씩, 슬슬 = そろそろ *명사로는 작은 점이나 돌기, 여드름 등

・では、ぼつぼつ仕事を始めるか。
그럼 슬슬 일을 시작할까.

058 ぼろぼろ 너덜너덜 

- 一着しかないスーツがぼろぼろになってしまった。
  한 벌밖에 없는 양복이 너덜너덜해져 버렸다.
- この財布は8年も使ってぼろぼろになってしまった。
  이 지갑은 8년이나 써서 너덜너덜해져 버렸다.

059 むかむか 울컥울컥, 메슥메슥, (속이) 메슥메슥하다

- 話を聞いただけでむかむかする。
  말만 들어도 속이 역겹다.
- 今朝から胃がムカムカする。
  오늘 아침부터 속이 메슥거린다.

060 むんむん (열기나 냄새가 가득 찬 모양) 후더분함

- 会場は人の熱気でむんむんしている。
  회의장은 사람들의 열기로 가득하다.

061 もじもじ (말하고 싶은 것, 하고픈 것을 어찌할 줄 몰라) 머뭇머뭇, 주저주저

- もじもじして口をきかない。
  망설이기만 하고 입을 열지 않다.

일본어
달인이 되는
어휘

색인

색인

723

색인

く

け

こ

さ

色引

す

せ

そ

た

て

と

に

색인

753

색인

ま

み

ゆ